Das
Unterstützungswohnsitzgesetz
vom 6. Juni 1870 30. Mai 1908

und das

bayerische Armengesetz
vom 21. August 1914

Erläutert

von

Wolfgang Pöll,

Geheimer Rat, Regierungsdirektor a. D.

Zweite, umgearbeitete Auflage

1921

München, Berlin und Leipzig

J. Schweitzer Verlag (Arthur Sellier).

Druck von Dr. F. P. Datterer & Cie., Freising-München.

Vorbemerkung.

Die 1. Auflage ist längst vergriffen. Da das Buch aber immerwährend verlangt wird, und das Inkrafttreten eines Reichsarmengesetzes für die nächste Zukunft nicht zu erwarten ist, hat sich der Verlag zur Herausgabe einer 2. Auflage entschlossen. Dabei wurde selbstverständlich die neuere Rechtsprechung und das neuere Schriftentum, darunter die inzwischen erschienenen Blätter für Armenwesen und soziale Versicherung verwertet. Die auch im Buchhandel schwer fühlbar gewordene Teuerung und Papiernot gab Anlaß zur Kürzung, soweit angängig.

Regensburg, Juni 1921.

Der Verfasser.

Inhaltsübersicht.

Abkürzungen.

(Weggelassen sind leicht verständliche Abk. wie: z. B., vgl. (vergleiche), dergl., usw., s. (siehe), a. a. O. (am angegebenen Orte), StenBer. oder Anl. (Beil.), Bd. vor Ges., geb., verh., N (Nummer) u. S. (Seite) vor Zahlen, FreizGes, ff. (u. folgende), Anm, MinBek.

B = **Entscheidungen** des Bundesamts für das Heimatwesen (BAH).
S = **Entscheidungen** des bayerischen (6.) Verwaltungsgerichtshofes (VGH).
VGE = ungedruckte **Entsch.** dieses **Gerichtshofes.**
PrOVG = Preuß Oberverwaltungsgericht.
RGZ = **Erkenntnis** des **Reichsgerichts** in Zivilsachen.
UW = Unterstützungswohnsitz, AV = Armenverband, LAV = LandAV, GAV = GesamtAV, OAV = OrtsAV, DoAO = Dienst- oder Arbeitsort, DoAV = DoAverhältnis, AufO = Aufenthaltsort, AU = Armenunterstützung.
Gesetze und Verordnungen: A = Altes Armengesetz, AG = Armengesetz (BayAG) oder Ausführ.-Ges zum UWG (pr. AG), AbG = **AbändGes**, RStAG = **Reichs-** u. StaatsangehGes, RVO = **Reichsvers.ordnung**, RVo = **Reichsverordnung**, BRVo = **Bundesratsverordnung**, BGB = **Bürgerliches Gesetzbuch**, RZPO = Reichszivilprozeßordnung, VGG = bayer. VerwGerichtsgesetz SVG = bayer. Selbstverwaltungsgesetz, FEG = Fürsorgeerziehungsgesetz, BayVA = bayer. VollzAnweisung zum BayAG, VV = Vollzugsvorschriften, **ME** = **Ministerialentschließung.**
Amtsblätter: MABl = Amtsbl. des Min. des Innern usw., GVBl = bayer. Ges. u. Verordn.blatt, RGBl = **Reichsgesetzblatt, StAnz** = Bayer. Staatsanzeiger.
Literatur: Baath = **Wohlers-Krech-Baath** Kommentar zum UWG (14. Aufl.); **Braunwart-Stöhsel** = Die neue bayr. **Gemeindegesetzgebung**; Brunn = Die Rechtsprechung des BAH **nach** Bd 1—39 der Sammlung; **Diefenbach** = Diefenbach ein Reichsarmengesetz 1920 Braun-Karlsruhe; Dyroff = Kommentar zum bayer. Verwaltungsgerichtsgesetz, 5. Auflage; **Krech** (8) = Handausgabe zum UWG mit Zusammenstellung der AG in den einzelnen Ländern; Reger = Sammlung von Entscheidungen der Gerichte und Verwaltungsbehörden; BlAdmPr = Blätter für administrative Praxis; BlApfl = Blätter für Armenpflege u. soz. Versicherung.
Gesetzgebungsverhandlungen: RTV = **Reichstagsverhandlungen** (1870 vier **Bände**); VdKdA = Verhandlungen **der** bayer. **Kammer** der **Abgeordneten**; VdKdRR = Verhandlungen der **Kammer** der **Reichsräte**; AV 1912 oder 1914 = **Verhandlung des** besonderen **Ausschusses** (Bayer. AbgKammer) 1912 in VdKdA 1912 Beil Bd 2 S 331 bis 443, 1914 in VdKdA 1913/14 Beil Bd 7 S 338 bis 603; **Begr** = **Begründung** znm **Gesetzentwurf** (ohne weiteren Beisatz beim UWG und BayAG; Anm: es bedeutet: **Begr** S 681 beim BayAG = VdKdA 1913/14 Beil Bd 5 S 681; **Begr** S 166 beim UWG = RTV 1870 **StenBer.** Bd 3 S 166.
D = **Denkschrift** der bayer. Staatsregierung über die Abänderung der bayer. Heimat- und Armengesetzgebung, VdKdA 1912 **Beil** Bd 1 S 459 ff.
R = Richtpunkte für die Ausführung des UWG in Bayern, daselbst S 555 ff.
DVeröupvF bedeutet „Deutscher Verein für öffentliche und private Fürsorge" (früher „Deutscher, Verein für Armenpflege und Wohltätigkeit").

Ergänzungen und Berichtigungen.

S 10 Abs 2 Zeile 6 unten nach S 96/7: auch Kriegsbeschädigte kommen hier in Betracht, B 54 N 30 S 133.

Abs 3 Zeile 3 nach N 83): nunmehr RArbMinErl. vom 17. März 1921 (MB vom 23. dess. Mts., StAnz N 96).

„ 11 Zeile 9 nach 102): nunmehr ME vom 4. und 23. April 1921 (StAnz N 78 und 96).

Zeile 7 unten nach N 136: 1921 N 77.

„ 12 Zeile 5 nach N 31): ME vom 17. März 1921 (StAnz N 66, s. a. S 231 Fußnote) und nunmehr MinBek vom 22. Juni 1921, StAnz N 158 (Zusammenstellung).

Zeile 12 nach N 222: nun MinBek vom 17. März 1921 (StAnz N 66).

Unter e) am Schlusse des 1. Satzes nach S 112): und VO vom 16. März 1921 (GVBl S 99), über die Kosten s. RG vom 8. Mai 1920 (RGBl S 1066), AusfVO vom 9. Aug. 1920 (RGBl S 1617), b. ME vom 16. und 30. März 1921 (StAnz N 64 und 73).

Nach dem 2. Satze nach S 162): Über Fürsorge für Kriegerwaisen und Kinder von Kriegsbeschädigten s. StAnz 1921 N 96 (Jugendausschüsse).

„ 13 Zeile 5 ist anzufügen: s. dazu MinBek vom 1. Juni 1921 (StAnz N 126).

Zeile 7 nach 1031): und RG vom 26. Dez. 1920 (RGBl S 2315).

Bei m) aa) nach S 359): abgeändert i. d. a. gemeindl. Wohnungszuweisung durch MinBek vom 7. Febr. 1921 (StAnz N 34).

Bei m) dd) am Schlusse noch beizufügen: und MinBek vom 4. März 1921 (StAnz N 54).

„ 16 D letzte Zeile fehlt „B" vor 55.

„ 18 Zeile 7 am Schlusse beizufügen: Wegen der Pfalz s. Anm 1 zu Art 16.

„ 21 Anm 3 nach §§ 27—30 SVG soll es heißen: Braunwart-Stöhsel S 232 ff.; s. a. Erk. d. VGH. zu Art 11 in S 41 S 151.

„ 29 Anm 1 Abs 2 nach (§ 64): Über Anerkenntnisse s. Anm 2 e zu § 37.

„ 40 Zeile 9 nach „zu bestimmen": vgl. S 41 S 110.

„ 41 Zeile 28 nach N 6 S 25: und S 41 S 46.

„ 47 Zeile 16 vor „Ein Antrag": und Anm 8a zu Art 2.

Zeile 24 nach Baath: und Anm 1 zu § 17.

S 57 Fußnote ist anzufügen: vgl. dazu auch BlApfl V S 55.
„ 67 Zeile 4 unten nach S 32: und S 41 S 48.
„ 71 Zeile 12 unten muß es 1918 statt 1919 heißen.
„ 75 Zeile 1 nach S 85: vgl. auch Anm 4 I (Reiseunterstützung) und S 41 S 37/8.
„ 85 Zeile 2 unten hat mit „5" statt „9" zu beginnen.
„ 86 Anm 5a ist am Schlusse beizufügen: Über Ansprüche aus Auftrag s. Anm 4 b zu § 37.
„ 89 unter i Abs 1 noch beizufügen: Über Verwirkung bei ungenügender Ab- oder Feststellung der Hilfsbedürftigkeit s. Anm 6 zu Art 2.
„ 94 Zeile 6 von unten nach 182—185: RVO.
„ 104 Zeile 20 (letzte Zeile des § 29): statt A 2 muß es A b heißen.
„ 109 Zeile 1 vor „Ein neuer" ist einzuschalten: Die Krankenhilfepflicht geht zu Ende, wenn der Hilfsbedürftige aus dem Krankenhause als geheilt oder arbeitsfähig oder nicht heilbehandlungsbedürftig entlassen wurde, s. die in Anm 2 zu § 28 Abs 5 unter f angef. BGEen, dagegen auch S 41 S 50.
„ 115 Fußnote Zeile 6 unten nach S 66: s. auch PreußVerwBl 42 S 116 (200 %).
„ 130 Zeile 19 ist es „[illegible]" statt „[illegible]" zu lesen
„ 140 Zeile 8 unter e) ist zwischen „bei" und „Reichsangehörigen" einzuschalten: unmittelbaren oder ehemaligen unmittelbaren.
„ 162 Zeile 7 unten nach Dyroff BGG S 789: und Reger 35 S 547; s. a. S 41 S 146.
„ 169 in Zeile 3 nach S 621 ist einzufügen: s. nunmehr auch die Plenarentsch. d. BGH in S 41 S 72.
In Zeile 7 unten ist das Zitat: B 56 N 29 S 92 weggeblieben.
„ 200 Zeile 8 a. E. ist beizusetzen: und S 41 S 143.
„ 201 Zeile 6 beizufügen: Wegen Inkrafttretens des Übereinkommens mit Italien s. MinBek vom 2. März 1921 (StAnz N 53).
„ 202 Anm 1 in vorletzter Zeile ist „nach der" zu streichen und in der letzten Zeile nach S 238 noch beizufügen: und BlApfl V S 236.
„ 205 Abs 2 ist als 2. Satz einzuschalten: Denselben Standpunkt nimmt das b. Land.Mil.vers.ger. für Mil.rentenansprüche an, s. Rek.Entsch. vom 3. Mai 1921 N 796/20.
„ 213 Zeile 4 hat es „UW" statt „UV" zu heißen.
Zeile 26 nach S 156 und 188: dann V S 205.
„ 214 Zeile 15 unten: „gemachten" statt „gemachte".
„ 216 Fußnote anzufügen: s. auch Baath in PreußVerwBl 41 S 237 (Gegengründe).
„ 217 Zeile 23 nach 65 (vor der Klammer) noch beizusetzen: ferner Preuß.-VerwBl 41 S 595.

S 223 Zeile 14 ist beizufügen: s. a. S 41 S 143.

„ 229 Zeile 8 nach „Ausweises": (Geb. 8 Mk., ME vom 12. Juni 1921, StAnz N 135).

Zeile 30 beizufügen: dann vom 25. Jan. 1921 (MABl S 14).

„ 238 Zeile 16 nach „gefordert": nicht aber zur Feststellung der Hilfsbedürftigkeit Erwerbsloser, s. MinBek vom 19. Nov. 1920 (StAnz N 275).

„ 251 Zeile 16 nach „Teuerungszuschlägen": s. nunmehr VO vom 15. Mai 1921 (GVBl S 309).

„ 253 Zeile 13 vor „Gebühren": Anders bei Milit.rentenanspr. s. RE. des b. Land.Mil.vers.ger. vom 3. Mai 1921 N 796/20.

„ 324 Zeile 11 a. E. ist beizufügen: s. a. S 41 S 138 und 146.

„ 327 ist in der untersten Zeile nach „erkennbar wird" beizufügen: s. S 41 S 137.

Unterstützungswohnsitzgesetz[1] (UWG)

vom 30. Mai 1908 (RGBl S 381).

§ 1.

I Jeder Deutsche[2] ist in jedem Bundesstaat[3] in bezug

a) auf die Art und das Maß der im Falle der Hilfsbedürftigkeit[4] zu gewährenden öffentlichen Unterstützung,[5]

b) auf den Erwerb und Verlust des Unterstützungswohnsitzes[6]

als Inländer zu behandeln.

II Im Sinne dieses Gesetzes sind unter Deutschen die Personen zu verstehen, die dem Geltungsbereiche des Gesetzes angehören.[7] Auf diese Personen finden die Bestimmungen im § 7 des Gesetzes über die Freizügigkeit vom 1. November 1867 (Bundes-Gesetzbl. S. 55) keine Anwendung.[8]

1. Die neue Reichsverfassung vom 11. August 1919 (RGBl S 1383) gebraucht den Ausdruck „Unterstützungswohnsitz" nicht; sie enthält auch nichts mehr von „Heimat" und „Niederlassungsverhältnissen" (Art 4 Ziff 1 bish. RVU), sondern bestimmt in Art 7 Ziff 5, daß dem Reiche die Gesetzgebung über das Armenwesen und die Wandererfürsorge zukomme. Das Reich hat sich hierüber aber nicht die ausschließliche Gesetzgebung (Art 6) vorbehalten, so daß gemäß Art 12 das einzelstaatliche Gesetzgebungsrecht bestehen bleibt, solange und soweit nicht das Reich von seinem Gesetzgebungsrechte Gebrauch gemacht hat. Das ist bis jetzt nicht der Fall, wenn auch in den Verhandlungen des deutschen Vereins für Armenpflege und Wohltätigkeit (nun deutscher Verein für öffentliche und private Fürsorge) immer wieder auf Erlaß eines Reichsarmengesetzes hingearbeitet wird, s. Verhandlungen des Jahres 1910, 1912 und 1913, Heft 97, 99 und 100 der Schriften dieses Vereins, dann 1920, wobei neue Richtlinien zu einem Reichsarmengesetz Annahme fanden; vgl. Diefenbach, ein Reichsarmengesetz (1920).

Der Krieg hatte aber vor Erlaß der Reichsverfassung anderweitige hier einschlägige Änderungen in bezug auf die Reichsgesetzgebung im Gefolge.

Von besonderer Wichtigkeit ist das Reichsgesetz vom 4. August 1914 (RGBl S 327/8), wodurch der Bundesrat zur Anordnung von Maßnahmen, die sich zur Abhilfe wirtschaftlicher Schädigungen als notwendig erweisen, ermächtigt worden ist (§ 3). Auf Grund dieses Reichsgesetzes ist die BRVo über Einwirkung der Fürsorge für Angehörige von Kriegsteilnehmern auf deren Unterstützungswohnsitz nach der Bekanntmachung vom 13. November 1915 (RGBl S 764), ebenso die BRVO über die Einwirkungen der Flüchtlingsfürsorge auf das Armenrecht in der Bekanntmachung vom 16. Mai 1918 S 409 erlassen worden.

Die Reichsverfassung vom 11. August 1919 selbst enthält noch verschiedene andere Bestimmungen auf sozialpolitischem und armenrechtlichem Gebiete, so über die Freizügigkeit (Art 6 Ziff 3 und Art 111), über Wohlfahrtspflege (Art 9 Ziff 1), über Fürsorge für Kriegsbeschädigte und Kriegshinterbliebene (Art 7 Ziff 11), über Gewährung eines menschenwürdigen Daseins (Art 151), über Fürsorge für kinderreiche Familien, Vorsorge zum Schutze der Mutterschaft, zur Erhaltung der Gesundheit und für den Fall der Erwerbsunfähigkeit (Art 110 und 160), über Sicherung des Unterhalts durch wirtschaftliche Arbeit oder durch Fürsorge bei Arbeitsmangel (Art 163), über Arbeitsrecht überhaupt (Art 157 ff), über unentgeltlichen Schulunterricht und Lehrmittelfreiheit (Art 145), über Gewährung von Unterrichtsbeihilfen an Minderbemittelte zum Besuche von mittleren und höheren Schulen (Art 146 Abs 3), ferner Bestimmungen über die Einrichtung von Verwaltungsgerichten (Art 107), über ein Reichsverwaltungsgericht (Art 166).

Über die Gesetzgebungsverhandlungen zum UWG und die früheren Gesetzesbestimmungen s. 1. Auflage Einleitung und die Anmerkungen 1 zu den §§ 1—65.

2. Wer ein Deutscher ist, sagt das am 1 Januar 1914 in Kraft getretene RG über die Reichs- und Staatsangehörigkeit vom 22. Juli 1913 (RGBl S 583) in § 1. Danach ist Deutscher, wer die Staatsangehörigkeit in einem Bundesstaat oder die unmittelbare Reichsangehörigkeit (§§ 33—35 RStAG) besitzt. Diese Reichsangehörigkeit aber kommt, wie aus § 1 Abs 2 UWG und § 33 RStAG zu entnehmen ist (so auch nunmehr Baath gegen Krech Fußnote zu § 10 UWG, 13. und 14. Auflage), für das UWG nicht in Betracht. Die Staatsangehörigkeit wird erworben durch Geburt, Legitimation, Eheschließung, Aufnahme, Einbürgerung und Anstellung (die als Aufnahme oder Einbürgerung gilt), vgl. § 3 RStAG. Zum Nachweise der Staatsangehörigkeit dienen die Staatsangehörigkeitsausweise zur Benützung im Inland und die Heimatscheine für den Aufenthalt im Auslande, vgl. Anlage 5 und 6 der bayr. VB vom 16. März 1914 zum RStAG, MABl 1914 S 137 und 138, abgeändert durch MinBek vom 3. Mai 1916 (MABl S 21) und vom 16. November 1918 (MABl S 343). Wenn auch für die Eigenschaft als Deutsche bei den im Inlande wohnenden Personen keine Rechtsvermutung besteht, so hat sich doch der Rechtsgrundsatz herausgebildet, daß eine im Geltungsbereiche des UWG sich aufhaltende Person unbekannter Herkunft für das UWG als „Deutscher" gelte, bis nicht deren Ausländereigenschaft genügend festgestellt ist oder doch überwiegende Gründe für eine solche Annahme vorliegen, B 27 N 2 S 20, BGE vom 16. Oktober 1916 N 41 III/16 Unterst. F, Reger 37 S 28. So auch § 4 Abs 2 RStAG wegen der Findlinge. Die Staatsangehörigkeit geht nunmehr verloren durch Entlassung, Erwerb einer ausländischen Staatsangehörigkeit, Nichterfüllung der Wehrpflicht, Ausspruch der Be-

hörde, Legitimation und Eheschließung, vgl. § 17 RStAG. Die Frage der Staatsangehörigkeit wird als Zwischenpunkt im armenrechtlichen Verfahren, das durch das UWG und die einschlägigen Landesgesetze geregelt ist, entschieden, B 5 N 41 S 147, 12 N 48 S 145/9, 46 N 55 S 215. Damit wird allerdings dieser Entscheidung die Wirkung eines rechtskräftigen Urteils in der Richtung gegen den Unterstützten, der im armenrechtlichen Streite nicht Beteiligter ist, entzogen. Ein selbständiger Streit über Staatsangehörigkeit wäre in Bayern auf Antrag des Unterstützten oder auf Veranlassung der Staatsbehörde gemäß Art 8 Ziff 1 VGG im verwaltungsrechtlichen Verfahren zum Austrage zu bringen. Wegen der Zuständigkeit in solchen Fällen s. Ziff 1 der VB zum RStAG, MABl 1916 S 21 und Ziff 58 MABl 1918 S 345. Für das Teilen der Staatsangehörigkeit durch Ehefrau und Kinder ist wie für das Teilen des UW von Bedeutung die Gültigkeit der Eheschließung, vgl. Anm 3 zu § 15 und Anm 2d zu § 18 mit Anm 2g zu § 20.

Staatenlose (Staatsangehörigkeitslose, Staatlose) sind im Bereiche des UWG — vorbehaltlich der Bestimmungen in § 33 und der RVo vom 16. Mai 1918 (RGBl S 409) — als Ausländer zu behandeln, B 18 N 49a S 168, Baath Anm 2 zu § 1 S 7.

Was die Staatsangehörigkeit der Deutschen des Abtretungsgebietes betrifft, so bestimmt Art 53 und 54 des Friedensvertrags mit § 4 der Anlage zu Art 54 (RGBl 1919 S 845) Näheres über die Elsaß-Lothringer. Mit Wirkung vom 11. November 1918 erlangen bestimmte Personen von Rechts wegen die französische Staatsangehörigkeit wieder (§ 1 der Anlage). Andere Personen (§ 2) können innerhalb eines Jahres vom genannten Tag an Anspruch auf die französische Staatsangehörigkeit erheben. Mit dem Antrage gelten diese rückwirkend vom erwähnten Zeitpunkt an als Elsaß-Lothringer. Nach § 3 erwerben Deutsche, die in Elsaß-Lothringen geboren sind oder ihren Wohnsitz haben, selbst wenn sie die elsaß-lothringische Staatsangehörigkeit besitzen, die französische Staatsangehörigkeit nicht durch die bloße Tatsache des Rückfalles von Elsaß-Lothringen an Frankreich. Sie können diese Staatsangehörigkeit nur im Wege der Einbürgerung erlangen, wenn sie in Elsaß-Lothringen vor dem 3. August 1914 ihren Wohnsitz hatten und sich nach dem 11. November 1918 dort ununterbrochen 3 Jahre lang aufgehalten haben.

Bezüglich der übrigen Gebiete erwerben die deutschen Reichsangehörigen, die dort ihren Wohnsitz haben, von Rechts wegen die fremde Staatsangehörigkeit unter Verlust der deutschen; es sind jedoch Optionen für die in anderen abgetretenen Gebieten ansässigen über 18 Jahre alten deutschen Reichsangehörigen vorgesehen in Art 37 des Friedensvertrages (Belgien), in Art 85 (Tschecho-Slowakei), in Art 91 (Polen), in Art 113 (Dänemark).

Jene Elsaß-Lothringer, die nicht nach Art 53 des Friedensvertrages mit der oben angeführten Anlage die französische Staatsangehörigkeit erwarben oder die nicht zugleich Angehörige eines anderen deutschen Landes waren, sind staatenlos. Sie können nach § 33 Ziff 2 des R und StAG die unmittelbare Reichsangehörigkeit und dann nach § 7 die Staatsangehörigkeit in einem deutschen Staatsverbande (Unterstaat) oder die Einbürgerung nach § 8 erwerben (MinBek vom 1. Mai 1920 StAnz N 104).

3. Nach der Reichsverfassung vom 11. August 1919 gliedert sich das Reich in „Länder", bisher Bundesstaaten; es besteht aus dem Gebiete der deutschen Länder. Vgl. Art 2 und 18 RV, s. auch nachfolgende Anm 8.

4. Über Hilfsbedürftigkeit sind folgende allgemeine Bemerkungen veranlaßt:

a) In dem Reichsgesetze findet sich keine Begriffsbestimmung, wohl aber in Literatur, Landesgesetzen und Rechtsprechung. So bezeichnete das BAH in B 35 N 16 S 48/50 als hilfsbedürftig und Gegenstand der öffentlichen Armenpflege für den vorläufig unterstützungspflichtigen AV i. S. des § 28 jene Person, die des Obdachs, des unentbehrlichen Lebensunterhalts, der erforderlichen Krankenpflege entbehrt, weil sie dem entsprechenden Bedürfnisse weder aus eigenem Vermögen, noch durch eigene Arbeitskraft abhelfen kann; zum eigenen Vermögen gehöre auch der Anspruch auf Gewährung des Unterhalts gegen unterhaltspflichtige Personen. S. ferner Art 2 BayAG, Seydel in HirthsAnn S 560, wo auch die Familienangehörigen erwähnt werden und von einem besonderen Notstande die Rede ist und Diefenbach RAG S 182, wo Arbeitslosigkeit — s. BayAG Art 3 Abs 5 — besonders betont ist.

Bei der Hilfsbedürftigkeit kommen zwei Merkmale in Betracht, nämlich das Fehlen des notdürftigen Unterhalts (Notbedarf) und die Unmöglichkeit seiner Beschaffung. Die Frage, was zu ersterem gehört ob insbesondere eine Leistung nach Art und Gattung armenpfleglicher Natur ist, muß nach der Landesgesetzgebung beurteilt werden (Reger 37 S 48). Denn ihr ist die Bestimmung darüber durch § 8 UWG ausdrücklich zugewiesen worden. Das gleiche gilt an sich nicht für die Frage, ob die von einem AVe gewährte öffentliche Unterstützung notwendig war, ob das Familienhaupt nach seinen Erwerbs- und Besitzverhältnissen in der Lage ist, die Kosten der von einem Familiengliede benötigten Krankenhilfe zu bestreiten, ob die Armenhilfe nicht durch Heranziehung Unterhaltspflichtiger entbehrlich geworden wäre; daher spricht das BAH (B 38 N 30 S 81) von der armenrechtlichen Hilfsbedürftigkeit i. S. des Reichsgesetzes (vgl. auch B 15 N 25 A bis C S 69 ff.).

b) Die Feststellung der Hilfsbedürftigkeit ist zunächst Sache der hilfeleistenden, insbesondere auch der vorläufig unterstützungspflichtigen AVe. Das Bestreiten der Hilfsbedürftigkeit gegenüber den Beschlüssen oder Leistungen der Armenverbände veranlaßt die Feststellung der Hilfsbedürftigkeit durch die armenrechtlichen Spruchbehörden. Für die Feststellung der armenrechtlichen Hilfsbedürftigkeit und des Zeitpunkts ihres Eintritts ist nicht die Not und nicht die entstandene Krankheit, zu der regelmäßig vom ärztlichen Standpunkt aus das Heilbedürfnis sich gesellen wird, nicht die sog. objektive Hilfsbedürftigkeit i. S. der neueren Rechtsprechung des bayr. VGH[1]) für sich allein, sondern ausschließlich der Umstand maßgebend, daß die Hilfsbedürftigkeit für den AV oder seine Organe, die zur Entgegennahme der Unterstützungsanträge oder zur einstweiligen Gewährung dringlicher Armenhilfe oder zur Feststellung der Hilfsbedürftigkeit nach ihren Dienstesvorschriften berufen sind, in erkennbarer Weise zutage getreten ist[2]) — in diesem Falle spricht das BAH von

---

[1]) Vgl S 21 S 77, s. auch frühere Entscheidungen des VGH in S 4 S 583 und 11 S 47.

[2]) Nach B 48 N 33 S 109/11 kann der AV sich nicht darauf berufen, daß ihm ein Pflegefall unbekannt geblieben sei, wenn ein Hilfsbedürftiger nach Schluß des amtlichen Armenbüros bei einem Polizeibediensteten das Gesuch um Aufnahme ins Krankenhaus stellte. Dies gilt nach B 39 N 30 S 87 allgemein dann, wenn Armen- und Polizeibehörde bei einer Gemeinde vereinigt ist.

der Hilfsbedürftigkeit im armenrechtlichen Sinne, vgl. insbesondere B 35 N 35 S 102/3 und 40 N 13 S 26/8 und Begr zum AbG vom 30. Mai 1908 RTB 1907/9 AnlBd 241 S 1965, hier ist wiederholt von erkennbar hervorgetretener Hilfsbedürftigkeit die Rede. Diese deckt sich nicht immer mit der Inanspruchnahme der öffentlichen Unterstützung. Die Feststellung der Hilfsbedürftigkeit kann auch durch die Staatsaufsichtsbehörde erfolgen, wenn die öffentliche Armenpflege die Hilfeleistung verweigert. Gegen einen Beschluß der Staatsaufsichtsbehörde stehen die nach der Landesgesetzgebung für das staatsaufsichtliche Verfahren maßgebenden Rechtsmittel zur Verfügung. In Bayern kann der AV den Verwaltungsgerichtshof gemäß Art 10 Ziff 2 VGG anrufen. Die Feststellung der Hilfsbedürftigkeit durch die Staatsaufsichtsbehörde ist für die Entscheidung der Spruchbehörden über Erstattungsansprüche nicht unter allen Umständen maßgebend. Anders verhält es sich, wenn durch bezirkspolizeilichen Beschluß die Einweisung eines Geisteskranken in die Kreisirrenanstalt wegen Gemeingefährlichkeit verfügt wurde (vgl. Reger 37 S 110). Sonst wird aber das Bestreiten der Hilfsbedürftigkeit staatsaufsichtlichen Anordnungen gegenüber nur Beachtung finden, wenn nachgewiesen ist, daß sie auf irrtümlichen tatsächlichen Voraussetzungen oder rechtsirrtümlicher Auffassung beruhen oder der Unterstützte infolge veränderter Verhältnisse keiner weiteren Armenfürsorge bedarf; vgl. B 9 N 10 A S 29 und 12 N 13 S 32, Brunn S 304, dann B 13 N 20 B S 69. Über Feststellung der Hilfsbedürftigkeit im Falle des Art 58 s. BlApfl III 233/5. Über Beginn und Ende der Hilfsbedürftigkeit s. auch noch Anm 1 h zu § 14 u. Anm 2 zu § 28. Zusammenstellung der Rechtsprechung des BAH über Hilfsbedürftigkeit s. Anm 4 II zu § 28.

Dem Armen, dessen Hilfsbedürftigkeit vom AVe bestritten wird, steht kein Rechtsanspruch, über den die armenrechtliche Spruchbehörde oder die Staatsaufsichtsbehörde zu entscheiden hätte, zu; andererseits räumen verschiedene Landesgesetzgebungen den Armen ein Beschwerderecht gegen Verfügungen der Armenbehörden darüber ein, ob oder in welcher Art oder in welchem Umfang Armenunterstützungen zu gewähren sind; so § 63 preuß. AG mit § 41 ZuständigkeitsG vom 1. August 1883. In Bayern kann der Einzelne Beschwerde gegen abweisende Beschlüsse der Armenräte zur unmittelbar vorgesetzten Staatsaufsichtsbehörde einlegen, Art 71 BayAG mit Anm 2, s. auch Begr zum BayAG S 726, S 4 S 129. Die Vorschläge des DVerfsuprF wollen dem Hilfsbedürftigen einen Rechtsanspruch gegen den AV gewähren, Diefenbach RAG S 182, 197.

c) In der Praxis und Rechtsprechung werden verschiedene Arten von Hilfsbedürftigkeit aufgeführt. Zu erwähnen sind hier insbesondere:

aa) mittelbare oder unmittelbare,
bb) vorübergehende oder dauernde,
cc) fortgesetzte,
dd) teilweise Hilfsbedürftigkeit.

Zu aa: Mittelbar hilfsbedürftig ist das Familienhaupt, wenn bei unselbständigen Familiengliedern die Notwendigkeit der Armenunterstützung eingetreten ist, B 17 N 14 S 38/45, Brunn S 197, 28 N 14 S 39 und 40 N 14 S 29. Nach der Rechtsprechung des BAH ist es nicht ausgeschlossen, daß neben den Familienangehörigen unter Umständen auch das Familienhaupt als unmittelbar hilfsbedürftig und deshalb als Gegenstand der Armenpflege gelten kann; dies trifft insbesondere im Falle des § 1603 Abs 2 und § 1609 Abs 2 BGB d. h. dann zu, wenn die Erfüllung der aus diesen Bestimmungen sich ergebenden Unterhaltspflicht höheren Grades den Mangel des notdürftigen Unterhalts für das Familienhaupt im Gefolge hat, vgl. B 42 N 5 S 25 mit Anführungen und 44 N 1 S 1/2. Wichtig ist der Unterschied für die vorläufige Unterstützungspflicht nach § 28, weil hier die mittelbare Hilfsbedürftigkeit ohne Bedeutung ist (vgl. B 30 N 13 S 34/6, N 16 S 48, Brunn S 290 und B 42 a. a. O.).

Zu bb: Über dauernde Hilfsbedürftigkeit vgl. die Ausführungen in Anm 2 c zu § 31. Dauernde Hilfsbedürftigkeit ist die Voraussetzung für
die Übernahmepflicht,
den Überführungsantrag,
die Ausweisung nach § 5 FreizG und endlich für
die Wirksamkeit der Aufenthalts- oder Abwesenheits-Unterbrechung durch den Übernahmeantrag gemäß § 14 Abs 2 und § 27 Abs 2.

Zu cc: Tritt nach Beendigung der Leistungen eines AVes Hilfsbedürftigkeit von neuem ein, so liegt ein neuer Pflegefall vor, bei dem sich die Unterstützungspflicht nach den tatsächlichen und rechtlichen Verhältnissen zu diesem Zeitpunkte richtet. Das kann mehrfach dazu führen, daß nunmehr ein anderer AV fürsorgepflichtig ist als zur Zeit des früheren Pflegefalls. Diese Wirkung hat aber nicht jede Unterbrechung der Armenunterstützung; sie fällt insbesondere dann hinweg, wenn es sich um Fortdauer der Hilfsbedürftigkeit, fortgesetzte Hilfsbedürftigkeit handelt.[1]) Solche liegt insbesondere dann vor, wenn die Unterstützung bei lang andauernder Krankheit oder Anstaltspflege infolge Aufenthaltswechsel oder Entweichung oder Beurlaubung aus der Anstalt oder durch mißlungenen Versuch zum Arbeiten nur kurze Zeit unterbrochen wird; ob sich der Kranke in der Zwischenzeit seinen notdürftigen Unterhalt ohne Armenhilfe z. B. von Verwandten oder durch Bettel verschaffte, ist dabei belanglos, vgl. die verschiedenen Fälle in B 16 N 35 A bis C S 116 ff., 19 N 30 A S 110 und 20 N 35 A bis C S 118 ff., 23 N 41 A und B S 139 ff., 43 N 47 S 123 und N 52 S 135, 54 N 1 S 1. Eine Unterbrechung der Hilfsbedürftigkeit kommt in Frage, wenn die öffentliche Unterstützung durch Deckung der Kosten des Unterhalts aus Mitteln privater Wohltätigkeit oder eigenem Vermögen oder Entlassung aus der Anstalt, Übernahme des Unterhalts durch Angehörige auf längere Zeit, Wegzug ins Ausland, durch Haft, sowie durch längere Pausen in der ärztlichen Hilfeleistung und dem Arzneibezuge bei „chronischen" Leiden unterbrochen wird, B 21 N 38 S 134, 39 N 40 S 117, 44 N 40 S 113, 43 N 48 S 125, 46 N 23 S 83, 49 N 32 S 94. Hier ist anzunehmen, daß bei Wiederaufnahme der Unterstützung die Hilfsbedürftigkeit von neuem eingetreten ist, Reger 36 S 196. Über fortgesetzte Hilfsbedürftigkeit bei dem aufeinanderfolgenden Eintritte der Hilfsbedürftigkeit mehrerer Familienglieder vgl. Anm 3 a zu § 30, über die Fortdauer der Hilfsbedürftigkeit bei Aufenthaltswechsel und die Wirkung des Letzteren auf die Unterstützungspflicht vgl. Anm 2 zu § 28 und 3 b zu § 30, dann bei Erbschaftsanfall B 49 N 32 S 93/5, über fortgesetzte Hilfsbedürftigkeit und Wechsel der Unterstützungswohnsitzverhältnisse bei Verheiratung vgl. B 42 N 5 S 25, s. dazu auch B 43 N 6 S 14/5.

Zu dd: Auch bei teilweiser Hilfsbedürftigkeit hat die öffentliche Armenpflege einzutreten und ihre Beihilfe die Wirkung der Armenunterstützung. Dies ist namentlich dann der Fall, wenn sich eine Person zwar den Lebensunterhalt, aber nicht auch die erforderlich gewordene ärztliche

---

[1]) Über „fortgesetzte Pflegefälle" vgl. Anm 3 b zu § 30.

Hilfe für sich und seine Familienangehörigen verschaffen kann oder wenn der Verdienst nicht auch noch zur Bestreitung des Mietzinses ausreicht, vgl. B 7 N 7 S 17, S 22 S 143 und BGE vom 27. Nov. 1916 N 75 Arztk. f. B. Über Hilfsbedürftigkeit Festbesoldeter s. Reger 37 S 48.

Nicht ausgeschlossen ist ferner, daß mit teilweiser Hilfsbedürftigkeit auch dauernde Hilfsbedürftigkeit verbunden ist (vgl. Anm 2 c zu § 31).

d) **Bemerkenswerte Verschiedenheiten der Anschauungen in der Rechtsprechung über das Vorliegen armenrechtlicher Hilfsbedürftigkeit und Hilfeleistungs-(Ersatz-)pflicht:**

aa) Das BAH hat in ständiger Rechtsprechung daran festgehalten, daß die von der Polizeibehörde zum Schutze gegen ansteckende Krankheiten verfügte Krankenhauseinweisung mittelloser Erkrankter als polizeiliche Maßnahme erscheine, die die Hilfeleistungspflicht der öffentlichen Armenpflege nicht berühre und deshalb auch einen Erstattungsanspruch gegen den AV ausschließe, vgl. insbesondere B 37 N 31 S 77, 38 N 32 S 93, 40 N 34 S 86, 48 N 15 S 45 und 39 N 24 S 62. Die letzterwähnte Entscheidung vom 27. Okt. 1906 enthält eingehende Ausführungen zur Widerlegung des entgegengesetzten Standpunktes des SächsOVG und des sächs. Ministeriums des Innern, s. dazu Entsch. vom 9. Febr. 1911 (SächsJb 17 S 48). Auf letzterem Standpunkte steht auch die bayerische Praxis, s. Reger 37 S 417 mit Fußnote S 419. Die Polizei hat auf Grund der Bestimmungen des BayPolizeiStGB (vgl. Art 66) und des RG über die Bekämpfung gemeingefährlicher Krankheiten vom 30. Juni 1900 (RGBl S 306, Weber 30 S 27) die Befugnis im gesundheitspolizeilichen Interesse die Zwangsheilung in einem Krankenhause gegenüber bestimmten Fällen von ansteckenden Krankheiten (ME vom 9. Mai 1911, GVBl S 426 Ziff 23), sowie die Absonderung erkrankter oder verdächtigter Personen bei den im RG vom 30. Juni 1900 aufgeführten Krankheiten anzuordnen. Insoweit es sich dabei um mittellose Personen handelt, hat die öffentliche Armenpflege für jene Leistungen, die nach dem Armengesetze unter ihre Aufgabe fallen [1]) und die von Zahlungsfähigen selbst zu bestreiten sind, aufzukommen; vgl. S 13 S 559, 26 S 31 und 28 S 150, BayVO vom 8. Nov. 1904 (GVBl S 563) mit MBek vom 9. Nov. 1904 (MABl S 502) Ziff 12. An diesem von der bayr. Staatsregierung, in der Rechtsprechung des VGH und von der Literatur (Riedel-Henle, ArmG S 136 mit Anführungen) vertretenem Standpunkte wird durch das UWG nichts geändert; vgl. auch VdKdA 1912 BeilBd 2 S. 416 und 422 StenBer 4 S. 954, AB 1914 S 469/70 und 482/3, StenBer 1914 Bd 12 S. 42, 61, 68 und 76, wo besprochen wurde, ob für die wegen Geschlechtskrankheit polizeilich einer Krankenanstalt zugewiesenen Hilfsbedürftigen der LAV oder der OAV zu sorgen haben soll. Vgl. nunmehr auch die Entscheidung des VGHofs v. 12. Nov. 1917 S 39 S 55, Reger 39 S 186 (dazu aber auch 37 S 51), BlApfl II S 51, 63.

bb) Das PrOVG und das BAH beurteilen verschieden die Tragweite eines Beschlusses des Vormundschaftsgerichts gemäß §§ 1666, 1638 BGB, der die Trennung eines Kindes von seinen Eltern zum Zweck anderweitiger Erziehung aber nicht der Zwangserziehung anordnet, für die Unterstützungspflicht der AVe, wenn der Eintritt der Hilfsbedürftigkeit

---

[1]) Dazu gehören nicht die Kosten für ärztliche Beobachtung und Impfung bei Seuchenverdacht. Hier ist der Staat kostenpflichtig.

durch Belassung des Kindes beim Familienhaupte hintangehalten würde, vgl. PrOVG 52 S 185 und 57 S 211, B 41 N 23 S 75.

Für Bayern wird auf die Begründung vom 17. Juni 1914 (VdKdA 1913/14 BeilBd 7 S 8) zum Entwurfe des Armengesetzes Art 95 b über die Abänderung des Zwangserziehungsgesetzes (Art 97 NArmG), sowie auf die Erklärung des Vertreters des Staatsministeriums der Justiz bei der Ausschußberatung (BeilBd 7 S 561) verwiesen.

cc) Das BAH vertritt in B 38 N 30 S 81, s. auch 40 N 31—33 S 75 ff., 42 N 14 A—C S 53 und 56 N 23 S 70 den Standpunkt, daß armenrechtliche Hilfsbedürftigkeit nicht vorliege, wenn die Verwahrung in Irrenanstalten gemeingefährliche Geisteskranke betrifft, die in der Freiheit ihren Lebensunterhalt selbst sich zu verschaffen vermögen, wenn also die Verwahrung lediglich mit Rücksicht auf die öffentliche Sicherheit erfolgt. Demgegenüber hat das preuß. OVG seinen in Bd 47 S 6 vertretenen gegenteiligen Standpunkt aufrecht erhalten, vgl. Bd 57 S 213. Während das Reichsversicherungsamt in der RevEntsch v. 11. Jan. 1915 Amtl. Nachr. 1915 S 364 Ziff 1963 es dahin gestellt sein läßt, welche Anschauung die richtige ist, tritt es in AN 1916 S 638 Ziff 2254 (abgedruckt Reger 37 Beil S 42) auf die Seite des BAH; dem folgte auch das bayr. Landesversicherungsamt (vgl. § 1718 Abs 1 RVO, Reger 38 S 167). Für Bayern kommt nur der Standpunkt des preuß. OVG in Betracht. Wenn auch gemäß Art 80 PStGB mit ME vom 1. Jan. 1895 (MABl S 2) gemeingefährliche Personen durch Beschluß der Bezirkspolizeibehörde in eine Irrenanstalt eingewiesen werden können, so ist doch andererseits zu betonen, daß die in jedem der 8 Kreise bestehenden Irrenanstalten nicht bloß Verwahrungsanstalten sondern, wie ihre neuere Bezeichnung besagt, auch Heil- und Pflegeanstalten sind, die unter ärztlicher Leitung stehen. Darum bestimmt Art 58 AG, daß die LABe allgemein die Anstaltsfürsorge für hilfsbedürftige Geisteskranke zu übernehmen haben. S. auch Reger 37 S 110 (BGE v. 5. Juni 1916 N 28 III/16 Armenhilfe Sp) u. BlAdmPr 66 S 179. Anders verhält es sich mit der Einweisung von Straf- oder Untersuchungsgefangenen in eine Anstalt behufs Beobachtung des Geisteszustandes, vgl. hierüber Reger 32 S 300 und JustME vom 21. März 1916 (JMABl S 164).

5. Öffentliche Unterstützung ist, wie S 4 S 358 sagt, dann als gegeben anzunehmen, wenn die Unterstützung von einer öffentlichen Behörde kraft öffentlichen Rechts aus öffentlichen Mitteln gewährt wird. Sie kommt aber nur in Frage, wo die staatlich geregelte Armenpflege Hilfe leistet, wenn alle andern Mittel versagen oder wie es in der Begründung zum bayr. Gesetz über die Einwirkung von Armenunterstützung auf öffentlichem Rechte (VdKdA 1909/10 BeilBd 8 S. 341) heißt, wo Aufwendungen aus Mitteln der öffentlichen Armenpflege im Rahmen ihrer Pflichtaufgaben gemacht werden.

Nähere Ausführungen über armenpflegliche Leistungen sind zu finden in Anm 3 zu § 8, Anm 1 zu § 14, Anm 2 bis 4 I zu § 28, dann in Art 1—3 BayAG nebst Anmerkungen. Hier sind noch folgende allgemeine Bemerkungen veranlaßt:

A. Eine große **Entlastung der Armenpflege** wird durch verschiedene Maßnahmen und Mittelbewilligungen des Reiches herbeigeführt; namentlich hat die Kriegs- und die Übergangswirtschaft einschneidende Anordnungen sozialer Fürsorge — vor allem Kriegs-

und Erwerbslosenfürsorge — gezeitigt. Zur Entlastung der Armenpflege trugen und tragen insbesondere folgende Maßnahmen bei:

a) Die nach Kriegsbeginn in großem Umfange geleistete Familienunterstützung und Kriegswohlfahrtspflege. Zunächst ist hier zu beachten, daß das RG vom 28 Febr. 1888 (RGBl S 59) / 4. Aug. 1914 (RGBl S 332) über Unterstützung von Familien in den Dienst eingetretener Mannschaften (Familienunterstützung) immer mehr erweitert worden ist. So sind diese Unterstützungen durch spätere Anordnungen des Reiches auch an andere Kategorien (sowohl auf Seite des Berechtigten als auch seiner Angehörigen), als im RGes angeführt, gewährt und die Beträge erhöht worden, vgl. insbesondere die auf Grund des Ermächtigungsgesetzes vom 4. August 1914 (s. Anm 1) erlassene Bundesratsverordnung vom 21. Januar 1916 (RGBl S 55, Ergänzungen im RGBl 1916 S 1323, 1917 S 371, 985, 1918 S 1223, 1317, 1411), s. dazu auch Vollzugsgrundsätze in der bayer. ME vom 1. Mai 1915 (MABl Kriegsbeil S 435), ME vom 24. März 1919 (MABl Kriegsbeil S 96) und vom 14. Juni 1919 (StAnz N 150), über Weiterzahlung der Familienunterstützung an Angehörige der Mannschaften von Freikorps und der Reichs- und Volkswehr, ME vom 7. Juli 1919 (StAnz N 170).

Die Lieferungsverbände (in Bayern die Bezirke und Städte), denen die Auszahlung der Familienunterstützung obliegt, sind nach der eingehend begründeten Entscheidung des BAH vom 23. März 1915 B 49 N 11 S 29[1]) verpflichtet, gegebenenfalls den Familien der zum Heeresdienst Einberufenen auch über die durch RG festgesetzten Beträge hinaus Unterstützung zu gewähren, um das Eingreifen der Armenpflege gegenüber hilfsbedürftigen Familienangehörigen von zum Heeresdienst Einberufenen (Kriegsteilnehmern) auszuschalten; um Armenpflege handle es sich nicht, wenn ein Armenverband an Stelle des seiner Verpflichtung nicht nachkommenden Lieferungsverbandes unterstützend eintritt. Dieser Auffassung schloß sich der bayer. VGH in der Entscheidung vom 5. Oktober 1917 S 38 S 225 voll an. Die Lieferungsverbände haben einzutreten, wenn die Hilfsbedürftigkeit voraussichtlich auch ohne Einberufung des Ernährers eingetreten wäre (B 50 N 23 S 77 und 25 S 83, S 38 S 225) oder selbst wenn vor Einberufung Armenpflege geübt worden ist (B 50 N 26 S 86). Die Lieferungsverbände haben auch für die Anstaltspflegekosten (Art 58 BayAG) aufzukommen, ohne daß diese Hilfe die Eigenschaft einer Armenunterstützung habe (B 50 N 23 S 70, 52 N 22 S 84, S 38 S 225), auch haben sie Krankenhilfe (und Heilmittel) zu gewähren (vgl B 54 N 25 S 108). Die bisher von der Armenpflege geleistete Armenunterstützung geht mit der Einberufung des Ernährers oder Unterhaltspflichtigen zum Heeresdienst in die reichsgesetzliche Familienunterstützung (Kriegsunterstützung) über (B 50 N 26 S 86). Hat ein AV bei Weigerung des Lieferungsverbandes[2]) für Angehörige von Kriegsteil-

---

[1]) S. darüber PreußVerwBl Jahrg 36 S 471, 537, Jahrg 37 S 742, dagegen 786, dann 38 S 457 und 40 S 425 (Baath).

[2]) Entgegen der Bestimmung über die endgültige Entscheidung des Lieferungsverbandes in § 6 des RG vom 28. Februar 1888 ist durch § 7 der oben angeführten BRVo vom 21. Januar 1916 das Recht des Eingreifens der Staatsbehörden eingeführt worden (vgl. hiezu die Ausführungsbestimmungen in der MB vom 30. Januar 1916 MABl Kriegsbeil S 111). Hier-

nehmern eingreifen müssen, so muß er, da ein Armenpflegefall nicht vorliegt (s. B 49 N 11 S 29 und 51 N 27 S 79, auch S 38 S 225), Ersatz auf dem bürgerlichen Rechtswege zu erlangen suchen, B 54 N 25 S 108 (s dagegen PrVerwBl 39 S 123). Anders, wenn zur Zeit der Unterstützungsleistung noch nicht ein Anspruch gegen den Lieferungsverband bestand, vgl. B 52 N 19 S 74, B 53 N 19 S 80, BlApfl I S 31. Die Nachprüfung der Verpflichtung der Lieferungsverbände kann im Streit über Ersatzansprüche zwischen zwei Armenverbänden als Zwischenpunkt erfolgen, s. die verschiedenen Entscheidungen des BAH B 50 bis 55 unter III. Säumnis wegen Inanspruchnahme der mit der Kriegsfürsorge befaßten Behörde kann nach Umständen die Verwirkung des Ersatzanspruches zur Folge haben, vgl. auch Reger 38 S 208.

Bezüglich anderer nicht unter das RG vom 28. Februar 1888 und folg. fallender Personen, die infolge des Krieges arbeitslos, arm, krank und dadurch hilfsbedürftig geworden sind, haben Regierungserlasse die Gemeinden aufgefordert, aus vaterländischen Gründen Kriegswohlfahrtspflege außerhalb des Rahmens der gesetzlichen Armenpflege zu üben. So sollen nach b. ME vom 24. Oktober 1914 Kriegsbeil. S 257 über Kriegsfürsorge für Arbeitslose auch Volksgenossen, die durch den Krieg unverschuldet erwerbslos wurden, vor Not geschützt werden und zur Erlangung des Mindestbedarfes die außerarmenpflegliche Kriegsfürsorge gewährt werden. Ähnlich in Preußen, s. Erlaß vom 28. August 1914, 23. Juni 1916, ferner B 50 S 100 (1. Fußnote), dazu PreußVerwBl 37 S 742 und 787. Die Bestimmungen über Kriegswohlfahrtspflege sind in der MB vom 20. Dezember 1914 Kriegsbeil S 435 enthalten. Es besteht keine gesetzlich erzwingbare Pflicht der Gemeinden, vgl. B 50 N 29 S 100 und B 52 N 16 S 62/3. Jedoch dürfen die Gemeinden oder Bezirksverbände, die für Kriegswohlfahrtspflege Reichsbeihilfe beziehen, nicht ihren Leistungen — auch nicht nachträglich — den Rechtscharakter der Armenpflege beilegen, vgl. Kriegsbeil 1914 S 436, dazu auch B 50 N 29 S 100, 51 N 36 S 118/24 und 53 N 23 S 96/7. Reichsmittel wurden vom Reich erstmalig durch den 2. Nachtrag zum Reichshaushalte für 1914 zur Verfügung gestellt. Dazu kamen auch Beihilfen von den Gliedstaaten, vgl. hierüber B 51 N 29 S 100 (2. Fußnote), N 35 S. 114/5, B 53 N 23 S 96/7. Wo Kriegswohlfahrtspflege nicht geübt wird, hätte allerdings die Armenpflege einzutreten.

Vom 1. April 1920 ab sind nach Entschl des Reichsministeriums des Innern vom 10. März 1920 Nr I *M* 2247, veröffentlicht durch MinEntschl vom 7. April 1920 (StAnz Nr 83) Familienunterstützung und Kriegswohlfahrtspflege bei Bedürftigkeit in beschränktem Maße zulässig. In Betracht kommen insbesondere noch die Familienangehörigen der Vermißten, der Gefangenen (nach MB vom 28. Okt. 1920, StAnz Nr 255, befinden sich in Amerika, Belgien, Italien und England keine Gefangenen mehr), noch nicht entlassener Lazarettinsassen. Beihilfen werden noch gewährt u. a. für Schaden durch Besatzungstruppen (vgl. MB vom 12. April 1920, StAnz Nr 86), nicht mehr dagegen u a. für Familien von politische Strafen verbüßenden Verurteilten, an Hinterbliebene der Revolutionsopfer.

Soweit Mittel der Kriegswohlfahrtspflege nicht mehr verwendet werden dürfen, wird die freie Liebestätigkeit oder die Armenpflege einzutreten

---

nach ist den Aufsichtsbehörden eine Nachprüfung der Beschlüsse der Lieferungsverbände und insbesondere das Recht der Anordnung zur Leistung der Familienunterstützung eingeräumt worden.

haben. Was die *bisher geleisteten* Ausgaben der Gemeinden, Gemeindeverbände und Länder auf dem Gebiete der *Kriegswohlfahrtspflege* anlangt, ist die Uebernahme auf das Reich nebst Zinsen, Diskontbeträgen und Kosten, soweit die Zwecke bisher als beihilfefähig anerkannt wurden, durch das Landessteuergesetz vom 30. März 1920 (RGBl S 402) vorgesehen. Bei den allmonatlichen Gesuchen um Reichs- und Staatsmittel für Kriegswohlfahrtspflege ist kurz anzugeben, für welche Zwecke die Aufwendungen gemacht wurden, ME vom 26. April 1920 (StAnz Nr 101 u. 102).

b) Dazu kam die *Wochenhilfe*, s. BRVo vom 6. Dez. 1914 (RGBl S 257), 23 April 1915 (RGBl S 257), vom 28. Januar 1915 (RGBl S 49) und BRVo vom 21. Dez. 1918 (RGBl S 1467), nunmehr *Wochenhilfe, Wochenfürsorge und Familienhilfe* nach RG vom 26. Sept. 1919 (RGBl S 1757)/30. April 1920 (RGBl S 853), bayer. VB vom 19. Okt. 1919 (StAnz N 258, 1920 N 117 und 173).

c) Eine einschneidende Bestimmung zur Entlastung der Armenpflege ist die reichsgesetzliche *Erwerbslosenfürsorge*. Nach der Erwerbslosenverordnung haben die Gemeinden oder Bezirke für arbeitsfähige und arbeitswillige Personen, die *infolge des Krieges* durch *Erwerbslosigkeit* sich in *bedürftiger* Lage befinden und nicht mehr imstande sind den notwendigen Lebensunterhalt zu bestreiten, eine *Fürsorge* einzurichten, der *sie nicht den Rechtscharakter der Armenpflege* beilegen dürfen, §§ 2 und 6, (wegen Beurteilung der Bedürftigkeit (§ 11). Die Erwerbslosenfürsorge ist nach ausdrücklicher gesetzlicher Bestimmung (§ 8) zu versagen oder einzuziehen, wenn der Erwerbslose die Annahme der ihm nachgewiesenen Arbeit verweigert, dann bei Streiks, s. MB vom 10. Dez. 1919 (MABl Kriegsbeil S 266). Den Gemeinden oder Gemeindeverbänden werden $^{8}/_{12}$ des Gesamtaufwandes für die Erwerbslosenfürsorge aus Reichs-, $^{4}/_{12}$ aus Landesmitteln ersetzt (§ 4). In Bayern haben nur die unmittelbaren Städte und die Gemeinden mit über 10 000 Einwohner, für die übrigen Gemeinden haben die Distrikte (nun Bezirke) die Erwerbslosenfürsorge einzurichten; die mittelbaren Gemeinden mit über 10 000 Einwohner können sich letzteren anschließen, vgl. ME vom 19. Nov. 1918 (StAnz Nr 271). Wer Familienunterstützung bezieht, ist von der Erwerbslosenfürsorge ausgeschlossen, s. dazu ME vom 23 April 1919 (MABl Kriegsbeil S 137). Für die Durchführung sind Fürsorgeausschüsse zu bilden, RVo vom 9. Dez. 1918 (RGBl S 1411 § 7). Ueber die *Anmeldung* des Aufwandes und über Gesuche um weitere Reichsbeihilfe s. MB vom 31. Dez. 1918 (MABl S 379), nun MB vom 9. März 1920 (MABl S 56, StAnz Nr 75 mit Nachweisungsformular), MB vom 4. Mai, 5. August, 18. Sept. und 22. Okt. 1920 (StAnz Nr 106, 184, 220 und 250). Die Vorschriften wechseln. Von 1920 an kommt die RVo vom 15. Jan. 1920 (RGBl S 98) in Betracht. Durch die Arbeitslosenversicherung, wofür bereits Gesetzentwurf wie für ein Reichsarbeitsnachweisgesetz angefertigt ist, würde sie gegenstandslos. Erwerbsl.f.satzung (StAnz 1920 N 136), Statistik (Anmeldung) N 177 und 296. Durch RVo vom 6. Mai 1920 (RGBl S 871), bayr. VB vom 27. Mai 1920 (StAnz Nr 124) wurde die Vo über Erwerbslosenfürsorge in folgenden Hauptpunkten geändert: Verpflichtung der Gemeinden und Gemeindeverbände nur insoweit Bedürfnis, Einführung einer Wartezeit, Einschränkung auf 26 Wochen, Wegfall der Winterbeihilfe, Anrechnung des Rentenbezuges, vgl. dazu weiterhin die Abänderung in der

RVo vom 11. August 1920, bayr. VB. vom 23. August 1920 (StAnz Nr 197), auch vom 21. Juli 1920 (StAnz Nr 168). Über Erhöhung der Sätze StAnz 1920 Nr 251. Über produktive Erwerbslosenfürsorge vgl. § 15 i. d. F. vom 6. Mai, dazu bayr. MB vom 12. April 1920 usw. (StAnz Nr 89, 129 194 mit Nr 31), über Anlernezuschüsse § 9 Abs. 6 Vo, dazu bayr. MB vom 15. Mai 1920 (StAnz Nr 115 und 116). Über Erwerbslosenfürsorge und Arbeitsvermittlung MB vom 17. Februar 1920 (StAnz Nr 42), über Erwerbslosenfürsorge und Krankenversicherung (§ 12 a), ME vom 7. Febr. 1920 (StAnz Nr 35, GemZeit 1919 S 421), über Gewährung von Erwerbslosenfürsorge an Kriegsteilnehmer MB vom 9. März 1920 (MABl 56), an Ausländer MB vom 30. März 1920 (StAnz Nr 78), über Entlohnung der Notstandsarbeiter MB vom 21. Sept 1920 (StAnz Nr 222), kein (10%iger) Steuerabzug MB vom 4. August 1920 (StAnz Nr 185), Steuerfreiheit gemäß § 12 Abs. I N 11 REinkSteuergeſ vom 29. März 1920 (RGBl S 359).

d) Entlastend für die Armenpflege wirkt insbesondere auch die Kriegsversorgung (mit Kapitalabfindung an deren Stelle) laut RG vom 3. Juli 1916 (RGBl S 680) mit Ausführungsbestimmungen S 684 und Ergänzung durch RG vom 26. Juli 1918 (RGBl S 993, für Offiziere S 995 mit Ausführungsbestimmungen S. 1319) sowie RG vom 11. Januar 1919 (RGBl S 23). Hinsichtlich der Bestimmungen über die Kriegsversorgung s. Anführungen in § 3 RG vom 26. Juli 1916 S 681, über Fürsorge für Kriegsgefangene RG vom 15. August 1917 (RGBl S 725); über das Verfahren in Militärversorgungssachen s. Vo vom 1. Februar 1919 (RGBl S 149), über die bayr. Militärversorgungsgerichte MB vom 13. März 1919 (GVBl S 69) und vom 4. Okt. 1919 (GVBl S 667). Das Militärversorgungswesen, das jetzt dem Reichsarbeitsministerium unterstellt ist, s. RVo vom 5. Okt. 1919 (RGBl S 1784), ist neu geregelt durch Militärversorgungsgesetz vom 12. Mai 1920 (RGBl S 989).

Wegen Unterstützung ehemaliger Militärangehöriger aus Reichsmitteln (Altfonds) s. Erlaß des RArbMin vom 22. Sept. 1920 (StAnz Nr 249).

e) Für die Kriegsbeschädigten und Kriegshinterbliebenen ist durch das Reich eine Fürsorgeeinrichtung nach einheitlichen Grundsätzen eingerichtet, vgl. RVo vom 8. Febr. 1919 (RGBl S 187) über die soziale Kriegsbeschädigten- und Kriegshiuterbliebenenfürsorge mit bayr. Vo vom 13. Juni 1919 (GVBl S 292), ergänzt durch Vo vom 7. April 1920 (GVBl S 112). Für jeden Regierungsbezirk besteht eine Kreisfürsorgestelle neben den Orts- und Bezirksausschüssen, die regelmäßige Unterstützungen bis zu 200 Mark in eigener Zuständigkeit anweisen können, beim Reichsarbeitsministerium besteht ein eigener „Reichsausschuß der Kriegsbeschädigten- und Kriegshinterbliebenenfürsorge“ und es werden von dort die amtlichen Nachrichten des Reichsarbeitsministeriums, Abteilung für Kriegsbeschädigten- und Kriegshinterbliebenenfürsorge herausgegeben (ME vom 16. Juli 1919, MABl S 162). Über Ausgleichs- und Härtefonds s. Näheres in BlApfl II S 173.

f) Zu erwähnen sind auch die Sammlungen im Reich unter Bildung von Orts- und Kreisausschüssen für Kriegswohlfahrtspflege (besonders Nationalstiftung und Ludendorffspende und die Sammlung für zurückkehrende Kriegsgefangene, durch Staatszuschüsse ergänzt); vgl. auch BRVo vom 22. Juli 1915 (RGBl S 449) über die Regelung der Kriegswohlfahrtspflege.

g) Zu erwähnen ist ferner die Kriegshilfe durch Gewährung von Darlehen aus den zur Hebung wirtschaftlicher Notstände aus Anlaß des Krieges gebildeten Kreiskassen, vgl. für Bayern MB vom 10. März 1917 (GVBl S 39, 42), dann

h) RVo vom 1. Sept. 1919 mit Ausführungsbestimmungen vom 15. dess. Mts. (abgedruckt StAnz Nr 238) über Gewährung wirtschaftlicher Beihilfen für ehemalige Kriegsgefangene,

i) RVo vom 21. August 1919 (RGBl S 1665), vom 27. Nov. 1919 (RGBl S 1921), vom 5. und 20. Mai 1920 (RGBl S 878 und 1091) über Gewährung von Zulagen zu den reichsgesetzlichen Unfall-, Invaliden- und Altersrenten und zu den Witwen- oder Witwerrenten.

k) Bemerkenswert ist auch das Reichssiedlungsgesetz vom 11. August 1919 (RGBl S 1429), dazu das bayer. Gesetz über Ansiedlung von Kriegsbeschädigten in der Landwirtschaft vom 15. Juli 1916 (GVBl S 135), das Zwangsenteignungsgesetz für Ansiedlungszwecke vom 28 März 1919 (GVBl S 117),

l) ferner die Flüchtlingsfürsorge (Fam.-Unterst.), vgl. BRVo vom 21. Jan. 1916 (RGBl 55) und 16. Mai 1918 (RGBl S 409), Unterstützungen für Schäden Deutscher im Auslande aus Anlaß des Krieges (RVo vom 15. Nov. 1919, b. StAnz N 310), dann für Schäden Deutscher in Elsaß-Lothringen (RVo vom 9. Jan. und 6. Mai 1920, b. StAnz N 232).

m) Überweisung geschlechtskranker Kriegsteilnehmer an die Lazarette und au die Landesversicherungsanstalten s. RVo vom 22. Nov. 1918 (RGBl S 1317) über die Verhütung von Seuchen und vom 17. Dez. 1918 (RGBl S 1433) über Fürsorge für geschlechtskranke Heeresangehörige.

n) Nicht zu vergessen sind die Maßnahmen für Beschaffung von Wohnungen, insbesondere:

aa) Gesetz über Maßnahmen gegen Wohnungsmangel vom $\frac{\text{23. Sept. 1918 (RGBl S 1448)}}{\text{11. Mai 1920 (RGBl S 949)}}$ und bayer. MinBek vom 10. August 1920 (StAnz Nr 186, MABl S 359),

bb) RVo zur Behebung der dringendsten Wohnungsnot vom 9. Dez. 1919 (RGBl S 1968),

cc) RVo über Baukostenzuschüsse für Wohnungsbauten 1919 s. StAnz Nr 302, dazu die MinBek vom 22. Nov. 1918 (StAnz Nr 272), Vollzugsvorschriften vom 24. März 1919 (StAnz Nr 79 über Auszahlung), 15. Nov. 1919 (StAnz Nr 284 über Stempel- und Gebührenbefreiung für Sicherungshypothekbestellungen) und 5. Febr. 1920 (StAnz Nr 31 über endgültige Festsetzung der Zuschüsse),

dd) RVo vom 10. Jan. 1920 über Gewährung von Darlehen für Wohnungsbauten mit bayer. MinBek vom 14. Febr., 30. März, 15. Juni und 2. Aug. 1920 (StAnz Nr 40, 57, 139 und 183), ergänzende Zuschüsse aus Landesmitteln für Einzelbauten, MinBek vom 2. Aug. 1920 (StAnz Nr 184 über Schaffung von Arbeiterwohnungen), 3. Aug. 1920 (StAnz Nr 183 über Förderung der Wohnungsbautätigkeit), 6. Aug. 1920 (StAnz Nr 184 über Beamtenwohnungsfürsorge), s. auch MinBek vom 3. April 1920 (StAnz Nr 82 über Gewährung von Beihilfen aus Reichsmitteln zur Errichtung von Bergmannswohnungen),

ee) RVo zum Schutze der Mieter vom $\frac{\text{23. Sept. 1918 (RGBl S 1140)}}{\text{22. Juni 1919 (RGBl S 591)}}$ in der Fassung des Gesetzes über Maßnahmen gegen Wohnungsmangel vom 11. Mai 1920 (RGBl S 949) mit bayer. MinBek vom 13. August 1920 (StAnz Nr 189),

o) BRVo vom 20. Dez. 1917 über Unterstützung der minderbemittelten Bevölkerung zur Beschaffung von Hausbrandkohle bis zur Ratifizierung des Friedensvertrages.

p) Ferner sind noch zu erwähnen die Maßnahmen des Reiches (Reichsarbeitsamt, Reichsarbeitsministerium (RGBl 1919 S 327) nebst bayr. Vollzugs-Erlassen zur Beschaffung von Arbeit, insbesondere:

aa) RVo vom 12. Februar 1920 (RGBl S 218) über die Einstellung und Entlassung von Arbeitern und Angestellten während der Zeit der wirtschaftlichen Demobilmachung, bayer. MinBek vom 23. Februar 1920 (StAnz Nr 47),

bb) RVo vom 28. März 1919 (RGBl S 355) in der Fassung vom 25. April 1920 (RGBl S 708) über die Freimachung von Arbeitsstellen (Verpflichtung der Arbeitgeber) während der Zeit der wirtschaftlichen Demobilmachung, vgl. auch Vo vom 14. April 1919 (GVBl S 419) über die Einstellung von Arbeitslosen (bayr. MinBek. vom 30. Dez. 1919, StAnz 1920 N 9),

cc) RVo vom 9. Jan. 1919 (RGBl S 28) (mit Nachträgen S 132, 301, 389, 581, 1720), dazu nunmehr RG vom 6. April 1920 (RGBl S 458) und RVo vom 21. April 1920 (RGBl S 978), bayr. VB vom 21. Sept. 1920 (StAnz N 238) über Beschäftigung von schwerbeschädigten Kriegsteilnehmern,

dd) VO vom $\frac{\text{3. Sept. 1919 (RGBl S 1500)}}{\text{12. Febr. 1920 (RGBl S 218)}}$ über die Einstellung und Entlassung von Arbeitern und Angestellten während der Zeit der wirtschaftlichen Demobilmachung mit besonderer Begünstigung der Wiedereinstellung von Kriegsteilnehmern und Kriegsgefangenen (§§ 3—7), dazu bayer. VB vom 23. Sept. 1919 (StAnz N 237).

Über Zuschüsse für öffentliche Notstandsarbeiten zur Beschäftigung Erwerbsloser s. MinBek vom 3. Juli 1919 (MABl Beil Nr 5 S 184 mit Anführungen S 185), über Arbeitsvermittlung durch die Arbeitsämter RVo vom 9. Dez. 1918 (RGBl S 1421), b. ME vom 10. Jan. 1919 (MABl S 1, StAnz 1920 N 18) mit MinBek vom 29. Sept. 1917 (MABl S 239), über Tarifverträge, Arbeiter- und Angestelltenausschüsse und Schlichtung von Arbeitsstreitigkeiten s. die später weiter ausgebaute RVo vom 23. Dez. 1918 (RGBl S 1456, auch StAnz 1920 N 300), über Regelung der Arbeitszeit (8stündig) RVo vom 28. März 1919 (RGBl S 315), über Beschaffung von Arbeitskleidern s. StAnz 1919 N 301 und 1920 N 105.

B. Der Empfang solcher öffentlicher Unterstützungen — im UWG und in den Ausführungsgesetzen sowie verschiedenen anderen Reichs- und Landesgesetzen „Armenunterstützung" genannt — hat verschiedene für den Unterstützten meist nachteilige Wirkungen auf dem Gebiete des öffentlichen Rechts im Gefolge.

Allerdings haben die neueren wahlgesetzlichen Vorschriften, wie schon bisher die Reichsversicherungs- und die bayer. Kirchengemeindeordnung, die Schmälerung des Wahlrechts wegen Armenunterstützung gestrichen, vgl. § 4 Reichswahlordnung vom 30. Nov. 1918 (RGBl S 1353) und Landtagswahlordnung vom 7. Dez. 1918 (GVBl S 1287), Art 2 und 3 des Wahlgesetzes für die Gemeinde-, Bezirks- und Kreiswahlen vom 15. April (ergänzt durch Gesetz vom 14. Mai) 1919 (GVBl S 171 und 281/2). Damit haben auch das RG vom 15. März 1909 (RGBl S 319) über die Einwirkung der Armenunterstützung auf öffentliche Rechte und das bayer. Gesetz vom 4. April 1910 (GBBl S 157) gleichen Betreffs ihre für die Teilnahme an öffentlichen Angelegenheiten maßgebende (vgl. BayZfR 1909 S 185 und 204) Bedeutung verloren.

Dagegen zieht die AU nach sich oder kann nach sich ziehen:

a) Die Wegweisung aus der Aufenthaltsgemeinde gemäß § 5 FreizG,

b) Hemmen des Laufes der Erwerbs- und Verlustfrist für den UW (§§ 14 und 27 UWG),

c) den Ausschluß einzelner Befugnisse auf den Gebieten des öffentlichen Rechts, wie z. B. Verweigerung der Jagd- und Fischerkarten (Art 18 Ziff 3 JagdG und Art 66 Abs 1 Ziff 5 FischereiG),

d) Bestrafung bei hinzukommendem schuldhaftem Verhalten (vgl § 361 Ziff 5, 7, 8 und 10 RStGB, Art 87 und 88 BayAG),

e) die Pflicht zur Verrichtung vom AVe zugewiesener Arbeiten (Art 4 und 7 BayAG),

f) die Unterbringung in einer öffentlichen Arbeitsanstalt (Art 4 und 76 Abs 1 BayAG),

g) die Einweisung in eine Erziehungs- oder Heilanstalt (Trinkerheilstätte) (Art 76 Abs 5 BayAG),

h) die Einschaffung in ein Arbeitshaus nach vorheriger Bestrafung und Überweisung an die Landespolizeibehörde (§ 362 RStGB).

C. Als Armenunterstützungen werden nicht angesehen:

a) Die Leistungen der Erwerbslosenfürsorge (s. A c),

b) die Familienunterstützungen und Leistungen der Kriegswohlfahrtspflege, sowie die Wochenbeihilfe (s. A a und b),

c) sonstige Unterstützungen (Beihilfen) des Reiches und der Länder (s. A d—p) zur Verbesserung der Lebensverhältnisse, Linderung von Notständen infolge Krieges, Überschwemmungen, Brandes, Unterhaltsleistungen auf Grund gesetzlicher Verpflichtung (hierher gehört insbesondere das ganze Militärversorgungswesen), Teuerungszuschläge zu Gehältern und Pensionen, Stipendien, Gewährung von Freiplätzen, Fahrpreisermäßigung für Kranke, Zuschüsse zu den Verpflegskosten für Wutschutzpatienten bei dem Institute für Infektionskrankheiten in Berlin (b. MB. vom 3. April und 2. Oktober 1920, StAnz. Nr. 89 und 236) usw. Leistungen des Staates für die öffentliche Armenpflege kommen dabei nicht in Frage, s. Anm. 1 zu § 7 und Anm. 1 a cc zu § 14; anders in Sachsen bei den Leistungen des Staates als Landarmenverband. Ebenso

d) Unterstützungen der Kreise (Provinzialverbände), insoweit sie nicht in Erfüllung von Aufgaben der öffentlichen Armenpflege geleistet werden, insbesondere Zuschüsse zur Aufbringung der Verpflegskosten von Angehörigen in Heil- und Pflegeanstalten; s. auch S 20 S 132 und 21 S 71, B 47 N 38 S 107/13 und 51 N 36 S 122.

e) Zuwendungen der freiwilligen Armenpflege z. B. des Vinzentiusvereins, des St. Johannisvereins, der Caritasverbände, Aufenthalt in Arbeiterkolonien (B 50 N 4 S 8),

f) die Kosten für die Fürsorgeerziehung Minderjähriger (Art 11 FEG).

g) Unterstützungen aus nicht Armenzwecken dienenden Stiftungen mit eigenem Zweckvermögen (B 9 N 2 S 3, 50 N 5 S 11, S 11 S 114) s. hierüber auch noch Anm 1 a cc zu § 14,

h) Leistungen nach der Reichsversicherungsordnung und die durch den Übergang des Anspruchs darauf ersetzten Unterstützungen, § 118 RVO, vgl. auch B 43 N 17 S 40,

i) die Leistungen der öffentlichen Armenpflege auf dem Gebiete der vorbeugenden Armenfürsorge, vgl. Art 1 BayAG, B 20 N 7 S 20/1;

k) über Unterstützung wegen augenblicklicher Notlage s. Anm 1 zu § 14.

D. Die Armenpflege (Zwangsarmenpflege) hat nur im Falle der Hilfsbedürftigkeit beim Fehlen anderer Mittel und Quellen, d. h. „subsidär" einzutreten und nur den „Notbedarf" zu gewähren. Was darüber hinausgeht, ist keine Armenunterstützung und, wenn es aus der Armenkasse geleistet wird, nicht erstattungsfähig (§ 30) und nicht anrechenbar (§ 14 und vorstehende Ausf. in B); dabei ist der Notbedarf der „Gegenwart" gemeint; der Grundsatz des bürgerlichen Rechts, daß für die Vergangenheit kein Unterhalt zu gewähren ist („in praeteritum non vivitur"), gilt mit der in § 1613 BGB vorgesehenen Einschränkung auch für die Unterstützungspflicht der Armenpflege; denn die AU ist — in der Regel auf Ansuchen — zur Beseitigung bestehender Hilfsbedürftigkeit für die gegenwärtige und kommende Zeit zu leisten, B 50 N 19 S 58, 52 N 19 S 76, auch S 38 S 154 (Reger 37 S 306/8) und Anm 1 b aa zu § 14. Was die kommende („künftige") Zeit anlangt, so kann nur „für die unmittelbar bevorstehende Hilfsbedürftigkeit" Armenhilfe mit Anspruch auf Rückersatz gewährt werden, 55 N 10 S 27/9.

6. Unterstützungswohnsitz. Der UW wird „als das Verhältnis einer Person zu einem OAVe" bezeichnet. Nach dem UWG ist Anfang, Änderung und Ende des Verhältnisses zwar unabhängig von dem Eintritte der Hilfsbedürftigkeit; es tritt aber erst im Falle der Hilfsbedürftigkeit dadurch in Wirksamkeit, daß der OAV des UW öffentliche Unterstützung zu leisten hat. Das BayAG hat diesem Verhältnisse noch einige Wirkungen auf anderem Gebiet eingeräumt, vgl. Art 10, 16 b, 25 Pfälz. GemO in der Fassung des Art 93 BayAG.

Der UW gewährt nach dem UWG kein Aufenthaltsrecht wie die bayr. Heimat nach Art 14 Abs 1a HeimG. Wenn auch eine Wegweisung aus armenpolizeilichen Gründen aus dieser Gemeinde[1]) gemäß § 5 FreizG nicht zulässig ist, so ist doch eine Ausweisung aus sicherheitspolizeilichen Gründen durch den Besitz des UW nicht vollständig ausgeschlossen. Denn das UW regelt nur die Unterstützungsverpflichtung der AVe, nicht aber das Recht des Aufenthalts, vgl. PrOVG 12 S 405 und 55 S 261. Insbesondere ist an sich die Landesverweisung eines Nichtbayern nach § 3 FreizG zulässig, auch wenn der Bestrafte im Aufenthaltsstaat einen UW erworben hat; vgl. aber auch bay. MinEntschl vom 27. Juli 1894 (MABl S 277) Ziff 4 und ME vom 9. März 1895 Abs 6 (MABl S 87), ferner Abs 2 Art 6 BayAG, wonach auch die sicherheitspolizeiliche Ausweisung Deutscher aus jener Gemeinde nicht statthaft ist, in der sie zuletzt ununterbrochen und freiwillig über ein Jahr nach Vollendung des 16. Lebensjahres sich aufgehalten haben. Vgl. Dr. Ziegler, Auf. u. FreizG S 50.

Wer einen UW nicht besitzt, ist landarm. Im Bedürftigkeitsfall empfängt er öffentliche Unterstützung vom LAVe; für den Einzelnen entstehen aber gesetzlich geregelte Beziehungen zum LAV überhaupt nicht, wenn er nicht in den Zustand der Hilfsbedürftigkeit gerät.

UW und Landarmeneigenschaft können im Gegensatze zu Heimat und Staatsangehörigkeit nicht Gegenstand eines selbständigen Streites sein;

[1]) Im Gegensatze zum Orte der Geburt, auch wenn er ständig Aufenthaltsort geblieben ist, vgl. S 25 S 143.

darüber wird vielmehr als über einen Zwischenpunkt („Inzidentpunkt") im Streit über Erstattungsansprüche entschieden.

7. Der **Geltungsbereich** des UWG ist jetzt das Gebiet des Deutschen Reiches; er hat durch den Friedensvertrag vom 28. Juni 1919 (RGBl S 687) eine Abminderung erfahren. Elsaß-Lothringen gehört nicht mehr zum Deutschen Reich, außerdem ist ein größeres Gebiet an feindliche Staaten abgetreten und mit dem Augenblicke der Abtretung Ausland geworden. Dies trifft für das Memelland, die freie Stadt Danzig und die an Polen und die Tschecho-Slowakei abgetretenen Gebiete gemäß Art 83, 87, 99 und 100 des Friedensvertrages vom 10. **Januar** 1920 ab zu, welcher Tag gemäß RVo vom 14. Februar 1920 (RGBl S 237) als Zeitpunkt des Friedensschlusses angesehen wird. Elsaß-Lothringen ist gemäß Art 51 des Friedensvertrages mit dem 11. November 1918 aus dem Reichsgebiet ausgeschieden. Die Rechtsbeziehungen der deutschen **Armenverbände** zu den AVen der erwähnten Gebiete haben demzufolge aufgehört. Hierüber ist Folgendes auszuführen:

a) Der im **Abtretungsgebiet** Unterstützungswohnsitzberechtigte, der im preußischen Staatsgebiet unterstützt wird, hat seinen reichsrechtlichen Unterstützungswohnsitz verloren und ist landarm geworden.

Für den preußischen Armenverband, auf dessen Rechnung der Hilfsbedürftige bisher im Abtretungsgebiet unterstützt worden ist, ist die Erstattungspflicht an den unmittelbar unterstützenden Armenverband des Abtretungsgebietes für die **nach** der Abtretung gewährten Unterstützungen erloschen.

b) Desgleichen hat aber auch der Preußische Armenverband keinen rechtlichen Anspruch mehr, von dem abgetretenen Armenverband Erstattung der von ihm **nach** der Abtretung gewährten Unterstützungen zu verlangen.

c) Übernahme- und Überführungsansprüche dieser jetzt ausländischen Armenverbände oder an sie können nicht mehr im Wege des armenrechtlichen Verfahrens (§§ 31, 32, 34 ff. UWG) **unmittelbar** durch oder gegen preußische Armenverbände geltend gemacht werden.

d) Dagegen bestehen die gegenseitigen Erstattungsansprüche **für die bis zur Abtretung gewährten Unterstützungen** zu Recht und werden durch den Friedensvertrag grundsätzlich nicht berührt. Ihre Einbringung kann allerdings nicht mehr im armenrechtlichen Spruchverfahren vor deutschen Behörden herbeigeführt werden, da die Behörden der Abtretungsgebiete den Entscheidungen deutscher Spruchbehörden keine Folge geben dürften; sie können in derselben Weise verfolgt werden, wie überhaupt öffentliche Rechtsansprüche im Auslande, d. h. regelmäßig nur auf dem durch Vermittlung des Reichsministers der Auswärtigen Angelegenheiten zu beschreitenden diplomatischen Wege.

Wegen der Einbringung der Armenpflegekosten für die Zeit vorher ist Art 72 des Friedensvertrages maßgebend. Die Erstattungsansprüche sind von den Armenverbänden unmittelbar bei dem „Reichsministerium des Innern (Abteilung für Elsaß-Lothringen in Berlin W 8, Wilhelmstraße 72)" durch die Aufsichtsbehörde, die vor der Weitergabe die anspruchsbegründenden Unterlagen beizubringen hat, anzumelden.

Die Abstimmungsgebiete[1]) und die **besetzten Landesteile**, also insbesondere auch das **Saargebiet**, **Eupen-Malmedy** und

---

[1]) Näheres darüber s. Friedensvertrag (RGBl 1919 S 687 ff.), so über Oberschlesien Art 88 (RGBl S 841).

ganz Schleswig, sind nach wie vor Bestandteile Preußens und damit des Reiches. Ebenso sind die sonstigen außerpreußischen, zu Bayern, Baden, Hessen und Oldenburg gehörigen Gebiete, die zurzeit fremdherrlicher Besetzung unterliegen, Teile des Reiches geblieben. In den armenrechtlichen Beziehungen zwischen den ABen dieser Gebiete und denen des Reststaates ist also eine Änderung durch den Friedensvertrag überhaupt nicht eingetreten.

Vgl aut. ME vom 20. April 1920 Nr 5704 a 2 betr. Einfluß des Friedensvertrages auf die armenrechtlichen Beziehungen.

Unmittelbare Reichsangehörige gelten im Sinne des UWG nicht als Deutsche, solange der Abs II des § 1 im Gesetze steht, s. Anm 2 zu § 1. Sie können zwar nicht ausgewiesen werden, erwerben aber durch einjährigen Aufenthalt den (reichsrechtlichen) UW nicht, sind auch nicht landarm, Unterstützungskosten für sie nach Übertritt aus dem Auslande infolge der Kriegsverhältnisse erstattet das Reich (BRVo vom 16. Mai 1918 RGBl 409, II Ziff 3 und IV). Auch der Elsaß-Lothringer, der nicht die französische Staatsangehörigkeit erwirbt (s. Anm 2), wird nicht landarm, er hört auf Deutscher zu sein, weil Elsaß-Lothringen kein Bestandteil des Deutschen Reiches mehr ist. Der Angehörige des abgetrennten Gebietes dagegen, der nicht durch Wohnsitz in diesem die fremde Staatsangehörigkeit erwirbt, bleibt Preuße und wird, da sein UW unterging, landarm.

8. Die Bestimmung des § 7 FreizG ist nunmehr im ganzen Reichsgebiet aufgehoben. An Stelle der dort geregelten Pflicht des Staates zur Übernahme Auszuweisender ist jetzt in sämtlichen Ländern die Übernahmepflicht der ABe nach Maßgabe des UWG getreten. Wegen Übernahme Auslandsdeutscher und vormaliger Deutscher s. § 33 und RVo vom 16. Mai 1918 (RGBl S 409).

§ 2.

Die öffentliche Unterstützung hilfsbedürftiger Deutscher wird, nach näherer Vorschrift dieses Gesetzes, durch Ortsarmenverbände und durch Landarmenverbände geübt.[1, 2]

1. Zur besseren Durchführung der Anordnung im § 1, wonach der Deutsche in jedem Bundesstaate die notwendige Armenhilfe und zwar ohne Unterschied auf die Staatsangehörigkeit finden soll, hat das UWG zugleich auch die gleichen Fürsorgeverbände für die öffentliche Armenpflege in allen Ländern bestimmt und nur die Zusammensetzung und Einrichtung dieser Verbände gemäß § 8 der Landesgesetzgebung überlassen. Dabei hat das RG die öffentliche Armenlast in erster Linie den OABen überwiesen, während die LABe nur, wenn ein UW mangelt, zur Übernahme der Fürsorge oder Erstattung der Kosten für Unterstützung eines Hilfsbedürftigen einzutreten haben, s §§ 28 und 30. Wegen Übertragung weiterer Pflichten auf die LABe s. §§ 32a, 33 und 60. Im Laufe der Zeit tauchten bis jetzt unberücksichtigt gebliebene Vorschläge auf, die öffentliche Armenfürsorge einem Armenverbande allein zu übertragen. Der eine Vorschlag wollte den OAB des Aufenthaltsortes ausschließlich zum Träger der Armenlasten machen, ein anderer dagegen als einzigen AB den Staat bestellt wissen, der nur in größeren Bundesstaaten eine Abteilung nach Provinzen erhalten soll (vgl. RTB 1907/09 AnlBd 241 N 349 S 1963 und AnlBd 247 N 841 S 5086). Neue Vorschläge dieser Art macht

der DVerfSöuprF; s. Diefenbach, RAG S 265 und 364. Vgl. auch BlApfl IV S 45 ff. Gegenwärtig kommt den OABen des Aufenthaltsortes eine endgültige Armenfürsorgepflicht, wie beispielsweise den Aufenthaltsgemeinden in Bayern gemäß Art 14 des älteren ArmG nicht zu, sondern nur OABen des DoAO und des UW; es obliegt aber nach dem UWG dem OABe des Aufenthaltsortes gegenüber allen Hilfsbedürftigen (s. § 28 Anm 1) die vorläufige Hilfeleistungspflicht.

2. Auch die Verwaltung der Armenverbände und die Vertretung der armenrechtlichen Körperschaften regelt das Landesgesetz. Bemerkenswert ist hier, was die Begr zum BayAG S 708 sagt: „Während in den übrigen Bundesstaaten die Verwaltung der örtlichen Armenpflege grundsätzlich den Gemeindebehörden obliegt und diesen die Bildung besonderer Ausschüsse teils gestattet, teils auch vorgeschrieben ist, wird im Art 21 für Bayern wie bisher (ArmG Art 10 und 27 Abs 1) der ARat im Gesetze selbst als besonderer, von der Gemeinde verschiedener Vertretungskörper zur Besorgung der Geschäfte der öffentlichen Armenpflege aufgestellt." S. darüber Diefenbach a. a. O. S 291 und 296, dagegen auch S 359.

Verschiedenartig sind die Bestimmungen über die Verwaltung der Landarmenpflege in den einzelnen Ländern; sie ist teilweise der Kreisverwaltung übertragen, teilweise wird sie durch besondere Behörden wahrgenommen, wie Landarmenrat in Bayern, Landarmenbehörde in Württemberg.

3. Wegen der Rechtsverhältnisse in den Ländern, die nicht in Landarmenbezirke abgeteilt werden, in denen vielmehr der Staat die Pflichten eines LABes übernimmt, vgl. §§ 7 und 61 mit Anmerkungen.

§ 3.

Ortsarmenverbände können aus einer oder mehreren Gemeinden und, wo die Gutsbezirke außerhalb der Gemeinden stehen, aus einem oder mehreren Gutsbezirken, beziehungsweise aus Gemeinden und Gutsbezirken zusammengesetzt sein.[1, 2, 3] Alle zu einem Ortsarmenverbande vereinigten Gemeinden und Gutsbezirke gelten in Ansehung der durch dieses Gesetz geregelten Verhältnisse als eine Einheit.[4]

1. Satz 1 wurde erst durch KommBeschl dem Gesetze beigefügt (RTB 1870 Bd 4 S 571) und zwar mit folgender Begründung: § 3 in seinem ersten Satze gibt die Direktive für die Bildung der OABe in dem Sinne möglichster Freiheit der Zusammenlegung aus bestehenden kommunalen Körpern. Der räumliche Zusammenhang ist hierbei vorausgesetzt (§ 4)." Hieraus und aus der nachfolgenden Gesetzesbestimmung in § 4 folgert Eger UWG in Anm 8 und 10 S 66 und 68:

a) Die Bildung eines OABes aus einer bestehenden Gemeinde ist verboten, wenn die Gemeinde räumlich kein zusammenhängendes Ganzes bildet,

b) räumlich geschiedene OABe dürfen nicht zu einem GAB vereinigt werden,

c) einzelne Grundstücke dürfen einem räumlich nicht angrenzenden OAB nicht zugewiesen werden.

Dazu ist folgendes zu bemerken:

Zu a: In Bayern gibt es einige bürgerliche („politische") Gemeinden, in denen einzelne kleinere Teile von dem Hauptbestandteile räumlich getrennt sind. Da die Bildung der OABe aus den Gemeinden im Gesetze vorgesehen und demzufolge wie anderwärts in Bayern als Hauptregel aufgestellt ist, da ferner nach § 3 die Errichtung eines OABes aus einzelnen Bestandteilen einer Gemeinde nicht stattzufinden hat (Seydel Ann S 561), ist der Egerschen Auffassung nicht beizutreten. Den entgegengesetzten Standpunkt vertritt insbesondere auch die Begründung zum bayr. Armengesetz (S 706), indem sie sagt: „Der räumliche Zusammenhang des Armenverbandes wird vom Gesetze zwar vorausgesetzt, eine Ausnahme ergibt sich jedoch für jene Fälle, wo der Bezirk einer Gemeinde räumlich nicht zusammenhängt." Die Begründung glaubte noch auf § 26 PrAG hinweisen zu sollen; hiernach wären Einschlußgebiete (Enklaven) als Bestandteile von Armenverbänden erklärt, mit denen sie nach der Natur der Sache räumlich nicht zusammenhängen. Vgl. auch Seydel Ann S 561 § 2.

Zu b: Während einige AGe bestimmen, daß benachbarte Gemeinden eines Bezirkes zu einem GABe vereinigt werden können, ist nach Art 18 BayAG die Vereinigungsbefugnis der Gemeinden lediglich von der Zugehörigkeit zu einem und demselben Regierungsbezirk abhängig.

Die Begr zum BayAG a. a. O. (S 707) stellt den Satz auf, daß räumlicher Zusammenhang der Bestandteile nach dem Wortlaute des § 3 des UWG nicht unbedingt geboten sei. Auch das PrAG § 12 spreche ganz allgemein von Gemeinden oder Gutsbezirken, die vereinigt werden könnten. In der Regel werde jedoch räumlicher Zusammenhang der Gemeinden des Gesamtarmenverbandes schon zur entsprechenden Durchführung der Verbandszwecke veranlaßt sein.

Zu c: Nach bayr. Gemeinderecht (vgl. Art 3 beider GemO) mußte schon bisher jedes Grundstück einem Gemeindeverband angehören. Daraus ergibt sich die Schlußfolgerung, daß jedes Grundstück zu einem OABe gehört. Das gilt auch für die gemeindefreien Grundbesitzungen, da diese als „ausmärkisch" anzusehen sind und jeder ausmärkische Bezirk selbst wieder einen OAB bildet. Hiernach kommt in Bayern die Zuteilung eines Grundstückes zu einem OABe nach § 4 zunächst gar nicht in Frage. Etwas anderes ist es mit der Zuteilung von Grundstücken, die den Bestandteil eines Gemeinde- oder ausmärkischen Bezirkes bilden, von einem OAB zu einem andern nach Inkrafttreten des UWG und BayAG, s. Anm. 3.

2. Das Gesetz und zwar sowohl das UWG als auch das BayAG kennt dreierlei Arten von Ortsarmenverbänden, nämlich

a) die Gemeinden,

b) selbständige, d. h. nicht im Gemeindeverbande stehende Gutsbezirke,

c) Gesamtarmenverbände, die aus mehreren Gemeinden oder mehreren Gutsbezirken oder aus einer Mehrzahl von beiden bestehen können. Der Ausdruck „Gesamtarmenverband" kommt im UWG selbst nicht vor, wohl aber in zahlreichen Entscheidungen des BAH, sowie in einzelnen Ausführungsgesetzen, so in Art 18 ff. BayAG, §§ 9 ff. PrAG, Art 8 WüAG.

In Bayern bildet sowohl jede Gemeinde als auch jeder ausmärkische Bezirk einen eigenen OAB.[1]) Was die Errichtung eines GAB betrifft, so

---

[1]) Die Bildung der Gemeinden in Bayern erfolgte durch das Gemeinde-Edikt vom 18. Mai 1818 (GBl S 49). Diese Gemeindebildung wurde durch

hat das BayAG nur die Bildung eines solchen aus mehreren Gemeinden, nicht aber aus mehreren ausmärkischen Bezirken oder einer Mehrzahl von beiden zugelassen.

Die Gemeinden und ausmärkischen Bezirke nehmen mit Einführung des UWG in Bayern und des BayAG d. i. am 1. Jan. 1916 sofort die Eigenschaft eines OAVes an, während GAVe an diesem Tage nicht bestehen. Hier ist insbesondere darauf hinzuweisen, daß der Entwurf des BayAG keine Gemeinde und damit auch keinen OAV mit weniger als 100 Einwohner mehr dulden wollte (Art 92 und 93 Ziff I) und daß solcher Auflösung wegen Leistungsunfähigkeit 81 Gemeinden verfallen wären, vgl. Begr S 734. Der Landtag schwächte aber diese Bestimmung wie auch jene des Art 19 über zwangsweise Vereinigung mehrerer OAVe zu einem Gesamtarmenverband ab. Immerhin ist nach Art 19 BayAG die zwangsweise Vereinigung von AVen zu einem GAV zugelassen. Die Ausführungsgesetze in den übrigen Bundesstaaten überlassen die Bildung von GAVen, soweit sie überhaupt eine Gesamtarmenverbandsbildung regeln, den Vereinbarungen der Gemeinden. Bayern hat also eine Vorschrift, die einigermaßen die Durchführung der in der Reichstagsresolution vom 3. April 1908 (RTV 1907/9 AnlBd 247 N 841 S 5090) geforderten Zusammenlegung mehrerer Gemeinden zu einem Gesamtarmenverbande möglich macht.

3. Nach dem Inkrafttreten des UWG in Bayern kann eine Änderung in dem Bestande der OAVe neben der freiwilligen oder zwangsweisen Vereinigung mehrerer OAVe zu einem GAVe durch Gesetz oder durch Gemeindebezirksänderung erfolgen. Ein Gesetz wird erforderlich, um mehrere Gutsbezirke oder mehrere Gemeinden und Gutsbezirke zu einem GAVe zu vereinigen. Nach Art 4 GemO in der Fassung des Art 27 des Selbstverwaltungsgesetzes vom 22. Mai 1919 (GVBl S 239) kann eine Änderung in dem Bestande der Gemeinden, Ortschaften und abgesonderten Markungen mit Zustimmung der beteiligten Gemeinderäte durch Entschließung des Staatsministeriums des Innern verfügt werden; ohne diese Zustimmung ist dies nur bei dringendem öffentlichen Bedürfnisse zulässig, für dessen Feststellung Art 11 VGG in der Fassung des Art 30 SVG maßgebend ist. Näheres hierüber Art 27—30 SVG mit §§ 27—30 VV und von Baumer-Stößel Komm. dazu S 232 ff.

Durch Vereinigung zweier Gemeinden nach Art 4 a. a. O. wird ein Gemeinde- und Ortsarmenverband und nicht ein Gesamtarmenverband gebildet, während bei der Vereinigung mehrerer Gemeinden nach Art 18 und 19 BayAG ein GAV geschaffen wird, die gesonderten Gemeindebezirke aber selbständig bestehen bleiben.

Die zugleich eine Armenverbandsänderung bewirkende Gemeindebezirksänderung hat zur Folge, daß alle Unterstützungswohnsitzverhältnisse, die auf Grund räumlicher Beziehung (Aufenthalt) zu einem Bestandteile des neugebildeten Gemeinde- und Ortsarmenverbandes bestehen, von der Wirksamkeit der Gemeindebildung oder Gemeindeumbildung an auf den neuen Verband übergehen, dem der betreffende Bestandteil nunmehr räumlich angehört. Dies gilt sowohl für den bereits

---

Art 2 beider GemO vom 29. April 1869 aufrecht erhalten. Das gleiche gilt für die Gemeindemarkungsfreiheit größerer Waldungen, Freigebirge und Seen im rechtsrh. Bayern (§ 4 Gemeinde-Edikt, Art 3 GemO).

erworbenen als für den nach § 10 in Ersitzung begriffenen UW; der früher vom BAH vertretene Grundsatz, daß mit dem Untergang oder der Veränderung eines OAVes auch der Aufenthalt für den Erwerb des UW dieses OAVes entwertet werde, kommt zufolge des AbG vom 30. Mai 1908 nicht mehr zur Anwendung. Wer also in der Gemeinde A das Heimatrecht besitzt, erwirbt aus Anlaß einer am 1. Okt. 1916 erfolgenden Vereinigung dieser Gemeinde mit der Nachbargemeinde B den UW in B (neugebildete Gemeinde B aus A und B), so auch in B 41 N 38 b S 134 (vgl. dazu B 36 N 1 A—C S 1 ff mit Anführungen S 4, Brunn S 51, 39 N 2 S 4/6). Dasselbe trifft aber auch für den, der seit 1. Febr. 1916 in A wohnt, mit dem Ablaufe des 31. Jan. 1917 zu, s. Begründung des AbGEntw Ziff 2 vorletzter Satz (§ 10) RTV 1907/09 AnlBd 241 S 1964 und Anm 6 zu § 10. Dieser Grundsatz bezüglich der Vereinigung zweier Gemeinden (Ortsarmenverbände) schließt wohl jeden Zweifel aus. Schwieriger liegt die Sache bei Zerlegung einer Gemeinde oder eines Ortsarmenverbandes mit mehreren Ortschaften in zwei oder mehrere selbständige Verbände. Die Staatsregierung wird solchen Zerstückelungen um so mehr abgeneigt sein, als es eines der Ziele des BayAG ist, leistungsfähige Ortsarmenverbände zu schaffen (vgl. D S 466, Begr S 692, s. auch RTV 1907/09 AnlBd 247 N 841 S 5090, ferner v. Baumer-Stößel a. a. O. S 233). Sollte die Auflösung eines aus mehreren Gemeinden gebildeten Gesamtarmenverbandes (Art 18 Abs 2 BayAG.) vorkommen, so frägt es sich, was dann aus dem UW bei dem Gesamtarmenverband wird. Nach der Rechtsprechung des BAH, vgl. hierüber die Zusammenstellung bei Eger UWG S 239, geht die Unterstützungspflicht gegenüber allen Personen, die den UW bei dem bisherigen GAV erworben hatten, soweit nicht eine Auseinandersetzung zwischen den beteiligten Gemeinden oder OAVen erfolgt ist, als gemeinschaftliche Last auf alle diejenigen OAVe über, die einen Teil des GAVes gebildet hatten. Vgl. hierüber B 41 N 38 a S 131 mit Anführungen auf S 133, dann die Entscheidungen bei Brunn S 15 und S 44 ff., endlich die Ausführungen bei Baath Anm 5 zu § 30 S 182/4. Das gleiche soll nach der angeführten Rechtsprechung des BAH (s. auch B 31 N 30 S 71) auch gelten, wenn ein OAV in seinen Grenzen z. B. durch Zuteilung eines Grundstücks von einem OAVe zu einem anderen verändert wird. Nach Baath (s. insbesondere Fußnote S 182) soll sich § 10 Abs. 2 auf die Erstattungspflicht infolge Veränderung eines OAVbezirks nicht beziehen.[1]) Demgegenüber macht Eger Anm 100 S 238 mit Recht darauf aufmerksam, daß die bisherige

[1]) Dies wird insbesondere mit dem Hinweise darauf begründet, daß „dieses Kriterium" d. i. die räumliche Beziehung dann vollständig im Stiche lasse, wenn die betreffende Person während der Erwerbsfrist an verschiedenen nach der Verbandsänderung auch zu verschiedenen OAVen gehörigen Orten des früheren Verbandes ihren Aufenthalt gehabt hat, s. Baath S 183. In diesem schwierigen Falle wäre von der Rechtsprechung eine Gesetzeslücke auszufüllen, falls nicht durch bei solchen Verbandsänderungen zulässige Auseinandersetzungen oder Vereinbarungen der beteiligten Gemeinden oder Armenverbände wegen der Armenlasten abgeholfen worden ist. Für die Entscheidung wäre die Frage nach dem obenerwähnten Urteile des BAH in B 41 N 38 a S 133 mit Anführungen, womit auch die Rechtsprechung des PrOVG übereinstimmt (vgl. OVG 41 S 179, PrVerwaltBl 35 S 441 und Eger UWG S 230) zu

Rechtsprechung des VGH in bezug auf die Wirkung einer Änderung in dem räumlichen Bestand eines OAVes den Gesetzgeber veranlaßt hat, die Bestimmung über Erwerb und Verlust des UW in solchen Fällen in anderem Sinne zu regeln; das sei durch die neue Vorschrift in dem den §§ 10 und 22 zugefügten zweiten Absatze zum Ausdrucke gebracht worden; es gehe nicht an, die Unterstützungspflicht der AVe den Hilfsbedürftigen gegenüber anders zu beurteilen als die Erstattungspflicht der AVe gegen einander. Dem scheint nunmehr auch das BAH Rechnung zu tragen. Denn nach der Entscheidung vom 2. Nov. 1912 B 46 N 1 S 1 ist auf die Klage eines OAVes auf gemeinschaftlichen Ersatz von Unterstützungsaufwendungen gegen die OAVe A und B — der Hilfsbedürftige wohnte seit mehreren Jahren auf einem Grundstücke im Gemeinde- und OAV-Bezirke A, das vor mehreren Monaten der Gemeinde B zugeteilt worden war — der OAV B allein verurteilt worden. Aber auch für den Fall, daß jemand, der den UW in der aus den Ortschaften A, B und C gebildeten Gemeinde A auf Grund zwei-, nun einjährigen Aufenthalts in C erworben hatte, von C nach D verzogen und daß darauf die Ortschaft C der Gemeinde und damit dem OAVe D zugeteilt worden ist, muß angenommen werden, daß bei Eintritt der Hilfsbedürftigkeit vor Ablauf eines Jahres seit der Aufenthaltsnahme in D der OAV D der endgültig verpflichtete OAV des UW ist. Dafür spricht die Begründung zum AbG vom 30. Mai 1908 BeilBd 241 S 1964, wonach gemäß der beim Erlaß des Gesetzes bestandenen Absicht ein längerer für die Erwerbung des UW geeigneter Aufenthalt an ein und demselben Orte nicht durch Armenbezirksänderung zum Nachteile der LAVe entwertet werden soll.

Wenn bei einer Gemeindebezirksänderung zugleich eine Änderung des Regierungsbezirks miterfolgt, z. B. die Ortschaft A, Gemeinde A, Regierungsbezirk Oberfranken, der Gemeinde B, Regierungsbezirk Mittelfranken, zugeteilt wird, so ist, soweit es sich um die Unterstützungspflicht des LAVes (Regierungsbezirkes) handelt, die Sache für künftige Unterstützungsfälle einfach, weil der Zeitpunkt des Eintritts der Hilfsbedürftigkeit nach § 30 Abs 1 b entscheidet. Dagegen frägt es sich bei fortgesetzten Pflegefällen, ob der bisherige LAV bis zur Beendigung der Hilfsbedürftigkeit fürsorgepflichtig bleibt oder ob auf den LAV, dem die Ortschaft zugeteilt wird, nunmehr die Unterstützungspflicht übergeht. Letzteres dürfte zutreffend sein, weil es sich nicht um einen Aufenthaltswechsel handelt, sondern weil der Regierungsbezirk und LAV Mittelfranken als Rechtsnachfolger des Regierungsbezirks und LAVes Oberfranken in dessen bisherige auf räumlichen Beziehungen beruhende Pflichten

---

lösen. Für Streitigkeiten käme die Zuständigkeit des VGH nach Maßgabe des Art 11 VGG in der Fassung des Art 30 des SVG in Frage. Handelt es sich um ein in den UW gemäß § 65 Abs 2 Ziff 1 UWG umgewandeltes Heimatrecht, dann könnten die früher geltenden Rechtsgrundsätze Anwendung finden, wonach die Heimat durch die für den Heimaterwerb ausschlaggebenden örtlichen Beziehungen, unter Umständen den letzten Wohnsitz, bestimmt wird, vgl. S 3 S 240, 5 S 149, 8 S 1, BlAdmPr Bd 57 S 213—216. Vgl. auch die zum Teil abweichenden Ausführungen bei Riedel-Pröbst, Komm zum HeimG Anm 5 zu Art 1, BlAdmPr 15 S 90 ff., 43 S 81 ff. und 57 S 145 ff. (Doktordissertation über die Veränderung von Gemeindebezirken durch Einverleibung) insbesondere S 213, Reger, HeimG Anm 3 zu Art 1 S 2, Kutzer, Bayr. Heimatrecht S 59 ff. mit Anführungen S 64/6.

einzutreten hat. S. dagegen Baath Anm 14 zu § 30, wonach Bezirksveränderungen die einmal ins Leben gerufene Verpflichtung des LABes unberührt lassen.

Liegt eine organisatorische Verfügung der Kreisregierung über Errichtung eines GABes durch Genehmigungsentschließung nach Art 18 oder durch Zwangsanordnung gemäß Art 19 BayAG vor, so haben die armenrechtlichen Spruchbehörden die Rechtmäßigkeit eines solchen Organisationsaktes der Regierung nicht nachzuprüfen, vgl. auch BGE vom 10. März 1911 R 16 I/11 Kirchenneubau in S. Anders verhält es sich jedoch bezüglich der Frage, ob ein GAB gebildet ist oder zu Recht besteht, wenn beispielsweise die Regierungsgenehmigung fehlt.

4. Da nach dem UWG auch der GAB rechtlich eine Einheit bilden muß, so bestimmt das BayAG in Art 20, daß die GABe, wie die Gemeinden,[1]) aus denen sie bestehen, öffentliche Körperschaften mit dem Rechte der Selbstverwaltung sind. Wer also in einer der zu einem GABe vereinigten Gemeinden das Heimatrecht und damit seit 1. Jan. 1916 den UW besitzt, erwirbt den UW im GABe, der als selbständiger Träger der Armenlast der vereinigten Gemeinden erscheint.

§ 4.

Wo räumlich abgegrenzte Ortsarmenverbände noch nicht bestehen, sind dieselben bis zum 1. Juli 1871 einzurichten.[1] Bis zum gleichen Termine muß jedes Grundstück, welches noch zu keinem Ortsarmenverbande gehört, entweder einem angrenzenden Ortsarmenverbande nach Anhörung der Beteiligten durch die zuständige Behörde (§ 8) zugeschlagen, oder selbständig als Ortsarmenverband eingerichtet werden.[2]

1. Aus den Ausführungen in der Anm 2 zu § 3 ist zu entnehmen, daß mit dem 1. Januar 1916, d. i. mit dem Inkrafttreten des UWG und BayAG, die Gemeinden und die ausmärkischen Bezirke in Bayern als räumlich abgegrenzte OABe in Wirksamkeit treten. Dadurch erübrigt sich eine besondere Terminsbestimmung an Stelle des 1. Juli 1871.

2. Die Bestimmung im Satze 2 des § 4 ist für Bayern um deswillen gegenstandslos, weil schon nach den Gemeindeordnungen jedes Grundstück einer Gemeinde zugeteilt sein muß, wenn es nicht einen ausmärkischen Bezirk bildet; damit ist für den einen wie für den anderen Fall die Zugehörigkeit zu einem OABe bereits gegeben.

§ 5.

[1]Die öffentliche Unterstützung hilfsbedürftiger Deutscher, welche endgültig zu tragen kein Ortsarmenverband verpflichtet

[1]) Die aus mehreren selbständigen Ortschaften bestehende Gemeinde bildet wie als Gemeinde nach bayrischem Gemeinderechte so auch als OAB nach dem UWG eine Rechtseinheit; dies hindert aber nicht, daß den Ortschaften, die selbständig sind, also unter Art 5 mit Art 153 Abs 2 ff. (Art 5 mit Art 85 Abs 1 und 2) der GemO in der Fassung des Art 28 SVG fallen, die Eigenschaft eines selbständigen Rechtssubjektes, einer juristischen Person des öffentlichen Rechtes zukommt.

ist (der Landarmen),[1] liegt den Landarmenverbänden[2] ob. Zur Erfüllung dieser Obliegenheit hat jeder Bundesstaat bis zum 1. Juli 1871 entweder unmittelbar die Funktionen des Landarmenverbandes zu übernehmen, oder besondere, räumlich abgegrenzte Landarmenverbände, wo solche noch nicht bestehen, einzurichten.[3]

II Dieselben umfassen der Regel nach eine Mehrheit von Ortsarmenverbänden, können sich aber ausnahmsweise auf den Bezirk eines einzigen Ortsarmenverbandes beschränken.[4]

1. Landarm ist, wer zur Zeit der Hilfsbedürftigkeit einen UW nicht besitzt; als landarm hat auch der zu gelten, für den ein UW nicht zu ermitteln ist. Die Landarmeneigenschaft des Familienhauptes teilen auch unselbständige Familienangehörige (§§ 9, 15, 18, 21). Über Unterstützung der Landarmen s. § 30 und Anm 2 dazu.

2. Die LAVe sind dazu bestimmt, auch noch andere Lasten als die Unterstützung der Landarmen zu übernehmen. Sie sind vor allem die „breiteren Schultern", die den leistungsschwachen OAVen Beihilfe zu gewähren und drückendere Armenlasten an Stelle der OAVe zu übernehmen haben. Für diese Verpflichtung sind die Bestimmungen in §§ 8, 32a, 59 UWG und außerdem die Landesgesetze maßgebend (vgl. Art 58/60). Ferner obliegt den LAVen die Fürsorgepflicht für hilfsbedürftige Deutsche und vormalige Deutsche, die vom Auslande zu übernehmen sind, sowie für hilfsbedürftige Ausländer gemäß §§ 33 und 60, soweit ihnen dies, wie in Bayern (Art 61 und 62 des BayAG), durch die Landesgesetzgebung übertragen ist; vgl. dazu auch noch RVo vom 16. Mai 1918 (RGBl S 409 und bayr. MinBek vom 5. Juli 1918 MABl S 276).

3. Die Bildung der LAVe für Bayern erfolgte durch das BayAG; nach Art 47 bildet jede Kreisgemeinde (Regierungsbezirk) einen LAV; es gibt also einen LAV Oberbayern, Niederbayern, Pfalz, Oberpfalz, Oberfranken, Mittelfranken, Unterfranken und Schwaben. Mit der Einführung des BayAG, d. i. am 1. Januar 1916, trat auch die Bildung dieser LAVe und deren Unterstützungspflicht für die bisher vom Staate unterhaltenen Heimatlosen in Kraft, s. Anm 2 zu § 30 und Anm 1 zu § 65. In ähnlicher Weise wie in Bayern ist die Errichtung der LAVe in den meisten der anderen Bundesstaaten mit Erstreckung auf den Regierungsbezirk (Kreis, Provinzen) erfolgt, so in Württemberg (4 Kreise: Neckar-, Schwarzwald-, Jagst- und Donaukreis, Art 1 AbG vom 2. Juli 1889), in Baden (11 Kreise, § 25 AG), in Hessen (18 Kreise, Art 4 AG); wegen Preußen s. Krech (8) S 104 und Baath S 11 Fußnote. Im Königreiche Sachsen, in den drei freien Reichsstädten, sowie in den übrigen Ländern sind LAVe nicht errichtet, weshalb der Staat alle den LAVen im Gesetz auferlegten Verpflichtungen zu erfüllen hat. Auch bei den Verhandlungen im bayr. Landtage waren Stimmen für die gleiche Regelung in Bayern laut geworden, aber ohne Erfolg, vgl. VdKdA 1914 AB S 342 ff., StenBer Bd 12 S 9, 52, 57, 60, VdKdRR StenBer Bd 2 S 441. Übernimmt der Staat die „Funktion" des LAVes, so sind für ihn auch die Rechte und Verbindlichkeiten eines LAVes maßgebend, vgl. §§ 7 und 61 Abs 1.

4. Zu Abs 2. Ortsarmenverband und Landarmenverband zugleich sind die Städte Berlin, Breslau und Königsberg. Das BayAG hat die

Frage, ob München als eigener LAV zu erklären sei, in Schwebe gelassen. Dazu wäre die Zustimmung des LAVes Oberbayern und der Stadtgemeinde München, sowie Kgl. nun MinEntschl, andernfalls ein eigenes Gesetz notwendig (vgl. Art 48 BayAG und Begründung S 714).

§ 6.

Armenverbände, deren Mitgliedschaft an ein bestimmtes Glaubensbekenntnis geknüpft ist, gelten nicht als Armenverbände im Sinne dieses Gesetzes.

Diese Bestimmung hat für Bayern keine Bedeutung. Solche nicht örtlich abgegrenzte, sondern auf Bekenntnisgemeinschaft beruhende AVe hat es nach der Begr S 165 früher in Ostfriesland gegeben.

§ 7.

Die Orts- und Landarmenverbände stehen in bezug auf die Verfolgung ihrer Rechte einander gleich. Hat ein Bundesstaat unmittelbar die Funktionen des Landarmenverbandes übernommen (§ 5),[1] so steht er in allen durch dieses Gesetz geregelten Verhältnissen den Landarmenverbänden gleich.[2]

1. Wo der Staat die Funktionen des LAVes übernommen hat (vgl. Anm 3 zu § 5), läßt er sie durch die jeweils besonders bezeichneten Behörden wie Ministerium, Regierung, Armenverbände (vgl. Krech [8], Organe der öffentlichen Unterstützung Hilfsbedürftiger S. 93 ff.) besorgen. Wenn hierbei vom Staate Anstalten für hilfsbedürftige Geisteskranke oder Kinder unterhalten werden, so hat die einem Hilfsbedürftigen gewährte Anstaltsverpflegung als Armenunterstützung i. S. des § 14 oder als eine dem Familienhaupt anzurechnende Unterstützung zu gelten, B 10 N 5 S 18/9, Brunn S 20, und 34 N 5 S 13. Anders verhält es sich, wenn der Staat unentgeltliche Aufnahme von Schwangeren in Hebammenschulen zu Lehrzwecken oder Ermäßigung des Verpflegungsgeldes in den staatlichen Irrenanstalten oder bei deren Überfüllung einen Zuschuß für Einweisung in eine Privatanstalt für seine Staatsangehörigen gewährt, B 14 N 11 S 26/9, Brunn S 21 und B 47 N 38 S 107 und 113.

2. Von den durch das UWG geregelten Verhältnissen, in denen der Staat den LAVen gleichsteht, sind vor allem die §§ 36—38 zu nennen. Demzufolge sind auch Erstattungsansprüche der AVe gegen den Staat durch die armenrechtlichen Spruchbehörden und im armenrechtlichen Streitverfahren zu entscheiden; vgl. hierüber, und insbesondere auch wegen der Anwendbarkeit der §§ 30 Abs 4, 31, 32 und 34 Anm 2 zu § 60.

§ 8.

Die Landesgesetze[1] bestimmen über die Zusammensetzung und Einrichtung der Ortsarmenverbände und Landarmenverbände,[2] über die Art und das Maß der im Falle der Hilfsbedürftigkeit zu gewährenden öffentlichen Unterstützung,[3] über die Beschaffung

der erforderlichen Mittel[4] darüber, in welchen Fällen und in welcher Weise den Ortsarmenverbänden von den Landarmenverbänden oder von anderen Stellen eine Beihilfe[5] zu gewähren ist, und endlich darüber, ob und inwiefern sich die Landarmenverbände der Ortsarmenverbände als ihrer Organe behufs der öffentlichen Unterstützung Hilfsbedürftiger bedienen dürfen.[6]

1. Reichsrecht bricht Landesrecht, Art 11 RVerf vom 11. August 1919; beim Vollzuge des UWG greifen Reichs- und Landesrecht ineinander; s. die Zusammenstellung in Begr zum BayAG S 689.

Eine reichsrechtliche Regelung der Pflichtleistungen der öffentlichen Armenpflege unterblieb schon um deswillen, weil nach Art 4 Ziff 1 RVU der Beaufsichtigung und Gesetzgebung des Reiches die Bestimmungen über Armenpflege nicht unterlagen. Das ist nunmehr durch Art 7 Ziff 5 RVerf geändert, weshalb vom DVerfäuprF neuerdings auf Erlassung eines Reichsarmengesetzes hingearbeitet wird, s. Anm 1 zu § 1, vgl. auch VdRdA 1912 BeilBd 2 S 379/80.

2. Die Einrichtung der Armenverbände ist zwar der Landesgesetzgebung überlassen, aber mit einer wesentlichen Einschränkung. Einmal müssen die AVe in zwei bestimmten Formen, nämlich Orts- und Landarmenverbände gebildet werden, wobei allerdings auch der Staat als einziger LAV des Landes erklärt werden kann; dann ist auch der Pflichtenkreis beider AVe nach verschiedenen Richtungen festgesetzt und insbesondere die vorläufige Unterstützungspflicht des Aufenthaltsortes geregelt. Auch sind noch gewisse Grenzen für die Bildung der OAVe der Landesgesetzgebung gezogen (§§ 3 und 4); dagegen ist sie uneingeschränkt in der Verfügung über die Bildung der LAVe, über die Einrichtung, Verwaltung und Vertretung der AVe.

3. Die armenpfleglichen Pflichtleistungen bestimmt das Landesgesetz; das gilt auch für Beerdigung (B 2 N 5 S 78) und für Gewährung des geistigen Notbedarfs, Erziehung und Ausbildung (B 41 N 21 S 63/68 und 56 N 6 S 20).

Das UWG überließ es also mit Rücksicht auf die Verschiedenartigkeit der Verhältnisse den einzelnen Ländern, zu bestimmen, was als Zwangsarmenpflege zu leisten ist. Nun soll nach den Verhandlungen des Deutschen Vereins für öffentliche und private Fürsorge vom Reiche allgemein durch ein Reichsgesetz Art und Maß der den Hilfsbedürftigen zu gewährenden öffentlichen Unterstützung vorgeschrieben werden (vgl. Diefenbach RAG und Anm 1 zu § 1). Die rechtliche Zulässigkeit dieser Maßnahme ergibt sich aus der Reichsverfassung Art 7 Ziff 5.

Für Bayern würde das nicht viel Änderungen mit sich bringen. Denn das Reich wird nicht mehr verlangen, als was für Bayern bisher in seinem AG enthalten ist, und das darf geradezu als vorbildlich bezeichnet werden, wie denn auch Diefenbach a. a. O. immer wieder darauf Bezug nimmt. Außer Gewährung des zur Erhaltung des Lebens und der Gesundheit Unentbehrlichen (Obdach, Lebensunterhalt einschl. Kleidung, Krankenhilfe) hat die öffentliche Armenpflege im Hilfsbedürftigkeitsfalle zu gewähren

a) Erziehung und Ausbildung der Kinder,
b) Pflege überhaupt z. B. bei Gebärenden, die, ohne zu erkranken, entbinden,

c) Beerdigung,
d) Anstaltsfürsorge für Geisteskranke und Gebrechliche,
e) Anstaltsfürsorge und Ausbildung blinder, taubstummer, krüppelhafter, blöder noch ausbildungsfähiger Kinder.

Nebenbei hat das BayAG der Armenpflege auch Mittel gegeben, um gegen arbeitsscheue Anrufer der Armenpflege, gegen säumige Unterhaltspflichtige und bemittelt gewordene Unterstützte entsprechend vorzugehen und Hilfsbedürftige auch außerhalb der Armenpflege unterzubringen (vgl. Art 4, 5, 7, 10, 11, 76). Bei der Anstaltspflegepflicht für Sieche käme eine Beseitigung der Einschränkung auf „abschreckend oder ansteckend kranke" unheilbare Sieche in Erwägung, während die gleichfalls bei den Landtagsverhandlungen über Einführung des UWG in Bayern verlangte Ausdehnung der Anstaltspflegepflicht auf verwahrloste Kinder durch Einführung der Jugendämter und eines Jugendwohlfahrtsgesetzes gegenstandslos werden dürfte. Über die Pflichtaufgaben der Armenpflege in Preußen, dessen AG auch eine Reihe von Bundesstaaten übernommen hat[1]), und in anderen Ländern s. die Zusammenstellung bei Krech (8) S 51—92 und in den Schriften des mehrgenannten Deutschen Vereins Heft 100 S 15. Bei Verschiedenheit der Landesgesetze hinsichtlich der Frage, ob die Unterbringung eines hilflosen Kindes in einer Anstalt zum Zwecke der Ausbildung als Armenunterstützung zu gelten hat, ist das Gesetz des Landes der die Unterbringung anordnenden Behörde, des Ortes der vorläufigen Unterstützung maßgebend, B 41 N 21 S 64/9, 48 N 16 S 47, Baath S 51.

4. Das Landesgesetz hat auch zu bestimmen, in welcher Weise die Mittel für die öffentliche Armenpflege aufgebracht werden. Neben Ersatzleistungen des Staates, der Versicherungseinrichtungen, der Unterstützten und ihrer Unterhaltspflichtigen kommen hier vorzugsweise Zuschüsse der Gemeinden an OAVe (insbesondere Lustbarkeitsabgaben), und der Kreise an die LAVe in Betracht. Staatszuschüsse erhalten in Bayern gemäß Art 64 BayAG die LAVe (Kreise). Wegen Aufbringung des Bedarfes für ausmärkische Bezirke vgl. Art 41 und für Gesamtarmenverbände Art 46 BayAG.

5. Die Beihilfe, die von seiten der LAVe den OAVen zu gewähren ist, kann auf zwei Arten eintreten, einmal durch Übernahme der Anstaltspflege für Geisteskranke, Gebrechliche und Pflegebedürftige verschiedener Art (sog. geschlossene Armenpflege), dann durch Geld- und andere Zuschüsse, z. B. durch Gewährung von Freiplätzen oder Ermäßigung der Pflegegelder.

Die Beihilfepflicht gegenüber unvermögenden OAVen außer der Bereitstellung von Pflegeanstalten regelt Art 59 BayAG.

Eine Beihilfe anderer Stellen hat das PrAG für die Kreise durch die Bestimmung in § 31a des Gesetzes vom 11. Juli 1891 eingeführt. Das BayAG (Art 65) legt den Distrikten (nun Bezirken) die Verpflichtung zur Errichtung und Unterhaltung von Krankenhäusern, die auch den OAVen zur Verfügung stehen, sowie die Fürsorge für mittellose Wanderer auf.

6. Zur Überweisung (Landarmer) an die Ortsarmenverbände eignet sich insbesondere die sog. offene Armenpflege wegen der

[1]) Dazu kommen für Preußen noch gesonderte Gesetze, wie Ges. vom 7. August 1911 über die Beschulung blinder und taubstummer Kinder, vom 6. Mai 1920 über öffentliche Krüppelfürsorge.

Notwendigkeit ständiger Fühlungnahme mit dem Unterstützten und seiner Umgebung (D S 466). Auch die Krankenhauspflege eignet sich weniger für die LAVe, da sich hier im Gegensatze zu den Anstalten für Geisteskranke, Blinde, Taubstumme, nicht eine Vereinheitlichung der Pflege und nicht die Errichtung von Anstalten für das ganze Land oder für den ganzen Regierungsbezirk empfiehlt; sie wird in Bayern zumeist in gemeindlichen (städtischen) oder Bezirks-Krankenhäusern gewährt.

Wie in § 34 Abs 1 PrAG so ist auch im Art 56 Abs 1 BayAG die Überweisung nur an jene OAVe innerhalb des Bezirks des LAVes (B 11 N 18 S 40) zugelassen, die zur vorläufigen Hilfepflicht gemäß § 28 verpflichtet sind. Die Überweisung hat zur Folge, daß der OAV des AufO von der Befugnis des § 5 FreizG keinen Gebrauch machen kann, B 29 N 31 S 96/8, Brunn S 643, vgl. auch B 41 N 14 S 36/9.

Bei den Überweisungen finden die Rechtsgrundsätze über „Auftrag" Anwendung, weshalb der OAV entsprechende Entschädigung ohne Abzug der Verwaltungskosten gemäß § 30 Abs 3 fordern kann, vgl. B 25 N 41 S 114 ff., Brunn S 27. Wegen Stellung des OAVes zum Unterstützten s. § 28 und B 35 N 14 S 42, Brunn S 30, wegen Anwendung der Tarife s. § 30 Anm 71 und Art 56 BayAG.

Gegen Überweisungen durch den LAV kann der OAV nicht klagend auftreten; er hat es vielmehr, wenn er Grund zur Ablehnung dieser Übernahmeforderung zu haben glaubt, dem LAVe zu überlassen, einen Übernahmeanspruch gemäß §§ 37 ff. klageweise geltend zu machen, B 13 N 18 S 123/6 (mit Fortsetzung in B 14 N 52 S 134).

§ 9.

Der Unterstützungswohnsitz wird erworben [1] durch

a) Aufenthalt,[2]

b) Verehelichung,

c) Abstammung.[3]

1. Es gibt zweierlei Arten des UW, nämlich einen selbständigen und einen abgeleiteten UW, wie es eine selbständige und eine unselbständige oder abgeleitete Heimat nach bayr. Heimatrechte gibt.

Der selbständige UW weist aber im Gegensatze zur Heimat nur einen Erwerbsgrund, den des Aufenthalts, auf; der UW kann insbesondere nicht durch Verleihung oder Vertrag erworben werden, er tritt auch nicht durch Anstellung, sondern kraft Gesetzes ein, wenn der Aufenthalt an einem Orte mit dem im Gesetze vorgesehenen Eigenschaften ununterbrochen ein Jahr gedauert hat. Abmachungen der AVe über Erwerb des UW sind wirkungslos (§ 64).

Abgeleitet oder unselbständig ist der UW, den die Ehefrau und die Kinder nach dem Grundsatze der armenrechtlichen Familieneinheit besitzen; sie teilen den UW des Familienhauptes.

Die erste Voraussetzung für den Erwerb und den Besitz des UW nach seinem reichsrechtlichen Begriff aber ist der Besitz der Staatsangehörigkeit in einem deutschen Bundesstaate, B 27 N 2 S 12, 42 N 57 S 189 und Anm 2 zu § 1. Dies gilt nicht auch für den landesrechtlichen UW (§ 60 Anm 4). Der zum selbständigen Erwerbe des UW führende Aufenthalt kann nicht vor Vollendung des 16. Lebensjahres beginnen (§ 10).

2. Der Aufenthalt, der zum Erwerbe des UW (wie früher die bayr. Heimat) befähigen soll, ist ein Rechtsbegriff, der zwei Merkmale aufweist, einmal die Tatsache des Verweilens an einem Ort und dann den Willen oder die Absicht sich an diesem Orte nicht nur vorübergehend aufzuhalten, S 26 S 92 und B 26 N 3 S 6/9. Hier spricht das BAH mit Recht vom „Aufenthalt im Rechtssinne". Darüber sind folgende allgemeine Ausführungen veranlaßt:

a) Der Nachweis der Aufenthaltsabsicht ist wie der Nachweis der Absicht, den Aufenthalt nicht aufzugeben, bei vorübergehender Entfernung und der Absicht, den Aufenthalt nicht dauernd wieder aufzunehmen, bei vorübergehender Rückkehr aus den begleitenden Umständen zu schöpfen. Dabei sind Äußerungen der Person, die an- oder wegzieht, bezüglich ihrer Aufenthaltsabsicht nicht ausschlaggebend, in einzelnen Fällen aber im Zusammenhalte mit den die Absicht bestätigenden Tatsachen, so Besitz einer Wohnung, Gründung eines Haushalts, dann Beibehaltung der Wohnung und Zurücklassung des Hausrats bei vorübergehender Entfernung als Beweismittel verwertbar, B 11 N 5/6 S 12/16, 14 N 7 S 13, Brunn S 148 und B 54 N 5 S 16.

b) Kommt das Verweilen an zwei Orten während einer längeren Zeitperiode in Frage, so macht der Grundsatz, daß man den Aufenthalt i. S. des UWG nicht gleichzeitig an zwei Orten haben kann (B 26 N 2 C S 3/5, Brunn S 60 und 50 N 2 S 3/5), die Feststellung des UW nicht selten schwieriger, namentlich in Fällen, in denen Arbeits- und Aufenthaltsort nicht zusammenfallen und wechselnder Aufenthalt das Jahr hindurch in die Erscheinung tritt. Dabei ist vor allem zu untersuchen, ob der Arbeiter, Reisende oder Gewerbetreibende an einem bestimmten Orte den Mittelpunkt seiner wirtschaftlichen Tätigkeit oder Existenz (Reger 36 S 47) hat, an den er immer wieder zurückkehrt. Geschieht letzteres regelmäßig am Ende jeder Woche (Samstag) und während der sonstigen Zeiten der Geschäftsruhe und Arbeitsunterbrechungen und nach Beendigung der auswärtigen Tätigkeit, so ist der gewöhnliche Aufenthalt an diesem Orte gegeben, wenn es sich nicht um ein ständiges Unternehmen oder Arbeitsverhältnis an einem und denselben auswärtigen Platze handelt. Die Abwesenheit während der Reisetage und der auswärtigen Arbeit bildet jeweils eine vorübergehende Unterbrechung des Aufenthalts. Ist der Betreffende verheiratet und kehrt er regelmäßig in die Familienwohnung zurück, so ist wohl meist unschwer festzustellen, daß hier der gewöhnliche Aufenthalt gegeben ist, vgl. B 31 N 1 S 1/4 und 2 S 5, Brunn S 124 und 130, BGE vom 23. Juli 1913 N 141 I/12 HeimBA f. A, Reger HeimG S 24 Anm 11 zu Art 6. Das gilt auch für den ledigen Arbeiter, der bei seiner Mutter wohnt, für die wechselnde auswärtige Beschäftigung während der Woche nur das Allernotwendigste mitnimmt und Samstag sowie bei jeder Beendigung der Arbeit an den Wohnort der Mutter zurückkehrt, vgl. BGE vom 5. Februar 1913 N 202 I/12 HeimBA f. U. Bei einem Arbeiter, der für die beiden Jahreshälften (Sommer und Winter) zwei verschiedene Arbeitsplätze hat, läßt sich weder für den einen noch für den andern Ort der Aufenthalt im Sinne des UWG feststellen, vgl. B 24 N 1 S 1, Brunn S 116; anders bei verheirateten Personen, die nach beendigter Arbeit mit längerer Abwesenheit immer wieder an den Wohnort ihrer Familie zurückkehren und dort Aufenthalt nehmen, s. B 32 N 2 S 4/6. Dagegen kann bei einem verheirateten, auswärts beschäftigten Manne der Fall eintreten, daß der Aufenthalt i. S. des UWG nicht an dem Orte seines bürgerlichrechtlichen Wohnsitzes oder an dem Orte, wo er seine Familienwohnung hat und wohin er auch in Zwischenzeiten zurückkehrt, begründet ist. Das ist beispielsweise der Fall bei einem Reisenden oder einem das Hausiergewerbe Betreibenden, der infolge seines Geschäftsbetriebes den größten Teil des Jahres auswärts zubringt und nur einige Male im Jahre seine Familie besucht oder bei einem ständigen Unternehmen und Arbeitsverhältnisse außerhalb des Wohnorts der Familie, auch wenn der Geschäftsmann und der Arbeiter an den meisten Sonntagen ihre Familie besuchen, oder bei langdauernder Abwesenheit, vgl. BGE vom 7. Februar 1908 R 94 I/07 HeimBA f. den Reisenden S, vom 14. Mai 1909 R 54 I/09 HeimBA f. H, vom 22. Oktober 1909 R 139 I/09 HeimBA f. H und vom 14. Oktober 1914 R 139 I/13 HeimBA f. L, ferner B 30 R 4 S 9, 33 R 1 S 1/2, Brunn S 58 und 141, B 47 R 21 S 62/3.[1]); über Aufenthalt zu Besuch f. B 56 R 4 S 12 und Anm 1 zu § 13. Im übrigen gilt hier der Satz in B 32 R 7 S 27, daß jeder Einzelfall sein eigenes Gepräge hat. Vgl. die in Brunn S 121 ff. aufgeführten Beispiele von Berufen mit auswärtigem Aufenthalte, dann Baath Ausführungen S 32—37.

c) Es ist die Möglichkeit gegeben, daß jemand einen Aufenthalt im Rechtssinne, d. i. im Sinne des UWG überhaupt nicht hat; das gilt beispielsweise für den Hausierer, der ohne Wohnung an einem bestimmten Orte zu haben, das ganze Jahr über im Lande herumzieht und in den einzelnen Orten bloß einige Tage oder Wochen verweilt, vgl. B 15 R 1 S 1, Brunn S 129, B 28 R 9 S 26 und 54 R 11 S 44 (Landstreicher) S 13 S 94/5.

d) Kein Aufenthalt im Rechtssinne ist das Verweilen an einem Orte trotz Aufenthaltsverbots; demzufolge hat es als ausgeschlossen zu gelten, daß ein aus München ausgewiesener Zuhälter, dem es gelingt nach unentdeckter Rückkehr den verbotenen und ungesetzlichen Aufenthalt durch Benützung von Schlupfwinkeln und dergl. ein Jahr lang fortzusetzen, den UW in München erwirbt, vgl. S 26 S 52. Hiemit steht anscheinend in Widerspruch die Entscheidung des BAH in B 22 R 50 S 181/2, wonach nur die tatsächlich erfolgte Ausweisung den Erwerb des UW verhindert; es ist aber daselbst von einem Ausländer die Rede, der den Befehl das Inland zu verlassen nicht nachgekommen ist. Direkt in Widerspruch mit obiger Rechtsprechung des BayVGH steht die Entscheidung in B 6 R 2 S 2; allein wie Gesetzesumgehungen von ABen und zwar auch nach der Rechtsprechung des BAH auf dem Gebiete des UWG der Erfolg versagt wird, so kann andererseits ein gesetzlich verbotener Aufenthalt nicht zum Aufenthalt im Rechtssinn und mit den im Gesetze vorgesehenen Rechtswirkungen werden. Vgl. auch noch Anm 1 d bb zu § 12.

e) Noch ist zu erörtern, wie es mit dem Aufenthalte Minderjähriger steht. Da das UWG die wirtschaftliche Selbständigkeit mit Vollendung des 16. Lebensjahres annimmt, so besteht kein Hindernis, den Aufenthalt einer im 17. Lebensjahre stehenden Person die Eigenschaft eines Aufenthalts im Rechtssinne zuzuerkennen. Der in diesem Alter stehende Gewerbsgehilfe und ländliche Dienstbote erwirbt daher mit dem Eintritt in das 18. Lebensjahr den UW an dem Orte, wo er ein volles Jahr ununterbrochen im Dienste gestanden ist; vgl. auch Anm 1 b

---

[1]) In diesen Entscheidungen wurde der regelmäßigen Rückkehr zur Familie an den Sonntagen nicht mehr das Gewicht beigelegt wie in B 5 R 2 A—E S 3 ff.

zu § 12. Bei Studenten kommt der Schulort als Aufenthaltsort in Betracht, es sei denn, daß ein Universitätsstudent das Jahr hindurch länger an dem Wohnorte seiner Familie als in der Universitätsstadt verweilt; die Verbringung der regelmäßigen Ferienzeit an diesem Wohnort allein würde nicht genügen, so lange die Rückkehr zur Universität von vornherein beabsichtigt ist, B 40 N 4 S 9/10.

f) Für bayerische Staatsangehörige kommt erst der Aufenthalt seit 1. Januar 1916 als Aufenthalt i. S. d. UWG in Betracht, da Bayern bis dahin für den Bereich der UWGesetzgebung als Ausland galt (B 42 N 57 S 189, Brunn S 1).

g) Das UWG kennt außer der Unterbrechung mehrfache dem BayHeimR unbekannte Hemmungen, in bezug auf den Aufenthalt und den Fristenlauf für den Erwerb und Verlust des UW durch Aufenthalt oder Abwesenheit, so die Hemmung des Aufenthaltsbeginns (§§ 11 Abs 2 und 12 Abs 1), desgleichen des Beginns der Abwesenheit (§§ 23 Abs 2 und 24 Abs 1), ferner die Hemmung (das „Ruhen") des Fristenlaufs unter Aufrechterhaltung der Wirkung des bisherigen Aufenthalts (§§ 12 Abs 2 und 14 Abs 1) und der Abwesenheit (§§ 24 Abs 2 und 27 Abs 1).

Dagegen stimmt das UWG mit dem HeimG darin überein, daß mit der Unterbrechung des Aufenthalts die armenrechtliche Wirkung des bisherigen Aufenthalts zerstört wird, B 42 N 3 S 16 und S 18 S 294. Wegen weiterer Unterbrechung des Fristenlaufs s. noch Anm 1 zu § 13.

3. Der abgeleitete Unterstützungswohnsitz wird durch die Eheschließung (§ 15) und durch die Abstammung (§§ 18—21) erworben. Für seine Fortdauer ist lediglich das Bestehen der Unselbständigkeit maßgebend, der Aufenthalt aber bedeutungslos, sonach auch der Aufenthalt im Ausland unschädlich, B 32 N 1 S 1, Brunn S 34.

a) Der abgeleitete Unterstützungswohnsitz entspringt dem Grundsatze der armenrechtlichen Familieneinheit oder Familien-Gemeinschaft, der nach dem KommBer RTB 1907/09 AnlBd 247 S 5088 „die Grundlage des ganzen Gesetzes bildet" und dessen Durchbrechung hintan gehalten werden müsse. Bei den Verhandlungen des deutschen Vereins f. öff. u. pr. F. (Diefenbach RAG S 286) wurde dagegen die Aufgabe des Grundsatzes der Familieneinheit verlangt; begünstigt werde dies durch Beseitigung des UW und der Landarmen, Übertragung der endgültigen Armenfürsorgepflicht auf den OAV des AufO und die Armenkinderfürsorge unter Errichtung von Jugendämtern.

Verwiesen wird hier auf die vom BAH im ZBl f. d. D. Reich 1883 S 87 veröffentlichten Grundsätze, dann auf die Rechtsprechung des BAH dazu in B 26 N 11 S 31 und 33 ff, dazu auch 12 N 6 S 15, 27 N 28 S 99 und 39 N 41, S 117/9, Brunn S 232, 572, 573.

Die armenrechtliche Familieneinheit besagt allgemein, daß die armenrechtlichen Verhältnisse des Familienhauptes ihre Wirkungen auf die unselbständigen Familienglieder erstrecken. Darunter fallen die Ehefrau während der Dauer der ehelichen Gemeinschaft (§ 15) und die Kinder bis zur Erreichung der Armenmündigkeit (armenrechtlichen Selbständigkeit), die mit Vollendung des 16. Lebensjahres eintritt, §§ 18—21 mit 10, B 49 N 10 S 27/8, dann auch RTB 1907/09 AnlBd 241 N 349 S 1963.

Das Familienhaupt ist der Ehemann, der Vater und bei dessen Tod die Mutter; für das uneheliche Kind ist an sich die Mutter das Familienhaupt — der uneheliche Vater scheidet aus; ist aber die Mutter armenrechtlich unselbständig, dann hat das uneheliche (wie das ersteheliche) Kind mit ihr dasselbe Familienhaupt; das gilt regelmäßig während der Ehe; die Ehefrau kann aber auch die Eigenschaft der armenrechtlichen Selbständigkeit erlangen, vgl. §§ 16 und 17. In diesem Falle wird sie auch wieder das Familienhaupt ihrer vorehelichen Kinder, vgl. B 39 N 41 S 117, Brunn S 573.

b) Die Wirkungen der armenrechtlichen Familieneinheit treten in nachfolgenden Richtungen zutage:

aa) Die unselbständigen Familienglieder teilen den UW des Familienhauptes.

bb) Die unselbständigen Familienglieder teilen auch die Landarmeneigenschaft des Familienhauptes, B 3 N 10 S 17/19, Brunn S 221 und 46 N 29 S 105/8.

cc) Die Armenunterstützung eines unselbständigen Familiengliedes ist dem Familienhaupte zuzurechnen und kann armenrechtliche Folgen für dieses haben, vgl. § 14 Anm 1, dann auch Art 2 Abs 3, Art 4 und 76 BayAG. Auf der anderen Seite gelten unselbständige Familienglieder bei Unterstützung des Familienhauptes als mitunterstützt.

dd) Die Armenhilfe, die dem landarmen Familienhaupt oder einem seiner unselbständigen Familienglieder gewährt wird, bestimmt den fürsorgepflichtigen LAV für alle Familienangehörigen, wenn diese auch in dem Bezirk eines anderen LAVes während der Dauer der Unterstützung eines Familiengliedes hilfsbedürftig werden, vgl. obiges Ausschreiben des BAH im RGBl 1883 S 87 und Anm 3 a ee zu § 30.

ee) Die armenrechtliche Ausweisung eines Familienhauptes nach § 5 FreizG erstreckt sich auch auf die unselbständigen Familienglieder, vgl. S 4 S 450 und BGE vom 8. Nov. 1912 N 135 I/12 Wegweisung E. Dabei ist zu beachten, daß die dauernde Hilfsbedürftigkeit eines unselbständigen Familiengliedes die dauernde Hilfsbedürftigkeit des Familienhauptes bewirkt, und daß letztere auch die dauernde Hilfsbedürftigkeit der Familie darstellt. Diese Wirkung wird aber durch die wirtschaftliche Selbständigkeit der Familienangehörigen, bei Kindern also durch den Eintritt in das 17. Lebensjahr ausgeschlossen.

ff) Die Übernahme und Überführung eines unselbständigen Familiengliedes kann nicht ohne Übernahme oder Überführung des Familienhauptes verlangt werden, sofern sich dieses im Bezirke des vorläufig hilfeleistenden AVes befindet, s. Anm 2 a zu § 31. Auch hier ist bei Kindern die Armenunmündigkeit vorausgesetzt.

gg) Die armenrechtliche Familieneinheit kommt auch in der Bestimmung des § 29 Abs 2 zur Geltung, hier allerdings mit der Einschränkung, daß die unselbständigen Familienglieder beim Familienhaupte sich befinden müssen (häusliche Familiengemeinschaft neben der rechtlichen).

§ 10.

I Wer[1] innerhalb[2] eines Ortsarmenverbandes nach zurückgelegtem sechzehnten Lebensjahr ein Jahr lang[3] ununterbrochen[4] seinen gewöhnlichen Aufenthalt[5] gehabt hat, erwirbt dadurch in demselben den Unterstützungswohnsitz.

II Sind in der örtlichen Abgrenzung der Ortsarmenverbände

während des Laufes der einjährigen Frist Änderungen eingetreten, so wird deren Wirkung auf den Beginn der Frist zurückbezogen.[6]

1. Der § 10 enthält mit den in den §§ 11—14 und 26 folgenden Ergänzungen (s. den interessanten Satz hierüber bei Arnold, UWG und FreizG S 187/8) die Voraussetzungen für den Erwerb des selbständigen UW. Dazu gehört noch der Besitz der Staatsangehörigkeit in einem deutschen Bundesstaate (Lande), s. Anm 1 zu § 9.

2. Der Wechsel des Aufenthalts innerhalb eines OABes, also innerhalb mehrerer Ortschaften einer Gemeinde, die einen OAB nach der Gesetzesregel bildet, oder innerhalb mehrerer zu einem GABe gehörigen Gemeinden ist, wie aus dem Wortlaute der Gesetzesbestimmung hervorgeht, für den Erwerb des UW unschädlich.

3. Zur Fristberechnung: Der am 2 März 1900 Geborene erreicht zunächst mit dem Ablaufe des 1. März 1916 das armenmündige Alter (§ 187 Abs 2 und § 188 Abs 2 BGB) und erwirbt nach Ablauf des 1. März 1917 den UW des Ortes, an dem er sich seit 2. März 1916 ununterbrochen aufgehalten hat. Das trifft auch dann zu, wenn er im Laufe des 2. März 1916 an diesem Ort erst zugezogen ist. Vgl. Anm 1 zu § 11.

4. Aus dem Erfordernisse, daß der Aufenthalt ununterbrochen sein muß, ergibt sich, daß die Unterbrechung des Aufenthalts den bisherigen Fristenlauf mit zerstörender Wirkung zum Abschlusse bringt, soweit nicht die Ausnahme des § 13 vorliegt.

5. Über Aufenthalt s. die eingehenden Ausführungen in Anm 2 zu § 9.

6. Angesichts des RG vom 30. Mai 1908 (s. dessen Begründung RTB 1907/09 AnlBd 241 N 349 S 1964) hat das BAH unter Aufgabe seines bisherigen den Erwerb eines UW ablehnenden Standpunkts (B 26 und 28 N 1 S 1) den Grundsatz aufgestellt, daß, wer sich ununterbrochen ein Jahr hindurch in demselben räumlichen Gebiete (Grundstück, Ortschaft, Gemeinde) aufgehalten hat, bei einer dieses Gebiet treffenden Gemeindebezirksänderung den UW in jenem OAB erwirbt, dem dieser räumliche Bezirk am Schlusse des Jahres, d. i. der einjährigen Frist, angehört hat, B 46 N 1 S 1. Ergänzend ist dazu zu bemerken, daß auch ein Wechsel des Aufenthalts während der einjährigen Frist die Ersitzung dann nicht stört, wenn die verschiedenen Aufenthaltsorte in dem Gebiete gelegen sind, das am Schlusse der einjährigen Erwerbs-(Ersitz-)Frist einen OAB darstellt; dasselbe gilt auch für das Gebiet eines Gesamtarmenverbandes, s. auch Anm 2 oben und Anm 3 zu § 3.

§ 11.

I Die einjährige Frist läuft von dem Tage, an welchem der Aufenthalt begonnen ist.[1]

II Durch den Eintritt in eine Kranken-, Bewahr- oder Heilanstalt wird jedoch der Aufenthalt nicht begonnen.[2]

III Wo für ein ländliches oder städtisches Gesinde, Arbeitsleute, Wirtschaftsbeamte, Pächter oder andere Mietsleute der Wechsel des Wohnorts zu bestimmten, durch Gesetz oder ortsübliches Herkommen festgesetzten Terminen stattfindet, gilt der übliche Umzugstermin als Anfang des Aufenthalts, sofern nicht zwischen diesem Termin und dem Tage, an welchem der Aufenthalt wirklich beginnt, ein mehr als siebentägiger Zeitraum gelegen hat.[3]

1. Die Bestimmungen der §§ 11 und 23 haben in Abs 1 den gleichen Wortlaut. In ersterer ist von der Erwerbsfrist, in letzterer von der Verlustfrist die Rede. Mit einem Aufenthaltswechsel beginnt — unter den aus §§ 13 und 25, Abs 2 der §§ 11 und 23, §§ 12 und 24 und aus der Fortgewährung von Armenunterstützung sich ergebenden Ausnahmen — jede der beiden Fristen zu laufen.

Ein Fristenlauf kommt rechtlich für Bayern erst vom 1. Januar 1916 in Betracht, B 49 N 3 S 7/12, vgl. auch Anm 1 zu § 23.

Der Tag, an dem der Aufenthalt oder die Abwesenheit begonnen wird, ist der erste Tag der Frist für den Erwerb oder den Verlust des UW, gleichgültig, zu welcher Tageszeit der Aufenthalt oder die Abwesenheit begonnen wird. Der Satz „die Frist läuft von dem Tage" in § 11 soll dasselbe besagen wie „der Lauf der Frist beginnt mit dem Tage" in § 12 Abs 1. Das gleiche Verhältnis liegt bei der Bestimmung in § 23 Abs 1 mit § 24 Abs 1 vor. Wer also im Laufe des 1. Februar 1916 nach München verzogen ist und dort sich ununterbrochen freiwillig ohne Unterstützung zu empfangen aufhält, der erwirbt mit dem Ablaufe des 31. Januar 1917 den UW in München. Die Entfernung von München an diesem Tag abends hätte diese Wirkung zerstört, weil in diesem Falle der 31. Januar 1917 schon als 1. Tag der Abwesenheit von München und des Aufenthaltes im neuen Wohnorte zählt, B 11 N 2 S 7, Brunn S 65, B 13 N 2 S 7, 17 N 5 S 10, 19 N 16 S 52, Brunn S 65. Die Bestimmung in § 187 Abs 1 und § 188 Abs 2 BGB kommt demnach hier nicht zur Anwendung, wie dieses in der Entscheidung des B 39 N 3 S 7 unter Bezugnahme auf Art 32 EG zum BGB ausdrücklich ausgesprochen worden ist. In dem erwähnten Falle würde sonst der UW in München erst mit dem Ablaufe des 1. Februar 1917 erworben werden.

2. Zu Abs. 2. a) Der Zweck dieser Bestimmung ist, die Gemeinden, die gutbesuchte Krankenhäuser und derartige Anstalten besitzen, von einer zu großen Belastung zu bewahren, indem sie von der Unterstützungslast für die in diesen Anstalten untergebrachten hilfsbedürftigen Personen befreit bleiben. Zur Erreichung dieses Zweckes war die Bestimmung erforderlich, daß der Aufenthalt durch den Eintritt in eine solche Anstalt nicht begonnen wird. Diese Bestimmung ist also nicht auszudehnen auf die mit dem Eintritt in eine derartige Anstalt am Aufenthaltsorte verbundene Fortsetzung des bereits längere Zeit währenden Aufenthaltes an diesem Orte, Seydel Ann S 575, B 17 N 8 S 18 und Baath S 24 (Anm 4 zu § 11). Denn § 11 enthält keine Zusatzbestimmung, wie sie in § 12 Abs 2 getroffen ist. Die Bestimmung in Abs 2 findet jedoch auch Anwendung, wenn der Aufenthalt an dem Anstaltsorte von Anfang an für den Lauf der Erwerbsfrist z. B. wegen Haft nicht brauchbar war (B 26 N 4 S 9). Sie bezieht sich auf Erwerb eines UW an Anstaltsorten durch eintretende Auswärtige. Durch einen einjährigen Aufenthalt im Sanatorium zu C erwirbt weder 1. der Kranke aus A mit dem UW in A, noch 2. der Kranke aus B mit dem UW in A, noch 3. der landarme

Kranke aus B den UW in C. Dagegen hat diese Bestimmung nichts zu tun mit der Frage des Erwerbs des UW in B im 2. und 3. Falle. Der Landarme (Fall 3), der vor seiner Übersiedelung in das Sanatorium C 11 Monate in B weilte, unterbrach durch diese Übersiedelung den Aufenthalt in B; denn aus dem Ausschluß des Beginns der Anwesenheitsfrist ist nicht die Unterstellung abzuleiten, daß der Aufenthalt am bisherigen Aufenthaltsorte fortgesetzt wird, B 32 N 2 S 6, Brunn S 77 und B 41 N 6 S 14 und 19 mit Anführungen. Möglich ist aber, daß eine Unterbrechung des Aufenthalts in B nicht eintritt, dann nämlich wenn die Voraussetzungen des § 13 vorliegen, der Landarme also bei heilbarer Erkrankung mit der Absicht ins Sanatorium sich begab, nach Beendigung des Heilverfahrens sofort nach B wieder zurückzukehren, B 41 N 6 S 14/20, 48 N 3 S 7/8. Dasselbe trifft für den Fall 2 zu. Dagegen ist hier noch fraglich, ob nicht der Verlust des UW in A gehemmt wird. Im 1. Falle ergibt sich die Bejahung dieser Frage zweifellos aus der Bestimmung in § 23 Abs 2. Im 2. Falle aber hat bereits vor Eintritt ins Sanatorium C eine für den Lauf der Verlustfrist wirksame Abwesenheit zu laufen begonnen; es fehlt zu § 23 wie zu § 11 eine mit der Bestimmung in Abs 2 des § 24 und § 12 gleichlautende Vorschrift. Demnach wird die Abwesenheit von A fortgesetzt und der Aufenthalt in C in die Verlustfrist mit eingerechnet und kommt der Erwerb des UW in B nach dem Vorerörterten in Frage, vgl. B 14 N 4 S 7, 32 a. a. O., Brunn S 77, B 54 N 10 S 39/42. Ist aber im 2. Falle der Zwischenaufenthalt in B nur vorübergehend, so wird angenommen, daß die Entfernung vom Orte des gewöhnlichen Aufenthalts in A mit dem Eintritt in das Sanatorium C zusammenfällt (also Fall 1 zutrifft), vgl. B 28 N 20 S 50, Brunn S 79, B 41 N 6 S 14/16 und 52 N 4 S 9.

b) Im übrigen kommt es auf die Dauer der Anstaltspflege oder Verwahrung nicht an, B 52 N 1 S 1, s. auch 46 N 2 S 3.

c) Da dem Aufenthalt erst vom Eintritt in das armenmündige Alter eine Rechtsbedeutung für die UW-Verhältnisse zukommt, so kommt der Anstaltseintritt erst mit dem Beginn dieses Alters in Betracht, B 49 N 2 S 3.

d) Kurze Beurlaubung unterbricht den Anstaltsaufenthalt nicht, B 47 N 11 S 28; der Entlassungstag zählt wieder für den Fristenlauf (s. Anm 1).

e) Der Anstaltseintritt setzt eine „Anstaltspflegebürftigkeit“ in dem Sinne voraus, daß die Aufnahme in die Anstalt für den Pflegling nützlich und zweckmäßig ist, Pfleger, Dienstboten und dergl. fallen nicht unter diese Gesetzesbestimmung, B 49, 52 und 55 N 1 S 1; s. auch g unten.

f) Gleichgültig ist es, ob Entgelt gewährt wird oder nicht, ob der Eintritt in eine Anstalt freiwillig oder unfreiwillig erfolgt, ob es sich um eine öffentliche oder um eine Privatanstalt handelt. Denn es sollte nach den Gesetzgebungsverhandlungen unerheblich sein, ob beim Eintritt in eine solche Anstalt Armenpflege geübt wird oder nicht, RTB 1870 Bd 2 S 929, 932, B 16 N 2 S 3, 17 N 7 S 15, Brunn S 69/70 und B 45 N 1 S 5. Daß hier nur inländische Anstalten in Frage kommen, ist selbstverständlich, da es sich beim Erwerbe des UW darum handelt, ob der UW in einem inländischen Orte begründet wird, vgl. auch B 45 N 1 S 1/3. Bayrische Anstalten haben bis 1. Januar 1916 als ausländisch zu gelten, B 49 N 3 S 7/12.

g) Was den Begriff der einzelnen Anstalten betrifft, so bedarf es keiner Ausführung, was unter Krankenanstalten zu verstehen ist. Das BAH rechnet dazu auch die Entbindungsanstalten (B 34 N 2 S 5,

Brunn S 72), fügt aber bei, daß wenn man diese Anstalten nicht als Krankenanstalten ansehen sollte, sie unter den Begriff „Bewahranstalt“ fallen, insofern die Schwangeren dort besonderer ärztlicher Aufsicht in ihrem und ihres Kindes Interesse unterstellt sind.

Als Bewahranstalten erscheinen nach der in B 12 N 1 S 1/3, Brunn S 68 niedergelegten Anschauung des BAH alle Anstalten, deren Zweck ist, Personen, die eines besonderen Schutzes wegen irgend welcher Gebrechen oder wegen des Mangels notwendiger Überwachung bedürfen, durch Aufnahme in die Anstalt vor Schaden an Leib oder Seele zu bewahren, s. auch e oben und B 54 N 1 S 1 (Schutzzweck verneint). Das BAH führt als Bewahranstalten in B 12 N 1 S 1/3 die Siechenhäuser, Blindenanstalten, s. dazu auch B 11 N 3 S 9,[1]) Rettungshäuser, Idiotenanstalten, Kinderbewahranstalten, Besserungsanstalten für gefallene Frauenspersonen an, dann in späteren Entscheidungen (s. insbesondere B 14 N 5 S 9, 16 N 2 S 3, 22 N 3 S 11, Brunn S 72), Asyle (Hospitäler, Stifte) für arme, alte oder gebrechliche Personen, Anstalten, die ihre Pfleglinge zu einer geordneten sittlichen Lebensweise zurückführen wollen, in B 43 N 34 S 80 die Arbeiterkolonien.

Unter Heilanstalten fallen insbesondere auch die Lungenheilstätten (s. hierüber B 39 N 22 S 51, Brunn S 396, eine Zusammenstellung bayr. Lungenheilstätten s. MABl 1911 S 182), aber nicht der Aufenthalt in einem Luftkurort oder Bad, auch wenn dieses auf Kosten der Armenpflege geschieht (B 30 N 20 S 54, Brunn S 395), es sei denn, daß der Heilung Suchende Aufnahme in einer geschlossenen Kuranstalt oder in einem ärztlich geleiteten Genesungs- oder Erholungsheime findet.

Wegen Trinkerheilstätten s. B 46 N 2 S 3/10 und 47 N 13 S 37, wegen Krüppelanstalten als Bewahr- und Heilanstalt s. B 43 N 10 S 24, wegen Armenhäuser B 34 N 3 S 8 (danach sind sie keine Bewahranstalten), so auch B 55 N 2 S 4.

h) In Bayern kommen als Kranken- und Bewahranstalten i. S. der §§ 11 und 23 Abs 2 UWG hauptsächlich in Betracht:

aa) die Krankenhäuser einschließlich der Kliniken, Militärlazarette, Sanatorien;

bb) die Irrenanstalten, also die Heil- und Pflegeanstalten der 8 Kreise;

cc) die Blinden- und Taubstummenanstalten, soweit sie auch Versorgungsanstalten für nicht mehr unterrichtsbedürftige Personen, die das 16. Lebensjahr überschritten haben, sind;

dd) die Wohltätigkeits- und Pflegeanstalten für Blöde, Idioten, Kretinen, Epileptiker, Geistesschwache und Unheilbare;

ee) die Erziehungs-, Besserungs- und Rettungsanstalten, sowie die Waisenhäuser kommen als Bewahranstalten i. S. der §§ 11 und 23 Abs 2 UWG nur insoweit in Betracht, als dort Zöglinge nach vollendetem 16. Lebensjahre zum Schutze gegen Verwahrlosung, also insbesondere zum Zwecke der Fürsorgeerziehung untergebracht werden. Vgl. Verzeichnis der Fürsorgeanstalten (MABl 1910 S 975, 1912 S 805, 1913 S 220, 1914 S 285), der Auskunftstellen über Fürsorgeerziehung (MABl 1917 S 226).

3. Zu Absatz 3. a) Bezüglich der Fristberechnung ist zunächst zu bemerken, daß der Wortlaut des Gesetzes zu eng gefaßt ist, insofern es nur vom Anfange des Aufenthalts als von dem durch den üblichen

---

[1]) Anders, wenn die Blindenanstalten nur Unterrichts- und Erziehungsanstalten sind (B 40 N 1 S 1/3).

Umzugstermin ersetzten Tage spricht (ebenso Leitsatz B 19 N 3 S 7). Daraus könnte gefolgert werden, daß für das Ende des Aufenthalts die gesetzliche Unterstellung (Fiktion) nicht Anwendung findet. Das trifft aber nicht zu; denn in B 7 N 2 S 2/5, Brunn S 81 ist eingehend ausgeführt, daß „nach logischer Konsequenz und dem System des Gesetzes“ Anfang und Beendigung des Aufenthalts wie der Abwesenheit gleichmäßig zu behandeln sind, so daß bei Entfernung eines Dienstboten zu einem üblichen Umzugstermine kein Zwischenraum zwischen dem Entfernungstag und dem Tage der Abwesenheit am neuen Dienstort (üblicher Umzugstermin) entsteht, bei dem weder Abwesenheit noch Anwesenheit anzunehmen ist, vgl. auch B 35 N 2 S 7/9 und 50 N 203. Ist also der für das Dienst-, Pacht- oder Mietverhältnis maßgebende übliche Umzugstermin Martini, d. i. der 11. November, so ist die einjährige Ersitzfrist auch abgelaufen, wenn der Zuzug erst am 19. November 1916 und der Abzug schon am 3. November 1917 erfolgt ist; denn es wird vom Gesetz unterstellt, daß sowohl der Aufenthalt (Anwesenheit) als auch die Entfernung (Abwesenheit) jeweils am 11. November erfolgt ist. Würde eine einmalige Unterstützung während dieses Zeitraumes gewährt worden sein, dann wäre die Ersitzfrist nicht erfüllt, weil dann ein Aufenthalt von einem Jahre weniger einem Tage vorläge (B 21 N 4 S 9, Brunn 94 und 53 N 6 S 15/7); das träfe auch zu, wenn der Zuzug schon am 11. November 1916 erfolgt wäre. Würde in letzterem Falle der Wegzug am 12. November 1917 stattfinden, dann käme eine abgekürzte Frist, deren Verlängerung die Bestimmung in § 11 Abs 3 bewirken würde, überhaupt nicht in Frage.

b) Der Ausdruck „Mietsleute“ bezieht sich auf Wohnungsmieter überhaupt und nicht auf Mietsleute bestimmter Gattung, wie in B 7 N 2 S 2 und 45 N 3 S 7 nachgewiesen ist. Bei dem Wohnungsmieter kommen die Terminsbestimmungen denen zugute, die seinen UW teilen, nicht aber den selbständigen Hausgenossen, wie Schwestern, Eltern, Köchinnen; vgl. dazu auch B 50 N 3 S 5. Anders würde sich aber die Sache bei dem mitziehenden Dienstboten verhalten, wenn der in Frage kommende übliche Umzugstermin für die Mietsleute mit jenem für die Dienstboten am bisherigen Wohnorte zusammenfiele, vgl. B 10 N 4 A und B S 15, Brunn S 80 und B 38 N 2 S 4 nebst Anführungen auf S 5. Bezieht jemand am 15. November eine neugebaute Villa, so trifft § 11 nicht zu, weil der Aufenthaltswechsel tatsächlich nicht mit dem üblichen Umzugstermin in Beziehung oder Zusammenhang steht, B 34 N 4 S 10, Brunn S 87 und B 49 N 4 S 13/4.

c) Umzugstermine im Sinne des § 11 Abs 3 kommen nur in Betracht, wo der Umzug mit Wohnortswechsel zu bestimmten durch Gesetz oder ortsübliches Herkommen festgesetzten Terminen erfolgt. Ist dies tatsächlich der Fall, dann ist eine Vereinbarung, daß beispielsweise ein Dienstbote an einem anderen Tag als dem Umzugstermine seinen Dienst antritt, ebenso bedeutungslos wie der Abschluß des Dienstvertrags nach dem Umzugstermine (vgl. B 18 N 1 A und B S 1/4, Brunn S 86 und B 32 N 5 S 21 nebst Anführungen auf S 22). Ebenso ist es belanglos, wenn der Dienstpflichtige einige Tage vor dem Umzugstermine vertragswidrig den Dienst verläßt (B 53 N 5 S 12); anders bei dem wegen Diebstahls entlassenen Arbeiter, der gleich darauf den Dienstort verläßt, B 55 N 3 S 8 (mit Beispielen für Aufenthaltswechsel ohne Beziehung und Rücksicht auf den Umzugstermin S 10).

Der Umzugstermin muß auf einen bestimmten Tag fallen (Lichtmeß, Jakobi, Michaeli usw.), weshalb Ostern hier nicht in Frage kommen kann, es sei denn, daß mit dem ortsüblichen Ostertermin in einer Gegend der 1. April gemeint wäre (B 41 N 8 S 23). Für die ländlichen Dienstboten in Bayern bildet der Lichtmeßtag den herkömmlichen Umzugstermin; durch Gesetz, nämlich durch Art 22 Abs 1 bayr. AG zum BGB, ist für diesen Tag der 1. Februar festgesetzt worden.

Die Umzugstermine müssen in längeren Zwischenräumen, im Vergleiche mit denen 7 Tage eine kurze Frist bedeuten, wiederkehren, mindestens Vierteljahresziele sein. Der Vierteljahrs-Erste kommt mit Rücksicht auf die Bestimmung in § 565 BGB und die Übung in großen Städten wie Berlin, München usw. als üblicher Umzugstermin für größere Wohnungen in Betracht (B 11 N 4 S 10, 23 N 3 B S 8, Brunn S 84, B 42 N 6 S 26/8 und 47 N 3 S 6); daran ändert auch der Umstand nichts, wenn bei großen Wohnungen die Kündigung und der Auszug auf den 1. April und 1. Oktober vertragsmäßig eingeschränkt wird. Würde ein Wochentaglöhner so lange bei einem und demselben Arbeitgeber beschäftigt gewesen sein, daß der Zuzug 1 bis 7 Tage nach und der Wegzug 1 bis 7 Tage vor dem für das ländliche Gesinde maßgebende Umzugstermine stattgefunden hat, so wäre für ihn dieser Umzugstermin ohne Bedeutung (B 42 a. a. O. und 56 N 3 S 10). Würde ein Umzugstermin, natürlich nicht der tatsächliche Umzug, herkömmlich in einen Zeitraum von mehreren Tagen (beispielsweise einer Woche) fallen, dann würde es an einem bestimmten Termine fehlen, B 47 N 2 S 3 mit Anführungen S 5. Die Anwendung der §§ 11 und 23 Abs 2 bliebe ausgeschlossen, wenn, was in Bayern nicht vorkommen wird, der Umzugstermin für den Anzug nicht mit dem für den Abzug zusammenfiele, vgl. RTV 1907/09 AnlBd 247 N 841 S 5089.

d) Wegen des Beweises für den Umzugszeitpunkt und besonders für das Überschreiten des siebentägigen Zeitraums s. B 32 N 4 S 9 und Begründung (RTV 1870 Bd 3 S 166).

§ 12.

I Wird der Aufenthalt unter Umständen begonnen, durch welche die Annahme der freien Selbstbestimmung[1] bei der Wahl des Aufenthaltsorts ausgeschlossen wird, so beginnt der Lauf der einjährigen Frist[2] erst mit dem Tage, an welchem diese Umstände aufgehört haben.

II Treten solche Umstände erst nach Beginn des Aufenthalts ein, so ruht während ihrer Dauer der Lauf der einjährigen Frist.[3]

1. Wie das bayr. HeimG, so fordert auch das UWG, daß der Aufenthalt, der die tatsächliche Unterlage und die Voraussetzung für den Erwerb des UW bildet, während der im Gesetze vorgeschriebenen Frist nicht bloß ununterbrochen fortgedauert, sondern auch auf freiem Willen beruht hat (vgl. Anm 2 zu § 9). Willensunfreiheit am 1. Jan. 1916 hemmte den Fristenlauf für den in Bayern Heimatberechtigten, B 56 N 33 S 101.

Die Freiwilligkeit des Aufenthaltes hat zur Voraussetzung persönliche Fähigkeit zur Selbstbestimmung in bezug auf die Wahl oder Fortsetzung des Aufenthaltes und die Willensfreiheit (S 19 S 162). Die hauptsächlichsten Fälle des Mangels freier Selbstbestimmung sind folgende:

a) Willensunfähigkeit infolge Geisteskrankheit,
b) Geschäftsunfähigkeit infolge jugendlichen Alters,
c) Freiheitsentziehung durch Untersuchungs- oder Strafhaft,
d) sonstiger Aufenthaltszwang.

Die Ableistung der Militärdienstzeit fällt hier weg, da der Eintritt in die Reichswehr wie in die Landespolizei ebenso ein freiwilliger ist wie der Eintritt in den Staatsdienst.

Zu a: Nicht jeder Geisteskranke entbehrt der Willensfähigkeit über den Aufenthalt selbst zu bestimmen.

Diese persönliche Fähigkeit ist zu unterscheiden von der bürgerlich-rechtlichen Verfügungsfreiheit, sie fehlt nicht von selbst dem Entmündigten, auch wenn der Entmündigungsfall nach § 6 Abs 1 BGB gegeben ist, mithin Geisteskrankheit oder Geistesschwäche vorliegt.

Wahnvorstellungen schließen an sich nicht immer die freie Selbstbestimmung in bezug auf den Aufenthalt aus; sie ist dann noch gegeben, wenn die geistige Erkrankung die Willensbestimmung nicht beeinflußt, B 54 N 2 S 2. Für die Frage der Willensunfähigkeit infolge Geisteskrankheit sind vorwiegend die Gutachten der ärztlichen Sachverständigen zu berücksichtigen; sie sind aber nicht ausschließlich entscheidend für die Schlußfolgerungen, die die armenrechtlichen Spruchbehörden aus dem ärztlichen Befunde zu ziehen haben. Vgl. B 13 N 3 A und B S 8 ff., 25 N 2 A und B S 2—4, Brunn S 106, B 41 N 9 S 25, 46 N 3 S 10/4, 47 N 4 S 7/9 und 48 N 4 S 10/13, S 19 S 162—165, BGE vom 14. Mai 1913 N 208 I/12 HeimBA f. P.

Zu b: Der Umstand, daß dem Inhaber der elterlichen Gewalt gemäß §§ 1626, 1627, 1631, 1707 und 1793 BGB das Recht und die Pflicht zukommt, den Aufenthalt des minderjährigen Kindes zu bestimmen, macht letzteres nicht unbefähigt, einen freiwilligen Aufenthalt zu nehmen. Diese persönliche Befähigung ist insbesondere dann vorhanden, wenn der Minderjährige vom gesetzlichen Vertreter (Vater, Mutter, Vormund) ermächtigt ist, in Dienst oder in Arbeit zu treten (§ 113 BGB). Vgl. Anm 2 e zu § 9.

Nicht freiwillig ist der Aufenthalt des Minderjährigen dann, wenn er tatsächlich nicht infolge seines eigenen freien Entschlusses, sondern auf Anordnung seines gesetzlichen Vertreters z. B. durch Zuweisung an eine Unterrichts- oder an eine Erziehungsanstalt stattfindet. Vgl. B 35 N 3 S 10, Brunn S 111, 54 N 3 S 5 und 56 N 1 S 1/5, S 24 S 394/6.

Zu c: Die Freiheitsentziehung durch Inhaftnahme hebt sowohl nach bayr. Recht als nach dem UWG an sich die Freiwilligkeit des Aufenthalts auf; nur ist die Wirkung der Freiheitsstrafen nach beiden Gesetzen verschieden. Hat jemand an seinem Wohnort oder in einem auswärtigen Gefängnis eine Haft von 5 Tagen, also eine geringfügige Freiheitsstrafe, verbüßt, so ist dies nach bayr. Rechte für den Lauf der Frist überhaupt unbeachtlich; hat er dagegen eine Gefängnisstrafe von 8 Tagen wegen Betrugs oder eine länger dauernde Freiheitsstrafe erstanden, so ist der bisherige Aufenthalt infolge Unterbrechung der Freiwilligkeit vollständig entwertet, vgl. S 20 S 147. Beim UWG trifft beides nicht zu. Hier wird im ersteren Falle die Aufenthaltszeit bei Berechnung der Frist außer Betracht gelassen; im zweiten Falle tritt keine Unterbrechung, sondern ein Ruhen des Fristenlaufes ein, vgl. B 28 N 11 S 31/2, Brunn S 100, S 40 S 101.

Im Übrigen ist hier auch noch die Nachhaft zu erwähnen.

Zu d: Zwangsaufenthalt liegt vor

aa) bei behördlicher Zwangsanordnung; dazu gehört: gesundheitspolizeiliche Einschaffung in ein Krankenhaus wegen ansteckender Krankheiten, wie Cholera, Fleckfieber, Lepra, Pest, Pocken, Scharlach, Syphilis, Typhus, B 5 N 1 B S 2, B 33 N 3 S 5, Brunn S 97/8, B 54 N 4 und 6 S 8 und 24, § 23 b VO vom 8. Mai 1911 (GVBl 425), S 38 S 58; anders bei der Krankenhauseinweisung durch die Ortskrankenkasse, B 52 N 6 S 15/9;

ferner Anordnung der Fürsorgeerziehung, vgl. B 40 N 2 S 4/6, BlAdmPr 68 S 94, BlApfl II S 160, auch S 148, 182, 204, 215, 254,

dann Unterbringung in einer Arbeitsanstalt gemäß Art 76 BayAG;

bb) bei gesetzlichem Aufenthaltszwange, der gegeben ist für vorläufig entlassene Gefangene nach §§ 23 ff. RStGB (vgl. B 36 N 3 S 13, Brunn S 98), bei behördlicher Aufenthaltszuweisung nach RVo vom 23. Juli 1919 (RGBl S 1353), bayr. Vo vom 20. März 1920 mit MBek vom 22. Juli 1920 (StAnz N 170), nicht aber für die widerrufliche Entlassung aus Besserungsanstalten, B 43 N 11 S 26. Hierher ist auch das Aufenthaltsverbot, dessen Übertretung mit Strafe bedroht ist, zu rechnen, da nach S 5 S 320 hier die rechtliche Möglichkeit zur Fortsetzung des Aufenthalts fehlt, vgl. auch B 15 N 37 S 110, Brunn S 654;

cc) bei anderweitigem Zwange, wenn dadurch die Umsetzung des Aufenthaltswillens in die Tat gehindert wird. Dies trifft bei Freiheitsberaubung durch Dritte zu.

Nicht unfreiwillig ist jedoch der Aufenthalt, wenn bei selbstgeschaffenen Verhältnissen, wie bei einer Schiffsreise, oder infolge schwerer Krankheit eine Änderung des Aufenthalts zeitenweise nicht vorgenommen werden kann, B 14 N 6 S 11, Brunn S 109, B 19 N 16 S 52—55, Brunn S 65—66, B 54 N 6 S 25, bei Flüchtlingen B 53 N 3 S 8 und 54 N 12 S 58, ferner bei entwichenen Zwangszöglingen, B 51 N 4 S 6. Ein Ausschluß der Freiwilligkeit liegt auch nicht vor bei Ordensangehörigen wegen ihres pflichtmäßigen Aufenthalts im Kloster. Wegen der Beamten s. Anm 1, der Militärpersonen und Kriegsteilnehmer Anm 2 zu § 26.

Widerrechtliche Abschiebung durch einen AV hat keine Wirkung auf Beginn und Ende des Aufenthalts, B 16 N 3 S 5, Brunn S 113.

2. Bezüglich der Fristberechnung bestimmt das UWG (im Gegensatze zum bayr. Heimatrechte), daß der Aufenthalt nicht fortgesetzt und auch durch länger dauernde Ausschaltung der Freiwilligkeit nicht unterbrochen wird, sondern daß der Lauf der Frist nur ruht und zwar sowohl die Anwesenheits- als auch die Abwesenheits-Frist (§ 12 mit § 24, B 5 N 1 S 1, Brunn S 96). Die spätere Aufenthaltszeit wird zu der früheren hinzugerechnet. Wäre beispielsweise der in Dachau beheimatete X am 1. Febr. 1916 in München zugezogen, am 10. Juli 1916 wegen schwerer Geisteskrankheit in die Kreisirrenanstalt aufgenommen und am 2. Sept. wieder als gesund entlassen worden, so würde er nicht mit dem Ablaufe des 31. Jan. 1917 den UW in München erwerben, sondern um 22 + 31 + 1 (der 2. Sept. zählt wieder als Aufenthaltstag, vgl. B 17 N 5 S 10, Brunn S 96) = 54 Tage später, d. i. am 25. März 1917. Bei Verbüßung von Freiheitsstrafen ergibt sich eine Übereinstimmung der Ruhefrist und der Freiheitsentziehung.

Treten wiederholt Hemmungen des Aufenthalts (Mangel der Willensfreiheit wie Armenunterstützung) auf, so werden die Aufenthaltszeiten an demselben Ort unter Abzug der Ruhezeiten zusammengerechnet.

3. Was hier über den Lauf der Erwerbsfrist bestimmt wird, das ist in § 24 über den Lauf der Verlustfrist vorgesehen.

§ 13.

Als Unterbrechung[1] des Aufenthalts wird eine freiwillige[2] Entfernung[3] nicht angesehen, wenn aus den Umständen, unter welchen sie erfolgt, die Absicht[4] erhellt, den Aufenthalt beizubehalten.[5]

1. Eine Unterbrechung des Aufenthalts mit zerstörender Wirkung für die Erwerbs- und Verlustfrist erfolgt

durch Wegzug, s. hierüber die nachfolgenden Bemerkungen,

durch Stellung eines Übernahmeantrags nach § 14 Abs 2 und § 27 Abs 2, endlich

durch Wiedervereinigung der infolge befugten Getrenntlebens armenrechtlich selbständig gewordenen Ehefrau mit dem Manne, s. hierüber Anm 3 zu § 17.

Keine Unterbrechung mit diesen Folgen, sondern nur ein Ruhen des Fristenlaufes ohne Entwertung des bisherigen Aufenthalts bewirkt die Armenunterstützung und der Wegfall der freien Selbstbestimmung bei der Wahl des Aufenthalts, vgl. §§ 12 Abs 2, 14 Abs 1, 24 Abs 2 und 27 Abs 1.

An sich unterbricht, wie aus dem Ausdruck „ununterbrochen" in § 10 zu folgern und auch in der Begründung S 166 hervorgehoben ist, jede Entfernung — sei sie freiwillig oder unfreiwillig — den Aufenthalt i. S. des UWG. Das Gesetz bestimmt aber in § 13 eine Ausnahme für die Entfernung mit der Absicht in absehbarer Zeit zurückzukehren, den Aufenthalt beizubehalten. Das UWG sagt nichts von vorübergehender Abwesenheit, wie Art 6 Abs 4 HeimG, wonach als Unterbrechung des Aufenthalts vorübergehende Entfernung nicht gilt, bei der aus den begleitenden Umständen erhellt, daß nicht beabsichtigt war, den Aufenthalt aufzugeben. Daß aber das UWG die gleiche Bestimmung mit seinem § 13 treffen will, geht schon aus der Begründung S 166 hervor. Danach soll nicht jede freiwillige Entfernung die Wirkung haben, daß dadurch der Aufenthalt für den Erwerb oder die Ersitzung des UW unterbrochen wird; es könne vielmehr eine Geschäftsreise von kurzer Dauer oder eine vorübergehende Abwesenheit zur Benützung einer auswärts sich darbietenden Arbeitsgelegenheit der Natur der Sache nach nicht als eine beabsichtigte Auflösung des einmal angeknüpften Aufenthaltsverhältnisses angesehen werden und den Lauf der Frist unterbrechen. Auch in verschiedenen Entscheidungen des BAH ist zum Nachweise der Voraussetzung des § 13 davon die Rede, daß die Abwesenheit nur eine vorübergehende war, so B 3 N 5 S 8, 18 N 2 S 4 (Leitsatz), 19 N 1 S 1, Brunn S 131 und andere mehr. Damit steht nicht im Widerspruche der in Brunn S 148 aufgestellte Satz, daß „die Zeitdauer der Abwesenheit nicht allein entscheidend ist"; denn die dort angeführten Beispiele ergeben, daß einerseits eine kurze Abwesenheit schon zur Unterbrechung des Aufenthalts führen kann, während das andererseits bei mehrmonatlicher Abwesenheit nicht immer der Fall sein muß. Für den Arbeiter, der seinen Aufenthaltsort A mit seinem Arbeitsplatze daselbst verläßt und in B Beschäftigung und Wohnung nimmt, aber nach einer Woche den Ort B und seine dortige ihm nicht zusagende Stelle wieder verläßt und nach A zurückkehrt, um dort Arbeit zu suchen, liegt eine Unterbrechung des Aufenthalts in A trotz seiner Rückkehr dorthin vor. Es beginnt daher vom Tage der Rückkehr an die einjährige Erwerbsfrist von neuem zu laufen, B 38 N 3 S 5 und 56 N 5 S 13. Ebenso liegt eine Unterbrechung vor bei Flucht ins Ausland um einer Bestrafung zu entgehen, wenn auch nach kurzer Zeit die Rückkehr erfolgte, B 48 N 2 S 4, VGE vom 11. Jan. 1907 N 66 I/06 HeimVA f. R. Dagegen ist eine längerandauernde Abwesenheit unschädlich, wenn der Mittelpunkt des wirtschaftlichen Lebens am bisherigen Aufenthaltsorte sich befindet, die Rückkehr von vornherein beabsichtigt war und auch eingetreten ist. Das gilt insbesondere von einem verheirateten Kutscher, der von seinem Arbeitgeber einem Ausländer zur Bereisung verschiedener Gegenden oder während des Sommeraufenthalts in einem Luftkurorte zur Verfügung gestellt ist, vgl. VGE vom 18. Okt. 1907 N 87 I/07 HeimVA f. M; dabei handelte es sich um eine 4monatliche Abwesenheit, so auch B 44 N 6 S 14; weiter ging das BAH in B 52 N 7 S 20 (einjährige Abwesenheit auf Besuch), s. dazu B 56 N 4 S 12. Da der Aufenthalt als ganzes zu betrachten ist (B 11 N 1 A und B S 1/3, Brunn S 62), hat der bayr. VGHof für die Frage der Fortsetzung des Aufenthalts bei Entfernung vom Aufenthaltsorte auch der tatsächlichen Rückkehr eine Bedeutung beigemessen, S 20 S 66, 26 S. 330, VGE vom 8. Okt. 1913 N 70 I/113, HeimVA f. K. Nun hat das BAH in B 6 N 4 S 5/7 mit 18 N 2 S 4, vgl. auch B 48 N 3 S 7 ausgesprochen, daß durch vorübergehende Abwesenheit verbunden mit der Absicht, den Aufenthalt fortzusetzen, der Aufenthalt auch dann nicht als unterbrochen, vielmehr die Ersitzpflicht als erfüllt anzusehen ist, wenn die Rückkehr durch den nach Ablauf der Ersitzfrist eingetretenen Tod verhindert worden ist. Dieser Ansicht wird nunmehr beigestimmt, da im Laufe des Krieges die bayr. Gesetzgebung (Art 2 des Ges. vom 24. Dezember 1917, GVBl 612) für die Heimaterwerbsfrist den Grundsatz aufgestellt hat, daß die Zeit der Kriegsteilnahme als Fortsetzung des Aufenthalts gilt. Es hatte sonach der im August 1914 in den Krieg gezogene und am 11. Aug. 1916 gefallene Heimatlose, der sich seit 1. Febr. 1908 in A freiwillig ununterbrochen und unterstützungslos aufgehalten hatte, noch den Unterstützungswohnsitz in A erworben. Im Übrigen wird noch auf die Ausführungen und Beispiele in Anm 2 zu § 9 und auf Anm 1 und 2 zu § 23 verwiesen.

2. Das UWG unterscheidet zwischen freiwilliger und unfreiwilliger Entfernung; im ersteren Falle tritt bei nur vorübergehender Entfernung Unschädlichkeit (Nichtanrechnung) der Unterbrechung, bei Entfernung ohne Absicht der Rückkehr Entwertung des Aufenthalts oder Aufenthaltsunterbrechung im gesetzlichen Sinne mit der Folge ein, daß der ganze bis dahin abgelaufene Teil der Frist außer Betracht bleibt (B 42 N 3 S 16/8); bei der unfreiwilligen Entfernung dagegen kommt das Ruhen der Ersitzfrist nach § 24 in Frage.

3. Im Falle des § 13 wird der Lauf der Ersitzfrist auch während der Zeit der Abwesenheit fortgesetzt, also die zwischen der Entfernung und Rückkehr liegende Zeit als Aufenthaltszeit gerechnet.

Erfolgte eine Entfernung aus dem Dienste, um einen neuen Dienst unter Aufgabe des bisherigen Arbeitsverhältnisses und Aufenthalts anzutreten, so bewirkt die Abwesenheit eine Unterbrechung des Aufenthalts, auch wenn sie nur einen in die Zeit eines ortsüblichen Umzugstermins fallenden nach der Unterstellung des § 23 Abs 3 für den Beginn der Abwesenheit unschädlichen Zeitraum von höchstens 7 Tagen umfaßte, B 19 N 3 S 7, Brunn S 93. Das gilt nicht für die zeitweise Entfernung zum Zwecke der Verhinderung des Erwerbs des UW, B 53 N 7 S 17 (im Leitsatz soll es „des Aufenthalts" statt „der Abwesenheit" heißen). Über Entfernung wegen feindlicher Besetzung s. B 54 N 6 S 17 und 22.

4. Hinsichtlich des Nachweises der Absicht, den Aufenthalt beizubehalten (der Rückkehr) gilt das in Anm 2 zu § 9 Gesagte; entgegenstehende Tatsachen sind lange währende Abwesenheit, Annahme einer erst nach der Entfernung sich darbietenden besseren Stelle, B 19 N 7 S 20, Brunn S 147/8. Schwere Krankheit macht unter Umständen die Absicht, den Aufenthalt am bisherigen Orte beizubehalten zu nichte, B 54 N 9 und 10 S 37, 39; dabei ist zu prüfen, ob der Betreffende mit Rücksicht auf die Art und Schwere seiner Krankheit den bisherigen Aufenthalt beibehalten wollte und konnte, a. a. S 40, 43.

5. Wie den §§ 11 und 12 in den §§ 23 und 24, so steht auch dem § 13 in § 25 eine entsprechende Bestimmung gegenüber, durch die für den Lauf der Verlustfrist das gleiche angeordnet wird, wie für die Erwerbsfrist. Auf die Anmerkungen zu § 25 wird hier verwiesen.

§ 14.

I Der Lauf der einjährigen Frist (§ 10) ruht während der Dauer der von einem Armenverbande gewährten öffentlichen Unterstützung.[1]

II Er wird unterbrochen durch den von einem Armenverband auf Grund der Bestimmung im § 5 des Gesetzes über die Freizügigkeit vom 1. November 1867 gestellten Antrag auf Anerkennung der Verpflichtung zur Übernahme eines Hilfsbedürftigen. Die Unterbrechung erfolgt mit dem Tage, an welchem der also gestellte Antrag an den betreffenden Armenverband oder an die vorgesetzte Behörde eines der beteiligten Armenverbände abgesandt ist.[2]

III Die Unterbrechung gilt als nicht erfolgt, wenn der Antrag nicht innerhalb zweier Monate weiter verfolgt oder wenn derselbe erfolglos geblieben ist.[3]

1. Armenunterstützung (AU) bewirkt das Ruhen der Erwerbsfrist, wie auch der Verlustfrist (s. § 27 Abs 1). Dazu ist folgendes auszuführen:

a) Über den Begriff der AU (öffentliche Unterstützung) ist das Nähere in Anm 5 zu § 1 erörtert. Hier soll noch bemerkt werden:

aa) Was die Unterstützung in augenblickliche Notlage betrifft, so sind das BAH und der bayr. VGH in ihren Entscheidungen darüber einig, daß bei Gewährung eines Darlehens aus Mitteln, die der Armenpflege zur Verfügung stehen, an arbeitsfähige in vorübergehender Notlage sich befindlichen Leute eine AU nicht anzunehmen ist, B 41 N 17 S 46, VGE vom 4. März 1914 N 154 I/13 HeimVA f. A und vom 3. März 1915 N 169 I/14 HeimVA f. B. Auch die Haftung für eine Schuld oder für

Bezahlung der Anstaltspflegekosten ist keine Armenunterstützung, vgl. B 47 N 38 S 111.

Bezüglich der Gewährung von Vorschüssen stimmen die Auffassungen des BAH und des bayr. VGH nicht vollständig überein. Letzterer rechnete in bezug auf die schädliche Wirkung der Armenunterstützung bei Verehelichungsgesuchen und Heimatverleihungsansprüchen unter Berücksichtigung der Absicht des Empfängers auch Vorschüsse bei Notlage, namentlich Reiseunterstützungen nicht als Armenunterstützung an, vgl. S 2 S 261 und 3 S 274, VGE vom 14. Dezember 1909 N 147 III/08, Verehelichung G und vom 9. Dezember 1912 N 214 III/12 Verehelichung W, Reger HG Anm 13e zu Art 32 S 121, dann Henle AG Anm 12 zu Art 11 S 25, woselbst unter Bezugnahme auf BlAdmPr 41 S 3 Rückerstattung des Vorschusses verlangt wird, vgl. auch § 8 bayer. BA. Dagegen nimmt das BAH einen Gegensatz zwischen den Unterstützungen und Vorschüssen aus Armenkassen nicht an, da jede Armenunterstützung als ein Vorschuß sich darstellt, der von dem Hilfsbedürftigen und seinen unterhaltspflichtigen Angehörigen ersetzt werden muß, vgl. B 7 N 8 S 19/20, dann 42 N 29 S 100/103. Für die Anschauung des BAH spricht das in Anm 5 zu § 1 erwähnte RG vom 15. März 1909, das in Ziff 4 und 5 die Unterstützung aus Anlaß einer augenblicklichen Notlage wie auch die erstatteten Unterstützungen als Armenunterstützungen bezeichnet, denen nur ihre Wirkung nach gewissen Richtungen entzogen wird. Doch ist diese Frage hier um deswillen nicht von Bedeutung, weil nach dem UWG die Armenunterstützung den Aufenthalt nicht entwertet, sondern nur das Ruhen des Fristenlaufs bewirkt; die Reiseunterstützung hat also lediglich zur Folge, daß für die Frist nach § 10 ein Tag abgerechnet wird.

bb) Hat aber die Unterstützung die rechtliche Eigenschaft einer armenrechtlichen Leistung bei gegebener Hilfsbedürftigkeit, dann macht auch eine spätere Zurückerstattung durch den Unterstützten oder dessen Verwandten die Wirkung in bezug auf den UW nicht rückgängig, vgl. B 17 N 12 S 29 und 42 N 29 S 100/3, S 14 S 379 oben mit Anführungen.

cc) Was die Zuwendung aus Stiftungen betrifft, so ist die aus Mitteln einer selbständigen öffentlichen Stiftung genossene Unterstützung sowohl nach der ständigen Rechtsprechung des BAH als des BayVGH keine Armenunterstützung, vgl. S 11 S 114, B 18 N 5 A S 20/3. Dem steht nicht entgegen die Entscheidung in B 15 N 6 S 15, wo von Armenunterstützungen aus Mitteln einer Stiftung die Rede ist; denn in B 17 N 10 S 23/24 wird bemerkt, es sei in der vorerwähnten Entscheidung angenommen worden, daß „die Stiftung, aus der eine Unterstützung gewährt war, nicht die Eigenschaft einer selbständigen juristischen Persönlichkeit besitzt, daß vielmehr das Eigentum ihres Vermögens der Stadtgemeinde zusteht". Dabei ist bedeutungslos, daß aus Stiftungsmitteln eine sonst der Armenpflege obliegende Leistung übernommen wird, vgl. SächsJb 21 S 47. Unterstützung aus Stiftungsmitteln kann dann Armenunterstützung sein, wenn die Stiftung dem AVe zur Erfüllung seiner gesetzlichen Verpflichtung zur Verfügung steht, vgl. B 18 N 5 B S 24,[1]) Brunn S 176 und 45 N 5 S 15, dann 50 N 5 S 11 über die Sch. G.sche Stiftung, die zum Zwecke der Armenpflege und zur absichtlichen Verschiebung des UW benutzt worden sei. Wird ein freier Platz in einer

[1]) Hier ist von einem „Hospital" die Rede; das gleiche trifft regelmäßig nicht zu für die Bürgerspitäler, B 46 N 4 S 16.

stiftischen Wohltätigkeitsanstalt einer Gemeinde für arme Kinder zur Verfügung gestellt, so liegt auch in der Überweisung eines hilfsbedürftigen Kindes durch den OAV dieser Gemeinde öffentliche Armenhilfe, B 41 N 12 S 31. Dagegen ist das nicht der Fall bei unentgeltlicher Aufnahme in einer Hebammenlehranstalt, B 14 N 11 S 26, Brunn S 21, dann bei Unterstützungen aus Staats- und Kreisfonds für Anstaltspflege Geisteskranker, B 47 N 38 S 107/13; anders wenn der Staat zugleich LAV ist, s. B 34 N 5 S 13.

dd) Armenhilfe kann auch geleistet werden, ohne daß dem AV Auslagen erwachsen, z. B. bei Gewährung eines Obdaches im Armenhause, vgl. B 11 N 7 S 16, Brunn S 153, VGE vom 9. Juli 1906 N 56 III/06 Verehelichung F und B 41 N 11 S 30. Auch Sachleistung (nicht bloß Geldleistung) ist Armenunterstützung, B 13 N 5 S 15/7.

b) Armenhilfe muß geleistet sein, das Nachsuchen um AU ist (im Gegensatze zur bayr. Heimatgesetzgebung) unschädlich.

c) Nur die von einem Armenverband auf Grund des UWG oder des AusfG. dazu geleistete Unterstützung bewirkt das Ruhen der Erwerbsfrist. Es kommt nicht darauf an, welcher deutscher AV die AU gewährt (VGE vom 21. Jan. 1918 N 81 UA) und ob der hilfeleistende AV einen Ersatzanspruch gegenüber dem endgültig verpflichteten AVe geltend gemacht hat, vgl. B 11 und 41 a. a. O. Auch der Staat kann als AV in Betracht kommen, vgl. § 7.

Armenhilfe kann auch in Frage kommen, wenn ein Verband z. B. ein Bezirkskrankenhausverband für den Armenverband die Krankenunterstützung gewährt (B 8 N 10 S 28/30, Brunn S 167), dann wenn Einzelpersonen wie Ärzte, Apotheker, Hebammen, Bader oder Krankenanstalten in einer den AV verpflichtenden Weise einem Hilfsbedürftigen die unbedingt erforderliche Hilfe gewähren, vgl. Anm 2 zu § 28; mit Rücksicht auf die gesetzliche Regelung über die Gewährung von Armenhilfe durch Dritte gemäß Art 14 bayr. ArmG sind mehrfache Entscheidungen des BAH, s. Brunn Ziff 22 ff. zu § 14 (S 169 ff.) außer Beachtung zu lassen.

d) An sich wirkt die AU nur dem gegenüber, der sie erhalten hat. Eine Ausnahme hievon findet bei Unterstützungen unselbständiger Familienangehöriger nach dem Grundsatze der armenrechtlichen Familieneinheit statt, s. hierüber § 9 Anm 3. Das Familienhaupt gilt als unterstützt ohne Rücksicht, ob die AU mit seinem Wissen oder seiner Kenntnis erfolgte.[1]) Das Bestehen einer häuslichen Gemeinschaft kommt nur im Falle des § 29 Abs 2 in Betracht. Erlangt die Ehefrau die armenrechtliche Selbständigkeit (s. § 17), so hört die Anrechnung der AU in der hier und in Anm 3 zu § 9 erörterten Weise auf; das trifft auch für das Kind mit Vollendung des 16. Lebensjahres zu; bis dahin ist die selbständig gewordene Mutter wieder das Familienhaupt des vorehelichen Kindes, B 7 N 2 S 29, Brunn S 284, B 28 N 14 S 39 und 39 N 41 S 117. Das unselbständige Stiefkind gehört zur Familiengemeinschaft des Stiefvaters, B 48 N 7 S 21, der an Stelle der armenrechtlich unselbständigen Mutter als Familienhaupt tritt. Diese muß § 1603 Abs 2 BGB alle verfügbaren Mittel für sich und das unselbständige Kind verwenden und letzterem kommt der Anspruch der Mutter, der die Aufbringung ihres und des Kindes Unterhalts unmöglich ist, gegenüber dem

[1]) Gegenüber der früheren gegenteiligen Praxis in Bayern (B 21 S 73, 23 S 101, 31 S 96) s. nunmehr Art 2 Abs 3 BayrAG.

Ehemann (Stiefvater) gemäß §§ 1360 mit 1609 Abs 2 BGB zugute, s. a. B 38 N 19 S 54—56. Darum wurde auch nach der Rechtsprechung des BGH (vgl. vom 8. November 1907 N 80/I/07 WegwE und vom 28. Januar 1914 N 204/I/13 WegwD) das Stiefkind von der armenrechtlichen Ausweisung seines Stiefvaters miterfaßt. Vgl. dazu insbesondere auch die alle einschlägigen Bestimmungen im BGB und die Güterrechtsverhältnisse zwischen Stiefvater und seiner Ehefrau erörternden Aufsätze in Bl. f. Apfl. I S 43, II S 137 über Unterhaltshaftung des Stiefvaters, Preuß. VerwBl 40 S 74. Das BAH hat entgegen seiner früheren Anschauung (B 6 N 8 B und C S 14 und 15, B 17 N 14 S 44) in neuerer Zeit ausgesprochen, daß die AU des Stiefkindes die armenrechtliche Wegweisung des Stiefvaters nicht bewirken könne, weil letzterer ersteren gegenüber nicht unterhaltspflichtig sei, B 48 N 40 S 126, 51 N 48 S 154 und 55 N 11 S 29, wo auch Anführungen für die gegenteilige Anschauung sich findet (S 30/2); vgl. dazu auch Reger 36 S 224 (es soll im Falle des § 1386 BGB eine andere Beurteilung eintreten). Ein Antrag bei der Kommissionsberatung (RTB 1907/09 AnlBd 247 N 841 S 5088), wonach für ein Familienhaupt, dessen Angehörige von einem andern als dem AWe seines AufO unterstützt werden, die Wirkung des § 14/27 Abs 1 nicht eintreten soll, wurde abgelehnt, weil dies dem Grundsatze der armenrechtlichen Familieneinheit widersprechen würde. Unterstützungen der Familienangehörigen können dem Familienhaupte erst von dem Zeitpunkte der Gründung der Familiengemeinschaft (Eheschließung) an zugerechnet werden, B 53 N 9 S 22; wegen der geschiedenen Frau s. Baath S 54 Note 7 d zu § 14. Die Unterstützung der Stiefkinder einer Witwe ist dieser nicht zuzurechnen, weil sie in diesem Falle nicht das Familienhaupt bildet und die Stiefkinder auch nicht ihren UW teilen, B 23 N 8 B S 26/8, Brunn S 200.

e) Machenschaften von Armenverbänden kommen in bezug auf AU in der Weise vor, daß Armenunterstützung ohne Hilfsbedürftigkeit gewährt wird, um das Ruhen der Erwerbsfrist herbeizuführen, oder daß bei bestehender Hilfsbedürftigkeit einem auswärtigen UWangehörigen Gelder zur Verfügung gestellt werden, um die ungestörte Vollendung der Verlustfrist zu fördern. Über verschiedene Arten von Abschiebungen s. Diefenbach, RAG S 280, 286 ff. Solchen Machenschaften, von denen § 31 BBA die Armenverbände ernstlichst warnt, hat die Rechtsprechung des BGH wie auch das BAH den Erfolg versagt, indem im ersteren Falle AU nicht angenommen wurde, wohl aber im letzteren Falle, vgl. B 10 N 3 A S 11, 16 N 3 S 5, Brunn S 113, 16 N 19 A S 66, 23 N 6 S 21/3, 38 N 15 S 37, 53 N 7 S 17, S 26 S 205, 40 S 133, Reger 31 S 132, 33 S 349.

f) Während des Krieges entwickelte sich der Grundsatz, daß die Angehörigen der Kriegsteilnehmer vor Inanspruchnahme der Armenpflege bewahrt und die „Volksgenossen, die durch den Krieg in unverschuldeter Weise hilfsbedürftig geworden sind", in gleicher Weise versorgt werden müßten. Unter Bezug auf die Ausführungen in Anm 5 A zu § 1 ist hier noch folgendes zu betonen:

Die reichsgesetzlichen Familien- wie die Kriegsunterstützungen mit Ausschaltung des armenpfleglichen Charakters waren geeignet eine Verschiebung der Unterstützungswohnsitzverhältnisse herbeizuführen, indem Landarme durch einjährigen Aufenthalt einen UW erwerben konnten, obwohl sie ohne Unterstützung ihren Lebensunterhalt nicht aufzubringen vermögen. Durch die BRVo vom 13. November 1915 (RGBl S 764) wurde deshalb um dieser Wirkung Einhalt zu tun, der ganz oder zum Teil an Stelle von Armenunterstützungen wegen dauernder Hilfsbedürftigkeit getretenen Leistung der Kriegswohlfahrtspflege die Wirkung einer Armenhilfe für den Unterstützten und die Personen, die seine UWVerhältnisse teilen (B 50 N 27 S 92) in der Weise beigelegt, daß die einjährige Frist für den Erwerb oder Verlust des UW ruht. Weitergehende Folgen waren mit dieser BRVo, die nicht zur Geltung kommt, wenn zwischen AU und KriegsU ein nicht unerheblicher Zwischenraum liegt (B 53 N 8 S 19), nicht verbunden. Deshalb bezeichnet die Entscheidung des BAH vom 16. Juni 1917 B 53 N 31 S 120 es als unrichtig, daß der früher fürsorgepflichtige LAV nach Wiedereintritt der Notwendigkeit armenpfleglichen Eingreifens an Stelle der Kriegswohlfahrtspflege zur Weiterleistung der Armenhilfe verpflichtet sei; es sei vielmehr anzunehmen, daß neue Hilfsbedürftigkeit eingetreten sei. Durch die BRVo vom 16. Mai 1918 (RGBl S 409) über Einwirkungen der Flüchtlingsfürsorge auf das Armenrecht (Pr. VerwBl 39 S 497 BlApfl III S 141) wurde aber angeordnet, daß in den Fällen, wo hilfsbedürftige landarme oder staatenlose ehemalige Deutsche oder staatenlose Personen deutscher Abkunft nach dem 31. Juli 1914 infolge der kriegerischen Verhältnisse aus dem Ausland in das Reichsgebiet übergetreten sind und an sie Unterstützung auf Grund des RG vom $\frac{\text{28. Februar 1888}}{\text{4. August 1914}}$ oder sonst im Wege der öffentlichen Kriegswohlfahrtspflege gewährt worden ist, nicht bloß der Fristenlauf für den Erwerb und Verlust des UW der unterstützten Personen und jener, deren UWVerhältnisse sie teilen, ruht (dies gilt auch für durch feindlichen Einfall oder behördliche Räumungsanordnung infolge der Kriegsverhältnisse betroffene Inländer, Abs 1), sondern daß auch in bezug auf die Pflicht zur Erstattung von Armenunterstützungen, die an Stelle von bisherigen Leistungen der Kriegsfürsorge im oben erwähnten Sinne gewährt werden, es so anzusehen sei, als wäre die Hilfsbedürftigkeit bereits bei Beginn der Kriegswohlfahrtspflege eingetreten. Diese Bestimmung hat wie die BRVo vom 13. November 1915 rückwirkende Kraft (B 55 N 7 S 20/3) und gilt gemäß Abschn. III der BRVo vom 16. Mai 1918 auch für nach § 33 UWG aus dem Auslande zu übernehmende Personen, aber nicht für Landarme des Inlandes. Hier tritt nach Aufhören der Kriegswohlfahrtspflege die Fürsorge des LAVes ein, in dessen Bezirk der Hilfsbedürftige sich befindet. Denn die BRVo bezweckt neben der Fürsorge für die Flüchtlinge den Schutz der Grenzbezirke. Daß aber die Pflicht zur Unterstützung dauernd Hilfsbedürftiger von den LAVen nicht auf die OAVe übergeht, in denen der Unterstützte während des Genusses der Kriegswohlfahrtspflege über ein Jahr sich aufgehalten hat und damit den UW erwerben würde, sorgte die erwähnte BRVo vom 13. November 1915.

g) Leben mehrere armenmündige Personen in häuslicher Gemeinschaft, so gilt bei Gewährung einer Armenhilfe jene Person als unterstützt, bei der nach den Umständen des Falles Hilfsbedürftigkeit vorlag, B 41 N 13 S 33.

h) Die Armenunterstützung bewirkt im Gegensatze zur bayr. Heimatgesetzgebung, wo sie den Heimatanspruch zerstörte, so daß nach Beendigung der AU eine neue Frist zu laufen begann, für den Erwerb (wie Verlust) des UW nur eine Aussetzung für die Zeit, während der sie geleistet wird, einen bei der Berechnung der einjährigen Aufenthalts-(Abwesenheits-)zeit abzurechnenden Zwischenraum. Daher kommt hier der **Zeitdauer** der Unterstützung eine besondere Bedeutung zu. Hiefür gelten folgende Grundsätze:

aa) Maßgebend für den **Beginn** der Unterstützung ist die **tatsächliche Leistung** des zum Leben Unentbehrlichen durch Geldaushändigung, ärztliche Hilfe, Arzneiverabreichung usw. von seiten der öffentlichen Armenpflege oder auf ihre Rechnung, nicht die Bezahlung der Kosten, B 50 N 6 S 15 und BGE vom 29. Nov. 1920 N 63 III/20 AU G. Die Armenpflege für einen in einer Anstalt untergebrachten Hilfsbedürftigen beginnt regelmäßig nicht mit dem auf Übernahme der Kosten gerichteten Antrage der Anstalt, die nicht allgemein mit der Ausübung der Armenpflege betraut ist, sondern erst mit der Übernahme der Kosten,[1]) B 46 N 2 S 3, 50 N 6 S 15, dazu aber auch 50 N 14 S 36/8; anders bei Krankenhäusern, wenn sie allgemein zur Aufnahme hilfsbedürftiger Kranker vom AVe bevollmächtigt sind oder wenn im Einzelfalle die Aufnahme dem AV angezeigt und von ihm stillschweigend oder ausdrücklich genehmigt ist; doch muß beabsichtigt sein, Armenpflege zu üben; **nachträglich** kann nicht ein Armenpflegefall daraus gemacht werden, B 56 N 14 S 43 mit 53 N 11 S 27. Die tatsächliche Gewährung der Unterstützung oder die Anweisung einer Unterstützung durch ermächtigte Organe der Armenpflege ist für den Beginn der Armenpflege maßgebend, gleichgültig wann der Beschluß des Armenrates über Gewährung oder Genehmigung der Unterstützung erfolgt, B 35 N 5 S 15, Brunn S 156 und B 50 N 7 S 17. Der Zeitpunkt des Bewilligungsbeschlusses ist nur dann maßgebend, wenn von diesem Tag ab die Armenunterstützung gewährt oder „zahlbar zugesichert" ist, B 35 N 4 S 12 und 51 N 6 S 10, aber nicht bei „Inaussichtstellen" (B 51 N 5 S 8). Der nachträglichen Gewährung einer Unterstützung durch den AV kommt **keine Rückwirkung** für die Vergangenheit zu, wie auch die Bezahlung von Rückständen oder die nachträgliche Anweisung von Pflegegeldern keine Rückwirkung für den Beginn des Fristenlaufes hat, vgl. B 8 N 9 C S 27/8, 23 N 33 S 116, Brunn S 157 und 354, 41 N 10 S 26, 46 N 13 S 52, 51 N 13 S 39, auch wenn die Zahlung auf behördliche Anordnung erfolgte, B 47 N 15 S 42 und 54 N 18 S 83. Über Armenhilfe für die **Vergangenheit** s. Anm 5 D zu § 1.

Hat der verpflichtete AV die Gewährung der Unterstützung absichtlich oder fahrlässig verzögert und dadurch eine Verschiebung der Armenlast herbeigeführt, so ist die Hemmung des Fristenlaufes schon mit dem Zeitpunkte der ordnungsmäßigen Feststellung der Hilfsbedürftigkeit, d. i. ihrer Erkennbarkeit dem AVe gegenüber als eingetreten anzusehen, vgl. B 1 N 13 B S 44, B 9 N 3 S 5, Brunn S 182, B 24 N 15 S 34/7, 42 N 4 S 18/20, 43 N 2 S 3 und 16 S 36. Dagegen wurde in B 16 N 7 A und B S 20, Brunn S 183 ausgesprochen, daß der vorläufig verpflichtete OAV des Aufenthaltsortes nicht den Einwand bringen kann, es hätte mit der ihm obliegenden Unterstützung früher begonnen werden müssen und es sei daher auch der Fristenlauf schon von einem früheren Zeitpunkt ab als ruhend zu betrachten, vgl. B 10 N 8 A und B S 22, 43 N 2 S 2/4 und BGE vom 1. März 1920 N 33 Anst. f. L. In diesem Fall ist mit dem Beginne der tatsächlich gewährten Unterstützung das Ruhen des Fristenlaufes eingetreten, B 13 N 9 S 26.

bb) Die **Dauer** richtet sich nach dem Umfange der gewährten Unterstützung. Wird Armenhilfe zur Befriedigung eines einmaligen Bedürf-

[1]) Ähnlich bei Übernahme der Ausgaben für Lernmittel nach S 2 S 197 und 577, 10 S 61, B 16 N 8 S 26.

nisses gewährt, so wird sie nur für einen Tag gerechnet, was nahezu wirkungslos für den Fristenlauf ist. Dies gilt beispielsweise für die Anschaffung eines künstlichen Beines,[1]) einer Brille oder von Krücken, B 39 N 5 S 10 und 41 N 13 S 33. Das gleiche gilt regelmäßig für die Lieferung von Arzneimitteln, B 15 N 10 S 23, Brunn S 162. Auch die Gewährung eines Winterkleides für Kinder ist als einmalige Unterstützung und nicht als Unterstützung von der Dauer der Wintermonate anzurechnen, B 10 N 6 S 20. Immerhin sind jeweils die Umstände des einzelnen Falles abzuwägen. Hiernach kann bei fortlaufender Unterstützung die in Zwischenräumen wiederkehrende Beschaffung von Kleidungsstücken, wie die fortgesetzte Lieferung von Arzneien bei länger dauernder ärztlicher Behandlung als fortgesetzte oder fortlaufende Unterstützung zu erachten sein, B 19 N 10 A und B S 29. Wird jemand während des Winterhalbjahres alljährlich unterstützt, so ruht der Fristenlauf auch nur für diesen Zeitraum, nicht für das ganze Jahr, B 38 N 5 S 9. Anders liegt die Sache bei Beschaffung des jährlichen Kleiderbedarfs oder Gewährung von regelmäßigen Zuschüssen dazu, B 33 N 6 S 11, Brunn S 161. Die regelmäßig am ersten ausbezahlte Monatsunterstützung ist für den ganzen Monat anzurechnen, B 14 N 9 B S 24 Brunn S 160 und 44 N 2 S 3.

Da auch die Gewährung einer Armenhilfe an teilweise Hilfsbedürftige, vgl. hierüber Anm 4 c dd zu § 1, den Fristenlauf hemmt, so ist zu bemerken, daß bei Bezahlung des Mietzinses durch die Armenpflege oder bei Einräumung einer Wohnung im Armenhause für das ganze Jahr das Ruhen der Frist während eines Jahres in Frage kommt.

cc) Bezüglich des Endes der Unterstützung gilt dasselbe wie für den Anfang, s. oben aa und es entscheidet auch hier das tatsächliche Aufhören der armenpfleglichen Leistung. Mit der Entlassung aus dem Krankenhaus ist die armenrechtliche Krankenhilfe beendigt, auch wenn die darauf erwachsenen Kosten viel später bezahlt werden, vgl. S 4 S 621. Das Ruhen der Frist findet auch dann statt, wenn ungeachtet des Fortbestehens der armenrechtlichen Hilfsbedürftigkeit und des Anrufens der Armenpflege diese zeitenweise ohne Grund ausgesetzt wird, vgl. B 45 N 4 S 10 mit Anführungen auf S 14.

dd) Wenn Unterstützungen nicht fortgesetzt, sondern nur von Zeit zu Zeit mit größeren Zwischenräumen gewährt werden, so sind die unterstützungsfreien Zeiten zusammenzurechnen, vorausgesetzt, daß der Aufenthalt auch während des Ruhens fortgedauert hat.

ee) Armenunterstützung und Hilfsbedürftigkeit vor dem 1. Januar 1916 sind für Bayern Tatbestände, die bei Anwendung des UWG außer Betracht bleiben, B 55 N 37 S 148 und 56 N 32 S 98, Reger 37 S 28.

2. Zu Abs. 2 und 3.

Der Übernahmeantrag unterbricht den Fristenlauf mit der Wirkung, daß die Zeit des bisherigen Aufenthalts oder der bisherigen Abwesenheit vollständig entwertet wird, B 42 N 3 S 16/8. Im Einzelnen ist hierüber folgendes auszuführen:

a) Voraussetzung der Wirkung des Übernahmeantrags ist, daß dauernde Hilfsbedürftigkeit, d. i. die Voraussetzung der Übernahme- und Überführungspflicht, vorliegt, B 16 N 9 S 31. Fehlt es an der gesetzlichen Voraussetzung der Übernahmepflicht, so unterbricht der Übernahmeantrag den

[1]) Anders in B 48 N 6 S 16 bei Anschaffung einer Beimaschine bei Fortbauer der Hilfsbedürftigkeit und Armenhilfe.

Fristenlauf auch dann nicht, wenn ihm stattgegeben worden ist, B 18 N 7 S 29. Wenn dagegen in späterer Zeit eine Änderung der Hilfsbedürftigkeit eintritt, insofern der Unterstützte sich einige Zeit ohne öffentliche Armenhilfe durchbringt, so ändert dies an der Rechtsfolge des Übernahmeantrags nichts, B 17 N 13 S 34, Brunn S 219. Im übrigen wird wegen der Zulässigkeit des Übernahmeantrags auf die Anmerkungen des § 31 verwiesen.

b) In der Zuschrift des AVes muß das Verlangen der Übernahme bestimmt und unzweideutig zum Ausdruck gelangen; das ist nicht der Fall, wenn bloß Übernahme der Kosten und Ersatz der Aufwendungen gefordert wird, B 41 N 14 S 36/40.

c) Wenn dauernde Hilfsbedürftigkeit vorliegt und die beiden beteiligten AVe über das Vorliegen der Voraussetzungen des § 5 FreizG und des § 31 UWG einig sind, so kann auch ein Antrag des die Übernahmepflicht anerkennenden AVes auf Belassung oder auf Überführung (vgl. §§ 31, 32, 55, 56), wie auch die Überweisung des LAVes gemäß § 8 UWG und der Landesgesetzgebung (Art 56 Abs 1 BayAG und § 34 PrAG) die Wirkung eines Übernahmeantrags nach sich ziehen, B 23 N 12 S 36/42, 25 N 6 S 11 (s. den Leitsatz), Brunn S 212, B 35 N 7 S 21 und 41 N 14 S 36/41. Dagegen ist in dem Verlangen des OAVes, daß der LAV die Anstaltspflege nach der Landesgesetzgebung (vgl. Art 58 Abs 2 BayAG und § 31 Abs 2 PrAG in der Fassung vom 11. Juli 1891) übernehme, ein Übernahmeantrag i. S. des § 14 (27) Abs 2 nicht zu erblicken, B 31 N 10 S 21. Auch für das Anerkenntnis gilt der Satz, daß die Wirkung nach § 14 Abs 2 nicht eintritt, wenn die Voraussetzungen für die Übernahme fehlen und somit die dauernde Hilfsbedürftigkeit vom übernahmepflichtigen AV irrtümlich anerkannt worden ist, B 10 N 9 S 26 und 14 N 13 S 37, Brunn S 650.

d) Der Übernahmeantrag kann auch von einem LAV und gegenüber einem LAVe gestellt werden, B 41 N 14 S 36, 42 N 10 S 38 und 49 N 43 S 126.

e) Der Übernahmeantrag hinsichtlich eines armenrechtlich unselbständigen Familiengliedes unterbricht den Fristenlauf nicht gegenüber dem Familienhaupte, wenn letzteres sich am Orte der vorläufigen Unterstützung befindet, s. die Ausführungen in B 25 N 7 S 17, Brunn 214 und B 42 S 36. Diese Wirkung tritt aber ein, wenn das Familienhaupt diesen Ort und seine Familie verlassen hat, B 42 N 9 S 34.

f) Der Zeitpunkt, in dem die Unterbrechung der Frist infolge des Übernahmeantrags eintritt, ist im Gesetze klar angegeben; es ist der Tag der Absendung des Übernahmeantrags, B 38 N 13 S 29. Wird ein Überführungsantrag unter Anerkennung der Übernahmepflicht ohne vorausgegangenen Übernahmeantrag gestellt, so beginnt die Unterbrechung mit dem Tag, an dem der überführungspflichtige AV, d. i. der AV des Aufenthaltsortes, sein Einverständnis mit der Überführung dem endgültig verpflichteten AVe mitgeteilt und dadurch den Willen, von den Rechtsfolgen des Anerkenntnisses Gebrauch zu machen, bekundet hat, B 35 N 7 S 21 und 51 N 7 S 14.

g) Für den Antrag bei der vorgesetzten Behörde enthält § 14 Abs 2 nicht die gleiche Einschränkung, wie in § 34 Abs 2, wonach sich der AV nur aushilfsweise an die vorgesetzte Behörde wenden kann. Wenn daher der Armenrat Landshut als Vertreter des OAVes des vorläufig unterstützenden Aufenthaltsortes die Übernahme eines Hilfsbedürftigen mit dem UW in Bamberg herbeiführen will, so wird der Aufenthalt in Landshut unterbrochen und unschädlich gemacht, wenn der Armenrat Landshut einen

Übernahmeantrag an den Armenrat in Bamberg oder an die Kreisregierung von Oberfranken oder Niederbayern abgesendet hat, obwohl die Anmeldung des Anspruches nach § 34 in diesem Falle nur beim OABe Bamberg gestattet wäre und von Erfolg begleitet sein könnte.

h) Unter Erfolg eines Übernahmeantrags ist nicht die tatsächliche Überführung des Auszuweisenden zu verstehen, es genügt vielmehr die Feststellung der Übernahmeverpflichtung des ablehnend sich verhaltenden ABes durch eine vollstreckbare Entscheidung, ohne daß es darauf ankommt, ob und wann diese vollzogen wird, vgl. B 28 N 15 S 41/3 und 49 N 43 S 126. Der vollstreckbaren Entscheidung gleich zu achten ist das Anerkenntnis (s. oben unter c), B 25 N 6 S 11, Brunn S 212 und 42 N 8 S 31/3; s. auch B 51 N 7 S 14.

i) Die zweimonatliche Frist des Abs 3 gilt für die Erhebung der armenrechtlichen Klage gegen den endgültig verpflichteten AB, der seine Übernahmepflicht nicht anerkennt. Selbstverständlich hat die fortdauernde Armenunterstützung auch bei Verlust der Antragswirkung gemäß Abs 3 noch die Wirkung nach Abs 1, daß nämlich der Fristenlauf ruht, B 5 N 5 A und B S 25. Die zweimonatliche Frist nach Abs 3, in die die Einreichung der Klage bei der armenrechtlichen Spruchbehörde fallen muß, beginnt mit Absendung des Übernahmeantrags an den die Übernahme verweigernden endgültig verpflichteten AB.

k) Wenn die Entscheidung der rechtzeitig, also innerhalb der zweimonatlichen Frist angerufenen Spruchbehörde die Klage auf Übernahme abgewiesen hat, oder wenn seit der Absendung des Übernahmeantrags zwei Monate verflossen sind, ohne daß auf Grund eines Anerkenntnisses eine Einigung zwischen den beteiligten ABen oder die Klagestellung erfolgt ist, so hat der Übernahmeantrag als von Anfang an wirkungslos zu gelten.

l) Nach erfolgter Entscheidung beginnt nicht etwa eine neuerliche Frist von zwei Monaten zu laufen mit der Folge, daß die Fristunterbrechung hinfällig würde, wenn nicht innerhalb weiterer zweier Monate die Ausweisung wirklich herbeigeführt wird, B 9 N 5 A S 9, Brunn S 217.

§ 15.

Die Ehefrau teilt vom Zeitpunkte der Eheschließung ab den Unterstützungswohnsitz des Mannes.[1–7]

1. Wenn auch das BGB die eheherrliche Gewalt der älteren Gesetzgebung nicht übernommen hat, so enthält es doch Bestimmungen, die der Ehefrau in verschiedenen Beziehungen die Eigenschaft der Unselbständigkeit geben. Das gilt auch für den Aufenthalt. Einerseits teilt sie gemäß § 10 BGB den (bürgerrechtlichen) Wohnsitz des Mannes, andererseits bestimmt letzterer gemäß § 1354 BGB Wohnort und Wohnung. Die Ehefrau teilt deshalb wie die Heimat (nach bayr. Heimatrecht Art 3 Abs 2 und Art 4 HeimG) und wie die Staatsangehörigkeit (§ 3 Ziff 3 und § 6 RStAG) auch den UW des Ehemannes. Dies entspricht dem Grundsatze der armenrechtlichen Familieneinheit (s. § 9 Anm 3). Die Bestimmung in § 15 gilt auch für die Witwen, die sich wieder verheiraten, B 26 N 14 S 47, Brunn S 220. Sie verlieren demzufolge den UW ihres früheren Ehemannes.

2. Das Teilen des UW ist gleichbedeutend mit Teilen der Unterstützungswohnsitzverhältnisse, also auch der Unterstützungswohnsitzlosigkeit. Daher verliert die Ehefrau, die einen Mann ohne UW heiratet, ihren

bisherigen UW und wird landarm, B 3 N 10 S 17, Brunn S 221 und 46 N 29 S 105/8. Mit dem Aufhören der Ehe oder der Unselbständigkeit der Ehefrau findet auch der abgeleitete UW der Ehefrau seinen Abschluß. Näheres hierüber s. § 16 und § 17.

3. Die Wirkung des § 15 tritt mit dem Abschlusse der Ehe vor dem Standesbeamten durch die Erklärung der beiden Verlobten, die Ehe miteinander eingehen zu wollen, ein, also auch wenn vor der Niederschrift der standesamtlichen Heiratsurkunde ein Ehegatte plötzlich mit Tod abgeht (§ 1317 mit § 1324). Ist die Ehe aber nichtig, § 1329 BGB, so erwirbt die Ehefrau nicht den UW des Mannes. Diese Folge tritt auch bei anfechtbarer Ehe (§ 1330 BGB) ein, wenn die Ehe in der Tat angefochten wird (§ 1343 BGB). Bis dahin ist die Ehe als gültig zu erachten mit der Wirkung, daß die Ehefrau den UW des Mannes teilt. Infolge Geltendmachung der Nichtigkeit oder Anfechtung der Ehe wird es aber so angesehen, als wenn die Ehe von Anfang an nicht abgeschlossen gewesen wäre. Damit wird die Erwerbung des UW und die Unselbständigkeit des Aufenthalts der Ehefrau mit rückwirkender Kraft aufgehoben.

4. Wenn die Ehefrau bereits vor ihrer Verheiratung von einem AV unterstützt worden ist, so tritt doch mit der Verehelichung die Folge des § 15 ein; auch kommt der Gewährung eines Zuschusses von seiten der Unterstützungswohnsitzgemeinde an eine mehrere uneheliche Kinder besitzende und deswegen öfter von der Armenpflege unterstützte Frauensperson zur Ermöglichung ihrer Verheiratung eine Rückwirkung auf die Gültigkeit der Ehe und damit auf die Erwerbung des UW des Ehemanns für die Frau und die Kinder nicht zu. Wenn ein OAV in solcher Abschiebungsabsicht eine Entschädigungs- oder Abfindungssumme gewährt, so kann ihm dennoch nicht die Unterstützungspflicht zur Last gelegt werden, wenn die Frau oder deren Kinder hilfsbedürftig werden, B 34 N 9 S 30, dagegen käme die Inanspruchnahme einer Schadensersatzpflicht aus einem vorsätzlichen den guten Sitten widersprechenden Verhalten in Form von Aufrechnung gegenüber dem Erstattungsanspruch in Frage.

5. Den UW des Ehemanns erwirbt auch die Ehefrau, die keine Deutsche, sondern eine Ausländerin ist. Denn durch die Eheschließung verliert sie diese Eigenschaft und wird Inländerin. Wenn aber die Frau einen Ausländer heiratet, so verliert sie mit der Staatsangehörigkeit (§ 17 Ziff 6 RStAG) auch ihren bisherigen UW; bezüglich ihrer vorehelichen Kinder s. aber § 18 Anm 5 b und § 21 Anm 2. Erwirbt der Ehemann später die Staatsangehörigkeit in einem deutschen Bundesstaate, dann tritt in diesem Zeitpunkte die Wirkung des § 15 ein. Die Eheleute sind zunächst landarm.

6. Nicht notwendig ist die Anwesenheit der Frau an dem Orte, wo der UW ersessen wird, während der Ersitzfrist, das Teilen des Aufenthaltes des Ehemannes; nur darf nicht infolge befugten Getrenntlebens die armenrechtliche Selbständigkeit der Ehefrau gemäß § 17 eingetreten sein. Wenn also beispielsweise die Ehefrau mindestens ein Jahr in Davos zur Erholung zubringt und ihr Ehemann während dieser Zeit sich ununterbrochen in A aufhält, so erwirbt sie mit ihrem Manne den UW in A, obwohl sie sich an diesem Orte niemals aufgehalten hat. Auch würde sie den UW, den ihr Mann besitzt, durch Abwesenheit in der Dauer von mehr als einem Jahr unter den oben angegebenen Umständen nicht verlieren. Vgl. B 32 N 1 S 1, Brunn S 34.

7. Wenn auch aus §§ 16 und 17 sich ergibt, daß die Grundsätze des bayr. Heimatrechts über das Teilen der Heimat des Ehemannes durch die Ehefrau nicht vollständig übereinstimmen mit jenen für das Teilen des UW, so ist doch als Hauptregel anzusehen, daß die Ehefrau die Heimat des Mannes ebenso teilt wie dies gemäß § 15 bezüglich des UW der Fall ist — abgeleitete Heimat, abgeleiteter UW. Das Heimatgesetz hat aber in Art 31 Abs 2 noch eine besondere Ausnahme von dieser Regel getroffen. Wenn nämlich die Ehe ohne das vorgeschriebene distriktspolizeiliche Verehelichungszeugnis abgeschlossen worden war, dann behält die Ehefrau ihre bisherige Heimat. Wenn nun eine solche sog. „unkonsentierte" Ehe am Tage des Inkrafttretens des UWG in Bayern durch Tod oder Scheidung aufgelöst ist, dann erwirbt die Ehefrau gemäß § 65 Abs 1 den UW des OAVes ihrer Heimatgemeinde. Wenn aber diese Ehe auch noch nach dem 1. Januar 1916 besteht, so erwirbt die Ehefrau mit dem genannten Tage den UW des Ehemannes, einmal weil die Ehe nunmehr auch ohne das Verehelichungszeugnis ihre volle Gültigkeit hat, dann, weil eine neue Gesetzesbestimmung in Kraft getreten ist, nämlich § 15 über das Teilen des UW des Ehemanns durch die Ehefrau; vgl. die Ausführungen der Entscheidung des BAH vom 13. Januar 1912 in B 45 Nr 46 S 145, 155/9 und 55 Nr 44 S 136; damit übereinstimmend S 38 S 138.

§ 16.

Witwen und rechtskräftig geschiedene Ehefrauen behalten den bei Auflösung der Ehe gehabten Unterstützungswohnsitz so lange, bis sie denselben nach den Vorschriften der §§ 22 Nr. 2, 23 bis 27 verloren oder einen anderweitigen Unterstützungswohnsitz nach Vorschrift der §§ 9 bis 14 erworben haben.[1,2]

1. Die armenrechtliche Selbständigkeit der Frau macht auch ihren Aufenthalt zu einem selbständigen mit der Wirkung, daß die einjährige ununterbrochene Anwesenheit an einem Ort einen neuen UW und die einjährige ununterbrochene Abwesenheit von der Gemeinde des UW den Verlust des bisherigen, also in der Regel des abgeleiteten UW mit sich bringt. Eine solche Wirkung kommt für Bayern erst vom 1. Januar 1916 in Betracht, vgl. BGE vom 26. Februar 1917 Nr 88 III/16 HilfsbedStr. An diesem Tage teilte auch die getrennt lebende Ehefrau den UW ihres Mannes, B 55 Nr 44 S 136 und es beginnt erst von diesem Zeitpunkt an für die armenrechtlich selbständige Ehefrau die Frist für den Erwerb und Verlust des UW. Die armenrechtliche Selbständigkeit tritt ein

a) durch den Tod des Ehemannes,
b) durch die Scheidung der Ehe,
c) durch befugtes Getrenntleben vom Ehemanne.

Zu a: Bei Verschollenen begründet die gegen jedermann wirkende Todeserklärung die gesetzliche Vermutung, daß der Tod in dem Zeitpunkt eingetreten ist, der in dem Todeserklärungsurteil festgestellt ist (§§ 14 ff. BGB). Vor der Todeserklärung besteht gemäß § 19 BGB die Vermutung des Fortlebens des Verschollenen bis zu diesem Zeitpunkte oder bis zur gegenteiligen Feststellung, B 25 Nr 35 S 102. Über Todeserklärung Kriegsverschollener s. BRVo vom 9. Aug. 1917 (RGBl S 704).

Zu b): Rechtskräftig ist die Ehe geschieden, wenn kein Rechtsmittel gegen das auf Scheidung lautende Urteil zulässig oder innerhalb eines Monats nach der Urteilszustellung eingelegt worden ist; Urteile, durch die auf Scheidung oder Nichtigkeit der Ehe erkannt ist, müssen von Amts wegen zugestellt werden (§§ 516, 625, 704 und 705 ZPO).

Die Aufhebung der ehelichen Gemeinschaft gemäß § 1575 BGB fällt, wie Baath S 63 letzte Fußnote zutreffend ausführt, ungeachtet der Vorschrift in § 1586 BGB nicht unter die Bestimmung des § 16, weil sie keine Auflösung der Ehe (§ 1564) bewirkt, die eheliche Gemeinschaft jederzeit formlos wieder hergestellt werden kann (§ 1587) und weil die Eingehung einer neuen Ehe ausgeschlossen bleibt (§ 1586), so lange nicht auf Antrag gemäß § 1576 BGB die Scheidung ausgesprochen worden ist, vgl. auch S 37 S 40. Dagegen kann nach Aufhebung der ehelichen Gemeinschaft die armenrechtliche Selbständigkeit der Ehefrau nach Maßgabe des § 17 eintreten, wenn eine Ernährungsbeihilfe des Ehemannes nicht stattfindet.

Die Zulässigkeit der Scheidung der Ehe bestimmt sich nach dem BGB (§ 1564 bis § 1569; s. auch Art 201 EinfG zum BGB).

Zu c: Näheres hierüber bei § 17.

2. Erst mit dem Eintritte der armenrechtlichen Selbständigkeit der Ehefrau beginnt die Selbständigkeit ihres Aufenthaltes im Sinne des § 9a, § 10 hinsichtlich des Erwerbs und des § 22 hinsichtlich des Verlustes des UW. Die natürliche Folge ist, daß der Zeitraum des bisherigen Aufenthaltes während der Ehe der Ehefrau nicht zugerechnet wird.

§ 17.

Als selbständig [1] in Beziehung auf den Erwerb und Verlust des Unterstützungswohnsitzes gilt die Ehefrau auch während der Dauer der Ehe, wenn und so lange der Ehemann sie böslich verlassen hat, ferner wenn und so lange sie während der Dauer der Haft des Ehemanns oder infolge ausdrücklicher Einwilligung desselben oder kraft der nach den Landesgesetzen ihr zustehenden Befugnis vom Ehemanne getrennt lebt [2, 3] und ohne dessen Beihilfe ihre Ernährung findet.[4]

1. Die Bestimmung in § 17 behandelt die armenrechtliche Selbständigkeit der Ehefrau (vgl. darüber § 9 Anm. 3 und § 16 Anm. 1) während des Bestandes der Ehe infolge befugten Getrenntlebens von dem Ehemanne. Die Wirkung dieser Bestimmung zeigt sich dadurch, daß die Ehefrau durch den selbständigen Aufenthalt an einem anderen Ort als dem der häuslichen Gemeinschaft während der Dauer eines Jahres ihren bisherigen d. i. den abgeleiteten UW des Ehemannes verliert und einen selbständigen UW an ihrem neuen Aufenthaltsort erwirbt. Wie bereits in Anm 2 zu § 16 ausgeführt wurde, wird der in häuslicher Gemeinschaft mit dem Ehemanne zurückgelegte Aufenthalt an demselben Orte nicht mitgerechnet. Die Frist beginnt vielmehr mit dem Tage der Trennung von dem Ehemann oder des selbständigen Aufenthalts der Ehefrau; bei böslicher Verlassung sobald die bösliche Verlassung feststeht, B 17 N 17 B S 54, in Bayern jedoch nicht vor dem 1. Jan. 1916, s. Anm. 1 zu § 16. Der Wechsel in dem Rechtsgrunde für den selbständigen Aufenthalt ist ohne Einfluß auf den Fristenlauf, B 22 N 11 A und B S 37. Dies gilt auch für das Hinzu-

treten der armenrechtlichen Selbständigkeit nach § 16. Wenn daher die Ehefrau neun Monate befugterweise von ihrem Ehemanne getrennt lebt und in A sich aufgehalten hat, so erwirbt sie im Falle des Ablebens ihres Mannes zu Beginn des 10. Monats bei fortdauerndem Aufenthalt in A nach Ablauf von weiteren 3 Monaten den UW in A.

Mit dem Eintritt in die armenrechtliche Selbständigkeit hören auch die Wirkungen der armenrechtlichen Familieneinheit auf, s. hierüber Anm 3 § 9. Daher werden die Unterstützungen der selbständigen Ehefrau auf die Erwerbs- und Verlustfrist des Ehemanns nicht angerechnet, s. B 26 N 11 S 31 ff., wo dargelegt wird, daß der frühere Standpunkt des BAH, der auch in der Veröffentlichung in RZBl. 1873 S 87 vertreten wurde, aufgegeben sei. Umgekehrt hemmt auch die Unterstützung des Ehemanns nicht den Fristenlauf für die selbständige Ehefrau, B 11 N 12 S 25, 15 N 12 S 29/31, Brunn S 254. Die Armenunterstützung von Kindern, die bei der Trennung der Eltern im Haushalte des Vaters geblieben sind, haben auf den UW der armenrechtlich selbständigen Mutter keinen Einfluß, B 24 N 14 S 32/4, Brunn S 277.

2. Die rechtlichen Trennungsgründe sind:
a) Haft des Ehemannes;
b) bösliche Verlassung;
c) Getrenntleben auf Grund Einwilligung des Ehemannes;
d) Getrenntleben kraft gesetzlicher Befugnis.

Voraussetzung der armenrechtlichen Selbständigkeit ist bei a, c und d, daß sich die Ehefrau ohne Beihilfe des Mannes ernährt, nicht aber auch bei b (vgl. RTB 1870 Bd 3 S 160, 2 S 938/9 und 1099).

Zu a: Wenn der Ehemann eine 10monatliche Freiheitsstrafe verbüßt hat und zwei Monate noch vorläufig entlassener Gefangener war, so ruht für ihn auf die Dauer eines Jahres der Fristenlauf wegen Mangels der freien Selbstbestimmung bei der Wahl des Aufenthaltsortes, vgl. Anm 3 e bb zu § 12; aber für die Ehefrau, zu der er nach der Haftentlassung zurückkehrte, kommt ein selbständiger Aufenthalt lediglich in der Dauer von 10 Monaten in Betracht.

Verwahrung in einer Irrenanstalt fällt nicht unter Haft, hier kommt aber die Befugnis des Getrenntlebens auf Grund des bürgerlichen Rechtes nach d in Frage. Dagegen ist die Verwahrung in einem Arbeitshaus als Haft anzusehen (Reger 2 S 31).

Zu b: Die Voraussetzungen für die bösliche Verlassung richten sich seit 1. Jan. 1900 lediglich nach dem BGB, vgl. B 41 N 15 und 16 S 41 und 44. Der einschlägige § 1567 Abs 2 kennt zwei Arten böslicher Verlassung, nämlich einmal wenn der Ehemann ein volles Jahr dem Urteil auf Herstellung der häuslichen Gemeinschaft in böslicher Absicht nicht Folge geleistet hat, dann wenn bei böslicher Fernhaltung des Ehemannes von der häuslichen Gemeinschaft gegen den Willen der Frau die Voraussetzungen öffentlicher Zustellung seit einem Jahre gegeben sind.

Die Verweigerung der häuslichen Gemeinschaft erfordert räumliche Trennung, die auch in demselben Orte stattfinden kann.

Die Voraussetzungen für die öffentliche Zustellung sind im § 203 RZPO enthalten.

Zu c: Die Einwilligung des Mannes (c) muß ausdrücklich erklärt sein, eine stillschweigende Einwilligung genügt nicht, vgl. B 11

N 12 S 25 und B 34 N 11 S 36, Brunn S 236. Mit der Erhebung der Scheidungsklage an sich ist eine ausdrückliche Einwilligung zum Getrenntleben noch nicht verbunden, B 46 N 6 S 27. Die Einwilligung muß der Ehefrau gegenüber erklärt oder ihr mit Willen des Mannes zur Kenntnis gebracht worden sein, B 21 N 16 D S 42/6, Brunn S 239. Es muß dauernde Trennung der häuslichen und wirtschaftlichen Gemeinschaft beabsichtigt sein, B 10 N 12 S 29, Brunn S 236, B 42 N 11 S 42/5.

Zu d: Zu der Frage, unter welchen Voraussetzungen die Ehefrau nach den Landesgesetzen zum Getrenntleben vom Ehemanne befugt ist, ist zunächst zu bemerken, daß die Landesgesetze durch das BGB f. insbesondere §§ 1353 und 1354 ersetzt sind, vgl. PrOVG 60 S 201, Reger 32 S 522. Bei Aufhebung der ehelichen Gemeinschaft gemäß § 1575 BGB ergibt sich die Befugnis zum Getrenntleben der Ehefrau von selbst, ebenso im Falle einer einstweiligen gerichtlichen Verfügung gemäß § 627 RZPO, die das Getrenntleben ausdrücklich gestattet.

Nach § 1353 Abs 1 sind die Ehegatten einander zur ehelichen Lebensgemeinschaft verpflichtet; nach Abs 2 ist die Ehefrau nicht verpflichtet, dem Verlangen des Mannes nach Herstellung dieser Gemeinschaft Folge zu leisten einmal wenn sich dieses Verlangen als Mißbrauch darstellt, dann wenn die Ehefrau berechtigt ist, auf Scheidung zu klagen; beide Gründe bestehen gleichberechtigt nebeneinander, B 51 N 9 S 20. Auch § 1354 Abs 2 bestimmt, daß die Ehefrau der Entscheidung des Mannes über Aufenthalt und Wohnung nicht Folge zu leisten hat, wenn sich diese Entscheidung als Mißbrauch seines Rechts darstellt. Über Ehescheidungsgründe vgl. §§ 1565—1569; über Verlust des Rechts zur Klage B 51 a. a. O.

Nach der Rechtsprechung des BAH bringt auch die tatsächliche Unmöglichkeit, das Zusammenleben mit dem Ehemanne fortzusetzen oder sich mit ihm zu vereinigen, die gesetzliche Befugnis der Ehefrau zum Getrenntleben mit sich, B 16 N 11 C S 40, Brunn S 253, B 28 N 17 S 45, 41 N 16 S 44/5. So: wenn der Mann eine andere Ehe eingegangen ist, B 49 N 7 S 21; wegen Einlieferung in eine Irrenanstalt f. B 51 N 10 S 21, dazu 46 N 7 S 29 mit B 11 N 11 S 23/4, auch S 25 S 218 und 40 S 151. Im Übrigen spricht das BAH in B 34 N 12 A S 37/9 Brunn S 248 von der Pflicht der Ehefrau, dem Ehemann auch in schlechten Zeiten beizustehen. Das BAH hat noch eine Reihe von Tatbeständen festgestellt, in denen das Verhalten des Ehemannes als ehewidrig anzusehen und daraus die Befugnis der Ehefrau zum Getrenntleben nach bürgerlichem Recht abzuleiten ist. So: schwere Mißhandlung, B 40 N 9 S 18, Drohung, B 33 N 9 S 17/8 a. E., wiederholte Beschimpfung und Mißhandlung, B 52 N 8 S 23, Trunksucht und Müßiggang mit Versäumung der Unterhaltspflicht, B 36 N 8 S 23, Sittlichkeitsverbrechen, B 37 N 9 S 20, f. daselbst auch den Hinweis auf Verzeihung nach § 1570 BGB, Konkubinat, B 38 N 8 S 15/17 a. E., Auswanderung nach Amerika, B 39 N 7 S 13, Eintritt in die Fremdenlegion, B 45 N 6 S 20[1]), Versagung des Unterhalts, B 21 N 16 D S 42/6, Eintritt des Ehemanns in ein Invalidenheim oder eine Pfründeranstalt, B 43 N 20 S 48, S 40 S 11.

Kein Recht zum Getrenntleben hat die Ehefrau, die an verbrecherischem Treiben ihres Mannes beteiligt war, B 54 N 14 S 61.

---

[1]) Dagegen gibt die Abwesenheit infolge Berufes des Ehemanns der Ehefrau nicht die Befugnis zum Getrenntleben, vgl. B 29 N 8 S 37, Brunn S 256, f. auch S 40 S 92.

Die Ehefrau wird aber nicht bereits dadurch, daß ihr die Trennungsbefugnis zusteht, armenrechtlich selbständig nach § 17, sie muß vielmehr kraft dieser Befugnis die Trennung vollzogen haben und aufrecht erhalten. „Ein passives Verhalten nach dem Fortgange des Mannes genügt nicht", sagt das BAH in B 38 N 10 S 21. Eine Ausnahme hievon wird von dem BAH nur zugelassen bei der tatsächlichen Unmöglichkeit, der Folgepflicht zu genügen, was der gesetzlichen Befugnis zum Getrenntleben gleich steht, s. oben. Nach B 40 N 9 S 18 genügt auch schon die Kenntnis von einem zur Trennung berechtigten Verhalten des Ehemanns und die Unterlassung jeden Versuches einer Wiedervereinigung durch die von dem Manne bereits getrennt lebende Frau zu der Annahme, daß sie hieraus „die Befugnis abgeleitet hat", von dem Manne getrennt zu leben.

3. Die Wiedervereinigung mit dem Ehemann entwertet vollständig den bisherigen selbständigen Aufenthalt der Ehefrau, B 35 N 9 S 31, Brunn S 259 und B 37 N 7 S 17. Es findet daher auch keine Zusammenrechnung der getrennten Zeiträume der Selbständigkeit statt. Versöhnung ohne Wiedervereinigung ist wirkungslos, B 49 N 8 S 22; über Wirkung der Verzeihung s. B 51 N 9 S 19.

Die Wiederaufnahme der häuslichen Gemeinschaft muß in der Absicht dauernder Wiedervereinigung erfolgen. B 18 N 8 S 30, von wem der erste Schritt ausging, ist bedeutungslos, B 49 N 9 S 23.

Die gleiche Wirkung wie die Wiedervereinigung hat auch die Beendigung der armenrechtlichen Selbständigkeit überhaupt, die durch Wegfall des gesetzlichen Trennungsgrundes sei es durch Änderung in der Gesetzgebung oder in den tatsächlichen Verhältnissen eintritt, B 41 N 15 S 42.

4. Die Bestimmung in bezug auf Beihilfe des Ehemannes will zum Ausdrucke bringen, daß zur armenrechtlichen Selbständigkeit der Frau auch Unabhängigkeit von dem Ehemann in wirtschaftlicher Beziehung gehört. Diese liegt nicht vor, wenn die Ehefrau die Renten des Ehemanns, die Pachtergebnisse und die ihm gewährte Unfallrente einzieht. Auch bei ehelicher Gütergemeinschaft ist der Genuß der Erträgnisse aus dem Grundbesitze der Eheleute als Beihilfe des Ehemannes anzusehen, B 39 N 9 S 16, Brunn S 263, ebenso wenn der Mann durch Gerichtsurteil oder Verwaltungsbeschluß, vgl. Art 11 BayAG und § 65 PrAG, zur Beitragsleistung an die Ehefrau gezwungen worden ist, B 45 N 7 S 25 und 46 N 9 S 34. Selbst die Benützung der Wohnung stellt sich schon als Beihilfe dar, nicht aber auch die Benützung des vom Manne zurückgelassenen Hausrats, B 29 N 9 S 40, Brunn S 262, dann namentlich B 44 N 10 S 24 und die verschiedenen daselbst erwähnten Erkenntnisse des BAH. Nicht unter den Begriff der Beihilfe fallen: reichsgesetzliche Familienunterstützungen, S 40 S 151, geringfügige gelegentliche Gaben, B 20 N 12 S 34, Brunn S 264 und B 42 N 11 S 42, Pflegegelder für die bei der Ehefrau weilenden Kinder, B 42 N 12 S 48 und Anm 2 h zu § 19, desgleichen auch nicht die öffentliche Unterstützung der Ehefrau, vgl. B 30 N 9 S 23, Brunn S 260.

Die armenrechtliche Selbständigkeit tritt mit Beendigung der Beihilfe wieder ein, B 38 N 8 S 15 und hört mit deren Wiederaufnahme wieder auf, B 53 N 10 S 25.

§ 18.

[1] Eheliche[1] und den ehelichen gesetzlich gleichstehende[2] Kinder teilen,[3] vorbehaltlich der Bestimmung des § 20, den Unter-

stützungswohnsitz des Vaters so lange, bis sie denselben nach Vorschrift der §§ 22 Nr. 2, 23 bis 27 verloren oder einen anderweitigen Unterstützungswohnsitz nach Vorschrift der §§ 9 bis 14 erworben haben.[4]

II Sie behalten diesen Unterstützungswohnsitz auch nach dem Tode des Vaters bis zu dem vorstehend gedachten Zeitpunkte, vorbehaltlich der Bestimmung des § 19.[5]

1. Für die Ehelichkeit und deren Anfechtung ist das bürgerliche Recht maßgebend. Vgl. §§ 1591 bis 1600 BGB, § 641 RZPO, S 32 S 24, B 45 N 8 S 25/26, 46 N 11 S 44/7, 47 N 10 S 25/7. Streitfragen über Ehelichkeit werden im armenrechtlichen Spruchverfahren als Zwischenpunkt entschieden.

Urteile über die eheliche Abstammung haben Wirkung für und gegen alle, vgl. §§ 641 und 643 RZPO.

2. Welche Kinder den ehelichen gesetzlich gleichstehen, bestimmt ebenfalls das bürgerliche Recht. Hier kommen folgende Rechtsverhältnisse in Betracht:

a) Legitimation durch nachfolgende Ehe. Auch hier sind Vorschriften des bürgerlichen Rechts maßgebend, vgl. §§ 1719 bis 1722 BGB. Voraussetzung ist Vaterschaft und Eheschließung. Die Anerkennung der Vaterschaft kann erfolgen in einer öffentlichen Urkunde mit der den Gegenbeweis nicht ausschließenden Rechtsvermutung des § 1720 Abs 2 BGB, sie kann auch durch stillschweigende auf Anerkennung schließen lassende Handlungen z. B. durch Aufnahme in die häusliche Gemeinschaft und Gleichstellung mit den in der Ehe geborenen Kindern und auf andere Weise mit den gewöhnlichen Beweismitteln nachgewiesen werden, vgl. Dernburg, Bürgerl. Recht Bd 4 S 296; die Anerkennung unterliegt der Anfechtung, s. §§ 640 und 641 RZPO. Über Legitimation s. auch S 37 S 91 mit Anführungen.

b) Ehelichkeitserklärung. Maßgebend sind §§ 1727 ff. BGB. Wird ein uneheliches Kind auf Antrag seines Vaters, der es als das seinige anerkannt hat, durch Staatsakt, in Bayern gemäß § 20 der Zuständigkeitsverordnungen vom 24. Dezember 1899 (GVBl S 1229) für ehelich erklärt, so hat es auch für das öffentliche Rechtsgebiet, also auch für die Staatsangehörigkeit- und Unterstützungswohnsitz-Verhältnisse, als eheliches Kind zu gelten (§ 1736).

c) Annahme an Kindes Statt. Hier gilt dasselbe wie bei b, sobald das Amtsgericht den Annahmevertrag nach §§ 1741 ff BGB bestätigt hat, § 1757. Vgl. auch B 51 N 59 S 189 (Tod des Adoptivvaters). Über Adoption durch eine Frau s. B 51 N 11 S 23.

d) Kinder aus nichtigen Ehen. Kinder aus nichtigen (§§ 1325 bis 1329) oder infolge Anfechtung nichtigen (§§ 1330 bis 1335) Ehen sind den ehelichen gleich zu achten, falls nicht beide Ehegatten die Nichtigkeit bei der Eheschließung gekannt hatten, was bei der wegen Drohung anfechtbaren und angefochtenen Ehe ausgeschlossen ist; vgl. §§ 1699, 1704 BGB. Hat das Kind gemäß § 1699 nicht als ehelich zu gelten oder entstammt es einer formwidrigen Ehe (§ 1324 und § 1699 Abs 2), so teilt es den UW der Mutter gemäß § 21, s. auch B 46 N 11 S 47; andernfalls ist § 18 anzuwenden, das BAH wendet aber hier die Bestimmungen in § 20 UWG mit §§ 1700—1702 und 1635 BGB aushilfsweise an und läßt das Kind den UW der Mutter teilen, wenn die Nichtigkeit der Ehe dem Vater bekannt war, B 35 N 8 S 24/8 Brunn S 224/b, 40 N 10 S 20.

3. Wie in Anm 2 zu § 15 bereits ausgeführt wurde, ist Teilen des UW gleichbedeutend mit dem Teilen der Unterstützungswohnsitzverhältnisse. Daher teilt das eheliche Kind eines landarmen Vaters auch die Landarmeneigenschaft, vgl. B 46 N 29 S 105/8. Mit dem Eintritt in das armenmündige Alter verwandelt sich der abgeleitete UW in einen selbständigen UW, der durch einjährige ununterbrochene Abwesenheit vom Orte des UW nach vollendetem 16. Lebensjahre verloren wird. Vgl. B 10 N 15 S 35, B 16 N 13 A und B S 45, B 22 N 33 S 132, Brunn S 264 und 266, B 24 N 22 S 62 mit Anführungen und B 37 N 11 S 24.

4. Die Erwerbsfrist beginnt erst mit dem freiwilligen unterstützungsfreien Aufenthalte nach Vollendung des 16. Lebensjahres d. i. mit dem Eintritte der Armenmündigkeit, B 49 N 2 S 2/6. Der Aufenthalt des Vaters innerhalb der letzten 12 Monate vor diesem Zeitpunkte kann also dem Kinde nicht angerechnet werden, weshalb es auch für den abgeleiteten UW gleichgültig ist, wo das Kind vor Eintritt in das Alter der Armenmündigkeit sich aufgehalten hat (B 32 N 1 S 1 Brunn S 34).

5. Durch die Bezugnahme auf die Bestimmungen in §§ 19 und 20 wird auf die Ausnahmen von der gesetzlichen Regel, daß das armenunmündige Kind den UW des Vaters teilt, hingewiesen. Diese Ausnahmen sind:

a) Zu Lebzeiten des Vaters.

Das Kind teilt den UW der Mutter, wenn sie befugterweise von dem Ehemanne getrennt lebt und das Kind mit der Trennung ihren Hausstand teilt (§§ 17 und 19 Abs 2), außerdem im Ehescheidungsfalle, wenn der Mutter das Erziehungsrecht zusteht (§ 20).

b) Nach dem Tode des Vaters.

Hier teilt das eheliche Kind den UW der Mutter außer den in a angeführten Fällen, wenn die Mutter vor Vollendung des 16. Lebensjahres des Kindes einen selbständigen UW erwirbt (§ 19 Abs 1) und (im Gegensatze zum bayr. Heimatrechte), wenn sie sich wiederverehelicht (hier den UW des Stiefvaters). Wenn aber die Mutter durch Verheiratung mit einem Ausländer die Staatsangehörigkeit und damit den UW verliert, so werden ihre ersteheliсhen Kinder, obwohl sie die Staatsangehörigkeit behalten, landarm, denn da sie die Unterstützungswohnsitzverhältnisse der Mutter teilen, bewirkt auch der Verlust ihres UW, daß sie ihren UW verlieren; da sie aber Deutsche bleiben und ein OAV des UW für sie nicht zu sorgen hat, so tritt die Regel des § 5 Abs 1 ein, d. i. sie werden landarm, vgl. B 20 N 9 S 28, Brunn S 223 und Anm 2 zu § 21.

§ 19.

I Wenn die Mutter den Vater überlebt, so teilen nach Auflösung der Ehe durch den Tod des Vaters die ehelichen und den ehelichen gesetzlich gleichstehenden Kinder den Unterstützungswohnsitz der Mutter in dem Umfange des § 18.[1]

II Gleiches gilt im Falle des § 17, sofern die Kinder bei der Trennung vom Hausstande des Vaters der Mutter gefolgt sind.[2]

1. Das BAH hat in B 56 N 7 S 25 ausgesprochen, daß die Bestimmung in Abs 1 nach dem Wortlaute des Gesetzes ohne Rücksicht auf die Vorschriften des BGB nur Anwendung findet, wenn die Ehe bis zum Zeitpunkte des Todes bestand und nicht etwa durch Scheidung vorher aufgelöst war. S. aber auch 2 f unten und Anm 2 f zu § 20.

2. Zu Abs 2. Hier sind vom BAH folgende Grundsätze aufgestellt:

a) Sind Kinder vor der Entfernung der Ehefrau vom Vater in auswärtige Pflege untergebracht, so findet auf sie § 19 Abs 2 nicht Anwendung, B 12 N 9 S 22.

b) Erfolgte die anderweitige Unterbringung des bei der Trennung der Mutter gefolgten Kindes in späterer Zeit, so teilt das Kind dennoch den UW der Mutter, B 46 N 10 S 41.

c) Auch die von der armenrechtlich selbständigen Ehefrau nach der Trennung vom Ehemanne geborenen Kinder teilen ihren UW, B 9 N 7 S 20, Brunn S 276.

d) Wenn das Kind, das dem UW der Mutter gemäß § 19 Abs 2 folgt hilfsbedürftig wird, so ist seine Unterstützung dem Vater nicht anzurechnen und hemmt für ihn nicht den Lauf der Erwerb- und Verlustfrist, da es in diesem Falle nicht mehr zur Familie des Vaters im armenrechtlichen Sinne gehört, B 26 N 11 S 31. Über Fortbestehen der Unterhaltspflicht des Vaters s. B 55 N 12 S 35.

e) Mit dem Aufhören der armenrechtlichen Selbständigkeit der Ehefrau und bei Wiederherstellung der ehelichen Gemeinschaft teilen die Kinder mit der Mutter wieder den UW des Vaters.

f) Nach dem Tode des Vaters teilen die Kinder den UW der von dem Ehemanne getrennt und gemäß § 17 armenrechtlich selbständig gewesenen Mutter, auch wenn sie ihr bei der seinerzeitigen Trennung nicht gefolgt waren, B 22 N 12 S 43. Das gilt umgekehrt auch für den Tod der Mutter, B 39 N 1 S 1/3 oben. Auch Ehescheidung und Wiedervereinigung der Eltern kann eine Wandlung der UWverhältnisse nach § 19 Abs 2 wieder herbeiführen, vgl. B 25 N 13 S 32/4 und 30 N 10 S 26.

g) Ohne rechtliche Bedeutung vom Standpunkte des UWG ist der Eintritt eines der Mutter bei der Trennung der Eltern gefolgten Kindes in den Hausstand des Vaters ohne Mutter.

h) Das BAH läßt die Mutter armenrechtlich selbständig i. S. des § 17 bleiben und das bei ihr befindliche Kind ihren UW gemäß § 19 Abs 2 weiterhin teilen, auch wenn das Kind vom Vater durch Übersendung eines entsprechenden Pflegegeldes unterhalten wird, B 42 N 12 S 48. Richtig ist, daß die armenrechtliche Selbständigkeit der Frau nach § 17 nicht eintritt, wenn sie von ihrem Manne eine Beihilfe zu ihrer Ernährung erhält. Aber andrerseits ist im § 17 nur von der Ernährung der Frau die Rede und in § 19 Abs 2 auch auf die elterliche Unterhaltspflicht nach dem bürgerlichen Rechte nicht Bezug und Rücksicht genommen.

i) Die Armenunterstützung eines Kindes, auf das die Bestimmung in § 19 Abs 2 Anwendung findet, ist der Mutter als dem armenrechtlichen Familienhaupte nach dem UWG mit hemmender Wirkung auf den Fristenlauf für Erwerb und Verlust des UW anzurechnen, B 46 N 10 S 43.

k) Die Kinder einer armenrechtlichen selbständigen Frau aus erster Ehe teilen nicht den UW des Stiefvaters, weil ihre Mutter von diesem UW unabhängig ist, B 39 N 41 S 117 mit Anführungen auf S 118.

§ 20.

Bei der Scheidung[1] der Ehe teilen die ehelichen und den ehelichen gesetzlich gleichstehenden Kinder in dem Umfange des § 18 den Unterstützungswohnsitz der Mutter, wenn dieser die Erziehung der Kinder zusteht.[2]

1. Über Scheidung s. Anm 1 b zu § 16 und 2 d zu § 17.

2. Der Satz, daß die Kinder den UW der Mutter teilen, wenn dieser die Erziehung der Kinder zusteht, gibt zu folgenden Darlegungen Anlaß:

a) Zunächst ist von § 1635 BGB auszugehen, wonach die Sorge für die Person des Kindes und damit das Erziehungs- und Aufenthaltsbestimmungsrecht, wenn ein Ehegatte allein für schuldig erklärt ist, dem anderen Ehegatten, wenn aber beide Ehegatten für schuldig erklärt sind, für den Sohn über 6 Jahre dem Vater, für den Sohn unter 6 Jahren und für Töchter der Mutter zusteht.

b) Wird durch das Vormundschaftsgericht aus besonderen Gründen eine von der Regel unter a abweichende Anordnung im Interesse des Kindes getroffen, so ergibt sich die Erziehungsberechtigung nach dieser Anordnung, vgl. § 1635 Abs 1 Satz 2 BGB und B 37 N 12 S 26 Brunn S 284.

c) Maßgebend für § 20 ist nicht das Rechtsverhältnis über elterliche Erziehung während der Dauer der Ehe, sondern aus Anlaß der Scheidung der Ehe, vgl. B 45 N 9 S 31. Es ist aber auch auf Anordnungen des Vormundschaftsgerichts, die nicht auf Grund des § 1635 Abs 1 Satz 2 sondern auf Grund § 1666 BGB getroffen sind, Rücksicht zu nehmen, B 45 a. a. O.

d) Auf die tatsächliche Ausübung des Erziehungsrechts kommt es nicht an, sondern darauf, daß die Erziehung der Ehefrau im Falle der Scheidung rechtlich zusteht, vgl. B 31 N 11 S 24.

e) Treten Änderungen in der Erziehungsberechtigung nach der Scheidung der Ehe ein, so sind auch diese zu berücksichtigen. Hiernach folgt das Kind mit dem Eintritte der Entmündigung der Ehefrau wieder dem UW des für schuldig erklärten Ehemannes, vgl. B 31 N 11 S 24/7 und 42 N 13 S 50/3.

f) Die Regel des § 20 UWG wie des § 1635 BGB hört mit dem Tode der erziehungsberechtigten Mutter auf; in diesem Falle folgt das armenunmündige Kind dem UW des überlebenden Vaters gemäß § 18 Abs 1, s. B 39 N 41 S 116 Brunn S 573 und Anm 1 zu § 19, wo die Rechtsprechung des BAH erwähnt ist, die für das Ableben des Vaters nicht zu dem gleichen Ergebnisse gelangte.

g) Wegen sinngemäßer Anwendung des § 20 auf Kinder aus nichtigen Ehen s. Anm 2 d zu § 18.

§ 21.

Uneheliche[1] Kinder teilen[2] in dem Umfange des § 18 den Unterstützungswohnsitz der Mutter.[3]

1. Unehelich ist das Kind, das ohne Bestand einer Ehe oder ohne Rechtsbestand der Ehe geboren oder auf Grund Anfechtung als unehelich erklärt wird. Auch bei einer Witwe oder geschiedenen Ehefrau kommt ein uneheliches Kind in Frage, wenn es nach Ablauf von 302 Tagen seit Auflösung der Ehe geboren ist, vgl. § 1593 BGB. Auch gegenüber einer Ehefrau kann die Unehelichkeit eines Kindes unter den in §§ 1591, 1593 ff. angeführten Voraussetzungen festgestellt werden. Diese Feststellung wirkt auch auf die Vergangenheit zurück, so daß das Kind als uneheliches Kind den UW der Mutter von seiner Geburt an zu teilen hat, vgl. B 46 N 11 S 44 und 47 N 10 S 25. Über Legitimation s. § 18 Anm 2 a, Reger 37 S 240.

2. Das uneheliche Kind teilt den UW und auch die Landarmeneigenschaft mit seiner Mutter, vgl. Anm 3 zu § 18. Dabei ist vorausgesetzt, daß sowohl das Kind als die Mutter die Staatsangehörigkeit in einem deutschen Bundesstaate besitzen. Wenn daher die uneheliche nichtdeutsche Mutter einen Deutschen heiratet, ohne daß ihr voreheliches Kind legitimiert wird, so erwirbt dieses Kind nicht den UW der Mutter, sondern ist im Hilfsbedürftigkeitsfalle als Ausländer nach § 60 UWG zu behandeln, B 42 N 57 S 189 und 194/5. Auf der anderen Seite werden uneheliche Kinder, deren Mutter durch Verheiratung mit einem Ausländer die Reichsangehörigkeit und damit den bisherigen UW verliert, landarm, B 20 N 9 S 28, 37 N 65 S 173, Brunn S 223 und 826, B 44 N 9 S 22 mit Anführungen auf S 23, vgl. auch S 12 S 230. Erwirbt jedoch die uneheliche Mutter wieder die Staatsangehörigkeit in einem deutschen Bundesstaate, sei es dadurch, daß diese ihr Mann erwirbt oder daß sie sich mit einem Deutschen wieder verehelicht, dann sind für das uneheliche Kind wieder die Unterstützungswohnsitzverhältnisse des Stiefvaters, die die Mutter teilt, oder die Bestimmungen in §§ 18 und 21 UWG maßgebend.[1])

Wenn die uneheliche Mutter armenrechtlich unselbständig ist und hiernach selbst nur einen abgeleiteten UW besitzt, so teilt auch das uneheliche Kind den letzteren UW d. i. den UW des Stiefvaters, s. hierüber Anm 3 zu § 9. Das ist selbstverständlich nicht mehr der Fall, wenn das Zwischenglied d. i. die uneheliche Mutter gestorben ist, B 7 N 12 S 29 Brunn S 284.

3. Die Veränderung des UW bei Verheiratung der unehelichen Mutter erstreckt sich auch auf ihre Kinder, gleichgültig, ob sie durch die Ehe legitimiert werden oder nicht.

§ 22.

[I] Der Verlust[1] des Unterstützungswohnsitzes tritt ein durch
1. Erwerbung eines anderweitigen Unterstützungswohnsitzes,
2. einjährige ununterbrochene Abwesenheit nach zurückgelegtem sechzehnten Lebensjahre.

[II] Die Vorschrift des § 10 Abs. 2 findet auch in den Fällen der Nr. 2 des vorstehenden Absatzes Anwendung.[2]

---

[1]) Die gegenteilige Entscheidung des bayr. VGH (S 5 S 316) kann für die in ganz anderer Weise wie die bayr. Heimat dem Wechsel unterliegenden Unterstützungswohnsitzverhältnisse nicht verwertet werden.

1. Der UW wird auf folgende Arten verloren:

a) Durch Verlust der Staatsangehörigkeit in einem deutschen Bundesstaat, also hauptsächlich durch Entlassung aus dem Staatsverband und durch Verehelichung einer Deutschen mit einem Ausländer oder Staatenlosen. Im ersteren Falle bezieht sich der Staatsangehörigkeitsverlust auch auf die Ehefrau und die Kinder, wenn sie in der Entlassungsurkunde mit Namen aufgeführt sind, vgl. §§ 17 und 23 RStAG.

b) Durch Verheiratung einer nicht landarmen Frau mit einem Landarmen, vgl. B 3 N 10 S 17, Brunn S 221.

c) Durch Wiedervereinigung der Ehefrau, die infolge befugten Getrenntlebens oder selbständigen Aufenthalts gemäß § 17 den abgeleiteten UW des Mannes verloren und einen selbständigen UW erworben hat, mit ihrem Ehemanne in häuslicher Gemeinschaft, vgl. Anm 3 zu § 17.

d) Durch Erwerbung eines anderweitigen UW (§ 22 Ziff 1). Der Besitz eines doppelten UW ist ausgeschlossen. Möglich ist Umwandlung

aa) des bisherigen selbständigen in einen anderweitigen selbständigen UW, der regelmäßige Fall der Veränderung des UW armenrechtlich selbständiger Personen,

bb) des bisherigen selbständigen in einen abgeleiteten UW, z. B. bei Verheiratung einer Witwe, die durch einjährigen ununterbrochenen Aufenthalt seit dem Tode ihres Ehemannes einen selbständigen UW erworben hatte,

cc) des bisherigen abgeleiteten in einen anderweitig abgeleiteten UW, z. B. bei Annahme einer armenrechtlichen unselbständigen Person an Kindes Statt,

dd) des bisherigen abgeleiteten in einen selbständigen UW, was hauptsächlich im Fall einjährigen ununterbrochenen Aufenthalts an einem Orte nach dem Eintritt in das armenmündige Alter und nach dem Aufhören der armenrechtlichen Unselbständigkeit der Ehefrau in Betracht kommt.

e) Durch einjährige ununterbrochene **Abwesenheit** im armenmündigen Alter (§ 22 Ziff 2). Über den Lauf der Abwesenheitsfrist s. § 23.

Die Abwesenheitsfrist läuft auch, wenn der Abwesende im Auslande sich befindet, vgl. B 32 N 1 S 1, Brunn S 34.

Die Abwesenheit während der armenrechtlichen Unselbständigkeit (Anm 3 zu § 9) ist unschädlich, vgl. Anm 4 zu § 18 und auch Anm 6 zu § 15.

Eine zeitweilige Entfernung zu dem Zwecke, den Erwerb des UW zu verhindern (Personenabschiebung) ist wirkungslos, B 51 N 7 S 17.

Die Abwesenheit wird gar nicht begonnen durch Eintritt in eine auswärtige Kranken-, Bewahr- oder Heilanstalt und durch unfreiwillige Abwesenheit, vgl. § 23 Abs 2 und § 24 Abs 1.

Wie der Aufenthalt, so ruht auch die Abwesenheit infolge Empfangs einer Armenunterstützung oder Störung der Willensfähigkeit, vgl. § 24 Abs 2 und § 27 Abs 1.

Die Abwesenheit wird durch die Rückkehr unterbrochen, weil sie dadurch aufhört; wegen vorübergehender Rückkehr s. § 25. Die Unterbrechung findet ferner statt nach Maßgabe des § 27 Abs 2.

Über Ruhen, Unterbrechung und die zerstörende Wirkung der Unterbrechung s. Anm 4 zu § 10 und Anm 1 zu § 13.

f) Durch Abtrennung des Gebiets, dem der Ort des UW angehört, vom Deutschen Reiche, s. Anm 8 zu § 1.

2. Nach Abs 2 geht der UW in A für eine Person nicht verloren, die nach Wegzug von A mehrere Monate in B und dann in C sich aufgehalten hat, wenn die Gemeinden A, B und C zu einer Gemeinde vereinigt werden; sind die Gemeinden A, B und C zu einem GAV vereinigt worden, so geht der UW beim OAV A in den UW beim GAV A über. Wenn aber die Einverleibung erst im 13. Monate nach dem Wegzuge von A erfolgt war, dann ist der UW in A untergegangen; denn Veränderungen in der örtlichen Abgrenzung der OAVe haben die Wirkung im Sinne des Abs 2 §§ 10 und 22 nur während der einjährigen Aufenthalts-(Ersitz-) oder Abwesenheits-(Verlust-)Frist, nicht mehr aber nach Ablauf der zum Verlust des UW führenden einjährigen Frist. Im übrigen wird noch auf Anm 3 zu § 3 und Anm 6 zu § 10 verwiesen.

§ 23.

I Die einjährige Frist läuft von dem Tage, an welchem die Abwesenheit begonnen hat.[1]

II Durch den Eintritt in eine Kranken-, Bewahr- und Heilanstalt wird jedoch die Abwesenheit nicht begonnen.[2]

III Wo für ländliches oder städtisches Gesinde, Arbeitsleute, Wirtschaftsbeamte, Pächter oder andere Mietsleute der Wechsel des Wohnorts zu bestimmten, durch Gesetz oder ortsübliches Herkommen festgesetzten Terminen stattfindet, gilt der übliche Umzugstermin als Anfang der Abwesenheit, sofern nicht zwischen diesem Termin und dem Tage, an welchem die Abwesenheit wirklich beginnt, ein mehr als siebentägiger Zeitraum gelegen hat.[3]

1. Wie bei der Erwerbsfrist nach § 11 beginnt auch die Verlustfrist mit dem Tag, in den die Entfernung fällt. Dieser Tag ist also in die Verlustfrist mit einzurechnen, § 11 Abs 1 und B 3 N 12 S 23. Die Frist endigt mit dem Ablaufe des letzten Tages der einjährigen Abwesenheit. Wenn daher jemand am 1. April 1916 sich von dem Orte des UW, in Bayern von seinem Heimatsort, entfernt hat und erst am 1. April 1917 dahin zurückkehrt, dann hat er den UW an diesem Orte verloren. Dies trifft aber nicht zu, wenn die Rückkehr schon am 31. März 1917 erfolgt ist; denn letzterer Tag gilt nicht mehr als Abwesenheitstag, sondern schon wieder als Aufenthaltstag. Doch beginnt für Geisteskranke, die am 1. Jan. 1916 in einer bayr. Gemeinde heimatberechtigt und in einer Irrenanstalt verwahrt sind, die Abwesenheitsfrist nicht zu laufen, solange ihnen die Willensfreiheit in bezug auf die Aufenthaltswahl fehlt, B 56 N 33 S 101. Wegen Kriegsteilnehmer s. Anm 2 zu § 26. Im Übrigen s. Anm 1 zu § 11. Es soll aber hier noch betont werden, daß zu dem Begriffe der Abwesenheit im Sinne der §§ 22—27 nicht die körperliche Abwesenheit genügt, sondern daß dazu eine Entfernung mit der Absicht, den Aufenthalt aufzugeben, gehört. Aber es geht auch hinwiederum nicht an, eine jahrelang andauernde Abwesenheit vom Orte des UW auf Grund der gesetzlichen Unterstellung in § 13 als Anwesenheit zu rechnen, weil bei dem Abwesenden die Absicht vorhanden ist oder war, an den Ort des UW

in späterer Zeit wieder zurückzukehren. So geht durch eine zweijährige ununterbrochene Abwesenheit der UW unter allen Umständen ohne Rücksicht darauf verloren, welche Absicht bei der Aufenthaltsnahme an einem auswärtigen Orte bestanden habe, B 24 N 10 S 25. Denn es kommt bei jahrelanger Abwesenheit an einem anderen Ort in Wirklichkeit ein dauernder Aufenthalt im Sinne des gewöhnlichen Aufenthalts nach § 10 UWG in Betracht, vgl. auch B 8 N 3 A—C S 3 ff., B 24 N 10 S 25, Anm 2 zu § 13 und BGE vom 22. Okt. 1909 N 139 I/09 HeimBA f. H.

2. Absatz 2 wurde erst bei der dritten Beratung des Gesetzentwurfes als „Konsequenz des Beschlusses zu § 11" in das Gesetz aufgenommen, vgl. RTB 1870 Bd 4 S 753 und 2 S 1100. Diese Bestimmung setzt voraus, daß der UW an dem Tage, wo die Verlustfrist beginnen soll, am Aufenthaltsorte begründet war, B 46 N 2 S 3/9. Nach § 23 Abs 2 verliert derjenige seinen UW in A nicht, der wegen Geisteskrankheit über ein Jahr in der Irrenanstalt zu B untergebracht war. Auch dadurch, daß während des Aufenthalts am Anstaltsorte der Entschluß gefaßt wird, an den Ort des UW nicht mehr zurückzukehren, sondern am Anstaltsorte zu verbleiben, wird eine Änderuug in den bisherigen UWVerhältnissen nicht herbeigeführt, B 46 a. a. O. Dies gilt, auch wenn der Anstaltsaufenthalt noch so lange dauert, B 52 N 1 S 1.

Die Abwesenheitsfrist beginnt nicht, wenn der AV des UW die Fürsorge für einen auswärts befindlichen Kranken übernimmt und ihn vom Aufenthaltsorte direkt in eine Heil- oder Bewahranstalt einweist, in der der Hilfsbedürftige später ein Freibett erhält. Hier wird es so angesehen, als wenn der Hilfsbedürftige zuerst an den Ort des UW und von da in die Anstalt gebracht worden wäre, B 47 N 11 S 28/32. Im übrigen wird hier auf die eingehenden Ausführungen über Anstalten, Fortsetzung des Aufenthalts und auch über Zwischenaufenthalt in Anm 2 zu § 11 verwiesen und nur noch beigefügt, daß der Eintritt in eine ausländische Heil- oder Bewahranstalt die Abwesenheitsfrist in Lauf bringt, B 45 N 1 S 1 ff.

3. Hinsichtlich der Bestimmung in Abs. 3 genügt es auf die Ausführungen in Anm 3 zu § 11 Bezug zu nehmen.

§ 24.

I Ist die Abwesenheit durch Umstände veranlaßt, durch welche die Annahme der freien Selbstbestimmung bei der Wahl des Aufenthaltsorts ausgeschlossen wird, so beginnt der Lauf der einjährigen Frist erst mit dem Tage, an welchem diese Umstände aufgehört haben.[1]

II Treten solche Umstände erst nach dem Beginne der Abwesenheit ein, so ruht während ihrer Dauer der Lauf der einjährigen Frist.[2]

1. Die Voraussetzungen, unter denen der Mangel freier Selbstbestimmung in bezug auf die Wahl oder Fortsetzung des Aufenthalts anzunehmen ist, wie die hauptsächlichsten Fälle dieses Mangels, sind in Anm 1 zu § 12 näher erörtert. Über Fristberechnung s. daselbst; als Beispiel diene: Wenn jemand mit dem UW in A am 1. April 1916 nach B übersiedelte und am 15. April 1918 nach A zurückkehrte, inzwischen aber vom 24. Juni 1916

bis 8. Juli 1917 in der Irrenanstalt C sich befand, dann hat er den UW in A verloren, weil nach Abrechnung der Ruhezeit es so anzusehen ist, als wenn er am 1. April 1917, also am Tage nach Ablauf der einjährigen Verlustfrist (§ 23 Anm 1), zurückgekehrt ist. Über Abwesenheit infolge feindlichen Einfalls oder militärischen Räumungsverbots s. B 53 N 2 und 3 S 6—10, 54 N 6 S 17/22, infolge Kriegsausbruchs Anm 2 zu § 26. Die Abwesenheit wird auch durch eine im Auslande verbüßte Freiheitsstrafe gehemmt, weil Zeiten der Abwesenheit und des Aufenthalts im Zustande der Willensunfreiheit nicht zählen, B 34 N 13 S 42 und B 45 N 1 S 4.

2. Wegen Ruhens des Fristenlaufs s. Anm 2 zu § 10, Anm 1 zu § 13, wegen Zusammenrechnung der Ruhezeiten Anm 2 zu § 12.

§ 25.

Als Unterbrechung [1] der Abwesenheit [2] wird die Rückkehr [3] nicht angesehen, wenn aus den Umständen, unter welchen sie erfolgt, die Absicht [4] erhellt, den Aufenthalt nicht dauernd fortzusetzen.

1. Über Unterbrechung s. Anm 1 zu § 13.

2. Durch eine vorübergehende Entfernung wird die Abwesenheit nicht begonnen. Hierüber sowie über Zeitdauer der Abwesenheit s. das in Anm 2 zu § 13 Gesagte. Aus der gesetzlichen Unterstellung in § 23 Abs 2, daß durch den Eintritt in eine Anstalt die Abwesenheit nicht begonnen wird, ist nicht zu folgern, daß die laufende Abwesenheitsfrist nicht durch den Eintritt in eine Anstalt fortgesetzt wird. Wenn also jemand mit dem UW in A acht Monate in B sich aufhält und dann in eine Kuranstalt nach C übersiedelt, so verliert er nach viermonatlicher Anwesenheit in C seinen UW in A. Anders verhält sich die Sache aber wenn die Kuranstalt in A sich befindet. In diesem Falle wird trotz der gesetzlichen Unterstellung in § 11 Abs 2 nicht die Abwesenheit von A fortgesetzt.

3. Mit der Rückkehr an den Ort des UW innerhalb Jahresfrist nach dem Wegzuge von diesem Orte wird die Abwesenheit unterbrochen. Die bisherige Zeit der Abwesenheit verliert dadurch jede Bedeutung und kann insbesondere bei einem späteren Wegzuge für die Abwesenheitsfrist nicht miteingerechnet werden.

Der Rückkehr kommt diese Wirkung aber nur dann zu, wenn an dem Orte des UW wieder Aufenthalt im Rechtssinn, also in der Absicht genommen wird, auch ferner dort zu verbleiben.

Eine mit Absicht der Wiederentfernung erfolgte Rückkehr mit vorübergehender Anwesenheit ist als Abwesenheit anzusehen. Wenn sich aber die vorübergehende Rückkehr in eine bleibende Anwesenheit verwandelt, dann gilt die Abwesenheit vom Zeitpunkte der Rückkehr an als unterbrochen, vgl. B 30 N 12 S 32.

4. Über den Nachweis der Absicht s. Anm 4 zu § 13.

§ 26.

Die Anstellung oder Versetzung eines Geistlichen, Lehrers, öffentlichen oder Privatbeamten, sowie einer nicht bloß zur

Erfüllung der Militärpflicht im Bundesheer oder in der Bundeskriegsmarine dienenden Militärperson gilt nicht als ein die freie Selbstbestimmung bei der Wahl des Aufenthaltsorts ausschließender Umstand.

1. **Beamte, Geistliche, Lehrer** erwerben am Orte des **Amtssitzes**, wo die Heimat bei Unwiderruflichkeit nach Art 2 HeimG erworben wird, den UW, wenn sie sich dortselbst tatsächlich ununterbrochen über ein Jahr aufgehalten haben, ohne daß dem Aufenthalte Mängel nach dem UWG anhafteten, vgl. S 30 S 117 und B 26 N 20 S 58, Brunn S 286. Das gilt auch für Angehörige der Gendarmerie, der Reichswehr und Landespolizei. Wegen Aufenthaltswahl bayr. Beamter s. Art 21 Beamtenges. vom 16. Aug. 1908 (GVBl S 581).

2. Dagegen ruhte der Fristenlauf wegen Ausschlusses der freien Selbstbestimmung über den Aufenthalt für die unter die gesetzliche Militärpflicht fallenden Militärpersonen, und zwar auch bei Einberufung zur Reserve und zur Landwehr, B 6 N 11 S 18, S 40 S 92, bei den Freiwilligen B 29 N 11 S 45 Brunn S 287, bei Armierungssoldaten B 54 N 5 S 12/4, dann für **Kriegsteilnehmer** einschl. Kriegsfreiwillige s. PrVerwBl 35 S 372; s. auch BlApfl 4 S 25 (Einfluß der Heeresdienstleistung auf Erwerb und Verlust des UW. Für die in Bayern beheimateten Kriegsteilnehmer begann sonach die Abwesenheitsfrist am 1. Jan. 1916 nicht zu laufen, B 56 N 33 S 101.

Als **Kriegsteilnehmer** ist nach dem Reichsgesetz über den Schutz der infolge des Krieges an der Wahrnehmung ihrer Rechte behinderten Personen vom 4. August 1914 (RGBl S 328) § 2 anzusehen, 1. wer vermöge seines Dienstverhältnisses, Amtes oder Berufes zu den mobilen oder gegen den Feind verwendeten Teilen der Land- oder Seemacht oder zu der Besatzung einer armierten oder in der Armierung begriffenen Festung gehört, 2. wer dienstlich aus Anlaß der Kriegsführung des Reiches sich im Ausland aufhält, 3. wer als Kriegsgefangener oder Geisel sich in der Gewalt des Feindes befindet. Nach § 2 der RVo vom 13. Januar 1919 (RGBl S 138) über die Hemmung von Ausschlußfristen im Mannschaftsversorgungsgesetze zugunsten von Kriegsteilnehmern zählen zu letzteren auch die Personen, die vermöge ihres Dienstverhältnisses, Amtes oder Berufes zu den immobilen Teilen der Land- oder Seemacht gehören. Nach bayr. Gesetz zur Wahrung der Rechte von Kriegsteilnehmern vom 19. Dez. 1915 (GVBl S 733) / 24. Dez. 1917 (GVBl S 612) waren diesen Kriegsteilnehmern die Personen, die im vaterländischen Hilfsdienste tätig sind (RG vom 5. Dez. 1916, RGBl S 1333), gleichgestellt.

§ 27.

I Der Lauf der einjährigen Frist (§ 22) ruht während der Dauer der von einem Armenverbande gewährten öffentlichen Unterstützung.

II Er wird unterbrochen durch den von einem Armenverband auf Grund der Bestimmung im § 5 des Gesetzes über die Freizügigkeit vom 1. November 1867 gestellten Antrag auf Anerkennung der Verpflichtung zur Übernahme eines Hilfsbedürftigen. Die Unterbrechung erfolgt mit dem Tage, an welchem der also gestellte Antrag an den betreffenden Armenverband oder an die vorgesetzte Behörde eines der beteiligten Armenverbände abgesandt ist.

III Die Unterbrechung gilt als nicht erfolgt, wenn der Antrag nicht innerhalb zweier Monate weiter verfolgt oder wenn derselbe erfolglos geblieben ist.

Hier genügt ein Hinweis auf die Ausführungen in Anm 1 und 2 zu § 14, auch was den Lauf der Verlust- (wie der Erwerbs)frist während der nicht als Armenunterstützung geltenden Kriegswohlfahrtspflege betrifft, s. BRVo vom 13. Nov. 1915 (RGBl S 764) und vom 16. Mai 1918 Abs. I. Die armenrechtliche Familieneinheit bewirkt hier, daß die Verlustfrist auch ruht während der Dauer der einem hilfsbedürftigen armenrechtlich unselbständigen Familiengliede des abwesenden Familienhauptes gewährten öffentlichen Unterstützung, B 4 N 10 A S 26.

§ 28.

Jeder hilfsbedürftige Deutsche muß vorläufig von demjenigen Ortsarmenverband unterstützt werden, in dessen Bezirk er sich bei dem Eintritte der Hilfsbedürftigkeit befindet[1, 2, 3, 4]. Die vorläufige Unterstützung erfolgt vorbehaltlich des Anspruchs auf Erstattung der Kosten beziehungsweise auf Übernahme des Hilfsbedürftigen gegen den hierzu verpflichteten Armenverband[5, 6, 7].

1. Hat öffentliche Armenhilfe einzutreten, so hat sie der Ortsarmenverband des Aufenthaltsortes zu leisten, gleichgültig ob der Hilfsbedürftige ein Ortsangehöriger oder Ortsfremder, ein Landarmer, ein Inländer oder Nichtinländer ist. Dabei handelt es sich um eine vorläufige Unterstützungspflicht mit Ersatzanspruch im Gegensatze zur endgültigen Armenpflegepflicht nach § 30 Abs 1. Der Deutsche Verein f. öff. u. pr. F. will auch diese letztere Pflicht dem AV des AufO übertragen, s. Anm 1 zu § 1, § 2 und § 30, ferner Anm 1 zu Art 1 BayAG.

Für die Zuständigkeit des vorläufig fürsorgepflichtigen AufO ist nicht der Aufenthalt im Rechtssinne (Anm 2 zu § 9) maßgebend, sondern die tatsächliche Anwesenheit, B 31 N 12 S 28, Brunn S 289 und 42 N 38 S 128/31. Als AufO kommt auch der Ort eines Krankenhauses, in das ein Auswärtiger durch die Krankenkasse eingewiesen worden ist, in Betracht, wenn die versicherungsgesetzliche Unterstützungspflicht beendigt ist, aber Hilfsbedürftigkeit noch besteht; anders wenn der OAV des DoAO, der einem Erkrankten nach § 29 in einem auswärtigen Krankenhause die notwendige Krankenhilfe gewährt hat, nach Ablauf von 26 Wochen aber die Hilfsbedürftigkeit noch fortdauert, B 32 N 34 S 93, Brunn S 549 mit B 24 N 43 S 134/6.

Der OAV, der ein armenrechtlich unselbständiges Familienglied unterstützt, ist nicht (wie den Landarmen gegenüber der LAV nach § 30 1 b) verpflichtet, die Armenfürsorge für das an einem anderen Orte hilfsbedürftig gewordene Familienhaupt oder weitere Familienglied zu übernehmen, B 27 N 19 S 67/9 und B 35 N 16 S 48, Brunn S 290.

Deswegen, weil ein Hilfsbedürftiger den Ort, wo seine Unterstützungsbedürftigkeit zuerst hervortrat, verlassen hat, um anderswo ein besseres Unterkommen zu finden, kann der neue Anzugsort ihm die armenrechtliche Hilfeleistung nach § 28 nicht verweigern, B 6 N 12 B S 22. Dies gilt auch für den Fall, daß jenem Ort ein Hilfsbedürftiger von dem zunächst vorläufig fürsorgepflichtig gewordenen OAVe zugeschoben worden ist, B 13 N 13 B 47/9 (s. hierüber Anm 7). Da der OAV des AufO die öffentliche Armenhilfe zu leisten hat, können Privatpersonen, die in dringenden Fällen einem Hilfsbedürftigen Armenfürsorge gewähren, sich nur an diesen AV und nicht an den endgültig verpflichteten AV mit ihrem Ersatzanspruche wenden, B 24 N 23 S 65/9 Brunn S 457, S 38 S 168.

Aus der Fürsorgepflicht nach § 28 läßt sich aber nicht ein ausschließliches Recht zur Unterstützung eines Hilfsbedürftigen ableiten; dieser OAV kann der Fortgewährung einer Unterstützung durch den OAV des UW für einen aus dem Bezirke des UW fortgezogenen Hilfsbedürftigen nicht widersprechen, B 42 N 23 S 80, s. auch Anm 3 g. Umgekehrt kann auch der vorläufig unterstützende OAV für den bei ihm hilfsbedürftig Gewordenen die Unterstützung außerhalb seines Bezirkes gewähren, B 47 N 11 S 28/32, aber nicht ins Ausland, B 44 N 41 S 114.

2. Die Unterstützungspflicht des § 28 beginnt mit dem Zeitpunkt, an dem die Hilfsbedürftigkeit im Bezirke des OAVes des Aufenthaltsortes in erkennbarer Weise hervorgetreten ist. Gleichgültig ist, auf welche Weise die Ortsarmenbehörde Kenntnis von der Hilfsbedürftigkeit erlangt, vgl. B 48 N 17 S 54/5 und Anm 4 b zu § 1. Hiernach ist nicht der Zeitpunkt, von dem an Geschlechtskranke nach ärztlicher Anschauung als hilfs- oder anstalsbedürftig anzusehen sind, für den Beginn der Unterstützungspflicht des OAVes des Aufenthaltsortes nach § 28 maßgebend, sondern jener Zeitpunkt, an dem das Heilbedürfnis dem fürsorgepflichtigen OAV erkennbar geworden ist, B 35 N 35 S 102/3.

Die armenpflegliche Leistung beginnt mit der tatsächlichen Hilfeleistung (nicht Bezahlung der Kosten für Heilmittel maßgebend, BGE vom 29. November 1920 N 63 III/20 AAG), bei Bewilligung eines Heilverfahrens in einer Krankenanstalt nicht mit dem Beschluß über die Unterbringung oder mit der ärztlichen Untersuchung, sondern erst mit der Aufnahme des Kranken in die Anstalt, B 42 N 7 S 28, 50 N 6 S 15 und 53 N 24 S 100. Damit steht nicht in Widerspruch die Entscheidung des BAH in B 19 N 8 S 24/6, wonach bei Bewilligung einer fortlaufenden Monatsunterstützung die Benachrichtigung von der Gewährung, nicht aber der Tag der Erhebung des bewilligten Geldbetrages als ausschlaggebend angesehen wurde, und in B 42 N 4 S 19 bezüglich der schuldhaften Verzögerung der Gewährung von Armenhilfe. Wegen nachträglicher Gewährung von Unterstützungen s. Anm 1 h aa zu 14 mit Anm 5 D zu § 1.

Das BAH nimmt bei Hilfeleistung von Ärzten, Hebammen und Krankenanstalten in dringenden Fällen von Anfang an Ausübung der Armenpflege an, wenn die Hilfeleistung alsbald dem vorläufig fürsorgepflichtigen AV angezeigt und von ihm nachträglich genehmigt worden ist, vgl. B 32 N 17 S 48, Brunn S 362 (Hebamme), B 38 N 26 S 72 (Ärzte, s. dazu auch B 45 N 40 S 130) B 41 N 25 S 84, 46 N 13 S 52 und 47 N 15 S 42 (Krankenhäuser), ferner B 46 N 5 S 20/5 (Privatwohltätigkeitsanstalt). In Bayern sind solche Fälle der Hilfeleistung Dritter durch die Bestimmung in Art 14 AG gesetzlich geregelt. Neben der für Privatpersonen vorgeschriebenen Anzeige (wegen Irrenanstalten s. S 14 S 343) besteht die Anzeigepflicht des OAVes nach § 34 auch in diesen Fällen. Wegen Vereinbarung zwischen Ortsarmenverbänden und Krankenanstalten s. B 36 N 16 A—D S 39, 51 und Art 5 BayAG. Dagegen begründen die von einer anderen als der Armenbehörde getroffenen Fürsorgemaßnahmen in der Regel keinen Armenpflegefall und keinen Erstattungsanspruch gegen die AVe, es sei denn, daß der Armenrat wegen der Notwendigkeit des Eintretens der öffentlichen Armenpflege von der Maßregel in bezug auf eine hilfsbedürftige Person vorher einvernommen oder bei Säumigkeit des AVes oder Dringlichkeit des Falles gleichzeitig mit der Verfügung verständigt wird, vgl. B 34 N 15 A S 49, Brunn S 378, 38 N 14 S 32. Werden mittellose Gefangene, deren Verpflegung nicht Sache der Armenpflege ist, an ein Krankenhaus oder eine Irrenanstalt überwiesen, so beginnt die armenrechtliche Hilfsbedürftigkeit mit der Verständigung der Armenbehörde, wenn weder wegen der Überwachung, noch wegen der Rücklieferung nach Entlassung ein Vorbehalt gemacht worden ist; denn damit wird die eingetretene Außerkraftsetzung der Haftmaßnahme und die Inanspruchnahme der Armenfürsorge dem betreffenden AV zur Kenntnis gebracht und die Hilfsbedürftigkeit im Sinne des § 28 erkennbar, B 22 N 26 und 26 a S 95/100, B 54 N 21 S 92 und 56, N 34 S 108, ferner Reger 38 S 29 (wegen politischer Schutzhaft daselbst S 31), dann 37 S 349 und 372.

Ihr Ende erreicht die Unterstützungspflicht nach § 28 mit dem Aufhören der Hilfsbedürftigkeit oder mit der Übernahme des Hilfsbedürftigen durch den endgültig verpflichteten AV.

Für das Aufhören der Hilfsbedürftigkeit kommen verschiedene Ereignisse in Betracht, wie

a) Ableben. Die Armenpflege hat aber noch für die einfache Beerdigung verstorbener Hilfsbedürftiger oder mittelloser Unbekannter zu sorgen.
b) Wiedereintritt der Arbeitsfähigkeit.
c) Erwerb für die Beschaffung des Notbedarfs ausreichender Mittel.
d) Eingreifen Drittverpflichteter, wie unterhaltspflichtiger Angehöriger, unterstützungspflichtiger Personen oder Verbände.
e) Abführung in Untersuchungs- oder Strafhaft oder in ein Arbeitshaus oder eine Besserungsanstalt (§ 216 RVO).
f) Austritt aus dem Krankenhaus, es sei denn, daß die Krankheit fortdauert und ärztliche Maßnahmen in kürzeren oder längeren Zwischenräumen vorzunehmen sind, also das Heilverfahren noch nicht abgeschlossen ist, B 46 N 23 S 83,6, BGE vom 8. Okt. 1917 N 69 III Fürsorge H u. vom 17. Juni 1919 N 29 III Fürs. M.
g) Wegzug aus dem Bezirke des OAV des Aufenthaltsortes; denn die Unterstützungspflicht des OAVes des Aufenthaltsortes endet, weil sie immer eine vorläufige Fürsorgepflicht gegenüber den im Bezirke anwesenden die Armenhilfe benötigenden Personen ist, sobald der Hilfsbedürftige seinen Aufenthalt im Bezirke dieses OAVes aufgibt; eine Erstattungspflicht käme beim Wegzuge des Hilfsbedürftigen nur im Falle der Abschiebung in Frage, vgl. B 35 N 14 S 42/5, Brunn S 30/1, vgl. auch B 6 N 12 B S 22 und Seydel Ann S 595 Fußnote 2. Eine andere Wirkung hat der Aufenthaltswechsel bei der endgültigen Unterstützungspflicht des LAVes gemäß § 30, s. hierüber Anm 3 b zu § 30. Vgl. auch § 29 BayAV.

Die Änderung der endgültigen Unterhaltspflicht (durch Verheiratung, Verlust des UW oder der Staatsangehörigkeit) hat keinen wesentlichen Einfluß auf die Fürsorgepflicht nach § 28; auch im letztgenannten Falle hat er vorläufig Hilfe zu leisten (§ 60).

3. Auf der Hilfeleistungspflicht des OAVes nach § 28 beruht ein großer Teil des Vollzugs der öffentlichen Armenpflege (s. Anm 1). Bei Erfüllung dieser Aufgabe ergeben sich verschiedene Pflichten, deren Außerachtlassung den Verlust des Erstattungsanspruches nach sich ziehen kann.[1])

a) Da der OAV des AufO verpflichtet ist, die öffentliche Armenhilfe nicht nur zu gewähren, sondern auch zu versagen, wenn sie entbehrlich ist (S 40 S 71, Baath S 102), so hat er im einzelnen Falle (bei Vermeidung des Verlustes des Ersatzanspruches, B 41 N 27 S 90, 54 N 20 S 88, S 40 a. a. O. und Reger 38 S 33) vor allem die Hilfsbedürftigkeit und die diese beeinflussenden Tatsachen genau zu untersuchen und festzustellen. Dazu gehört auch die Nachforschung nach dem Vermögen dessen, der die Armenhilfe in Anspruch nimmt, insbesondere nach dem Besitze von Geldmitteln, B 41 N 27 S 90 und N 28 S 92 mit 42 N 28 S 97. Es wurde genügende Entschuldigung angenommen, wenn dem AV von Mitteln nichts bekannt war, B 17 N 23 S 73 („Bei gehöriger Aufmerksamkeit verborgen bleiben konnte") und 41 N 28 S 92/94 („In gutem Glauben"). Daher die ausführlichen Fragen in den Anmeldebögen (s. B 40 N 18 S 41/2 und insbesondere auch die Frage in Beilage I zum bayr. VA, ob der Hilfsbedürftige unbewegliches oder entbehrliches bewegliches Vermögen besitzt, ob er über Barmittel, Außenbestände, Sparkassenguthaben, Darlehens- und sonstige Forderungen (Hypotheken) verfügt, vgl. auch B 26 N 26 S 79 und 27 S 81, B 34 N 16 S 56 und 37 N 17 S 41, Brunn S 295, 297, 300 und 339, ferner B 56 N 9 S 30 (Erforschung des Arbeitsverdienstes). Die Organe des OAV haben auch die Legitimationspapiere der Hilfesuchenden zu prüfen, erforderlichenfalls Abschrift oder Auszug davon zu fertigen und zu achten, daß sie keine Gabe an Unterstützungsschwindler verabreichen, s. die Armensteckbriefe in den BlApfl., die daselbst unentgeltlich Aufnahme finden, BlApfl V S 272.

b) Da die Möglichkeit besteht, die Einstellung oder doch Verminderung der Armenunterstützung bei arbeitsscheuen Hilfsbedürftigen durch entsprechendes Anhalten zur Arbeitsleistung zu bewirken, so ist gegebenenfalls hierauf ernstlich Bedacht zu nehmen. Als Mittel zum Einschreiten gegen Arbeitsscheue kommen in Betracht:

aa) Die Ermittlung und Anweisung von Arbeit gegenüber arbeitsfähigen Personen und Versagung der Unterstützung bei ungerechtfertigter Verweigerung der Arbeitsleistung, vgl. B 14 N 21 B S 56, 28 N 22 S 54 mit Anmerkung S 55, Brunn S 332/3, dann Art 4 und 7 BayAG.

bb) Der polizeiliche Arbeitszwang, wie er in Bayern (Art 76 mit §§ 56 ff. VA) nach dem Muster von Hamburg und Preußen eingeführt worden ist; auch Einbringung in eine Fürsorgeanstalt kann in Frage kommen, B 50 N 15 S 40 und 55 N 16 S 50.

cc) Die Veranlassung von Strafeinschreitung, insbesondere nach Ziff 7 und 8 des § 361 RStGB. Wenn auch die Anwendungen dieser Mittel

---

[1]) Vgl. auch die Anleitung zur Behandlung von Unterstützungsfällen in BlApfl II S 261—294.

sorgfältiger Erwägung bedürfen, so ist doch zu beachten, daß der Hinweis auf die Strafbarkeit des Verhaltens und die Androhung des Arbeitszwanges oder der Straſeinschreitung in dem einen oder anderen Falle nicht wirkungslos sein wird. Vgl. dazu B 39 N 11 S 21/2 Brunn S 306.

c) Der OAV darf Armenunterstützung nicht gewähren, wenn durch Heranziehung Unterhaltspflichtiger die Hilfsbedürftigkeit beseitigt werden kann. Hierüber sind folgende Ausführungen veranlaßt.

aa) Zu den Unterhaltspflichtigen gehören:

der Ehegatte ohne Rücksicht auf das Güterrecht s. § 1360 BGB (B 46 N 19 S 73 und 54 N 20 S 91), bei Getrenntleben 1361, nach der Ehescheidung §§ 1578 ff.,

die Eltern § 1601 und zwar sind sie dem minderjährigen unverheirateten Kinde gegenüber gemäß § 1603 Abs. 2 verpflichtet, alle verfügbaren Mittel zu ihrem und der Kinder Unterhalte gleichmäßig zu verwenden B 37 N 20 S 45/7, wegen großjähriger Kinder s. B 54 N 19 S 85, wegen vorehelicher Kinder s. B 46 N 29 S 46, 49 N 16 S 54, 50 N 17 S 50, 55 N 11 S 29, BlApfl I S 43 ff. und III S 49,

die Großeltern und die Kinder und die Abkömmlinge überhaupt § 1601, jedoch nur insofern die Unterhaltsleistung ohne Gefährdung des eigenen standesmäßigen Unterhalts erfolgen kann, B 33 N 11 S 20/2, 37 N 19 S 43 und 43 N 22 S 51,

der uneheliche Vater gemäß §§ 1708 ff. BGB (auch für die Vergangenheit s. § 1713, wegen der Erben s. BlApfl II S 87).

Nicht unterhaltspflichtig sind die Geschwister B 37 N 18 S 42; wegen des Stiefvaters s. B 40 N 20 S 46, 48 N 40 S 126/31, dazu Anführungen oben bei „vorehelichen Kindern" und Anm 1 d zu § 14.

bb) Der OAV des Aufenthaltsortes hat zu erforschen, ob solche unterhaltspflichtige Personen vorhanden sind und ob sie fähig sind, dem Unterhaltsberechtigten den Notbedarf zu verschaffen B 26 N 27 S 81, Brunn S 297.

cc) Der vorläufig hilfeleistende AV, der Ersatzansprüche geltend machen will, hat aber nicht nur diese Untersuchung über die Vermögensverhältnisse und Leistungsfähigkeit unterhaltspflichtiger Verwandter anzustellen, sondern diese Personen auch zur Beseitigung der Hilfsbedürftigkeit heranzuziehen. Der OAV des Aufenthaltsortes hat, unter Hinweis auf die Unterstützungspflicht insbesondere der Eltern oder des Ehegatten und auf die Möglichkeit, durch Heranziehung des Vermögens der genannten Personen gemäß §§ 1360 Abs. 2 BGB den Notbedarf des Hilfsbedürftigen zu decken, die Armenhilfe, soweit sie nicht unaufschiebbar ist, zu verweigern (B 46 N 19 S 72/4, 48 N 10 S 29/32) und darauf hinzuwirken, daß der Unterhaltungspflicht genügt werde, B 26 N 28 S 82, 37 N 21 S 48 und 46 N 45 S 177. Dabei macht es keinen Unterschied, ob die Unterhaltspflichtigen im Bezirke des vorläufig hilfeleistenden OAVes wohnen oder nicht, oder ob sie etwa sich am Sitze des LAV befinden, B 42 N 30 S 103. Die Pflicht der Heranziehung der unterhaltspflichtigen Verwandten besteht nicht nur zur Zeit der Anrufung der Armenpflege, sondern während der ganzen Dauer der Unterstützungsleistung, vgl. B 46 N 45 S 177/180, BlApfl I S 125, II S 7, III S 191. Die Einwirkung auf unterhaltspflichtige Angehörige kann geschehen durch Aufforderung unter Hinweis auf die gesetzlichen Bestimmungen und zwar auf die bürgerlichrechtlichen über die Unterhaltspflicht (s. oben) und auf die strafrechtlichen wegen Nichterfüllung dieser Pflicht (§ 361 Ziff 10 RStGB, Art 81 PStGB), bei Vernachlässigung von Kindern durch Anrufung des Vormundschaftsgerichts und Anregung der Fürsorgeerziehung, B 51 N 20 S 55, 55 N 16 S 49, ferner durch Androhung der unter b angeführten Maßnahmen, insoweit der Unterhaltspflichtige auch zugleich das Familienhaupt des Unterstützten ist, vgl. Art 2 Abs 3, 4 Abs 1, Art 7, Art 76 Abs 2 BayAG und bei Erfolglosigkeit durch Verwirklichung der Androhung, klageweises Vorgehen auf dem Verwaltungswege nach den einschlägigen landesrechtlichen Bestimmungen, B 36 N 14 S 34, Brunn S 313. Für Bayern kommt hier Art 11 BayAG in Betracht. Wenn die Unterhaltspflicht bestritten wird, ist es nicht Sache des vorläufig hilfeleistenden OAVes die Durchführung eines Streites hierüber zu veranlassen. Er kann dies dem endgültig verpflichteten AV überlassen, B 47 N 19 S 54. Über Zusammentreffen von Unterhaltspflichtigen s. BlApfl I S 78.

d) In gleicher Weise wie in bezug auf die Unterhaltspflicht Verwandter ist hinzuwirken, daß die Unterstützungspflicht Dritter, insbesondere der Krankenkassen, Unfallberufsgenossenschaften oder der Versicherungsanstalten in Anspruch genommen wird, um dadurch die Hilfsbedürftigkeit zu beseitigen, B 21 N 21 S 73, Brunn S 296, B 37 N 21 S 48 und N 23 S 58, Brunn S 320, B 51 N 18 S 50. Der Dritte kann auch die Dienstherrschaft sein, insoweit die Voraussetzungen des § 617 BGB gegeben sind, was zu den Seltenheiten gehören wird. Wegen Anregung der Krankenhauspflege nach §§ 184 und 1269 RVO s. B 50 N 20 S 59 und 49 N 19 S 63. Wegen des Ersatzanspruches gegen die Unterhaltspflichtigen s. B 26 N 46 S 118, Brunn S 459 (der OAV des AufO hat die Wahl diesen oder den endgültig verpflichteten AV in Anspruch zu nehmen), gegen die Versicherungsträger vgl. §§ 1531 ff. und Anm 3 zu § 62. Wegen der Kriegswohlfahrtspflege s. Anm 5 A und C zu § 1, Anm 1 f zu § 14 und nachfolgende Anm 4 I.

e) Ist aber die Hilfsbedürftigkeit festgestellt, so hat der OAV des Aufenthaltsortes dem Bedürftigen die erforderliche Armenhilfe nach Maßgabe der landesgesetzlichen Bestimmungen über den Notbedarf angedeihen zu lassen, vgl. Anm 4 und 5 zu § 1 und nachfolgende Anm 4. Auf den Grund der Hilfsbedürftigkeit kommt es nicht an, B 42 N 34 S 114 ff.; wegen Ungehorsams gegen Anordnungen des AVes s. Art 7 BayAG. An Stelle der Verbindlichkeit der Armenpflege in Bayern nach Art 13 AArmG, den Ortsfremden die unentbehrlichen Reisemittel und bei Unzulässigkeit oder Untunlichkeit der Hinweisung bis zur Beseitigung des Hindernisses die unverschieblichen Mittel zu gewähren, legt § 28 dem OAVe des Aufenthaltortes die Verpflichtung auf, dem Hilfsbedürftigen ohne Rücksicht darauf, ob er ortsangehörig oder ortsfremd ist, die erforderliche Armen- oder Krankenhilfe zu gewähren, bis die Hilfsbedürftigkeit in Wegfall kommt oder die Wegweisung nach §§ 31, 32, 40 UWG mit § 5 FreizG erfolgen kann. Was insbesondere das sog. Reisegeld betrifft, so ist es nach dem UWG und der Rechtsprechung des BAH Grundsatz, daß die Gewährung von Reiseunterstützung regelmäßig nicht zu den Aufgaben der Armenpflege gehöre, vgl. letzten Satz B 28 N 32 S 89. Eine Folge dieses Grundsatzes ist, daß in der Gewährung von Reisegeld an einen Hilfsbedürftigen eine Verletzung der vorläufigen Fürsorgepflicht anzusehen ist (Abschiebung, s. hierüber Anm 7), es sei denn, daß der endgültig verpflichtete AV sich zur Übernahme bereit erklärt hat oder die Reiseunterstützung von der Absicht und der Wirkung begleitet ist, daß auf diese Weise der Hilfsbedürftigkeit am ehesten ein Ende gemacht wird,

B 30 N 27 S 73, Brunn S 466, B 39 N 29 S 85. Die Gewährung eines Reisegeldes enthält eine Verletzung der vorläufigen Fürsorgepflicht, auch wenn der Hilfsbedürftige seine Weiterbeförderung in die Heimat wünscht. Doch ist es nicht Pflicht der Armenbehörde, fremde der Krankenhilfe bedürftige Personen aufzuhalten, wenn diese trotz sachgemäßer Gegenvorstellungen weiter zu wandern oder aus dem Krankenhaus entlassen zu werden wünschen, selbstverständlich vorausgesetzt, daß nicht ein hilfloser Zustand oder ein Reiseunfähigkeit bewirkender Krankheitszustand vorliegt, B 39 a. a. O.

f) Die Frage, ob die Unterstützung notwendig ist hat der OAV nicht bloß nach der Richtung, ob die Unterstützung nicht infolge von Vorhandensein von Vermögensbestandteilen oder von unterhalts- oder unterstützungspflichtigen Dritten oder durch Zuweisung von Arbeit entbehrlich wird, sondern auch vom Standpunkte des Maßes, der Art und des Umfangs aus zu prüfen, B 43 N 23—26 S 53 ff. So wird beispielsweise bei der zulässigen Reiseunterstützung hiefür die Lösung einer Fahrkarte genügen, s. BlAdmPr Bd 25 S 274. Der vorläufig hilfeleistende OAV muß bei Gewährung von Unterstützung ortsfremder Hilfsbedürftiger dieselbe Sparsamkeit beachten wie gegenüber den Armen, für die er selbst zu sorgen hat. Er hat deshalb die der Krankenhilfe Bedürftigen, soweit nur tunlich, dem Gemeinden- oder Bezirkskrankenhause zu überweisen. Im übrigen ist es, wie § 7 der bayr. VA zutreffend bemerkt, zunächst dem Ermessen der mit dem Vollzuge des ArmG betrauten Armenbehörden überlassen, in welcher Weise die der Armenpflege obliegende Unterstützung dem Hilfsbedürftigen im einzelnen Falle zu gewähren ist. Noch sei hier darauf hingewiesen, daß die Arbeitsfähigkeit einer Person deren Hilfsbedürftigkeit nicht unbedingt ausschließt. Das hat das BayAG durch die Bestimmung in Art 3 Abs 5 ausdrücklich anerkannt. Immerhin darf Armenunterstützung nicht gewährt werden, wenn sich diese Person nicht genügend und andauernd um Beschäftigung umgesehen hat, B 43 N 25 S 56/8. Die unverschiebliche Armen- und Krankenhilfe muß aber in jedem Falle gewährt werden.

g) Der vorläufig hilfeleistende OAV ist verpflichtet, während der ganzen Dauer der Unterstützungsgewährung den Fortbestand der Hilfsbedürftigkeit zu prüfen und die Maßnahmen zu deren Beseitigung auf die unter a—c angegebene Weise zu treffen, B 31 N 13 S 29, Brunn S 295, B 41 N 34 S 115, 46 N 45 S 177/180. Dies gilt aber auch für den Fall, daß der OAV des Aufenthaltsortes dem in seinem Bezirke sich aufhaltenden Hilfsbedürftigen im Auftrage des endgültig verpflichteten AVes Unterstützung weiter leistet, aber nur bezüglich der eintretenden Änderungen in bezug auf die Hilfsbedürftigkeit und den UW; dagegen besteht für ihn keine Verpflichtung zur Nachprüfung der Verhältnisse, die den endgültig verpflichteten AV zur Gewährung der Unterstützung veranlaßt haben, B 40 N 12 S 24. Dagegen kann er diese Unterstützung erforderlichenfalls erhöhen, B 49 N 12 S 45, Reger 36 S 188, auch über die Höchstsätze der Erwerbslosenunterstützung hinaus, B 56 N 17 S 54.

h) Auch hat der vorläufig hilfeleistende OAV die zur Sicherung eines Ersatzanspruches gegenüber Drittverpflichteten erforderlichen Schritte zu tun, insbesondere darf er die in § 1539 RVO vorgesehene sechsmonatliche Frist nicht verstreichen lassen, B 31 N 25 S 61 und 44 N 15 S 43.

i) Mit Rücksicht ferner darauf, daß nach § 32a und den landesrechtlichen Bestimmungen die LAVe zur Anstaltspflege verpflichtet sind (vgl. Art 58 BayAG), obliegt es dem OAVe des Aufenthaltsortes, wie das

BAH in B 31 N 49 S 131, Brunn S 682 sagt, im Interesse der Kostenersparnis für den endgültigen AB Antrag auf Übernahme der Anstaltspflege Gebrechlicher zu stellen.

k) Verlangt der endgültig verpflichtete AB, daß der am Aufenthaltsort Unterstützte ihm zugeführt wird, so obliegt dem vorläufig hilfeleistenden OAVe die Pflicht der Überführung gemäß § 32, s. näheres daselbst.

l) Wegen der Verpflichtung zur Anzeigeerstattung (zum Zwecke der Wahrung des Erstattungsanspruchs), vgl. § 34 mit Anmerkungen. Der OAB hat während der ganzen Dauer der Unterstützung auch die UWVerhältnisse des Hilfsbedürftigen zu beachten; wenn infolge ihrer Änderung z. B. durch Verlust der Staatsangehörigkeit oder durch Verehelichung ein anderer AB endgültig fürsorgepflichtig wird, wäre diesem gegenüber die Anmeldung nach § 34 zu machen, vgl. die bei g angeführten Entscheidungen in B 31 und B 41.

m) Durch Nichterfüllung dieser Pflichten wird der Erstattungsanspruch in der Regel verwirkt, s. Reger 38 S 33, B 43 N 22 S 52, N 25 S 56, B 46 N 19 S 72/4, B 51 N 12 S 26/8, N 13 S 31, N 18 S 49, N 20 S 55 und die bei a—i angeführten Entscheidungen. Fälle, in denen dies nicht zutrifft, sind hauptsächlich folgende:

aa) Der Erstattungsanspruch wird nicht ausgeschlossen, wenn die Unterstützung wegen eines augenblicklichen Notstandes nicht verschoben werden konnte, B 26 N 46 S 118, Brunn S 459 und B 56 N 8 S 28 (Weigerung des Unterhaltspflichtigen). In diesen sog. „Eilfällen" läßt sich das Einschreiten der öffentlichen Armenpflege nicht umgehen. Das kann auch notwendig werden, wenn der Hilfesuchende zwar Mittel besitzt, aber augenblicklich nicht darüber verfügen kann, vgl. B 41 N 31 S 104/6, § 5 bayr. BA. Der OAB hat hier die Wahl, ob er seine Ersatzforderung gegen den endgültig verpflichteten OAB oder gegen den Unterstützten oder gegen Drittverpflichtete (§ 62) richten will, B 41 N 33 S 109/13, 44 N 33 S 90. Er darf jedoch den ihm von dem Unterstützten angebotenen Ersatz nicht ablehnen, B 13 N 18 S 62, Brunn S 460/1.

bb) Die Zurückweisung des Erstattungsanspruches hat zu unterbleiben, wenn der vorläufig hilfeleistende OAB den Beweis erbringt, daß auch die Beobachtung der vorerwähnten Verpflichtungen ohne Erfolg geblieben wäre, vgl. B 39 N 11 S 21, Brunn S 306/7.

cc) Das BAH hat ferner ausgesprochen (vgl. B 27 N 8 S 37, Brunn S 301), daß auch bei Mangelhaftigkeit der Ermittlungen über die Hilfsbedürftigkeit dem Erstattungsanspruche stattzugeben sei, wenn sich nachträglich herausstellt, daß in der Tat Hilfsbedürftigkeit im Sinne des RG (Art 2 BayAG) gegeben war.

Eine Pflichtverletzung besonderer Art ist es, wenn der vorläufig verpflichtete OAB Aufwendungen nicht macht, vielmehr den Hilfsbedürftigen, ohne ihm Unterstützung zu gewähren, abziehen läßt oder anderswohin befördert; er hat in diesem Falle die Erstattungs- und Übernahmeforderung des für ihn eintretenden ABes zu gewärtigen, B 10 N 17 S 46, Brunn S 461, s. Anm 7 (Abschiebung).

Die Pflichten des OABes des § 28 hat auch der vorläufig anstaltspflegepflichtige LAB vom Beginne der Anstaltspflege an zu erfüllen, B 46 N 45 S 177/80.

4. Die Bemängelung der Hilfeleistung des ABes des AufO dreht sich größtenteils um die Fragen, einerseits ob eine Leistung als Armenunterstützung anzusehen ist und andererseits, ob Hilfsbedürftigkeit vorliegt. Deshalb folgt nachstehend eine gedrängte Übersicht über die Rechtsprechung des BAH nach diesen beiden Richtungen. Dabei will nicht unterlassen werden, zu bemerken, daß die jeweils obwaltenden tatsächlichen Verhältnisse im Vergleiche zueinander immer wieder Verschiedenheiten aufweisen und daher stets von Fall zu Fall zu würdigen sind, B 10 N 20 S 66/7.

I. Armenunterstützung (abgekürzt AU; s. Anm 5 zu § 1 und 1 zu § 14).

Absonderungsmaßregeln bei Seuchen keine AU, B 47 N 18 S 52, ansteckenden Krankheiten, polizeiliche Krankenhauseinweisung keine AU, B 48 N 15 S 45, s. dagegen Anm 4 d aa zu § 1, AU bei Wegfall polizeilichen Zwangs, B 55 N 9 S 25.

Apparate s. Heilbehandlung.

Arbeitslosigkeit s. II.

Arbeitszuweisung an Hilfsbedürftige, Entlohnung keine AU, B 28 N 22 S 54, Brunn S 332; s. auch B 14 N 24 A und B S 55/57 (Abweisung des Ersatzanspruchs, weil Auswärtige von Arbeitsgelegenheiten am AufO ausgeschlossen waren).

Arzneien s. Heilmittel.

Ärztliche Zeugnisse (mit Untersuchung), deren Kosten AU, soweit für die Armenpflege notwendig, z. B. für die Aufnahme in Anstalten, B 45 N 25 S 88; anders wenn die ärztliche Untersuchung zum Zwecke der Feststellung der Hilfsbedürftigkeit erfolgt, B 20 N 28 A und B S 94 und 95 oder vom endgültig verpfl. AB verlangt wird, B 49 N 13 S 49.

Auslösung von gepfändeten oder zurückbehaltenen Hausgerätschaften, Betten oder Kleidungsstücken, AU bei Unentbehrlichkeit B 14 N 22 S 57, 25 N 30 S 91 mit Anführungen S 92, 36 N 19 S 65, 46 N 14 S 58/61; keine AU angenommen in bezug auf den zurückbehaltenen Hotelkoffer eines Geschäftsreisenden B 46 N 16 S 63.

Badeaufenthalt s. Heilbehandlung.

Beerdigung. Für Kosten einer einfachen Beerdigung (Armenbegräbnis) haben die Armenpflegen aufzukommen, auch wenn es sich um Personen handelt, die während des Lebens nicht hilfsbedürftig geworden sind, vgl. B 3 N 4 S 6, 21 N 27 S 99, § 1 des PrAG, dazu Anm 3 zu § 8, Art 3 Abs 4 BayAG. Aufwendungen für den Sarg, die über das Einfache und Notwendige hinausgehen, sind nicht erstattungsfähig, B 32 N 22 S 63,[1]) Brunn S 426. Dazu gehört auch nicht das Glockenläuten, wo es üblich ist, weil es nicht untrennbar mit dem Begriff einer Beerdigung verbunden, sondern zur Erhöhung der kirchlichen Feierlichkeit dient, B 10 N 23 C S 73 und 47 N 14 S 39. Auch die Beerdigungskosten für mittellose Strafgefangene und Fürsorgepfleglinge sind Armenpflegekosten, denn mit dem Tode hört die Haft, wie die Fürsorgeerziehung auf, vgl. B 15 N 34 S 103, Brunn S 587 (Strafgefangene), s. auch von der Pfordten, Zwangserziehung S 53. Über Beerdigungskosten bei aufgestelltem Tarife s. B 48 N 39 S 125 und Anm 7 k zu § 30. Kosten für die Begräbnisplätze sind nach Entscheidung des BAH keine AU, außer wenn (die Gemeinde oder) der OAB des Aufenthaltsortes selbst Gebühren hiefür bezahlen muß, B 32 N 36 S 101, Brunn S 431, nicht ersatzfähig, soweit Verwaltungs-

[1]) In der BGE vom 5. Juli 1915 N 28 III/15, Reger 36 S 295, wurden geringfügige Zutaten nach Ortssitte nicht beanstandet.

kosten (§ 30 Abs 3), B 16 N 26 S 84, s. auch 36 N 32 S 100, Brunn S 430/2 und 41 N 47 S 159 (kirchl. Begr.platz). Einen Unterschied zwischen Leichen Ortsangehöriger und Ortsfremder zu machen, ist Armenpflegen nicht gestattet; keine AU Gebühren für Unterbringung in Leichenhallen B 20 N 29 S 96 und 29 N 19 S 69. S. auch Anm 6 l zu § 30.

Beobachtung mit Absonderung wegen Seuchenverdachts (s. Anm 4 d aa zu § 1) oder zur Prüfung des Geisteszustandes eines Untersuchungs- oder Strafgefangenen (s. Anm 2 oben) keine AU.

Bier, s. Nahrungsmittel.

Blinde. Hier ist das Landesrecht maßgebend. Danach ist Anstaltspflege in Preußen keine AU, wenn sie zum Zwecke der Erziehung und Ausbildung, wohl aber wenn sie zum Zwecke der Heilung und Bewahrung erfolgte, B 27 N 15 A und B S 53/8, Brunn S 436; das gilt auch noch nach dem Gesetze vom 7. August 1911 über die Beschulung blinder und taubstummer Kinder, B 46 N 12 S 49, 49 N 20 S 65/6; in Bayern ist es Aufgabe der Armenpflege (LAVe), für alle der Anstaltspflege bedürftigen Blinden, soweit sie hilfsbedürftig im Sinne des Art 2 BayAG sind, dann für blinde Kinder, soweit sie bildungsfähig sind und der Unterbringung in Anstalten bedürfen, zu sorgen; die Erziehung dieser Kinder wäre an sich Pflicht des AVes überhaupt; da sie aber zweckmäßig in Anstalten erfolgt, ist die Fürsorgepflicht der LAVe gegeben, vgl. Art 3 Abs 2 Ziff 3, Art 58 Abs 1 Ziff 1 und 2.

Blöde. Heilbehandlung in Anstalten ist AU s. B 19 N 22 S 81; wegen Erziehung und Ausbildung blöder Kinder ist das Landesrecht maßgebend, B 41 N 21 S 63; keine AU in Preußen, AU aber dann, wenn „idiotische" Kinder der Anstaltspflege bedürfen, um sie vor Gefahren und Schaden zu bewahren, B 49 N 45 S 133/5; in Bayern AU wie bei Blinden.

Darlehen. Keine AU, B 5 N 12 A S 47, 41 N 17 S 46/9 s. auch Anm 1 a aa zu § 14.

Dentisten, s. Heilbehandlung.

Desinfektion, keine AU (sondern Verwaltungsaufwand), B 48 S 122 Fußnote.

Entwendete Sachen, Ersatz für Beseitigungen durch Anstaltspfleglinge fällt nicht unter die Erstattungspflicht, B 8 N 30 S 86.

Ermäßigung des Pflegsatzes in den Kranken- oder Irrenanstalten, bei Unmöglichkeit, aus dem Vermögen des Hilfsbedürftigen oder seiner Unterhaltspflichtigen den ganzen Pflegesatz zu erstatten, AU, vgl. B 47 N 39 S 114, s. auch B 44 N 44 S 124 (Versetzung eines Geisteskranken, dessen Mittel nur für die Bezahlung des Pflegesatzes in 3. Klasse einer Irrenanstalt reichen, in die 2. Klasse, weil der Gesundheitszustand und die Verhältnisse des Kranken dies unbedingt erfordern).

Erwerbslosenfürsorge keine AU s. Anm 5 A und B zu § 1.

Erziehung. Landesrecht maßgebend, s. B 15 N 25 S 73, 35 N 31 S 84/7, 44 N 11 S 29/30; keine AU in Preußen und in verschiedenen anderen Staaten s. B 40 N 5 S 11, Anm 3 zu § 8. Anders wenn die Unterbringung in einer Erziehungsanstalt erfolgt, weil es dem Kind an dem notwendigen Lebensunterhalt außerhalb der Anstalt fehlte, B 28 N 29 S 80, 46 N 15 S 61 (Unterbringung durch die Polizei). In Bayern AU, vgl. Art 2 und 3 Abs 2 Ziff 3 AG.

Familienunterstützung s. Kriegsteilnehmer und Kriegswohlfahrtspflege, auch Hebammen.

Fürsorgeerziehung. Keine AU, wenn nicht das Landesgesetz sie unter die Aufgaben der öffentlichen Armenpflege aufgenommen hat; für Bayern keine AU, s. auch B 42 N 16 S 61. Krankenbehandlung außerhalb der Erziehungsanstalt insbesondere in Krankenanstalten AU nach S 35 S 1, dann B 55 N 9 S 25 (geschlechtskranker Fürsorgezögling im Krankenhause), s. dagegen auch B 37 N 22 S 51/4, Brunn S 439, B 40 N 24 S 54/7.

Geisteskranke, s. Irrenanstaltskosten und Anm 4 d cc zu § 1, dazu Art 58 Ziff 1 AAG.

Geistesschwache, Unterbringung zu Heilzwecken in Irren-, Heil- und Pflegeanstalten ist AU, B 18 N 17 S 54, Brunn S 421, B 41 N 21 S 63/8. Für Bayern vgl. Art 58 Abs 1 Ziff 1 AAG, anders Ziff 2.

Hebammen, deren Leistung dann AU, wenn die Hebamme **Armenhilfe** leisten wollte, B 48 N 14 S 41/3, keine AU, wenn der Ehemann entsprechenden Verdienst hat, B 40 N 26 S 62/5. Nach Einführung des RG über Wochenhilfe, Wochenfürsorge und Familienhilfe (s. Anm 5 A b zu § 1 und BlApfl V S 112) wird Entbindungshilfe wohl kaum mehr unter AU fallen.

Heilbehandlung. Eine wichtige Aufgabe der Armenpflege ist die Krankenhilfe, worunter die Maßnahmen und Aufwendungen fallen, die die Krankheit und deren Heilung oder Linderung erfordert; dazu gehört Verpflegung im Krankenhause, wenn solche notwendig, ärztliche Hilfe einschließlich Operationen und der niederärztlichen Hilfeleistung, dann die Verabreichung von Heilmitteln (Arzneien) und, wenn es der Heilzweck erfordert, Röntgenbestrahlnng (Reger 37 Beil S 5) und Beschaffung künstlicher Ersatzmittel (Gliedmaßen, Zähne). In dieser Beziehung wird vor allem auf die Erörterungen in Anm 8 zu § 29 verwiesen, der nur Armenpflege bei Erkrankungen vorsieht. Über kleinere und größere Heilmittel s. daselbst und Anm 7 h zu § 30. Von Einzelentscheidungen des BAH seien folgende erwähnt: Ärztliche Hilfe ohne Anordnung der ABe, in Eilfällen AU, B 41 N 18 S 50, BayAG Art 14; bei einer von der Gemeinde eingerichteten Rettungs-(Sanitäts-)Wache AU, B 46 N 17 S 67, ferner wurden in schweren Fällen die Kosten für Zuziehung eines weiteren Arztes als erstattungsfähig erklärt, B 8 N 40 S 113/5, Brunn S 420 oder auch für Zuziehung eines „Spezialarztes", B 47 N 36 S 103. Unter Umständen wurde auch die Unterbringung in besondere Heilanstalten als AU und erstattungsfähig anerkannt: so die Unterbringung in Kinderheilstätten, B 32 N 20 S 58, dabei auch Reisekosten und die erforderliche Kleidung, B 50 N 10 S 27 und N 11 S 29, nicht aber Erholungsreisen, B 50 N 10 S 25; Unterbringung an einem Luftkurorte (Gewährung eines Landaufenthalts) nach Lage des Falls, vgl. B 30 N 20 S 54, 39 N 22 A S 50, in Trinkerheilstätten, vgl. B 47 N 13 S 37; bei Unterbringung in Lungenheilstätten redet das BAH dem Zusammenwirken der Armenbehörden mit den Versicherungsanstalten das Wort, s. B 39 N 22 B und C S 45, B 42 N 22 S 77 (Kuraufenthalt in einem Bade) und 49 N 18 S 60. Über Heilmittel s. Anm 3 zu § 29. Künstliche Gliedmaßen, AU, s. Anm 8 zu § 29; ob neben dem Tarif anrechenbar, darüber s. Anm 7 h zu § 30. Die Beschaffung eines künstlichen Beines soll nach B 13 N 27 C S 100/2 nur dann von der Armenpflege zu leisten sein, wenn ein Stelzfuß nicht genügt. Operationen (chirurgische Eingriffe), hier hat das BAH ausnahmsweise in einigen Fällen keine Pflicht zur Übernahme der Kosten durch die Armenpflege anerkannt, nämlich wenn der Erfolg zweifelhaft war, B 28 N 26 A S 71/2, 30 N 40 S 123, dann auch wenn nicht unbedingte Notwendigkeit vorliegt, wie z. B. bei Beseitigung eines Wolfsrachens B 28 N 26 B S 72/4, anders bei Operation eines Klumpfußes, B 31 N 16 S 36, Brunn S 400. Unheilbares (chronisches) Leiden, Heilmittel erstattungsfähig, wenn Notwendigkeit oder Zweckmäßigkeit einer Kur nachgewiesen ist, B 11 N 24 S 52. Zahnleiden, künstliche Zähne AU, wenn einziges Mittel zur Hebung oder Linderung eines (Magen-)Leidenden B 38 N 28 S 77. Zuziehung von Dentisten (Zahntechnikern) AU nach B 46 N 18 S 70, vgl. auch § 122 und § 123 RVO.

Heimschaffung, s. Anm 3 (über Heimweisung) und Transport.

Irre, s. Geisteskranke.

Irrenanstaltskosten AU, nicht bei Verwahrung gemeingefährlicher Geisteskranker, die sich in der Freiheit selbst durchbringen könnten, B 56 N 23 S 70, s. dagegen Anm 4 d cc zu § 1. Kosten für Zuführung in die Irrenanstalt und von einer Anstalt in die andere sind Teilkosten der Armenpflegekosten, ob sie zu den Anstaltspflegekosten gehören, darüber s. Anm 3 l aa zu § 32 a. Zerstörung von Anstaltsgegenständen in Tobsuchtsanfällen bewirkt keine Erstattungspflicht, s. B 12 N 26 S 76, 40 N 50 S 125 (weil „keine Aufwendung zum Nutzen von Kranken"). Anders liegt nach der Anschauung des BAH die Sache, wenn der Geisteskranke neue Kleider bekommen mußte, B 12 a. a. O. Wegen Anstaltskleidung s. Kleidung.

Kinderheilstätten, s. Heilbehandlung.

Kleidung notwendige, gehört zum Notbedarfe, § 1 PrAG, Art 3 Abs 1 und 2 Ziff 1 BayAG, Anm 3 zu § 8; Anstaltskleidung AU, s. B 34 N 25 S 92, Brunn S 389 und 45 N 25 S 88; s. auch Fürsorgeerziehung, Heilbehandlung und Anm 6 g zu § 30 mit Anm 3 l aa zu § 32 a. Bei Firmungs-, Kommunion- und Konfirmations-Kleidern ist AU nur anzunehmen, soweit das hilfsbedürftige Kind eine brauchbare Kleidung überhaupt nicht hatte, B 21 N 25 S 86, Brunn S 391.

Kriegsteilnehmer, Unterstützung von bedürftigen Familienangehörigen keine AU, vgl. die eingehenden Ausführungen in der Entscheidung des BAH vom 23. März 1915, B 49 N 11 S 29, 50 N 25 und 26 S 83 und 86, 51 N 27 S 78 (S 38 S 225), auch bei Kriegsgefangenen, B 56 N 26 S 86, dann bei Beerdigungen, B 56 N 1 S 52; keine AU: Unterstützung für Angehörige Nichtdeutscher, B 52 N 17 S 64, dagegen AU die Unterstützung von Angehörigen internierter Ausländer, B 50 N 30 S 102.

Kriegswohlfahrtspflege, wann AU ausgeschlossen, s. B 50 N 29 S 95, 51 N 35 S 114, vgl. auch Anm 5 A zu § 1 und 1 f zu § 14.

Krüppelhafte wie bei Blinden.

Künstliche Zähne, s. Heilbehandlung.

Lehrgeld, Bezahlung des Lehrgeldes keine AU, B 44 N 11 S 29: in Bayern kommt die Erwerbsbefähigung hilfsbedürftiger Kinder als Ziel der Armenpflege in Betracht, Art 2 und 3 BayAG.

Leichen. Die Beerdigung von Leichen unbekannter (ohne Mittel aufgefundener) Personen ist Sache der Armenpflege (LAV) B 3 N 4 S 6, ebenso von Leichen totgeborener Kinder B 36 N 22 S 75, Brunn S 424. AU wurde ferner angenommen bezüglich der Kosten für Leichenschau B 46 N 32 S 119 (s. dagegen auch B 40 N 35 S 88), für Feststellung des Todes B 41 N 19 S 53, für Leichenbeförderung B 20 N 29 S 97/9, Waschen und Bekleidung der Leichen B 10 N 23 A und B S 73, Leichenträger (nicht mehr als vier) B 47 N 14 S 39, wegen Wiederbelebungsversuche B 9 N 16 S 48, Brunn S 427 und B 41 N 19 S 53. Dagegen keine AU: Kosten für Bewachung der Toten (Leichen) B 18 N 22 S 64 und 34 N 26 S 97, Brunn

S 428 mit § 157 RStPO, dann für Desinfektion B 10 N 33 S 103; wegen Leichenhäuser, Grabplätze s. Beerdigung und B 41 N 47 S 159, 161.

Lungenheilstätten, s. Heilbehandlung.

Luftkurort, s. Heilbehandlung.

Milch, s. Nahrungsmittel.

Nachlässe, s. Ermäßigung.

Nachträgliche Bezahlung von Verpflegekosten. Die ABe sind regelmäßig zu Leistungen für die Vergangenheit nicht verpflichtet, s. B 40 N 15 a S 32, 46 N 13 S 52 (vgl. Anm 5 D zu § 1 und Anm 1 h aa zu § 14 mit Anführungen, auch Anm 2 zu § 28), auch wenn der OAV durch gerichtliches Urteil zur Schadloshaltung eines ohne Einverständnis mit dem OAVe Krankenhilfe gewährenden Krankenhauses verurteilt worden ist, vgl. das Urteil des BAH in B 47 N 15 S 42, s. auch B 39 N 19 S 43, ebenso bei Anordnung der nachträglichen Zahlung durch die Aufsichtsbehörde, B 33 N 18 S 39, Brunn S 360; s. auch Rückstände.

Nahrungsmittel, Gewährung der unentbehrlichen Nahrung gehört zu den Pflichten der Armenpflege, Zubilligung kräftigender Nahrungsmittel wie Wein, Bier, Milch, Eier, kommt als AU in Betracht, wenn sie zum Zwecke der Heilung eines Leidens (Tuberkulose, Bleichsucht) verabreicht werden, B 27 N 13 S 51, 30 N 19 S 53, Brunn S 400, 50 N 11 S 30; keine AU, wenn die genannten Genußmittel lediglich zur Kräftigung und zur Verhütung von Erkrankungen verordnet werden, B 49 N 28 S 85, Reger 36 S 196.

Notlage, s. II.

Obdach. Die Gewährung eines Obdachs gehört zum unentbehrlichen Lebensunterhalte, vgl. § 1 PrAG, Art 3 Abs 2 Ziff 1 BayAG. Keine AU, wenn eine obdachlose Person gegen Bezahlung einer Mietsumme in eine Stube des Armenhauses oder in eine öffentliche Anstalt für Obdachlose aufgenommen wird, B 48 N 12 S 34, zu weitgehend wenn die Armenpflege Wohnung und Laden mietet, B 49 N 14 S 50; s. auch Rückstände, Notlage und Sachleistung.

Operationen, s. Heilbehandlung.

Portokosten und Telegramme wegen Aufnahme in Krankenhäuser erstattungsfähig anerkannt als armenrechtliche Aufwendung, B 10 N 22 A und B S 70/1, für Anmeldung des Ersatzanspruchs als Kosten des Verfahrens, B 2 N 28 S 109 und 21 N 50 S 167.

Reiseunterstützung, wenn AU sich als Mittel erweist, der vorhandenen Hilfsbedürftigkeit auf die schnellste und billigste Art abzuhelfen, B 38 N 37 S 110, Brunn S 447 und 42 N 26 S 94. Das trifft auch zu, wenn die Krankheit des Hilfsbedürftigen die Heilung am Aufenthaltsort unmöglich macht und die Fortschaffung an einen anderen Ort notwendig ist, B 1 N 3 S 6/7, dann wenn eine aus dem Krankenhaus entlassene Person die Rückreise zu Fuß nicht antreten kann, B 38 a. a. O.; AU auch bei Reisekosten für Heilstättenpfleglinge, B 50 N 11 S 28, nicht bei Gewährung von Reisegeld zur Reise an einen andern Ort zum Zwecke der Beschaffung von Arbeitsgelegenheit oder Geld, B 46 N 16 S 66, ebenso wenn ein Reisegeld an eine arbeitsfähige augenblicklich mittellose Person unter Annahme ihres Rückzahlungsversprechens bewilligt wird, da dieser Vorschuß als Darlehensgewährung anzusehen ist, vgl. Darlehen, Vorschuß; s. Anm 1 a aa zu § 14.

Rückstände. Begleichung von Rückständen keine AU, es sei denn, daß dadurch auf die billigste Art eine noch vorhandene Hilfsbedürftigkeit beseitigt werden kann, wenn beispielsweise durch Bezahlung der rückständigen Miete der Ausweisung aus der Wohnung und damit der Obdachlosigkeit vorgebeugt wird, B 5 N 12 A S 46, 23 N 33 A—D S 116, Brunn S 355, B 41 N 32 S 107 und 48 N 11 S 32; s. auch nachträgliche Bezahlung.

Sachleistung, AU in dieser Form zulässig; erstattungsfähige AU nur, soweit Aufwendungen gemacht, Auslagen wirklich erwachsen sind, B 15 N 18 A S 59 mit Fußnote, B 20 N 40 S 144/5, 27 N 18 S 66, 32 N 23 S 64, Brunn S 456.

Sanitätswache, s. Heilbehandlung.

Schutzhaft, keine AU, B 39 N 16 S 32, 54 N 24 S 100.[1])

Schwachsinnige, s. Blöde und Geistesschwache.

Spezialärzte, s. Heilbehandlung.

Stelzfuß, s. Heilbehandlung.

Taubstumme, Landesrecht maßgebend, B 35 N 31 S 84; in Preußen Anstaltspflege keine AU, B 35 N 30 S 82/3, auch nach neuem Gesetze vom 7. August 1911, B 49 N 20 S 64, für Bayern AU, s. Art 58 Abs 1 Ziff 1 und 2 BayAG; im übrigen s. Blinde.

Telegrammkosten, s. Porto.

Transport. AU sind sowohl Kosten für den Heimtransport zur Durchführung der Ausweisung und Übernahme durch den endgültig verpflichteten AV, s. Anm 3 zu § 31 und § 58 mit Anm, als auch die Kosten für den Transport von Kranken und Geisteskranken in die Krankenhäuser oder Irrenanstalten, sofern sie aus Anlaß und zum Zwecke der Krankenbehandlung (Kur) erforderlich und erwachsen sind, also die notwendigen Kosten, B 2 N 3 A—C S 4, 9 N 15 S 47 (Begleiter)[2]), N 17 A—D S 50, N 26 A—D S 90 (Geisteskranke), dann 45 N 25 S 89; es müssen bare Auslagen entstehen, B 51 N 44 S 141/4; keine AU bei Transport mit Krankenwagen, wenn es sich um eine allgemeine Krankeneinrichtung handelt, B 27 N 14 S 52, Brunn S 424, N 18 S 66. Die Kosten für Überführung in andere Anstalten ist dann AU, wenn diese Anstalten Armenpflegezwecken dienen und die Unterbringung daselbst in Ausübung der öffentlichen Armenpflege geschah[3]), B 45 N 12 S 46. Transport eines Ausländers über die Grenze keine AU B 28 N 32 S 89/93. Die Transportkostenpflicht trifft den endgültig verpflichteten AV, also den LAV bei Transport von Landarmen, nicht aber bei Transport Anstaltspflegebedürftiger in die Anstalten, s. dazu Anm 3 I aa zu § 32a.

Trinkerheilstätten, s. Heilbehandlung.

Überführung, s. Transport und § 32 Abs 2.

Umzugskosten, keine AU, außer wenn dadurch der Hilfsbedürftigkeit abgeholfen wird, s. B 45 N 11 S 41 und Reiseunterstützung.

Unterricht, Landesrecht maßgebend, vgl. B 15 N 25 S 71, Brunn S 197 und B 39 N 25 S 71, so keine AU in Preußen B 15 S 73, B 1 N 1 S 1, aber AU in Sachsen B 15 S 74; in Bayern fällt der Unterricht unter

[1]) Familienangehörige erhalten bei Hilfsbedürftigkeit Unterstützung nach Maßgabe des RG ü. FamU vom 18. Febr. 1888 nebst ErgänzVorschr. Kosten zahlt der Staat; bayr. MinBek vom 4. Nov. 1919 (StAnz 278).

[2]) In B 10 N 22 S 70 wurde Begleiter nicht als notwendig erachtet, s. dazu auch Anm zu § 58 a. E.

[3]) Das trifft beispielsweise nicht zu bei der Fürsorgeerziehung, s. daselbst.

die Aufgaben der öffentlichen Armenpflege wie bei Erziehung; s. nunmehr auch Art 145 Reichsverfassung.

Verwahrloste Kinder, für deren Unterbringung in Rettungsanstalten soweit Fürsorgeerziehung ist das Landesrecht maßgebend, s. FEG. Soweit es sich um den Vollzug des § 56 RStGB handelt, liegt keine AU vor, B 39 N 17 S 36.

Vorbeugende Maßnahmen keine AU, B 55 N 10 S 27.

Vorschuß, s. Anm 1 a zu § 14 und Notlage (unter II).

Wein, s. Nahrungsmittel.

Wochenhilfe, s. Reichsgesetz vom $\frac{\text{26. Sept. 1919}}{\text{30. Mai 1920}}$ und Hebammen (I).

Wohnung, s. Obdach, Rückstände.

Zahnleiden, s. Heilbehandlung.

Zuschüsse, AU insoweit teilweise Hilfsbedürftigkeit besteht und es sich um Zuschüsse zum unentbehrlichen Lebensunterhalte (Notbedarf) handelt s. Anm 4 d dd zu § 1, Anm 3 zu § 8, Art 2 und 3 BayAG. AU Zuschuß zur Auslösung von Hausrat, Kleidern, Betten, soweit es sich um unentbehrliche Sachen handelt s. Auslösung. Keine AU: Zuschüsse an armenmündige Kinder zur Unterstützung ihrer Eltern B 28 N 14 S 39 und 40 N 14 S 29, zur Miete einer größeren Wohnung als für den notdürftigen Unterhalt in Betracht kommt B 46 N 14 S 58, Zuschüsse zur Weiterreise B 22 N 17 B S 59 und 39 N 28 S 83, Zusage eines Pflegegeldes an Personen, die ein Kind in Pflege genommen haben, für den Fall, daß der Armenpflege Ersatz zukommt, B 47 N 12 S 34, endlich Zuschüsse gegen Rückzahlung (also darlehensweise), s. Anm 1 a zu § 14.

Zwangserziehung, nun Fürsorgeerziehung, s. daselbst.

Zwangsheilung, s. ansteckende Krankheiten.

II. Hilfsbedürftigkeit

(b = bejaht, v = verneint; s Anm 4 zu § 1 und Anm 3 zu § 28).

Ansprüche, bei Zweifelhaftigkeit von A. und Mangel anderer Mittel H b, B 53 N 14 S 45 und 56 N 13 S 41.

Arbeitsfähigkeit schließt H in der Regel aus, s. B 35 N 16 S 48, Brunn S 290, B 43 N 25 S 57. H b bei Arbeitsfähigkeit des Familienhauptes, wenn dessen Arbeitsverdienst für seine Familie nicht ausreicht, B 37 N 14 S 32, Brunn S 298; s. auch Notlage.

Arbeitslosigkeit, s. Arbeitszuweisung (unter I) und Notlage. Mangelnde Arbeitsgelegenheit begründet keineswegs allgemein H, B 43 N 25 S 56, 52 N 18 S 69, 73; doch H b bei kurzer Dauer der Arbeitslosigkeit in B 12 N 16 A—C S 44, 20 N 20 S 64, 25 N 22 A—C S 54—68, Brunn S 327, H v bei Gewährung von Obdach und Verpflegung an Arbeitslose über eine Woche, B 48 N 9 S 27.

Arbeitsscheue. Hier ist H nur vom Standpunkt einer augenblicklichen Notlage anzunehmen, der eine einmalige Unterstützung entspricht, B 15 N 19 A—C S 54—58, bei den Familienangehörigen eines arbeitsscheuen Familienhauptes kann unter Umständen H gegeben sein; ihnen ist der Notbedarf zu gewähren; H b B 15 N 19 D S 59, H v N 19 B ebendaselbst, es ist mit gesetzlichen Zwangsmitteln einzuschreiten, s. Anm 3, b.

Barmittel bei Mangel H v, wenn Besoldung oder Vermögen nicht fehlt, B 52 N 10 S 27. Bei Besitz von Barmittel in der Regel keine H, B 56 N 10 S 33.

Betteln. H b, wenn ein Hilfsbedürftiger auch einige Zeit sich „durchgebettelt" hat, B 20 N 35 C S 127.

Dringlichkeit, H b wenn über vorhandenes Vermögen im Augenblicke nicht verfügt werden kann, oder vermögliche unterhaltspflichtige Verwandte nicht zur Stelle sind, B 41 N 31 S 104, s. auch Notlage.

Eilfälle, s. Dringlichkeit.

Einkommen, beim Besitze von E. im allgemeinen H v, s. Anm 3 a, B 35 N 16 S 48, 56 N 8 S 29, H b insolange die Mittel wie z. B. Hypothekzinsen nicht sofort verwertbar B 32 N 15 S 44. H b, wenn uneheliche Mutter ihre Stelle mit gutem Einkommen aufgeben müßte, B 51 N 12 S 26, wenn der Verdienst des Familienhauptes zur Deckung von Krankenkosten für Familienangehörige nicht ausreicht, B 50 N 9 S 21, s. auch bei Hebammen (I). Bei Ableugnung von Sparkassaguthaben hat der BAH die Verneinung der H nicht als gerechtfertigt erachtet, B 34 N 16 S 56, Brunn S 300. S. auch Gehalt, Barmittel, Vermögen.

Gehalt. Der Bezug eines Gehaltes schließt nicht unbedingt H aus, B 38 N 16 S 40, Brunn S 336, s. auch Anm 4 c dd zu § 1 und Einkommen.

Entbindung s. Hebammen (I).

Geldstrafe. Bei dem Unvermögen, eine Geldstrafe zu bezahlen H v, B 47 N 17 S 50.

Grundbesitz, bei geringem Grundbesitze H nicht allgemein v, B 4 N 12 S 30, Brunn S 338. Bei Besitz eines weit entfernt gelegenen Grundstückes H b, B 9 N 9 F S 27.

Hausrat, H bei Besitz von Hausrat v unter Hinweis auf die Möglichkeit durch Veräußerung oder Verpfändung über die augenblickliche Notlage hinwegzukommen, B 48 N 10 S 29, auch wenn diese Gegenstände der Ehefrau gehören, ebendaselbst; darunter fällt aber nicht der unentbehrliche nach § 811 RZPO unpfändbare Hausrat, B 46 N 14 S 61, H b in Eilfällen, B 21 N 20 S 62/7, Brunn S 340.

Invalidenrente, H b, wenn ständige Krankenpflege notwendig, s. B 42 N 39 S 132.

Kinder. Bei Kindern von 14 Jahren wird vom BAH regelmäßig Erwerbsfähigkeit angenommen und deshalb H v, B 33 N 17 S 36, Brunn S 331.

Kleiderbeschaffung für Angehörige eines arbeitsfähigen Familienhauptes bei großer Familie H b, B 40 N 22 S 50.

Krankenkassaleistungen, die die Kosten der erforderlichen Krankenpflege decken, schließen H aus, B 43 N 4 S 8/9. Anders wenn die Kassenleistung verweigert wird, B 24 N 12 S 28; s. auch B 56 N 12 S 39.

Kredit, H v, wenn durch Inanspruchnahme von Kredit der um Unterstützung Nachsuchende sich einige Zeit über augenblickliche Mittellosigkeit hinweghelfen kann, B 40 N 12 S 24/6.

Notlage, H b auch bei Arbeitsfähigen, B 48 N 9 S 27, s. vorstehende Anm 3 m aa, Anm 1 a zu § 14, Art 3 Abs 5 BayAG und Arbeitslosigkeit. S. auch Dringlichkeit und Hausrat.

Objektive H; nicht die sog. objektive H, sondern die dem AV und seinen Organen erkennbar gewordene H ist für die Hilfeleistungspflicht maßgebend, s. Anm 2 oben und Anm 4 b zu § 1.

Pension, s. Gehalt.

Privatwohltätigkeit, s. Zuschüsse. Über Einwirkung der Armenbehörden auf Vereine zum Zwecke der Verweigerung von AU an Personen, die am Vereinsorte nicht den UW besitzen, s. B 30 N 24 S 60/4.

Reiseunterstützung, s. Arbeitslosigkeit, Notlage, dann (RU) I und Anm 3 e oben.

Schwangerschaft, an sich keine Krankheit, s. § 29 Abs 5 und Anm 12 daselbst; selbstverständlich kann auch hier der Zustand der Hilfsbedürftigkeit gegeben sein, B 48 N 17 S 54 und 49 N 22 S 72; s. auch Entbindung.

Selbstverschulden, H b (für das „dringendste Bedürfnis"), B 14 N 21 S 55, Brunn S 342, B 42 N 34 S 116/7; s. auch Arbeitsscheue.

Steuerzahlung, wegen Unfähigkeit H nicht b, B 13 N 21 S 71, Brunn S 335.

Stiftungen, Zuwendungen aus Stiftungserträgnissen, s. Zuschüsse.

Trunksucht, s. Arbeitsscheue, dann Heilbehandlung (I).

Unterhaltspflichtige, H v, wenn durch Heranziehung der Unterhaltspflichten die H beseitigt werden kann, B 39 N 11 S 21/3, wenn die Unterhaltsannahme von Unterhaltspflichtigen verweigert wird, B 37 N 16 S 40 und 40 N 17 S 39; s. auch Notlage; H b, wenn Streit von längerer Dauer über die Unterhaltspflicht durchgeführt werden muß, B 47 N 19 S 54.

Verdienst, s. Einkommen.

Vergangenheit, s. Zeitpunkt.

Vermögensbesitz, s. Einkommen, Grundbesitz, Hausrat; Vermögen der Ehefrau, s. B 46 N 19 S 72, Gesamtgut B 39 N 10 S 18/21; im allgemeinen H v bei Vermögensbesitz, B 46 N 29 S 72, 50 N 8 S 19/20 und 56 N 8 S 29 (Besitz bereiter Mittel). H b beim Besitze geringer Mittel, die für eine langwierige, kostspielige Kur nicht ausreichen, B 51 N 43 S 139. Verzicht auf Vermögensanfall unterbricht H, s. B 52 N 11 S 32/8.

Weigerung, H v bei Weigerung, den von Angehörigen angebotenen Unterhalt anzunehmen (s. Unterhaltspflichtige), auch bei Weigerung des Vormundes das Kind an eine Familie in unentgeltliche Pflege zu geben, B 38 N 17 S 44. Anders bei Weigerung der Mutter, ihr uneheliches Kind in Pflege zu geben,[1]) B 46 N 20 S 75 und bei Weigerung der Ehefrau, zu ihrem Manne zurückzukehren, B 43 N 24 S 54 und 46 N 20 S 77. Ist aber ein unbefugtes Getrenntleben der Ehefrau festgestellt, dann ist versuchsweise die Unterstützung einzustellen, B 41 N 30 S 100/2.

Zahlungsschwierigkeiten, bei Möglichkeit künftiger Zahlungsschwierigkeiten H nicht b, B 40 N 22 S 51.

Zeitpunkt der Hilfsbedürftigkeit. Sie muß eine gegenwärtige oder doch unmittelbar bevorstehende sein, es darf sich nicht um die Beschaffung von Unterstützungsmitteln für eine in späterer Zeit zu erwartende H oder um Ausgaben für den Zustand der H in der Vergangenheit handeln, B 43 N 26 S 58; s. auch Rückstände (I), Anm 5 D zu § 1 und Anm 2 oben.

Zukunft, H für Bedarf der Zukunft v, s. Zeitpunkt.

Zuschüsse aus Mitteln von Stiftungen oder der Privatwohltätigkeit zur Verbesserung des Lebensunterhalts über den Notbedarf dürfen bei Prüfung der Notwendigkeit öffentlicher Armenpflege nicht in Berechnung gezogen werden, B 20 N 18 S 58, Brunn S 326; sonst ist H zu v, insolange der Notbedarf oder das hieran Fehlende durch Zuwendungen der Privatwohltätigkeit oder von Stiftungen aufgebracht wird, B 12 N 17 S 48/9.

9. Das Gesetz räumt dem vorläufig hilfeleistenden OAVe des AufO neben dem Anspruch auf Übernahme in die eigene

---

[1]) Hier ist also das Vormundschaftsgericht anzurufen.

Fürsorge durch den endgültig verpflichteten AV (§ 31) einen Anspruch auf Erstattung der armenpfleglichen Aufwendungen ein.

Dazu sind folgende Ausführungen veranlaßt:

a) Vorweg ist zu bemerken, daß der OAV nicht als Beauftragter oder geschäftsführendes Organ des endgültigen AVes handelt, sondern daß er die Armenhilfe dem Hilfsbedürftigen ohne Rücksicht auf die Unterstützungswohnsitzverhältnisse zu gewähren hat und dabei eine selbständige rechtliche Verpflichtung erfüllt, vgl. B 25 N 41 S 114/8 und 27 N 6 S 34, Brunn S 288, BGE vom 13. Januar 1919 N 58 III/18 AU W. Ein anderes Rechtsverhältnis ergibt sich für die infolge Überweisung durch den LAV auftragsweise gemäß § 8 oder durch den endgültig verpflichteten AV infolge Vereinbarung auftragsweise oder infolge Anordnung gemäß § 56 ausgeübte Armenpflege.

b) Voraussetzungen des Erstattungsanspruches sind:

aa) Die Unterstützung muß in den Rahmen der Aufgaben der öffentlichen Armenpflege fallen, vgl. § 1 Anm 5, Art 3 BayAG.

bb) Die Hilfsbedürftigkeit muß festgestellt sein, vgl. § 1 Anm 4 und Anm 3 oben.

cc) Die Hilfsbedürftigkeit muß eine gegenwärtige sein, wegen AU für die Vergangenheit, sowie für zukünftige Hilfsbedürftigkeit s. Reger 37 S 34, B 50 N 8 S 19, Anm 5 D zu § 1 und 2a zu § 37 (Feststellungsklage).

dd) Durch die Hilfeleistung müssen Auslagen erwachsen sein, vgl. Anm 4. Sachleistung (I).

ee) Die Hilfeleistung darf den Notbedarf nicht überschritten haben, B 46 N 14 S 58, Anm 5 D zu § 1, Art 2 und 3 BayAG.

ff) Die Unterstützung muß im Inlande gewährt worden sein, B 44 N 41 S 114/5.

gg) Die Anspruchserhebung muß rechtzeitig erfolgen, wobei die sechsmonatliche Anmeldungsfrist nach § 34 und die zweijährige Verjährungsfrist nach § 30a in Betracht kommt.

hh) Die Leistung muß in der Absicht erfolgt sein, Armenpflege zu üben, B 53 N 11 S 27, 37, B 54 N 15 S 64, 75, Reger 37 S 34.

c) **Berechtigt** zur Geltendmachung des Ersatzanspruches nach § 28 ist jeder OAV, der vorläufige Hilfe geleistet hat.

Dies gilt auch, wenn der AV zur Hilfeleistung nicht verpflichtet war, also insbesondere wenn er aus Irrtum Hilfe leistete. War ihm der Hilfeleistende zugeschoben, so kann er zunächst die Übernahme des nicht nur vorübergehend der Armenhilfe Bedürftigen in die eigene Fürsorge des seine Unterstützungspflicht verletzenden OAVes verlangen; leistet er aber die Armenhilfe, so kann er Ersatzanspruch und zwar entweder gegen den endgültig verpflichteten AV oder gegen den abschiebenden AV geltend machen. Vgl. hierüber B 8 N 23 S 60, 13 N 13 S 47, 17 N 22 S 70/2 und 34 N 28 S 102/5, Brunn S 462.

Auch der OAV, der sich für den OAV des UW hielt, kann den Ersatzanspruch geltend machen, wobei aber auch die Fristen nach gg oben zu beachten sind. Dabei handelt es sich um den gewöhnlichen Erstattungsanspruch des vorläufig unterstützenden OAV nach § 28, B 40 N 39 S 94 und 53 N 15 S 49; die Ersatzklage wegen ungerechtfertigter Bereicherung (s. Anm 6) steht ihm aber zu, wenn er an den vorläufig hilfeleistenden OAV bezahlt hat und dieser der OAV des UW geworden ist, B 53 N 15 S 46/9.

Gleiches gilt auch für den hilfeleistenden OAV des UW, wenn während der Unterstützungszeit ein Wechsel der UWVerhältnisse durch Verehelichung der unterstützten Personen eintritt. Ihm steht von dem Tage des Verlustes des UW auf Seite der unterstützten Personen ein Ersatzanspruch nach § 28 für den Teil der Armenpflegekosten seit der Verehelichung zu, vgl. B 48 N 8 S 24.

Ferner steht ein Ersatzanspruch nach der Bestimmung in § 32 a auch dem Landarmenverbande zu, der an Stelle des OAVes des Aufenthaltsortes vorläufige Anstaltspflege gewährt hat, vgl. hierüber § 31 PrAG in der Fassung vom 11. Juli 1891 und Art 58 Abs 2 BayAG, B 38 N 48 S 136 ff. und 46 N 45 S 177/80.

Die Hilfeleistung Dritter begründet einen Ersatzanspruch für den OAV nach § 28 in den in Anm 3 erwähnten Fällen, vgl. Art 14 BayAG, dann B 36 N 16 S 39 und 42 N 24 S 85.

d) **Der Rechtsgrund** für die Ersatzklage nach § 28 ist die Ausübung der vorläufigen Armenfürsorge für die am Aufenthaltsorte hilfsbedürftig gewordenen Personen an Stelle des endgültigen AVes. Dies trifft auch zu, wenn diese Hilfeleistung erfolgt, ohne daß die gesetzlichen Voraussetzungen nach § 28 vorliegen.

Auf Grund Anerkenntnisses kann ein Erstattungsanspruch nicht erhoben werden; denn dem OAVe, der seine Erstattungs- und Übernahmepflicht anerkannt hat, ist es unverwehrt im armenrechtlichen Streitverfahren einen entgegengesetzten Standpunkt einzunehmen, B 31 N 38 S 99 Brunn S 770, B 49 N 42 S 118/9, 52 N 33 S 129, 131, Anm 3 b zu § 30 a.

e) Der AV, gegen den sich der Anspruch aus der Erfüllung der Verpflichtung gemäß § 28 zu richten hat, ist aus § 30 zu entnehmen, vgl. insbesondere Anm 2 daselbst. Als zusammenfassendes Beispiel sei hier angeführt, daß der die vorläufige Anstaltspflege leistende LAV einen Erstattungsanspruch hat:

aa) gegen den OAV des DoAOes,

bb) gegen den OAV des UW,

cc) gegen den LAV, der den hilfsbedürftigen Geisteskranken abgeschoben hat,

dd) gegen den LAV des endgültig Verpflichteten OAVes, endlich

ee) gegen den LAV nach § 33, B 31 N 55 S 161, Brunn S 715.

Gegenüber den AVen anderer Bundesstaaten sind an sich die reichsgesetzlichen Bestimmungen, insbesondere §§ 28—30, maßgebend. Deshalb kann ein preuß. AV, der einen bayr. Geisteskranken verpflegte, sich nicht an den bayr. LAV, dem der UW des Unterstützten angehört, sondern nur an den OAV des UW halten, B 56 N 35 S 109 und ein bayr. OAV nicht verlangen, daß die Anstaltspflege für einen geisteskranken Nichtbayern mit dem UW bei einem preuß. OAVe der LAV, zu dessen Bezirke dieser UW gehört, übernehme, B 26 N 32 S 91/93, s. auch B 40 S 52. Andererseits besteht kein gesetzliches Hindernis dagegen, daß der bayr. LAV, der für diesen Geisteskranken Anstaltspflege gewährt hat, den Ersatz hiefür gegen den preuß. OAV geltend macht, B 42 N 45 S 152.

Einen Ersatzanspruch gegen den nach § 28 vorläufig fürsorgepflichtigen AV kennt das UWG an sich überhaupt nicht.[1] Das BAH hat aber in ständiger Rechtsprechung gegen den vorläufig verpflichteten AV einmal einen Ersatzanspruch wegen Abschiebung (s. hierüber Anm 7),

[1]) Wohl aber Art 14 und 75 BayAG.

dann aber auch einen Anspruch auf Ersatz jener Armenpflegekosten zugelassen, die ein AV — sei es OAV oder ein LAV —, ohne daß für ihn die gesetzlichen Voraussetzungen zur Armenhilfeleistung vorlagen, zu unrecht, sei es aus Irrtum oder aus einem anderen Beweggrund aufgewendet oder dem vorläufigen unterstützenden OAV erstattet hat. Dies wird damit begründet, daß jener AV, der die öffentliche Armenpflege geübt hat, — was die Voraussetzung eines öffentlich-rechtlichen Ersatzanspruches bildet —, die Ausgleichung der öffentlichen Last der Armenpflege nach Maßgabe des UWG gegen jeden AV verlangen kann, zu dessen Gunsten er überbürdet sein würde, vgl. die eingehenden Ausführungen in B 4 N 29 S 83, 21 N 19 S 54 und 34 N 28 S 102/5 Brunn S 462, B 36 N 16 S 51, dazu auch B 47 N 15 S 42/6. Es ist denn auch in §§ 37 und 38 ganz allgemein von den Streitigkeiten zwischen verschiedenen AVen über die öffentliche Unterstützung Hilfsbedürftiger und die Erstattung der Armenpflegekosten die Rede; auch durch das AbG vom 12. März 1894 ist ein solcher Ersatzanspruch gutgeheißen und Satz 2 in Abs 2 des § 30 nur beigefügt worden, um die Rückforderung gegen die Einrede der rechtskräftig entschiedenen Sache zu sichern, vgl. Begründung (RTV 1893/94, 1. AnlBd) S 467, s. dazu Anm 5 zu § 30.

Wegen des Rückerstattungsanspruchs s. nachfolgende Anm 6.

f) Der vorläufig unterstützende AV hat zweierlei nebeneinander bestehende Ersatzansprüche, einmal gegen den endgültigen AV nach § 30, dann gegen Drittverpflichtete gemäß § 62. Dabei ist zu betonen, daß der Erstattungsanspruch nicht abhängig ist von der vorhergängigen Ausklagung des Unterstützten selbst oder Drittverpflichteter, seien es Krankenkassen oder unterhaltspflichtige Verwandte; der OAV hat vielmehr das Recht zwischen beiden Ansprüchen zu wählen, vgl. hiezu B 22 N 21 S 77, Brunn S 340, wo es unrichtigerweise B 27 heißt, dann 25 N 42 S 121/7 und 41 N 33 S 109. Eine solche Wahl steht ihm aber nicht zwischen dem OAVe des DoAOes und jenen des UW zu. Der Erstattungsanspruch gegen Drittverpflichtete unterliegt nicht der Einschränkung nach § 30 Abs 3 und 4. Soweit der OAV durch die Leistungen des Drittverpflichteten nicht vollständig bedeckt ist, kann er für den Rest seiner Aufwendungen den endgültig verpflichteten AV in Anspruch nehmen. Was er von dem Unterstützten oder Drittverpflichteten erhält, kann er auf jenen Teil seiner Gesamtauslagen verrechnen, der ihm durch den endgültig verpflichteten AV nicht zu ersetzen ist, B 41 N 33 S 109/14. Der OAV muß insbesondere das, was die Krankenkasse ersetzt, nicht mit dem endgültig verpflichteten AVe nach dem Verhältnisse seines armenrechtlichen Erstattungsanspruches gegen diesen und den Unkosten, mit denen er selbst nach der Vorschrift in § 30 Abs 3 und 4 belastet bleibt, teilen, B 25 N 42 S 122, auch bayr. GemZeit 1916 S 55 (Zusammentreffen). Der vorläufig unterstützende OAV ist zunächst Alleingläubiger; der endgültig verpflichtete AV tritt nur insoweit in dessen Rechte ein als er den ersteren befriedigt hat. Das gleiche Wahlrecht steht auch dem LAVe zu, der vorläufige Anstaltspflege geleistet hat; gegen den Unterstützten oder gegen Drittverpflichtete kann er die volle Erstattung seiner Aufwendungen beanspruchen, B 46 N 44 S 174—175.

g) Der Umfang des zu beanspruchenden Ersatzes richtet sich nach dem, was der AV an Armenunterstützung geleistet hat. Dabei kommt es auf das Ermessen dieses AVes an, s. Anm 3 f zu § 28. Immerhin kann dem endgültig verpflichteten AVe das Recht der Nachprüfung nicht abgesprochen werden, vgl. B 43 N 26 S 58. Nicht erstattungsfähig sind die Kosten, die in einem Vorprozesse wegen Heranziehung der Unterhaltspflichtigen nach Landesrecht entstanden sind, B 42 N 18 S 65.

Bei monatlicher Auszahlung des Pflegegeldes kann der ganze Betrag verlangt werden, wenn auch der Wegzug während des Monats erfolgte, B 44 N 13 S 37.

Eine Verschiedenheit der Kosten für ortsangehörige und fremde Arme ist im allgemeinen unzulässig, B 11 N 38 S 98, 16 N 26 S 86, 24 N 46 S 141/3, 32 N 36 S 101, 36 N 32 S 109, Brunn S 430/2, Anm 6 c, d, f zu § 30.

Im übrigen wird wegen der Höhe der zu ersetzenden Kosten auf die Bestimmung in Abs 3 und 4 des § 30 verwiesen.

h) Die armenrechtlichen Ansprüche, auch die Rückerstattungsansprüche, können im Wege der Aufrechnung nach Maßgabe des BGB (§§ 387 ff.) geltend gemacht werden, vgl. B 18 N 38 a S 125, 52 N 33 S 129, S 32 S 97, regelmäßig aber nur in der 1. Instanz, S 9 S 445/6. Das BAH läßt die Aufrechnung auch zu, wenn die Gegenforderung nicht einem Anspruche nach den Bestimmungen des UWG entspringt, vgl. B 35 N 31 S 84, dazu auch B 46 N 44 S 173.

i) Verwirkt wird der Ersatzanspruch durch Nichterfüllung der dem vorläufig hilfeleistenden OAV obliegenden Pflichten in den in Anm 3 angegebenen Fällen. Nicht zu versagen ist der Anspruch nach der Rechtsprechung des BAH, wenn zwar objektiv ein Armenpflegefall nicht anzunehmen, aber im guten Glauben Armenpflege geübt worden ist; dies gilt z. B. bei Simulierung von Geisteskrankheiten, wenn nach ärztlichem Gutachten das Vorliegen von Krankheit bestätigt ist, B 47 N 22 S 68, dann bei entschuldbarem Irrtum über die Vermögensverhältnisse B 41 N 28 S 92 und über die Hilfsbedürftigkeit B 37 N 37 S 98, Brunn S 751/2, ferner wenn die Unterstützung auf Grund einer auf entschuldbarem Irrtum beruhenden Anordnung der vorgesetzten Behörde erfolgte, B 40 N 16 S 37.

Wird die Anmeldungsfrist versäumt, so geht der Ersatzanspruch nur für die mehr als 6 Monate vom Tage der erfolgten Anmeldung an zurückliegenden Zeit zu Verlust, B 30 N 51 S 154, Brunn S 740.

k) Wegen des Anspruches auf Zinsen vgl. Anm 5 m zu § 37.

l) Wegen des Verfahrens s. die Anmerkungen zu § 37, wegen der Zwangsvollstreckung § 53 mit Anmerkungen.

6. Hinsichtlich des Anspruches auf Rückerstattung zu unrecht bezahlter Armenpflegekosten sind folgende Ausführungen veranlaßt:

a) Der Rechtsgrund der Rückforderung des ohne rechtlichen Grund Geleisteten ist nach allgemeinen Grundsätzen, die für das bürgerliche, wie für das öffentliche Recht gelten, die ungerechtfertigte Bereicherung. In beiden Fällen sind für den Anspruch die Bestimmungen des 24. Titels über einzelne Schuldverhältnisse des BGB, nämlich die §§ 812—822, maßgebend. Dabei fällt das Rechtsverhältnis in das Gebiet des öffentlichen Rechtes dann, wenn das der ursprünglichen Leistung zugrunde liegende Rechtsverhältnis öffentlich-rechtlicher Natur war, vgl. B 35 N 31 S 84/9 und 41 N 35 S 118, S 31 S 7 mit Anführungen S 8. Darum ist auch die Zuständigkeit der armenrechtlichen Spruchbehörden für die Entscheidung der Rückforderungsansprüche der AVe gegeben, vgl. S 31 a. a. O., B 37 N 37 S 98, 38 A S 101/3 und die in Anm 5 e Abs 3 angeführten Entscheidungen.

b) Der Rückerstattungsanspruch kann auch im Wege der Widerklage geltend gemacht werden (Anm 2 zu § 37); wegen Aufrechnung s. 5 h.

c) Für den Rückerstattungsanspruch besteht die Anmeldefrist nach § 34 nicht. Wenn der LAB gegen den OAB A, dem er die Aufwendungen einer vorläufig geleisteten Armenhilfe erstattet hat, den Rückersatz beansprucht, weil A als UW des unterstützten Hilfsbedürftigen ermittelt worden ist, so besteht für ihn kein fristliches Klagehindernis bis zum Ablaufe von zwei Jahren seit Beendigung desjenigen Jahres, in dem die Unterstützungskosten bezahlt worden sind, vgl. § 30a, B 37 N 38 B S 104 und N 39 S 107/10. Ähnlich verhält sich die Sache, wenn der AB A, der sich für endgültig fürsorgepflichtig hielt und deshalb dem OABe B die Kosten vorläufiger Armenpflege erstattete, Rückforderungsansprüche geltend macht. Erhebt er Klage auf Rückerstattung gegen den OAB B, so findet § 34 nicht Anwendung, weil der Anspruch nicht auf Grund der Bestimmung des UWG, sondern auf Grund ungerechtfertigter Bereicherung erhoben wird. Eine Bereicherung des vorläufig hilfeleistenden OABes ergibt sich dadurch, daß er keinen Anspruch gegen den aus Irrtum armenrechtliche Aufwendungen ersetzende AB hatte, da ihm gegenüber die Haftung des endgültig verpflichteten ABes besteht. Letzterer wird durch die irrtümliche Zahlung des zu Unrecht seine endgültige Unterstützungspflicht annehmenden ABes nicht von seiner Schuld befreit, insbesondere kann nicht etwa gesagt werden, daß letzterer für ersteren zahlen wollte; vgl. die Ausführungen des BAH über diese armenrechtliche Bereicherungsklage in B 41 N 35 S 118 mit Anführungen S 120. Aber wenn infolge der Zahlung an den hilfeleistenden AB die Wahrung der Frist unterbliebe und dies den Anspruchsverlust gegenüber dem wirklich verpflichteten OABe C zur Folge hätte, so würde dies die Grundlosigkeit aufheben, da der Wegfall der Schuld im Gesetze (§ 34) bestimmt ist, B 36 N 24 S 80, Brunn S 479, 37 N 39 A und B S 106ff., 41 a. a. O., 51 N 25 S 69. Wenn also die sechsmonatliche Anmeldefrist nach § 34 bezüglich der bezahlten Unterstützungskosten versäumt worden ist, dann ist der OAB B nicht mehr bereichert (§ 818 Abs 3 BGB) und der Anspruch auf Rückerstattung ist nicht mehr gerechtfertigt, B 53 N 15 S 46/8. Steht jedoch der Verlust des Anspruchs infolge Fristversäumung nicht im Zusammenhange mit der Zahlung durch den OAB A, dann kann vom Wegfalle der Bereicherung nicht die Rede sein, vgl. B 37 N 38 A und B S 100ff., 41 N 35 S 120 und 51 N 25 S 69, wenn z. B. Zahlungen, die erst nach Ablauf der 6monatlichen Frist gemacht worden sind, in Frage stehen. Würde aber der AB A Anspruch gegen den wirklich endgültig fürsorgepflichtigen AB C erheben, so käme keine Rückersatzforderung, sondern ein armenrechtlicher Anspruch in Frage, weil der AB C Schuldner nach dem UWG ist. Infolge dieser Eigenschaft der Forderung als armenrechtlichen Erstattungsanspruches kommt bei dem endgültig verpflichteten AB eine Bereicherung nicht in Betracht. Der Ersparung von Aufwendungen steht entgegen, daß er Schuldner des unterstützenden ABes kraft Gesetzes geworden ist, vgl. B 40 N 39 S 94/7 und 47 N 4 S 8/11; deshalb findet hier die Anmeldungsvorschrift und Anmeldefrist nach § 34 Anwendung, B 50 N 22 S 67/9.[1]) War aber die Ersatzanmeldung nach § 34 Abs 2

[1]) Dasselbe gilt auch für den Erstattungsanspruch des LABes, der dem Hilfsbedürftigen in der irrtümlichen Annahme, er besitze den UW im Bezirke des LABes, Anstaltspflege gewährt und Ersatz von dem wirklich zur Anstaltspflege verpflichteten LAB fordert. Denn auch für diesen Anspruch ist nicht ungerechtfertigte Bereicherung der Klagegrund, B 29 N 41 S 125, B 21 N 19 S 54.

erstattet worden, dann ist der Rückforderungsanspruch gegen den OAV B sowie der Ersatzanspruch gegen den AV C gewahrt, vgl. hierüber die Entscheidung des BAH in B 28 N 42 S 117/22 und 41 N 35 S 118, insbesondere S 120.

d) Daraus, daß die Bestimmung des BGB auf den Rückerstattungsanspruch anzuwenden ist, ergibt sich einerseits, daß die aus Irrtum geleistete Zahlung auch zurückgefordert werden kann, gleichgültig, ob der Irrtum entschuldbar ist oder nicht, B 37 N 38 S 101, 55 N 17 S 53, nicht aber wenn der Leistende gewußt hat, daß er zur Leistung nicht verpflichtet war (§ 814 BGB), wohl aber wenn ein Rechtsirrtum über die Tragweite dieser Tatsachen vorlag, B 55 N 17 S 51, S 28 S 199 und 35 S 116, dann daß auch der bereichert ist, dem durch die Leistung eines andern Ausgaben erspart wurden, B 40 N 39 S 96.

7. **Abschiebung.**

a) Hier sind zunächst folgende allgemeine Bemerkungen veranlaßt:

aa) Die bayr. BA warnt die Armenbehörde vor der Abschiebung, indem sie in § 31 darauf aufmerksam macht, daß es den ABen streng untersagt ist, die Pflicht zur vorläufigen Unterstützung eines Hilfsbedürftigen von sich abzuwälzen, sei es durch unmittelbares Verbringen eines solchen aus dem eigenen in den Bezirk eines anderen ABes oder durch sonstige mit der Belastung eines anderen ABes verbundenen Handlungen (Abschiebung). Das hat seinen guten Grund, weil die Abschiebung dem bisherigen bayerischen Armenrechte fremd, die Heimweisung ortsfremder Hilfsbedürftiger Pflicht des APflRats war, vgl. Art 12 und 31 AArmG und Anm 3 oben. Anders das UWG; das weist den AV des Aufenthaltsorts in § 28 zur Unterstützung des Hilfsbedürftigen an und schließt damit dessen Weiterbeförderung, um sich seiner zu entledigen, aus, B 1 N 3 S 6.

Gegen den OAV des Aufenthaltsortes, der seine vorläufige Fürsorgepflicht gemäß § 28 verletzt, steht jenem AVe, der an seiner Stelle zur Unterstützung des Hilfsbedürftigen durch dieses Vorgehen veranlaßt worden ist, ein Anspruch auf Schadloshaltung zu. Das BAH nennt dieses hauptsächlich wegen der Schwierigkeit der Ermittelung des UW und der Minderung des Ersatzanspruches durch Abzug der Verwaltungskosten zu beanstandende Vorgehen Abschiebung, s. B 4 N 11 S 28/9, ohne diesem Ausdrucke die Eigenschaft eines juristisch technischen Begriffs zuzuerkennen, B 22 N 28 S 117, Brunn S 501.

Hierbei handelt es sich **um Nichterfüllung der vorläufigen Fürsorgepflicht** durch ein Verschulden oder eine Pflichtwidrigkeit auf Seite des AV, indem ein Organ der Armenpflege in widerrechtlicher Absicht oder unter Vernachlässigung der erforderlichen Sorgfalt veranlaßt hat, daß der Hilfsbedürftige ganz oder zum Teil einem anderen AV als dem vorläufig Fürsorgepflichtigen zur Last fällt. Dies trifft also nicht nur zu, wenn ein Beamter der Armenpflege den Hilfsbedürftigen unter Behändigung eines Reisegeldes weiterschickt, sondern auch wenn das Verhalten eines Polizeibediensteten — vorausgesetzt, daß Polizei- und Armenbehörde eine Einrichtung derselben Gemeinde ist — dazu führte, daß der Hilfsbedürftige nicht in Armenpflege genommen wird und demzufolge von einem anderen AV unterstützt werden muß, vgl. B 39 N 30 S 87, 48 N 33 S 109, 49 N 21 S 68 und N 22 S 72 (Abzug einer Schwangeren, die erklärte, die Charité aufzusuchen und von der Armenbehörde mit Wagen zur Bahn gefahren wurde).[1]) Beamte trifft für schuldhaftes Verhalten die Haftung.

Ein Erstattungsanspruch aus diesem Rechtsgrund ist nicht als bürgerlichrechtlicher Schadenersatzanspruch anzusehen, sondern als öffentlichrechtlicher auf Ausgleichung der Armenlasten gerichteter Anspruch, der von den armenrechtlichen Spruchbehörden zu entscheiden ist, B 4 N 29 S 83/94, 8 N 24 B S 68, 10 N 17 A S 45, 34 N 28 S 102 Brunn S 462, B 38 N 15 S 37. In dieser Ausgleichung liegt auch die Begründung zur Forderung, daß der abschiebende AV den Hilfsbedürftigen in die eigene Fürsorge, wozu er durch das Gesetz verpflichtet ist, übernimmt. Denn andernfalls käme dieser AV möglicherweise in eine günstigere Lage; er bräuchte die weiteren Pflichten des vorläufig hilfeleistenden AVes nicht zu erfüllen (Vorgehen gegen unterhaltspflichtige Dritte, Erhebungen über UWVerhältnisse, Anmeldungen beim endgültig verpflichteten AV usw.). Darum hat das BAH wiederholt entschieden, daß die Verletzung der Unterstützungspflicht nach § 28 neben der Klage auf Kostenerstattung auch die Klage auf Übernahme der vorläufigen Fürsorge begründet, s. B 10 N 17 A S 45, Brunn S 462, B 39 N 28 S 83/5 a. E., B 43 N 28 S 63/5 a. E. Bei dauernder Hilfsbedürftigkeit ist die Übernahme Sache des endgültig verpflichteten AVes gemäß § 31.

Im übrigen ist im einzelnen folgendes zu bemerken:

b) Voraussetzung des Erstattungsanspruches ist, daß der OAV oder seine Organe[2]) Kenntnis von der Hilfsbedürftigkeit hatten, weil dies Voraussetzung der vorläufigen Fürsorgepflicht ist, s. B 23 N 19 a S 71, 41 N 36 C S 126/8 und 45 N 13 S 50 Anm 4 b zu § 1 mit Fußnote 2, Anm 2 zu § 28, dann daß armenrechtliche Hilfsbedürftigkeit vorlag, B 37 N 37 S 98/100, ferner daß in der Tat Armenpflege geübt worden ist, s. Anm 5, B 47 N 15 S 46. Abschiebung liegt auch nicht vor, wenn der endgültig verpflichtete OAV des UW auf Inanspruchnahme eines Vermögensanfalls an den Unterstützten verzichtet und dieser Verzicht die Verschiebung des UW herbeiführen kann, B 49 N 32 S 93, 52 N 11 S 38.

c) Aus den vorstehenden Ausführungen (unter a) ergibt sich auch, wer Ansprüche wegen Abschiebung zu erheben berechtigt ist. Auch der LAV, der einem die vorläufige Hilfe an Stelle des eigentlich verpflichteten (Abschiebenden) OAVes leistenden AVe, dessen Aufwendungen aus irgend einem Beweggrunde z. B. in der irrtümlichen Annahme einer endgültigen Fürsorgepflicht ersetzt hat, steht ein Erstattungsanspruch. aber kein Anspruch auf Übernahme in eigene Fürsorge gegen den abschiebenden OAV zu, B 21 N 19 S 54/8. Dagegen kann den auf Abschiebung gegründeten Anspruch der endgültig verpflichtete AV nicht geltend machen. Denn dieser AV müßte dem abschiebenden AVe für den Fall, daß er seiner Verpflichtung gerecht worden wäre, die armenpfleglichen Leistungen erstatten, B 38 N 15 S 37/40, Brunn S 474. Anders bei Verschiedenheit der Tarife, s. hierüber B 37 N 40 S 112, Brunn S 476. Beklagter ist der seine Fürsorgepflicht nach § 28 verletzende OAV des Aufenthaltsortes, unter Umständen auch der nach Landesrecht zur vorläufigen Anstaltspflege verpflichtete LAV, B 39 N 50 S 140/2, Brunn S 692; dadurch wird die

[1]) Anders, wenn die Annahme gerechtfertigt wäre, daß sich die Schwangere in ihre Heimat begibt und zunächst Hilfsbedürftigkeit nicht eintritt, vgl. B 49 N 23 S 73.

[2]) S. hierüber auch B 30 N 27 S 74 und 33 N 33 B S 74, Brunn S 466/9.

Entscheidung in B 16 N 37 S 129 ergänzt. Beklagter kann auch der OAV des DoAO sein, wenn dieser sich der Abschiebung schuldig macht, B 41 N 36 B S 125.

d) Dem OAVe, der an Stelle eines anderen die vorläufige Hilfeleistung nach § 28 übernehmen mußte, haftet sowohl der endgültig verpflichtete als der abschiebende AV. Diese beiden AVe stehen, wie das BAH in B 45 N 48 S 164 ausgeführt hat, als Gesamtschuldner (§ 421 BGB) dem hilfeleistenden AVe gegenüber. Für Letzteren bleibt der Anspruch gegen jeden der beiden AVe gewahrt, bis die Leistung erfüllt ist. Er hat die Wahl, an welchen dieser beiden AVe er sich halten will, B 13 N 13 S 47; keiner von ihnen kann verlangen, daß zunächst die Ersatzpflicht des anderen AVes in Anspruch genommen oder festgestellt werde, B 45 S 170/1. Was das Verhältnis der beiden Gesamtschuldner anlangt, so trifft auf sie § 426 BGB zu; der AV, der den Gläubiger bezahlt hat, kann Ausgleichung nach Abs 2 beanspruchen, B 50 N 21 S 62/4.

e) Der Ersatzanspruch erstreckt sich auch auf einen weiteren Teil der Armenlast, der nicht direkt im Zusammenhange mit der Abschiebung steht, sondern — mehr zufällig — später hinzu gekommen ist. Das trifft beispielsweise zu, wenn der hilflose Abgeschobene neben Verpflegung später infolge Erkrankung auch ärztlicher Hilfe bedarf, B 44 N 18 S 50 oder hinsichtlich der Kosten für das Kind einer abgeschobenen Schwangeren, B 51 N 26 S 74. Dieser Grundsatz geht aber nicht so weit, daß der abschiebende AV etwa auch für die Krankenhilfe einer weiteren durch Übertragung der Krankheit des Abgeschobenen infolge Ansteckung erkrankten Person (auch wenn diese zur Familie des Abgeschobenen gehört) haften müßte, B 35 N 34 S 100, Brunn S 477.

f) Der Erstattungsanspruch kann auch im Wege der Widerklage geltend gemacht werden, durch den endgültig verpflichteten AV dann, wenn der Ersatzanspruch nicht durch die Rückersatzpflicht aufgehoben wird, B 45 N 11 S 45.

g) Die Gewährung eines Reisegeldes beim Vorliegen von Hilfsbedürftigkeit (insbesondere Krankheit, die dadurch nicht beseitigt wird), fällt unter den Begriff der Abschiebung, B 39 N 28 und 29 S 83, 85, 43 N 29 S 65/6. Hiernach kann die Erstattung des Reisegeldes nur verlangt werden, wenn durch die Gewährung eines solchen der Hilfsbedürftigkeit des Nachsuchenden ein Ende bereitet wird, was zumeist bei den Arbeitsfähigen, die augenblicklich arbeits- und mittellos sind, zutrifft. Daran ändert auch der Umstand nichts, daß diese Gewährung auf Bitten des Hilfsbedürftigen erfolgt; denn das Einverständnis des Hilfsbedürftigen hebt die Wirkung der Abschiebung nicht auf, B 10 N 17 A—E S 45 ff., B 43 N 28 S 64, 47 N 21 S 60/5, s. auch Anm 3 e oben.

h) Abschiebung liegt, wie das BAH schon wiederholt entschieden hat, s. B 43 N 29 S 65, nicht bloß bei der Weigerung, Armenhilfe überhaupt zu gewähren, sondern auch bei ungenügender Unterstützung vor.

i) Der OAV, der sich zuerst in Form der Verabreichung einer Reiseunterstützung der Abschiebung schuldig machte, kann nicht verlangen, daß andere AVe, die sich im weiteren Verlauf ebenso verhalten wie er, also auch Reisegeld oder ungenügende Unterstützung gewährten, vor ihm verklagt werden, B 19 N 19 A S 63/5 a. E.

k) Auf den Erstattungsanspruch wegen Abschiebung finden auch die Vorschriften des § 30 Abs 3 und 4 Anwendung, B 30 N 43 S 130 und 42 N 37 S 125.

l) Die Grundsätze über Abschiebung kommen auch bei Verletzung der Pflicht zur vorläufigen Hilfeleistung gegenüber Ausländern zur Anwendung, B 39 N 59 S 168 (Leitsatz), Brunn S 827.

§ 29.

I Erkrankt[1] eine Person,[2] die an einem Orte mindestens eine Woche[3] hindurch gegen Lohn[4] oder Gehalt in ein und demselben Dienst- oder Arbeitsverhältnisse[5] gestanden hat, während der Fortdauer dieses Dienst- oder Arbeitsverhältnisses oder innerhalb einer Woche nach seiner Beendigung,[6] so hat der Ortsarmenverband des Dienst- oder Arbeitsorts[7] die Kosten der erforderlichen Kur und Verpflegung[8] für die ersten sechsundzwanzig Wochen[9] nach dem Beginne[10] der Krankenpflege endgültig zu tragen oder, wenn die Krankenpflege von einem anderen Armenverbande gewährt worden ist, diesem zu erstatten.[11]

II Die Verpflichtung des Ortsarmenverbandes des Dienst- oder Arbeitsorts erstreckt sich auch auf die Fälle der Erkrankung derjenigen Angehörigen des Dienstverpflichteten oder Arbeiters, welche sich bei ihm befinden und seinen Unterstützungswohnsitz teilen, sofern nicht nach Abs. 1 eine Verpflichtung eines anderen Ortsarmenverbandes dadurch begründet wird, daß die Angehörigen selbst im Dienst- oder Arbeitsverhältnisse gestanden haben.[12]

III Wird im Falle der Erkrankung einer der in den Abs. 1, 2 bezeichneten Personen Kur und Verpflegung auf Kosten einer Krankenkasse gewährt, und muß bei Beendigung der Leistungen der Kasse die Armenpflege eintreten, so sind die Kosten der letzteren von dem Ortsarmenverbande des Dienst- oder Arbeitsorts in derselben Weise zu tragen oder zu erstatten, wie wenn die Armenpflege schon in dem Zeitpunkt eingetreten wäre, in welchem die Leistungen der Krankenkasse begonnen haben.[13]

IV Die Vorschriften der Abs. 1, 3 finden auf Lehrlinge entsprechende Anwendung.[14]

V Schwangerschaft an sich ist nicht als eine Krankheit im Sinne der vorstehenden Bestimmung anzusehen.[15]

1. Bei Erkrankung von Arbeitern und deren Familienangehörigen hat die Beschäftigungsgemeinde, soweit nicht Krankenkassen gemäß §§ 165, 182—185 eintreten, soweit vielmehr öffentliche Armenhilfe notwendig ist, während 26 Wochen die erforderliche Krankenhilfe zu leisten. Wegen der Häufigkeit von Streitigkeiten in diesen Fällen s. Vorwort zu B 44. Zufolge der wiederholten und eingehenden Abänderungen dieser Vorschriften sind von den 51 in Brunn abgedruckten Entscheidungen des BAH ein großer Teil nicht mehr verwertbar. Diese Krankenhilfe hat die

Eigenschaft einer AU und hemmt gemäß § 14, 26 den Lauf der Erwerbs- und Verlustfrist. Nach der nunmehr geltenden Bestimmung kommt es auf den Ort der Erkrankung nicht an. Auch ist Art und Ursache der Krankheit für die Unterstützungspflicht nach § 29 bedeutungslos. Selbstverständlich kann eine Erkrankung infolge Unfallsverletzung vorliegen, B 43 N 30 S 66 und 56 N 12 S 39.

2. Der Personenkreis, der für § 29 in Betracht kommt, wurde durch die verschiedenen Gesetzesabänderungen erweitert. Im übrigen soll hier auf die Anleitung des Reichsversicherungsamts vom 26. April 1912 in Ziff. 10 bis 25 über den Kreis der nach der RVO versicherten Personen und über Unselbständigkeit des Dienstverpflichteten (B 30 N 33 S 86 Brunn S 510) aufmerksam gemacht werden, wenn sich auch der Kreis der Versicherten nicht durchweg mit den unter § 29 Abs 1 UWG fallenden Personen deckt, B 43 N 36 S 87, 45 N 17 S 62. Vom Gesichtspunkte der Unselbständigkeit aus fallen Heimarbeiter unter die Bestimmung des § 29, nicht aber Hausgewerbtreibende, für die in der RVO eigene Bestimmungen getroffen sind (§§ 466 ff.), vgl. B 36 N 36 S 104 Brunn S 514, B 42 N 36 S 119 und 43 N 35 S 83; s. ferner über Gepäckträger B 44 N 21 S 58, über Provisionsreisende B 30 N 33 S 86, 89, 90, Brunn 510, B 31 N 26 S 63 und 39 N 31 S 92, über Beschäftigung entlohnter Arbeitsloser B 43 N 33 S 74; Strafgefangene und Insassen der Fürsorgeerziehungsanstalten und Arbeitshäuser, bei denen kein freier wirtschaftlicher Austausch von Arbeit und Lohn anzuerkennen ist, sind nicht als Arbeiter im Sinne des § 29 anzusehen; s. dazu B 51 N 38 S 127 ff.; über Beschäftigung bei Wohltätigkeitseinrichtungen s. B 48 N 18 S 56, 43 N 34 S 76 und 51 N 40 S 132, auch Anm 4. Daß der Arbeiter nicht armenrechtlich selbständig zu sein braucht, um auf ihn die Bestimmung des § 29 Abs 1 anzuwenden, ergibt sich schon aus dem Schlußsatze des Abs 2. s. auch B 47 N 27 S 81. Nicht unter § 29 fallen öffentliche Beamte, deren Dienstverhältnis im öffentlichen Rechte wurzelt und die der Gesetzgeber nicht in den Bereich der Unterstützungspflicht der Beschäftigungsgemeinde ziehen wollte, also versicherungsfreie Beamte des Reiches, der Bundesstaaten und der Kommunalverbände, B 31 N 28 S 67 Brunn S 515 und B 44 N 22 S 61/3, wo auf die Reichsversicherung hingewiesen wird; vgl. hierüber die §§ 169, 554, 929 und 1234 RVO, für Bayern auch Art 49 BayAG vom 2. November 1912 zur RVO GVBl S 1148, KultME vom 26. Januar 1914 KMABl S 9, ferner §§ 9 und 10 des RG über Angestelltenversicherung vom 20. Dezember 1911 RGBl S 990 und bayr. MBek. vom 30. Januar 1914 KMABl S 12. Wegen Aushilfspersonen s. B 53 N 25 S 102. Dienste wissenschaftlicher oder künstlerischer Natur fallen unter § 29, s. B 43 N 36 S 86, 45 N 16 S 58.

Ausländer fallen nicht unter § 29, für die Krankenfürsorge ist § 60 maßgebend; soweit sie landesrechtlich den Inländern überhaupt (wie in Preußen, § 64 PrAG) oder nur bezüglich des § 29 (wie in Württemberg, Art. 43 württ. AG) gleichgestellt sind, äußern sich diese Wirkungen nur innerhalb des betreffenden Bundesstaates, s. B 51 N 38 S 128 oben.

3. Es genügt, daß das Arbeitsverhältnis während der innerhalb einer Woche (d. i. ein Zeitraum von 7 aufeinanderfolgenden Tagen, sagt das sächs. OVG Jahrb. 18 S 329) von seinem Beginn ab liegenden Werktage bestanden hat. Es kommt nicht auf die Dauer der Arbeitsleistung, sondern des Arbeitsverhältnisses an, B 45 N 20 S 68.

Für den Beginn des DoABes ist nicht der Zeitpunkt des Vertragsabschlusses, sondern des Dienstantrittes ausschlaggebend, B 17 N 32 A S 102 Brunn S 519.

Der Tag, an dem die Arbeit begonnen wird, ist der Arbeitswoche des § 29 ebenso zuzurechnen, wie der Tag des Aufenthalts- oder Abwesenheitsbeginnes der Frist für den Erwerb oder Verlust des UW zuzuzählen ist. Daraus folgt, daß der Tag, in dessen Verlauf der Austritt aus einem DoAB und der Übertritt in ein anderes Dienstverhältnis stattfindet, nicht dem bisherigen, sondern dem neuen DoABe zuzurechnen ist, wie auch daß die Wochenfrist erst mit dem Ablaufe des letzten Tages ihr Ende gefunden hat. Für den Schweizer oder landwirtschaftlichen Arbeiter, der am Sonntag nachmittags in Arbeit getreten ist, aber schon am darauffolgenden Samstag vor Beendigung der Arbeitszeit die Arbeit verlassen hat, kommt die Anwendung des § 29 nicht in Betracht. Vgl. insbesondere B 42 N 35 S 117 und 46 N 21 S 80 und N 25 S 90.

4. Über Lohn s. nachfolgende Bemerkung.

5. Das Dienst- oder Arbeitsverhältnis (DoAB) muß ein gegenseitige Rechte und Pflichten begründendes auf Vertrag beruhendes Arbeitsverhältnis sein; insbesondere muß es dem Dienstherrn ein klagbares Recht auf die Arbeitsleistung, dem Dienstverpflichteten mit Ausnahme der Lehrlinge ein solches auf Entlohnung geben, vgl. § 611 BGB und B 36 N 27 A und B S 90 Brunn (B) S 517; auch muß es eine persönliche Unselbständigkeit des Dienstverpflichteten begründen, B 45 N 17 S 61. Für den Arbeitsvertrag sind besondere Formen nicht erforderlich; es kommt daher auf die Einhaltung der Bestimmungen über schriftliche Verträge, vgl. § 129 b RGewO, nichts an, B 36 N 26 S 88 Brunn S 518. Der Umstand, daß der Arbeiter der freien Selbstbestimmung in bezug auf die Wahl des Aufenthaltsortes oder bei der Besorgung seiner Angelegenheiten entbehrte, ist für die Anwendung des § 29 nicht beachtlich; sie wird auch durch die Nichtigkeit des Dienstvertrages wegen mangelnder Geschäftsfähigkeit so lange nicht ausgeschlossen, als der Vertrag tatsächlich die Grundlage der Leistungen der Vertragschließenden bildet, B 47 N 22 S 66/8.

Unter Lohn fallen auch Sachbezüge, z. B. freie Wohnung, B 33 N 29 S 63 Brunn S 512, oder freie Station, B 45 N 14 S 51.

Eheleute können nicht gegenseitig zueinander in einem Dienstverhältnisse stehen, vgl. auch § 159 RVO Henle-Schneider BayAG zum BGB 2. Aufl. S 44; insbesondere folgt nicht das Gegenteil für die Ehefrau aus den Bestimmungen des § 1356 BGB, wonach die Frau zu Arbeiten im Hauswesen und im Geschäfte des Mannes verpflichtet ist, B 46 N 22 S 80. Dagegen ist das Bestehen eines Dienstverhältnisses zwischen Kindern und Eltern möglich, Henle-Schneider a. a. O, Geßler, Bayr. Dienstbotenrecht S 4/5, BGE vom 17. Juni 1914 N 57 I/14 Kirchenverwaltungswahl L.

Dadurch, daß das Gesetz verlangt, daß ein und dasselbe Arbeitsverhältnis mindestens eine Woche gedauert hat, sind die Tag- und Gelegenheitsarbeiter mit wechselnden Arbeitsverhältnissen von der Bestimmung des § 29 ausgeschlossen; wenn aber ein Gelegenheitsarbeiter bei einem Arbeitgeber mindestens eine Woche lang beschäftigt war, so würde § 29 Anwendung finden, B 45 N 15 S 55/7, 46 N 21 S 78/80 und 51 N 39 S 132. Wenn im Gesetze gefordert wird, daß ein und dasselbe DoAB länger gebauert hat, so ist damit doch noch vereinbar, daß arbeitende Personen, wie z. B. Zugeherinnen oder Aufwärterinnen mehrere ständige Arbeitsplätze haben, B 37 N 44 S 121 Brunn S 513. Über Waschfrauen mit wechselnden Arbeitsplätzen dagegen s. B 28 N 38 S 108/9 Brunn S 534. Wenn durch die Arbeitsordnung eine Kündigungsfrist vorgeschrieben und bedungen ist, daß während der Krankheitszeiten kein Lohn bezogen werden soll, so ist das Arbeitsverhältnis erst dann gelöst, wenn der Dienstvertrag nicht mehr besteht, sondern aufgehoben ist, vgl. §§ 620 ff. BGB und B 36 N 28 S 92, Brunn S 524. Nur gelegentliche, wenn auch wiederholte Arbeitsverrichtungen bedingen noch kein DoAV im Sinne des § 29; dasselbe gilt für Arbeitsleistungen aus Gefälligkeit und für Übertragung von leichten Arbeiten gegen Unterhaltsgewährung aus Mitleid, B 18 N 24 A und B S 79 ff., Brunn S 516, 45 N 14 S 51/4 und N 17 S 59/62, dann 48 N 18 S 56/9, wonach die wirtschaftliche Seite von besonderer Bedeutung für die Anwendung des § 29 ist. Dagegen wird nach der Rechtsprechung des BAH das Bestehen eines DoAVes durch den Umstand nicht ausgeschlossen, daß die Beschäftigung nur einige Tage in der Woche stattfindet, B 43 N 37 S 89/91, oder daß die Arbeitsleistung nur verhältnismäßig kurze Zeit des Tages in Anspruch nimmt, B 47 N 26 S 77/8, vorausgesetzt, daß ein festes Arbeitsverhältnis von längerer Dauer besteht. Das Arbeitsverhältnis wird noch nicht unterbrochen, wenn eine Akkordarbeit aus einer besonderen Veranlassung auf „unerhebliche Zeit" ausgesetzt wird, B 49 N 27 S 83.

6. Die Unterstützungspflicht des OAVes des DoAO dauert infolge des AbG vom 30. Mai 1908 eine Woche (Haftfristwoche) nach Auflösung des Arbeitsverhältnisses fort. Auf den Grund der Lösung des Arbeitsverhältnisses kommt es nicht an, B 42 N 34 S 114 (eigenmächtiges Dienstverlassen).

Wenn zu der Krankheit, wegen der ein Arbeiter auf Kosten des DoAOes in das Krankenhaus gebracht wurde, nach Ablauf der Haftfristwoche eine neue Krankheit z. B. Geisteskrankheit hinzutritt, ohne daß sie mit der ersteren Krankheit in innerem Zusammenhange steht, so scheidet eine Haftung des DoAOes aus, B 45 N 18 S 63.

Als dem Willen des Gesetzgebers entsprechend, s. Begr 1907/9 a. a. O. S 1965, ist es anzusehen, daß beim Wechsel des DoAVes mit dem Ablaufe der ersten Arbeitswoche des neuen Arbeitsverhältnisses die bis dahin dauernde (SächsJb 17 S 59) Unterstützungspflicht des früheren DoAOe durch jene des neuen Arbeitsortes ersetzt wird. Der Tag, an dem das Arbeitsverhältnis gelöst wird, ist nicht der Arbeitswoche sondern der Haftfristwoche zuzuzählen, vgl. B 46 N 25 S 90 mit Anführungen S 91, wonach auch der Leitsatz in B 43 N 38 S 91 entsprechend berichtigt worden ist. Wenn also ein Arbeiter am Dienstag den 2. Febr. 1916 nachmittags aus dem Dienste tritt, so ist mit dem Ablaufe des Montag den 8. Febr. die Unterstützungspflicht des OAVes des DoAO zu Ende gegangen.

Voraussetzung dieser Verpflichtung bei Erkrankung nach Beendigung des DoAVes ist, daß innerhalb der Haftfristwoche Krankenhilfe (nicht sonstige Armenpflege) tatsächlich gewährt werden mußte; für die später beginnende Krankenpflege hat der OAV des DoAO nicht aufzukommen; vgl. dazu B 47 N 23 S 69, 53 N 24 S 100 und 56 N 18 S 57.

7. Über den Dienst- oder Arbeitsort (DoAO) ist vorweg zu bemerken, daß es für die Verpflichtung des OAVes des DoAO gleichgültig ist, wo der Arbeiter seinen gewöhnlichen Aufenthalt hat, B 30 N 35 S 104 Brunn S 487.

Im allgemeinen kann davon ausgegangen werden, daß der Ort, in dem die Beschäftigung stattfindet, als DoAO im Sinne des § 29 zu gelten hat und daß es in der Regel auf den Wohnort des Arbeitgebers nicht ankommt; nur dann ist dieser Wohnort oder der Ort, an dem die Leitung des Betriebes sich befindet, als DoAO in Betracht zu ziehen, wenn der Ort der Arbeitsleistung einem fortgesetzten Wechsel in der Art unterliegt, daß die Arbeitsleistung an einem Orte sich nur über einen kurzen Zeitraum erstreckt, vgl. hierüber auch § 153 RGewO, dann B 43 N 42 S 108, 47 N 22 S 66/7, 49 N 25 S 79 und 26 S 81, 51 N 41 S 135/7. Regelmäßig haftet der Ort als DoAO, an dem die Arbeiten tatsächlich in der Mindestdauer von einer Woche geleistet worden sind, B 52 N 25 S 98/9.

Bei Unternehmungen, die sich auf mehrere Gemeindebezirke erstrecken, ist der Mittelpunkt des Arbeitsverhältnisses, von dem aus der Arbeiter die dadurch bedingte Tätigkeit entwickelte, also der Ort maßgebend, an dem sich der Sitz des Betriebes und bei verzweigten Betriebsabteilungen die betreffende Betriebsleitung befindet, s. hierüber insbesondere B 34 N 34 S 118, 44 N 24—26 S 65 ff. und 47 N 24 und 25 S 72 und 74. Das gilt auch für die Beschäftigung, bei der die Ware an einem Ort entgegen genommen und an einem anderen Orte zum Verkauf oder zur Austeilung gebracht wird, weil hier die Arbeit an mehreren Orten ständig wechselt, B 47 N 26 S 77. Dagegen ist bei den auf mehrere Gemeindebezirke sich erstreckenden Unternehmungen der Ort, an dem die Arbeit tatsächlich geleistet worden ist, für den Arbeiter der DoAO, der nur in einem Gemeindebezirke beschäftigt worden ist, B 48 N 19 S 60/3, vgl. auch B 48 N 20 S 66; ebenso ist DoAO für den Heimarbeiter jener Ort, an dem er die übertragenen Arbeitsleistungen verrichtet, d. i. die Gemeinde, die den wirtschaftlichen Nutzen aus dem Arbeitsverhältnisse hat, B 36 N 29 S 94 Brunn S 528.

Was insbesondere die Bau- und ähnlichen Arbeiten betrifft, so bestimmt die Hauptbeschäftigung (Arbeitstätte) den Arbeitsort im Sinne des § 29, wobei geringfügige Unterbrechungen unerheblich sind und der Betriebssitz nicht Maß zu geben hat, B 43 N 42 S 108, 44 N 30 S 81 und 47 N 24 S 72/4. An sich darf also als Regel gelten, daß eine einwöchige Beschäftigung an einem Ort auch die Unterstützungspflicht an diesem Orte begründet, B 47 N 24 S 72; das trifft insbesondere auch zu, wenn jemand zu Arbeiten eingestellt wird, die nacheinander an zwei verschiedenen Orten vorzunehmen sind, B 43 N 41 S 106 und 45 N 22 S 77. Nur bei dem Arbeiter, der im ständigen Wechsel an verschiedenen Orten und Arbeiten von kurzer Dauer beschäftigt ist, bildet der Betriebssitz den Arbeitsort; dies gilt auch dann, wenn die Arbeitszeit an einem einzelnen Orte zufällig über eine Woche betragen sollte, B 44 N 29 S 79, 47 N 24 S 73, 49 N 25 S 79, aber auch B 46 N 27 S 98.

8. Die vom OABe des DoAO zu leistende Krankenhilfe umfaßt die „Kur- und Verpflegungskosten", d. h. „alle Ausgaben, die aus Veranlassung der Krankheit (über deren Begriff s. B 55 N 27 S 83, S 25 S 19) und behufs ihrer Heilung sowie zum Schutze des Erkrankten oder zur Verhütung der Verschlimmerung eines Leidens" aufgewendet worden sind, B 44 N 19 S 52/4 und 46 N 28 S 101/3. Dazu gehören sowohl die Kosten für Anschaffung als für Reparatur und Erneuerung künstlicher Gliedmaßen; anders nach § 182 Ziff 1 RVO, wonach die Krankenkassen nur zur Gewährung sog. kleinerer Heilmittel (neben Arzneien

auch Bruchbänder, Brillen, s. B 42 N 44 S 149, 48 N 38 S 122), aber nicht auch kostspieliger künstlicher Gliedmaßen verpflichtet sind; wegen der größeren Heilmittel s. § 193 Abs 1 RVO. Zur Krankenhilfe gehört auch die Verpflegung einer mit ihrem erkrankten Säugling in das Krankenhaus aufgenommenen Mutter, B 44 N 33 S 88 oder der Verpflegungszuschuß, der einer infolge Krankheit erwerbsbeschränkten Person neben der ärztlichen Behandlung gewährt worden ist, da es nicht angeht, den Grund des Heilverfahrens in der Krankheit und den Grund der Leistung des Pflegegeldes in der Erwerbsunfähigkeit zu erblicken, B 45 N 23 S 78, 82. Ferner fallen darunter auch die Kosten für Geisteskranke und für idiotische der ärztlichen Behandlung bedürfenden Kinder, B 54 N 32 S 138, ebenso die Kosten der Einlieferung in eine Irrenanstalt und für Beschaffung der Anstaltskleidung, B 45 N 25 S 88, s. auch S 87, auch die Kosten der Entlausung, B 55 N 27 S 82, die Aufnahme in eine Kinder- oder Lungen-Heilstätte, wenn diese Maßnahme nach ärztlicher Anordnung zur Heilung notwendig ist, B 50 N 41 S 140/4. Dagegen gehören Begräbniskosten nicht zu den Kurkosten, B 2 N 12 G S 30/40, Brunn S 505; ebenso die Kosten für Kräftigungsmittel, B 49 N 28 S 85.

Die Krankenhilfe kann auch durch Überweisung in eine Krankenanstalt erfolgen; Beschränkungen im Sinne des § 184 RVO bestehen hier nicht; auch steht dem Erkrankten (ebenso wie dem Versicherten) ein Anspruch auf Krankenhausbehandlung nicht zu, Reger 37 S 160.

Was über die Krankenhilfe hinaus, was also insbesondere infolge der Erwerbsunfähigkeit des erkrankten Familienhauptes der dadurch hilfsbedürftig gewordenen Familie von der Armenpflege zu gewähren ist, dafür hat nicht der OAV des DoAO, sondern der OAV des UW oder der endgültig Verpflichtete LAV aufzukommen, B 30 N 32 S 83, 32 N 29 S 82 Brunn S 505 und 506, B 47 N 23 S 69/70. Wenn die Familie eines Arbeiters, dem infolge Krankheit und dadurch bedingter Erwerbsunfähigkeit vom DoAO Verpflegung zu gewähren ist, an der Unterstützung Teil nimmt, trifft bloß der für das Familienhaupt sich berechnende Anteil hieran den DoAO, B 34 N 32 S 114. Der Grundsatz der armenrechtlichen Familieneinheit hat in der den OAV des DoAO zur Hilfeleistung in Erkrankungsfällen verpflichtenden Sonderbestimmung des § 29, wie dies aus Abs 2 hervorgeht, eine gewisse Einschränkung erfahren. Hiernach ist es nicht ausgeschlossen, daß das Familienhaupt und ein armenrechtlich unselbständiges Familienglied oder mehrere Familienglieder zu gleicher Zeit von zwei verschiedenen AVen Unterstützung empfangen. Dies kann übrigens auch in der Person des Arbeiters selbst, der mit seinem Arbeitsverdienste sich nicht ganz den nötigen Lebensunterhalt verschaffen kann und deshalb von der Armenpflege beispielsweise freie Wohnung oder den Mietzins erhält, zutreffen, wenn er dazu noch von einer Krankheit befallen wird, B 30 N 29 S 78 Brunn S 505 und B 32 N 30 S 83. In solchen Fällen ist aber die Zeit der Unterstützung des OAVes des UWes in die Frist des § 29 von 26 Wochen nicht einzurechnen.

9. Der Zeitraum für die Krankenhilfepflicht des DoAO ist durch das AbG vom 30. Mai 1908 in Übereinstimmung mit den Bestimmungen der Reichskrankenversicherung auf 26 Wochen verlängert worden. Über die Frage, ob im einzelnen Falle fortgesetzte Hilfsbedürftigkeit oder ein neuer Pflegefall vorliegt, s. Näheres in Anm 4 c, cc zu § 1. Erstere ist gegeben, wenn ein Kranker zwar aus dem Krankenhaus entlassen wird, die Krankheit aber nicht behoben ist und ärztliche Maßnahmen in Zwischen-

räumen stattfinden, B 46 R 23 S 83, ebenso wenn es sich nur um einen mißglückten Arbeitsversuch handelt, B 54 R 1 S 1. Dagegen liegt ein neuer Pflegefall vor, wenn der Kranke geheilt oder arbeitsfähig aus dem Krankenhaus entlassen worden ist, BGE vom 17. Juni 1918 R 29 KrfM oder wenn die armenrechtliche Hilfsbedürftigkeit trotz Fortbestehens der (chronischen) Krankheit, beispielsweise durch Besserung des Zustandes und dadurch eintretende Unterbrechung der im Krankenhause gewährten Krankenhilfe aufgehört hat; in diesem Falle hat bei Arbeitswechsel ein neuer DoAO auch einzutreten, wenn die neue (oder Wieder-)Erkrankung in den Zeitraum von 26 Wochen seit Beginn der ersten Erkrankung fällt, B 43 R 32 S 70. Den bisherigen DoAO berührt diese Erkrankung nur, wenn das DoAB noch fortbesteht oder noch nicht länger als eine Woche gelöst ist, B 33 R 27 S 60 Brunn S 490; anders liegen die Verhältnisse allerdings, wenn die Einstellung der Krankenhilfe durch die Armenbehörde zu Unrecht erfolgt ist, B 37 R 43 S 119 Brunn S 509. Vgl. auch Anm 13.

10. **Der Beginn der Krankenhilfepflicht** fällt nicht mit dem Beginne der Erkrankung, des Eintritts des Heilbedürfnisses, sondern mit dem Zeitpunkte des „Hilfsbedürftigwerdens durch Krankheit", d. i. mit jenem Zeitpunkte zusammen, in dem die armenrechtliche Hilfsbedürftigkeit erkennbar zutage getreten ist, vgl. RTB 1907/09 AnlBd 241 R 349 S 1966, B 22 R 28 S 115 und 32 R 26 S 74 Brunn S 500 und 490, B 35 R 35 S 102, 43 R 31 S 68 und 49 R 24 S 76, s. auch Anm 4 b zu § 1. Der Eintritt dieser Hilfsbedürftigkeit ist mithin für die Krankenhilfepflicht des OABes des DoAO auch dann maßgebend, wenn die Erkrankung schon früher bestanden hat, aber ohne die Notwendigkeit öffentlicher Fürsorge zu begründen, wenn also beispielsweise später die Unterhaltsfähigkeit des Familienhauptes aufhört oder bisherige Einnahmequellen wegfallen, B 31 R 24 S 57 Brunn S 489, B 49 R 24 S 75. Im übrigen kann eine solche Hilfsbedürftigkeit auch bei krankhafter Anlage, bei organischen Fehlern eintreten, B 50 R 41 S 144. Bei Krankenanstaltspflegebedürftigkeit beginnt die armenrechtliche Hilfsbedürftigkeit mit der Krankenhausaufnahme, nicht mit dem Aufnahmeantrag, B 51 R 37 S 125, 55 R 17 S 54, vorausgesetzt daß die Krankenhaushilfe in der Absicht Armenpflege zu üben, gewährt worden ist, B 52 R 26 S 99/100.

11. Die **Verpflichtung** des OABes des DoAO kann auf zweifache Art in die Erscheinung treten. Ist er auch der vorläufig unterstützende OAB gemäß § 28, so steht ihm kein Ersatzanspruch gegen den endgültig verpflichteten AB d. i. OAB des UW oder LAB zu. Hat aber ein anderer AB die vorläufige Unterstützung geleistet, so muß seit dem Inkrafttreten des AbG vom 30. Mai 1908 der OAB des Dienstortes die Kosten der Krankenhilfe für 26 Wochen **erstatten**. Seine Unterstützungspflicht ist also nicht jener des vorläufig fürsorgepflichtigen OABes des Aufenthaltsortes nach § 28 gleich, weshalb sie auch nicht durch den Wegzug des Kranken ihr Ende findet, vgl. Anm 1 und 2 zu § 28. Wenn jedoch Anstaltspflegebedürftigkeit vorliegt, dann kann auch der OAB des DoAO von dem LABe, zu dem er gehört, die Übernahme des Hilfsbedürftigen in Anstaltspflege verlangen. Ist dieser nicht auch zugleich der LAB des UW, so hat er keinen Übernahmeanspruch gegen den letzteren, sondern nur den landesgesetzlichen Ersatzanspruch (in Bayern auf ein Fünftel des Aufwands gegenüber dem OABe des DoAO), s. Anm 3 zu § 32a und B 37 R 58 S 156 mit 39 R 53 S 151 Brunn S 701/2.

Gegenüber dem vorläufig hilfeleistenden OABe des AufO besteht für den OAB des DoAO nur eine Erstattungspflicht, nicht eine Übernahmepflicht. Der OAB des DoAO tritt an Stelle des OAB des UW und bei Landarmen an die Stelle des LABes. Abs 3 und 4 des § 30 finden auf diesen Erstattungsanspruch Anwendung, B 42 N 37 S 126/7.

Wenn der OAB des Dienstortes, statt seiner Verpflichtung nach § 29 nachzukommen, den erkrankten Arbeiter in den Bezirk eines anderen AB schafft, dann treten ihm gegenüber die Wirkungen der Grundsätze für die „Abschiebung" ein; das gilt auch über die 26 Wochen des § 29 hinaus; für den über diesen Zeitraum hinausreichenden Aufwand kann er jedoch Ersatz von dem endgültig verpflichteten AB fordern; s. Anm 7 zu § 28.

Dem OAB des DoAO stehen auch die Ersatzansprüche gegen den Unterstützten und seinen Nachlaß, vgl. hiezu Art 10 BayAG, gegen dessen unterhaltspflichtige Verwandte (§ 62 UWG), sowie gegen die Krankenkassen gemäß §§ 1531—1533 RVO zu.

12. Die Fürsorgepflicht für Angehörige setzt das Vorhandensein nicht nur einer rechtlichen, sondern auch einer tatsächlichen Familiengemeinschaft voraus, B 46 N 29 S 111; über Unterbrechung s. B 49 N 29 S 86.

Im übrigen sind hier folgende Grundsätze zu beachten:

a) Die Unterstützungspflicht des OABes des Dienstortes des Familienhauptes erstreckt sich ebenfalls nur auf den Fall der Erkrankung mit Eintritt der Hilfsbedürftigkeit. Hat die Krankenhilfsbedürftigkeit des Familiengliedes schon beim Beginne des Arbeitsverhältnisses bestanden, oder ist sie vor Ablauf der ersten Woche eingetreten, dann fällt die Krankenhilfepflicht des Dienstortes weg, B 46 N 24 S 86; andernfalls bleibt sie aber auch bis zu dem Ablauf einer Woche nach Beendignng des DoABes bestehen — vorausgesetzt, daß sich der Angehörige zur Zeit des Eintritts der Krankenhilfsbedürftigkeit bei dem Familienhaupte befindet, B 48 N 23 S 73.

b) Die Unterstützungspflicht nach Abs 2 ist nicht davon abhängig, daß das Familienhaupt schon zur Zeit seines Arbeitsverhältnisses armenrechtlich selbständig und das Familienhaupt des Erkrankten war, B 47 N 27 S 79. Wenn also z. B. ein noch nicht 16 Jahre altes Kind, dessen landarmer Vater am 4. Febr. 1916 mit Tod abgegangen und dessen Mutter bis zu dem 2. desselben Monats in der Gemeinde A in einem mehrere Wochen dauernden Arbeitsverhältnisse gestanden ist, am 6. Febr. krank und hilfsbedürftig wird, so hat der OAB A die Krankenhilfe bis zu 26 Wochen zu leisten.

c) Abs 2 findet auch Anwendung, wenn die mit dem Manne in häuslicher Gemeinschaft zusammenlebende Ehefrau ein selbständiges Erwerbsgeschäft betreibt, B 46 N 30 S 112.

d) Das Teilen des UW ist, wie bereits in Anm 2 zu § 15 ausgeführt wurde, nach dem Begriffe der armenrechtlichen Familiengemeinschaft aufzufassen und gleichbedeutend mit Teilen der UWverhältnisse (einschließlich der Unterstützungswohnsitzlosigkeit), B 46 N 29 S 108.

e) Bezüglich der Ausländer s. Anm 2 und B 46 N 56 S 218.

f) Über die Voraussetzungen, unter denen anzunehmen ist, daß Familienglieder sich bei dem Familienhaupte befinden und demgemäß Abs 2 Anwendung findet, hat das BAH in Bd 44 N 34—38 S 91—108 fünf Entscheidungen erlassen, woraus folgendes hervorzuheben ist. Der Ausdruck „sich bei ihm befinden" ist in erster Linie nach dem gewöhnlichen Sprachgebrauch auszulegen (S 106) und zwar in dem Sinne, daß zur armenrechtlichen Familiengemeinschaft auch die tatsächliche Vereinigung in häuslicher Gemeinschaft kommen muß (S 103). Dies kann am Dienstorte oder am Wohnorte, wenn beide Orte nicht dieselben sind, der Fall sein (S 97). Die häusliche Gemeinschaft ist nicht gegeben, wenn auch der Wohnort der Familie trotz längerer Abwesenheit des Familienhauptes, wie bei Schiffern, als gewöhnlicher Aufenthalt nach § 10 und diese Abwesenheit des Familienhauptes nicht als Unterbrechung im Sinne des § 13 anzusehen ist (S 105, 107, 109)[1]. Die häusliche Gemeinschaft nach § 29 erfordert auch nicht einen selbständigen Haushalt; es genügt ein „tatsächliches Beieinandersein in räumlicher Beziehung", auch wenn dies in Krankenanstalten, Armenhäusern, Hospitälern usw. stattfindet, vgl. B 48 N 21 S 67. Deswegen ist eine häusliche Gemeinschaft im Sinne des „sich beim Familienhaupte befinden" nicht anzunehmen, wenn ein Familienglied längere Zeit in einer Kranken- oder Irrenanstalt zunächst auf Kosten des Familienhauptes, dann aber wegen eingetretener armenrechtlicher Hilfsbedürftigkeit auf Rechnung der öffentlichen Armenpflege untergebracht war. B 45 N 26 S 90 und 53 N 26 S 104 (anders B 51 N 43 S 139). In B 45 N 27 S 93 hat das BAH noch entschieden, daß eine Unfallverletzung auf einer gemeinschaftlichen Fahrt an einen Ort zur Vereinigung in häuslicher Gemeinschaft der bisher an zwei verschiedenen Orten sich aufhaltenden Ehegatten nicht unter Abs 2 fällt.

g) Wer als Familienhaupt anzusehen ist oder wessen UWVerhältnisse armenrechtlich unselbständige Personen teilen, ist bei den Ausführungen über die armenrechtliche Familieneinheit näher erörtert worden, vgl. Anm 3 zu § 9. Wenn sich die verheiratete uneheliche Mutter, deren voreheliches Kind sich mit ihr bei ihrem Ehemanne (Stiefvater) befindet, selbst in einem DoAV befindet, so ist doch nicht dieser DoAO bei Erkrankungen des Kindes unterstützungspflichtig, weil der Stiefvater als das Familienhaupt anzusehen ist, dessen Wohnsitz das Kind teilt, vgl. SächsJb Bd 17 S 242. Im Falle des § 17 mit § 19 Abs 2 ist für die Krankenunterstützung eines Kindes der Arbeitsort der Mutter maßgebend, B 29 N 8 S 37 Brunn S 256 und B 44 N 35 S 96/7.

h) Auch für die Angehörigen dauert die Krankenunterstützungspflicht des OAVes des DoAO 26 Wochen. Der Grundsatz der armenrechtlichen Familiengemeinschaft findet hier nicht etwa in dem Sinn Anwendung, daß bei nachfolgenden Krankheitsfällen anderer Familienmitglieder ein einheitlicher Pflegefall anzunehmen wäre; denn der § 29 schafft für bestimmte Personenklassen, den Arbeiter und jedes seiner unselbständigen Familienmitglieder, eine besondere Art der Krankenhilfe, nämlich die Haftung der Arbeitsgemeinde in der Dauer von 26 Wochen; vgl. B 48 N 24 S 77.

13. Zu den Krankenkassen im Sinne des Abs 3 gehören die Krankenkassen der Reichsversicherung, also die Orts-, Land-, Betriebs- und Innungskassen gemäß § 225 RVO, die Knappschaftskrankenkassen nach §§ 495—502 und die gemäß § 503 zugelassenen Ersatzkassen, vgl. die Entscheidung vom 19. Juni 1911 in B 44 N 39 S 110/2.

Nach der eingehend begründeten Entscheidung des BAH vom 7. Jan. 1911, B 43 N 40 S 98, s. dazu auch 50 N 33 S 110, kommt als Kassen-

[1]) Anders wenn der Schiffer sich während einer längeren Liegezeit des Schiffes bei seiner Familie aufhält, B 48 N 22 S 70.

Bezirk das hilfsbedürftige Kind sich befindet (B 27 R 23 S 78/9) oder der bereits fürsorgepflichtig gegenüber dem Familienhaupte (Ehemanne, Stiefvater) geworden ist (s. Anm 4 a ee). Würden von dem OAVe des UW der Mutter zwei in verschiedenen LAVbezirken befindliche Kinder unterstützt, so würden mit dem Tage der Verheiratung zwei Landarmenverbände in gleichem Augenblicke für zwei Familienmitglieder desselben Familienhauptes unterstützungs(ersatz-)pflichtig; in diesem Falle wird vom BAH (B 32 R 35 S 96 Brunn S 569) ein Gesamtschuldverhältnis der beiden LAVe (§ 421 BGB) angenommen. Dies gilt auch, wenn Familienhaupt und Familienglied am gleichen Tag, aber nicht zu gleicher Stunde hilfsbedürftig wurden, B 50 R 35 S 117/9.

3. Über den Beginn, die Dauer und das Ende der Ersatz-(endgültigen Unterstützungs-)pflicht wird auf Anm 2 zu § 28 verwiesen.

a) Bezüglich der Pflicht des Landarmenverbandes ist aber hier noch folgendes zu bemerken:

aa) Zunächst ist für die Übergangszeit in Bayern darauf aufmerksam zu machen, daß mit dem 1. Januar 1916 bezüglich der Armenunterstützung für die in diesem Zeitpunkte landarm werdenden Heimatlosen die Ersatzpflicht des LAVes an Stelle des bayr. Staates eintritt.

bb) Der OAV, der sich der Abschiebung eines Landarmen schuldig gemacht hat, haftet als Gesamtschuldner neben dem LAV, in dessen Bezirke die Hilfsbedürftigkeit hervorgetreten ist. Die Verbindung der Ersatzklagen gegen beide ist zulässig, B 45 R 48 S 165 und 27 R 22 S 74/75 (in B 45 S 170 ist unrichtig S 71 gedruckt).

cc) Der Umstand, daß dem vorläufig hilfeleistenden OAVe für die Unterstützung einer Person, deren Hilfsbedürftigkeit in seinem Bezirk eingetreten ist, kein Ersatzanspruch zusteht, insofern er gemäß § 29 auf eine gewisse Zeitdauer fürsorgepflichtig ist, bildet kein Hindernis für die Unterstützungspflicht des LAVes dieses DoAOes, B 35 R 38 S 110/2 Brunn S 547.

dd) Aus dem Satze, daß die Unterstützungspflicht für Landarme den LAV trifft, in dessen Bezirke der Unterstützte beim Eintritte der Hilfsbedürftigkeit sich befunden hat, ergibt sich, daß ein LAV fürsorgepflichtig sein kann, wenn kein OAV seines Bezirkes eine Unterstützung tatsächlich geleistet hat. Das trifft beispielsweise zu, wenn eine Mutter für das bei ihr befindliche Kind beim OAV ihres Aufenthaltsortes A im Bezirke des LAVes A wegen eingetretener Krankheit und Hilfsbedürftigkeit um Unterstützung nachsucht, das Kind aber, bevor die armenbehördlichen Verhandlungen geschlossen sind und eine Verfügung über Gewährung einer Unterstützung getroffen wurde, zu ihren Verwandten in B im Landarmenbezirke B bringt und der OAV B sofort durch Aufnahme des Kindes in das Krankenhaus Armenhilfe gewähren muß. Hier ist der LAV A gemäß § 30 1 b ersatzpflichtig, gleichgültig ob in dem betreffenden Falle der OAV B auch vom OAV A Ersatz wegen Abschiebung beanspruchen kann oder nicht, vgl. B 41 R 30 S 135. Dem endgültig fürsorgepflichtigen AVe steht die Einrede der Abschiebung nicht zu, B 38 R 15 S 37 Brunn S 474.

ee) Ein wesentlicher Unterschied gegenüber dem Beginne der vorläufigen Fürsorgepflicht für den OAV des Aufenthaltsortes nach § 28 äußert sich auch dadurch, daß bei der endgültigen Unterstützungspflicht des LAVes nach § 30 der Grundsatz der armenrechtlichen Familieneinheit zur Anwendung kommt. Zwar ist es bei dem Eintritte der Hilfsbedürftigkeit eines unselbständigen Familiengliedes an sich wie bei § 28 gleichgültig, wo das Familienhaupt sich aufhält, solange nur ein

Zu Absatz 5.

15. Bezüglich der Schwangerschaft galt es für die Krankenversicherung auch ohne Beisatz im Gesetz als Grundsatz, daß Schwangerschaft an sich nicht als Krankheit anzusehen ist, vgl. Reger-Henle, KrankVersG 8. Aufl. S 34 oben mit Anführungen.

Das gilt für die begleitenden Umstände der Schwangerschaft, wie „Atemnot und Schmerzen im Leibe", auch wenn sie dienstunfähig machen oder deswegen die Aufnahme in eine Krankenanstalt erfolgt, B 31 N 29 S 69 Brunn S 535. Anders verhält sich die Sache, wenn eine Erkrankung als Folge der Schwangerschaft eingetreten ist, wie z. B. Wochenbettfieber oder operatives Eingreifen veranlassende Entbindung von einer faultoten Frucht („pathologische Entbindung"), B 28 N 39 S 110, 31 N 29 S 69 Brunn S 535, B 45 N 29 S 96, 47 N 24 S 72/3 und N 29 S 84, 49 N 30 S 88; für solche Kosten hat gemäß Abs 2 der OAB des Dienstortes des Ehemanns aufzukommen, wenn die Ehefrau sich nicht selbst in einem DoAB nach § 29 Abs 1 befindet, B 28 a. a. O., und wenn die Krankheit nicht erst nach Beendigung des DoABes und Ablauf der Haftfristwoche aufgetreten ist.

Im Übrigen vgl. nunmehr das Reichsges. über Wochenhilfe (Anm 5 A 2 zu § 1).

§ 30.

I Zur Erstattung[1] der durch die Unterstützung eines hilfsbedürftigen Deutschen erwachsenen Kosten, soweit dieselben nicht in Gemäßheit des § 29 dem Ortsarmenverbande des Dienstorts zur Last fallen, sind verpflichtet:

a) wenn der Unterstützte einen Unterstützungswohnsitz hat, der Ortsarmenverband seines Unterstützungswohnsitzes;
b) wenn ein Unterstützungswohnsitz des Unterstützten nicht zu ermitteln ist,[2] derjenige Landarmenverband, in dessen Bezirk er sich bei dem Eintritte der Hilfsbedürftigkeit[3] befand oder, falls er im hilfsbedürftigen Zustande aus einer Straf-, Kranken-, Bewahr- oder Heilanstalt entlassen wurde, derjenige Landarmenverband, aus welchem seine Einlieferung in die Anstalt erfolgt ist.[4]

II Der Beweis, daß ein Unterstützungswohnsitz des Unterstützten nicht zu ermitteln gewesen ist, gilt schon dann als erbracht, wenn der die Erstattung fordernde Armenverband dargelegt hat, daß er alle diejenigen Erhebungen vorgenommen hat, welche nach Lage der Verhältnisse als geeignet zur Ermittelung eines Unterstützungswohnsitzes anzusehen waren. Wird nach der Erstattung ein Unterstützungswohnsitz des Unterstützten nachträglich ermittelt, so ist der Armenverband, welcher die Erstattung vorgenommen hat, berechtigt, von dem Armenverbande des Unterstützungswohnsitzes für die gewährte Unterstützung und für die durch nachträgliche Ermittelungen entstandenen Kosten Ersatz zu beanspruchen.[5]

III Die Höhe der zu erstattenden Kosten richtet sich nach den am Orte der stattgehabten Unterstützung über das Maß der öffentlichen Unterstützung Hilfsbedürftiger geltenden Grundsätzen, ohne daß dabei die allgemeinen Verwaltungskosten der Armenanstalten sowie besondere Gebühren für die Hilfeleistung fest remunerierter Armenärzte in Ansatz gebracht werden dürfen.[6]

IV Für solche bei der öffentlichen Unterstützung häufiger vorkommenden Aufwendungen, deren täglicher oder wöchentlicher Betrag sich in Pauschquanten feststellen läßt (z. B. Verpflegungssätze in Kranken- oder Armenhäusern), kann in jedem Bundesstaat, entweder für das ganze Staatsgebiet gleichmäßig oder bezirksweise verschieden, ein Tarif aufgestellt und öffentlich bekannt gemacht werden, dessen Sätze die Erstattungsforderung nicht übersteigen darf.[7]

1. Das UWG unterscheidet scharf zwischen der vorläufigen und endgültigen Unterstützungspflicht. Die eigentliche oder, wie es nach dem KommBeschl hieß (RTV 1870 Bd 4 S 435 ff.), die tatsächliche Unterstützungsleistung fällt dem OAVe des Aufenthaltsortes zur Last. Ihm — unter Umständen an seiner Stelle auch dem LAVe, s. hierüber § 32 a und Anm 5 c und d zu § 28 — steht ein Ersatzanspruch gegen den endgültig verpflichteten AV zu. Die Begr. (RTV 1907/09 AnlBd 241 S 1963) bezeichnete den neuerdings vom deutschen VerföuprF wieder aufgenommenen (Diefenbach RAG S 286) Vorschlag die endgültige Unterstützungspflicht Hilfsbedürftiger ausnahmslos dem OAVe des jeweiligen Aufenthaltsortes aufzuerlegen, als unannehmbar.

Die endgültige Unterstützungspflicht obliegt, gleichgültig, ob der Hilfsbedürftige einen UW hat oder nicht, in erster Linie dem OAVe des DoAO, falls die Voraussetzungen des § 29 nicht vorliegen, dem OAVe des UW, bei Anstaltspflege dem LAVe, dem dieser OAV des UW angehört, insoweit dies landesgesetzlich gemäß §§ 8 und 32 a bestimmt ist. Wo ein Gesamtarmenverband besteht, ist dieser als OAV zu verklagen und nicht etwa die Gemeinden, aus denen er besteht, vgl. B 22 N 13 S 46 Brunn S 10.[1]) Ist aber ein UW des Unterstützten nicht zu ermitteln, so ist unterstützungs- und ersatzpflichtig der Landarmenverband, in dessen Bezirke sich der Unterstützte beim Eintritte der Hilfsbedürftigkeit[2]) oder unmittelbar vor der Einlieferung in eine Straf-, Kranken-, Bewahr- oder Heilanstalt befunden hat. Hier spricht man von der Pflicht zur Unterstützung der Landarmen.

---

[1]) Als gemeinschaftliche Last mehrerer AVe bezeichnet das BAH, wie auch das PrOVG, die endgültige Erstattungspflicht nach einer Gemeindebezirksänderung oder Auflösung eines GAVes, vgl. B 41 N 38 a S 131 und Anm 4 zu § 3, PrVerwBl 35 S 741.

[2]) Über die Ausnahmen bei übernommenen oder infolge der Kriegsverhältnisse übergetretenen Auslandsdeutschen s. die Anmerkungen zu § 33.

Näheres über die Ersatzansprüche nach §§ 28 und 30 (Voraussetzungen, Berechtigung, Umfang usw.) s. Anm 5 zu § 28. Doch ist hier noch zu bemerken:

aa) Der vorläufig hilfeleistende OAV hat seinen Ersatzanspruch regelmäßig gegen den LAV zu richten, dessen Bezirk er angehört; das ist aber nicht unter allen Umständen, z. B. dann nicht der Fall, wenn die Armenpflege in einem anderen Bezirke bereits für ein Familienhaupt oder unselbständiges Mitglied einer landarmen Familie eingreifen mußte und dessen Hilfsbedürftigkeit noch fortdauert.

bb) Der LAV, der um Ersatz der Aufwendungen für einen Hilfsbedürftigen angegangen wird, hat wegen der künftigen Unterstützung dreierlei Wege, nämlich:

Übernahme des Hilfsbedürftigen in die eigene Fürsorge,

Übernahme der durch die Unterstützung entstandenen Kosten in Übereinstimmung mit dem vorläufig hilfeleistenden OAV,

Überweisung des Hilfsbedürftigen an den OAV, der die Übernahme verlangt hat.

cc) Auch dem LAVe, der an Stelle des wirklich verpflichteten AVes die Aufwendung für einen Hilfsbedürftigen übernommen hat, steht ein öffentlich-rechtlicher Erstattungsanspruch zu, gleichgültig, aus welchem Beweggrund er die Kosten bezahlt hat. Der Erstattungsanspruch kann gegen den endgültig verpflichteten AV, aber auch gegen den abschiebenden AV gerichtet werden, vgl. B 21 N 19 S 54—58, Anm 4—7 zu § 28.

2. **Als landarm** hat zu gelten, einmal wer seinen UW durch Abwesenheit verloren hat, dann wer einen UW nicht hatte und auch zur Zeit der Hilfsbedürftigkeit nicht hat, so das Kind eines verstorbenen Landarmen, das nie einen UW hatte, ferner der Ausländer, der die Staatsangehörigkeit erwirbt, weiterhin das Kind, dessen uneheliche Mutter den UW infolge der die Legitimation des Kindes nicht bewirkenden Verheiratung mit einem Ausländer verloren hat (s. Anm 2 zu § 21). In Bayern wird mit Einführung des UWG derjenige landarm, der ein Heimatrecht in einer bayrischen Gemeinde nicht besitzt; s. auch Übergangsbestimmung in § 65 Abs II Ziff 4, Anm 1 und 2 zu § 65. Derjenige bayerische Staatsangehörige, der während des Jahres 1916 sich außerhalb seiner Heimatgemeinde aber nicht an ein und demselben Ort aufgehalten hat, wird gemäß § 22 Abs 1 Ziff 2 unterstützungswohnsitzlos und damit landarm.

Die Landarmeneigenschaft wird nicht, wie die Heimat in einem eigenen Feststellungsverfahren, sondern wie der UW als Zwischenpunkt im armenrechtlichen Streitverfahren entschieden, vgl. B 42 N 49 S 162.

Die Landarmeneigenschaft tritt aber erst mit dem Beginne der Hilfsbedürftigkeit zutage, d. h. der Landarme ist nicht Landarmer des LAVs, in dessen Bezirk er sich befindet (s. hierüber Anm 1 zu § 28), sondern es entstehen Beziehungen zu diesem LAV erst mit dem Eintritte der Hilfsbedürftigkeit. Wenn also eine in Landshut wohnhafte Person auf einer Reise nach München in Freising verunglückt, dann ist nicht der LAV Niederbayern, sondern der LAV Oberbayern unterstützungspflichtig, vgl. B 27 N 23 S 77/80 Brunn S 542. Wenn eine uneheliche Mutter samt ihrem hilfsbedürftigen Kinde durch Verheiratung mit einem Landarmen den UW verliert, so teilen Mutter und Kind nunmehr die UWverhältnisse, somit die Landarmeneigenschaft des neuen Familienhauptes; deshalb richtet sich der Erstattungsanspruch für die dem unehelichen Kinde gewährte Unterstützung vom Tage der Verheiratung an gegen denjenigen LAV, in dessen

Bezirk das hilfsbedürftige Kind sich befindet (B 27 N 23 S 78/9) oder der bereits fürsorgepflichtig gegenüber dem Familienhaupte (Ehemanne, Stiefvater) geworden ist (s. Anm 4 a ee). Würden von dem OAVe des UW der Mutter zwei in verschiedenen LAVbezirken befindliche Kinder unterstützt, so würden mit dem Tage der Verheiratung zwei Landarmenverbände in gleichem Augenblicke für zwei Familienmitglieder desselben Familienhauptes unterstützungs(ersatz-)pflichtig; in diesem Falle wird vom BAH (B 32 N 35 S 96 Brunn S 569) ein Gesamtschuldverhältnis der beiden LAVe (§ 421 BGB) angenommen. Dies gilt auch, wenn Familienhaupt und Familienglied am gleichen Tag, aber nicht zu gleicher Stunde hilfsbedürftig wurden, B 50 N 35 S 117/9.

3. Über den Beginn, die Dauer und das Ende der Ersatz-(endgültigen Unterstützungs-)pflicht wird auf Anm 2 zu § 28 verwiesen.

a) Bezüglich der Pflicht des Landarmenverbandes ist aber hier noch folgendes zu bemerken:

aa) Zunächst ist für die Übergangszeit in Bayern darauf aufmerksam zu machen, daß mit dem 1. Januar 1916 bezüglich der Armenunterstützung für die in diesem Zeitpunkte landarm werdenden Heimatlosen die Ersatzpflicht des LAVes an Stelle des bayr. Staates eintritt.

bb) Der OAV, der sich der Abschiebung eines Landarmen schuldig gemacht hat, haftet als Gesamtschuldner neben dem LAV, in dessen Bezirke die Hilfsbedürftigkeit hervorgetreten ist. Die Verbindung der Ersatzklagen gegen beide ist zulässig, B 45 N 48 S 165 und 27 N 22 S 74/75 (in B 45 S 170 ist unrichtig S 71 gedruckt).

cc) Der Umstand, daß dem vorläufig hilfeleistenden OAVe für die Unterstützung einer Person, deren Hilfsbedürftigkeit in seinem Bezirk eingetreten ist, kein Ersatzanspruch zusteht, insofern er gemäß § 29 auf eine gewisse Zeitdauer fürsorgepflichtig ist, bildet kein Hindernis für die Unterstützungspflicht des LAVes dieses DoAOes, B 35 N 38 S 110/2 Brunn S 547.

dd) Aus dem Satze, daß die Unterstützungspflicht für Landarme den LAV trifft, in dessen Bezirke der Unterstützte beim Eintritte der Hilfsbedürftigkeit sich befunden hat, ergibt sich, daß ein LAV fürsorgepflichtig sein kann, wenn kein OAV seines Bezirkes eine Unterstützung tatsächlich geleistet hat. Das trifft beispielsweise zu, wenn eine Mutter für das bei ihr befindliche Kind beim OAV ihres Aufenthaltsortes A im Bezirke des LAVes A wegen eingetretener Krankheit und Hilfsbedürftigkeit um Unterstützung nachsucht, das Kind aber, bevor die armenbehördlichen Verhandlungen geschlossen sind und eine Verfügung über Gewährung einer Unterstützung getroffen wurde, zu ihren Verwandten in B im Landarmenbezirke B bringt und der OAV B sofort durch Aufnahme des Kindes in das Krankenhaus Armenhilfe gewähren muß. Hier ist der LAV A gemäß § 30 1 b ersatzpflichtig, gleichgültig ob in dem betreffenden Falle der OAV B auch vom OAV A Ersatz wegen Abschiebung beanspruchen kann oder nicht, vgl. B 41 N 30 S 135. Dem endgültig fürsorgepflichtigen AVe steht die Einrede der Abschiebung nicht zu, B 38 N 15 S 37 Brunn S 474.

ee) Ein wesentlicher Unterschied gegenüber dem Beginne der vorläufigen Fürsorgepflicht für den OAV des Aufenthaltsortes nach § 28 äußert sich auch dadurch, daß bei der endgültigen Unterstützungspflicht des LAVes nach § 30 der Grundsatz der armenrechtlichen Familieneinheit zur Anwendung kommt. Zwar ist es bei dem Eintritte der Hilfsbedürftigkeit eines unselbständigen Familiengliedes an sich wie bei § 28 gleichgültig, wo das Familienhaupt sich aufhält, solange nur ein

Familienglied hilfsbedürftig ist. Dagegen beginnt innerhalb des Zeitraums, während dessen für ein landarmes Familienhaupt oder eines seiner Familienangehörigen der LAV A gemäß § 30 1 b Armenpflege ausübt, für den LAV B, in dessen Bezirk ein anderes zu derselben Familiengemeinschaft gehöriges Familienglied hilfsbedürftig wird, keine Unterstützungspflicht. Denn in Anwendung der Grundsätze über die armenrechtliche Familieneinheit (Anm 3 zu § 9) wird die für eine landarme Familie im Gebiete des Deutschen Reiches gewährte Armenhilfe als ein Unterstützungsfall angesehen, B 11 N 36 A und B S 92, Zentralbl. für das Deutsche Reich 1883 S 87, B 19 N 31 S 115/6, B 46 N 29 S 105/8, 55 N 28 S 86 und N 30 S 90; anders im Falle des § 33, Reger 38 S 34.

ff) Erwähnenswert ist die Bestimmung in II Ziff 5 BRVo vom 16. Mai 1918 (RGBl S 409), wonach es bei späterer Leistung von AU an Stelle der landarmen Auslandsdeutschen gewährten Kriegswohlfahrtspflege so angesehen wird, als ob die Hilfsbedürftigkeit bei Beginn der Kriegs-(Familien-)Unterstützung eingetreten wäre.

b) Was das Ende der Fürsorgepflicht betrifft, so ist auch hier gegenüber den Gründen der Beendigung der vorläufigen Unterstützungspflicht ein anderes Verhältnis für die Hilfeleistungspflicht des Landarmenverbandes gemäß § 30 1 b beim Wegzuge des Hilfsbedürftigen aus dem Bezirke gegeben, insofern die Hilfsbedürftigkeit durch den Wegzug bei fortdauernder Hilfsbedürftigkeit keine Änderung erleidet, B 20 N 35 S 118 Brunn S 550. Diese Verschiedenheit erklärt sich aus der verschiedenen Natur des vorläufigen und endgültigen Unterstützungspflichtverhältnisses; hat der LAV einmal endgültig die Armenpflege für eine in seinem Bezirke hilfsbedürftig gewordene Person zu üben und die notwendigen Unterstützungskosten zu ersetzen, so endigt diese Verpflichtung erst, wenn die in seinem Bezirk erstmals erkennbar hervorgetretene Hilfsbedürftigkeit des Landarmen aufgehört hat, B 55 N 28 S 84. Beim Eintritt eines Aufenthaltswechsels — wenn also beispielsweise ein Hilfsbedürftiger aus der Heilanstalt des LAVes A in eine Krankenanstalt des LAVes B verbracht wird — spricht man von einem „fortgesetzten Pflegefall" (Baath S 191) oder von Einheitlichkeit des Pflegefalls (B 55 N 28 S 86) oder von „fortgesetzter Hilfsbedürftigkeit" (B 50 S 179 Register). Dabei ist ein kurzer Zwischenraum, in dem der Hilfsbedürftige bei seinen Angehörigen sich befunden hat, ohne aus Mitteln der Armenpflege unterstützt zu werden, insbesondere dann nicht zu beachten, wenn in den wirtschaftlichen Verhältnissen keine Änderung eingetreten ist, der Antrag auf Weitergewährung der Armenpflege alsbald gestellt wird oder solche Weitergewährung ohne Antrag nach Lage der Sache erwartet werden durfte, vgl. B 48 N 26 S 84 mit Anführungen S 86. Dasselbe gilt auch, wenn ein Landarmer den Bezirk des LAVes, von dem er seit Beginn seiner Hilfsbedürftigkeit unterstützt wurde, verläßt und sich durch Betteln, Inanspruchnahme von Verpflegsstationen oder Beihilfe Dritter kurze Zeit ohne Armenhilfe fortbringt, ohne daß seine Hilfsbedürftigkeit ihr Ende gefunden hätte, vgl. die in Anm 4 c cc zu § 1 angeführten Beispiele und Belegstellen. Dagegen findet die Unterstützungspflicht des LAVes nach § 30 1 b ihr Ende, wenn die Hilfsbedürftigkeit für die Armenpflege als unterbrochen zu gelten hat. Dies tritt immer ein, wenn der Unterstützte in Straf-, Untersuchungs- oder Polizeihaft genommen wird, da hier die staatliche Verpflegung die Fürsorge durch den AV aufhebt, B 44 N 40 S 113; die Verpflichtung der AVe tritt aber bei ordnungsgemäß verfügter

Unterbrechung der Haft eines Hilfsbedürftigen wieder ein. **Ein neuer Pflegefall** liegt vor, wenn bei einem von zwei durch einen LAB nach den Grundsätzen der armenrechtlichen Familieneinheit unterstützten Familiengliedern die Hilfsbedürftigkeit aufgehört hat, später aber die Armenpflege wieder eingreifen mußte, inzwischen aber die Grundlage der armenrechtlichen Familieneinheit weggefallen ist; das trifft insbesondere zu, wenn die Ehefrau armenrechtlich selbständig wird, vgl. Anm 3 zu § 9, §§ 16 und 17, B 27 N 28 S 99 Brunn S 572, ferner beim Ableben der Mutter für die vorehelichen Kinder, B 39 N 41 S 116. In diesen Fällen liegt ein neuer Pflegefall vor, wenn während der Krankheit des Vaters (Stiefvaters) ein voreheliches Kind hilfsbedürftig wird. Wenn in dem in Anm 3 am Schlusse angeführten Beispiele nach dem Tode der Mutter die Hilfsbedürftigkeit des einen Kindes zu Ende gegangen ist, so beginnt, falls letzteres neuerdings hilfsbedürftig wird, während das andere Kind noch vom LAB unterstützt wird, die Hilfsbedürftigkeit von neuem, d. h. es tritt ein neuer Pflegefall und die Unterstützungspflicht jenes LABes ein, in dessen Bezirke sich dieses Kind zur Zeit des Eintritts der neuerlichen Hilfsbedürftigkeit befindet, da die armenrechtliche Familieneinheit nicht mehr besteht, B 23 N 41 b S 149 Brunn S 574.

Der Verlust der Staatsangehörigkeit auf seiten einer landarmen Person würde eine Veränderung insoferne zur Folge haben, als sich die Ersatz- (oder endgültige Hilfeleistungs-)Pflicht nach § 30. 1. b in die Hilfeleistungspflicht nach § 60 verwandelt.

4. **Zu § 30 1 b Halbsatz 2:**

Hier handelt es sich um eine Ausnahmebestimmung zum Zwecke der Entlastung jener LABe, in deren Bezirke sich Anstalten der in § 30 1 b angeführten Art befinden; denn es wäre wohl eine Unbilligkeit, wenn ein LAB für alle jene Personen, die in eine in seinem Bezirke befindliche Straf- oder Heilanstalt eingeliefert worden waren und im Zeitpunkte der Entlassung hilfsbedürftig geworden sind, die endgültige Unterstützungspflicht zu tragen hätte.

Für die Anwendung dieser Bestimmung sind durch die Rechtsprechung des BAH folgende Grundsätze aufgestellt worden:

a) Das Gesetz verlangt, daß die Hilfsbedürftigkeit nicht beim Eintritte, sondern **im Zeitpunkte der Entlassung** (B 56 N 28 S 60) bestand und den Organen des OABes für den Entlassungsort „in unmittelbarer oder doch in so baldiger Aufeinanderfolge" nach der Entlassung **erkennbar** (s. Anm 4 c zu § 1) geworden ist, daß kein Zweifel über den unveränderten Hilfsbedürftigkeitszustand, der zur Entlassung führte oder zur Zeit der Entlassung vorhanden war, auftauchen kann, vgl. B 18 N 28 S 93, 33 N 37 und 38 S 81 und 83 Brunn S 575/6. Der Besitz eines geringen Geldbetrags bei der Entlassung hebt die Hilfsbedürftigkeit nicht auf. Ist die Hilfsbedürftigkeit nicht in der Anstalt, sondern schon früher vor der Einlieferung hervorgetreten und immer noch vorhanden, so findet nicht Halbsatz 2, sondern 1 Anwendung, B 56 N 28 S 59; wenn daher von dem LABe A seit dem Jahre 1916 ein in seinem Bezirke hilfsbedürftig gewordenes Kind des im Jahre 1917 aus dem LABe B in eine Irrenanstalt verbrachten Familienhauptes unterstützt wird, so hat der LAB A das aus der Irrenanstalt in hilfsbedürftigem Zustand entlassene Familienhaupt zu unterstützen, da zufolge des Grundsatzes der armenrechtlichen Familieneinheit eine **fortgesetzte** Hilfsbedürftigkeit anzunehmen ist, B 34 N 43 S 156 Brunn S 577. Vorausgesetzt ist dabei, daß die vor Einlieferung in eine Anstalt hervorgetretene Hilfsbedürftigkeit für die Organe der Armenpflege erkennbar geworden war, B 35 N 39 S 112, 115/16 Brunn S 563.

b) Maßgebend für die Ersatzpflicht ist der letzte anstaltsfreie Aufenthalt des aus einer Anstalt in hilfsbedürftigem Zustande Entlassenen, B 53 N 27 S 107, 110. Wenn das in der Anstalt geborene Kind einer dorthin eingelieferten Mutter in hilfsbedürftigem Zustand aus der Anstalt fortkommt, so findet § 30 1 b Halbsatz 2 nicht Anwendung, da das Kind nicht in die Anstalt eingeliefert worden ist; es ist daher in diesem Falle der LAV, zu dessen Bezirke die Anstalt gehört, unterstützungspflichtig; anders verhält es sich, wenn das Kind mit der Mutter wegen Pocken in ein Epidemienhaus eingeliefert wird, B 20 N 37 und 37a S 135/7 Brunn S 584. Wenn bei einem in der Anstalt geborenen Kinde die Hilfsbedürftigkeit nicht bei der Entlassung, sondern erst später zutage getreten ist, so trifft die Unterstützungspflicht den LAV des Ortes, aus dem die Mutter eingeliefert worden ist, in Anwendung des Grundsatzes der armenrechtlichen Familieneinheit, falls die Mutter selbst in hilfsbedürftigem Zustand aus der Anstalt entlassen worden ist, s. Anm 3.

c) Über den Begriff „Kranken-, Bewahr- oder Heilanstalt" vgl. Anm 2 zu § 11.

Unter Strafanstalten fallen nicht nur die Strafvollstreckungsanstalten, sondern auch die Räume für Untersuchungshaft, B 4 N 23a S 59. Hierher gehören die auch zum Vollzuge der polizeilichen Nachhaft gemäß § 362 RStGB dienenden Arbeitshäuser.

d) Die Einlieferung in eine Anstalt bedeutet die Zuführung durch einen Dritten, „ohne daß dem eigenen Willen des Eingelieferten eine ausschlaggebende Bedeutung zukommt", B 49 N 33 S 96, 50 N 37 S 123/6 (willensunfähige Personen), 54 N 24 S 100 (Schutzhaft). Darunter fällt weder der freiwillige Eintritt in eine Irrenanstalt oder in eine Krankenanstalt auf Veranlassung des Dienstherrn, noch die Krankenhauseinweisung von Krankenkassenmitgliedern gemäß § 184 RVO, noch die freiwillige Stellung zur Strafverbüßung, vgl. B 30 N 41 S 126 und 35 N 40 S 116 (s. auch die Anführungen S 118) Brunn S 582/3, B 49 N 34 S 98, 54 N 5 S 16, Reger 37 S 54.

Liegt der Fall vor, daß jemand von einer Anstalt in eine andere, z. B. von einer Strafanstalt in eine Irrenanstalt eingeliefert worden ist, so ist für die Unterstützungspflicht nach § 30 1 b Halbsatz 2 entscheidend, aus welchem Landarmenbezirke die Einlieferung in die erste Anstalt erfolgte, B 4 N 23a S 62, wobei die verschiedenartigen Anstalten einander gleichgestellt sind, B 54 N 24 S 107. Dies gilt auch dann, wenn der Hilfsbedürftige nach der Einlieferung vor der endgültigen Entlassung inzwischen zeitweise in einer ausländischen Anstalt sich befunden hat, B 26 N 38 S 100 Brunn S 580, aber nicht wenn die Einlieferung zuerst in eine ausländische Anstalt erfolgte, B 28 N 41 S 114. Denn die Hilfsbedürftigkeit im Auslande begründet keine Unterstützungspflicht eines AVes nach dem UWG, vgl. B 30 N 23 S 59/60 und 31 N 32 S 77. Dabei ist zu beachten, daß die Einlieferung in eine bayrische Anstalt vor dem 1. Januar 1916 für die Anwendung des § 30 1 b zweiter Halbsatz nicht maßgebend ist, da Bayern im Geltungsbereiche des UWG vor dem genannten Zeitpunkt als Ausland zu gelten hat, B 48 N 27 S 88.

Bei zweimaliger Einlieferung eines Landarmen in eine Anstalt ist jener LAV erstattungspflichtig, aus dessen Bezirke die zweite und letzte Einlieferung erfolgte, B 41 N 45 S 153, Reger 36 S 198. Das trifft aber nicht zu, wenn der Entwichene, dessen Entkommen beobachtet wurde, alsbald wieder in die Anstalt zurückgeführt wurde. Die Einlieferung in die erste Anstalt ist auch nicht maßgebend, wenn zwischen ihr und der Einlieferung in eine zweite Anstalt ein längerer Zwischenraum liegt, so daß von einem zusammenhängenden Anstaltsaufenthalte nicht gesprochen werden kann, B 41 N 44 S 150.

e) Entlassung ist nicht gleichbedeutend mit der Entfernung aus der Anstalt, sie tritt auch ein, wenn z. B. die Entlassung nach verbüßter Strafe wegen Krankheit nicht sofort ausgeführt werden kann, B 4 N 23a S 59, s. dazu B 54 N 21 S 92, ferner wenn die Verwahrung durch das Ableben des Eingelieferten ihr Ende erreicht, B 15 N 34 S 103 Brunn S 587. Die Rückkehr hemmt die Unterbrechung der Hilfsbedürftigkeit nur, wenn die Entlassung auf kurze Zeit erfolgt war, B 49 N 31 S 90/1; sonst ist bei tatsächlicher Unterbrechung der Anstaltspflege die Wiederzuführung in eine Anstalt eine neue „Einlieferung", B 35 N 29 S 88.

5. Absatz 2 wurde durch das AbG vom 24. März 1894 eingeschaltet; es ist daher zunächst zu beachten, daß die in den früheren Entscheidungen des BAH erwähnten Absätze 2 und 3 des § 30 nunmehr die Absätze 3 und 4 bilden, s. beispielsweise B 25 N 41 S 114 ff, wo wiederholt von der Nichtanwendung des § 30 Abs 2 bei Überweisung von Hilfsbedürftigen an den OAV des AufO durch den LAV die Rede ist, dann B 34 N 45 S 164, wo aus Schreibversehen Abs 2 angeführt ist.

Der Satz 1 dieses Absatzes ist klar; durch ihn wird, nachdem das Gesetz den Beweis erlassen hat, daß der Hilfsbedürftige einen UW nicht hat, eine Rechtsvermutung für die Landarmeneigenschaft aufgestellt, wenn der Ersatzfordernde die zur Ermittlung eines UW geeigneten Erhebungen vorgenommen hat. Ob die Ermittlungen dieses AVes nach Lage der Verhältnisse als geeignet angesehen werden können, das ist im Streitfalle von den Spruchbehörden nach richterlichen Ermessen zu prüfen. Dabei kann nicht verlangt werden, daß alle noch so entfernt liegenden Möglichkeiten für das Bestehen eines UW widerlegt sein müssen, B 38 N 42 S 120 Brunn S 539. Gegenüber dieser Rechtsvermutung ist es Sache des beklagten LAVes nachzuweisen, daß der Unterstützte im Bezirk eines bestimmten OAVes den UW erworben hat, B 33 N 32 S 68. Es kann aber wegen Mangels der Feststellung, daß ein UW nicht zu ermitteln ist, die Ersatzforderung jenes vorläufig unterstützenden OAVes gegen den LAV zurückgewiesen werden, der es unterlassen hat, die Einvernehmung des Hilfsbedürftigen über seine Aufenthaltsverhältnisse sowie über empfangene Unterstützungen zu bewirken, vgl. B 36 N 31 S 98 Brunn S 539. Wenn ein OAV jahrzehntelang AU geleistet hat, so läßt das die „tatsächliche Vermutung begründet" erscheinen, daß er der OAV des UW ist (Verurteilung aus diesem Grunde in B 51 N 24 S 68). Bei bayr. Staatsangehörigen ist in der Übergangszeit auch nach dem Besitze des Heimatrechtes vor dem 1. Jan. 1916 zu forschen. Jedoch sind Erhebungen oder die Ergänzung der von dem vorläufig unterstützenden AVe vorgenommenen Ermittlungen eines UW auch von Amts wegen vorzunehmen, vgl. B 36 N 30 S 97 und Art 20 Abs 1 BayVGG.

Die neue Bestimmung ändert aber nichts an dem Fortbestande der endgültigen Ersatzpflicht des OAVes des UW. Deshalb wurde durch Satz 2 die Rückersatzberechtigung des zahlungsleistenden LAVes besonders in das Gesetz aufgenommen. Der LAV hat das Recht, nicht aber die Pflicht, von dem AVe des UWes die geleistete Unterstützung zurückzufordern; er kann sie auch von dem durch ihn befriedigten vorläufig fürsorgepflichtigen AV zurückverlangen; denn, wie aus der Begründung hervorgeht, ist der LAV auf die Ersatzforderung gegen den OAV des UWes nur beschränkt, wenn er zur Erstattung der Aufwendungen im Streitverfahren verurteilt worden ist, B 34 N 37 S 129 ff. Der Rückerstattungsanspruch nach Satz 2 muß als tatsächliche Unterlage die Aufstellung von Behauptungen enthalten, wonach der Unterstützte seinen UW beim beklagten OAVe hat, B 34 N 38 S 138. Der Anspruch unterliegt aber der Verjährungsfrist von 2 Jahren gemäß § 30 a, vgl. RTV 1893/4 (Begr) 1 AnlBd S 470 und B 37 N 39 S 110.

Dagegen kann der als OAV des UWes zur Erstattung verpflichtete AV, dem die vorläufig geleistete Unterstützung ersetzt worden ist, im Falle des § 30 Abs 2 die Rückzahlung nicht unter Berufung auf die unterlassene Anmeldung nach § 34 verweigern, s. auch Anm 6 c zu § 28.

6. Für die Anwendung der Bestimmung in Abs 3 sind nachfolgende Grundsätze zu beachten:

a) Vor allem ist daran festzuhalten, daß nur die notwendigen Kosten, d. i. der Notbedarf nach Maßgabe der Landesgesetzgebung zu erstatten sind, vgl. Anm 4 a zu § 1 und Anm 3 zu § 8.

b) Insoweit kein Tarifsatz gemäß Abs 4 der Ersatzkostenberechnung zugrunde gelegt werden muß, darf an sich das wirklich Geleistete zurückerstattet verlangt werden. Dabei ergeben sich aber aus dem Gesetze wiederum mehrfache Einschränkungen, so insbesondere wegen der allgemeinen Verwaltungskosten und der Gebühren festbesoldeter Armenärzte.

c) Auch wenn ein Tarif im Sinne des Abs 4 nicht aufgestellt ist, können doch bestimmte Verpflegssätze für die Ersatzforderung maßgebend sein. Das gilt insbesondere für die Verflegung in Krankenhäusern, Irrenanstalten und anderen Wohltätigkeitsanstalten. Nur besteht hier ein Unterschied zwischen diesen und den nach Abs 4 aufgestellten Tarifsätzen, in dem letztere nach dem Durchschnitte der tatsächlichen Aufwendungen für das ganze Land oder wie dies bei den Verpflegssätzen für die bayr. Krankenanstalten gemäß Art 13 BayAG gilt für den betreffenden Bezirk, erstere nach dem Durchschnitte der Aufwendungen in den betreffenden Anstalten berechnet werden.

d) Im übrigen ist zu betonen, daß die Ersatzforderung nicht mehr verlangen darf, als was die Hilfeleistung für einen ortsangehörigen Hilfsbedürftigen unter gleichen Verhältnissen nach Abzug der allgemeinen Verwaltungsausgaben gekostet haben würde, was mithin durch das persönliche („individuelle") Bedürfnis des Kranken oder Hilfsbedürftigen veranlaßt worden ist, vgl. B 11 N 38 S 98, 36 N 32 S 100 mit Anführungen S 102, 41 N 46 S 157 und 49 N 35 S 102. Es fällt aber die Befugnis des AVes, den ihm entstandenen Aufwand in Berechnung zu bringen, da weg, wo für die Benützung einer Anstalt insbesondere eines Krankenhauses ein Tarif aufgestellt ist, vgl. B 41 N 48 S 162/3 und 43 N 49 S 127/9.

e) Die Notwendigkeit und Angemessenheit der verrechneten Aufwendungen sind vom unterstützenden AVe nachzuweisen; die armenrechtlichen Spruchbehörden haben nach richterlichem Ermessen hierüber zu befinden und zu hohe Pflegesätze durch einen als angemessen erscheinenden

Durchschnittssatz zu ersetzen [1]), vgl. B 15 N 26 S 76/77 Brunn S 590, 49 N 46 S 138. Die unter amtlicher Mitwirkung festgestellten Verpflegungssätze (Kostenregulative Bauschsätze) werden in der Regel unbeanstandet bleiben können, s. B 15 a. a. O., sie sind aber der Anfechtung durch den beklagten AV und der Nachprüfung durch die Spruchbehörden ausgesetzt, insbesondere nach der Richtung, ob nicht allgemeine Verwaltungskosten in Verpflegssätzen Berücksichtigung gefunden haben, B 45 N 33 S 110/3 und 52 N 29 S 117. Dieser Satz ist zunächst nur auf Fälle anzuwenden, für die ein Tarif nicht in Frage kommt, B 54 N 34 S 148, 150. Wegen der Tarife s. nachfolgende Anm 7 a und l.

f) Die Höhe der zu erstattenden Kosten richtet sich nicht nach den Verpflegssätzen oder örtlichen Verhältnissen des erstattungspflichtigen AVes, sondern des Bezirks der geleisteten Armenhilfe. Wenn die Verpflegssätze einer (Irren-)Anstalt für auswärtige Pfleglinge höher sind als für inländische, so kann der AV, der diese höheren Sätze bezahlen mußte, sie vom endgültig verpflichteten AV ersetzt verlangen, soweit dabei allgemeine Verwaltungskosten ausgeschlossen sind, B 49 N 35 S 100, s. auch daselbst 36 S 103. Diese Verwaltungskosten darf der hilfeleistende OAV nicht verlangen, auch wenn er sich einer fremden Anstalt bedient, B 45 N 33 S 110/3, 49 N 36 S 105; s. auch Anm 3 l dd zu § 32 a.

g) Zu den Verwaltungskosten einer Anstalt gehören alle Aufwendungen, die nicht durch das eigene Bedürfnis der erkrankten und hilfsbedürftigen Person erwachsen sind (sog. Individualkosten), sondern die auch dann entstanden sein würden, wenn diese Person nicht in die Anstalt aufgenommen worden wäre, also alle Aufwendungen, die der „ordnungsmäßigen Einrichtung und dem allgemeinen Betriebe einer Anstalt dienen“, B 52 N 29 S 115/6, BayVA § 16 Abs 2; darunter fallen nach der Rechtsprechung des BAH insbesondere die Ausgaben für Bauten und Unterhaltung der Anstalten (Krankenhäuser einschließlich der Isolierbaracken usw.), für Beheizung, Beleuchtung, Bettstellen, Wäsche, Wäsche- und Zimmerreinigung, Desinfektion, Wasserversorgung, Inventar (daher auch keine Ersatzpflicht für Inventarstücke, die Geisteskranke in Tobsuchtsanfällen zerstören, B 40 N 50 S 125/6, S 39 S 136), ärztliche Gebrauchsgegenstände und Verbandstoffe, sowie die Ausgaben für den Sachbedarf einschließlich Steuern, Verzinsung und Tilgung von Anstaltsschulden, B 4 N 24 A—E S 63 ff., 7 N 34 S 90, 39 N 20 S 46, 41 N 46 S 157, 42 N 41 S 140/2, 48 N 37 S 119/22; vgl. auch S 39 S 138, § 16 Ziff 2 der bayr. VA, sowie die Begr. zum BayAG S 704. Was den Personalaufwand betrifft, so gilt hier der Satz, daß die Ausgaben für das Anstaltspersonal unter die Verwaltungsposten fallen, vgl. § 16 Abs 2 BayVA. Das gilt, schon mit Rücksicht auf die Bestimmung über besoldete Armenärzte, für das nicht im einzelnen Falle entlohnte, sondern gegen Gehalt oder Bauschentschädigung angestellte ärztliche und niederärztliche Personal. Das BAH rechnet auch den Aufwand für die Irrenanstaltspfleger zu den Verwaltungskosten, B 21 N 39 S 137/8 und 27 N 31 S 104 Brunn S 593/6, B 52 N 29 S 116

[1]) Solche Festsetzungen durch das BAH, das nach freiem Ermessen da, wo Tarife fehlten, nach seinen Erfahrungen Durchschnittssätze für Krankenhausverpflegung festgestellt hat, finden sich bei Bath Anm 30 zu § 30 S 214, s. auch B 54 N 34 S 149. Dagegen hat das BAH in B 41 N 46 S 158 ausgesprochen, daß über die Höhe der Pflegegelder für Kinder sich allgemeine Grundsätze nicht aufstellen lassen, so auch B 37 N 49 S 132 Brunn S 591.

und 53 N 28 S 114. Da aber jeder Kranke einem Pfleger zugeteilt werden muß und die Ausgaben für das vermehrte Pflegerpersonal in der Neuzeit die Höchststeigerung erfuhren, wird die Rechtsprechung nicht umhin können, diesen Aufwand bei der Durchschnittsberechnung für die Anstaltskosten eines Jahres oder für die Aufstellung eines Durchschnittsverpflegssatzes mitzuberücksichtigen, weil sonst von einem den Verhältnissen entsprechenden Entschädigungssatze nicht mehr die Rede sein kann; vgl. auch Anm 7 a, b und l.

Für die Einräumung eines Platzes in einer Anstalt kann keinerlei Gebühr angesetzt werden, da dies unter allen Umständen unter den Verwaltungsaufwand gehört, B 41 N 47 S 159/60.

Zu den „Individualkosten" gehören insbesondere Beköstigung und Heilmittel („Medikamente und besonderer Kuraufwand", Baath Anm 30 zu § 30 S 209), B 52 N 29 S 117. Dazu kommen in besonderen Fällen Ausgaben, die durch außerordentliche persönliche Bedürfnisse veranlaßt werden, so B 11 N 23 S 49 und N 44 S 110 (besondere Wärter), 52 N 29 S 117 (Kleidung), 21 N 40 S 138 (Wäschereinigung, s. aber auch B 40 N 50 S 125), 26 N 30 S 88 (Reinigung von Ungeziefer), 39 N 45 S 129 (Kleiderreinigung bei Krätze).

Zu den Verwaltungskosten gehören aber nicht die Kosten für die Zuführung in eine Anstalt oder den Transport in eine andere Anstalt, B 45 N 34 S 115 und 51 N 44 S 141/4, (anders daselbst N 45 S 145 wegen zu hoher Kosten für einen Kraftwagen); dann Anm 4 I zu § 28 unter Transportkosten.

h) Unter Armenanstalten sind nicht Anstalten der Armenpflege im engeren Sinne, sondern alle Einrichtungen zu verstehen, die von Armenverbänden zum Zwecke der Armenpflege benützt werden; dazu gehören nicht nur Krankenhäuser, Heil- und Pflege-(Irren-)Anstalten, sondern auch Lungenheilstätten, Säuglingsheime, selbst Begräbnisplätze (sogar kirchliche, B 41 N 47 S 159, 161, 31 N 37 S 96 Brunn S 627, Preuß. VerwBl 39 S 396); vgl. hierüber B 10 N 32 S 99/101, 38 N 47 S 134 Brunn S 627, 45 N 33 S 110/12. Es macht also nichts aus, wenn das Krankenhaus nicht ausschließlich zur Unterbringung armer Kranker benutzt wird (B 25 N 24 A S 70) oder wenn der AV eine fremde Anstalt benützen muß (B 45 a. a. O. S 112); in diesem Falle hat das BAH die Berücksichtigung der Verwaltungskosten in dem Verpflegstarife (s hierüber Anm 7 b) nicht zugelassen, sondern den Ersatzanspruch abgewiesen, weil von dem Pflegesatze zu 3 Mk. angenommen wurde, daß er den „Individualkosten" nach Abzug der allgemeinen Verwaltungskosten nicht entspricht.

i) Über Beerdigungskosten s. Anm 4 I (Beerdigung, Leichen) zu § 28, über Begräbnisplätze vorsteh. Anm h. Der bayr. VGH hat für die Rechtsverhältnisse nach Inkrafttreten des UWG nunmehr ausgesprochen, daß Gebühren für gemeindliche Friedhöfe und Leichenhäuser im Hinblick auf § 30 Abs 3 nicht ersatzfähige Verwaltungskosten sind, S 40 S 33 (früher S 4 S 346, 27 S 7).

k) Was die festbesoldeten Armenärzte betrifft, so darf das Abkommen eine Berechnung besonderer Gebühren für die ärztliche Behandlung ortsfremder Hilfsbedürftiger nicht zulassen, B 8 N 40 S 113. Das gilt auch für den Fall, wenn ein solcher Armenarzt für den AV, der ihn aufgestellt hat, in einer auswärtigen Krankenanstalt tätig wird, aber nicht für den festbesoldeten Armenarzt des auswärtigen OAVes, B 34 N 44 S 161 und 45 N 35 S 115. Zulässig ist die Zuziehung eines weiteren Arztes bei schweren Verletzungen oder schwierigen Operationen, B 8 N 40 S 113/2 Brunn S 420 und eines Spezialisten, insbesondere bei Augen- und Zahnleiden, B 46 N 18 S 70 und 47 N 36 S 103/4; auch ist es angängig, festbesoldeten Armenärzten nur einen Teil der armenärztlichen Behandlung zu übertragen, vgl. B 29 N 27 S 88. Für die übrigen Ärzte sind die amtlichen Gebührenordnungen maßgebend. Als festremunerierte Armenärzte gelten auch die Ärzte eines Ärztevereins, dem ein AV die armenärztliche Behandlung gegen einen bestimmten (nach der Einwohnerzahl berechneten) Bauschbetrag übertragen hat, wenn auch dieser Betrag an die Vereinsmitglieder nach Maßgabe der ihnen erteilten Krankenscheine verteilt wird, B 49 N 37 S 105.

Über Aufstellung von Armenärzten s §§ 15 und 17 BayVA.

l) Wo es sich nicht um armenrechtliche Erstattungsansprüche auf Grund des UWG handelt, kann der gesamte Aufwand einschließlich der Verwaltungskosten und der Gebühren für Armenärzte in Anrechnung gebracht werden. Das gilt allgemein für den Ersatzanspruch gegen den Unterstützten und dessen Unterhaltspflichtige, B 25 N 42 S 121, 40 N 49 S 123, sowie gegen Versicherungseinrichtungen, 41 N 48 S 163 und 44 N 43 S 122; das gleiche gilt auch bei einem Vertragsverhältnisse zwischen AVen. Die Kostenberechnung gegenüber dem Unterstützten kann aber zur Untersuchung im armenrechtlichen Streitverfahren kommen, wenn es sich darum handelt, ob der AV nicht durch Dritte z. B. durch Krankenkassen voll gedeckt ist; ferner ist in B 41 N 48 S 162 ausgesprochen, daß da, wo für die Benützung des Krankenhauses allgemein ein Tarif mit niedrigeren Sätzen als die Selbstkosten besteht, dieser auch im Verhältnisse zu dem Unterstützten maßgebend ist. Vgl. auch noch Anm 7 l.

Dagegen findet die Bestimmung in Abs 3 Anwendung auf Erstattungsansprüche wegen Abschiebung, B 30 N 43 S 130 Brunn S 608/9.

7. Über die Tarife[1]) nach Abs 4 sind folgende Grundsätze anzuführen:

a) Diese Tarife sind Bestandteile des landesgesetzlichen Armenrechts. Ihre Ungültigkeit käme in Frage, wenn sie gegen Reichsgesetze insbesondere das UWG verstoßen würden, wenn bei ihrer Aufstellung also beispielsweise allgemeine Verwaltungskosten mitberücksichtigt wären (B 48 N 37 S 119/22). Ihre Rechtswirksamkeit unterliegt der verwaltungsrichterlichen

---

[1]) Vgl. die Zusammenstellung über Tarife für die Erstattung von Armenpflegekosten bei Krech (K) S 210. Für Preußen gilt der Tarif vom 30. Nov. 1910 (MABl f. d. innere Verw S 333), wonach für den Tag ein Satz von 90 Pfg. (bei Personen unter 14 Jahren 60 Pfg.) für Verpflegung und 20 Pfg. für hinzukommende (B 33 N 40 S 90) ärztliche Behandlung festgestellt ist. Dabei ist eine Sonderberechnung des Mehraufwandes im Falle von Verwundungen oder schweren oder ansteckenden Krankheiten, sowie für künstliche Gliedmaßen u. dgl dann für Kleidungsstücke zulässig. Außerdem beträgt der Tarif für Beerdigungen 25 Mk. (für Personen unter 14 Jahren 15 Mk.). Ein Teil der Länder hat überhaupt keinen Tarif aufgestellt und ein anderer Teil den preußischen Tarif übernommen. Nachtrag zum Tarife vom 28. Okt. 1919 (100 % Teuerungszuschlag usw.) s B 56 N 20 S 64 und N 21 S 66. In Bayern werden gemäß Art 13 BayAG die Tarife nach Verwaltungsbezirken aufgestellt und ist zunächst nur beabsichtigt, Krankenhaustarife einzuführen; näheres hierüber s. bei Art 13 und in § 16 der bayr. VA. Bezüglich der früheren Krankenhaustarife s. ME vom 17. Febr. 1888 (MABl S 65) und vom 12. Juni 1889.

Nachprüfung; wer aber seine Ansprüche auf solche Tarife stützt, ist des Nachweises der Angemessenheit seiner Forderung enthoben, s. B 54 N 34 S 148.

b) Die Tarifsätze gelten nur für die Ersatzforderungen zwischen den ABen des **Bundesstaates, in dem sie erlassen** sind, vgl. B 27 N 32 S 106 Brunn S 608, Begr zum BayAG S 704, bayer. VA § 15 Abs 3. Gegenüber den ersatzpflichtigen ABen in anderen Bundesstaaten wird der ersatzberechtigte AB seinen tatsächlichen Aufwand unter Abzug der in § 30 Abs 3 erwähnten Kosten in Berechnung zu stellen haben, s. Anm 6 (e und g). Da die Tarife Durchschnittssätze enthalten, können sie auch als Beweismittel für die Angemessenheit der geltend gemachten Forderung für Krankenhauspflege dienen; auch wird es vorkommen, daß die ABe in einzelnen Fällen einen höheren oder niederen Ansatz machen; deshalb wird es sich für die bayrischen Krankenhäuser empfehlen, eine vom Tarif etwa abweichende Durchschnittsberechnung des Aufwands für die Krankenhauspflege beizufügen. In die Berechnung dürfen nur tatsächliche Ausgaben mit Ausschluß der allgemeinen Verwaltungskosten aufgenommen werden. Als lehrreiches Beispiel erscheint die Aufstellung des Bürgermeisters von Hollander-Mannheim für die Krankenhauspflege Mannheim in den Schriften des Deutschen Vereins für Armenpflege und Wohltätigkeit Heft 100 S 156. Danach trafen für das Jahr 1908 auf den einzelnen Verpflegungstag 4 Mk. 46 Pfg., davon waren den auswärtigen Armenverbänden gegenüber nur die Positionen 12 und 15 (Lebensmittel und Medikamente für Kranke) mit zusammen 1 Mk. 57 Pfg. ersatzfähig, während 2 Mk. 89 Pfg. pro Verpflegungstag als „allgemeine Verwaltungskosten" galten. Daher der Ruf nach Zulassung der Berücksichtigung von Verwaltungskosten bei Aufstellung von Verpflegssätzen für Krankenanstalten, s. Heft 100 S 158.

c) Die Tarifsätze sind **keine Höchstsätze, sondern Bauschsätze**; sie können deshalb auch in Berechnung gebracht werden, wenn der wirkliche Aufwand des ersatzfordernden ABes geringer ist als der Tarifsatz, vgl. B 45 N 36 S 120. Doch kommt es auch vor, daß der Tarif Höchstsätze enthält, wie das beispielsweise für nicht völlig erwerbsunfähige Personen nach Ziff. 6 des preußischen Tarifes vom 30. November 1910 zutrifft.

d) Nach der Entscheidung des BAH in B 8 N 38 S 108/12 sind **Vereinbarungen** über höhere Vergütungssätze gegenüber den Bestimmungen des preußischen Tarifes bei armenrechtlichen Erstattungsansprüchen von den Spruchbehörden nicht zu beachten. Dagegen ist es nach B 47 N 33 S 93 gestattet, statt der höheren Tarifsätze die tatsächlichen Auslagen in Rechnung zu stellen. Daselbst ist auch ausgesprochen, daß wenn letztere erstattet sind, die Nachforderung des Betrags, um den der Tarif diese Auslagen übersteigt, nicht statthaft ist; vgl. auch B 48 N 31—34 S 102—113 und 49 N 40 S 112. In B 49 S 113/4 wird eine Einigung als statthaft erklärt, daß an Stelle der tarifmäßigen Sätze nur die tatsächlichen Ausgaben zu ersetzen seien und umgekehrt. Selbstverständlich sind Vereinbarungen über Bezahlung höherer Pflegegelder, als sie nach dem Tarife zu verlangen waren, in den Fällen zulässig, wo eine Einigung nach § 55 zustande kommt; desgleichen ist der Tarif nicht anzuwenden bei Anordnungen nach § 56, vgl. B 48 N 54 S 187.

e) Es ist allgemein üblich, den Tag des Ein- und Austrittes in eine Anstalt (Krankenhaus) als einen Tag zu rechnen, vgl. Ziff 3 Preuß. Tarif vom 30. November 1910 und bayr. VA § 16 Ziff 5.

f) Die Tarifsätze sind nicht maßgebend, wenn nur ein Teil der tarifierten Leistung in Frage kommt, B 49 N 39 S 111, wenn beispielsweise der AB unentgeltliche Verpflegung für die in einer Anstalt untergebrachten Hilfsbedürftigen zu beanspruchen und nur ein geringes Eintrittgeld zu bezahlen hatte, B 48 N 29 S 94/8; in solchen Fällen kann Ersatzforderung für einen Teil der Verpflegung höher sein als für den vollen Unterhalt, B 55 N 32 S 97 und 33 S 101. Das gleiche trifft zu, wenn der AB nur einen Zuschuß zur Anstaltsverpflegung leistet, der andere Teil aber von Dritten, z. B von Unterhaltspflichtigen aufgebracht wird, B 48 N 30 S 99, ferner 49 N 38 S 108, N 39 S 110.

g) In die Tarifsätze sind Auslagen, die in keinem Zusammenhange mit Pflege, Kur und Verpflegung stehen, nicht eingerechnet, so ärztliche Zeugnisse (B 35 N 42 S 120 Brunn S 623), Reisegeld und Transportkosten (B 48 N 29 S 94/9, dazu 39 N 44 S 126, ferner B 45 N 34 S 113).

h) Wenn neben dem Tarif außerordentliche Mehraufwendungen gesondert verrechnet werden dürfen, so können auch Auslagen wie für Anwendung von Radium und Salvarsaneinspritzungen[1]) berücksichtigt werden, B 48 N 36 S 115. Das trifft aber nicht zu, wenn die Heil- und Verbandmittel nach einem Durchschnitts-(Bausch-)Satze gemäß § 30 Abs 3 verrechnet werden, vgl. B 48 N 28 S 93. Künstliche Gliedmaßen fallen nicht unter den Tarif, anders bei Bruchbändern (vgl. B 42 N 44 S 149), wegen Anschaffung von Brillen s. B 48 N 38 S 122, einer Klumpfußmaschine B 2 N 3 S 6, eines Stelzfußes B 29 N 30 S 94. Bei sonder-(spezial-)ärztlicher Hilfeleistung, z. B. durch Augenärzte, findet der Tarif keine Anwendung, vgl. B 42 N 43 S 146. Der in B 23 N 42 S 152 Brunn S 620 enthaltene Satz, daß neben der zulässigen Sonderberechnung des tatsächlich Verausgabten nicht noch der Tarifsatz gefordert werden könne, ist nach dem neueren preuß. Tarif vom BAH nicht aufrecht erhalten worden, vgl. B 46 N 40 S 151, 48 N 38 S 122. Für Bayern gilt der Grundsatz, daß bei erheblichen außerordentlichen Mehraufwendungen, wie für außergewöhnliche Heilmittel, wundärztliche Eingriffe (chirurgische Operationen), teuere Verbände, künstliche Gliedmaßen usw. neben dem Krankenhaustarife (Bauschbetrage) besondere Verrechnung stattfinden darf. Hier kommt dann nicht ein Bauschsatz, sondern nur der im einzelnen Falle nach Art und Betrag anzuführende Aufwand zur Berechnung, B 49 N 41 S 117.

i) Wenn der Tarif nur Sätze für ärztliche Behandlung einschließlich Verpflegung, also insbesondere für Kur und Verpflegung in Krankenhäusern enthält, so unterliegen Aufwendungen für ärztliche Behandlung allein diesen Tarifsätzen nicht. Andernfalls ist in dem Verpflegssatze (für Krankenhäuser) auch die Vergütung für die Kosten der ärztlichen Behandlung mit Einschluß der niederärztlichen Hilfeleistung, der Arzneien und Bäder inbegriffen, wo nicht eine eigene Bestimmung das Gegenteil besagt, vgl. B 24 N 49 S 145, 29 N 29 S 92 und 46 N 18 S 71, dann auch § 16 Ziff 4 bayr. BA.

k) Der Wortlaut des Absatzes 4 schließt die Tarifierung der Beerdigungskosten nicht aus, B 45 N 39 S 129 ff.

[1]) Aber nicht, wenn im Krankenhaustarife die Ausgaben dafür bereits berücksichtigt sind, BGE vom 3. Dezember 1917 N 76 III/17 Krankenhilfe D, auch Krätzsalbe kommt nicht in Betracht, BGE vom 4. Februar 1918 N 85 III/17 Krankenhilfe B.

l) Der armenrechtliche Ersatzanspruch nach dem UWG, daher auch der Anspruch gegen den abschiebenden AV und der Ersatzanspruch gegen den AV, der die Übernahmepflicht ungerechtfertigterweise verzögert hat, unterliegt dem Tarife, B 38 N 15 S 37/9 Brunn S 475 und B 40 N 49 S 123. Dagegen wird dies für jede landesrechtlich geregelte Armenpflege vom bayr. VGH verneint, S 39 S 147 (s. dagegen B 56 N 20 S 61, 64). In Frage kommen Ersatzforderungen für Überweisungen Hilfsbedürftiger an die OAVe (Art 56), für Auslandsdeutsche und Ausländer (Art 61 und 62), für Anstaltspflegebedürftige (Art 58 Abs 2 BayAG, Kostenübernahme mit Rückwirkung, Krankenhauseinweisung usw.). Der BayVGH hat aber noch die weitere Folgerung gezogen, daß wie Tarife nach Abs 4 des § 30 auch Abs 3 (Abzug der Verwaltungskosten) auf Ersatzansprüche landesrechtlicher Natur nicht Anwendung findet, S 40 S 95. Dieser auch durch Hinweis auf MinEntschl vom 19. Dezember 1915 N 5 703 gestützten Entscheidung haben in neuerer Zeit einzelne Kreise bei Regelung der Verpflegssätze[1]) für ihre Heil- und Pflegeanstalten Rechnung getragen. So kommt es, daß nach Ausschreibungen in zwei Kreisamtsblättern vom März 1920 der Verpflegssatz III. Klasse für Armenverbände einmal auf 3 Mk. überhaupt, das anderemal auf 5 Mk., im Falle des Art. 61 und 62 BayAG aber auf 10 Mk. festgesetzt wurde. Dagegen bestünde keinerlei Bedenken, wenn dabei allgemeine Verwaltungskosten nicht miteingerechnet wurden; denn die Kreise können für einzelne Kategorien Verpflegssätze unter dem nach § 30 Abs 3 ermittelten Durchschnittsaufwand festsetzen. Es widerstrebt aber an sich den Grundsätzen des UWG, daß Armenverbände höhere Sätze als sie nach § 30 Abs 3 und 4 UWG gefordert werden können, an andere AVe für armenpflegliche Leistungen bezahlen müssen — auch bei Ausländern richtet sich der Ersatzanspruch gegen den LAV, der nur seine Kosten teilweise vom Staat ersetzt erhält. Für Tarife ist im UWG die landesgesetzliche Regelung vorgesehen; aber nach B 56 N 20 S 61/3 hat der Tarif (nach preuß. AG) auch bei Überweisung Hilfsbedürftiger durch die LAVe an die OAVe Anwendung zu finden; vereinbar damit ist der in Preußen wie in Bayern geltende Grundsatz, daß bei Anstalten der Gebrechlichenfürsorge der satzungsgemäße Verpflegssatz nicht der Tarif maßgebend ist (s. auch Anm 6 c). Nach Begr. z. BayAG S 717 sollten die Tarife auch im Falle der Überweisung nach Art 56 anzuwenden sein. Wegen der Klagen über deren Unzulänglichkeit gegenüber den tatsächlichen Aufwendungen bei den Gesetzgebungsverhandlungen (s AV 1914 S 464) wurde dann der notwendige Aufwand vollständig als ersatzfähig erklärt. Die LAVe haben also soviel zu erstatten, als die Auslagen der OAVe betragen.[2]) Im übrigen wurde auch bei den RTV 1907/09 AnlBd 247 S 5084 die Festsetzung der vollen Entschädigung bei Übertragung der Fürsorgepflicht an die LAVe gemäß § 33 durch Reichsgesetz als unzulässig bezeichnet, weil der Landesgesetzgebung nach § 8 UWG die selbständige Regelung dieser Frage zugewiesen sei. Einheitliche Regelung in den Regierungsbezirken ist anzustreben. S. dazu auch BlApfl III S 228 und V S 25.

---

[1]) Andere Wohltätigkeitsanstalten, deren sich die LAVe bedienen, stehen unter staatlicher Aufsicht; ihre Verpflegssätze sind entweder staatlich genehmigt oder mit den LAVen vereinbart. Einer aufsichtlichen Genehmigung bedürfen die Verpflegssätze für Kreisirrenanstalten seit Einführung des SVG nicht mehr.

[2]) Der Tarif findet aber Anwendung, wenn Landarme in Krankenanstalten nach § 28 verpflegt werden, ohne daß eine Überweisung erfolgt wäre.

Daß Tarife nicht für Ersatzansprüche gegen den Unterstützten, dessen Erben, gegen Drittverpflichtete (Art. 10 BayAG § 62) gelten, ergibt sich daraus, daß § 30 nur Ersatzansprüche gegen Armenverbände behandelt.

m) Das BAH hat die Entscheidung in B 26 N 44 S 114, wonach die für die preußischen Provinzialirrenanstalten erlassenen Reglements und deren Pflegesätze für die Erstattungsansprüche unter den LAVen, also für den LAV, der einem nicht landarmen Hilfsbedürftigen Anstaltspflege gewährt, nicht maßgebend sind, in B 49 N 46 S 136/8 aufgegeben.

n) Die Tarife müssen von der nach Landesrecht zuständigen Behörde erlassen und öffentlich — in Bayern im Kreisamtsblatte — bekannt gemacht werden. S. bayer. BA § 15 Abs 2 und § 16 Z. 6.

o) Wenn die Tarifsätze nicht mehr den wirklichen Verhältnissen entsprechen, so ist eine Änderung der Tarife zu veranlassen, vgl. KommBer RTV 1907/8 AnlBd 247 S 5090. Deren Rechtswirksamkeit hängt von dem ordnungsgemäßen Erlasse der Abänderungsanordnung ab, s. n, dann § 15 Abs 2 bayr. BA. Solange sie nicht erfolgt ist, bleibt der bisherige Tarif ungeachtet der Änderung der wirtschaftlichen Verhältnisse bindend, B 56 N 21 S 64/6.

p) Die vom deutschen VereinöffuprF aufgestellten Richtlinien für Tarifbestimmungen durch ein Reichsarmengesetz s. in Vereinsschriften Heft 100 S 158, auch Diefenbach RAG S 304.

§ 30 a.

Erstattungs- und Ersatzansprüche, welche auf Grund dieses Gesetzes erhoben werden, verjähren in zwei Jahren vom Ablaufe desjenigen Jahres ab, in welchem der Anspruch entstanden ist.[1, 2, 3]

1. Die Bestimmungen des bürgerlichen Rechts über Verjährung sind auch auf Forderungen des öffentlichen Rechts anzuwenden, soweit nicht in den Gesetzen auf diesem Gebiet etwas anderes angeordnet ist. Vgl. S 11 S 238, 580, Plenarentscheidung, insbesondere S 582, Kahr, Bayr. GemO Bd 1 S 512, auch B 28 N 43 S 122/6, 33 N 41 S 92/4 Brunn S 635, B 46 N 41 S 152/4 und N 50 S 195 7. Solche Sondervorschriften hat das UWG in § 30 a und das BayAG zum BGB in Art 124, 125 ff. in bezug auf Kommunalverbände, zu denen auch die Armenverbände gehören, getroffen. Gegenüber der reichsrechtlichen Vorschrift in § 30 a ist für die Verfolgung von Erstattungsansprüchen der AVe nach dem UWG die Festsetzung anderer, insbesondere kürzerer Fristen durch Landesrecht unzulässig, B 32 N 38 S 106. Unter die Vorschrift fallen alle Streitigkeiten über die aus dem Gesetze (UWG) sich ergebende Verteilung der Armenlast, auch auf Rückforderungen armenrechtlicher Leistungen, die in der irrtümlichen Annahme einer gesetzlichen Verpflichtung erfolgten, B 34 N 45 S 165 Brunn S 629[1]), B 35 N 43 S 122 Brunn S 630, ferner B 37 N 39

---

[1]) Diese Entscheidung schließt bei auftragsgemäßer Fürsorge die zweijährige Verjährungsfrist des § 30 a insoferne aus, als es sich um bürgerlichrechtlich verfolgbare Erstattungsansprüche handelt, was nicht für die Übertragung der Armenfürsorge an die OAVe durch die LAVe gemäß § 8 UWG und den einschlägigen Bestimmungen der Landesgesetze zutrifft.

S 107 und 110 (Ansprüche wegen ungerechtfertigter Bereicherung, so auch Pr. VerwBl 40 S 6). Auch auf Ersatzforderungen nach Art 58 Abs 2 und 3 BayAG findet § 30a Anwendung, da es sich hiebei um den Vollzug des UWG (§§ 8 und 32a) und um Verteilung der Armenlasten handelt, B 42 N 23 S 83, aber nicht auf landesrechtliche Ersatzansprüche gegen den Unterstützten und dessen Unterhaltspflichtige (RGZ Bd 72 S 334 und Bd 75 S 84) und auf Ersatzansprüche von Privatpersonen gegen AVe, vgl. Art 10 und 14 BayAG; nach Diefenbach RAG S 238 soll auch hierauf § 30a erstreckt werden; hier gilt, da wo landesgesetzliche Vorschriften fehlen, dermalen die allgemeine Verjährungsregel, also § 195, bei Unterhaltsansprüchen § 197; bei Ansprüchen der bayr. AVe und gegen bayr. AVe richtet sich die Verjährung nach den angeführten Vorschriften des BayAG zum BGB (vgl. S 29 S 128, 30 S 1/3).

Auf Übernahmeansprüche finden weder § 30a noch § 34 Anwendung, Reger 37 S 306.

2. Verschieden ist die Wirkung der Verjährung nach dem BGB und nach dem BayAG zum BGB. Nach § 222 BGB wird die Forderung nicht von selbst aufgehoben, sondern nur dem Schuldner eine Einrede gegen die Forderungsklage geschaffen, indem ihm das Gesetz die Berechtigung einräumt, auf Grund der Verjährung die geforderte Leistung zu verweigern. Das Geleistete kann aber nicht zurückgefordert werden. Die verjährte Forderung kann nach Maßgabe des § 390 BGB aufgerechnet werden. Die Frage, ob die Verjährung im öffentlichen Rechte nicht von Amts wegen, sondern nur auf Einwendung des Schuldners zu berücksichtigen sei, ist bei Geldleistungen, also auch nach dem öffentlichen Rechte verzichtbaren Ansprüchen, im letzteren Sinne zu entscheiden; vgl. dazu S 14 S 217 und 368, 13 S 338, 23 S 161, 25 S 409, VGE vom 28. Mai 1909 N 59 I/09 Feldwegunterhaltung, Dyroff, VGG S 551, 553, B 30 N 54 S 159. Anders ist aber die Sache nach dem BayAG zum BGB zu beurteilen. Hier erzeugt die Verjährung nach dem klaren Wortlaute des Gesetzes ein zur Klageabweisung führendes Erlöschen des Anspruches, also nicht bloß einer Einrede nach § 222 BGB; vgl. hierüber VdKdA 1898/9 BeilBd 20 Teil I S 60; Böhm, BayAG zum BGB Note 3 zu Art 123 S 190, Fischer-Henle (dasselbe Gesetz) 2. Auflage S 207. Hat beispielsweise der vorläufig fürsorgepflichtige OAV des AufO A vom 1. August 1918 ab die fortdauernde Unterstützung eines Hilfsbedürftigen mit dem UW in B gewährt, so sind die für das Jahr 1918 geleisteten Aufwendungen mit Ablauf des 31. Dez. 1920 verjährt, B 35 N 43 S 122 Brunn S 630 (nach Eger UWG S 228 wäre der ganze Anspruch verjährt). Die Verjährung ist auf Einwendung des Beklagten zu berücksichtigen, B 30 N 54 S 159. Die Einrede kann auch erst in der Berufungsinstanz vorgebracht werden, B 37 N 38 B S 105. Dagegen sind andere — landesrechtliche — Erstattungsansprüche bayr. AVe und Ansprüche gegen solche nach 3 Jahren von dem in Art 124 oder 125 a. a. O. angeführten Zeitpunkt an erloschen und daher abzuweisen, auch wenn der Beklagte seine Leistungsverweigerung nicht mit der Einrede der Verjährung begründet.

3. Im übrigen kommen die weiteren Vorschriften des BGB. über die Verjährung auch hier zur Anwendung. Dazu gehören:

a) Die Bestimmungen über die Hemmung (§§ 202 ff.)[1]) und

---

[1]) Die Schutzvorschriften über Kriegsteilnehmer und ihre Gegner nach RG vom 4. Aug. 1914 (RGBl S 328 § 8) und späteren Ergänzungsverordnungen

b) über die Unterbrechung der Verjährung (§§ 208 ff.), was vom BAH wiederholt anerkannt worden ist, B 46 N 41 S 152/4 und N 42 S 160 mit Anführungen.

Wird vom AV die Forderung eines anderen AVes durch Leistung einer Teilsumme anerkannt, so wird dadurch die Verjährung gemäß § 209 unterbrochen; die neue Verjährungsfrist beginnt mit dem Tag, an dem das Anerkenntnis dem Gegner zugegangen ist (nicht am Schlusse des betreffenden Jahres), B 56 N 22 S 67; sonst bildet ein Anerkenntnis (s. f. bürgerlichrechtl. Verhältnisse § 781 BGB) keinen armenrechtlichen Verpflichtungsgrund; es hat also auch nicht etwa den Lauf der 30jährigen Verjährnngsfrist zur Folge, s. B 49 N 42 S 113, 51 N 47 S 151 3, 52 N 33 S 129/31 und insbesondere N 32 S 122, 126, 127, 128. Was die Unterbrechung der Verjährung durch Klageerhebung (§ 209) betrifft, so kommt nur die Klageerhebung gegen die Partei in Betracht, gegen die sich der Anspruch richtet, nicht aber eine frühere Klageerhebung gegen den AV, der ursprünglich als der Verpflichtete angesehen wurde, B 46 a. a. O. S 152. Wegen Zurücknahme der Klage gilt die Bestimmung in § 212 Abs 1 und 2; danach hebt die Zurücknahme der Klage die Wirkung der Verjährungsunterbrechung wieder auf, wenn nicht innerhalb 6 Monaten von neuem Klage erhoben wird, vgl. B 34 N 35 S 121/4, 49 N 47 S 138. Was die Rechtshängigkeit anlangt, so ist für den Zeitpunkt der Klageerhebung auf dem Gebiete des öffentlichen Rechtes die RZPO, für die in dieser Hinsicht der Parteibetrieb maßgebend ist, nicht anwendbar, sondern das Landesrecht. Da Vorschriften für das öffentliche Recht in Bayern fehlen, ist nach der nicht angefochtenen Praxis unter Klageerhebung die Erhebung des Anspruchs bei der armenrechtlichen Spruchbehörde erster Instanz zu verstehen, S 20 S 128. In gleichem Sinne lautet auch die Rechtsprechung des BAH, s. hierüber B 33 N 41 S 92/4 Brunn S 635, B 34 N 46 S 168, 35 N 43 S 122/5 und 46 N 41 S 152/4. Die Klageerhebung unterbricht die Verjährung auch dann, wenn auf Feststellung des Anspruches geklagt wird (§ 209 BGB). Die bei nachgewiesenem Interesse auch im öffentlichen Rechte zulässige Feststellungsklage (vgl. Anm 2 a zu § 37) unterbricht hier, wenn sie auf Übernahme der Fürsorge eines Hilfsbedürftigen und der Aufwendungen für ihn vorbehaltlich ihrer Feststellung erhoben war, die Verjährung der einzelnen ziffermäßigen Ansprüche (B 46 N 42 S 156, s. auch daselbst den Hinweis auf die vor dem Inkrafttreten des BGB ergangene Entscheidung in B 31 N 42 S 114). Wenn aber lediglich ein Streit über die Übernahmepflicht geführt wird, weil beispielsweise der endgültig verpflichtete OAV die dauernde Hilfsbedürftigkeit, die Voraussetzung der Übernahme, bestreitet, so wird durch die Klage und das ihr stattgebende Urteil (s. Anm 3 a zu § 31) die Verjährung der Forderung auf Ersatz der bisherigen Aufwendungen nicht berührt.

Nicht unterbrochen wird die Verjährung durch Anmeldung nach § 34, B 46 N 41 S 152/4, da hiefür eine gesetzliche Bestimmung nicht zu ermitteln ist; gleiches gilt für die Mahnung (BGE vom 29. Nov. 1920 N 41 AU W, anders im Beitreibungsverfahren nach Art 124 Abs 2 BayAG zum BGB, was hauptsächlich für gemeindliche Gefälle in Betracht kommt, vgl. Böhm a. a. O. S 190).

über Hemmung der Verjährung finden auf Ansprüche der AVe nach dem UWG keine Anwendung, s. B 52 N 32 S 122/7; anders bei einer landesrechtlichen Ersatzforderung eines Kriegsteilnehmers, der Arzt ist, gemäß Art 14 BayAG.

c) Die Vorschriften über die Dauer und die Wirkung der Unterbrechung (§ 211 und § 217).

d) Die Bestimmung in § 218, wonach rechtskräftig festgestellte Ansprüche erst in 30 Jahren verjähren. Das gilt auch für Ansprüche der in Art 124 BayAG zum BGB angeführten Rechtssubjekte (Staat, Gemeinde, ABe) und gegen sie. Soweit sich das Urteil auf regelmäßig wiederkehrende erst künftig fällige Leistungen (Unterhaltsgeld) bezieht, bewendet es bei der kürzeren Verjährungsfrist (§ 218 Abs 2). Wird in dem kurz vorher (unter a) erwähnten ersteren Beispiele Feststellungsurteil im Sinne der Klage auf Ersatz der später erst rechnerisch zusammengestellten und verweigerten Ausgaben erlassen, dann tritt Verjährung nach § 218 ein; vgl. Begr des Entw zum BGB Bd I S 338 (nicht 138, wie B 46 S 161 anführt), woselbst näher erörtert wird, daß es keinen Unterschied mache, ob das Urteil auf Bewirkung einer Leistung oder auf Feststellung des Anspruches gerichtet ist. Wird die Klage abgewiesen, so können die weiter bezahlten Beträge späterhin nicht im einzelnen eingeklagt werden, B 46 N 50 S 195/8.

Einem Urteil ist auch die Anordnung nach § 56 gleichzuachten, B 46 a. a. O. S 197.

e) Die Bestimmung, daß mit dem Hauptanspruch auch die von ihm abhängigen Nebenleistungen (Zinsen und Kosten) verjähren (§ 224), so daß die für Zinsen sonst maßgebende längere Verjährungsfrist (§ 197) der Bestimmung in § 30a zu weichen hat.

f) Die Bestimmung in § 390 über Verjährung und Aufrechnung, B 52 N 33 S 129.

g) Das bürgerliche Recht kennt keine Wiedereinsetzung in den vorigen Stand für die Verjährungsfrist. Da sie nicht prozessualer Natur ist, finden auch die Bestimmungen der RZPO §§ 230—238 nicht Anwendung, B 40 N 52 S 128. Anders bei der Beschwerdefrist, vgl. Art 22 Abs 6 BGG, S 24 S 448.

§ 31.

Der nach der Vorschrift des § 30 zur Kostenerstattung verpflichtete Armenverband ist zur Übernahme eines hilfsbedürftigen Deutschen verpflichtet, wenn die Unterstützung aus anderen Gründen als wegen einer nur vorübergehenden Arbeitsunfähigkeit notwendig geworden ist (§ 5 des Gesetzes über die Freizügigkeit vom 1. November 1867, Bundes-Gesetzbl. S. 55).[1, 2, 3]

1. Zur Übernahme eines dauernd Hilfsbedürftigen ist verpflichtet der AB des UW oder, wenn der Hilfsbedürftige einen UW nicht hat oder ein solcher nicht zu ermitteln ist, der LAB, in dessen Bezirke die Hilfsbedürftigkeit eintritt, bei den aus dem Ausland übernommenen oder infolge der Kriegsverhältnisse übergetretenen Deutschen und ehemaligen Deutschen der LAB des letzten UW, Wohnsitzes, letzten Endes der LAB in dessen Bezirk die Hilfsbedürftigkeit hervortritt, f. § 33 mit Anm und BRBo vom 16. Mai 1918 (RGBl S 409), bayr. MinBek. vom 5. Juli 1918, endlich bei Anstaltspflegebedürftigen der LAB nach Maßgabe der Landesgesetzgebung, vgl. insbesondere § 31 PrAG in der Fassung vom 11. Juli 1891, Art 58 Abs 2 BayAG, ferner B 41 N 14 S 38. Die Übernahmepflicht des nur für einen bestimmten Zeitraum und nur für Krankenhilfe fürsorgepflich-

tigen OAVes des DoAO kommt hier nicht in Betracht; gewährt ein anderer AV die jenen treffende Krankenpflege, so hat der OAV des DoAO nach § 29 Abs 1 die erwachsenen Kur- und Verpflegskosten zu erstatten. Wegen der Übernahmepflicht des abschiebenden AVes s. die Ausführungen über Abschiebung in Anm 7 zu § 28.

Berechtigt zur Stellung des Übernahmeantrags ist der vorläufig fürsorgepflichtige OAV des Aufenthaltsorts, §§ 28, 31, 55 UWG mit § 5 FreizG und zwar auch dann, wenn er den Hilfsbedürftigen, für den er vorläufig fürsorgepflichtig ist, in eine auswärtige Krankenanstalt gebracht hat, B 47 N 11 S 28/32, oder wenn ein anderer AV, insbesondere der OAV des UW für den in seinem Bezirke befindlichen Hilfsbedürftigen die Unterstützung leistet, B 12 N 33 S 92, 31 N 43 S 117 Brunn S 642, S 3 S 267, auch B 13 N 31 S 108, 36 N 35 S 106/8 Brunn S 640. Der OAV des DoAO kann einen Übernahmeantrag nur stellen, wenn sich der Hilfsbedürftige nach Beendigung der Fürsorge gemäß § 29 noch in seinem Bezirk in hilfsbedürftigem Zustande befindet. Für den OAV, der sich irrtümlicherweise für den OAV des UW hält und demgemäß einen auswärts wohnenden Hilfsbedürftigen unterstützt, fehlt es an einem rechtlichen Interesse zur Geltendmachung eines Übernahmeanspruchs, da er in der Lage ist, seine Unterstützung einzustellen und dem OAVe des Aufenthaltsortes die weitere Fürsorge zu überlassen, B 21 N 19 S 61 und 25 N 43 S 131. Übernahmeantrag kann auch der LAV der Grenzbezirke stellen nach § 33 und BRVO vom 16. Mai 1918, s. vorstehenden Absatz. Bei Anstaltspflegebedürftigen steht nicht nur dem OAVe des Aufenthaltsorts sondern auch dem OAVe des UWes ein Übernahmeanspruch zu, vgl. B 23 N 12 S 36/40 Brunn S 210 und B 28 N 51 S 150, s. auch Begr zum BayAG S 720 oben; vom vorläufig anstaltspflegepflichtigen LAVe kann ein Übernahmeantrag dem endgültig verpflichteten LAVe gegenüber gestellt werden, Art 58 Abs 2 BayAG, B 30 N 49 S 148, 42 N 10 S 38, 43 N 18 S 42, dem OAVe des UW gegenüber von beiden LAVen, wenn die Anstaltspflegepflicht nicht mehr besteht. Ist die Fürsorge für einen Hilfsbedürftigen von dem endgültig verpflichteten LAVe gemäß § 8 UWG und den landesrechtlichen Ausführungsgesetzen (s. z. B. § 34 PrAG, Art 56 Abs 1 BayAG) einem OAVe seines Bezirks gegen Entschädigung *überwiesen* worden,[1]) so steht dem hilfeleistenden OAV ein Übernahmeanspruch nach § 31 nicht zu; gleiches gilt bei Unterstützung ohne Übereinkommen (§ 56), s. B 49 N 43 S 120. Ein bereits gestellter Übernahme-Antrag würde ungeachtet seiner Berechtigung an sich (vgl. hierüber B 41 N 14 S 36, 39 mit 49 N 43 S 126) durch nachfolgende Überweisung unvollziehbar, B 29 N 31 S 96 Brunn S 643.

Aus der *Berechtigung* die Übernahme zu verlangen, ist nicht eine Verpflichtung zu folgern, B 51 N 50 S 161/4. S. aber auch Anm 3 i zu § 28.

Über die *Beschaffenheit* eines Übernahmeantrags s. Anm 2 zu § 14 und nachfolgende Anm 3a; über die Folgen eines solchen s. §§ 14 und 27 Abs 2.

Wegen der Ausländer siehe § 60 mit Anm 4.

2. Die Übernahmepflicht des endgültig verpflichteten AVes nach § 31 bildet die Kehrseite des Ausweisungsrechtes[2]) der Aufenthaltsgemeinde

---

[1]) Eine solche Überweisung kann auch bei *vorübergehender* Hilfsbedürftigkeit erfolgen, B 23 N 12 S 39.

[2]) Wegen Aufhebung dieses Rechtes s. Diefenbach RAG S 286 und Zeitschrift für das Armenwesen 21 S 39.

nach § 5 FreizG, vgl. B 36 N 35 S 106/7 Brunn S 640 und B 41 N 14 S 36/9. Die Voraussetzungen der beiden Gesetzbestimmungen sind die gleichen. In der Begründung zum FreizG (RTB 1867 StenBer Bd 2 S 121) werden sie in folgender Weise aufgeführt:

„a) Es muß die Notwendigkeit einer öffentlichen Unterstützung eingetreten sein. Was als öffentliche Unterstützung zu betrachten ist, richtet sich nach den Gesetzen, oder der Verwaltungspraxis des betreffenden Staates.

b) Der Neuanziehende darf noch keinen UW (Heimatrecht) in dem Aufenthaltsort erworben haben.

c) Endlich muß die Gemeinde nachweisen, daß die öffentliche Unterstützung nicht bloß wegen einer vorübergehenden Arbeitsunfähigkeit notwendig geworden ist. Es müssen mithin Gründe vorhanden sein, die darauf schließen lassen, daß die Unterstützungsbedürftigkeit längere Zeit hindurch dauern wird. Eine solche voraussichtlich länger dauernde Unterstützungsbedürftigkeit kann in einer nicht bloß vorübergehenden Arbeitsunfähigkeit, sie kann auch in anderen Verhältnissen ihren Grund haben."

Zu a) Über öffentliche Unterstützung s. Anm 5 zu § 1. Soll die Übernahme verlangt werden können, so genügt nicht etwa das Bestehen der Gefahr der Verarmung, sondern es ist die Notwendigkeit einer öffentlichen Unterstützung aus Gründen, die auf eine länger dauernde Hilfsbedürftigkeit schließen lassen, und die tatsächliche Gewährung einer solchen erforderlich, B 24 N 55 S 163 Brunn S 657, 31 N 44 S 119, S 4 S 357, 5 S 112. Eine nach Stellung des Übernahmeantrags eingetretene Unterstützung kann unter Umständen noch Berücksichtigung finden und zwar nach dem Grundsatze, daß der Sachverhalt zur Zeit der Urteilsfällung für die Entscheidung maßgebend ist, B 12 N 32 S 90 und Anm 5 zu § 37. Aus dem Grundsatze der armenrechtlichen Familieneinheit ergibt sich einerseits, daß das Familienhaupt als unterstützt gilt, wenn unselbständige Familienglieder Armenunterstützung erhalten, und daß letztere von einer öffentlichen Unterstützung des Familienhauptes miterfaßt werden, s. Anm 3 zu § 9, für das Übernahmeverfahren anderseits Folgendes:

aa) Bei der armenrechtlichen Überweisung sollen, wie das schon nach dem Gothaer Vertrage vom 15. Juli 1851 wegen gegenseitiger Übernahme der Ausgewiesenen und Heimatlosen die Regel war (§ 6), Kinder nicht von Eltern, Ehefrauen nicht vom Manne getrennt werden. Darum verfallen mit dem Familienhaupt auch dessen Frau und dessen armenunmündige Kinder der Wegweisung (S 4 S 450), darum kann weiterhin im Übernahmeverfahren nach § 31 UWG weder von dem vorläufig unterstützenden AVe die Übernahme noch von dem endgültig verpflichteten AVe die Überführung hilfsbedürftiger Familienmitglieder unter gleichzeitiger Belassung des Familienhauptes am Orte der vorläufigen Unterstützung verlangt werden, B 15 N 37 S 110 Brunn S 654/5.

bb) Der AV des Aufenthaltsortes kann die Übernahme dauernd hilfsbedürftiger Kinder auch ohne das Familienhaupt verlangen, wenn letzteres sich nicht in seinem Bezirke befindet, B 12 N 33 S 92. Damit steht nicht in Widerspruch die Entscheidung in B 31 N 43 S 117, nach der die vom AV des Aufenthaltsortes beantragte Übernahme eines Familienhauptes, dessen 15jähriges Kind teilweise auf Kosten des übernahmepflichtigen AVes auswärts (in einer Provinzialirrenanstalt) sich befand, als gerechtfertigt erachtet wurde. Denn in beiden Fällen handelt es sich um die Übernahme (Überführung) eines am Aufenthaltsort unterstützten Hilfsbedürftigen, im ersteren Falle des Kindes, im zweiten Falle des durch die seinem auswärtigen Kinde gewährte Armenhilfe selbst unterstützten Familienhauptes. Selbstverständlich ist die Übernahme ohne Familienhaupt zulässig, wenn letzteres eine längere Freiheitsstrafe verbüßt oder arbeitsscheu im Lande sich herumtreibt, s. B 13 N 30 A S 106 und B 18 N 29 S 97; vorausgesetzt ist dabei, daß bei der Familie dauernde Hilfsbedürftigkeit in Frage kommt. Das gleiche gilt auch, wenn dem Familienhaupte die elterliche Gewalt oder doch das Erziehungsrecht wegen Verwahrlosung der Kinder aberkannt worden ist, B 21 N 43 S 150.

Zu b) Daß der Hilfsbedürftige noch keinen UW am Aufenthaltsort erworben haben darf, ist in dem Falle des § 31 selbstverständlich, da in diesem Falle die vorläufige Fürsorgepflicht des Aufenthaltsortes sich in eine endgültige Fürsorgepflicht des OABes des UWes umwandelt, s. auch § 5 FreizG, wonach die armenrechtliche Ausweisung aus dem Orte des UW unzulässig ist. An sich ist dagegen die sicherheitspolizeiliche Ausweisung und damit die Landesverweisung aus dem Orte des UW nicht ausgeschlossen, vgl. Anm 6 zu § 1, B 15 N 37 S 110 Brunn S 654 und 21 N 43 S 150, Pr. OVG 12 S 405/8, siehe aber auch bayr. MinBek vom 27. Juli 1894 (MABl S 277 Ziff 4) und ME vom 9. März 1895 (MABl S 187 Abs 6), dann Art 6 Abs 2 des BayAG; diese Bestimmung findet auf die armengesetzliche Ausweisung keine Anwendung, S 37 S 209.

Zu c) Über Hilfsbedürftigkeit s. Anm 4 zu 1. Voraussetzung eines Übernahmeantrags wie der Wegweisung und der Übernahmepflicht ist dauernde Hilfsbedürftigkeit. Ob diese vorliegt, ist von Fall zu Fall nach den Verhältnissen des Unterstützten und seiner Familie zu beurteilen, B 15 N 36 B S 108/9 Brunn S 644. Das Gesetz (§ 31 UWG und § 5 FreizG) spricht zwar nicht von dauernder Hilfsbedürftigkeit, sondern von der Unterstützungsbedürftigkeit aus anderen Gründen als wegen einer nur vorübergehenden Arbeitsunfähigkeit. Als solche Gründe kommen regelmäßig Arbeitsunfähigkeit oder Arbeitsbeschränktheit in Betracht. Bei einem über 13 Jahre alten Knaben beispielsweise hat das BAH nur mehr eine vorübergehende Hilfsbedürftigkeit angenommen, B 12 N 33 S 99 a. E. und 34 N 49 S 172 Brunn S 647. Als andere Gründe kommen bei Familien insbesondere längere Freiheitsstrafen, Arbeitsscheue und Landstreicherei des Familienhauptes zur Geltung, wenn dadurch die Hilfsbedürftigkeit der Familienangehörigen eintritt. Aber in allen diesen Fällen wird verlangt, daß die Unterstützungsbedürftigkeit der zu übernehmenden Familie oder des Auszuweisenden derart von Dauer ist, daß bis auf weiteres deren Beendigung nicht abzusehen ist, B 32 N 39 S 109/10 Brunn S 639 (anders in einer früheren Entscheidung, B 5 N 22 S 93), B 53 N 30 S 117, Reger Bd 24 S 174/5. Bei Arbeitslosigkeit ist dauernde Hilfsbedürftigkeit nicht anzunehmen, B 12 N 16 A S 44/6. Bei Freiheitsstrafen, die nicht mehr viel länger als 1 Jahr dauern, wurde noch vorübergehende Hilfsbedürftigkeit angenommen in B 31 N 46 S 122 insbesondere S 124 Brunn S 645, ferner in der BGE vom 18. Dezember 1903 N 113 I/03 (Reger 24 S 393). Andererseits hat der BayBGH in einer Entscheidung vom 14. Mai 1913 N 75 I/13 Wegw. G eine 2jährige Gefängnisstrafe, von der schon mehr als die Hälfte verbüßt war, unter den begleitenden Umständen (Arbeitslosigkeit vor Strafantritt und geringe Aussicht auf Arbeitsunterkommen nach der Haftentlassung) als genügende Unterlage für die Feststellung einer dauernden Unterstützungsbedürftigkeit angesehen, ebenso das BAH in einem ähnlichen Falle, B 13 N 30 B S 107 und 19 N 35 S 124/6. Übereinstimmung besteht zwischen den beiden Spruchbehörden über dauernde Hilfsbedürftigkeit der Familie, hervorgerufen durch Arbeitsscheue des Familienhauptes; vgl. B 11 N 47 S 119, 13 N 30 A S 106, BGE vom 17. Juni 1904 N 49 I/04 (Reger 25 S 355) und vom 25. Juni 1909 N 69 I/09 Wegw. L. Hiernach ist dauernde Unterstützungsbedürftigkeit auch vorhanden, wenn der Familienvater, der keinerlei Vermögen besitzt, von seinem Verdienste nicht soviel abgeben kann und will, als die Versorgung seiner Familie erfordert; selbstverständlich ist dabei vorausgesetzt, daß seit längerer Zeit den Familienangehörigen Unterstützung gewährt worden ist und auch für die Zukunft verabreicht werden muß. Damit befindet sich nicht in Widerspruch die Entscheidung in B 17 N 39 A S 127, wonach die Möglichkeit, die Angehörigen im Wege des Verwaltungszwangsverfahrens zur Gewährung der erforderlichen Unterstützung anzuhalten (§ 65 PrAG, Art 11 BayAG), der Annahme dauernder Hilfsbedürftigkeit entgegensteht; denn dort handelte es sich um Unterhaltspflichtige, die den Bedarf für den Hilfsbedürftigen zu decken in der Lage waren.

Treten Unterbrechungen in der Gewährung von Armenhilfe ein, so ist zu unterscheiden, ob lediglich nach länger dauernden unterstützungsfreien Zwischenräumen von Zeit zu Zeit wegen unsicherer Erwerbsverhältnisse öffentliche Unterstützung erfolgt oder ob sie in kürzeren Zwischenräumen immer wieder zu gewähren und das Aufhören dieses Zustandes ganz unbestimmt ist. Im ersteren Falle liegt dauernde Hilfsbedürftigkeit nicht vor, B 14 N 13 S 37/38, 40 N 53 S 129; anders ist dagegen die Sache im letzteren Falle zu beurteilen, vgl. B 1 N 19 A und B S 64, 2 N 24 A S 68 und 25 N 44 S 133 Brunn S 648. In Schwebe ist die Frage während eines Verfahrens auf Gewährung einer Rente nach der Versicherungsgesetzgebung, deren Bewilligung die Hilfsbedürftigkeit voraussichtlich beseitigen würde. Vgl. hiezu B 46 N 43 S 162, wo die Hinterbliebenenrente 60 % betrug und die Ausweisungsberechtigung nicht anerkannt wurde und BGE vom 20. Mai 1914 N 215 I/13 Wegw. Str, wonach auf einen bürgerlichrechtlichen Prozeß wegen Forderung mit Rücksicht auf den vollständig unsichern Ausgang des Streites keine Rücksicht genommen wurde.

Die Voraussetzungen einer dauernden Hilfsbedürftigkeit sind auch gegeben, wenn Arbeitsfähigkeit des Familienvaters zwar vorhanden ist, aber das Einkommen nicht ausreicht, um den Lebensunterhalt der ganzen Familie oder die Kosten für ein andauernd der ärztlichen Hilfe bedürftiges Familienmitglied zu decken, auch wenn beispielsweise von der öffentlichen Armenpflege nur die Miete bezahlt oder ein Obdach gewährt worden ist, vgl. BGE vom 24. Mai 1907 N 11 I 07, 6. November 1908 N 100 I/08, 4. März 1910 N 176 I/09 Wegweisungen betr., B 11 N 49 S 122.

Bei dauernder Hilfsbedürftigkeit schützt auch der Besitz eines Hauses oder eines Wohnrechtes nicht von der Wegweisung oder Überführung, BGE vom 14. Mai 1913 N 75 I/13 Wegw. Gr. Die beiden AVe können sich aber über das Verbleiben der auszuweisenden Person oder Familie an ihrem bisherigen Aufenthaltsorte gegen Gewährung eines bestimmten Unterstützungsbetrags einigen (§ 55). In eine Prüfung der Frage, ob darin eine Härte liegt, ist von der Spruchbehörde nur nach Anerkennung oder Feststellung der Übernahme- oder Überführungspflicht auf Antrag eines AVes gemäß § 56 einzutreten.

Dauernde Hilfsbedürftigkeit muß nicht aus der Vermögenslosigkeit und dauernden Arbeitsbeschränktheit einer Person gefolgert werden, wenn sie sich auf andere Weise und ohne Beihilfe der öffentlichen Armenpflege durchbringt, s. BGE vom 7. Dezember 1906 N 136 I/06 Wegw. K. Ist jemand längere Zeit von der Armenpflege unterstützt, später aber geraume Zeit keinerlei Armenhilfe mehr geleistet worden, dann sind die Voraussetzungen der §§ 31, 32 UWG, § 5 FreizG nicht mehr gegeben, BGE vom 28. Dezember 1906 N 148 I/06 Wegw. G.

Maßgebend für das Vorhandensein dauernder Hilfsbedürftigkeit ist der Zeitpunkt der Urteilsfällung, B 43 N 51 S 132 und 63 S 162, S 24 S 471, ferner BGE vom 8. Januar 1909 N 103 I/08 Wegw. K und vom 25. März 1918 N 1 III/18 Armenhilfe B.

3. Ausweisung, Verfahren und Zuständigkeit.

Ausweisungen erfolgen sowohl aus armen- als aus sicherheitspolizeilichen Gründen. Hier ist bloß die armenrechtliche Ausweisung (Wegweisung)[1]) des Näheren zu erörtern. Dabei kommen in Betracht:

a) das Übernahmeverfahren;
b) das Überführungsverfahren;
c) die Ausweisung.

Zu a: Nach dem UWG hat sich der OAB des Aufenthaltortes selbst unmittelbar an den OAB des UW oder den endgültig fürsorgepflichtigen LAB um Übernahme oder Anerkennung der Übernahmepflicht zu wenden. In der Regel wird der OAB des Aufenthaltsortes den Hilfsbedürftigen schon längere Zeit unterstützt und Anzeige an den endgültigen verpflichteten AB nach § 34 erstattet haben. Wenn letzterer seine Erstattungspflicht anerkannt hat und nur seine Verpflichtung zur Übernahme bestreitet, weil beispielsweise nach seiner Meinung dauernde Hilfsbedürftigkeit nicht vorliege, so muß der OAB des AufOes, der die Wegweisung eines Hilfsbedürftigen betreiben will, bei der armenrechtlichen Spruchbehörde (in Bayern nach Art 72 AG bei der Staatsaufsichtsbehörde) des in Anspruch genommenen ABes Klage auf Übernahme stellen. In diesem Falle kann die Entscheidung nach §§ 37 ff. darauf allein sich beschränken, ohne daß gleichzeitig auch über die Erstattungspflicht zu entscheiden wäre, B 43 N 63 S 163. Auch ist denkbar, daß für notwendig gewordene und gewährte Unterstützung bare oder erstattungsfähige Auslagen nicht erwachsen sind, B 31 N 45 S 120. In der Regel wird sich aber die Weigerung des angerufenen ABes auf Erstattungs- und Übernahmepflicht erstrecken. Wird die endgültige Fürsorgepflicht bejaht, aber die Frage der dauernden Hilfsbedürftigkeit verneint, so ist dem Erstattungsanspruche stattzugeben, der Übernahmeantrag abzuweisen, BGE vom 25. März 1918 S 1 III/18 Armenhilfe B. Häufig wird die Begründung der Ablehnung dahingehen, daß der OAB nicht der UW des Hilfsbedürftigen ist. Die letztere Frage wird als Zwischenpunkt im Ersatz- und Übernahmestreit entschieden, s. Anm 2 zu § 37. Der Antrag auf Übernahme ist nicht befristet, Reger 37 S 306; er muß erkennen lassen, einerseits die Absicht, den Hilfsbedürftigen aus dem Bezirke des unterstützenden ABs auszuweisen und andererseits das Verlangen gegenüber dem endgültig fürsorgepflichtigen ABe, die betreffende Person in seinen Bezirk aufzunehmen und dort weiter zu verpflegen, B 27 N 38 S 121/3. Die Übernahmepflicht ist nicht davon abhängig, daß die Fortsetzung des Aufenthalts versagt worden ist, sondern davon, daß sie versagt werden darf, B 34 N 47 S 169. Auch im Streit

---

[1]) Der BayVGH gebraucht bei sicherheitspolizeilichen Ausweisungen den Ausdruck „Ausweisung“, bei armenrechtlichen Ausweisungen den Ausdruck „Wegweisung“.

über die Ersatzpflicht ist gemäß § 40 die Übernahmepflicht ausdrücklich auszusprechen, wenn die Verpflichtung zur Übernahme des Hilfsbedürftigen nach § 31 begründet ist und die Übernahme begehrt wird.

Ist die Übernahmepflicht anerkannt oder durch die Spruchbehörde rechtskräftig festgestellt, so hat der OAV des Aufenthaltsortes den Hilfsbedürftigen dem endgültig verpflichteten AVe zuzuführen. Der Vollzug der Ausweisung darf nicht unterlassen werden, wenn Überführungsantrag gestellt ist (s. hierüber § 32). Der übernahmepflichtige AV kann aber auch das Verfahren wegen Belassung des Hilfsbedürftigen am Aufenthaltsorte nach § 55 und § 56 einleiten.

Zu b: Wenn Überführung beantragt ist — das Nähere hierüber s. bei § 32 —, so ist der OAV des Aufenthaltsortes verpflichtet, diesem Antrage stattzugeben, widrigenfalls er Gefahr läuft, seinen Erstattungsanspruch zu verlieren. Der AV, der die Übernahme verlangt hat, kann seine Überführungspflicht nicht bestreiten. Er vermag dies aber, wenn der endgültig verpflichtete AV von sich aus die Überführung verlangt, ohne daß der OAV des Aufenthaltsortes die Übernahme gefordert hat. Letzterer hat dann die Möglichkeit, geltend zu machen, daß der Unterstützte nicht dauernd hilfsbedürftig sei, was die Voraussetzung des Überführungsantrages bildet. In solchen Fällen kann es zu einer armenrechtlichen unter §§ 37 ff. fallenden Klage auf Überführung kommen, s. hierüber die in der Anm zu § 57 angeführte Entscheidung des BAH B 24 N 55 S 160 Brunn S 655/7. Auch der überführungspflichtige OAV ist in der Lage, das Verfahren wegen Belassung des Hilfsbedürftigen am bisherigen Aufenthaltsorte nach § 55 und § 56 einzuleiten.

Zu c: Die Überführung auf Antrag oder nach Feststellung der Übernahmepflicht erfolgt durch Ausweisung.

Zunächst ist hier darauf hinzuweisen, was die Begründung zu § 31 (24 Entw) und § 40 (32 Entw) sagt (RTV 1070 Bd 3 S 166/7). An ersterer Stelle heißt es, es handle sich um Fälle, in denen der unterstützende Armenverband gemäß § 5 FreizG den Aufenthalt versagen kann und regelmäßig auch versagen wird, an letzterer Stelle: „Die Entscheidung der oberen Verwaltungsbehörde müsse, wenn der Fall dazu angetan ist, zugleich den Titel für die Ausweisung (§ 5 FreizG) geben, wodurch die Notwendigkeit eines eventuellen besonderen Verfahrens über die Zulässigkeit der Ausweisung vermieden wird". An sich ist diese Entscheidung sofort vollstreckbar, um eine rasche Erledigung solcher armenrechtlicher Streitfälle herbeizuführen (Begr a. a. O.). In den §§ 55 und 56 ist aber Bestimmung getroffen, um die tatsächliche Vollstreckung der Ausweisung auszuschließen. Während des hierüber schwebenden Verfahrens ist die Vollstreckbarkeit aufgeschoben (§ 57). Auch § 34 Abs 3 spricht von der Befugnis des vorläufig verpflichteten OAVes, dem Unterstützten die Fortsetzung des Aufenthaltes nach § 5 FreizG zu versagen. Den engsten Zusammenhang der Überführung eines Hilfsbedürftigen in die eigene Fürsorge des endgültig verpflichteten AV (§§ 31, 32 UWG) mit der Ausweisung des Hilfsbedürftigen aus dem bisherigen Aufenthaltsorte (§ 5 FreizG) hat auch das BAH betont und dazu noch erläuternd erklärt: die Übernahmepflicht des fürsorgepflichtigen AVes, das Recht des letzteren der Überführung zu verlangen und die Ausweisungsbefugnis des vorläufig unterstützenden Verbandes bedingen sich nicht bloß wechselseitig, die Überführung des Hilfsbedürftigen in die eigene Fürsorge des übernahmepflichtigen AVes ließe sich ohne Mitwirkung des vorläufig unterstützenden AVes schlechterdings dann nicht ausführen, wenn es einer Ausweisung bedarf, B 9 N 38 A S 117; diese muß auf Verlangen des übernahmepflichtigen AV erfolgen, vgl. B 24 N 55 S 160/4 Brunn S 655 und den Leitsatz daselbst. Das UWG hat also die armenrechtliche Ausweisung zu einer armenrechtlichen Maßnahme gemacht und dafür die Zuständigkeit der armenrechtlichen Spruchbehörden geschaffen. Die Ausweisung des dauernd Hilfsbedürftigen hat zur Voraussetzung, daß der übernahmepflichtige AV sich zur Annahme bereit erklärt hat oder daß seine Fürsorge- und Übernahmepflicht durch eine wenigstens vorläufig vollstreckbare armenrechtliche Entscheidung der tatsächlichen Ausweisung vorangängig festgestellt ist, § 6 FreizG, B 22 N 49 S 173/5 und 34 N 48 S 171/2. Liegt eine Beschwerde vor, so kann vor deren Verbescheidung zur Ausweisung nicht geschritten werden, B 40 N 54 S 130/1.

Für den tatsächlichen Vollzug der Ausweisung gibt es mehrere Wege, so die Anweisung an den Hilfsbedürftigen, sich an den Ort (die Gemeinde) seines UW zu begeben, unter Gewährung des erforderlichen Reisegeldes, die Lösung einer Fahrkarte zur Reise an diesen Ort, die Anrufung der Polizei (B 29 N 34 S 103 Brunn S 670) zum Zwecke der Vollstreckung des Ausweisungsbeschlusses, zunächst aber obliegt dem OAVe selbst die Beigabe eines Begleiters, die einen doppelten Zweck haben kann, einmal den Schutz und das Interesse des Auszuweisenden, dann die Sicherung der Überführung. Nur im letztgenannten Falle ist von dem Transport „im engeren technischen Sinn" (Begründung a. a. O. S 167), von einem Transport, auf den die Bestimmungen des § 58 zutreffen, die Rede, vgl. hierüber insbesondere die Entscheidungen B 22 a. a. O. 32 N 52 S 152/4 Brunn S 813. Über das Zusammentreffen der beiden für den Transport angeführten Zwecke s. B 40 N 71 S 173 und Anm zu § 58. Es ist auch die Abholung durch den übernahmepflichtigen AV zulässig, B 26 N 50 S 127 Brunn S 661. Hiervon ist rechtzeitig der OAV des Aufenthaltsortes zu verständigen; letzterer kann aber nicht seinerseits die Abholung von dem übernahmepflichtigen AVe beanspruchen, B 9 N 38 A S 117. Im Übrigen hat der OAV des AufO über Art und Weise der Überführung oder Ausweisung zu befinden. Wünsche des übernahmepflichtigen AVes hat er, soweit sie nicht ungerechtfertigt sind, zu berücksichtigen. Auch hat er das Interesse des Auszuweisenden zu wahren. Sein Anspruch auf Erstattung der Kosten der Überführung ist durch den Nachweis der Notwendigkeit bedingt, weshalb sich eine vorherige Einvernahme des übernahmepflichtigen OAVes empfiehlt (s. hierüber außer der bereits angeführten Entscheidung in B 22 N 49 S 173 die 2 in der Anm 2 zu § 58 angeführten bei Brunn S 812/3 abgedruckten Entscheidungen des BAH). Solche Kosten gelten als Teil der aufgewendeten und zu erstattenden Unterstützung (s. hierüber noch § 32 Abs 2).

Für Streitigkeiten wegen Übernahme oder Überführung gelten die Vorschriften in §§ 37 ff. Eine Abweichung in bezug auf die hiernach zuständige Spruchbehörde des in Anspruch genommenen AVes ergibt sich für die Belassungsanordnung oder die Abweisung eines Belassungsantrages nach § 56, s. dortselbst. Alle diese Verhandlungen werden zwischen den beteiligten AVen geführt. Der Auszuweisende ist weder im Übernahmeverfahren noch im Verfahren nach §§ 55 und 56 zu hören und ist auch nicht zu einem Antrage nach Maßgabe dieser letzteren Bestimmung befugt (anders in Baden nach der MVO vom 6. Dez. 1872, § 8), s. B 52 N 35 S 136. Dagegen ist der auszuweisende Hilfsbedürftige Partei in dem infolge seiner Einwendungen gegen die Zulässigkeit seiner Ausweisung durchzuführenden Verfahren nach § 5 FreizGes. Dieses Gesetz regelt das Recht der Aufenthaltsgemeinde gegenüber dem Hilfsbedürftigen, nicht gegenüber dem übernahmepflichtigen AVe, B 52 N 34 S 133. Nach Art 8 Ziff 3 des BGG ist für Bayern hier ein verwaltungsrechtliches Verfahren mit drei Instanzen vorgesehen; dabei wird die Aufenthaltsgemeinde durch den Armenrat vertreten, vgl. Ziff 30 Abs 2 BayVA. Beide Beteiligte sind beschwerdeberechtigt. Für die Aufenthaltsgemeinde (OAV des AufO) ist das anerkannt in S 2 S 70 und 23 S 2, s. auch B 36 N 35 S 106/8 und 41 N 14 S 39/40. Dabei kann es vorkommen, daß in diesem Verfahren abermals — wie in dem vorher durchgeführten Übernahmeverfahren — die Frage zu prüfen ist, ob dauernde Hilfsbedürftigkeit vorliegt Von einander abweichende Entscheidungen sind schon um deswillen nicht ausgeschlossen, weil der Tatbestand sich inzwischen verändert haben kann, s. auch BlApfl II S 104. Nicht kann in diesem Verfahren geprüft werden, ob mit der Wegweisung eine Härte im Sinne des § 56 verbunden ist. Eine Entscheidung darüber ist nur gemäß § 56 auf Antrag eines AVes zulässig. Bei Aussprüchen der Übernahmepflicht und Aufenthaltsversorgung ist Voraussetzung, daß sich der Hilfsbedürftige am AufO des § 28, aus dem er ausgewiesen oder übernommen werden soll, im Zeitpunkte der Entscheidung noch aufhält, BGE vom 9. Dez. 1919 N 18 III/18 AUN. Über das Verfahren s. auch BayGemZ 1917 S 582 Abs IV und V, über das Verhältnis von Ausweisung zum Aufenthaltsanweisungsrechte des Familienhauptes und der Armenbehörden s. Anm 2 zu Art 5 BayAG, im übrigen Dr. Ziegler, Aufenthalts- und Freizügigkeitsgesetz.

§ 32.

I Der zur Übernahme eines hilfsbedürftigen Deutschen verpflichtete Armenverband kann — soweit nicht auf Grund der §§ 55 und 56 etwas anderes festgestellt worden ist — die Überführung desselben in seine unmittelbare Fürsorge verlangen.[1]

II Die Kosten der Überführung hat der verpflichtete Armenverband zu tragen.[2]

III Beantragt hiernach der zur Übernahme eines Hilfsbedürftigen verpflichtete Armenverband dessen Überführung, und diese unterbleibt[3] oder verzögert[4] sich durch die Schuld des Armenverbandes, welcher zur vorläufigen Unterstützung desselben verpflichtet ist, so verwirkt der letztere dadurch für die Folgezeit beziehungsweise für die Zeit der Verzögerung den Anspruch auf Erstattung der Kosten.

1. Wie dem Rechte des vorläufig hilfeleistenden OAVes, die Übernahme zu verlangen, die Pflicht des endgültig verpflichteten AVes zur Übernahme entspricht, so steht auch dem Rechte des letzteren, die Überführung zu fordern, die Pflicht des ersteren „die Überführung zu vollziehen“ gegenüber.

a) Voraussetzung des Überführungsantrages (s. hierüber Krais BlApfl V S 97) ist, daß er beim Armenverband, unzweideutig und unbedingt gestellt, daß die Übernahmepflicht und dadurch die dauernde Hilfsbedürftigkeit anerkannt, ferner daß letztere auch in der Tat vorhanden und daß endlich Unterstützung geleistet worden ist, vgl. B 24 N 56 A und B S 165/9, 26 N 48 S 122/4 Brunn S 657 und 665, B 45 N 11 S 41/3, 51 N 55 S 173. Ein Ansuchen an den vorläufig fürsorgepflichtigen AB, dem Hilfsbedürftigen eine Aufforderung zur Rückkehr an den Ort des UW zu übermitteln, ist nicht als Überführungsantrag anzusehen; es muß vielmehr ein Überführungsansinnen ausdrücklich gestellt werden, S 38 S 169, dazu B 41 N 49 S 164 (wo ein Überführungsverlangen nicht ausdrücklich gestellt war, aber aus den begleitenden Umständen des Schriftenverkehrs zweifellos hervorging).

Unzulässig ist der Antrag der Überführung, wenn er für den Fall demnächst eintretender oder wiedereintretender Hilfsbedürftigkeit im voraus gestellt ist, s. Reger, 3. Ergänzungsband S 168.

Der Überführungsanspruch kann auch als selbständige Klage geltend gemacht werden, s. Anm 3 b zu § 31 und B 37 N 57 S 151. In diesem Fall ist bei der Entscheidung die dauernde Hilfsbedürftigkeit auch dann zu berücksichtigen, wenn sie erst im Laufe des Verfahrens eingetreten ist, da der Tatbestand zur Zeit der Urteilsfällung maßgebend ist, Anm 2 c zu § 31 und 5 f zu § 37.

Wenn die Voraussetzungen eines Überführungsantrags nicht gegeben sind, so bewirkt deren späteres Eintreten keine Überführungspflicht, wenn nicht der Überführungsantrag erneuert wird, vgl. B 28 N 45 S 129.

Der Überführungsantrag des übernahmepflichtigen ABes bewirkt die Unterbrechung der Frist nach §§ 14 und 27 Abs 2; Voraussetzung hiefür ist die Erklärung des Einverständnisses des überführungspflichtigen ABes oder dessen Mitteilung, daß die Überführung erfolgen werde, vgl. B 28 N 15 S 41 und 35 N 7 S 21.

Der übernahmepflichtige Armenverband kann auch die Belassung im Aufenthaltsorte gemäß §§ 55 und 56 verlangen.

Da es auch bei Ausländern eine Übernahmepflicht der LABe gemäß § 60 gibt, so muß auch in aushilfsweiser Anwendung des § 32 eine Überführungspflicht hinsichtlich hilfsbedürftiger Ausländer angenommen werden.

b) Berechtigt zur Stellung des Überführungsantrags ist der endgültig fürsorgepflichtige AB, der zur Übernahme verpflichtet ist, also nicht der OAB des DoAO, wohl aber auch der LAB und zwar sowohl auf Grund seiner reichs- wie landesgesetzlichen Verpflichtung zur Übernahme nach §§ 30, 32 a, 33 und BABo vom 16. Mai 1918 (RGBl S 409). Die Überführung eines Anstaltspflegebedürftigen (Geisteskranken) aus der Anstalt des vorläufig fürsorgepflichtigen LABes in eine Anstalt des LABes, zu dessen Bezirke der endgültig verpflichtete OAB gehört, kann letzterer von den beiden (vorläufig und endgültig verpflichteten) LABen verlangen, vgl. B 28 N 51 S 149 Brunn S 703 und B 29 N 37 S 112.

c) Wie die Übernahme, so kann auch die Überführung der ganzen Familie beantragt werden, wenn das Familienhaupt unterstützt wird. Die Überführung eines hilfsbedürftigen armenrechtlich unselbständigen Familiengliedes kann auch ohne Familienhaupt verlangt werden, wenn letzteres seine Familie verlassen hat oder in einer Irrenanstalt sich befindet, sonst ist der Antrag auf Überführung der Familie ohne Familienhaupt unzulässig, B 15 N 37 S 110 Brunn S 654, B 40 N 54 S 130, Anm 3 zu

§ 9 und 2 a zu § 31. In dem Antrag auf Überführung des Familienhauptes ist auch der Antrag auf Überführung der einzelnen unselbständigen Familienglieder mitenthalten, B 53 N 30 S 116/9.

Die Überführung des Familienhauptes kann auch verlangt werden, wenn es (uneheliche Mutter) in einem Dienstverhältnisse sich befindet, B 16 N 44 S 143.

2. Verlangt der endgültig verpflichtete AB auf Mitteilung des Unterstützungsfalls hin die Heimschubung oder Überführung des Unterstützten wegen dessen dauernder Hilfsbedürftigkeit, so hat der vorläufig hilfeleistende AB des Aufenthaltsortes sofort die erforderlichen Vorkehrungen zur Durchführung der Ausweisung und Heimschaffung des Hilfsbedürftigen oder der hilfsbedürftigen Familie zu treffen, es sei denn, daß er eine Belassungsanordnung nach § 56 erwirkt hat. Die hierauf erwachsenen Kosten hat nach gesetzlicher Vorschrift der endgültig zur Unterstützung und Übernahme verpflichtete AB zu tragen. Wegen der Kosten eines Transports vgl. § 58 mit Anm und Anführungen daselbst. Nur die notwendigen Kosten der gesetzlich zulässigen Überführung sind zu erstatten. Die Frage der Notwendigkeit, insbesondere der Beigabe eines Begleiters ist eine Frage des richterlichen Ermessens und nach den jeweiligen Umständen des einzelnen Falles zu beurteilen, vgl. B 12 N 35 S 101, 14 N 37 A—D S 100 ff., 15 N 36 S 106, 21 N 41 A und B S 140, 22 N 40 A und B S 156 Brunn S 664 und N 49 S 173, B 23 N 45 S 164, 25 N 46 S 139, 26 N 48–50 S 122 ff., 28 N 32 S 89, 32 N 51 S 141 Brunn S 663 und B 39 N 47 S 134, s. auch § 58 mit Anm.

Der übernahmepflichtige AB ist berechtigt, den dauernd Hilfsbedürftigen selbst abzuholen; hievon ist der überführungspflichtige AB geeignet zu verständigen; letzterer ist aber nicht in der Lage die Abholung von ersterem zu verlangen, was aus seiner Überführungsverpflichtung hervorgeht, vgl. B 23 N 44 A und B S 156.

Die Überführungskosten (Kosten einer Fahrkarte, eines Begleiters usw.) sind im Verweigerungsfalle bei der armenrechtlichen Spruchbehörde des endgültig verpflichteten ABes einzuklagen. Anders beim Transporte zur Sicherung der Überführung, wenn Streit besteht über die Notwendigkeit oder über die Art der Ausführung, s. § 58 Abs 2.

Bei Rückkehr eines Ausgewiesenen an den früheren Aufenthaltsort hat der überführungspflichtige AB dafür zu sorgen, daß dieser nicht länger daselbst verbleibt, sondern sofort an den Ort des endgültig verpflichteten UW zurückbefördert wird, B 14 N 36 A, B, C S 95 ff. Brunn S 668 und B 41 N 49 S 164/7.

3. Wird die Überführung unterlassen, so ist der vorläufig unterstützende AB seines Erstattungsanspruches von dem Tag an, wo ihm gegenüber die Überführung verlangt worden ist, verlustig, es sei denn, daß der AB diese Unterlassung in beachtenswerter Weise rechtfertigt, vgl. SächsJb Bd 16 S 158/60 und die bei Baath Anm 9 zu § 32 S 242–245 angeführten Entscheidungen des BAH. Der Verlust des Erstattungsanspruchs erstreckt sich auf die fortgesetzte Unterstützung des Hilfsbedürftigen, auch wenn diese zeitweise pflichtwidrig eingestellt ist, B 28 N 44 S 127, nicht aber auf eine neuerliche Unterstützung nach längerer Abwesenheit, B 49 N 44 S 127.

4. Für die schuldhafte Verzögerung gilt das bei 3 Gesagte. Dazu ist aber noch Folgendes zu bemerken:

a) Der Übernahmeanspruch selbst wird durch die Vorschrift in § 32 Abs 3 überhaupt nicht berührt, B 14 N 37 C S 100/2.

b) Eine schuldhafte Verzögerung mit der Verwirkung des Erstattungsanspruchs liegt nicht vor, wenn der Vollzug der Wegweisung durch die Polizeibehörde oder durch ein Verfahren auf Grund Einspruchs des Auszuweisenden (s. hierüber § 31 Anm 3) verzögert wird, B 40 N 54 S 130; in B 21 N 45 A S 154/5, 29 N 34 S 103/5 Brunn S 670 hat das BAH eine schuldhafte Verzögerung des ABes angenommen, weil er es unterließ, einen die Ausweisung ablehnenden Polizeibescheid anzufechten.

c) Eine Verzögerung kommt auch nicht in Betracht, wenn der Wegzuweisende oder ein Familienglied der überzuführenden Familie wegen Krankheit transportunfähig ist, was allerdings durch ärztliches Zeugnis bestätigt sein muß, B 21 N 45 B S 154,6 Brunn S 672 und 35 N 47 S 131/3.

d) Was die Belassung des Hilfsbedürftigen am Aufenthaltsorte betrifft, so kommt eine Verzögerung während des Vermittlungsverfahrens gemäß § 55 nicht in Betracht, vgl. B 36 N 38 S 113 Brunn S 675. Das müßte an sich auch gelten, wenn auf Antrag des Überführungspflichtigen ein Verfahren gemäß § 56 eingeleitet ist. Das BAH hat dies aber nur zugegeben, wenn der Antrag von der zuständigen Spruchbehörde als begründet anerkannt worden ist, vgl. B 26 N 54 S 135 und 36 N 39 S 115/6 Brunn S 669, ferner B 28 N 46 S 131/4. Bei Abweisung dauert die Verzögerung solange, bis eine anderweitige Anordnung nach § 56 erzielt worden ist, B 51 N 49 S 157.

e) Ist durch verwaltungsrechtlichen Ausspruch nach Art 8 Ziff 3 BGG dem Einspruch eines auszuweisenden Hilfsbedürftigen gegen dessen Wegweisung wegen Nichtvorliegens der Voraussetzungen des § 5 FreizG stattgegeben worden, dann kann von einer Verzögerung im Sinne des Abs 3 nicht die Rede sein.

f) Die Wirkung des Abs 3 hört, wie aus dem Wortlaute des Gesetzes zu entnehmen ist, auf, wenn die schuldhafte Verzögerung ein Ende nimmt oder der Überführungsantrag zurückgenommen wird.

§ 32a.

Soweit nach Bestimmung der Landesgesetze einzelne Zweige der öffentlichen Armenpflege den Landarmenverbänden übertragen sind, gehen auf diese die Rechte und Pflichten der Ortsarmenverbände über[1], [2], [3].

1. Die Gesetzgebung der einzelnen Länder in bezug auf Übertragung weiterer Armenlasten, insbesondere der sogen. geschlossenen Armenpflege weisen große Verschiedenheiten auf, s. Krech (8) Anhang A S 51—92.

Nach §§ 31 ff. preuß. AG in der Fassung des Gesetzes vom 11. Juli 1891 hat der LAB für Bewahrung, Kur und Pflege der hilfsbedürftigen Geisteskranken, Idioten, Epileptischen, Taubstummen und Blinden in geeigneten Anstalten gegen Ersatz der Kosten mit Ausnahme des Verwaltungsaufwandes Fürsorge zu treffen; spätere Gesetze betrafen die Fürsorge für blinde und taubstumme Kinder, sowie die Krüppelfürsorge. Nach dem württ. AG (Art 21) sind die LABe lediglich befugt, die Kosten für die eben genannten Kranken unmittelbar zu übernehmen.

Bayern steht in bezug auf die außerordentliche Armenlast, die den LAVen **„als den breiteren und leistungsfähigeren Schultern"** auferlegt ist, **an erster Stelle.** Denn den bayr. LAVen obliegt allgemein als **Pflichtleistung** die Fürsorge

a) für hilfsbedürftige Geisteskranke, Geistesschwache, Blöde, Epileptische, Blinde, Taubstumme, Krüppelhafte und unheilbare, abschreckend oder ansteckend kranke Sieche, soweit solche Personen der Anstaltspflege bedürfen;

b) für die Erziehung und Ausbildung hilfsbedürftiger blöder, blinder, taubstummer und krüppelhafter Kinder, soweit sie bildungsfähig sind und der Unterbringung in Anstalten bedürfen.

Das bedeutet sowohl eine **stark fühlbare Entlastung der bayr. Gemeinden** als auch eine bedeutende Verbesserung der Gebrechlichenfürsorge.

Die Gebrechlichenfürsorge träfe auch nach Diefenbach, RAG S 259, 359 die LAVe (oder die an deren Stelle tretenden Provinzialverbände).

2. Die Verpflichtung der LAVe beschränkt sich auf den landesgesetzlichen Umfang („soweit", s. Reger 39 S 187); ein neues Recht über diesen Rahmen hinaus hat § 32a nicht geschaffen; solange anstaltspflegebedürftige Geisteskranke in die Anstalt des LAVes noch nicht aufgenommen sind, regeln sich die Rechtsbeziehungen zwischen dem OAVe des Aufenthaltsortes und dem OAVe des UW nach den reichsgesetzlichen Bestimmungen des UWG, insbesondere der §§ 28—30. Deshalb steht dem vorläufig hilfeleistenden OAVe für Unterstützungen außerhalb der Anstalt ein Ersatzanspruch gegen den OAV des UW zu, B 28 N 47 S 134/6 Brunn S 676. Mit der Aufnahme in die Anstalt beginnt die Fürsorgepflicht des LAVes, mit dem Aufhören des Anstaltsaufenthalts endigt sie, vgl. B 33 N 42 S 100/1. Deshalb fallen dem LAVe die Kosten der Einschaffung in die Anstalt nicht zur Last, wohl aber und zwar als Verwaltungskosten die Auslagen für Überführung von einer Anstalt in eine andere desselben LAVes, vgl. B 27 N 43 S 140 und 46 N 46 S 182.

Da jedoch die landesrechtliche Pflicht der LAVe zur Übernahme der Anstaltspflege in Wirksamkeit tritt, sobald die Hilfsbedürftigkeit und die Anstaltspflegebedürftigkeit festgestellt und der LAV um Aufnahme des Pflegebedürftigen angegangen ist, so ist der LAV, der die Anstaltspflege mit Unrecht verweigert oder verzögert hat, verpflichtet, die Aufwendungen eines vorläufig hilfeleistenden OAV zu erstatten. Vgl. dazu B 27 N 43 S 140, 28 N 47 S 134/7, 38 N 49 S 142/5, 43 N 52 S 137, S 40 S 47 und BGE vom 28. Juni 1920 N 22 Anst.pf.R. Gleicher Anspruch steht dem die Fürsorge gewährenden endgültig verpflichteten OAVe gegenüber dem LAVe zu; daneben hat der erstere OAV auch den reichsgesetzlichen Anspruch gegen den OAV des UW, Baath S 256 Anm 13 zu § 32a.

Eine Verletzung der Anstaltspflegepflicht liegt auch dann vor, wenn die Aufnahme wegen Raummangels unterblieben ist. Die Höhe dieses armenrechtlichen Erstattungsanspruches findet hier eine Begrenzung in den Tarifsätzen nach § 30 Abs 4, vgl. B 32 N 41 S 114, 38 N 49 S 144 Brunn S 694, s. dazu aber auch S 39 S 147 und 40 S 95.

Der LAV hat eine ihm selbst obliegende Verpflichtung zu erfüllen und ist nicht Beauftragter oder Geschäftsführer des OAVes. Er hat deshalb auch bei Nichterfüllung dieser Pflicht dem OAVe des UW etwaige Mehrkosten zu erstatten, B 39 N 50 S 140 Brunn S 692.

Die Bestimmungen über die außerordentliche Armenpflege haben Geltung im Bereiche des Bundesstaats, für den sie erlassen sind. Es finden daher die Bestimmungen des Art 58 BayAG nur für bayrische, sowie jene des § 31 PrAG in der Fassung vom 11. Juli 1891 nur für preuß. ABe Anwendung. Für das Verhältnis zwischen den ABen anderer Bundesstaaten ist das UWG maßgebend, B 39 N 49 S 138; danach sind die bayr. LABe an sich zur Erstattung der Kosten für einen in einer außerbayr. Anstalt untergebrachten Gebrechlichen nicht verpflichtet, ihre Obliegenheit beginnt erst nach Übernahme des Gebrechlichen durch den endgültig fürsorgepflichtigen OAB und dessen Einlieferung in die mit dem LABe vereinbarte Anstalt, S 40 S 44; das will aber nicht besagen, daß einem bayr. LABe, der einem Geisteskranken mit dem UW eines preuß. OABes Anstaltspflege gewährt hat, ein Anspruch auf Kostenersatz und Übernahme des hilfsbedürftigen Geisteskranken nicht zustehe; s. B 42 N 45 S 152/5; er kann sich aber nicht an den preuß. LAB, sondern nur an den OAB des UW halten, B 56 N 35 S 109. Der bayr. OAB, der dem Antrag eines preuß. ABes auf Übernahme eines Geisteskranken stattgeben muß, kann die Anstaltsübernahme bei dem LABe beanspruchen, dem er angehört, vgl. Begr zu BayAG S 719 und B 28 N 51 S 149.

3. Über das Verhältnis zwischen den OABen und den LABen bezüglich der außerordentlichen Armenpflege ist folgendes zu sagen:

a) Der vorläufig fürsorgepflichtige OAB des Aufenthaltsortes hat einen Anspruch auf Übernahme des Anstaltspflegebedürftigen gegen den LAB, dessen Bezirk er angehört und der mit der Aufnahme des Hilfsbedürftigen vorläufig hilfeleistender AB wird.

Der endgültig verpflichtete OAB hat Anspruch auf Übernahme der Anstaltspflege gegenüber dem LABe, zu dessen Bezirk er gehört, er hat aber auch einen Anspruch auf Überführung gegenüber dem vorläufig hilfeleistenden LABe.

Dem LABe des vorläufig hilfeleistenden OABes steht ein Anspruch auf Übernahme des Anstaltspflegebedürftigen und der Kosten für die bisherige Anstaltspflege gegenüber dem LABe des endgültig verpflichteten OABes zu, vgl. Art 58 Abs 2 BayAG.

Letzterer LAB hat einen Ersatzanspruch gegen den OAB des UW in der Höhe des für diesen landesrechtlich festgesetzten Anteils — s. 1 aa — endlich einen Überführungsanspruch gegen den vorläufig Anstaltspflege leistenden LAB. Vgl. B 27 N 43 S 140, 28 N 50 S 146 und 51 S 149 Brunn S 697 und 681, B 32 N 43 S 120 und 40 N 57 S 143.

b) Über den Ersatzanspruch des OABes, der für einen Anstaltspflegebedürftigen Aufwendungen machen mußte, weil der zur Anstaltspflege verpflichtete LAB ihm die Anstaltspflege nicht abgenommen hatte, s. Anm 2 oben.

c) Ein Übernahmeantrag gemäß § 31 gegenüber dem OABe des UW innerhalb des gleichen Bundesstaates ist bei Anstaltspflegebedürftigkeit des Unterstützten im Hinblick auf die Übernahmepflicht des LABes nicht zulässig, B 30 N 49 S 148.

d) Der LAB kann, solange die Anstaltspflegebedürftigkeit besteht, von seinem Überweisungsrechte nach § 8 und der Landesgesetzgebung gegenüber dem nach § 28 verpflichteten OABe keinen Gebrauch machen, B 28 N 52 S 155.

e) Den LABen steht auch ein Erstattungsanspruch gegen den OAB des Arbeitsortes wegen des landesgesetzlichen Anteils des endgültig verpflichteten OAVes (Art 58 Abs 4 BayAG) zu; umgekehrt steht auch diesem ein Anspruch gegen den LAV auf Übernahme Anstaltspflegebedürftiger zu, B 29 N 38 S 115 und 43 N 54 S 140/2.

f) Bei landarmen Anstaltspflegebedürftigen ist, vom Fall e abgesehen, ein Erstattungsanspruch des LAVes ausgeschlossen. Das trifft aber im Falle des § 33 nicht zu, wenn ein anstaltspflegebedürftiger Deutscher aus dem Ausland übernommen worden ist, B 31 N 55 S 161 und 40 N 32 S 76.

g) Da dem LAV als Träger der außerordentlichen Armenlast die Rechte der OAVe zustehen, so vermag er Erstattungsansprüche wie ein OAV im armenrechtlichen Verfahren nach §§ 37 ff geltend zu machen. Dabei kann es sich um Erstattungsansprüche des vorläufige Anstaltspflege gewährenden LAVes gegenüber dem LAVe des endgültig verpflichteten OAVes und beider LAVe gegenüber letzterem OAVe handeln. Ein Ersatzanspruch des vorläufig hilfeleistenden LAVes gegen den OAV des UW kommt insbesondere bei Anstaltspflegebedürftigen mit dem UW in einem anderen Bundesstaate in Betracht, vgl. die in Anm 2 angeführten Entscheidungen.

h) Dem vorläufige Anstaltspflege gewährenden LAVe stehen auch insbesondere die Ansprüche gegen Dritte gemäß § 62 zu. Er kann die aus dem Vermögen des Unterstützten oder von seinen unterhaltspflichtigen Verwandten geleisteten Zahlungen auf jenen Teil seiner Selbstkosten anrechnen, die ihm armenrechtlich nicht ersetzt werden; denn der LAV ist infolge der Stellung eines vorläufig unterstützenden AVes zunächst Alleingläubiger der genannten Personen. Der endgültig verpflichtete AV tritt nur in die Rechte des vorläufig verpflichteten LAVes ein, insoweit er diesen befriedigt hat, er hat also keinen Anspruch auf verhältnismäßige Teilung, B 28 N 48 S 138, 38 N 48 S 136—143 mit vielen Anführungen daselbst in den Fußnoten, die bei Brunn S 668 fehlen, ferner B 46 N 44 S 164 und S 174/5.

i) Der LAV, der in dringenden Fällen ohne Antrag des vorläufig fürsorgepflichtigen OAVes einen Geisteskranken in seine Anstalt aufgenommen hat, kann gegen den endgültig verpflichteten OAV Ersatz beanspruchen, auch wenn die Anstaltspflege in gutgläubigem Irrtume gewährt worden ist. Hat aber der OAV die Hilfsbedürftigkeit und Anstaltspflegebedürftigkeit bestritten und gegen die Aufnahme in die Anstalt Widerspruch erhoben, so ist ein Erstattungsanspruch nur gegeben, wenn diese Bedürftigkeit festgestellt ist, B 40 N 55 S 132/9.

k) Die LAVe haben auch die Pflichten der OAVe zu erfüllen, s. hierüber Anm 3 zu § 28. Das gilt namentlich für den vorläufig hilfeleistenden LAV. Dieser hat deswegen zur Sicherung seines Ersatzanspruches die Anmeldevorschriften nach § 34 zu erfüllen, B 27 N 44 S 146 und 40 N 57 S 143 und zur Beseitigung der Hilfsbedürftigkeit etwaiges Vermögen oder unterhaltspflichtige Verwandte des in die Anstalt Aufgenommenen heranzuziehen, B 46 N 45 S 177/80.

l) Wegen der Verteilung und Höhe der Kosten sind folgende Grundsätze maßgebend:

aa) Ob und inwiefern eine Verteilung der Kosten zwischen dem endgültig verpflichteten OAV und seinem LAVe stattzufinden hat, darüber bestimmt Näheres die Landesgesetzgebung. So überträgt Preußen die Verwaltungs- und Beerdigungskosten den LAVen, die übrigen Kosten der Anstaltspflege den OAVen, denen mindestens zwei Drittel vom Kreis ersetzt werden müssen, vgl. §§ 31 und 32a PrAG. In Bayern haben die LAVe den Gesamtaufwand der Anstaltspflege zu tragen, den endgültig verpflichteten OAVen ist nur ein sog. Interessenanteil auferlegt, indem sie dem LAV ein Fünftel der Kosten ersetzen müssen; vgl. Art 58 Abs 4 BayAG.

bb) Unter die Anstaltskosten fallen auch Kurkosten, gleichgültig ob sie mit dem die Anstaltspflege veranlassenden Leiden im Zusammenhange stehen oder nicht, B 48 N 43 S 138; dazu gehört beispielsweise die fachärztliche Behandlung eines Geisteskranken in einer Irrenanstalt wegen Augenleidens, B 47 N 42 S 122. Würde dagegen die Überbringung eines Anstaltspfleglings in eine Krankenanstalt wegen ansteckender Krankheit erfolgen, dann hätte für diese Kosten bis zum Wiedereintritte der Anstaltsverwahrung der reichsgesetzlich verpflichtete AV einzutreten, S 35 S 1. Das BAH hat in B 48 N 43 S 141 ausgesprochen, daß dem LAVe in bezug auf die Aufwendungen für eine in einem geeigneten Krankenhause vorgenommene Operation eines dahin aus der Irrenanstalt verbrachten Geisteskranken die gleiche Kostentragungspflicht und der gleiche Ersatzanspruch zusteht, wie wenn die Operation in der Irrenanstalt vorgenommen worden ist. Die Kosten für die Beerdigung und für die Anstaltskleidung sind vom LAVe zu tragen, *soweit das landesrechtlich bestimmt ist*. In diesem Falle hat auch der endgültig verpflichtete OAV nur den ihn treffenden Anteil davon zu bezahlen, sonst das Ganze. Nach § 46 Abs 2 BayVA umfaßt die Anstaltsfürsorgepflicht des LAVes den *gesamten Aufwand*, der durch den notwendigen Aufenthalt des Gebrechlichen *in der Anstalt* erwächst; dazu gehört also nicht der Aufwand für Beerdigungen, S 40 S 7. Nach B 43 N 52 S 138 gehören bezüglich der Anstaltsfürsorge für blinde und taubstumme Kinder in Preußen (Gesetz vom 7. August 1911) die Kosten für die Beschaffung von Kleidungsstücken nicht zu den Auslagen für Bewahrung, Kur und Pflege.

Die Kosten für die Einlieferung und Ausstattung für die Anstaltsaufnahme fallen noch nicht unter die Anstaltspflegekosten, vgl. dazu Anm 2 oben; anders bei der Fürsorgeerziehung. Würde sich der OAV oder der LAV weigern, diese Kosten auf sich zu nehmen, so käme zunächst ein Einschreiten der Staatsaufsichtsbehörde, in Bayern unter Umständen auch die Zuständigkeit des VGH gemäß Art 10 Ziff 2 VGG in Betracht. Wenn aber der OAV des Aufenthaltsortes diese Auslagen bestritten hat, so steht ihm selbstverständlich ein armenrechtlicher Ersatzanspruch gegen den endgültig verpflichteten AV zu. Das kann auch der LAV, zu dessen Bezirk er gehört, sein, wenn es sich nämlich um landarme Anstaltspflegebedürftige handelt.

cc) Kosten infolge Entweichens eines Geisteskranken fallen nach der Rechtsprechung des BAH dem LAVe zur Last, es sei denn, daß er Umstände geltend machen kann, die er nicht zu vertreten hat, vgl. B 42 N 46 S 155 mit Anführungen auf S 156, 43 N 52 S 135. Dagegen sind die Kosten für Wiederzuführung eines versuchsweise entlassenen Geisteskranken von dem OAVe des UW zu tragen, B 40 N 56 S 140 und 43 N 53 S 138.

dd) Was die Höhe der Anstaltskosten betrifft, so sind die in den Satzungen der Anstalten enthaltenen Verpflegsätze maßgebend. Dies gilt auch dann, wenn sie höher sind, als die allgemeinen Tarifsätze nach § 30 Abs 4, B 36 N 50 S 134/6, 49 N 46 S 136 (für Preußen; für Bayern kommt dies dermalen nicht in Betracht, da hier solche Sätze nur für gemeindliche und Distrikts-, nun Bezirks*kranken*anstalten bestehen, nicht für die Kreisirren- und sonstige Pflegeanstalten). S. auch Anm 6 und 7 zu § 30. Es sind jeweils die Pflegesätze des unterstützenden LAVes anzuwenden; es kann daher der endgültig verpflichtete OAB dem vorläufig Anstaltspflege gewährenden LABe gegenüber nicht einwenden, daß die Pflegesätze des LABes, dem er angehört, niedriger seien, B 28 N 50 S 146 Brunn S 697 und 43 N 54 S 140.

§ 33.

Wird ein Deutscher,[1] der keinen Unterstützungswohnsitz[2] hat, auf Verlangen einer ausländischen Staatsbehörde oder auf Antrag eines Konsuls oder Gesandten des Reichs aus dem Ausland übernommen, so liegt, wenn bei der Übernahme[3] der Fall der Hilfsbedürftigkeit[4] vorhanden ist oder innerhalb sieben Tagen[5] nachher eintritt, die Verpflichtung[6] zur Erstattung der Kosten der Unterstützung beziehungsweise zur Übernahme des Hilfsbedürftigen demjenigen Bundesstaat[7] ob, innerhalb dessen der Hilfsbedürftige seinen letzten Unterstützungswohnsitz gehabt hat, mit der Maßgabe, daß es jedem Bundesstaat überlassen bleibt, im Wege der Landesgesetzgebung diese Verpflichtung auf seine Armenverbände zu übertragen.[8]

1. Die Vorschrift in § 33 wurde durch die auf Grund des Ermächtigungsgesetzes vom 4. August 1914 (Anm 1 zu § 1) erlassene BRVo vom 16. Mai 1918 (RGBl S 409), s. darüber auch Baath im Preuß. VerwBl 39 S 497, Luxenburger BlApfl III S 141 und 153, abgeändert und erweitert. Dabei handelt es sich um die Übernahme Auslandsdeutscher, die aus dem Ausland ins Reichsgebiet übergeführt worden oder infolge der Kriegsverhältnisse nach dem 31. Juli 1914 übergetreten sind; die Vorschrift bezieht sich also nicht auf Landarme des Inlandes. Außer landarmen Deutschen im Sinne des UWG, also Deutschen, die in einem der zum Deutschen Reiche gehörigen Länder die Staatsangehörigkeit besitzen, kommen hier noch ehemalige Deutsche in Betracht; das ist in B 34 N 53 S 179 Brunn S 705, dann in der BRVo III ausdrücklich anerkannt; ferner bezieht sich die BRVo auch noch auf Staatenlose deutscher Abkunft II Ziff 2 und auf unmittelbare Reichsangehörige II Ziff 3.

2. Haben übernommene oder übertretende Personen ihren UW noch nicht durch den Aufenthalt im Ausland (einjährige Abwesenheit nach § 22) verloren, dann ist im Falle der Hilfsbedürftigkeit unter allen Umständen der OAB des UW fürsorge-, d. i. erstattungs- und übernahmepflichtig.

3. In § 33 ist die Rede von Übernahme auf Antrag einer Auslandsbehörde oder eines diplomatischen Vertreters des Deutschen Reiches, B 20 N 43 S 158/163; das Übernahmeverfahren (s. hierüber Anm 4 zu § 60) ist im armenrechtlichen Verfahren nicht nachzuprüfen, B 10 N 44 S 124, 16 N 47 S 150 Brunn S 704 und 714. Die BRVo bezieht sich auf den Übertritt aus dem Ausland in das Deutsche Reich infolge der Kriegsverhältnisse. Beide Bestimmungen bezielen die Entlastung der Grenzbezirke und deren Armenverbände, RTB 1870 sten. Ber. Bd 4 S 582, RTB 1907/09 AnlBd 241 S 1907. Beim Übertritt ohne den völkerrechtlichen Akt der Übernahme bleibt § 33 und BRVo III außer Betracht, es kommt die

Vorschrift in § 30 1 b über Fürsorgepflicht bei Hilfsbedürftigkeit von Landarmen zur Anwendung, es sei denn, daß der Übertritt infolge der Kriegsverhältnisse erfolgte.

4. Über Hilfsbedürftigkeit s. Anm 4 zu § 1. Dazu ist noch zu bemerken, daß der Beginn der armenrechtlichen Hilfsbedürftigkeit auf den Beginn der Kriegswohlfahrtspflege zurückzubeziehen ist, wenn auf letztere (Familienunterstützung oder Kriegsunterstützung überhaupt) Armenhilfe folgt, BRVo II Ziff 5, III. Dies trifft aber nicht zu, wenn zwischen beiden Unterstützungen ein (nicht nur ganz vorübergehender) Zwischenraum liegt, Baath a. a. O. S 499.

5. Die BRVo dehnt den siebentägigen Zeitraum, innerhalb dessen der Eintritt der Hilfsbedürftigkeit noch die Sonderfürsorgepflicht begründet, auf ein Monat (vgl. §§ 187 Abs 5 und 188 BGB) aus, s. Baath a. a. O. S 499 (III) und BlApfl III S 154.

6. Die Kostenerstattungspflicht kommt in Betracht, wenn ein AV des Grenzbezirkes Armenhilfe leistet; die Übernahme aus dem Grenzbezirke setzt einen Antrag des vorläufige Armenhilfe leistenden AVes dieses Bezirkes oder eines anderen die Armenhilfe innerhalb des 1. Monates nach Übernahme oder Übertritt aus dem Auslande leistenden AVes und dauernde Hilfsbedürftigkeit voraus, denn es handelt sich um die Erstattungs- und Übernahmepflicht im Sinne der §§ 28, 30, 31. Nur ist der endgültig pflichtige AV gemäß § 30 durch ein anderes Rechtssubjekt, den Staat (s. § 7) oder den an dessen Stelle tretenden AV, ersetzt. Die Kosten des Transportes ins Inland sind nicht armenrechtlich zu erstattende Kosten, B 10 N 45 S 126 Brunn 709, B 44 N 47 S 137. Der Übernahmepflicht steht außerdem das Recht, die Überführung zu verlangen, zur Seite, § 32.

Bezüglich der Familienangehörigen des Auslandsdeutschen gilt zunächst die allgemeine Regel, daß die unselbständigen Familienmitglieder mit dem Familienhaupte zu übernehmen sind, B 18 N 32 S 106, 29 N 39 S 120 Brunn S 712 ff., B 34 N 54 S 186 ff.; dann weiterhin die Sonderregel der BRVo, daß die Verhältnisse des Familienhauptes für die minderjährigen Kinder, die sich nach dessen UW-Verhältnissen richten oder richten würden, wenn sie nicht das 16. Lebensjahr vollendet hätten, und für die Ehefrau, die nicht armenrechtliche Selbständigkeit gemäß § 17 besitzt, den fürsorgepflichtigen Staat bestimmen, auch wenn sie die Reichsangehörigkeit nicht besessen haben und auch wenn die Ehefrau nichtdeutscher Abkunft ist, II Ziff 4. Für die armenrechtlich selbständige Ehefrau kommt es auf ihren UW an; es kann auch ein abgeleiteter UW als letzter UW in Betracht kommen, B 27 N 45 S 151/3 Brunn S 711. S. auch Anm 3 a ee zu § 30 a. Ende.

7. Der nach § 33 und der BRVo fürsorgepflichtige Staat ist

a) bei landarmen Deutschen, die früher einen UW besaßen, der Staat, dem dieser letzte UW angehört, § 33, BRVo II Ziff 1. Dem letzten UW steht für bayer. Staatsangehörige ein früheres Heimatrecht gleich, B 16 N 44 S 124 Brunn S 704, B 34 N 53 S 179/85, andernfalls wäre für Bayern eine Fürsorgepflicht für seine Staatsangehörigen, die vor dem 1. Jan. 1917 den Aufenthalt im Auslande genommen haben, ausgeschaltet,

b) bei landarmen Deutschen, für die ein letzter UW nicht zu ermitteln ist, wobei die Bestimmung in § 30 Abs 2 Satz 1 Anwendung findet, der Heimatstaat. An sich fallen diese Deutschen nicht unter die Bestimmung in § 33; das ist aber durch BRVo III geändert, die auch die neue Fürsorgepflicht des Heimatstaates begründet, II Ziff 1,

c) bei staatenlosen ehemaligen Deutschen der Staat, dem der Unterstützte zuletzt angehört hat. Auch das ist neu. Bisher hatte gemäß § 60 der Bundesstaat die Fürsorgepflicht, in dessen Bezirk sich der Hilfsbedürftige bei Eintritt der Hilfsbedürftigkeit befindet, II Ziff 1,

d) bei Staatenlosen deutscher Abkunft der Staat, dem der letzte nachweisbare Vorfahre des Deutschen angehört hat oder in dem dieser seinen nachweisbaren letzten Wohnsitz hatte, II Ziff 2,

e) bei Reichsangehörigen der Staat, in dessen Gebiet die Hilfsbedürftigkeit hervortritt, gegen Ersatz der Unterstützungskosten durch das Reich, II Ziff 3. Das Reich erstattet die Unterstützungskosten auch dann, wenn sich bei Deutschen oder ehemaligen Deutschen oder als Personen deutscher Abkunft angesehenen (übernommenen) Hilfsbedürftigen die Reichsangehörigkeit oder Abkunft von einem Deutschen nicht erweisen läßt.

8. Die Bundesstaaten machten regelmäßig Gebrauch von der Befugnis, die Verpflichtung nach § 33 ihren Armenverbänden aufzuerlegen. Die Übertragung erfolgte zumeist an die Landarmenverbände, in deren Bezirke der Hilfsbedürftige seinen UW gehabt hat. So das BayAG in Art 61, PrAG § 37, WüAG Art 27, 30; in Sachsen ist die Unterstützungspflicht den OABen übertragen (§ 6 VO vom 6. Juni 1871); wegen der übrigen Bundesstaaten s. Krech (8) S 225 ff. Ein Antrag bei der Kommissionsberatung 1908 in § 33 die Worte „gegen volle Entschädigung" einzusetzen, wurde abgelehnt, weil das ein unzulässiger Eingriff in das Gebiet der Landesgesetzgebung sei, der das UWG nach § 8 die selbständige Regelung dieser Frage zugewiesen hat (RTV 1907/09 AnlBd 247 S 5084). Die ABe erhalten Ersatz vom Staate für die hier in Betracht kommenden Kosten, soweit dies die Landesgesetze anordnen, so Art 61 Abs 3 BayAG (vier Fünftel). Diese landesgesetzlichen Bestimmungen gelten weiter, BRVo IV Abs 2. Eine teilweise Abänderung bedingte aber die Neuerung dieser Verordnung, die den Heimatstaat heranzog; diese Ergänzung, die der Landeszentralbehörde überlassen worden ist, erfolgte für Bayern durch MinBek vom 5. Juli 1918 (MABl S 276). Hiernach ist für die Verpflichtung der LABe außer dem letzten UW der letzte nachweisbare Wohnsitz oder Geburtsort (der für den letzten nachweisbaren bayer. Vorfahren nicht in Betracht kommt) maßgebend; sonst ist der LAV fürsorgepflichtig, in dessen Bezirk die Hilfsbedürftigkeit hervortritt; vom Staate werden vier Fünftel des Aufwandes ersetzt.

§ 34.

[1] Muß ein Ortsarmenverband [1] einen hilfsbedürftigen Deutschen, welcher innerhalb desselben seinen Unterstützungswohnsitz nicht hat, unterstützen, so hat der Ortsarmenverband zunächst eine vollständige Vernehmung [2] des Unterstützten über seine Heimats-, Familien- und Aufenthaltsverhältnisse zu bewirken, und sodann den Anspruch auf Erstattung der aufgewendeten beziehungsweise aufzuwendenden Kosten bei Vermeidung [3] des Verlustes dieses Anspruchs binnen sechs Monaten [4] nach begonnener Unterstützung bei dem vermeintlich verpflichteten Armenverbande [5] mit der Anfrage anzumelden, [6] ob der Anspruch [7] anerkannt wird.

II Ist der verpflichtete Armenverband nicht zu ermitteln, so hat die Anmeldung behufs Wahrung des erhobenen Erstattungsanspruchs innerhalb der oben normierten Frist von sechs Monaten bei der zuständigen vorgesetzten Behörde des beteiligten Armenverbandes zu erfolgen.[8]

III Ist nach der Ansicht des unterstützenden Ortsarmenverbandes der Fall dazu angetan, dem Unterstützten die Fortsetzung des Aufenthalts nach § 5 des Gesetzes über die Freizügigkeit vom 1. November 1867 (Bundes-Gesetzbl. S. 55 ff.) zu versagen, und will der Ortsarmenverband von der bezüglichen Befugnis Gebrauch machen, so ist dies in der Benachrichtigung ausdrücklich zu bemerken.[9]

1. Die Frage, wer der Anmeldepflicht innerhalb der sechsmonatlichen Frist zu genügen hat, ist nicht etwa dahin zu beantworten, daß diese Verpflichtung sich nur auf den gemäß § 28 vorläufig hilfeleistenden OAV des Aufenthaltsortes bezieht. Diese Anmeldepflicht hat vielmehr jeder AV zu erfüllen, der einen Erstattungsanspruch machen lassen will. Es gehört dazu

a) der irrtümlich sich für den vorläufig fürsorgepflichtig haltende OAV, der Ersatz vom endgültig verpflichteten AVe beansprucht, vgl. B 28 N 42 S 121 und 41 N 54 S 179;

b) der OAV, der irrtümlich annahm, er sei der OAV des UW. Wenn er Erstattungsanspruch gegen den wirklich verpflichteten AV erhebt, dann gilt auch für ihn die Vorschrift des § 34 über Anzeigepflicht und über Verwirkung des Anspruchs, soweit diese versäumt ist, vgl. B 29 N 41 S 126.[1]) Dies trifft aber nicht zu bei dem Rückerstattungsanspruch, für den die Grundsätze der ungerechtfertigten Bereicherung gelten, s. hierüber Anm 6 zu § 28;

c) der LAV, der auf Grund der Bestimmungen über die „außerordentliche Armenlast" (§§ 8 und 32 a UWG mit den entsprechenden Landesgesetzen) vorläufige Armenhilfe leistete und Ersatz gegen den wirklich anstaltspflegepflichtigen LAV geltend macht, vgl. Art 58 Abs 2 BayAG und B 30 N 50 S 152 Brunn S 720;

d) auch der endgültig anstaltspflegepflichtige LAV ist für einen Erstattungsanspruch gegen den OAV des UW an die Vorschrift des § 34 gebunden, B 40 N 57 · S 143. In Bayern ist dieser Anspruch auf ein Fünftel beschränkt (Art 58 Abs 4 BayAG);

e) der LAV,[2]) der gemäß § 30 Abs 1 b Zahlungen leistete, weil der UW nicht ermittelt werden konnte, gegenüber dem ermittelten OAVe des UWes. Dem endgültig verpflichteten AVe steht ein für allemal der Schutz des § 34 zur Seite, vgl. B 37 N 59 S 157 Brunn S 719/20 und B 40 N 39 S 94. Aber eine Ersatzanmeldung nach Abs 2 hat solange Wirkung, bis der wirklich verpflichtete OAV ermittelt ist (s. Anm 8). Nur beim Rück-

[1]) Der Irrtum ist also nicht unschädlich, B 22 N 41 S 160/1, 32 N 44 S 124.

[2]) Da auf diesen LAV § 32 a nicht zutrifft, so muß der Wortlaut in § 34 als zu eng gefaßt angesehen werden.

erstattungsanspruche des LAVes gegenüber dem OAVe, dem er die Kosten der vorläufig geleisteten Armenhilfe zu ersetzen hat, der sich aber später als der endgültig verpflichtete OAV des UWes herausgestellt hat, findet § 34 keine Anwendung; s. näheres hierüber § 30 Abs 2, Anm 6c zu § 28 und Anm 5 zu § 30;

f) auch der LAV, der die Anstaltspflege in der irrtümlichen Annahme übernommen hatte, der Unterstützte habe den UW bei einem zu seinem Bezirke gehörigen OAV, unterliegt bei Geltendmachung eines Erstattungsanspruches gegen den wirklich anstaltspflegepflichtigen LAV der Bestimmung des § 34, B 29 N 41 S 125;

g) ebenso der abschiebende AV, der die Aufwendungen für die vorläufige Fürsorge durch einen anderen OAV an seiner Stelle (s. Anm 7 zu § 28) erstattet hat oder zur Erstattung verurteilt wurde, gegenüber dem endgültig verpflichteten AV, B 8 N 24 S. 63/4 und 37 N 59 S 157 Brunn S 719, dann der AV, der die vorläufige Fürsorge für einen Hilfsbedürftigen an Stelle des eigentlich verpflichteten OAVes (nach § 28) übernehmen mußte und übernommen hat, gegenüber dem abschiebenden OAVe, B 26 N 56 S 138/40 und 40 N 59 S 148/50. Eine Ersatzanmeldung hat auch hier Wirksamkeit, es sei denn, daß der abschiebende OAV bekannt oder unschwer zu ermitteln ist, vgl. B 26 a. a. O. S 140. Wenn der vorläufig Unterstützung gewährende AV nicht die Übernahme in die eigene Fürsorge durch den abschiebenden AV verlangt, sondern sich auf die Beanspruchung des Ersatzes seiner Aufwendungen beschränkt, dann hat er allerdings auch die Pflichten des vorläufig hilfeleistenden AVes zu erfüllen. Dazu gehört auch die rechtzeitige Anmeldung und die Sorge dafür, daß nicht durch Unterlassungen von seiner Seite der als ersatzpflichtig in Anspruch zu nehmende AV geschädigt wird, s. Anm 3 zu § 28;

h) auch der OAV des UW, der Ersatz von dem OAV des DoAO gemäß § 29 verlangen will, ist zur Anmeldung nach § 34 verpflichtet, B 47 N 45 S 130, PrVerwBl Bd 33 S 708, wie auch der OAV des DoAO wegen der nach Ablauf der 26 Wochen noch weiter notwendigen Krankenunterstützung anmeldepflichtig ist, ebendaselbst und RTB 1907/09 AnlBd 241 S 1966;

i) endlich noch der AV, der als OAV des UW eine Frau unterstützt hat, wenn diese durch Verehelichung einen anderen UW bekommt, B 28 N 42 S 117 und 52 N 37 S 144.

2. Die Gesetzesbestimmung legt den OAVen, die, ohne der Ort des UW zu sein, Hilfsbedürftige unterstützen, zweierlei Pflichten auf; einmal die Vernehmung des Unterstützten zum Zwecke der Feststellung der für die Hilfsbedürftigkeit und den UW maßgebenden Verhältnisse, dann die Anzeige an den endgültig verpflichteten AV, von dem Ersatz verlangt wird, mit der gleichzeitigen Anfrage, ob der Anspruch anerkannt wird.

In welcher Weise die Vernehmung des Unterstützten zu erfolgen hat, das sagt die bayr. VA vom 4. August 1915 (GVBl S 613) § 29 nebst Beilage I. Der Vernehmung haben sich die erforderlichen Erhebungen anzuschließen. Diese sind mit Sorgfalt zu pflegen, vgl Anm 3 zu § 28. Die Erhebungen bezwecken einmal die Feststellung des UWes oder des Verlustes des letzten UWes, dann die Feststellung der Hilfsbedürftigkeit. Um das erstere Ziel zu erreichen, sind die Aufenthaltsverhältnisse genügend zu ermitteln. Zur Feststellung der Hilfsbedürftigkeit dienen die ausführlichen Fragen der erwähnten Beilage 1 Abschnitt IV Ziff 14 bis 22;

die Vernehmung kann auch vor dem Beginne der Armenpflege erfolgen, B 52 N 6 S 16/7.

Zur Einhaltung der für die Wahrung des Ersatzanspruches notwendigen Anmeldung ist die Ausfüllung des in der bayr. BA vorgeschriebenen Fragebogens und die Anordnung weiterer Erhebungen über die Aufenthalts-, Familien-, Vermögens- und Erwerbsverhältnisse nicht erforderlich. Bei Unterlassung dieser Erhebungen kann aber unter Umständen der Anspruch die Abweisung wegen nicht genügend festgestellter Hilfsbedürftigkeit oder wegen Mangels der Voraussetzungen des § 30 Abs 2 Satz 1 erfahren, vgl. Anm 3 zu § 28 und Anm 4 zu § 30. Die Unterlassung der Vernehmung, die in einzelnen Fällen, z. B. bei Geisteskranken und hinsichtlich der Begräbniskosten, gar nicht möglich sein wird, wird nicht zur Abweisung der Klage, unter Umständen aber zur Verurteilung in die Streitskosten führen. Vgl. B 37 N 60 S 162, BGE vom 23. Sept. 1918 N 45 Ah D.

3. Der in Abs 1 angedrohte Verlust des Ersatzanspruches tritt nur dann ein, wenn die Anmeldung überhaupt unterblieben ist oder soweit die Anzeigefrist versäumt worden ist (s. hierüber Anm 4). Auf den Übernahmeanspruch (§ 30) kann sich der Ausschluß nach § 34 nach dem Wortlaute des Gesetzes wie nach der Natur der Sache nicht beziehen. Da der Ausschluß der Ersatzforderung kraft Gesetzes erfolgt, wird dieser Umstand im Streite von Amts wegen zu prüfen sein, B 26 N 55 S 136. Der Anspruch ist nicht etwa bloß hinsichtlich der dem endgültig verpflichteten AV infolge der Unterlassung der Anmeldung erwachsenen Mehrkosten, sondern seiner ganzen Höhe nach für die mehr als 6 Monate vor der Anmeldung zurückliegenden Zeit verwirkt, B 38 N 55 S 66/7 Brunn S 742. Der säumige AV kann sich nicht etwa auf dem Umwege einer Klage wegen ungerechtfertigter Bereicherung schadlos halten, B 51 N 15 S 41, Anm 6 c zu § 28.

4. Die Frist beginnt mit dem Zeitpunkte der Unterstützung, d. i. (was insbesondere bei Heilmittelgewährung zu beachten ist), mit der tatsächlichen Hilfeleistung, nicht mit der Bezahlung der Unterstützungskosten, B 41 N 53 S 178, BGE vom 29. November 1920 N 63 III/19 AUG und Anm 2 zu § 28; wegen Ablehnung der Kosten ärztlicher Hilfeleistung auf Anzeige des Arztes hin und ihren Folgen s. B 45 N 40 S 130. Bei fortlaufenden Unterstützungen wird der Anspruch hinsichtlich jener Aufwendungen verwirkt, die mehr als 6 Monate vor der — erstmaligen — Anmeldung gemacht worden sind, da es sich um keine unteilbare Einheit handelt, vgl. B 30 N 51 S 154, 31 N 56 S 167 Brunn S 721 (im Leitsatz hat es „Unterstützung" statt „Anmeldung" zu heißen) und 740. Zur Wahrung der Frist hinsichtlich einer am 1. März geleisteten Unterstützung genügt noch die Anzeige am 1 September, auch wenn es sich um Anstaltspflege eines Geisteskranken handelt, B 56 N 34 S 104; aus dem Worte „nach" ergibt sich, daß der Unterstützungstag nicht mitgerechnet wird, vgl. B 18 N 34 S 110 Brunn S 731. Auch für einmalige Hilfeleistung muß die Anmeldung innerhalb der sechsmonatlichen Frist bei dem verpflichteten AVe zur Wahrung des Ersatzanspruches verlangt werden müssen, um ihm Gelegenheit zu geben, sich rechtzeitig die Verteidigungsmittel gegen die ihm zugemutete Erstattungspflicht zu verschaffen, vgl. B 12 N 37 S 108/9 und 18 N 33 S 108, eingeklammerter Satz S 109 10 unten.

Wegen der Übergangsbestimmung für Bayern s. Anm 1 zu § 65.

Auch für den OAV, der Unterstützung gewährte in der irrtümlichen Annahme, der Unterstützte habe bei ihm seinen UW, bezieht sich die Anzeigefrist auf die von Anfang an gewährte Unterstützung; daher würde auch dieser OAV für Unterstützungen, die hinter der 6 monatlichen Frist zurückliegen, den Ersatzanspruch verlieren. Das hat seinen Grund in dem Schutze, den die Gesetzesbestimmung in § 34 einem endgültig verpflichteten AVe gewähren will, damit dieser rechtzeitig die Begründung des Anspruches prüfen und seine Verteidigungsmittel sammeln kann, B 13 N 36 B S 122 und 37 N 59 S 157/60 Brunn S 720; seine Rechtslage darf dadurch nicht benachteiligt werden, daß statt des gemäß § 28 zur vorläufigen Hilfeleistung verpflichteten OAVes ein anderer AV Armenhilfe gewährt. Zu erwähnen ist noch, daß die Anmeldung auch nicht entbehrlich wird, wenn die Leistung der Armenhilfe von der Staatsaufsichtsbehörde angeordnet worden ist, B 9 N 42 S 126.

5. Als AV, dem die Anzeige zu erstatten ist, bezeichnet das Gesetz den vermeintlich verpflichteten AV, B 15 N 40 S 146 Brunn S 733. Diese Bestimmung ist dahin auszulegen, daß die Anmeldung binnen 6 Monaten demjenigen AVe zu machen ist, der als vermeintlich verpflichtet mittels Klage in Anspruch genommen werden soll und daß anderseits nur gegen denjenigen AV eine Klage mit Erfolg erhoben werden kann, dem die Anmeldung innerhalb der auf 6 Monate ausgedehnten Frist gemacht worden ist. Dieser dem Schutzzwecke des § 34 gerecht werdenden Anschauung des BAH gegenüber muß die bayr. Praxis, die eine Anzeige bei der aus entschuldbarem Irrtum für die Heimatsgemeinde gehaltenen Gemeinde als eine nach Art 31 AG genügende Anzeige gelten läßt (S 1 S 117, 15 S 217, 28 S 196/9, 35 S 116), für das UWG aufgegeben werden.

Nach den Grundsätzen des UWG hat die Anmeldung bei einem anderen AV[1]) als dem endgültig verpflichteten keine rechtliche Bedeutung, B 24 N 59 S 181. Wirkungslos bleibt sonach auch eine frühere Anmeldung bei einem AVe gegenüber jedem anderen später verklagten AVe, B 46 N 49 S 189. Dagegen braucht die Anmeldung beim OAV A, der als OAV des DoAO als ersatzpflichtig in Anspruch genommen werden soll, nicht wiederholt zu werden, wenn dieser zugleich der OAV des UW ist und als solcher später wegen desselben Krankheitsfalls in Anspruch genommen werden soll, B 47 N 47 S 137. Es muß aber der vorläufig hilfeleistende OAV, wenn er sich in bezug auf die Unterstützungspflicht also insbesondere auf die Frage, wo der Unterstützte den UW hat, geirrt hat oder wenn in dieser Beziehung eine Änderung beispielsweise durch Verlust des bisherigen oder Erwerb eines anderen UWes eingetreten ist, bei dem hiernach als verpflichtet anzusehenden AV neuerdings Anzeige erstatten, B 28 N 42 S 118 und 40 N 58 S 145.

6. Über die Art und Weise, wie die Anmeldung stattzufinden hat, sind folgende Ausführungen veranlaßt:

a) Was die Form der Anmeldung anlangt, so bestehen keine Vorschriften, deren Nichteinhaltung den Ausschluß des Anspruches nach sich zieht, Reger 38 S 269. Deshalb kann die Anmeldung auch mündlich geschehen; es muß aber bei dem in Anspruch genommenen AV eine Nieder-

---

[1]) Also auch bei einem in Wirklichkeit nicht bestehenden AVe, B 31 N 58 S 171.

schrift hierüber erfolgen oder der Nachweis der mündlichen Anmeldung von dem Ersatz fordernden OAV erbracht werden, vgl B 17 N 44 S 142 Brunn S 730. Die mangelnde Unterschrift im Anmeldeschreiben des ARates macht die Anmeldung nicht rechtsunwirksam. Da es sich nicht um eine verpflichtende Regelung, sondern nur um einen Verwaltungsakt handelt, ist in § 34 nur Bestimmung über den Inhalt, nicht über die äußere Form getroffen, B 17 N 43 S 139 Brunn S 722, B 22 N 42 S 162. Was dagegen den Inhalt anlangt, so muß die Anmeldung, wie aus dem Wortlaute des Gesetzes hervorgeht, entnehmen lassen, daß Ersatz beansprucht wird. Die Forderung der Übernahme eines Unterstützten durch den endgültig verpflichteten AV erscheint sonach nicht auch als Anmeldung im Sinne des § 34, vgl. B 31 N 57 S 169 Brunn S 725. Die Anmeldung wird auch nicht durch die Kenntnis des anderen (verpflichteten) AVes von dem Pflegefalle ersetzt, B 41 N 55 S 183, aber durch die Klageerhebung, B 50 N 21 S 64.

Es ist nicht notwendig, den Betrag der Aufwendungen anzugeben, deren Ersatz verlangt wird, vgl. B 12 N 37 B S 108 Brunn S 724; andererseits muß aber, wenn es sich nicht um eine einmalige, sondern um eine fortlaufende Unterstützung handelt, letzteres zum Ausdrucke gelangen, da sonst für künftige, wie für wiederholte Aufwendungen weitere Anmeldung notwendig wäre und zwar für jede einzelne in Zwischenräumen gewährte Unterstützung, B 12 N 37 B S 110 und 51 N 52 S 168.

Ferner muß die Anmeldung die Person des unmittelbar Unterstützten, also auch des unterstützten Familiengliedes, ersichtlich machen, B 36 N 44 S 125 und 55 N 36 S 112. Ein Muster der Anmeldung (Krankenhauspflege) s. BlApfl II S 287/8.

b) Einer Mitteilung an den verpflichteten AV vor der tatsächlichen Gewährung einer Armenunterstützung kommt die Wirkung einer Anmeldung nach § 34 nicht zu, vgl. B 21 N 46 S 157 Brunn S 730. Die Anmeldung ist aber rechtswirksam, wenn sie vor der unmittelbar bevorstehenden Unterstützung erfolgt und die Unterstützung alsbald darauf gewährt wird, vgl. B 27 N 47 S 156.

c) Die Anmeldung muß bei dem Armenrate (nicht beim Gemeinderate), für Landarme beim LARate (nicht bei der Regierung, Provinzialverwaltung) erfolgen; dafür genügt die Absendung der schriftlichen Anmeldung an den Armenrat oder die Übergabe des Anmeldeschreibens oder die mündliche Anzeige bei dem Vorstand als dem gesetzlichen Vertreter des Armenrates oder dessen Stellvertreter, vgl. B 31 N 58 S 171. Der Armenrat hat auch als verständigt zu gelten, wenn die Anmeldung oder Übergabe in seinem Geschäftslokale gegenüber einem zur Annahme von Einläufen oder Anträgen befugten Beamten erfolgt. Zur Wahrung des Ersatzanspruches empfiehlt es sich für den vorläufig hilfeleistenden AV, die Anmeldung unter der Adresse des Armenrates des verpflichteten OAVes oder LARates des verpflichteten LAVes gegen Schein (als Einschreibsendung) abgehen zu lassen. Anmeldungen an die unrichtige Behörde sind von dieser sofort an den Armenrat weiter zu geben.

d) Der Beweis der Absendung genügt für die Wahrung des Ersatzanspruches ebenso wie bei Art 31 AArmG; auf den Tag des Einlaufes bei dem verpflichteten AVe kommt es nicht an. Die Anmeldungspflicht ist auch erfüllt, wenn die Anzeige überhaupt nicht bei dem letzteren AV einläuft, B 43 N 57 S 147.

e) Die Anmeldung kann auch durch Vermittlung eines Dritten geschehen; nur muß ersichtlich sein, daß sie im Namen oder Auftrage des Ersatz beanspruchenden AVes geschieht, daß es sich also um eine Vermittlung handelt, vgl. B 19 N 40 S 137 Brunn S 723, B 47 N 46 S 135/6, Reger 37 S 34. Dieser Dritte kann auch eine hilfeleistende Krankenanstalt, die Aufsichtsbehörde sein. Eine besondere Vollmacht ist hier nicht notwendig, vgl. B 19 S 138.

Die Frist ist bei Anmeldungen durch Vermittlung der vorgesetzten Behörde nur von dem Zeitpunkt ab gewahrt, an dem sie an den vermeintlich verpflichteten AV weiter gegeben werden. Anders bei der Ersatzanmeldung nach Abs 2.

f) Bei Unterstützung hilfsbedürftiger Ausländer hat die Anmeldung mit Rücksicht auf die Vorschrift in Art 62 Abs 2 BayAG beim Landarmenrate des LAVes, zu dem der vorläufig hilfeleistende OAV gehört, zu geschehen. Wenn aber Zweifel über die Staatsangehörigkeit und über die UWVerhältnisse bestehen, dann ist die Anzeige von den OAVen der unmittelbaren Städte an die Regierung, K. d. Innern, von den übrigen OAVen an das vorgesetzte Bezirksamt zu erstatten.

g) Die Unterlassung der Anfrage bewirkt nicht den Ausschluß des Ersatzanspruches. Wegen des Ausbleibens vgl. Anm zu § 35. Wird bei Beantwortung der Anfrage zwar der UW anerkannt, aber wegen Anerkennung der Notwendigkeit der Unterstützung noch Vorbehalt gemacht, so empfiehlt sich eine nochmalige Aufforderung zur Anerkennung der Erstattungspflicht bei Vermeidung der Klagestellung; letztere könnte allerdings auch schon ohne diese Aufforderung stattfinden, PrVerwBl Bd 32 S 624.

7. Bezüglich des Ersatzanspruches kann es dahingestellt bleiben, ob der Zusatz „beziehungsweise aufzuwendenden" notwendig war. Jedenfalls beweist dieser Zusatz, daß der vorläufig hilfeleistende OAV einen Anspruch auf Übernahme des Hilfsbedürftigen, auf Ersatz der Aufwendungen und auf Übernahme der künftigen also bis zum Vollzuge der Ausweisung oder Überführung erwachsenden Kosten erheben kann. Der letztgenannte Anspruch erscheint als eine sonst auf dem Gebiete des öffentlichen Rechts nicht allgemein zulässige, hier also ausnahmsweise statthafte Feststellungsklage, vgl. Anm 2a zu § 37. Nebenbei bemerkt, bezieht sich bei Abweisung eines Ersatzanspruches hinsichtlich der geleisteten Unterstützung, beispielsweise wegen Mangels der Feststellung der Hilfsbedürftigkeit, die Rechtskraft des Urteils nicht auf diese zukünftigen Aufwendungen; es ist also in diesem Falle neuerliche Klageerhebung mit der Behauptung, daß nunmehr Hilfsbedürftigkeit nachgewiesen ist, bezüglich der späteren Unterstützung zulässig, vgl. B 47 N 49 S 142.

Innerhalb der sechsmonatlichen Frist kann die Erstattungsklage erhoben werden, ohne daß die Anmeldung erfolgt ist, vgl. B 21 N 47 S 159 Brunn S 735. Nur kann der Kläger in diesem Falle keine Zinsen verlangen und unter Umständen die Kosten des Verfahrens zu tragen haben, wenn nämlich der beklagte AV dem Anspruche gegenüber keinen ablehnenden Standpunkt einnimmt (s. § 93 RZPO)[1]) Das trifft auch zu, wenn der Beklagte infolge der mangelhaften und unvollständigen

[1]) Bei fälligen Geldforderungen genügt das bloße Anerkenntnis zur Abwendung der Kostenlast nicht, sondern es muß der anerkannte Betrag auch bezahlt werden, B 44 N 50 S 146/8.

Ermittelungen Grund zur Nichtanerkennung des Anspruches hatte, vgl. B 28 N 54 S 162/5.

Mit der rechtzeitig und rechtsförmlich erstatteten Anmeldung ist aber der Ersatzanspruch auch für die Zukunft gewahrt, B 28 N 55 S 165 Brunn S 742. Das trifft aber nicht zu, wenn bei rechtzeitiger Erstattung der vorgeschriebenen Anzeige für die erste Zeit der Unterstützung durch Urteilsspruch der armenrechtliche Erstattungsanspruch als unbegründet erklärt worden ist, B 42 N 47 S 157. Das trifft auch ferner dann nicht zu, wenn sich bei fortlaufenden Unterstützungen die Unterstützungsart ändert, z. B. ein bisher zu Hause verpflegter Hilfsbedürftiger ins Krankenhaus gebracht wird, B 40 N 58 S 145. Nochmalige Anmeldung ist erforderlich, wenn ein neuer Pflegefall in Frage kommt, s. hierüber Anm 4 zu § 1 (fortgesetzte Hilfsbedürftigkeit) und B 19 N 39 S 135.

Ist die Anmeldung aber nicht rechtzeitig erfolgt, dann hat diese den Verlust des Erstattungsanspruches zur Folge, ohne daß es auf den Grund der Fristenversäumnis ankäme, B 43 N 56 S 145.

8. Der vorläufig hilfeleistende OAV, der von dem wirklich verpflichteten AVe den Ersatz seiner Aufwendungen verlangen will, hat zur Erreichung dieses Zweckes die erforderlichen Erhebungen zu pflegen, um diesen AV (also den DoAO oder UW) festzustellen. Sind die Ermittlungen erfolglos, dann ist wie für den Ersatzanspruch in § 30 so auch für die Anmeldung in § 34 eine Ersatzbestimmung getroffen. Erstattungspflichtig ist der LAV und die Anmeldung zur Wahrung des Ersatzanspruches nach § 34 ist bei der dem vorläufig hilfeleistenden AVe vorgesetzten Behörde zu erstatten. Dabei wird aber von dem ersatzbeanspruchenden AVe verlangt, daß er alle zur Feststellung der UWVerhältnisse und eines etwaigen DoAVes erforderlichen Schritte in geeigneter und erschöpfender Weise unternommen hat und daß desungeachtet ein UW nicht zu ermitteln war, s. B 25 N 48 S 143, Reger 37 S 54, dann B 55 N 37 S 113 (wegen Ermittelung eines DoAO), ferner B 52 N 38 S 145 (Zulässigkeit der Ersatzanmeldung, wenn zweifelhaft ist, ob der AV des DoAO oder des UW ersatzpflichtig ist oder welcher von mehreren AVen; in diesem Falle enthebt die Anmeldung der Notwendigkeit den Anspruch bei diesen [mehreren] AVen anzumelden). Die Unterlassung derartiger Nachforschungen hätte zur Folge, daß eine Klage gegen den LAV abgewiesen würde, weil nicht genügend nachgewiesen ist, daß ein UW nicht zu ermitteln war. Die Ersatzanmeldung bei der vorgesetzten Behörde hat fristwahrende Wirkung nur dann, wenn es dem anzeigenden AVe bei sachgemäßem Verfahren nicht möglich war, den wirklich ersatzpflichtigen AV zu ermitteln, B 28 N 55 S 165, 30 N 52 S 155 Brunn S 740/2. Nach der Rechtsprechung des BAH wird auch „fortgesetzte sorgfältige Anstellung von Ermittlungen" trotz der Anmeldung bei der Aufsichtsbehörde von dem ersatzbeanspruchenden AVe gefordert, vgl. B 29 N 42 S 129 Brunn S 739, s. aber auch B 52 N 37 S 144 (Lässigkeit, wenn der endgültig verpflichtete AV innerhalb der sechsmonatlichen Frist nicht ermittelt werden konnte, nicht mehr schädlich). Wenn aber die tatsächlichen Unterlagen für die Feststellung des endgültig verpflichteten AVes gegeben sind, dann ist kein Raum mehr für eine Ersatzanmeldung, B 48 N 44 S 141/3.

Unter der in §§ 14, 27, 34 und 59 erwähnten Behörde ist die vorgesetzte Aufsichtsbehörde, nicht die armenrechtliche Spruchbehörde, zu verstehen, B 2 N 26 S 100/6 Brunn S 743 und B 13 N 37 S 122 und Seydel Ann S 586 (Fußnote 3); vgl. auch die Ausführungen daselbst über die

„verschiedenen Bezeichnungen" für die zuständige Behörde im Gesetzestexte (§§ 14, 27, 34, 38, 39, 47, 49, 53, 54, 56, wozu noch §§ 58 und 59 beizufügen wären). Für Bayern ist die Sache dadurch einfach gelagert, daß die Aufsichtsbehörde zugleich auch die armenrechtliche Spruchbehörde ist, vgl. Art 72 (und auch Art 74) BayAG.

Bei dem LABe hat die Anmeldung zur Wahrung eines Ersatzanspruches zu erfolgen, wenn feststeht, daß der Unterstützte landarm ist, dann bei Gewährung vorläufiger Anstaltspflege durch LABe, ferner bei Unterstützung von Ausländern oder aus dem Ausland übernommenen Deutschen (§§ 33 und 60).

Auch hier bestehen keine Vorschriften über die äußere Form der Anmeldung mit der Wirkung, daß ihre Nichteinhaltung den Ausschluß des Erstattungsanspruches nach sich zöge; nur muß das Ersatzbegehren in der Anzeige enthalten sein, B 38 N 51 S 153 Brunn S 741 und Anm 6.

Formulare für die Ersatzanmeldung s. Anl I zur bayr. VA.

Die Ersatzanmeldung nach § 34 Abs 2 übt ihre Wirkung gegenüber jedem später als der OAV des UW oder als der endgültig verpflichtete AV überhaupt ermittelten AV aus, vgl. B 24 N 59 S 177/82 Brunn S 736 und B 28 N 42 S 117/22, Reger 37 S 54. Wird der endgültig verpflichtete AV innerhalb der 6monatlichen Frist ermittelt, dann verliert die Ersatzanmeldung ihre Wirkung, B 21 N 49 S 164. Denn die Ersatzanmeldung hat nur „subsidiäre" Bedeutung; sie ersetzt die Anmeldung beim endgültig verpflichteten AVe nicht, wenn die tatsächlichen Unterlagen der Feststellung des UWes eines Hilfsbedürftigen innerhalb der 6monatlichen Frist beschafft werden konnten, B 24 N 59 S 177 82 Brunn S 736 und 32 N 44 S 124. Die Wirkung der Ersatzanmeldung hört ferner mit dem Zeitpunkt auf, in dem die endgültige Fürsorgepflicht wechselt, wenn sich also die UWVerhältnisse des Unterstützten, z. B. durch Heirat oder Verlust der Staatsangehörigkeit verändern. Hier muß dem neuverpflichteten AVe gegenüber eine selbständige Anmeldung erfolgen, vgl. B 24 und 28 a. a. O., dann auch B 37 N 59 S 157/61 Brunn S 719. Im übrigen gilt auch hier der Satz, daß bei verspäteter Ersatzanmeldung der Erstattungsanspruch für die vorangegangenen 6 Monate gewahrt ist, vgl. B 30 N 52 S 155 Brunn S 740.

9. Die Vorschrift in Abs 3 ist eine Ergänzung der Bestimmung in § 31 dahin, daß die Übernahmeverpflichtung des endgültig verpflichteten AVes dadurch bedingt ist, daß sie von dem vorläufig hilfeleistenden OAV in Anspruch genommen wird und daß dies der Zuschrift des letzteren an ersteren unzweideutig zu entnehmen ist, vgl. B 27 N 38 S 121. In diesem Falle müssen bei den eingeklammerten Sätzen des Anmeldeformulars a (Beilage I zur bayr. VA) die Klammern ausgestrichen werden. Selbstverständlich kann der Übernahmeantrag auch erst später erfolgen, da häufig erst nach einiger Zeit sich herausstellen wird, daß die Hilfsbedürftigkeit des Unterstützten dauernd ist, s. hierüber auch § 30 Abs 1 bayr. VA. Im übrigen vgl. wegen Übernahme, Ausweisung, Überführung Anm 3 zu § 31 und § 32.

§ 35.

Geht auf die erlassene Anzeige innerhalb vierzehn Tagen nach dem Empfange derselben eine zustimmende Antwort des in Anspruch genommenen Armenverbandes nicht ein, so gilt dies einer Ablehnung des Anspruchs gleich.[4]

Für den unterstützenden AV besteht keine Pflicht, beim Ausbleiben einer Antwort sich nochmals an den verständigten AV zu wenden, B 43 N 57 S 147. Der benachrichtigte AV, der den Anspruch ohne Grund ablehnt, hat zu gewärtigen, daß er verurteilt wird, die Kosten des Streites zu tragen, B 28 N 54 S 162 Brunn S 728 und B 37 N 60 S 161; s. auch Anm 7 zu § 34.

§ 36.

Jeder Armenverband ist berechtigt, seine Ansprüche gegen einen anderen Armenverband auf dem durch dieses Gesetz bezeichneten Wege selbständig und unmittelbar vor den zur Entscheidung sowie zur Vollstreckung derselben berufenen Behörden zu verfolgen.

Nach dieser Bestimmung kann, wie die Begründung S 167 sagt, jeder AV durch das ganze Bundesgebiet seine durch das UWG begründeten Ansprüche verfolgen.

§ 37.

I Streitigkeiten zwischen verschiedenen Armenverbänden über die öffentliche Unterstützung Hilfsbedürftiger werden, wenn die streitenden Teile einem und demselben Bundesstaat angehören, auf dem durch die Landesgesetze vorgeschriebenen Wege entschieden.

II Gehören die streitenden Armenverbände verschiedenen Bundesstaaten an, so finden die nachfolgenden Vorschriften der §§ 38 bis 51 dieses Gesetzes Anwendung.[1–8]

1. §§ 37 und 38, deren Zusammenhang in B 4 N 29 S 83 und 42 N 23 S 83 näher erörtert ist, handeln von der Entscheidung armenrechtlicher Streitigkeiten. Dabei wird unterschieden: Landessachen, das sind Streitsachen, in denen die streitenden AVe demselben Land angehören, und Reichs- oder Bundessachen, das sind Streitsachen, in denen die Streitteile verschiedenen Ländern angehören.

Für beiderlei Arten von Streitigkeiten gilt in bezug auf Zuständigkeit, Instanzenzug, Verfahren das Landesrecht, in den meisten Ländern das Gesetz über die Verwaltungsrechtspflege oder das Verwaltungsstreitverfahren; in den Reichssachen ist das BAH ausschließlich die letzte Instanz und sind die Bestimmungen in §§ 39—52 zu beachten; die von der Zwangsvollstreckung handelnden §§ 53 ff. sind für Landes- und Reichssachen maßgebend; die Bestimmungen der einzelnen Bundesstaaten mit Ausnahme von Bayern findet sich abgedruckt bei Krech (8) S 235 ff., E. Behörden und Verfahren in Streitsachen der AVe. Für Bayern kommt hauptsächlich in Betracht das Gesetz über die Errichtung eines Verwaltungsgerichtshofes und das Verfahren in Verwaltungsrechtssachen (VGG) vom 8. August 1878, GVBl S 369 (s außer den prozessualen Vorschriften die Art 10 Einl Ziff 5, 6 auch 4, Art 8 Ziff 3 und 33, 11, ferner Art 94 BayAG und Art 30 SVG) nebst VB vom 25. Januar 1901, GVBl S 41 zum VGG, sowie das BayAG Art 72—75. Das Verfahren ist in erster Instanz für Landes- und Reichssachen dasselbe; bezüglich letzterer ist aber besonders zu betonen, daß die Berufung an das BAH bei Vermeidung des Ausschlusses bei der ersten Instanz schriftlich einzureichen ist und die weitergehende, die Beschwerdeeinlegung fördernde, über die Deklaration vom 15. Juni 1898 GVBl S 294 hinausgehende Bestimmung in Art 72 Abs III BayAG nicht Anwendung findet. Das bayr. Verwaltungsrecht unterscheidet zwischen den in Art 8 aufgeführetn Streitsachen, **Verwaltungsrechtssachen im engeren Sinne**, und den unter Art 10 fallenden Streitsachen, Verwaltungsrechtssachen im weiteren Sinne oder **Verwaltstreitsachen 2. Ordnung**, vgl. Dyroff VGG S 257/8 mit S 20 S 64, BlfadmPr Bd 59 S 246 und 64 S 89. Was die Verschiedenheit der Behandlung von Streitsachen nach Art 8 und 10 VGG betrifft, so ist hierüber folgendes zu erörtern. Nach dem Wortlaute des Gesetzes hätten für die in Art 8 aufgeführten Streitsachen, sog. Verwaltungsrechtssachen im engeren Sinne, die Bestimmungen in Art 16—44 VGG über das Verfahren auch bei den Unterinstanzen Anwendung zu finden, für die in Art 10 (und 11) angeführten Angelegenheiten, sog. Verwaltungsstreitsachen 2. Ordnung, dagegen nur beim Verwaltungsgerichtshofe, während für die Unterinstanz Art 45 maß geben d. h. die Erledigung bei den Unterinstanzen „nach den für das Verfahren in Verwaltungssachen jeweils bestehenden Vorschriften" stattfinden soll. Die bayr. Gesetze enthalten aber nur sehr wenig Prozeßregeln, das Armengesetz Vorschriften in Art 72 bis 75 für die Entscheidung der armenrechtlichen Streitsachen. Deshalb ist auf die aushilfsweise Anwendung der für die Verwaltungsrechtssachen geltenden Prozeßvorschriften zurückzukommen. Hiernach sind die Vorschriften der RZPO, soweit diese für das Verwaltungsprozeßrecht verwertbar sind, diesen Bestimmungen der RZPO aber **vorangehend**, die im Verwaltungsgerichtsgesetze geschaffenen Prozeßvorschriften entsprechend anzuwenden. Sie sind in Streitfällen des Art 10, wie dies in der Rechtsprechung und in der Rechtslehre anerkannt ist, von den Unterinstanzen insoweit zur Anwendung zu bringen, „als dies nach der Natur der Sache tunlich ist und als anderweitige besondere Vorschriften über das Verwaltungsverfahren fehlen oder die bestehenden unzulänglich sind", vgl. **S 24 S 443** mit Anführungen daselbst und BlAdmPr Bd 57 S 313, 32./7, 58 S 413, 59 S 246, 62 S 211, 64 S 89 ff. und Kahr VGG S 248.

Nicht tunlich erscheint die Anwendung der besonderen Bestimmungen über das Verfahren bei den Kreisregierungen, die in Verwaltungsrechtsachen durch Senate zu entscheiden haben, Art 31 ff., vgl. Begr zum BayAG Art 73 und 74 S 727, Dyroff, VGG S 696, dann Art 25, wegen Art 24 s. Anm 5 zu Art 11 BayAG. Dagegen sind für das Verfahren in 1. Instanz von den übrigen Vorschriften, insbesondere jene in Art 17—22, dann Art 26 und 27 anwendbar, vgl. Dyroff, VGG S 695, soweit nicht Bestimmungen in Art 72—75 BayAG enthalten sind; wegen der Reichssachen vgl. insbesondere § 46 UWG. Wegen Wiederaufnahme des Verfahrens gemäß Art 26 VGG, die in Verwaltungsstreitsachen 2. Ordnung auch für die Bescheide der Unterinstanz zulässig ist, vgl. § 51 Anm. Auf diese Weise wurde denn auch in ständiger Praxis der Verwaltungsbehörden die aushilfsweise Anwendung der Vorschriften des VGG in Verwaltungsstreitsachen insbesondere gemäß Art 10 Ziff 5 VGG gehandhabt.

Nach diesen Ausführungen wird es gerechtfertigt erscheinen, wenn in den nachfolgenden Erörterungen unterschiedslos, wie dies auch in der beachtenswerten Abhandlung von Oeschey über die Gerichtsstandlehre des bayrischen Verwaltungsprozeßrechtes (BlAdmPr Bd 59 S 246) geschehen ist, vom Verwaltungsstreitverfahren und Verwaltungsprozeßrechte für Bayern die Rede ist. Es sei noch bemerkt, daß in diesen Verwaltungsstreitsachen (2. Ordnung) die vor dem VGH über Rechtsansprüche entscheidenden Unterinstanzen als Verwaltungsgerichte im weiteren Sinne tätig sind, vgl. Dyroff VGG S 254 ff. und 400.

Die umfassendste Darstellung des bayr. Verwaltungsrechts enthält das bei keiner Verwaltungsbehörde entbehrliche Werk von Dr. Dyroff, das bayr. Verwaltungsgerichtsgesetz, das hier in der neuesten, d. i. 5. Auflage, angeführt wird.

2. Die armenrechtliche Klage.

a) Die Klageerhebung erfolgt durch Geltendmachung des Anspruchs bei der vom Gesetze für die armenrechtlichen Streitigkeiten bestimmten Verwaltungsbehörde, s. B 33 N 41 S 94 Brunn S 635, 46 N 41 S 154 und S 20 S 127; anders im Zivilprozesse (§ 253 RZPO). Über diese Spruchbehörden s. Näheres in Anm 4 (Zuständigkeit). Die Armenverbände werden die Klage schriftlich einreichen; sie kann aber auch zur Niederschrift der Behörde gegeben werden. Die Klage hat zu enthalten, was gefordert wird und warum es gefordet wird (Klageantrag und Klagegrund). Die Begründung, das tatsächliche Vorbringen in der Klage ist maßgebend für die Zuständigkeit, insbesondere für die Frage, ob eine öffentlich-rechtliche oder eine bürgerlich rechtliche Streitsache vorliegt, vgl. Anm 4 b, Dyroff VGG S 491/2, RGZ 82 S 328 u. Preuß. Verw.bl 39 S 123.

Die Klage kann nicht auf Feststellung des UW oder Anerkennung der Landarmeneigenschaft gerichtet werden, da das UWG dem UW bloß Bedeutung im Unterstützungsfalle beilegt und nur Streitigkeiten wegen armenrechtlicher Ansprüche zwischen AVen kennt, vgl. B 31 N 60 S 176, die eigenartige Entscheidung in B 44 N 51 S 148, ferner B 42 N 49 S 162, auch S 41 S 13; die UWverhältnisse werden vielmehr (wie auch Heimat- und Staatsangehörigkeitsfragen) als Zwischenpunkt im armenrechtlichen Streitverfahren entschieden. Die Bestimmung in § 256 RZPO ist nicht in ihrer Allgemeinheit auf das Gebiet des öffentlichen Rechts anzuwenden; es ist nur bei gegebener Inanspruchnahme infolge rechtlichen Interesses die Klage auf Feststellung einer Schuldigkeit, zum Beispiel auf Übernahme der armenrechtlichen Fürsorge vorbehaltlich gesonderter Rechnungsstellung oder künftiger Kosten zulässig, vgl. B 17 N 46 S 144 Brunn S 757, B 31 N 60 S 176, 42 N 50 S 169, 45 N 41 S 134, 46 N 42 S 156 (insbesondere S 160 und 161) und N 44 S 172 oben, dann VGE vom 29. November 1907 N 25 I/07, Wegunterhaltung in M, wodurch der bereits in S 22 S 41 eingeschränkte Satz in S 20 S 65 unten berichtigt wird; s. hierüber Dyroff VGG 262/3 Nachtrag S 774/5; vgl. auch VGE vom 3. März 1915 N 211 I/13 DistrUml Wa, in S 40 S 41 angeführt. Von einem Urteil auf zukünftige Leistungen ist anzunehmen, es sei unter der Voraussetzung der Fortdauer der Hilfsbedürftigkeit und mit dem Vorbehalt ergangen, daß die Ersatzpflicht erlischt oder sich mindert, sobald die Hilfsbedürftigkeit aufhört oder einen geringeren Grad annimmt, B 9 N 48 S 138 und 45 N 41 S 134/6, dann auch 46 N 50

S 197. Sehr richtig pflegt daher der bayr. BGH im Entscheidungssatze auszusprechen, daß der OAB A verpflichtet ist, dem OABe B die erwachsenen Kosten und die „bei Fortdauer der gleichen Verhältnisse weiter erwachsenden Kosten“ zu erstatten.

Dagegen stimmen das BAH und der bayr. BGH auch darin überein, daß theoretische oder akademische Streitfragen nicht den Gegenstand der Entscheidung bilden können, B 13 N 38 S 123/6 und S 24 S 6 mit Anführungen. Bei derartigen Anträgen und Klagen müßte die Zurückweisung erfolgen.

Ein Muster für armenrechtliche Klagen siehe in BlApfl I S 8 und II S 288, Baath, Prakt. Behandlung von Armenpflegefällen S 136.

Über die verschiedenen Arten armenrechtlicher Streitigkeiten s. die Zusammenstellung in BlAdmPr 66 S 90 (v. Zink).

b) Die Spruchbehörden der ersten Instanz haben die bei ihnen eingelaufenen Klagen und Anträge weiter zu behandeln (zu „instruieren“), den Gegner unter Mitteilung des Anspruchs zu hören, zur Feststellung des Sachverhalts die erforderlichen Erhebungen zu pflegen, nötigenfalls Zeugen und Sachverständige zu vernehmen, wobei die Vorschriften der RZPO (in der Fassung vom 1. Juni 1909, namentlich §§ 391 bis 393 und § 481) mit Art 19 und 20 BGG zu beachten sind. Wegen der Eideszuschiebung (Parteieneid), wegen der Zuziehung der Beteiligten oder deren Vertreter zu den Beweisterminen und wegen der Zeugengebühren wird auf die Anm zu § 39 hingewiesen. Die Spruchbehörden sind nicht an das Parteivorbringen gebunden; denn sie stellen, da für das bayr. Verwaltungsstreitverfahren der Grundsatz des Amtsbetriebs („das Offizialprinzip“) gilt, den Sachverhalt von Amts wegen fest; vgl. insbesondere die Ausführungen bei Dyroff BGG S 548 ff. über das „Offizialprinzip“, und BlAdmPr 58 N 209 ff.

c) Eine Klageänderung ist, von der in § 264 RZPO (für die Berufungsinstanz § 527) angeführten Ausnahme abgesehen, auch im Verwaltungsprozeß im allgemeinen nicht zulässig, B 16 N 51 S 160/1 Brunn S 758. Sachzusammenhang und Amtsbetrieb, der eine den Streit nach allen Richtungen umfassende Entscheidung bezielt, können eine Abweichung von dieser Regel herbeiführen, s. hierüber Dyroff BGG S 566 und 617/8. Die Klage kann während des Verfahrens ergänzt, berichtigt und erweitert werden (s. § 268 und 529 RZPO). Eine Änderung der Anträge ist schon um deswillen zulässig, weil der Verwaltungsrichter an die Parteianträge nicht gebunden ist, Dyroff BGG S. 551. Als zulässig wurde es erklärt, daß nach Erhebung der Klage auf Erstattung der Aufwendungen für einen Hilfsbedürftigen noch Anspruch auf dessen Übernahme geltend gemacht werde; ferner kann bei einer auf Abschiebung gestützten Ersatzklage gegen einen OAB an Stelle dieses Klagegrundes der Umstand geltend gemacht werden, daß der Hilfsbedürftige an dem Orte des in Anspruch genommenen OABes den UW besitzt. Vgl. hierüber §§ 268—270 RZPO, dazu Dyroff BGG S 566 ff., dann S 618, B 41 N 56 S 185/93 und 42 N 50 S 173. Das trifft aber nur zu bis zu dem Zeitpunkt, in dem das Urteil in der angerufenen Instanz gefällt wird, oder, wenn ihm eine Verhandlung vorangegangen ist, bis zu ihrem Schlusse. In zweiter Instanz ist die Nachtragsklage auf Übernahme oder die Beibringung eines anderen Klagegrunds jedenfalls dann nicht zulässig, wenn darüber in der ersten Instanz[1] nicht verhandelt worden ist, deshalb auch der Erstrichter

[1]) Über die Wahrung des Instanzenzuges vgl. die nachfolgende Anm 5 f.

keine Entscheidung getroffen hat, vgl. B 27 N 51 S 165 Brunn S 759, 42 a. a. O. S 169. Nach B 52 N 4 S 11 und 55 N 34 S 104/9 kann eine Erweiterung der Klage in der Berufungsinstanz mit der Berufung, aber nicht ohne solche erfolgen; s. auch B 30 N 57 S 165 Brunn S 795.

d) Was die Klagehäufung anlangt, so ist sie vom BAH als zulässig erklärt worden, wenn die AVe denselben Spruchbehörden unterstehen, oder wenn bei der Zuständigkeit mehrerer Spruchbehörden die nach Landesrecht zuständige Oberbehörde (in Preußen das Oberverwaltungsgericht) eine Spruchbehörde zur Entscheidung eines anhängigen Streites bestimmt hat (§ 58 PrLVG, B 25 N 51 S 150, 27 N 22 S 74 Brunn S 473, 41 N 56 S 185 und N 57 S 1 4/7, sowie 47 N 48 S 140). Das BAH hat zwar in B 40 N 61 S 151 „alternative Klageanträge“ für unzulässig erklärt, das heißt der Kläger darf nicht den Antrag stellen „entweder den AV A oder den AV B“ zu verurteilen. Aber damit ist nicht gesagt, daß die Klagehäufung für das armenrechtliche Streitverfahren nicht auch in der Weise zulässig sein soll, daß in erster Linie gegen den AV A, in zweiter Linie („eventuell“), also wenn der zunächst Beklagte nicht als verpflichtet erachtet wird, gegen den AV B und in dritter Linie („subeventuell“) gegen den AV C Klage erhoben wird, vgl. B 30 N 55 S 159, 32 N 42 S 116, 40 a. a. O. S 152 und 51 N 54 S 172. Mehrere Beklagte können nach und nach auf folgende Weise in den Streit gezogen werden. Der OAV des Aufenthaltsortes A will wegen Ersatzes für seine Aufwendungen gegenüber dem hilfsbedürftigen N den OAV der Gemeinde B verklagen, in dem der hilfsbedürftige N bis zum Inkrafttreten des UWG in Bayern die Heimat besaß; der OAV B macht geltend, daß N infolge ununterbrochener Abwesenheit von B während des Jahres 1916 den UW daselbst verloren und den UW bei dem OAVe des neuen Aufenthaltsortes C erworben hat; der OAV C behauptet, der Aufenthalt in C habe nur 10 Monate gedauert, dann sei N nach D verzogen, D behauptet, N sei landarm; der LAV des Regierungsbezirks E, dem auch die Gemeinden A, B, C und D Bezirksamts F angehören, bringt vor, nach dem Grundsatze der armenrechtlichen Familieneinheit komme hier der LAV des Regierungsbezirkes G in Betracht, der der geisteskranken Ehefrau des N Anstaltspflege gewährt. Der bayr. Verwaltungsgerichtshof hat in ständiger Rechtsprechung daran festgehalten, daß die zuständige Verwaltungsbehörde berufen ist, die bei ihr anhängig gewordenen Armen- und Krankenunterstützungssachen nach allen Richtungen hin einheitlich zur Entscheidung zu bringen und somit auch Entscheidung zu treffen, wenn es sich hierbei darum handelt, eine Gemeinde, für die eine andere Spruchbehörde zuständig ist, als verpflichtet zu erklären, die eingeklagten Kurkosten zu bezahlen, S 18 S 11/14 und 22 S 136, sowie BGE vom 7. Mai 1913 N 53 I/13 Kurkosten R, vgl. BlAdmPr 30 S 22/23 und die ausführlichen Erörterungen (Öschey) in 59 S 193 ff. insbesondere S 308 und 328.

Dieser Grundsatz und der daraus folgende Gerichtsstand des Sachzusammenhangs hat seine Grundlage im Landesrecht und bleibt deshalb gemäß § 37 Abs 1 und § 38 Abs 2 UWG auch für die armenrechtlichen Streitigkeiten nach dem UWG aufrecht. So hat denn auch der bayr. VGH ausgesprochen, daß das Bezirksamt als angerufene Aufsichtsbehörde eines in Anspruch genommenen OAVes zur Entscheidung zuständig sei, wenn im weiteren Verlaufe der Erhebungen die Erstattungspflicht eines LAVes, für den die Regierung Aufsichtsbehörde ist, in Frage kommt, vgl. VGE vom 17. Febr. 1919 N 70 III/8 AUSchr. Der Grundsatz war in der Begr zu Art 11 BayAG S 703 und ist nunmehr auch durch das BAH (vgl. B 56 N 34 S 104) ausdrücklich anerkannt. Er reicht so weit, daß es beim Mangel des UW auf seiten des vom Ersatz fordernden AVe verklagten AVes nicht ausgeschlossen ist, auf einen dritten AV und dessen Unterstützungspflicht überzugreifen, vgl. BlAdmPr 58 S 222/6 über die „Offizialmaxime", sowie 59 S 314 über den „Gerichtsstand" im Verwaltungsprozeßrechte. Er unterliegt nicht der Bestimmung in Art 17 Abs 2 VGG, weil es sich dabei um mehrere Ansprüche handelt, von denen jeder für sich geltend gemacht werden kann, in den Fällen des § 17 Abs 2 aber ein Anspruch, ein Streitpunkt, z. B. die Markung oder das Eigenjagdrecht in einem zu zwei verschiedenen Amtsbezirken gehörigen Wald in Frage kommt (BlAdmPr 59 S 214). Der Grundsatz findet aber keine Anwendung, wenn außerbayr. Armenverbände in Betracht kommen, vgl. Dyroff VGG S 533. Über „Beiladung" von AVen s. Anm 3.

e) Den in Anspruch genommenen AVen ist es überlassen, Einreden gegen die erhobene Klage vorzubringen. Was die Einrede der Verjährung und der unterlassenen Anmeldung betrifft, so wird auf die Anm 3 zu § 30a und 3 zu § 34 bezug genommen. Die Einrede der Zahlung, der Aufrechnung, des vertragsmäßigen Verzichts, der Rechtskraft gegen die geltend gemachten Ansprüche sind von den armenrechtlichen Spruchbehörden zu entscheiden, sagt das BAH in B 18 N 38 B S 120/4 [1]), vgl. auch B 35 N 31 S 84. Der beklagte AV kann auch die Einrede bringen, daß der unterstützende AV die Überführung ablehne, s. S 38 S 169 und BayGemZeit 1917 S 582.

Wird vom verklagten OAVe der UW im Laufe der Verhandlungen anerkannt, so kann das zum Streitabstand führen, vgl. dazu Dyroff, VGG S 265 oder auf Antrag auch zu einem Urteile nach dem Anerkenntnisse (vgl. B 44 N 50 S 146) und in diesem Fall auch zur Feststellung des UW selbst. Das Anerkenntnis bildet keinen Entstehungsgrund für das Heimatrecht und für den UW; insbesondere kann das außergerichtliche Anerkenntnis des UW und der Übernahmepflicht wegen Irrtums zurückgenommen werden, vgl. B 27 N 23 S 80, 31 N 38 S 99 Brunn S 771, B 50 N 22 S 69/70 (Schadensersatzanspruch bei Widerruf eines Anerkenntnisses) und Eger UWG S 362 Anm 134. Denn im öffentlichen Rechte hat, wie vom BAH und bayr. VGH in ständiger Rechtsprechung festgehalten wird, das Anerkenntnis nur beschränkte Bedeutung; es bildet insbesondere keinen selbständigen öffentlichrechtlichen Verpflichtungsgrund; daher findet auch die Bestimmung in § 307 ZPO nur beschränkte Anwendung, vgl. B 18 N 45 S 160, 31 N 38 S 99 Brunn S 770, 49 N 42 S 119, S 11 S 432, 17 S 282 mit Anführungen und 18 S 249, Dyroff VGG S 550 und 781, Reger 37 S 48, s. auch Anm 3 a zu § 30 a. Es unterliegen insbesondere die Heimat- und UWVerhältnisse, der Bestand einer Gemeinde oder eines AVes, die Grenze einer Gemeinde oder eines AVes nicht der Vereinbarung und Verfügung der Parteien, vgl. auch § 64. Auch bei Anerkennung des UW durch den beklagten AV sind die UWVerhältnisse vom Verwaltungsrichter von Amts wegen zu prüfen, B 54 N 14 S 61; andrerseits hat aber der AV, der den UW anerkannt hat, auch die Verurteilung als OAV des UW zu gewärtigen, wenn ihm nicht der Gegenbeweis gelingt, B 5 N 31 S 115 Brunn S 771 und B 51 N 24 S 68. Im übrigen sind bei öffentlichrecht-

[1]) Der Leitsatz spricht hier von Einreden bürgerlichrechtlicher Natur.

lichen Streitigkeiten die Unterlagen des Anspruchs der Nachprüfung durch das Verwaltungsgericht, das an das Parteivorbringen und die Anträge der Beteiligten nicht gebunden ist, unterstellt, wenn auch eine besondere Beanstandung der Parteien nicht vorliegt, sondern nur allgemein der Anspruch bestritten wird, vgl. S 26 S 382, BlAdmPr Bd 58 S 227 und B 29 N 29 S 92, Dyroff VGG S 548 ff. Daselbst (S 551/3) sind auch Beispiele über Einschränkung dieses Grundsatzes unter Berücksichtigung des Streitvorbringens angeführt. Hiernach gibt es auch im öffentlichen Rechte verzichtbare Ansprüche und zwar solche vermögensrechtlicher Natur, wozu in erster Linie Geldforderungen gehören und es besteht, wenn der Anspruch nach dem tatsächlichen Klagegrunde und der Höhe der Forderung vom Beklagten ausdrücklich anerkannt und nur einredeweise Verjährung behauptet worden ist, für die Spruchbehörde keine Verpflichtung, noch weitere Beweiserhebung anzuordnen. In solchen Fällen, bei Geldleistungen insbesondere dann, wenn nur über die Höhe Streit besteht, sind Anerkenntnisse und Verzichte der Parteien von den Spruchbehörden zu berücksichtigen, vgl. S 14 S 217, BGE vom 28. Mai 1909 N 59 I/09 Feldweg in A betr., Dyroff VGG S 548 und 550 ff., BlAdmPr Bd 58 S 224. Über eine besondere Art des Anerkenntnisses s. § 55, dazu § 53 Abs 2a, auch Art 12 BayAG; über Anerkenntnisse als Beweismittel s. B 7 N 52 S 137 und 16 N 52 S 164 Brunn S 770/1.

f) Widerklagen sind nach der Rechtsprechung des BAH an sich zulässig, B 5 N 27 A S 107, 22 N 24 S 88 Brunn S 761, B 27 N 23 S 77, aber nicht mehr in der Berufungsinstanz, B 19 N 52 S 162, 52 N 9 S 24/6, 55 N 18 S 55/7 (Antrag auf Übernahme). So kann auf den Ersatzanspruch widerklageweise ein Rückerstattungsanspruch erhoben (vgl. B 27 N 23 S 77/80) oder mit dem Überführungsbegehren erwidert werden (vgl. S 38 S 369 und Abs 1 bei e). Wenn auf den Übernahmeantrag ein Belassungsantrag folgt, so ist dieser nur zulässig, wenn der beklagte AV seine Übernahmepflicht anerkannt hat und mithin Einverständnis hierüber unter den Parteien besteht (B 41 N 63 S 207). Außerdem ist aber noch notwendig, daß die angerufene Spruchbehörde zugleich auch die Staatsaufsichtsbehörde des Aufenthaltsortes ist, da dieser durch Sonderbestimmung des Gesetzes (§ 56) die ausschließliche Zuständigkeit in diesem Falle zugewiesen ist, B 40 N 70 S 172; s. auch Anm 2 zu § 56. Andernfalls muß über den Anspruch auf Übernahme, wenn er bestritten wird, zuerst von der armenrechtlichen Spruchbehörde des in Anspruch genommenen AVes entschieden werden. Dies wird die Regel sein, da ja die Anordnung nach § 56 dem Vollstreckungsverfahren angehört. Über Widerklage auf Grund „Abschiebung“ s. Anm 7 f zu § 28.

g) Über die Wirkung der Klageerhebung (Rechtshängigkeit, Festlegung der Zuständigkeit, S 16 S 258) vgl. die Bestimmungen in §§ 263 bis 267 RZPO; dazu Dyroff VGG S 556 (hiernach seien diese Gesetzesbestimmungen nur mit wesentlicher Einschränkung anwendbar). Zu § 267 vgl insbesondere die Vorschrift in §§ 209—213 BGB über Unterbrechung der Verjährung durch Klageerhebung, B 49 N 47 S 138 und in § 291 BGB über Prozeßzinsen, B 40 N 38 S 92. Die Rechtshängigkeit ist von Amts wegen zu berücksichtigen (BGE vom 25. März 1918 N 90 III/17 Ers.anspr M). Wegen Klageänderung s. c.

h) Wegen Zurücknahme der Klage wird auf Anm 7 verwiesen.

i) Wegen Unterbrechung des Verfahrens findet sinngemäße Anwendung des bürgerlichen Prozeßrechts statt, also § 239 beim Tod einer

Partei und § 246 mit RG vom 4. Aug. 1914 RGBl S 328 bei Kriegsbeteiligung einer Partei (Aussetzung von Amts wegen), vgl. BlAdmPr Bd 64 S 403 und Bd 65 S 70 ff. Diese Wahrung prozessualer Rechte der Kriegsteilnehmer, die auch in der Hemmung der Verjährung (auch zugunsten ihrer Gegner), in der Einschränkung der Zwangsvollstreckung Ausdruck gefunden hat, wird nur für landesgesetzliche Armenunterstützungssachen (Klagen von Armenhilfe leistenden Privatpersonen, gegen den Unterstützten oder seine Erben) in Betracht kommen; die Fristen dieses RG (§§ 2—8) wurden immer wieder verlängert (so durch RVo vom 26. Nov. 1919, RGBl 1919 S 521, 1918, 1985, vom 22. Dez. 1920, RGBl S 2162).

3. Beteiligte. Als Beteiligte (Kläger, Beklagter, Widerkläger, Berufungskläger) kommen nach dem UWG (anders nach dem BayAG) nur Armenverbände in Betracht, nicht auch Ärzte oder Gemeinden. Zu den AVen gehört im Falle des § 33 und § 60 unter Umständen auch der Staat, vgl. §§ 7 und 61. Es ist ein Grundsatz des Verwaltungsprozeßrechtes, daß jeder Beteiligte Gelegenheit haben muß, sich zur Sache zu äußern. Der Mangel des rechtlichen Gehörs ist ein wesentlicher Mangel, der zur Aufhebung des Verfahrens zu führen vermag. Zumeist kann davon Umgang genommen werden, indem der übergangenen Partei im Beschwerdeverfahren unter Zustellung der Klage und des Urteils und durch Ladung zum Verhandlungstermine der Spruchbehörde in der Beschwerdeinstanz (BAH, BGH, OVG) hinreichende Gelegenheit verschafft wird, ihre Rechte zu wahren. In der Regel werden ein AV, der Ersatz für geleistete Unterstützung verlangt, und ein AV, der seine in Anspruch genommene endgültige Fürsorgepflicht bestreitet, sich gegenüberstehen. Die AVe sind öffentlich-rechtliche Körperschaften, deren Vertretung gesetzlich geregelt ist. Über die Vertretung der OAVe und LAVe in den Ländern außer Bayern s. Krech (8) S 93—209. In Bayern wird der OAV durch den Armenrat (nicht den Gemeinderat, S 41 S 13) vertreten (Art 31 BayAG). Für Schreiben der AVe an andere AVe und Behörden genügt die Unterfertigung des Vorstandes oder seines Stellvertreters. Daneben ist aber für die Geltendmachung von Ansprüchen, für die Erhebung von Übernahme- und Überführungs- oder von Belassungsanträgen, für die Einlegung von Rechtsmitteln die Beschlußfassung des Armenrats notwendig. Soweit prozessuale Handlungen in Frage kommen, wie bei Beschwerdeeinlegung, kann das vorläufige Vorgehen des Vorstandes durch nachträglichen Genehmigungsbeschluß (Ratihabierung, s. § 89 ZPO, S 1 S 100, 13 S 61, 14 S 342, 24 S 230) mit Rückwirkung Rechtsbestand erlangen. Bei den LAVen in Bayern genügt die Erklärung des Vorstandes, da dieser gemäß Art 54 den Landarmenrat nach außen vertritt. Die AVe können sich, wie überhaupt jede Partei, im armenrechtlichen Streite durch einen Rechtsanwalt oder durch andere prozeßfähige Personen (§§ 51 ff. ZPO) vertreten lassen. Letzteren kann aber die Zulassung als Vertreter oder Beistand versagt werden, insoferne sie die Vertretung oder Beistandsleistung vor Gerichten oder Verwaltungsbehörden geschäftsmäßig betreiben, vgl. § 4 Abs 3 der VV zum VGG. Eine Vollmacht muß auch der Vorstand der Orts- und Gesamtarmenverbände haben, da ihm ohne solche die Vertretung des AVes nach außen nicht zusteht; seine Vollmacht ist aber stempelfrei, vgl. Art 15 BayAG und Art 3 Abs 1 Ziff 3 StempelG. Die LAVe können auch einen OAV ihres Bezirks, insbesondere den des AufO (§ 28) bevollmächtigen, B 51 N 56 S 177/81. Die Vollmachten bedürfen einer Beglaubigung nicht; sie kann aber von der Spruchbehörde

verlangt werden, wenn sie nach Lage der Sache für notwendig erachtet wird. Die Kündigung der Vollmacht wird erst wirksam, wenn sie der mit der Sache befaßten Behörde angezeigt ist.

Eine Zulassung zum Armenrechte (vgl. §§ 114 ff. RZPO) kennt das bayrische Verwaltungsprozeßrecht nicht, ebensowenig einen Anwaltszwang oder die Beigabe von Armenanwälten (vgl. § 4 VB vom 5. Januar 1901 zum VGG). Mehrere Beteiligte können zur Aufstellung eines gemeinsamen Bevollmächtigten gemäß Art 19 Abs 3 VGG angehalten werden, was aber in armenrechtlichen Streitigkeiten kaum[1]) vorkommen wird.

In dem Streite zwischen AVen über Ersatz armenrechtlicher Aufwendungen gehört der Unterstützte, auch wenn es sich dabei um seine UWVerhältnisse handelt, nicht zu den Beteiligten; deshalb ist auch seine Vernehmung als Zeuge unter Beeidigung zulässig, vgl. hierüber Anm 4 zu § 39.

In den Entscheidungen des BAH ist öfter von der Beiladung eines AVes, von den Rechten des Beigeladenen die Rede, insbesondere auch davon, daß der Beigeladene nur Berufung einlegen kann, wenn die erlassene Entscheidung seine Interessen verletzte, B 23 N 48 S 173, 29 N 47 S 140, 44 N 51 S 148. Diese Beiladung ist eine Einrichtung des preuß. LVG (§ 70) und der Reichsversicherungsgesetzgebung (s. nunmehr §§ 1652, 1687, 1703 und 1737 RVO). Nach letzteren Bestimmungen können höhere Versicherungsspruchbehörden auch bisher nicht beteiligte Versicherungsträger zum Streite beiladen und verurteilen. Über Verurteilung Beigeladener in Armenprozessen s. B 49 N 47 S 138 und 50 N 37 S 126, über die prozessuale Wirkung der Beiladung (im Gegensatze zu den Wirkungen des Sachzusammenhangs) s. BlAdmPr 59 S 349. Solche Beigeladene kennt das bayr Verwaltungsprozeßrecht nicht. Insbesondere kann die höhere Spruchbehörde nur AVe beiziehen, gegen die der klägerische AV Anspruch erhoben hat. Alle, die in erster oder zweiter usw. Linie in Anspruch genommen werden, sind als Beteiligte zu hören, mit Bescheidsausfertigung, gegebenenfalls nachträglich, zu versehen und beschwerdeberechtigt, letzteres soweit sie beschwert sind. Würde aber der Erstrichter unrichtigerweise, statt den zum Streite beigezogenen LAV zu verurteilen, aussprechen, daß der vermeintliche OAV des UW nicht erstattungspflichtig sei, dann wäre dieser LAV, falls der klagende AV Beschwerde erhebt, als weiterhin beteiligt auch im Verfahren der zweiten Instanz beizuziehen; es könnte seine Verurteilung in der zweiten Instanz noch erfolgen, da auch mit ihm über die Streitsache verhandelt worden ist.

4. Zuständigkeit.[2]) Hierüber sind folgende Ausführungen veranlaßt:

a) In erster Instanz ist zur Entscheidung armenrechtlicher Streitigkeiten die dem in Anspruch genommenen Armenverbande vorgesetzte Spruchbehörde berufen; bei ihr ist die Klage einzureichen. In Bayern sind dies die Bezirksämter, bei Landarmenverbänden aber, und wenn kreisunmittelbare Städte als OAVe in Betracht kommen, die vorgesetzten Regierungen, Kammer des Innern, in Preußen die Bezirksausschüsse, in Sachsen die Bezirkshauptmannschaften, in Württemberg der württ. Verwaltungshof (wenn bayr. ArmVere klagen), in Baden die Bezirksräte. Die Spruchbehörde des OAVes des AufO kommt in den

---

[1]) S. aber auch Art 41 BayAG mit Anm 2.

[2]) S. auch BlAdmPr 66 S 90 ff. über die Zuständigkeit der Behörden der inneren Verwaltung nach dem BayAG.

Fällen des § 56 und des § 58, die dem klagenden OAVe vorgesetzte Spruchbehörde (Staatsaufsichtsbehörde) in den Fällen des Art 75 BayAG in Betracht.

In zweiter Instanz — die meisten Länder, darunter Preußen und Bayern, haben nur zwei Rechtszüge — entscheidet in Reichssachen das BAH, in Landessachen teils wiederum das BAH (vgl. § 52), so für Preußen, teils das oberste Verwaltungsgericht, in Bayern der Verwaltungsgerichtshof (Art 73 BayAG).

b) Auch in armenrechtlichen Streitsachen werden dann und wann zunächst Zweifel darüber auftauchen und zu beseitigen sein, ob die Verwaltungsgerichte (armenrechtlichen Spruchbehörden) oder die bürgerlichen Gerichte zur Entscheidung zuständig sind. Maßgebend für die Zuständigkeit ist, ob der jeweilige Anspruch nach den zu seiner Begründung angeführten Tatsachen, also seiner inneren Natur und nicht dem vom Kläger behaupteten Titel nach auf einem dem Gebiete des öffentlichen oder des bürgerlichen Rechtes angehörigen Rechtsgrunde beruht. Ist ein Rechtsverhältnis bürgerlich-rechtlicher Natur, so hat die angerufene Verwaltungsinstanz den Anspruch zurückzuweisen, nicht weil der Anspruch nicht besteht, sondern weil er nicht dem Gebiete des öffentlichen Rechtes angehört.

Vgl. hierüber insbesondere KompKonflErk vom 4. Juli 1905 GVBl Beil 2 und vom 12. Juni 1906 GVBl Beil 1 nebst Anführungen, S 14 S 109, 17 S 285 und 18 S 283, Seydel BayStR Bd 1 S 584 ff., Seydel-Piloty BayVfR S 413 und Dyroff VGG S 491/2 und 788 9.

Es gibt Rechtstitel, die sowohl dem bürgerlichen wie dem öffentlichen Rechte angehören, so insbesondere Vertrag, Vergleich und Herkommen, vgl. das angeführte KKE vom 4. Juli 1905.

Bei Aufträgen (Verträgen) ist Voraussetzung für ein öffentlich-rechtliches Rechtsverhältnis, daß öffentlich-rechtliche Verpflichtungen beider Teile bestehen und deren Beziehungen zueinander auf Grund öffentlichen Rechts ihre Regelung finden, oder wie Baath S 283 sagt, daß das Auftragsverhältnis im öffentlichen Armenrechte seine Quelle hat. Das ist, wie das BAH in B 41 N 34 S 114/6 ausgeführt hat, der Fall, wenn der AV des UW mit dem AVe des Aufenthaltsortes ein Übereinkommen trifft, daß letzterer einem Hilfsbedürftigen dessen Fürsorge der AV des UW zu übernehmen hat, bestimmte Zahlungen oder Unterstützungen leistet. Bei beiden AVen kommt jeweils eine ihnen nach dem UWG obliegende Verpflichtung in Frage; vgl. auch noch die Ausführungen in B 4 N 29 S 83, insbesondere S 94. Die Zuständigkeit der armenrechtlichen Spruchbehörde ist gemäß diesen Grundsätzen auch gegeben bei Streitigkeiten infolge Überweisung eines hilfsbedürftigen Landarmen an den OAV des Aufenthaltsortes gemäß § 8 und Art 56 BayAG (s. auch § 34 PrAG), vgl. Begr. zum BayAG S 726. Dagegen ist ein öffentlich-rechtliches Auftrags- und Streitverhältnis nicht anzunehmen, wenn ein verpflichteter AV mit einem Dritten, einem Nichtverpflichteten (sei es AV oder Anstalt oder Einzelperson) die Übernahme bestimmter dem übertragenden AV obliegender Leistungen vereinbart, vgl. B 12 N 25 B S 76. Darunter fallen auch die Vereinbarungen nach Art 5 BayAG. Die öffentlich-rechtliche Verpflichtung des übertragenden AVes bleibt aber trotz Übernahme der Verpflichtung durch den Dritten fortbestehen.

Vgl. hierüber S 5 S 292, KompKonflErk vom 20. Oktober 1903 (GVBl Beil 4), Reger AG Anm 4 zu Art 18 S 55, Seydel BayStR Bd 3 S 130, Seydel-Graßmann BayVerwR S 304, Dyroff a. a. O., ferner B 50 N 40 S 139.

Über armenrechtliche Ersatzansprüche aus dem Titel der ungerechtfertigten Bereicherung wurde bereits in Anm 6 zu § 28 das Nähere ausgeführt. Dagegen läßt das BAH solche öffentlich-rechtliche Ansprüche nicht zu wegen Geschäftsführung (von Privatpersonen, Krankenhäusern) ohne Auftrag[1]); vgl. B 46 N 5 S 20 (25), N 13 S 53, 57; anders nach bayr. Landesges., s. Art 14 BayAG.

c) Regelmäßig wird die öffentlich-rechtliche Zuständigkeit nicht für Ansprüche gegeben sein, die ein Verschulden gegenüber einem Dritten, eine Schadenszufügung als Unterlage haben, so BGE vom 27. März 1913 N 183 I I/12 Krankenhilfe B (Schadensersatzansprüche aus § 823 BGB seien bürgerlich-rechtliche Natur). Das BGB hat unter den Schuldverhältnissen des bürgerlichen Rechts (25. Titel des 2. Buches 7. Abschnitt) mit der Überschrift „unerlaubte Handlungen" auch Pflichtverletzungen und Schadenszufügungen aufgenommen. Es werden denn auch Schadensersatzansprüche gegenüber dem Staat oder den Kommunalverbänden wegen Amtspflichtverletzungen von Beamten durch die bürgerlichen Gerichte abgeurteilt, wobei nur die Frage, ob der Beamte bei der schädigenden Handlung in Ausübung der ihm anvertrauten öffentlichen Gewalt gehandelt und sich einer Überschreitung seiner Amtsbefugnisse oder der Unterlassung einer ihm obliegenden Amtshandlung schuldig gemacht hat, durch Vorentscheidung des BGH zu erledigen ist, vgl. § 839 BGB, Art 60 BayAG zum BGB und Art 7 Abs 2—5 BGG. Das BAH hat in der Entscheidung in B 34 N 9 S 30/2 die Frage seiner Würdigung unterstellt, ob ein Schadensersatzanspruch des Beklagten, der gegenüber der Forderung des Klägers aufgerechnet werden könnte, etwa in dem Sinne begründet erscheint, daß der Kläger vorsätzlich durch Aufbürdung einer Armenlast in einer den guten Sitten widersprechenden Weise den Beklagten einen Schaden zugefügt hat, vgl. § 826 BGB. Der Erstrichter hatte die Meinung vertreten, daß die Entscheidung hierüber dem bürgerlichen Rechte angehöre und die Frage im armenrechtlichen Streitverfahren auch nicht bei einredeweiser Geltendmachung entschieden werden könne Dagegen hat das BAH ausgeführt, daß die Spruchbehörden in Streitsachen der AVe auch bürgerlich-rechtliche Fragen zu entscheiden haben, wenn von deren Beantwortung die Entscheidung des armenrechtlichen Streites abhängt. Daraus ist zu entnehmen, daß das BAH die Frage der Schadenszufügung durch einen AV als bürgerlich-rechtlich anerkannt und nur als Zwischenpunkt entschieden hat, wozu die Verwaltungsinstanzen befugt sind, vgl. die in Abs 2 Anm 5 d angeführte BGE vom 3. März 1915.

d) Durch Vereinbarung der Parteien kann die Zuständigkeit nicht begründet werden, S 12 S 437 und BGE vom 25. März 1918 N 90 I I/17 Ersatzanspr. f. M.

5. Entscheidung.

a) Der Urteilsfällung hat die vollständige Feststellung des Sachverhalts, die erforderliche Beweiserhebung und, soweit vorgeschrieben, mündliche Verhandlung mit den Beteiligten voranzugehen Für die bayr. Verwaltungsgerichte besteht der Grundsatz, daß der Sachverhalt von Amts wegen ermittelt wird (Amtsbetrieb), vgl. Art 20 Abs 1 BGG und Anm 2 b oben. Der BGH hat auch keine besonderen Grundsätze über die Beweis-

[1]) Ein AV, der, ohne der verpflichtete AV zu sein, an Stelle eines anderen AVes Armenpflege übt, hat einen öffentlichrechtlichen Anspruch gegen den (vorläufig oder endgültig) fürsorgepflichtigen AV, B 34 N 28 S 102/4 Brunn S 463, 47 N 15 S 45 und 51 N 15 S 41.

last aufgestellt und veröffentlicht, wie dies in einer Reihe von Entscheidungen des BAH geschehen ist (B 47 R 51 S 150). Als Regel dürfte an sich zu gelten haben, daß die Partei, die eine für die Urteilsfindung bedeutsame Tatsache behauptet, sie auch beweisen muß. Falls aber beispielsweise die in bezug auf den Aufenthalt und seine Unterbrechung behaupteten Tatsachen beteiligterseits nicht genügend nachgewiesen sind, wird der Verwaltungsrichter von Amts wegen der Sache weiter nachforschen, gegebenenfalls die Vorlage von Akten,[1] Rechnungen, Registern usw, die Erstattung von Berichten und Äußerungen von Gemeinde- und Polizeibehörden, die Einvernahme von Zeugen und Sachverständigen anordnen, um die sachliche Unterlage der zu entscheidenden Streitfragen möglichst erschöpfend zu gestalten (Art 20 und 27 VGG). Genügt das Erhobene nicht, um den geltend gemachten Anspruch zu stützen, so muß dies natürlich zur Klageabweisung führen (vgl. S 21 S 189 mit Anm). Das Ergebnis der Beweisaufnahme haben die armenrechtlichen Spruchbehörden nach freier Überzeugung zu würdigen (Art 21 Abs 1 VGG, B 40 R 63 S 157). Auch eigene Sachkenntnis der Spruchbehörde ist als Beweisbehelf verwertbar, B 53 R 28 S 115 oben.

Mit dem vielfach gebrauchten Satze, dem Kläger oder Beklagten obliege die Beweislast (vgl. Brunn S 60, 89, 257, 503 und 561, B 41 R 3 S 6, 43 R 55 S 143, 51 R 2 S 3, 55 R 23 S 70 und 42 S 127) soll jeweils die Tatsache bezeichnet werden, die festgestellt sein muß, um das Vorbringen der Klage, Widerklage oder Einrede als Grundlage für die Entscheidung benützen zu können. Wie diese Feststellung geschieht, darüber vgl. B 32 R 3 S 8: „Die Beweislast, daß die Entfernung eine Unterbrechung .... bewirkt hat, trifft den Kläger, ... die Entscheidung ist aus der Gesamtheit der Umstände des Falles zu entnehmen“, dann B 32 R 7 S 27: „Dabei ist nach den Umständen des einzelnen Falles in freiem Ermessen zu beurteilen, ob eine Unterbrechung des Aufenthalts anzunehmen ist oder nicht.“ Für das, was gesetzlich vermutet wird, bedarf es keines Beweises. Hierher gehört beispielsweise die gesetzliche Vermutung wegen ehelicher Abstammung (§ 1591 Abs 2 BGB), dann wegen des Fortlebens des Verschollenen und des Zeitpunktes seines Ablebens (§§ 14—18 und 19 BGB). Dagegen gibt es keine gesetzliche Vermutung für die Fortdauer des einmal erworbenen UW, leistet aber ein OAV jahrelang Armenhilfe, so besteht die „tatsächliche Vermutung“, daß der Unterstützte den UW bei diesem OAVe hat, vgl. B 51 R 24 S 68/9. Wenn also für mehrere Jahre der Nachweis über den Ort des Aufenthaltes eines Hilfsbedürftigen fehlt, dann muß festgestellt werden, oder wie das BAH sagt, der Kläger beweisen, daß der Unterstützte zur Zeit der geleisteten Armenhilfe den UW noch beim beklagten OAVe gehabt hat, weil das eine zur Klagebegründung gehörige Tatsache bildet (B 41 R 3 S 5/6).

b) Eine öffentliche und mündliche Verhandlung hat stets vor der Urteilsfällung des bayr. VGH stattzufinden (vgl. Art 31 - 44, sowie die VB vom 25. Januar 1901, §§ 13—38; das gleiche gilt für Senatsentscheidungen der Kreisregierung, die auf armenrechtlichem Gebiete (vom Art 8 Ziff 3 VGG abgesehen) nicht vorkommen. Eine Ausnahme hiervon ist im Gesetze (s. Art 32 Abs 1 und 2, Art 41 Abs 3 VGG) für Beschwerden, die nicht rechtzeitig erhoben wurden oder wegen eingetretener Rechtskraft offenbar unzulässig sind und für Beschwerden in bezug auf Ablehnung

[1]) Über die Beweiskraft der Akten s. B 55 R 2 S 4.

oder Ausschließung eines Beamten oder auf Zwangsvollstreckung vorgesehen. Die Beschwerden ersterer Art können ohne weiteres Verfahren in geheimer Sitzung zurückgewiesen werden. Ist aber die Zuständigkeit des VGH zweifelhaft, dann ist die Sache in öffentlicher Sitzung zu behandeln, da gemäß Art 14 VGG die Rechtmäßigkeit des Verfahrens insbesondere die Beschwerdeformalien vom VGH nur innerhalb seiner Zuständigkeit geprüft werden darf (Dyroff VGG S 520 und 672).

Eine mündliche Verhandlung vor dem Bezirksamte soll gemäß Art 27 Abs 2 VGG bei zweifelhaftem Beweismaterial stattfinden.

Wer bei dem Urteile nicht mitwirken darf, das besagt § 41 RZPO (Art 18 VGG). Hiernach darf ein Regierungsrat, der Vorstand des Landarmenrates ist, und dessen Stellvertreter an einer Regierungsentscheidung nicht mitwirken, wenn der LAV des Regierungsbezirkes Beteiligter ist, vgl. B 45 N 48 S 164/7. Die Bescheide sind unmittelbar nach Schluß der öffentlichen Verhandlung und der darauf folgenden Beratung zu verkünden. Ist die sofortige Verkündung nicht tunlich, so hat sie in dem am Schlusse der Verhandlung bekannt zu gebenden Termine zu geschehen, der, von besonderen Fällen abgesehen, nicht über eine Woche hinaus verlegt werden darf (Art 36 Abs 5, Art 41 Abs 3 VGG). Aus dieser Bestimmung ist die Schlußfolgerung zu ziehen, daß nach Beendigung der Verhandlung weitere Erklärungen der Parteien und Änderungen in den tatsächlichen Verhältnissen nicht mehr berücksichtigt werden dürfen, vgl. dazu aber auch die ergänzende Ausführung in Anm 7. Das trifft aber nicht zu, wenn die Vertagung oder Aussetzung der Verhandlung beschlossen wird. Wegen Zurücknahme der Beschwerde vgl. Anm 7.

c) Was den Inhalt der Entscheidung der armenrechtlichen Instanzen (Bezirksamt oder Regierung als erste und VGH als zweite Instanz) betrifft, so soll sie enthalten:

den Entscheidungssatz in der Hauptsache,
den Ausspruch, wer die Kosten zu tragen hat (vgl. h und i) und
die Entscheidungsgründe.

Der Entscheidungssatz soll in kürzester und genauester Form erkennen lassen, wie über die erhobene Klage oder die geltend gemachten Ansprüche entschieden worden ist. Er wird dahin lauten, daß die Klage abgewiesen wird, wenn die Zuständigkeit der armenrechtlichen Spruchbehörde fehlt, oder wenn der Anspruch sachlich nicht begründet ist. Im letzteren Falle gebraucht der VGH nicht wie das BAH die Formel „die Klage wird abgewiesen", sondern „der Beklagte (Armenverband usw.) ist nicht verpflichtet, dem Kläger den Betrag von . . Mk. . . Pfg. für die dem N in der Zeit von . . . bis . . . gewährte Unterstützung zu erstatten".

Zutreffend sagt Dyroff VGG S 563/4, die Entscheidung in Verwaltungsstreitsachen soll möglichst umfassend, die Streitserledigung vereinfachend und insbesondere bei zusammenhängenden Sachen und Gegenansprüchen den ganzen Streitstoff zusammenfassend sein, vgl. S 34 S 31 und VGE 7. Mai 1913 N 53 I/13, sowie die Ausführungen über die Grundsätze des Sachzusammenhangs oben in Anm 2.

Der Grundsatz, daß Teil- und Zwischenbescheide, wenn nur irgend möglich, zu vermeiden sind, findet bei den bayr. Verwaltungsbehörden erfahrungsgemäß die entsprechende Beachtung; es erübrigt sich daher eine weitere Ausführung hierüber unter Bezugnahme auf die Bestimmung in Art 21 Abs 2 VGG, s. Dyroff VGG S 573—577. Die letzte Instanz wird aber das Urteil der unteren Instanz, die den Streit nicht nach allen Richtungen hin entschieden hat, nicht immer aufheben, insbesondere dann nicht, wenn die Möglichkeit besteht, daß die nicht entschiedene Angelegenheit auf andere Weise ihre Erledigung findet (so VGE vom 21. Juni 1912 N 60 I/12 Gemeindewahl So. S 15). Für das bayr. Streitverfahren ist ein bedingtes Endurteil um so mehr ausgeschlossen, als hier der Parteieneid nicht stattfindet.

d) Nicht unter die Grundsätze des Sachzusammenhangs fällt das Zusammentreffen zweier prozessual nicht gleich zu behandelnder Fragen in ein und derselben Streitsache. In der Mehrzahl der Fälle wird aber die Unterfrage in dem anhängigen Streit als Zwischenpunkt mitentschieden werden können, so die UWverhältnisse, die Staatsangehörigkeit, das Stimmrecht eines Armenratsmitgliedes, dann auch bürgerliche Fragen wie die Ehelichkeit eines Kindes, die Unterhaltspflicht (z. B. des Stiefvaters).

Die VGE vom 3. März 1915 N 211 I/13 Distr.Uml. Wa. führt in dieser Beziehung (s. auch Anm 4 c) aus, diejenige Staatsbehörde, der die Entscheidung über einen Anspruch überhaupt zusteht, sei berechtigt, alle für die Entscheidung in Betracht kommenden Umstände und Vorfragen in den Bereich ihrer Würdigung zu ziehen. Der VGH sei daher auch zuständig, behufs Findung seines Urteils über den streitigen öffentlich rechtlichen Anspruch eine Vorfrage des Privatrechts mitzuentscheiden. Die Lösung einer solchen Frage könne jedoch nur in der Form eines Urteilsgrundes, nicht aber in der Form einer selbständigen Entscheidung erfolgen; sie sei ohne bindende Wirkung für die bürgerlichen Gerichte und greife ihrer Entscheidung über das den Gegenstand der Vorfrage bildende Privatrecht nicht vor; vgl. Erk. d. b. Ger. h. f. Komp. Konfl. vom 17. Dez. 1898 GVBl 1899 Beil 2, Dyroff VGG S 494 und 566 ff.

Verschieden von der Behandlung dieser Zwischenfragen ist jene der vorentscheidlichen Fragen („Inzident- und Präjudizial-Entscheidungen“). Bei letzteren ist die dem Haupt- hier dem armenrechtlichen Streite vorhergehende Erledigung erforderlich. Die Behandlung als Zwischenpunkt ist nicht gehindert, wenn den Verwaltungsbehörden überhaupt die Zuständigkeit zur Entscheidung der Zwischenstreitfrage als selbständiger Streitsache fehlt. Bei Prüfung der Frage der Zweckmäßigkeit fällt der Umstand besonders in die Wagschale, daß die vorentscheidliche Behandlung die Wirkung eines rechtskräftigen Urteils mit sich bringt, nicht aber die Entscheidung als Zwischenpunkt, die wie vorerwähnt regelmäßig nur als Entscheidungsgrund für die anhängige Streitsache wirkt. Darum wird in der Mehrzahl der Streitigkeiten über die Markungszugehörigkeit eines Ortes oder Anwesens ungeachtet der Bestimmung in § 41 Satz 1 die vorentscheidliche Behandlung zu wählen sein. Näheres hierüber s. Anm 1 zu § 41; vgl. auch Dyroff a. a. O. S 566 ff. und 494/5 und BlAdmPr Bd 59 S 324 mit Anführungen. Gesetzlich ist die vorentscheidliche Behandlung für die Versicherungsfragen, von deren Würdigung die Entscheidung einer Verwaltungsstreitsache „abhängig“ ist (s. hierüber Dyroff VGG S 789) durch Art 61 BayAG vom 2 Nov. 1912 zur RVO (GVBl S 1135) angeordnet; zugleich ist dabei bestimmt, daß der Ausspruch der Versicherungsbehörden für die Verwaltungsbehörden bindend ist.

e) Eine Beschränkung der Entscheidungsbefugnis findet sich in Art 13 VGG Abs 1 für den VGH; in Ziff 1 wurde ausgesprochen, daß die Zuständigkeit des VGH sich nicht auf Rechtssachen erstreckt, die vor die

Zivil- oder Strafgerichte gehören; dies gilt auch für die untere Instanz. Dagegen gilt die Einschränkung der Zuständigkeit nur für den VGH nach Ziff 2 in bezug auf vorsorgliche Maßregeln (vgl. Art 24 VGG) und nach Ziff 3 für Angelegenheiten und Fragen, in denen die Verwaltungsbehörden nach ihrem Ermessen zu verfügen berechtigt sind. Dies trifft insbesondere zu, wenn den Gemeinde- oder Armenverbänden Leistungen von der Staatsaufsichtsbehörde auferlegt werden oder insoweit Unternehmungen oder Leistungen einer Gemeinde oder eines Verbandes der staatsaufsichtlichen Genehmigung bedürfen. Im übrigen wird auf Art 71 BayAG Anm 3, BlAdmPr 58 S 1 ff. sowie Bd 53 S 131 und 134, dann auf Dyroff VGG S 506 ff. verwiesen. Neben dem Verwaltungsermessen gibt es auch ein richterliches Ermessen. Fragen richterlichen Ermessens sind bei armenrechtlichen Erstattungsklagen, ob und in welchem Maße Hilfsbedürftigkeit vorlag, oder ob die gewährte Unterstützung notwendig war und ob sie sich in angemessenen Grenzen bewegte. Hierüber haben die armenrechtlichen Spruchbehörden und auch der VGH zu befinden.

f) Die höhere (zweite) Instanz, in armenrechtlichen Landessachen also der bayr. VGH, hat vor allem seine Zuständigkeit zu prüfen. Ist diese nicht gegeben, so findet nach Art 14 bayr. VGG auch eine Nachprüfung des Verfahrens insbesondere auch der Beschwerdeformalien nicht statt, vgl. die Beispiele bei Dyroff S 519. Bei Unzuständigkeit hat auch eine sachliche Würdigung zu unterbleiben (darüber hinwegsehend B 55 N 39 S 119). Im armenrechtlichen Streitverfahren nach dem UWG ist eine ministerielle Zuständigkeit nicht gegeben; das Ministerium ist nicht Staatsaufsichtsbehörde über die LAVe, wohl aber für die Kreise (Art 13 Abs 1 c SVG und Art 10 Ziff 1 VGG); letztere gehören jedoch nicht zu den Armenverbänden und üben nicht Armenpflege. Insoweit es sich bei armenrechtlichen Ersatzstreitigkeiten um das Ermessen handelt, kommt nicht ein Ermessen der Verwaltungsbehörden sondern der Armenverbände über Notwendigkeit, Art und Höhe der Armenunterstützung in Frage. Das sind aber Ermessensfragen, die der Beurteilung der Spruchbehörden unterliegen; dies gilt auch für die Frage, ob Härten oder Nachteile im Sinne des § 56 Abs 1 vorliegen. Daher wird es im Gegensatze zu den Fällen des Art 10 Ziff 2 VGG auch nicht zur Anwendung der Bestimmung in Art 49 Abs 2 VGG kommen, wonach regelmäßig der VGH vor dem Ministerium zu entscheiden hat.

Wie die Spruchbehörden im Verwaltungsstreitverfahren nicht an das Vorbringen und an die Anträge der Parteien gebunden sind, so kann die Entscheidung in der höheren Instanz auch zu ungunsten des Beschwerdeführers ergehen, wie dies in Art 36 Abs 4 und Art 41 Abs 3 VGG ausdrücklich ausgesprochen ist. Sonst wird die zweite armenrechtliche Instanz (BAH oder VGH) die Beschwerde zurückweisen, wenn sie unbegründet oder unzulässig ist. Der bayr. VGH pflegt im ersteren Falle die Beschwerde zu verwerfen, bei Unzuständigkeit des Gerichtshofes aber oder bei sonstiger Unzulässigkeit der Beschwerdeführung zurückzuweisen. Erscheint dagegen die Beschwerde als gerechtfertigt, dann wird unter Aufhebung oder unter Abänderung des angefochtenen Urteils die richtige Entscheidung über den erhobenen Anspruch erlassen. Der bayr. VGH spricht die Aufhebung aus, wenn die Entscheidung überhaupt beseitigt wird, was insbesondere der Fall ist, wenn wegen wesentlicher Mängel die Sache an die Vorinstanz zurückverwiesen wird (Art 36 Abs 3 und 41 Abs 3 BGG, BGE vom 15. Nov. 1920 Nr 65 III/20 Arm.hilfe H); falls aber die Streitsache durch die obere Instanz eine andere Beurteilung erfährt, der Vorbescheid aber als Urteilsfällung der ersten Instanz (Instanzenzug, s. Dyroff BGG S 217) bestehen bleibt, dann erläßt der BGH seinen Entscheidungssatz in Abänderung des erstinstanziellen (vgl. Dyroff BGG S 571). Ein wesentlicher Mangel des Verfahrens ist beispielsweise mangelhafte Ladung, vgl. B 55 Nr 38 S 115, dann insbesondere die Mitwirkung eines Richters oder Beamten der armenrechtlichen Spruchbehörde entgegen der Bestimmung in § 41 RZPO, die zur Aufhebung des Verfahrens zu führen geeignet ist, vgl. B 45 Nr 48 S 164, 167, 169 und S 28 S 104; in letzterem Erkenntnis ist auch ein Beispiel dafür enthalten, daß die Verletzung des Grundsatzes über die Wahrung des rechtlichen Gehörs (s. Anm 3) als geheilt erachtet und von Aufhebung des Verfahrens deshalb abgesehen wurde, ebenso in B 51 Nr 59 S 189.[1]) Im übrigen wird auf Dyroff BGG S 680 ff. und auf die zahlreichen Beispiele aus der Rechtsprechung des BGH daselbst verwiesen und nur ein Leitsatz des bayr. BGH in S 11 S 550 hervorgehoben, wonach über einen Tatumstand nicht entschieden werden kann, über den nicht verhandelt worden ist. In der Regel wird dies mit dem Grundsatze gerechtfertigt, daß den Parteien keine Instanz entzogen werden darf. Mit Recht wird bei Dyroff BGG S 217 betont, daß das Instanzenrecht keine Instanzenlast werden dürfe, vgl. auch BlAdmPr Bd 59 S 320. Wenn also Tatsachen, die von einer Partei vorgebracht worden sind und zu denen sich die Gegenpartei geäußert oder zu äußern Gelegenheit hatte, von der Unterinstanz nicht gewürdigt wurden, weil diesen nach der von ihr dem Urteile zugrunde gelegten Anschauung ein Einfluß auf die Entscheidung nicht zukommt, so hat bei anderer Auffassung der Oberinstanz eine Zurückverweisung der Sache zu unterbleiben, vgl. S 26 S 332/7 mit Anführungen, auch S 18 S 143 und Dyroff BGG 617/8. So hat auch das BAH in zweiter Instanz über den Ersatzanspruch bei nicht beanstandeter Höhe der Forderung entschieden, obwohl die erste Instanz die Klage abgewiesen hatte, weil sie nicht im armenrechtlichen Streitverfahren geltend gemacht werden konnte, vgl. B 21 Nr 19 S 54, 56 und 61. Dagegen wird in solchen Fällen, wo die Unterinstanz die Klage wegen Unzuständigkeit abgewiesen hat, bei Abänderung des Urteils eine Zurückverweisung der Streitsache an die Vorinstanz dann sich nicht umgehen lassen, wenn der Anspruch nach Grund und Betrag bestritten ist, vgl. B 46 Nr 47 S 184/7 und 48 Nr 6 S 20, vgl. auch § 538 Abs 1 Ziff 3 RZPO. Eine Zurückverweisung kann auch erfolgen, wenn der Bescheid der ersten Instanz an Widersprüchen leidet (B 55 Nr 41 S 124) oder nach ungenügender Sachbehandlung ergangen ist (S 9 S 402, BGE vom 12. Juli 1920 Nr 47 III/20 Unterst. S).

In sachlicher Beziehung gilt als Grundsatz, daß auch für die höheren Instanzen der Sachverhalt, wie er zur Zeit der Urteilsfällung oder bei vorangegangener mündlicher Verhandlung bis zu deren Schluß als festgestellt sich erweist, mithin nicht der Sachverhalt zur Zeit der Klageerhebung, der zu treffenden Entscheidung zugrunde zu legen ist, vgl. die ausführliche Begründung in S 24 S 471; s. auch B 43 Nr 51 S 132 und 63 S 162. Eine Einschränkung findet dieser Satz in den

---

[1]) In fraglicher Streitsache erscheint es zweifelhaft, ob das Bezirksamt mit der Verfügung, über die das BAH entschied, eine armenrechtliche Entscheidung treffen wollte, s. a. Reger 37 S 235 und 239 (Fußnote).

Fällen, wo das für einen gewissen Zeitpunkt oder für einen bestimmten Zeitraum bestandene Sachverhältnis oder vorgeschriebene Verhalten für die Entscheidung maßgebend ist; das gilt beispielsweise bezüglich der Voraussetzungen eines Stipendiumanspruchs während eines verflossenen Studienjahres. Wegen Änderung des Gesetzes während des Streitverfahrens s. Dyroff VGG S 558 und 746 ff.

g) Noch ist der Frage zu gedenken, inwiefern frühere Urteile der letzten Instanz für spätere Entscheidungen bindend sind. Dabei soll hier nicht von der Rechtskraft und ihrer Wirkung, sondern von den Entscheidungen in Rechtsfragen die Rede sein. Hier ist zunächst gemäß Art 43 VGG eine Beschränkung für den VGH nach der Richtung gegeben, daß er ohne Plenarentscheidung in einer Rechtsfrage nicht von einer früheren Entscheidung des Gerichtshofes oder eines Senates (also nicht eines anderen Senats, wie in § 1717 Abs 1 RVO und § 137 Abs 1 RGVerfG) abweichen kann, vgl. BlAdmPr 65 S 353 ff., Dyroff S 692 (bisherige Plenarentscheidungen). Dagegen besteht für die Verwaltungsgerichtshöfe und Oberverwaltungsgerichte keine der Bestimmung in § 1718 Abs 1 RVO für die Landesversicherungsämter ähnliche Vorschrift hinsichtlich der veröffentlichten Entscheidungen des BAH. Der VGH ist auch an sich bei Beurteilung von Streitfragen nach den Bestimmungen des UWG, mithin bei Anwendung einer neuen Gesetzgebung, nicht durch seine früheren Entscheidungen, beispielsweise über objektive Hilfsbedürftigkeit, Anrechnung der Armenunterstützung, Aufenthalt und Aufenthaltsunterbrechung, Folgen der Unterlassung der Anzeige und über deren Anbringungsort usw. im Sinne des Art 43 VGG gebunden. Er wird wohl den meisten Grundsätzen in den veröffentlichten Entscheidungen des BAH sich anschließen. Wenn dies aber in der einen oder anderen Frage z. B. bei polizeilicher Einschaffung in Kranken- und Irrenanstalten nicht der Fall ist (s. dazu Anm 4 zu § 1) und eine Rechtsfrage verschiedene Beurteilung findet, je nachdem die Streitteile zwei bayr. AVe bilden oder ein nichtbayr. AV streitbeteiligt ist, so ist das eine Erscheinung, die immerhin zu den Seltenheiten gehören wird, aber auch auf anderen Gebieten vorkommt, vgl. die Verschiedenheit der Auffassung des BAH und des preuß. Oberverwaltungsgerichts über die armenrechtlichen Folgen der Trennung eines Kindes vom Familienhaupte gemäß § 1666 BGB (Anm 4 d bb zu § 1), des BAH und des BadVGH über die Anwendbarkeit des Grundsatzes der armenrechtlichen Familieneinheit auf die Frage, welcher LAV die Kosten der Unterstützung mehrerer Familienglieder in verschiedenen Landarmenbezirken (Anm 3 zu § 9 und Anm 2 zu § 30) zu tragen hat; wegen der Wirkung der Meinungsverschiedenheit auf die badischen AVe hat der BadVGH seine Auffassung aufgegeben. Die unteren Instanzen sind weder an die veröffentlichten Entscheidungen des BAH noch an jene des bayr. VGH gebunden. Dies gilt natürlich nicht, wenn die Oberinstanz die Sache mit oder ohne Erlassung eines Teilurteils zur weiteren Behandlung und Entscheidung an die untere Instanz zurückgewiesen hat; hier kann die letztere ihre abweichende Auffassung nicht mehr beibehalten. Wenn nicht besondere Gründe vorhanden sind, wird es sich für die unteren Instanzen nicht empfehlen, von den Rechtsgrundsätzen der obersten Spruchbehörden abzuweichen und zwar mit Rücksicht darauf, daß die Nichtbeachtung solcher Rechtsgrundsätze in der Regel wohl das Gegenteil von Geschäftsvereinfachung und Kostenersparnis für die Parteien im Gefolge haben wird. Eine besondere Bestimmung enthält Art 22 Abs 2 des KompKonflG vom 18. August 1879 GVBl S 991, s. hierüber Dyroff VGG S 692.

h) Zu jeder armenrechtlichen Streitsentscheidung gehört auch ein Ausspruch darüber, wem die **Streitskosten** zur Last fallen. Da für das bayr. Verwaltungsprozeßrecht besondere Bestimmungen nicht getroffen sind, so hat die Praxis zur aushilfsweisen Anwendung der RZPO gegriffen, vgl. S 11 S 38 und 383, B 44 N 50 S 147. Hiernach gilt als Hauptregel (§ 91), daß der unterliegende Teil[1]) die Kosten des Verfahrens zu tragen hat, S 38 S 179. Dies trifft auch bei Anspruchserhebungen gegen mehrere AVe nach dem Grundsatz des Sachzusammenhangs zu (s. Anm 2d). Der unterliegende AV hat alle infolge der Geltendmachung und weiteren Behandlung des erhobenen Anspruchs nach verschiedenen Richtungen erwachsenen Kosten, soweit sie nicht etwa durch nutzlose besondere Kosten verursachende Anträge veranlaßt worden sind oder aus Billigkeitsgründen ausgenommen zu werden verdienen, zu tragen, S 18 S 242 oben. Damit stimmt die Rechtsprechung des BAH nicht überein, nach der bei Geltendmachung eines armenrechtlichen Anspruchs in der Richtung gegen weitere AVe der unterliegende AV nur die Kosten des Klägers, letzterer aber die Kosten der anderen in den Streit herangezogenen AVe zu vertreten hat, B 31 N 63 S 182, 47 N 11 S 33. Bei teilweisem Obsiegen und Unterliegen findet verhältnismäßige Verteilung statt oder es werden die Kosten gegeneinander aufgehoben, vgl. § 92 RZPO, B 44 N 50 S 147; die Abweisung der Berufung hat die Überbürdung der Kosten zur Folge, § 97 RZPO, B 48 N 27 S 93 oben und N 36 S 119 oben. Liegt eine unerhebliche Zuvielforderung vor, die keine besonderen Kosten verursachte, so können dem in der Hauptsache unterliegenden Beklagten **sämtliche** Streitskosten auferlegt werden, B 48 N 25 S 84. Beim Unterliegen mehrerer Beteiligter richtet sich die Verteilungsbestimmung nach § 100 RZPO. Deren Bestimmungen sind aber nicht als Vorschriften **zwingender** Natur anzusehen. Vielmehr hat der VGH ausgesprochen, daß dem Ermessen der Verwaltungsbehörden ein gewisser Spielraum offen steht und Ausnahmen von dem Grundsatze, daß dem obsiegenden Gegner die notwendigen Auslagen zu ersetzen sind, aus Gründen der Billigkeit gestattet sind, vgl. S 11 S 419 und 27 S 104. Wenn jedoch diese Einschränkung, für die die Formel „mit Ausnahme der Vertretungskosten, die den Parteien zur Selbsttragung überwiesen werden", angewendet zu werden pflegt, im Entscheidungssatze nicht ausdrücklich enthalten ist, dann kann die Kostenerstattung nur unter der Begründung versagt werden, daß diese Kosten (beispielsweise einer Vertretung bei der Verhandlung vor dem VGH) nicht als zur zweckentsprechenden Rechtsverfolgung notwendig zu erachten sind (s. dazu auch B 55 N 39 S 118/9). Zu den von dem unterlegenen Gegner zu erstattenden Kosten gehören die Gerichts- und Parteikosten, nicht aber ein nur mittelbar durch den Rechtsstreit verursachter Schaden, S 38 S 179. Zu erstatten sind regelmäßig auch die Gebühren und Auslagen eines Rechtsanwalts, der die obsiegende Partei vertreten hat, einschließlich der Kosten für Parteivertretung bei der mündlichen Verhandlung, da die Beteiligten ein Recht haben, zu mündlichen Verhandlungen geladen zu werden und hierbei ihr Interesse zu vertreten oder vertreten zu lassen. Nach der Rechtsprechung des Verwaltungsgerichtshofes sind auch die Reisekosten eines auswärtigen Vertreters erstattungsfähig, insoweit dessen Zuziehung zur zweckentsprechenden Rechtsverfolgung geeignet war, S 33 S 53.

[1]) S. hierüber Baath 301/2 Fußnote.

Auch Kosten für die Anmeldung nach § 34 nebst Porto gehören hierher, nicht aber die Kosten für die gepflogenen Erhebungen, s. B 2 N 28 B S 111 und 18 N 37 A S 117; unter Umständen sind aber auch Kosten für die Vorbereitung des Prozesses, insbesondere für erholte Zeugnisse und Gutachten als notwendige Auslagen anzuerkennen, S 33 S 30 und 34 S 128. Da die Entscheidung im Kostenpunkt eine Entscheidung in einer Nebensache betrifft, so sind sowohl für die Zuständigkeit, als auch für das Verfahren und die Gebührenpflicht oder Gebührenfreiheit die für die Hauptsache anzuwendenden Grundsätze maßgebend, vgl. S 34 S 129 mit Anführungen. Deshalb ist auch im Gegensatze zu der Bestimmung in § 99 ZPO gegen die Entscheidung im Kostenpunkte selbständige Beschwerde zulässig, S 18 S 244, B 41 N 59 S 200 und 44 N 50 S 147. Bei Zurückverweisung einer Sache an die 1. Instanz ist der Ausspruch im Kostenpunkte dem Endbescheide vorzubehalten (B 48 N 6 S 20 und 55 N 41 S 124/7).

Besondere Bestimmungen gelten für die Kostenfestsetzung. Diese hat von Amts wegen und deshalb in allen Fällen gemäß Art 3 Abs 1 Kostengesetz gebührenfrei zu erfolgen, soweit nur die Höhe in Frage steht (S 13 S 535). Für die Gebühren und Reiseauslagen der Rechtsanwälte kommt VO vom 26. März 1902 über die Gebühren der Rechtsanwälte in Angelegenheiten der Verwaltung und der Verwaltungsrechtspflege (GVBl S 144 abgedruckt bei Dyroff VGG S 196) und Ergänzungs-VO vom 10. Okt. 1919 (GVBl S 692) in Betracht. Für Parteien und Vertreter, die nicht zu den Rechtsanwälten gehören, werden die Vorschriften der Reichsgebührenordnung für Zeugen und Sachverständige aushilfsweise angewendet (vgl. S 11 S 418 und Anm zu § 39); s. auch S 29 S 31 (Rechtspraktikanten).

Wegen vorläufiger Kostenfestsetzung und des Verfahrens bei Erinnerungen dagegen s. Art 15 und 16 VO vom 26. März 1902. Diese Kostenfestsetzung, die nicht vollstreckbar ist, findet verordnungsgemäß nur für das Verhältnis zwischen dem Rechtsanwalt und seinem Auftraggeber statt; es besteht aber die Übung, in gleicher Weise die Kosten gegenüber dem unterlegenen Gegner festzusetzen. Hier ist die ausschließliche Frist von 2 Wochen nach Art 16 a. a. O. nicht anwendbar, S 32 S 1. Zur Vollstreckung gegen die unterliegende Partei ist ein Urteil wie in der Hauptsache, also nach vorgängiger mündlicher Verhandlung beim VGH erforderlich; gegen Auftraggeber wäre Klage beim bürgerlichen Gerichte durchzuführen. Jede Instanz hat die bei ihr erwachsenen Kosten selbst festzusetzen, S 11 S 418. Beschwerden gegen Beschlüsse der armenrechtlichen Unterinstanz über die Streitskosten sind vom bayr. VGH nach dem für die Hauptsache vorgeschriebenen Verfahren, also nach mündlicher Verhandlung zu entscheiden.

i) In den Beschlußsatz ist gemäß § 14 VO vom 28. Dez. 1914 GVB S 677 die Bescheidsgebühr gemäß Art 152 ff. und 185 des Kostengesetzes vom 21. Aug. 1914 (GVBl S 439, Erhöhung der Gebühren um durchschnittlich 100% steht bevor) mitaufzunehmen; für die AWe wird aber das Verfahren im Hinblick auf Art 15 BayAG und Art 3 Ziff 3 KostenG in der Regel gebührenfrei sein, vgl. Anm 1 zu Art 15. Wegen der Entscheidungen des VGH s. § 50.

k) Bei armenrechtlichen Ansprüchen ist auch die Forderung von Zinsen zulässig; Höhe (4%) und Beginn (vom Verzug oder vom Tage der Klageerhebung an) bestimmt sich nach §§ 246, 284, 288, 291 BGB, vgl. S 23 S 6, die eingehende Begründung in B 39 N 27 S 77, ferner B 55

R 31 S 96 (Verzugs- und Prozeßzinsen), dann B 40 R 38 S 92 (Prozeßzinsen) und Dyroff BGG S 556. Das sächs. OVG hat seine frühere — gegenteilige — Auffassung durch Plenarentscheidung vom 10. Okt. 1909 (SächsJb Bd 14 S 97) mit Rücksicht auf das erwähnte Erkenntnis des BAH (vom 22. Dez. 1906) in B 39 S 77 aufgegeben.

l) Wegen Vollstreckung der armenrechtlichen Urteile und ihrer Hemmung durch Einlegung von Beschwerden wird das Nähere bei § 53 erörtert.

m) Schreibversehen (Rechnungsfehler und ähnliche offenbare Unrichtigkeiten) können ohne weiteres Verfahren auf Antrag oder von Amts wegen berichtigt werden, vgl. § 319 RZPO. Dasselbe gilt nicht für Ergänzungen des Urteils, wenn darin ein Streitpunkt[1]) übersehen wurde, hier hat eine ergänzende Entscheidung — nach vorheriger mündlicher Verhandlung, wenn ein Senatsbescheid in Frage ist — zu erfolgen (s. § 321 RZPO, wegen Berufung vgl. § 517).

n) Die Bescheide sind den Beteiligten zuzustellen, vgl. hierüber die §§ 171 ff., insbesondere §§ 180—187 ZPO, § 6 VV vom 25. Jan. 1901 zum VGG, auch BlfAdmPr 68 S 87; wo Bevollmächtigte aufgestellt sind, ist diesen zuzustellen; s. § 6 der angef. VO und MBek vom 9. Juli 1918 R 1188 a 3 (MABl S 277), aber nicht den Unterbevollmächtigten der Rechtsanwälte, B 51 R 57 S 182. Die Zustellung an einen OAV erfolgt in Bayern zuhanden des Vorstandes des Armenrats (in den rechtsrheinischen Landgemeinden ein Pfarrvorstand)[2]) oder bei Verhinderung oder Abwesenheit des Vorstandes zuhanden des vom ARat gewählten Stellvertreters. Wo für den ARat ein Geschäftslokal (s. Reger 36 S 76 und 394) vorhanden ist, kann die Zustellung auch an einen anderen im Geschäftslokale anwesenden Beamten oder Bediensteten erfolgen, B 50 R 41 S 140; dies gilt auch für den Vorstand des LARats. Wenn ein Geschäftslokal nicht vorhanden ist und der Vorstand in seiner Wohnung nicht angetroffen wird, so ist eine Ersatzzustellung an einen erwachsenen Hausgenossen oder eine in der Familie oder in dem Haushalte des Vorstandes dienende Person zulässig, vgl. § 184 Abs 1 und 2 mit § 181 RZPO. Als Ersatzzustellung an einen Rechtsanwalt dagegen ist sowohl die Zustellung an einen Hausgenossen oder ein Dienstmädchen (§ 181), als auch an einen in der Kanzlei anwesenden Gehilfen oder Schreiber (§ 183) statthaft. Ist die Zustellung nicht ordnungsgemäß erfolgt, so muß sie von neuem stattfinden (S 26 S 64/5), es sei denn, daß die Partei aktenmäßig bestätigt hat, daß und wann sie die von der Spruchbehörde an sie abgeschickte Ausfertigung des zuzustellenden Schriftstückes erhalten hat, vgl. Dyroff VGG 602 und 798. S. auch Anm 6 e. Bei Zustellung des Bescheides sind gemäß § 7 und § 42 Abs 3 bayr. VV vom 25. Jan. 1901 zum VGG die Beteiligten — im Gegensatze zum württ. GVRpfl Art 44 Abs 3 und Art 60 Abs 4 — von der Spruchbehörde (bei Streitigkeiten nach dem UWG von der ersten Instanz) über ihr Beschwerderecht, sowie über Beschwerdefrist und darüber, bei welcher Behörde die Beschwerde (Berufung) einzulegen ist, zu belehren. Bei Bundessachen empfiehlt es sich beizufügen, daß durch Einlegung der Berufung bei einer anderen Behörde als der erkennenden, insbesondere beim BAH, die Beschwerdefrist nicht gewahrt wird (B 22 R 47

---

[1]) Z. B. ein Ausspruch wegen Übernahme (§ 40), über Zinsen, im Kostenpunkte.

[2]) Über Amtsverweser s. Art 23 BayAG und S 12 S 169.

S 169, Dyroff S 800). Die unrichtige Beschwerdebelehrung entlastet den Falschbelehrten ebensowenig wie ein unrichtiger Rat (S 6 S 52 oben, B 19 N 51 S 162, s. dagegen Dyroff VGG S 621). Verfehlung gegen diese durch ME vom 29. Jan. 1886 Ziff 3, Dyroff VGG S 95 und VB vom 25. Jan. 1901 zum VGG § 7 Abs 3 und § 42 Abs 3 eingeschärfte Vorschrift wurde als Amtspflichtverletzung in Ausübung öffentlicher Gewalt bezeichnet, VGE vom 10. Dez. 1913 N 71 I/13 Vorentscheidung.

6. Rechtsmittel.

a) Das UWG nennt das gegen die armenrechtlichen Entscheidungen zulässige Rechtsmittel, soweit das BAH angerufen wird (§§ 41, 46) Berufung, das BayAG (Art 73) Beschwerde (wie auch Art 10, 22, 45 bayr. VGG, während in Art 9 von Berufung gesprochen wird). Die Beschwerde ist zurückzuweisen, wenn sie nicht an vorgeschriebenem Orte, in der vorgeschriebenen Form und in der vorgeschriebenen Frist, oder wenn sie von einem Nichtbeteiligten oder Nichtbeschwerten also einem Nichtbeschwerdeberechtigten erhoben worden ist, vgl. Eger UWG Anm 142 S 373, Dyroff VGG S 608. Über Behandlung verspäteter Beschwerden s. Anm 5 b.

b) Der Ort, wo die Berufung (Beschwerde) eingelegt werden muß, ist die Behörde, deren Entscheidung angefochten wird. Nach Deklaration vom 15. Juni 1898 (GGBl S 294) ist es unschädlich, wenn die Beschwerde beim VGH, also der zweiten Instanz eingelegt wird (s. auch Art 72 Abs 3 BayAG). Wird die Beschwerde bei der unrichtigen Behörde eingereicht, so hat sie diese unverzüglich an die richtige Instanz weiter zu geben. Die Unterinstanz hat auch bei rechtzeitiger Beschwerdeeinlegung die Akten mit der Beschwerde, die deutlich den Einlaufstag (das „Präsentatum") enthalten muß, nach Zustellung von Beschwerdeabschriften an die Gegenparteien unverzüglich der höheren Instanz vorzulegen und dieser Ergänzungsanordnungen zu überlassen.

c) Was die Form der Berufungseinlegung anlangt, so muß die Erklärung erkennen lassen, daß gegen eine Entscheidung die höhere Instanz angerufen wird, vgl. S 3 S 165, 31 S 53 und VGE vom 16. April 1917 N 78 III/16 Erf.anspr. Z. (Verlangen, die „Regierung möge diese Sache revidieren"). Eine unrichtige Bezeichnung dieser Behörde ist ebenso unschädlich, wie die Unterlassung der Bezeichnung dieser Behörde, S 31 S 53, Dyroff VGG S 607. Es würde demzufolge die Erklärung noch genügen, daß gegen die Entscheidung der näher zu bezeichnenden Behörde von dem und dem Tage Berufung oder Beschwerde eingelegt wird, B 27 N 54 S 169 Brunn S 789 und S 9 S 377. Die Erklärung hat in Bundessachen schriftlich zu erfolgen, bei Landessachen ist auch mündliche Beschwerdeeinlegung zulässig, wobei eine Niederschrift erforderlich ist. Darum ist telegraphische Berufungseinlegung zulässig, wenn das Telegramm die angefochtene Entscheidung genau bezeichnet und den Namen des Beschwerdeführers oder seines Bevollmächtigten enthält, aber nicht telephonische (hier anderer Meinung Dyroff VGG S 624, 800 und Seydel-Piloty Bayr. VerfR S 470 Fußnote 51), vgl. B 39 N 57 S 159, 40 N 65 S 159 und 48 N 50 S 170, sowie S 1 S 370 und Reger 26 S 470. Das versehentliche Wegbleiben der Unterschrift in einem Berufungsschriftsatze eines Rechtsanwalts (mit einem Stempelaufdruck) hat das BAH (B 25 N 52 S 153 Brunn S 790) als unschädlich erachtet. Was die Stempelunterschrift anlangt, so würde sie vom BAH nach der eben angeführten Entscheidung wohl zugelassen werden. Im übrigen soll nicht unterlassen werden, hier auf die Entscheidung des RGZ Bd 46 S 357 zu verweisen, wonach die Unterschrift, in den eine prozessuale Handlung darstellenden Klage-, Berufungs-, Revisions- und Beschwerdeschriften handschriftlich vollzogen werden und eine Stempelunterschrift nicht genügen soll, weil nur die erstere Unterschrift eine Sicherheit für die abgegebene Willenserklärung erkennen läßt; vgl. auch die bayr. ME vom 7. Juni 1911 (MABl S 418) über Geschäftsgang und Geschäftsvereinfachung Ziff 11, wonach der Gebrauch von Unterschriftsstempeln bei den für den Bestand von Rechtsverhältnissen wichtigen, also zum Nachweis eines bestehenden oder zur Begründung eines neuen Rechtsverhältnisses dienenden Aktenstücken, wie Protokolle, Entscheidungen, Quittungen als unzulässig bezeichnet worden ist.

Die Nachbringung der Vollmacht nach Ablauf der Beschwerde(Berufungs-)frist ist zulässig, vgl. § 89 RZPO und B 41 N 60 S 202 und Anm 3 oben.

In § 46 Abs 2 ist vorgeschrieben, daß die „Angabe der Beschwerden sowie die Rechtfertigung der Berufung", wenn sie nicht mit der Anmeldung der Berufung verbunden wird, innerhalb 4 Wochen nach Ablauf der Berufungsfrist einzureichen ist. Die RGewO hat in § 20 nicht bloß für die Einlegung, sondern auch für die Begründung der Beschwerde eine ausschließende Frist von 14 Tagen mit dem Rechtsnachteile vorgesetzt, daß eine Fristversäumnis in der Rechtfertigung die Zurückweisung der Beschwerde zur Folge hat. Diese Wirkung kommt aber der Vorschrift in § 46 Abs 2 nicht zu. Durch das Unterbleiben einer Rechtfertigung oder deren Verspätung wird demnach die sachliche Würdigung nicht ausgeschlossen, B 40 N 67 S 161/3. Dasselbe gilt auch für die Nichtbeachtung der Vorschriften in Art 22 Abs 3 VGG, wonach in der Beschwerde Bemängelungen des instanziellen Sachverhalts genau zu bezeichnen und Anträge auf Ergänzung des Beweismaterials zu stellen sind. Da aber Formvorschriften erlassen werden, damit sie befolgt werden, so hat der AV in seiner Berufung oder in einer besonderen Rechtfertigungsschrift innerhalb längstens 6 Wochen nach der Bescheidszustellung seine Beschwerdegründe anzugeben, insbesondere die Beanstandung des Sachverhalts der Vorentscheidung und etwaige neue Beweisanträge beizufügen. Handelt es sich aber um Rechtsfragen, so genügt es Entscheidung nach Lage der Sache zu beantragen. Für die Beteiligten sind Abschriften der Berufung und der Berufungsbegründung miteinzusenden.

In der Berufungsinstanz können neue Tatsachen und Beweismittel vorgebracht, vgl. § 529 RZPO, dann B 40 N 67 S 163 und S 12 S 214, aber keine neuen Klagegründe geltend gemacht werden, vgl. B 42 N 50 S 169 und Dyroff VGG S 617. Unzulässig ist auch die Erhebung einer Widerklage, s. Anm 2 f.

d) Die Berufungsfrist beträgt nach Reichs- (§ 46) und Landesrecht (Art 73 BayAG) 14 Tage. Für die Berechnung des Laufes der Frist (Beginn und Ende) und für die Wiedereinsetzung in den vorigen Stand bei Fristversäumnis sind die Bestimmungen der erst nach dem UWG eingeführten RZPO und des BGB, soweit hierauf in der ZPO verwiesen wird, maßgebend (vgl. § 222 Abs 1 und 2 ZPO mit Art 187 Abs 1 und Art 188 Abs 1 BGB). Die Frist beginnt mit der Zustellung des schriftlichen Bescheides (Art 73 Abs 3 BayAG). Dieser Tag wird bei der Berechnung der Frist nach § 187 Abs 1 BGB nicht mitgerechnet. Die Frist endigt mit dem Ablaufe des 14. Tages nach der Zustellung des Bescheides (§ 188 Abs 1 BGB). Fällt das Ende einer Frist auf einen Sonntag oder allgemeinen Feiertag,[1]) so endigt die Frist mit dem Ablaufe des nächstfolgenden Werktags (§ 222 Abs 2 RZPO). Das VGH hat allerdings ausgesprochen, daß eine Wiedereinsetzung in den vorigen Stand gegen die Fristversäumnis nicht stattfinde, weil das UWG dieses Rechtsmittel nicht kenne, B 22 N 47 S 170 Brunn S 792 und B 42 N 53 S 180. Wenn man aber für die Fristen mangels einer Bestimmung im Gesetze die Vorschriften der RZPO anwendet, dann möchte es folgerichtig sein, dies auch für die Versäumung der Fristeneinhaltung zu tun; in Art 22 Abs 6 des bayr. VGG ist dies geschehen, VGE vom 12. Juli 1920 N 49 III/20 VerpflfV. Das VGH kommt auf Umwegen zu demselben Ergebnisse, indem es verspätet eingelaufene Berufungen dann noch als „rechtzeitig" zuläßt, wenn der verspätete Eingang auf unabwendbare Zufälle zurückzuführen ist, B 56 N 30 S 95. Maßgebend sind die Bestimmungen in den §§ 233—238 RZPO. Über die Wiedereinsetzung wird von der Berufungsinstanz entschieden, indem entweder unter Verwerfung des Antrags auf Wiedereinsetzung die Beschwerde als verspätet zurückgewiesen oder unter Bewilligung der Wiedereinsetzung in den vorigen Stand in der Hauptsache Urteil erlassen wird. Es ist jedoch auch zulässig, das Verfahren auf den Wiedereinsetzungsantrag zu beschränken (s. auch S 6 S 278). Für die Wiedereinsetzung ist Voraussetzung, daß die Nichteinhaltung der Frist durch Naturereignisse oder andere bei äußerster Vorsicht (S 4 S 222 und Dyroff VGG S 631) unabwendbare Zufälle veranlaßt wurde. Die Antragsfrist von 2 Wochen beginnt mit dem Tag, an dem der Antragsteller die Tatsache der Versäumnis erfahren hat, S 30 S 46. Für die Rechtzeitigkeit genügt es, wenn das Berufungsschriftstück am letzten Tage der Frist im Amtsgebäude der Spruchbehörde zu einer Zeit und in einer Weise abgegeben wurde, daß man darauf rechnen kann, es werde noch an diesem Tag in den amtlichen Einlauf gelangen, B 44 N 52 S 156 oben. Falls der rechtzeitige Eingang nachgewiesen zu werden vermag, ist es unschädlich, wenn der sonst maßgebende amtliche Einlaufsvermerk erst am nächstfolgenden oder an einem späteren Tage gemacht wurde, VGE vom 17. Mai 1912 N 57 I/12 HeimVA f. Str und S 35 S 66. Die Ankunft des Schriftstücks auf der Post am letzten Tage der Frist (B 45 N 43 S 140) genügt nicht; auch der frühere Büroschluß an (Samstag-)Nachmittagen hemmt nicht den Ablauf der Berufungsfrist, B 55 N 40 S 119. Es kann aber zur Wiedereinsetzung in den vorigen Stand führen, wenn das Schriftstück mehrere Tage auf der Post liegen geblieben ist, VGE vom 11. Juni 1913 N 5 I/13 HeimVA f. Str. Die Berufung kann nicht vor Erlaß der Entscheidung, also nicht zwischen dem Schlusse der Verhandlung und der Urteilsverkündung (vgl. auch B 12 N 45 S 139 Brunn S 193), wohl aber vor Zustellung des Urteils eingelegt werden, S 25 S 134 unten nebst Anführungen und B 50 N 41 S 140/3; s. dagegen § 516 Abs 2 ZPO.

e) Eine nicht ordnungsgemäß erfolgte Zustellung der Entscheidung setzt die Frist nicht in Lauf, B 45 N 42 S 137. Das trifft aber nicht zu, wenn an die Partei, statt an den Prozeßbevollmächtigten zugestellt wird, S 12 S 153, B 45 N 44 N 142. Im übrigen wird auf Anm 5 n verwiesen.

---

[1]) Die Feste Mariä Lichtmeß, Josefi, Mariä Verkündigung, Johann und Mariä Geburt sowie die Patrozinien sind nicht mehr Wochenfeiertage, vgl. MBek vom 12. Mai 1912 GVBl S 627, Dyroff VGG S 205 und Roth, Sonntagsfeier und Sonntagsruhe. Wegen eines Nationalfeiertags s. RG vom 17. April 1919 RGBl S 393.

f) Eine Anschlußbeschwerde („Adhäsion") in dem Sinne, daß der Berufungsbeklagte sich der Berufung des Gegners anschließen kann, auch wenn die Berufungsfrist verstrichen ist (s. § 87 PrLVG und § 521 Abs 1 RZPO), kennt weder das UWG noch das bayr. VGG, B 2 N 30 S 113, S 12 S 351. Dagegen ist in sinngemäßer Anwendung des § 62 RZPO (s h aa) der Anschluß an die Beschwerde eines Streitgenossen zulässig, VGE vom 1. März 1920 N 33 III/19 AnstfL. Die innerhalb der Berufungsfrist eingereichte Beschwerdeschrift des Beklagten ist gegebenenfalls als selbständige Beschwerde zu behandeln (Dyroff VGG S 613).

g) Gegen Entscheidungsgründe allein ist eine Berufung nicht zulässig, S 15 S 203, B 40 N 64 S 158 und 43 N 58 S 149. Auch Entscheidungen von Zwischenpunkten sind als solche in der Regel der Rechtskraft nicht fähig, s. Dyroff VGG 574 ff., 646 und 793 (Endbescheid bei Aussetzung gemäß Art 61 BayAG z. RVO). Der VGH hat wiederholt ausgesprochen, daß in den Gründen verwaltungsrechtlicher Entscheidungen Feststellungen über Rechtsverhältnisse vorkommen, aus denen der Entscheidungssatz unmittelbar geschöpft wird, so daß ohne deren Bestand das Urteil überhaupt nicht gefunden werden kann, und daß solche Feststellungen, soweit sie Voraussetzung und notwendiger Bestandteil des Urteils sind, rechtskräftig werden oder als Teil- oder Unterentscheidung von der Rechtskraft der Entscheidung mitumfaßt werden, vgl. S 14 S 377, 20 S 92, 24 S 223, 36 S 159, s. auch Dyroff VGG S 577/8. Wenn also in einem Heimatstreit entschieden worden ist, daß A die Heimat in X besitzt, weil sein Vater B die Heimat dort hatte, so ist damit auch die Heimat des B rechtskräftig festgestellt. Für den UW wird das nicht in gleichem Umfange gelten können, weil es sich da um erst im Unterstützungsfall auftauchende, immer wieder dem Wechsel in kurzer Zeit unterliegende Rechtsverhältnisse handelt; der UW geht durch einjährige Abwesenheit verloren und ist auch nicht Gegenstand der selbständigen Klage, vgl. Anm 2a. Die Feststellung eines streitigen Zwischenpunktes in Form eines Entscheidungsgrundes wirkt bei Zurückverweisung der Sache an die Unterinstanz als bindend, vgl. S 14 S 378, 17 S 130, Dyroff VGG S 647.

h) Im übrigen liegt Rechtskraft des Urteils vor, wenn es nicht mehr mit Beschwerde angefochten werden kann (formelle oder prozessuale Rechtskraft), S 24 S 350 (Grundsätze über Rechtskraft). Diese tritt bei Entscheidungen der letzten Instanz sofort nach Verkündung des Urteils ein, andernfalls nach Ablauf der Beschwerdefrist. Die Rechtskraft wirkt aber nur gegen dieselben Streitbeteiligten oder deren Rechtsnachfolger (S 24 a. a. O.) in der nämlichen Sache oder (nach Baath S 299 Anm 5 zu § 40): es ist unzulässig, daß derselbe Streitgegenstand zwischen denselben Parteien aus demselben Klagegrunde nochmals zur Entscheidung vor das Verwaltungsgericht gebracht wird. Die Nämlichkeit der Streitbeteiligten hat das BAH bezüglich zweier Klagen zwischen einem OAV und der sowohl einen OAV, als auch einen LAV bildenden Stadt Königsberg angenommen, wobei der OAV Kön. zunächst den anderen OAV verklagt und dann dieser Rückersatz von dem LAVe Kön. gefordert hatte, in beiden Fällen sei die Stadt Königsberg Träger der Armenlast, B 25 N 34 S 99. Dagegen ist in B 31 N 64 S 185 und 32 N 47 S 133 (s. auch die daselbst S 135 weiterhin angeführten Entscheidungen) ausgesprochen, daß die LAVe, die infolge der landesgesetzlichen Bestimmungen über die außerordentliche Armenlast der LAVe die Anstaltsfürsorge für den vorläufigen oder für den endgültig verpflichteten OAV übernehmen oder übernommen haben, nicht als deren Rechtsnachfolger anzusehen sind und daher ihnen gegenüber Urteile gegen die genannten OAVe nicht die Wirkung einer rechtskräftigen Entscheidung haben. Für Beurteilung der Nämlichkeit des Streitgegenstandes kommt nach dem von Seydel BayStR 1. Aufl Bd 2 S 505 aufgestellten und in S 24 S 350,[1]) Dyroff VGG S 646 wiedergegebenen Rechtssatz in Betracht: „Was zur Entscheidung gestellt war, was entschieden werden wollte und wirklich entschieden worden ist." Ein anderer Streitgegenstand liegt beispielsweise vor, wenn auf die Erstattungsklage die Klage auf Übernahme, nicht aber wenn die Klage auf Ersatz nach ziffermäßiger Ausrechnung der Kosten auf die Feststellungsklage (s. Anm 2 a oben) folgt, B 20 N 52 A und B S 183/6. Dagegen liegt dieselbe Sache vor, wenn der AV die Rückforderung einer Leistung, zu der er verurteilt worden ist, gegenüber dem AVe, der früher Kläger war, anders begründet; denn die Rechtskraft des Urteils darf nicht dadurch hinfällig gemacht werden, daß die ursprüngliche Entscheidung als unrichtig dargestellt wird, B 25 N 34 S 101.

Die Wirkung der Rechtskraft setzt die Fortdauer der Umstände, die als tatsächliche Unterlage für das Urteil in Betracht kamen, voraus; andernfalls liegt eine Änderung in bezug auf den Streitgegenstand vor. Wenn die Ersatzklage wegen Mangels eines UW abgewiesen wird, so steht ihrer Wiederanstellung die Einrede der rechtskräftigen Entscheidung entgegen. Dies trifft aber nicht zu bei Abweisung der Klage wegen fehlenden Nachweises der Hilfsbedürftigkeit hinsichtlich der nach diesem Urteil erwachsenen Kosten, B 47 N 49 S 142, ferner bei Klageabweisung wegen Nichterfüllung des Überführungsantrags des Hilfsbedürftigen, der nach längerer Abwesenheit durch den früher überführungspflichtigen AV neuerdings unterstützt werden mußte, B 49 N 44 S 127. Eine die Wirkung der Rechtskraft ausschließende Änderung kommt in Betracht beim Wechsel des UW einer unterstützten Person weiblichen Geschlechts, wenn sie inzwischen geheiratet hat, beim Eintritte der Anstaltsfürsorge für einen Unterstützten durch den LAV, bei Änderung der Gesetzgebung, wenn das bisher verpflichtete Rechtssubjekt durch ein anderes ersetzt wird; wegen veränderter Verhältnisse s. § 323 RZPO mit RG vom 13. Aug. 1919 (RGBl S 1448). Vgl. im allgemeinen die Ausführungen über Rechtskraft bei Dyroff VGH S 489 ff., Seydel BayStR Bd 1 S 629 ff., Seydel-Piloty BayVerfR S 644 ff., 802, BlfAdmPr 69 S 223 und Kahr GemO Bd 1 S 138, insbesondere Fußnote 9.

Eine Erweiterung der Wirkung der Rechtskraft über den Kreis der Streitsteile hinaus ergibt sich

aa) infolge der Unteilbarkeit des Streitgegenstandes. Hier äußern sich die Wirkungen eines Erfolgs der Berufung eines Streitgenossen auch gegenüber jenem, der sich bei der ergangenen Entscheidung beruhigt hat, da das Streitverhältnis einheitlich nur gegenüber allen Beteiligten festgestellt werden kann (notwendige Streitgenossenschaft, § 62 RZPO, S 25 S 358 und Ausführungen, Dyroff VGG S 614). Eine solche Streitgenossenschaft kann bei dem vorläufig fürsorgepflichtigen OAV und dem vorläufig anstaltspflegepflichtigen LAV (s. BGE bei f) vorkommen, dann bei Ausweisung von Mann und Frau und Kindern gemäß § 5 FreizG

---

[1]) Vgl. auch die in g erwähnte VGE vom 12. Mai 1915 N 22 I/14 S 36 S 159, bei der die Frage der Rechtskraft unter besonders schwierigen Verhältnissen zu entscheiden war.

wegen dauernder Hilfsbedürftigkeit der Kinder. Die Wirkung einer Beschwerde der Mutter käme auch dem Vater (Ehemann) und den durch ihn vertretenen Kindern zugute, vgl. BGE vom 11. Febr. 1914 N 103 I/13 Wegweisung W; anders bei mehreren infolge Sachzusammenhangs beteiligten ABen (vgl. Anm 2 d). War aber die Beschwerde des einen Streitgenossen erfolglos, so können die übrigen nicht mehr die dritte Instanz anrufen, S 16 S 119.

bb) Ferner gibt es Streitverhältnisse, sog. öffentlich-rechtliche Zustands- oder „Status"-Verhältnisse, deren Entscheidung im öffentlichen Interesse Geltung gegen jedermann beansprucht und daher auch gegen Dritte wirkt; daher gehört die Feststellung der Heimats- und Staatsangehörigkeitsverhältnisse, gemeindlicher Grenzen und der Zugehörigkeit eines Grundstücks zu einem (Gemeinde-, Kirchen-, Armen- oder Schul-) Verbande. Vgl. hierüber S 13 S 482, 510 und 15 S 240/1, BGE vom 30. Dez. 1910 N 161 I/10 Heimat K, vom 1. Okt. 1913 N 96 I/13 Heimat L und vom 6. Mai 1914 N 226 I/12 Markungszugehörigkeit des O.Waldes, Dyroff BGG S 651 und Anm 1 zu § 41. Der Satz, daß die Rechtskraft in solchen Fällen gegen jedermann wirkt, gilt natürlich nicht gegenüber einem Beteiligten, dessen Zuziehung zum Streit erforderlich, jedoch unterblieben war, vgl. BGE vom 22. Nov. 1912 N 187 I/12 Heimat W.

Auch eine Anordnung nach § 56 ist in bezug auf Rechtskraft einem Urteile gleich, vgl. Anm 3 h zu § 56.

i) Von den Rechtsmitteln gegen rechtskräftig gewordene Entscheidungen kennt das preuß. LVG (§ 100) die Nichtigkeitsklage und die Restitutionsklage wie die RZPO, das UWG keine der beiden (§ 51), das WüGVRpfl die „Wiederaufnahmeklage und die Nichtigkeitsklage wegen Kompetenzüberschreitung" (Art 52 und 70) und das bayr. Verwaltungsstreitverfahren nur die Wiederaufnahme des Verfahrens (Art 26 BGG, S 22 S 174). Die Wiederaufnahme des Verfahrens kann von der Instanz, die den letzten rechtskräftig gewordenen Endbescheid [1]) erlassen hat, auf Antrag oder von Amts wegen beschlossen werden.

Antragsberechtigt ist der im früheren Streite Beteiligte. Bei Urteilen, die wie Heimat- und Grenzfeststellungen auch gegen Dritte wirken, sind bei nachgewiesenem rechtlichen Interesse auch Dritte befugt, Wiederaufnahmeantrag zu stellen, vgl. BGE vom 6. Mai 1914 N 226 I/12 Markungszugehörigkeit des O.Waldes.

Voraussetzung ist das Auftauchen einer neuen Tatsache, die geeignet ist, eine andere Entscheidung herbeizuführen und die ohne Verschulden der Partei im früheren Streite nicht bekannt war. Bei Wiederaufnahme des Verfahrens von Amts wegen kann ein Verschulden der Partei außer Betracht bleiben. Das Neue muß in das Gebiet des Sachverhalts fallen, S 28 S 31. Als Tatsache gilt auch die Gemeindezugehörigkeit eines Grundstücks (S 26 S 56), nicht aber eine andere Gesetzesauslegung (S 28 a. a. O., s. auch 3 S 459).

---

[1]) Und zwar in der Sache selbst. Daher ist die erste Instanz zuständig, wenn die Beschwerde gegen ihren Bescheid als verspätet zurückgewiesen worden ist, s. S 6 S 87. Bezieht sich aber das Wiederaufnahmegesuch auf „Beschwerdeformalien", dann hat hierüber die Beschwerdeinstanz (BGH) zu entscheiden und sogleich in die Sachwürdigung der Beschwerde einzutreten. Die Zurückverweisung an die erste Instanz unterbleibt daher in einem solchen Falle (S 32 S 9/11).

Für die Wiederaufnahme besteht keine zeitliche Beschränkung (S 7 S 180, daher § 586 ZPO nicht anwendbar).

Das Verfahren ist von der Instanz aufzunehmen, deren Entscheidung durch die neue Tatsache beeinflußt wird; das wird in der Regel die erste Instanz sein (s. aber auch Fußnote S 174). Ist deren Bescheid rechtskräftig geworden, so kann das Wiederaufnahmeverfahren mit dem wieder aufgenommenen Verfahren verbunden werden (S 8 S 145). Im übrigen wird auf die ausführlichen Erörterungen von Dyroff in BlAdmPr Bd 39 S 295—348 und BGG S 640 verwiesen. Wegen der Wiederaufnahme des Verfahrens in Reichssachen vgl Anm zu § 51.

Etwas anderes als die Wiederaufnahme des Verfahrens ist die Wiederaufnahme einer früheren Klage. Sie ist zulässig, insoweit ihr nicht der Einwand der rechtskräftig entschiedenen Sache entgegensteht. Davon ist insbesondere keine Rede, wenn die Klage zurückgenommen oder die Klage aus formellen Gründen, z. B. wegen Unzuständigkeit der angerufenen Behörde abgewiesen worden ist, B 40 N 54 S 130/2 letzter Satz.

k) Wegen der Frage, ob Beschwerden (Berufungen) aufschiebende Wirkung zukommt, vgl. einerseits § 53 Abs 1, wonach alle Entscheidungen in armenrechtlichen Streitigkeiten sofort vollstreckbar sind, und andererseits für die übrigen Angelegenheiten (wie der Ersatzansprüche von Einzelpersonen gemäß Art 14 BayAG) Art 24 BGG, wonach Beschwerden, von vorsorglichen Anordnungen abgesehen, aufschiebende Wirkung („Suspensiveffekt") haben, s. auch Dyroff BGG S 635 und 695.

7. Die Zurücknahme der Klage ist jederzeit auch ohne Einwilligung des Gegners zulässig. Dasselbe gilt auch für die Zurücknahme der Beschwerde (der Berufung). Die Zurücknahme der Klage (des Anspruchs), wie der Beschwerde kann schriftlich oder durch mündliche Erklärung bei der Spruchbehörde geschehen. Die Bestimmungen in § 271 und § 515 RZPO Abs 1 und 2 finden hier keine Anwendung mit Ausnahme der Pflicht zur Kostentragung [1]) nach Abs 3 für den die Klage oder das Rechtsmittel Zurücknehmenden (B 50 N 28 S 83 oben, Dyroff BGG 590 und 912). In den Gegenständen, bei denen eine mündliche Verhandlung dem Urteile voranzugehen hat (Verhandlung vor den Senaten beim BGH und bei der Regierung), ist die Zurücknahme der Klage und der Berufung bis zum Eintritte der Rechtskraft des anfechtbaren Bescheides oder bis zur Verkündung des letztinstanziellen, mithin unanfechtbaren Bescheides zulässig, vgl. Dyroff BGG S 612, Gaupp-Stein RZPO Bd 2 S 16/18 und Hellwig, System des Zivilprozesses S 391 und 840; zwar bildet der Schluß der mündlichen Verhandluug auch den Schluß für das Parteivorbringen; aber der die Sache in der Instanz erledigende Bescheid ist erst mit der Verkündung ergangen (bei Bürobescheiden ohne Verhandlung mit der Hinausgabe der Ausfertigung). Deshalb wäre auch nach dem für das Verwaltungsstreitverfahren geltenden Grundsatze des Amtsbetriebes eine nach Schluß der Sitzung bekannt gewordene, für die Wiederaufnahme des Verfahrens nicht bedeutungslose Tatsache gegebenenfalls zu berücksichtigen; in der Entscheidung könnte sie nur nach vorangegangener Wiedereröffnung der Verhandlung verwertet werden, vgl. BlAdmPr Bd 39 S 317/8. In der auf Zurücknahme der Klage sich beschränkenden Erklärung liegt kein Anspruchsverzicht, PrOVGE vom 22. Mai 1911, abgedruckt in Reger Bd 34 S 231. Die Zurücknahme der Klage hebt die Unterbrechung der Verjährung

---

[1]) Auf Antrag ist hierüber Urteil zu erlassen.

wieder auf, es sei denn, daß binnen 6 Monaten eine neue Klage erhoben wird, vgl. § 212 Abs 1 und 2 BGB, B 49 N 47 S 138/42. Auch ein Teil des Rechtsstreites kann durch Zurücknahme des Anspruchs (der Berufung) erledigt werden, B 50 N 24 S 80 unten.

Erklärungen, wie Zurücknahme von Klagen und Beschwerden, Verzicht auf Einlegung der Berufung können nicht wieder zurückgenommen werden. Dagegen kommen auch für sie die Grundsätze über Nichtigkeit und Anfechtbarkeit von Willenserklärungen gemäß §§ 116 ff. BGB zur Anwendung, wobei ein Irrtum über die rechtlichen Folgen einer Willenserklärung unbeachtlich ist, vgl. BGE vom 15. Jan. 1913 N 223 I/12 Wegw. H, Reger 37 S 296.

Was in Sonderheit den Verzicht betrifft, so enthält das BGB keine Bestimmungen über Erlöschen der Schuldverhältnisse durch Verzicht. Das BGB kennt in dieser Richtung keinen einseitigen Verzicht, sondern nur einen Erlaßvertrag, vgl. § 397 BGB. Den einseitigen Verzicht gibt es aber bei dinglichen Rechten und bei Rechten, die eine einseitige Verfügungsmacht verleihen, vgl. Endemann BR Bd 1 S 845 und 856. Das BGB kennt aber Rechte, auf die nicht verzichtet werden kann, vgl. § 1614 und § 1714 Abs 2. Solche Rechte gibt es namentlich auf dem Gebiete des öffentlichen Rechtes, vgl. § 64 UWG, dann BlAdmPr Bd 64 S 40, s. aber auch § 41 bayr. VerfUrk. In Verwaltungsstreitsachen ist der Verzicht nur in beschränktem Maße zulässig, vgl. Dyroff BGG S 548 und Anm 2 d Schlußabsatz, dagegen kann auf Einlegung von Rechtsmitteln rechtswirksam verzichtet werden, s. die obenerwähnte BGE vom 15. Jan. 1913.

8. Im Reichsgesetze vom 30. Juni 1913 (RGBl S 495) ist ausgesprochen, daß § 37 im Verhältnis zu Bayern nur mit dessen Zustimmung geändert werden kann.

§ 38.

I Lehnt ein Armenverband den gegen ihn erhobenen Anspruch auf Erstattung der Kosten oder auf Übernahme eines Hilfsbedürftigen ab, so wird auf Antrag desjenigen Armenverbandes, welcher die öffentliche Unterstützung vorläufig zu gewähren genötigt ist, über den erhobenen Anspruch im Verwaltungswege durch diejenige Spruchbehörde entschieden, welche dem in Anspruch genommenen Armenverbande vorgesetzt ist.

II Die Zuständigkeit, den Instanzenzug sowie das Verfahren regelt innerhalb jedes Bundesstaats, vorbehaltlich der Vorschriften dieses Gesetzes, die Landesgesetzgebung.

Es genügt hier auf die ausführlichen Erörterungen in Art 37, insbesondere über Verfahren und Zuständigkeit zu verweisen.

§ 39.

Die zur Entscheidung zuständigen Landesbehörden sind befugt, Untersuchungen an Ort und Stelle zu veranlassen, Zeugen und Sachverständige zu laden und eidlich zu vernehmen, überhaupt den angetretenen Beweis in vollem Umfange zu erheben.[1–5]

1. Die in § 39 enthaltene Bestimmung gilt auch für das bayr. Verwaltungsprozeßrecht. In Art 20 Abs 2 bayr. VGG ist ausdrücklich angeordnet, daß Zeugen und Sachverständige eidlich zu vernehmen sind. Maßgebend sind die Vorschriften der RZPO in §§ 376–394, 402 ff., 478–484; bei §§ 391, 392 und 481 ist das AbG vom 1. Juni 1909 zu beachten, wonach insbesondere die Beeidigung nach der Vernehmung zu erfolgen hat. Zur Zeugenvernehmung ist ein Protokollführer beizuziehen, die Niederschrift ist auch von den Beteiligten zu unterschreiben, § 12 mit § 10 Abs 4 VVzVGG. Die Ablehnung eines Sachverständigen kann nach § 406 mit § 41 Ziff 1–4 und 6 RZPO erfolgen (S 35 S 5). Vor dem VGH findet jedoch eine Beweisaufnahme nicht statt, es können aber Sachverständige, die ein Obergutachten verfaßt haben, zur öffentlichen Sitzung beigezogen werden; denn die Vorschriften in §§ 38–51 gelten nur für Reichssachen, also nicht für den VGhof, vgl. auch Dyroff VGG S 803.

2. Den Beteiligten ist in sinngemäßer Anwendung der §§ 357 und 370 Abs 2 RZPO von dem Beweiserhebungs- (Zeugenvernehmungs-) Termine Kenntnis zu geben und die Teilnahme daran zu gestatten, wenn nicht besondere Umstände dagegen sprechen. Die Unterlassung dieser Beiziehung der Beteiligten ist kein wesentlicher Mangel des Verfahrens, das zu dessen Aufhebung führen müßte, da weder das UWG noch das bayr. VGG eine dieser Bestimmung der RZPO ähnliche Anordnung getroffen haben, vgl. Reger Bd 26 S 323 und Dyroff VGG S 559; selbstverständlich kann die Abhaltung eines wiederholten Zeugenvernehmungstermins mit Zuziehung der Beteiligten verfügt werden.

3. Die Gebühren der Zeugen und Sachverständigen bemessen sich nach der Reichsgebührenordnung vom 30. Juni 1878, zuletzt in der Fassung vom 20. Mai 1898 im RGBl S 689 abgedruckt, in wesentlichen Bestimmungen durch RG vom 10. Juni 1914 RGBl S 214 abgeändert, vgl. § 1 der bayr. VO vom 22. September 1879 GVBl S 1283, abgedruckt bei Dyroff VGG S 184. Der Anspruch erlischt, wenn die Gebühren nicht binnen 3 Monaten nach der Vernehmung oder Gutachtensabgabe bei der zuständigen Behörde verlangt worden sind (§ 16). Die Festsetzung (§ 17 RGebO und § 2 BayVO) der Vergütung für Zeugen und Sachverständige erfolgt durch Gerichtsbeschluß, wenn solcher beantragt oder veranlaßt, sonst hat die mit der Zeugenvernehmung betraute Verwaltungsbehörde die Gebühren festzusetzen und zur vorschußweisen Auszahlung anzuweisen. Für die Erhöhung der Gebühren ist die RVo vom 21. August 1919 (RGBl S 1473) maßgebend.

4. Das bayr. Verwaltungsprozeßrecht kennt keine Eideszuschiebung an die Parteien, s. S 26 S 256 Abs 2 nebst Nachweisen und BlAdmPr 50 S 340. Die Rechtsprechung des BAH hat die Eideszuschiebung als zulässig erklärt; selbstverständlich gibt es nur eine Eideszuschiebung in bezug auf Tatsachen, s. § 445 RZPO, z. B. über die Erstattung einer Anzeige, vgl. B 21 N 48 S 161/2, nicht aber über Urteile oder rechtliche Folgerungen aus Tatsachen, vgl. B 13 N 41 A S 130 und 18 N 44 S 158/9. Nach Art 20 Abs 7 VGG sind zwar auch eidliche Bestätigungen der Beteiligten zum Zwecke der Beweisführung zugelassen, aber nur in jenen Fällen, wo sie ein besonderes Gesetz als zulässig erklärt hat. Bis jetzt fehlen jedoch, wie in S 26 a. a. O. ausgeführt ist, solche Gesetzesbestimmungen und auch das UWG enthält keine solchen. Es ist auch nicht gestattet, Mitglieder des beteiligten Armenrates als Zeugen (eidlich) zu vernehmen, S 26 S 256/7 und B 18 N 44 S 158/9.

Dagegen ist es zulässig, Personen, um deren UW oder Unterstützung es sich im armenrechtlichen Streite handelt, eidlich zu vernehmen, da sie nicht zu den Streitbeteiligten gehören, vgl. S 19 S 122, BGE vom 20. Oktober 1911 N 120 I/11 HeimBA f. L und vom 3. März 1915 N 169 I/14 HeimBA f. B. Hiernach bildet die Bestimmung in § 393 Abs 1 Ziff 4 RZPO kein Hindernis für die Beeidigung des hilfsbedürftigen Unterstützten in dem zwischen den AVen sich abspielenden Streite. So auch das BAH in der Entscheidung in B 22 N 24 B S 91.

5. Die unbeeidigte Vernehmung von Zeugen, gegen deren Beeidigung ein gesetzliches Hindernis nicht besteht, kann als wesentlicher Mangel des Verfahrens angesehen werden und zur Aufhebung des darauf sich gründenden Bescheides führen, vgl. BGE vom 20 Oktober 1911 N 120 I/11 HeimBA f. L und vom 15. November 1920 N 62 III/20 UW H.

Im übrigen ist es nicht ausgeschlossen, auch die Aussagen eines unbeeidigt vernommenen Zeugen wie das seiner Bedeutung nach im öffentlichen Recht eingeschränkte Anerkenntnis bei der Urteilsfällung zu berücksichtigen, B 46 N 63 S 157/8. Denn es hat auch für das armenrechtliche Streitverfahren der Grundsatz der freien Beweiswürdigung zu gelten, B 35 N 51 S 143/4 Brunn S 761 und 40 a. a. O. und Art 21 Abs 1 BayVGG.

§ 40.

Die Entscheidung erfolgt durch schriftlichen, mit Gründen versehenen Beschluß;[1] sofern dabei für den in Anspruch genommenen Armenverband eine Verpflichtung zur Übernahme eines Hilfsbedürftigen (§ 31) begründet ist, muß dies in dem Beschluß ausdrücklich ausgesprochen werden.[2]

1. Diese Bestimmung ist auch für die Landessachen zu beachten, vgl. Begr. zum BayAG S 689.

Daß armenrechtliche Streitigkeiten durch schriftliche mit Gründen versehene Beschlüsse entschieden werden, bedeutet für Bayern wie überhaupt für das Verwaltungsstreitverfahren keine Neuerung, weshalb auch in Art 72 BayAG bestimmt ist, daß die Beschwerdefrist mit der Zustellung des Bescheides beginnt.

2. Unter der in § 40 erwähnten Übernahme eines Hilfsbedürftigen ist die Übernahme in die eigene unmittelbare Fürsorge des endgültig verpflichteten AVes zu verstehen, die den vorläufig hilfeleistenden OAV seiner Verpflichtung zur vorläufigen Fürsorge nach § 28 enthebt. Diese Übernahme hat die Ausweisung des Hilfsbedürftigen aus seinem bisherigen Aufenthaltsorte gemäß §§ 5 und 6 FreizG zur Folge, B 41 N 14 S 39/40. Wenn die Übernahme im Wege der Klage mit der Forderung des Kostenersatzes verlangt wird, so hat das Urteil der armenrechtlichen Spruchbehörde auszusprechen, daß der OAV (des UW) A verpflichtet ist, den hilfsbedürftigen N zu übernehmen und die auf dessen Unterstützung dem OAVe (des AufO) B bisher erwachsenen sowie künftig bis zur Über-

führung noch erwachsenden Kosten zu ersetzen. Das Übernahmeverlangen muß bestimmt und unzweideutig zum Ausdrucke gebracht werden, B 41 N 14 S 40.

Über Inhalt der Entscheidung und Kostenausspruch s. Anm 5 zu § 37.

§ 41.

Soweit die Organisation[1] oder örtliche Abgrenzung[2] der einzelnen Armenverbände Gegenstand des Streites ist, bewendet es endgültig bei der Entscheidung der höchsten landesgesetzlichen Instanz. Im übrigen findet gegen deren Entscheidung nur die Berufung an das Bundesamt für das Heimatwesen statt.[3]

1. Die Organisation der bayr. AVe ist so glatt durchgeführt, daß keinerlei Streitigkeit darüber aufgetaucht ist und wohl auch in Zukunft nicht auftauchen werden. Es wird daher wohl nicht vorkommen, daß über den Bestand eines AVes im armenrechtlichen Streite (vgl. darüber B 34 N 55 S 197 und 36 N 47 S 132/4 Brunn S 785) zu entscheiden sein wird. Was die Bildung von Gesamtarmenverbänden anlangt (s. darüber B 10 N 16 A und B S 42, 22 N 45 A und B S 165 Brunn S 6 und 785), so hat sich diese in Bayern nicht entwickelt. Daran wird sich voraussichtlich auch in Zukunft nichts ändern, da die bayr. Staatsregierung die Schaffung leistungsfähiger Verbände durch Zusammenlegung von Gemeinden anstrebt. Im übrigen würden die Regierungsakten über die Bildung von GAVen jeden Zweifel behebende Aufschlüsse geben.

2. Dagegen ist mit der Möglichkeit zu rechnen, daß Abgrenzungsfragen auftauchen, indem ein OAV behauptet, der Ort, das Anwesen oder das Haus, in dem sich der Hilfsbedürftige seit Jahren aufgehalten hat, gehöre nicht zu dem Gemeindebezirke dieses OAVes. Dabei kann sich die Möglichkeit ergeben, daß die Gemeindegrenze nicht nur das Haus, sondern auch die für den Aufenthalt in erster Linie in Betracht kommende Wohnung, d. i. nach der Entscheidung in B 20 N 1 S 1/3 Brunn S 56 Wohn- und Schlafräume mit Küche, durchschneidet. Dies war bei der VGE vom 18. Juni 1913 N 33 I/13 GemZugehörigk. d. Anw. H Nr. 2 in Sch betr. der Fall, wobei ausgesprochen wurde, daß das zum Anw. H Nr. 2 in Sch gehörige Wohnhaus zum Teil in der Gemeinde B, zum Teil in der Gemeinde L liegt. Hier ist ein Streit über Gemeindegrenzen, ein Markungsstreit, gegeben, der als Verwaltungsrechtssache nach Art 8 Ziff 25, Art 9 Abs 1 und Art 16 ff. VGG zu behandeln ist und in dem nicht die ARäte als Vertreter der OAVe, sondern die Gemeinderäte als Vertreter der Gemeinden die Beteiligten sind. Zwar ist es an sich gesetzlich nicht unzulässig, in einem Streite wegen Anspruches des OAVes A auf Erstattung der Kosten für die Unterstützung eines an der Grenze der beiden Gemeinden A und B wohnenden Hilfsbedürftigen (N) gegen den OAV B, zu dessen Bezirk angeblich das Wohnhaus des Unterstützten gehört, bei Unrichtigkeit der Anschauung des OAVes A dessen Klage gegen den OAV B auf Ersatz der Kurkosten für N kostenfällig und gebührenfrei abzuweisen oder im entgegengesetzten Falle den OAV B zum Ersatze zu verurteilen. Diese Grundstückszugehörigkeit wird auch dann noch als Zwischenpunkt (s. hierüber Anm 5 d zu § 37) im armenrechtlichen Spruchverfahren entschieden werden können, wenn die 2 Nachbargemeinden zwar

nicht wie in dem eben erwähnten Falle, Kläger und Beklagter, aber doch in erster und zweiter Linie verklagt sind. In beiden Fällen müßte jedoch die Annahme gerechtfertigt sein, daß von seiten der Gemeinderäte A oder B nach Unterliegen des OABes nicht auch noch ein Markungsstreit begonnen wird, also nicht eine Wiederaufnahme des armenrechtlichen Verfahrens zu erwarten ist; das dürfte wohl zutreffen, wenn sich die Feststellung der Grenzen infolge der Aufschlüsse des Messungsamtes und des Landesvermessungsamtes einfach gestaltet. Die Zuständigkeit des BAH würde auch im armenrechtlichen Streit über diesen Zwischenpunkt ausgeschaltet sein, vgl. B 34 N 35 S 122 Brunn S 784 und Begründ. z. BayAG S 729. Aber es darf nicht vergessen werden, daß die nicht als Hauptpunkt im Markungsstreite, sondern als Zwischenpunkt im armenrechtlichen Verfahren getroffene Entscheidung darüber, ob ein Grundstück oder ein Teil hiervon (Anwesen) zu dem Bezirke der Gemeinde und des Ortsarmenverbandes A oder zum Bezirke der Gemeinde und des OABes B gehört, der Rechtskraft entbehrt. Dagegen würde die Entscheidung im Grenz- oder Markungsstreite zwischen Gemeinden gemäß Art 8 Ziff 25 VGG gleich den Urteilen in „Status"sachen als Feststellung eines öffentlich-rechtlichen Zustandsverhältnisses die Wirkung der Rechtskraft gegen jedermann also auch gegen die Armenräte erlangen, vgl. die in Anm 6 h bb zu § 37 angeführten Entscheidungen und Kahr GemO Bd 1 S 398.

Zweckmäßigkeitsgründe werden daher dazu führen, in allen schwieriger gestalteten Fällen den Markungsstreit als vorentscheidlich gesondert vor der Entscheidung über den armenrechtlichen Anspruch auszutragen; durch das Urteil wird wohl in den meisten Fällen die armenrechtliche Entscheidung hinfällig werden (vgl. Kahr a. a. O. S 138).

Für Grenzstreitigkeiten sind in erster Instanz die Bezirksverwaltungsbehörden der Örtlichkeit (Anwesen, Grundstück) mit den bestrittenen Grenzen (S 23 S 105, Dyroff 317/8, Art 17 Abs 2 VGG), in der zweiten Instanz der VGH zuständig.

Wäre der Lauf der Grenze mit der Durchschneidung eines Wohnhausgrundstücks durch die Grenze zweier Gemeinden (A und B) festgestellt und nur streitig, in welchem Gemeindebezirke die für die Aufenthaltsfrage maßgebende Wohnung gelegen ist, dann würde nur das armenrechtliche Verfahren durchzuführen sein; in diesem würde als Zwischenpunkt zu entscheiden sein, in welchem OAVe der Aufenthalt des Unterstützten stattgefunden hat oder zu welchem OAVe die während eines für den Erwerb des UW genügenden Zeitraumes benützte Wohnung gehört. Dabei würde die Zuständigkeit des BAH durch die Bestimmung in § 41 Satz 1 nicht ausgeschlossen sein (B 20 N 1 S 1). Wenn die Gemeindegrenze zweifelhaft bleibt oder wenn die Grenzen der Gemeinden A und B das Wohnhaus, in dem der Unterstützte seit Jahren sich aufgehalten hat, durchschneiden, so würde diese Entscheidung Veranlassung geben, eine Gemeindebezirksänderung gemäß Art 4 (s. Anm 3 zu § 3) GemO von Amts wegen durchzuführen. Näheres über Gemeindebezirksänderungen s. bei Kahr, GemO Bd 1 S 106 ff., dazu ME vom 12. Juli 1881 und 16. Mai 1903, MABl S 258 und 203. Solange eine Grenzregelung nicht eingetreten ist, wäre die Unterstützung eines jahrelang auf diesem Wohnhausgrundstücke seßhaften Hilfsbedürftigen nicht eine Last des LAVes, sondern eine gemeinschaftlich von den OAVen A und B zu tragende, B 19 N 28 S 102 und 34 N 35 S 123.

3. In verschiedenen Entscheidungen hat das BAH ausgesprochen, daß es nicht Beschwerdeinstanz ist. Es scheidet seine Zuständigkeit aus bei Beschwerden gegen Beschlüsse
a) wegen Zeugnisverweigerung (B 47 N 50 S 148),
b) wegen Ausbleibens eines Zeugen (B 46 N 48 S 188),
c) im Zwangsvollstreckungsverfahren (B 18 N 40 A S 138, 19 N 53 A S 164),
d) wegen Ablehnung eines Beamten der Spruchbehörde 1. Instanz (§ 41 RZPO, Art 18 BGG),
e) im Kostenfestsetzungsverfahren (B 18 N 40 B S 144 mit Anführungen S 148, 19 N 33 B S 165 und 29 N 46 S 139). Dagegen ist Berufung gegen die Entscheidung im Kostenpunkte zum BAH wie zum BGH zulässig, auch wenn in der Hauptsache selbst Berufung nicht eingelegt worden ist, B 41 N 59 S 200, S 18 S 244 und Anm 5 h zu § 37.

§ 42.

I Das Bundesamt für das Heimatwesen ist eine ständige und kollegiale Behörde, welche ihren Sitz in Berlin hat.

II Es besteht aus einem Vorsitzenden und mindestens vier Mitgliedern. Der Vorsitzende sowie die letzteren werden auf Vorschlag des Bundesrats vom Bundespräsidium auf Lebenszeit ernannt. Der Vorsitzende sowohl, als auch mindestens die Hälfte der Mitglieder muß die Qualifikation zum höheren Richteramt im Staate ihrer Angehörigkeit besitzen.

§ 43.

Bezüglich der Rechtsverhältnisse der Mitglieder des Bundesamts gelten bis zum Erlasse besonderer bundesgesetzlicher Vorschriften die Bestimmungen der §§ 23 bis 26 des Gesetzes, betreffend die Errichtung eines obersten Gerichtshofs für Handelssachen, vom 12. Juni 1869 mit der Maßgabe, daß

1. an Stelle des Plenums des Oberhandelsgerichts das Plenum des Bundesamts tritt, und daß im Falle des § 25 a. a. O. die Verrichtungen des Staatsanwalts und des Untersuchungsrichters von je einem Mitgliede des Königlich Preußischen Kammergerichts zu Berlin, welches der Bundeskanzler ernennt, wahrgenommen werden,
2. bezüglich der Höhe der Pensionen die Vorschriften in Anwendung kommen, welche darüber in demjenigen Bundesstaate gelten, aus dessen Dienste das Mitglied des Bundesamts berufen ist.

Diese Bestimmung, die im Entwurfe nicht enthalten war, hat in Ziff 2 eine Änderung erfahren, wie aus folgendem sich ergibt.

Die Mitglieder des Bundesamts für das Heimatwesen sind Reichsbeamte; auf sie findet das Reichsbeamtengesetz vom 18. Mai 1907 (RGBl S 254) mit Ausnahme der Art 23—34, 61—68, 72—133, vgl. Art 158 Abs 1, dann das Reichs-Besoldungsgesetz vom 30. April 1920, RGBl S 805 (Gruppe XIII A und 1 B) und das Reichsbeamtenhinterbliebenengesetz vom 17. Mai 1907 (RGBl S 208) Anwendung.

§ 44.

I Zur Abfassung einer gültigen Entscheidung des Bundesamts gehört die Anwesenheit von mindestens drei Mitgliedern, von denen mindestens Eines die im § 42 vorgeschriebene richterliche Qualifikation haben muß.

II Die Zahl der Mitglieder, welche bei der Fassung eines Beschlusses eine entscheidende Stimme führen, muß in allen Fällen eine ungerade sein. Ist die Zahl der bei der Erledigung einer Sache mitwirkenden Mitglieder eine gerade, so führt dasjenige Mitglied, welches zuletzt ernannt ist, und bei gleichem Dienstalter dasjenige, welches der Geburt nach das jüngere ist, nur eine beratende Stimme.

Nach §§ 579, 580 und 584 RZPO gibt es eine Nichtigkeitsklage gegen Urteile des Revisionsgerichtes, nach Abs 1 Ziff 1 des § 579 auch wegen nicht vorschriftsmäßiger Besetzung des erkennenden Gerichts. Da aber das UWG ebensowenig eine Nichtigkeitsklage wie das BayVGG kennt, so erübrigt sich hier ein Eingehen auf die Zusammensetzung des BAH als oberster armenrechtlicher Spruchbehörde.

§ 45.

I Der Geschäftsgang bei dem Bundesamte wird durch ein Regulativ geordnet, welches das Bundesamt zu entwerfen und dem Bundesrate zur Bestätigung einzureichen hat.

II In dem Geschäftsregulative sind insbesondere auch die Befugnisse des Vorsitzenden festzustellen.

Das im Zentralblatte für das Deutsche Reich (1873 S 4) veröffentlichte Regulativ in seiner neuen Fassung vom 14. August 1914 ist bei Baath S 308 abgedruckt.

§ 46.

I Die Berufung an das Bundesamt ist bei Verlust des Rechtsmittels binnen vierzehn Tagen, von der Behändigung der angefochtenen Entscheidung an gerechnet, bei derjenigen Behörde, gegen deren Entscheidung sie gerichtet ist, schriftlich anzumelden.[1]

II Die Angabe der Beschwerden sowie die Rechtfertigung der Berufung kann entweder zugleich mit der Anmeldung der letzteren oder innerhalb vier Wochen nach diesem Termine derselben Behörde eingereicht werden.[2]

III Von sämtlichen Schriftsätzen sowie von den etwaigen Anlagen derselben sind Duplikate beizufügen.[3]

1. Über den Ausdruck „Berufung" und „Beschwerde" s. Anm 6 a zu § 37 und Anm 3 zu § 41.

Bayern hat wie Preußen und die meisten Bundesstaaten (vgl. Einleitungsübersicht G S 55) nur zwei Instanzen, so daß in Bundessachen die Berufung gegen die erstinstanziellen Urteile der dem in Anspruch genommenen AVe vorgesetzten Staatsaufsichtsbehörde (Bezirksamt oder Kreisregierung) direkt an das BAH geht. Dabei soll hier wegen der abweichenden Bestimmung für das bayr. Prozeßverfahren ausdrücklich betont werden, daß die Berufung zum BAH im Gegensatze zu der Bestimmung in Art 72 Abs 3 BayAG innerhalb der 14tägigen Berufungsfrist bei der ersten Instanz d. i. bei der Behörde, die den Beschluß erlassen hat (s. Anm 4 a zu § 37) eingereicht werden muß (B 56 N 27 S 88). Wegen Klagenerweiterung und Erhebung von Widerklagen in der Berufungsinstanz s. Anm 2 c und f zu § 37.

2. Es wird auf Anm 6 c zu § 37 verwiesen.

3. Das bayr. VGG schreibt in Art 23 Abs 2 vor, daß der Beschwerdeführer soviel Abschriften der Beschwerde einzureichen hat, als Beteiligte oder gemeinsame Bevollmächtigte für sie vorhanden sind.

§ 47.

Die eingegangenen Duplikate werden von der zuständigen Behörde der Gegenpartei zur schriftlichen, binnen vier Wochen nach der Behändigung in zwei Exemplaren einzureichenden Gegenerklärung zugefertigt.

§ 48.

Nach Ablauf dieser Frist legt die nämliche Behörde die sämtlichen Verhandlungen nebst ihren Akten dem Bundesamte vor.

§ 49.

Erachtet das Bundesamt vor Fällung der Entscheidung noch eine Aufklärung über das Sach- und Rechtsverhältnis für nötig, so ist dieselbe unter Vermittelung der zuständigen Landesbehörde vorzunehmen.

§ 50.

I Die Entscheidung des Bundesamts erfolgt gebührenfrei in öffentlicher Sitzung nach erfolgter Ladung und Anhörung der Parteien.

II Das Erkenntnis wird schriftlich, mit Gründen versehen, den Parteien durch Vermittelung derjenigen Behörde (§ 46) zugefertigt, gegen deren Beschluß es ergangen ist.

§ 51.

Gegen die Entscheidung des Bundesamts ist ein weiteres Rechtsmittel nicht zulässig.

Es ist bereits bei § 44 darauf hingewiesen worden, daß weder das UWG noch das BayWG die Nichtigkeitsklage kennt (vgl. § 579 RZPO). Dagegen ist im bayr. Verwaltungsprozeßrechte die Wiederaufnahme des Verfahrens zugelassen, vgl. Art 26 VGG, S 8 S 187 und 24 S 448. Da für Reichssachen in erster Instanz das Verfahren sich nach der Landesgesetzgebung richtet, so können die Parteien die Wiederaufnahme des Verfahrens beantragen, wenn es bei der erstinstanziellen Entscheidung geblieben ist. Gegen das Urteil des BAH läßt sich aber dieses Rechtsmittel im Hinblick auf die Bestimmung in § 51 UWG, das auch die Wiederaufnahmeklage (vgl. § 580 RZPO und Art 52—56 WüGBRpfl) nicht kennt, nicht anwenden, vgl. B 14 N 47 S 123/4 Brunn S 797.

§ 52.

Bis zu anderweitiger, von Bundes wegen erfolgender Regelung der Kompetenz des Bundesamts für das Heimatwesen kann durch die Landesgesetzgebung eines Bundesstaats bestimmt werden, daß die Vorschriften der §§ 38 bis 51, 56 Abs. 2 dieses Gesetzes für die Streitsachen zwischen Armenverbänden des betreffenden Bundesstaats in Wirksamkeit treten sollen.

Preußen und die bei Krech (8) S 41 aufgezählten Bundesstaaten haben von der Ermächtigung des § 52 Gebrauch gemacht, so daß in diesen Ländern die Bestimmungen in §§ 38 ff. auch für Landessachen Anwendung finden. Dagegen ist Bayern den Bundesstaaten beigetreten, die für Landessachen in allen Instanzen das Verfahren landesgesetzlich geregelt und als letzte Instanz eine Landesbehörde aufgestellt haben, darunter Baden, Sachsen und Württemberg. Zulässig ist es auch, die Zuständigkeit des BAH einzuschränken, beispielsweise — wie Braunschweig — seine Zuständigkeit nach § 56 Abs 2 ausschließen, B 30 N 58 S 168 Brunn S 797.

Wo das BAH in Landessachen die oberste Instanz bildet, entscheidet es als Reichsbehörde und ist an Aussprüche einer Landesbehörde, selbst des Gerichtshofes für Kompetenzkonflikte über seine Zuständigkeit nicht gebunden, B 18 N 41 S 145.

§ 53.

I In den Streitsachen über die durch dieses Gesetz geregelte öffentliche Unterstützung Hilfsbedürftiger ist die Entscheidung der ersten Instanz, ausgenommen in dem Falle des § 57, sofort vollstreckbar.[1]

II Im übrigen findet die Exekution[2] statt:
a) auf Grund und in den Grenzen eines von dem in Anspruch genommenen Armenverband ausgestellten Anerkenntnisses (§ 55);
b) auf Grund der endgültigen Entscheidung.[3]

III Die Vollstreckung der Exekution liegt der zur Entscheidung in erster Instanz zuständigen Behörde des verpflichteten Armenverbandes ob und ist bei derselben unter Beifügung der bezüglichen Urkunden zu beantragen.[4]

1. Die Bestimmungen der §§ 53 ff finden sowohl auf Bundes- wie auf Landessachen Anwendung. Im übrigen regelt sich das Zwangsvollstreckungsverfahren nach der Landesgesetzgebung.

Nach dem UWG ist die Zwangsvollstreckung zulässig auf Grund
a) der endgültigen Entscheidung,
b) der erstinstanziellen Entscheidung (vorläufige Vollstreckung) und
c) eines Anerkenntnisses nach § 55.

Zu a: Endgültig ist die Entscheidung, wenn die (zweite und) letzte Instanz ihr Urteil gefällt oder die Entscheidung der ersten Instanz infolge Unterbleibens einer Berufung Rechtskraft erlangt hat.

Zu b: Gemäß Abs 1 wird die Entscheidung der armenrechtlichen Spruchbehörde sofort vorläufig vollstreckbar, ohne daß es, wie dies die RZPO in §§ 704, 708—711 vorschreibt, einer ausdrücklichen Vollstreckbarkeitserklärung im Urteile der Spruchbehörde bedarf, weshalb hier der Berufung gegen die erstinstanzielle Entscheidung die aufschiebende Wirkung nach Art 24 BGG versagt ist. Dagegen kennt das UWG ein Hemmnis der Vollstreckung in den in § 57 angeführten Fällen, s. Näheres daselbst. Vorläufig vollstreckbar sind auch die Beschlüsse der Bezirksverwaltungsbehörden, durch die unterhaltspflichtige Personen zur Erfüllung ihrer Unterhaltspflicht angehalten werden, vgl. Art 11 Abs 1 und 3 BayAG.

Zu c: Daß nicht jedes Anerkenntnis sich zur Vollstreckung durch die armenrechtlichen Spruchbehörden eignet, braucht nicht weiter ausgeführt zu werden, weil den Anerkenntnissen im öffentlichen Rechte, wie oben in Anm 2e zu § 37 ausgeführt ist, nur beschränkte Bedeutung zukommt. Durch den Hinweis auf § 55 in § 53 und umgekehrt ist klargelegt, daß es sich um urkundliche Anerkenntnisse über die Gewährung bestimmter Unterstützungsbeträge für dauernd Hilfsbedürftige handelt, denen das Verbleiben am Aufenthaltsorte vereinbarungsgemäß gestattet ist. Vorläufig vollstreckbar sind auch die Anerkenntniserklärungen Unterhaltspflichtiger gleichen Inhalts nach Art 12 BayAG. Sonst findet aus im armenrechtlichen Verfahren etwa abgeschlossenen Vergleichen eine Zwangsvollstreckung, wie dies § 794 RZPO vorsieht, angesichts der einschränkenden Bestimmungen in § 53 und Art 46 BGG nicht statt.

2. Für das Zwangsvollstreckungsverfahren sind in Bayern die Bestimmungen in Art 6, 7, 8 und 9 des BayAG zur RZPO und KonkO, sowie Art 46 BGG maßgebend. Dazu sind unter Hinweis auf Anm 5 zu Art 11 BayAG folgende Ausführungen veranlaßt:

a) Die Verwaltungsbehörden können die Zwangsvollstreckung sowohl durch die ihnen zu Gebote stehenden besonderen Vollzugsorgane, als auch durch Gerichtsvollzieher bewirken lassen.

b) Die vollstreckbaren Urkunden oder Beschlüsse sind mit der Vollstreckbarungsklausel: „Vorstehende Urkunde (Ausfertigung) wird hiermit für vollstreckbar erklärt" zu versehen und werden dadurch im ganzen Königreiche vollstreckbar. Nach § 2 der VO vom 14. Juli 1879 (GVBl S 703) ist die Vollstreckungsklausel einer Ausfertigung des Beschlusses oder der Urkunde beizufügen.

c) In Art 7 Abs 2 ist bestimmt: „Einwendungen gegen die Zwangsvollstreckung, welche den Rechtsbestand oder die Auslegung der Entscheidung der Verwaltungsbehörde oder die Frage betreffen, ob die Forderung, für welche die Vollstreckung stattfindet, überhaupt oder in der angesprochenen Größe entstanden ist und Einwendungen, welche die Zulässigkeit der Vollstreckungsklausel betreffen, sind, soweit das Verhältnis, in welchem die Forderung ihren Grund hat, dem Verwaltungsgebiete angehört, bei der zuständigen Verwaltungsbehörde geltend zu machen. Über alle sonstigen Einwendungen und Streitigkeiten haben die Gerichte zu entscheiden." Dem Armenrat ist ein Vollstreckungsrecht (wie den Gemeinden für ihre Ausstandsverzeichnisse) nicht eingeräumt.

Für die Zwangsvollstreckung gegen ABe, die als Kommunalverbände unter Art 9 BayAG zur RZPO und KonkO fallen, hat die Aufsichtsbehörde weitere Anordnung zu treffen und Geldforderungen, von denen im 6 ff. BayAG zur RZPO und KonkO allein die Rede ist, im Wege des staatsaufsichtlichen Zwangs gemäß Art 13 SVG beizutreiben.

Wären Pfändungen von Geldforderungen vorzunehmen, so müßte die Verwaltungsbehörde die Hilfe der Gerichte gemäß §§ 828 ff., RZPO mit Art 7 a. a. O. in Anspruch nehmen, vgl. Dyroff VGG S 705/6. Würde es sich aber um zwangsweise Herbeiführung der Übernahme oder Überführung handeln, so kämen nicht die Bestimmungen des mehrgenannten BayAG zur RZPO, sondern Art 46 VGG zur Anwendung, wobei die Verwaltungsbehörden bei Anordnung der Zwangsvollstreckung zur Erwirkung von Handlungen der gerichtlichen Hilfe nicht bedürfen, vgl. Dyroff S 707. Die Spruchbehörde des zur Überführung verurteilten ABes hätte also die Heimschubung des Hilfsbedürftigen anzuordnen. Über einstweilige Verfügungen s. Anm 5 zu Art 11 BayAG.

Bei Einwendungen gegen die Zwangsvollstreckung, die von den Gerichten zu entscheiden sind, ist das Amtsgericht zuständig, in dessen Bezirke das Zwangsvollstreckungsverfahren stattfinden soll oder stattgefunden hat, vgl. § 764 Abs 2 der nach Art 7 Abs 1 maßgebenden RZPO. Einwendungen, die von der Verwaltungsbehörde zu entscheiden sind, sowie Beschwerden gegen Verfügungen und Beschlüsse, die die Zwangsvollstreckung betreffen, sind in dem für das Verwaltungsstreitverfahren bestehenden Instanzenzuge zu verbescheiden, vgl. Art 46 Abs 4 VGG. Die Verwaltungsbehörde kann auch die Zwangsvollstreckung auf Einwendungen hin einstweilen einstellen und diese Anordnung in der hierauf ergehenden Entscheidung aufheben, abändern oder bestätigen, vgl. §§ 769 und 770 RZPO.

Beschwerden gegen Beschlüsse der Verwaltungsbehörden auf Einwendungen im Zwangsvollstreckungsverfahren sind von der nach der Landesgesetzgebung zuständigen Behörde, mithin in Bayern bei armenrechtlichen Ansprüchen nach dem UWG gemäß Art 32 Abs 2, 41 Abs 3, 46 Abs 4 VGG vom VGH in geheimer Sitzung zu verbescheiden, vgl. S 24 S 76, Dyroff VGG S 709. Bei Reichssachen hat es bei dem Beschlusse der ersten Instanz sein Verbleiben, da hier eine Zuständigkeit des VGH an sich fehlt und auch das BAH seine Zuständigkeit verneint, vgl. Anm 3 c zu § 41.

d) über Beschränkung der Zwangsvollstreckung s. § 850 RZPO mit RG vom 25. Juli 1919 (RGBl S 589) und vom 16. Aug. 1920 (RGBl S 1572).

e) Ansprüche auf Rückerstattung von Kosten, die dem Schuldner aus der Zwangsvollstreckung erwachsen sind, infolge Urteilsaufhebung sind von der in der Hauptsache zuständigen Verwaltungsbehörde, hier nach § 37, zu verbescheiden, S 38 S 41.

f) Wegen Zwangsvollstreckung gegen Kriegsteilnehmer s. Anm 2 i zu § 37.

3. Auch die Anordnung der Spruchbehörde des Aufenthaltsortes nach § 56 ist in bezug auf die Festsetzung von Unterstützungsbeiträgen eine Entscheidung im Sinne des § 53 und daher der Vollstreckbarkeit fähig.

4. Das UWG bestimmt auch die für den Vollzug der Zwangsvollstreckung zuständige Behörde. Dabei handelt es sich um Entscheidungen der armenrechtlichen Spruchbehörden in Streitsachen innerhalb des Rahmens des UWG, worunter allerdings auch Entscheidungen über die landesrechtliche Verpflichtung der LABe zur Anstaltspflege und über die gleichfalls landesrechtlich geregelte Übernahme Landarmer durch den OAB auf Grund Überweisung eines LARes fallen, vgl. §§ 8 und 32 a UWG, Art 56 Abs 1 und 58 Abs 1 und 2 BayAG, §§ 31 und 34 PrAG.

Zuständig ist die in Anm 4 zu § 37 bezeichnete Spruchbehörde des verpflichteten ABes erster Instanz, d. i. in Bayern das Bezirksamt, bei LABen aber und bei OABen in unmittelbaren Städten die Kreisregierung, in Preußen der Bezirksausschuß. An diese Behörde hat sich also der AB, der eine rechtskräftig festgesetzte Leistung eines anderen ABes auf dem Zwangswege durchzuführen genötigt ist oder einen erstinstanziellen Ausspruch sofort vorläufig vollstrecken lassen will, zu wenden; der Antrag kann auch gegen den AB gerichtet werden, der Kläger war, aber unter Abweisung seines Anspruches zur Kostentragung verurteilt worden ist.

Durch die Zuständigkeitsbestimmung in § 53 Abs 2 ist den Bezirksverwaltungsbehörden, denen Art 46 Abs 3 VGG die Zwangsvollstreckung im Verwaltungsstreitverfahren überwiesen hat, die Zwangsvollstreckung der Entscheidungen, für die nach obigem die Regierung in erster Instanz zuständig ist, entzogen. Das erscheint ganz sachgemäß, weil es sich dabei um Verpflichtungen des Kreises oder einer unmittelbaren Stadt handelt. Zu einer Zwangsvollstreckung wird es hierbei wohl überhaupt nicht kommen.

Eine Sonderbestimmung trifft Art 80 Abs 1 BayAG, wonach die Vollstreckung des Beschlusses der Distriktsverwaltungsbehörde über Unterbringung in einer Arbeits-(Erziehungs- oder Trinkerheil-)Anstalt in Anwendung des armenpolizeilichen Arbeitszwanges dem antragstellenden ABe zusteht.

§ 54.

Wird die bereits vollstreckte Entscheidung der ersten landesgesetzlichen Instanz durch endgültige Entscheidungen höherer Landesinstanzen oder in Gemäßheit der §§ 38 bis 51 dieses Gesetzes wieder aufgehoben, so hat die zur Entscheidung in erster Instanz zuständige Behörde desjenigen Armenverbandes, welcher die Vollstreckung der Exekution erwirkt hatte, die erforderlichen Anordnungen zu treffen, um die Exekution und deren Folgen wieder rückgängig zu machen.

Da es wohl zu den Seltenheiten gehören wird, daß ein obsiegender AV die Zwangsvollstreckung in bezug auf die Leistungen des unterliegenden AVes einleiten läßt, ohne daß die den letzteren verurteilende Entscheidung die Rechtskraft erlangt hat, wird obige Bestimmung nur in Ausnahmefällen zur Anwendung zu bringen sein. Die Rückgängigmachung der Zwangsvollstreckung obliegt nicht jener Verwaltungsbehörde, der die Zwangsvollstreckung zukommt d. i. der dem verpflichteten AVe vorgesetzten Spruchbehörde, sondern der Spruchbehörde des AVes, der die Zwangsvollstreckung betrieben hat. Diese Behörde ist in Bayern zugleich die Staatsaufsichtsbehörde des AVes, die bei dessen Weigerung die Beseitigung des Vollstreckungserfolges und die Klaglosstellung des in erster Instanz unterlegenen AVes im Wege staatsaufsichtlichen Zwangs nach Maßgabe der Landesgesetzgebung herbeiführen wird.

§ 55.

I Den zur vorläufigen Unterstützung (§ 28) und beziehungsweise zur Übernahme (§ 21) eines Hilfsbedürftigen verpflichteten Armenverbänden ist es unbenommen, die tatsächliche Vollstreckung der Ausweisung (§ 5 des Gesetzes über die Freizügigkeit vom 1. November 1867) durch eine unter sich zu treffende Einigung über das Verbleiben der auszuweisenden Person oder Familie in ihrem bisherigen Aufenthaltsorte gegen Gewährung eines bestimmten Unterstützungsbetrags von seiten des letztgedachten Armenverbandes dauernd oder zeitweilig auszuschließen.[1, 2, 3]

II Die erstinstanzlichen Behörden (§§ 38, 39, 40) sind verpflichtet, auf Anrufen eines oder des anderen Beteiligten, zwecks tunlicher Herstellung einer solchen Einigung, vermittelnd einzuschreiten.[4]

III Ist die Einigung urkundlich in Form eines Anerkenntnisses festgestellt, so findet auf Grund derselben die administrative Exekution statt (§ 53).[5]

1. In den §§ 55 und 56 wird vorgesehen, daß eine Ausweisung ungeachtet des Vorliegens der Voraussetzungen des § 5 FreizG unterbleibt und der dauernd Hilfsbedürftige an dem Aufenthaltsorte gegen Leistung eines bestimmten Unterstützungsbetrags durch den endgültig fürsorgepflichtigen AV belassen wird. Dies erfolgt entweder durch Vereinbarung der beteiligten AVe (§ 55) oder durch richterlichen Ausspruch (§ 56). Im letzteren Fall ist die Belassung von bestimmten im Gesetze genau angegebenen Voraussetzungen abhängig. Dadurch ist für den endgültig verpflichteten AV die Möglichkeit gegeben, der beantragten Übernahme, für den vorläufig unterstützenden AV, der geforderten Überführung auszuweichen.

2. Für die Einigung ist eine bestimmte Form nicht vorgeschrieben; es genügt, daß sie den zwischen den beiden AVen geführten Verhandlungen zu entnehmen ist, B 40 N 68 S 163. Sie ist solange bindend, als die Umstände andauern, unter denen sie abgeschlossen wurde. Demzufolge verliert sie ihre Wirkung, wenn die Voraussetzung der Ausweisung

und für den Abschluß einer Einigung, d. i. die dauernde Hilfsbedürftigkeit wegfällt, B 28 S 57 S 169 Brunn S 798 und 44 N 53 S 163. Die ABe können die Unterstützungsbeträge nach ihrem freien Ermessen bestimmen, ohne daß der allgemeine Satz über die Unzulässigkeit vom Tarif abweichender Vereinbarungen (B 8 N 39 S 109 und 44 a. a. O. S 162) Anwendung findet, vgl. B 42 N 55 S 182/5, 48 N 53 S 182/5 und N 54 S 187/190. Die ABe sind aber auch an die vereinbarten Unterstützungsbeiträge nicht mehr gebunden, wenn in der Person des Hilfsbedürftigen Änderungen eingetreten sind, die eine erhebliche Erweiterung oder Minderung der Hilfsbedürftigkeit und der dadurch veranlaßten Aufwendungen herbeiführen und einen Rücktritt von der Einigung rechtfertigen, vgl. B 33 N 46 S 112 und B 44 N 53 S 157. Sofern es sich nicht um einen dringlichen Unterstützungsfall handelt, hat der AB, der eine über die Einigung hinausgehende Unterstützung leisten will, mit dem endgültig fürsorgepflichtigen ABe vorher ins Benehmen zu treten, um die Zusicherung einer höheren Entschädigung zu erlangen, B 17 N 53 S 158 Brunn S 798.

3. Nach B 39 N 58 S 159 ff. wird für eine Einigung nach § 55 und eine Anordnung nach § 56 UWG eine in Gemäßheit der §§ 37 ff. ergangene Entscheidung über die Verpflichtung zur Übernahme nur vorausgesetzt, wenn unter den beteiligten Armenverbänden ein Streit bezüglich der Übernahmepflicht oder des Überführungsanspruchs besteht. Daß die §§ 55 und 56 in dem Abschnitte des UWG über die Exekution der Entscheidung stehen, vermöge die Ansicht nicht zu rechtfertigen, daß eine solche Entscheidung stets vorausgehen müsse. Auch für die Anwendung des § 56 (wie des § 32 Abs 3) genügt statt eines Urteils das Anerkenntnis.

4. Unter den „erstinstanzlichen" Behörden sind die in Anm 4 zu § 37 angeführten Behörden zu verstehen, also in Bayern die Bezirksämter und wenn LABe oder unmittelbare Städte als OABe in Betracht kommen, die Kreisregierungen. Die Vermittlung geschieht durch schriftlichen Verkehr zwischen den Spruchbehörden des OABes des Aufenthaltsortes und des übernahmepflichtigen ABes. Ein bayr. OAB kann auch eine außerbayerische Spruchbehörde nach Feststellung der Übernahmepflicht direkt um Vermittlung angehen und umgekehrt.

5. Liegt ein schriftliches Anerkenntnis vor, wodurch der OAB des UW zur Leistung einer laufenden Unterstützung in bestimmten Beträgen für einen dauernden Hilfsbedürftigen sich verpflichtet hat, so ist der vorläufig fürsorgepflichtige AB des Aufenthaltsortes befugt, sofort bei der Spruchbehörde des verpflichteten ABes die Zwangsvollstreckung wegen rückständiger Leistungen zu beantragen, ohne daß es erst einer Ausklagung bedürfte.[1])

Solange Einigungsverhandlungen nach Erlaß der erstinstanziellen Entscheidung über die Übernahme und Kostenerstattungspflicht schweben, ist die vorläufige Vollstreckung dieser Entscheidung (§ 53) unzulässig (§ 57).

§ 56.[1]

[1]**Wenn mit der Ausweisung[2] Gefahr für Leben oder Gesundheit des Auszuweisenden oder seiner Angehörigen verbunden**

---

[1]) Die Vollstreckbarkeit eines schriftlichen Anerkenntnisses hat auch das BayAG in Art 12 gegen Unterhaltspflichtige zugelassen.

sein würde, oder wenn die Ursache der Erwerbs- oder Arbeitsunfähigkeit des Auszuweisenden durch eine im Bundeskriegsdienst oder bei Gelegenheit einer Tat persönlicher Selbstaufopferung erlittene Verwundung oder Krankheit herbeigeführt ist, oder endlich, wenn sonst die Wegweisung vom Aufenthaltsorte mit erheblichen Härten oder Nachteilen für den Auszuweisenden verbunden sein sollte, kann auch bei nicht erreichter Einigung das Verbleiben der auszuweisenden Person oder Familie in dem Aufenthaltsorte, gegen Festsetzung eines von dem verpflichteten Armenverbande zu zahlenden Unterstützungsbetrags, durch die zur Entscheidung in erster Instanz zuständige Behörde des Ortsarmenverbandes des Aufenthaltsorts angeordnet werden.[3]

II Gegen diese Anordnung, welche, wenn die Voraussetzungen fortfallen, unter welchen sie erlassen ist, jederzeit zurückgenommen werden kann, steht innerhalb vierzehn Tagen nach der Zustellung beiden Teilen die Berufung zu. Dieselbe erfolgt, wenn die streitenden Armenverbände ein und demselben Bundesstaat angehören, an die nächst höchste landesgesetzliche Instanz, sofern die streitenden Teile verschiedenen Bundesstaaten angehören, an das Bundesamt für das Heimatwesen. Bei der hierauf ergehenden Entscheidung bewendet es endgültig.[4]

III Dasselbe findet statt, wenn der Antrag des verpflichteten Armenverbandes auf Erlaß einer solchen Anordnung zurückgewiesen ist.[5]

1. Nach § 1 RG vom 30. Juni 1913 soll § 56 Abs 2 **Satz** 2 im Verhältnisse zu Bayern nur mit dessen Zustimmung geändert werden können.

2. In Bayern haben Gemeinden ein Recht, die armenrechtliche Ausweisung des dauernd Hilfsbedürftigen bei der Bezirkspolizeibehörde zu beantragen. In dem Verfahren nach Art 8 Ziff 3 VGG wird die übernahmepflichtige Gemeinde nicht beigezogen. Der Verwaltungsrichter hat zu prüfen, ob die rechtlichen Voraussetzungen des § 5 a. a. O. vorliegen, aber nicht ob mit der Ausweisung eine Härte verbunden ist. In der Begründung zum BayAG (S 728) wurde angenommen, daß solche Beschwerden nach Art 8 Ziff 3 VGG nicht mehr oft vorkommen. Im armenrechtlichen Verfahren nach dem UWG können nunmehr persönliche (in den Verhältnissen des Wegzuweisenden oder seiner Familie liegende) Gründe Berücksichtigung finden und zur Belassung am Aufenthaltsorte führen. Bisher mußte bei dauernder Hilfsbedürftigkeit die Wegweisung aus der Aufenthaltsgemeinde auf deren Antrag in jedem Fall erfolgen, auch wenn die unterstützte Person daselbst sich seit der Geburt aufhielt oder ein Anwesen besaß, vgl. hierüber Anm 3 zu § 31. Das UWG läßt die Umgangnahme von der Überführung des wegen dauernder Hilfsbedürftigkeit Unterstützten an den Ort des UW und die Belassung an seinem bisherigen Aufenthaltsorte zu und zwar

a) infolge **Übereinkommens** zwischen dem vorläufig unterstützenden und dem endgültig verpflichteten AVe, dann

b) aus **Gründen, die in der Person des Auszuweisenden oder seiner Familie liegen; diese Gründe** sind:

aa) Gefährdung des Lebens oder der Gesundheit. Ob die Ausweisung mit einer Gesundheitsschädigung verbunden wäre, müßte durch ein ärztliches, in Zweifelsfällen durch amtsärztliches Gutachten nachgewiesen werden. Hier kommt auch eine Gesundheitsschädigung der Familienangehörigen in Betracht. Hierunter fallen neben den armenrechtlich unselbständigen Familienangehörigen, die von der armenrechtlichen Wegweisung des Familienhauptes miterfaßt werden, auch andere dem Hausstande des Auszuweisenden angehörende Familienmitglieder.

bb) Arbeitsunfähigkeit infolge Kriegsteilnahme oder gelegentlich einer mit persönlicher Selbstaufopferung verbundenen Tat. Hier kommt insbesondere Kriegsinvalidität in Betracht, dann dauernde Hilfsbedürftigkeit infolge von Krankheiten während des Militärdienstes bei dem Heere oder der Marine, im Frieden oder im Kriege, vgl. Eger UWG S 394. Gegen **Kriegsbeschädigte** wird daher die armenrechtliche Ausweisung nach § 5 FreizG und § 31 UWG zu unterbleiben haben, wenn die Hilfsbedürftigkeit eine Folge der Kriegsbeschädigung ist.

cc) Erhebliche Härten oder Nachteile als Folge der Wegweisung vom Aufenthaltsorte; diese müssen in der Person des Auszuweisenden vorliegen. Ob das zutrifft, ist Gegenstand des richterlichen Ermessens und nach den jeweiligen Verhältnissen des einzelnen Falles zu würdigen. Als erhebliche Härte wurde nach der Rechtsprechung des BAH angesehen, wenn Pflegebedürftige, also insbesondere Kinder oder bejahrte und gebrechliche Personen durch die Wegweisung Pflege und Versorgung bei Anverwandten (die Familienpflege) einbüßen, B 22 N 48 S 170, 42 N 54 S 180, 48 N 54 S 187/9 und 55 N 42 S 127; das ist aber regelmäßig dann nicht anzunehmen, wenn die von der öffentlichen Armenpflege unterstützte Person in einer Anstalt des Kreises oder LAVes oder einer Wohltätigkeitsstiftung die nach der jeweiligen Hilfsbedürftigkeit dem Körper- oder Geisteszustande erforderliche Pflege in einwandfreier Weise findet, vgl. B 40 N 70 S 169 und 172.[1]) Die Auffassung des Urteils in B 5 N 36 S 125, wonach die Belassung eines tobsüchtigen Geisteskranken beim Aufenthaltsort angeordnet wurde, weil es am Orte des UW an den zur Unterbringung und Bewahrung des Kranken erforderlichen Einrichtungen fehle, wird heutzutage wohl nicht mehr in Betracht kommen, da jeder Kreis seine wohlgeleitete Heil- und Pflegeanstalt besitzt. Dagegen hat das BAH aus dem Umstande, daß sich die Lebens- und Erwerbsverhältnisse einer von der Armenpflege unterstützten Person durch Überführung in den Bezirk des endgültig verpflichteten AVes verschlechtern würden, entgegen der früheren Anschauung (B 12 N 46 A S 140) keinen Grund für die Belassung am Aufenthaltsorte gemäß § 56 abgeleitet, vgl. B 41 N 62 S 205. Selbstverständlich kommt ein solcher Grund auch nicht in Frage, wenn durch die Überführung eine Erhöhung der von der Armenpflege gewährten Unter-

---

[1]) Wenn also nicht zutrifft, was zur Begründung der gegenteiligen Entscheidung in B 23 N 52 S 185 angeführt wurde, daß nämlich die der hilfsbedürftigen, alten und gebrechlichen Person am Orte des UW von dem dortigen AV gewährte Pflege niemals die Hilfe und Unterstützung zu ersetzen vermöchte, die sie von ihrer Tochter erhalten könne und erhalte.

stützung verursacht wird, vgl. B 24 N 61 S 185/6 und 26 N 61 S 147/9 Brunn S 802/3. Ebensowenig kann eine Härte damit begründet werden, daß der auszuweisende Hilfsbedürftige an dem Überführungsort unbekannt ist, vgl. B 24 a. a. O. Wegen Überführung einer jahrzehntelang in Preußen lebenden Person nach Bayern s. B 52 N 43 S 162 (Härte wegen Alters bejaht) und B 53 N 36 S 145 (Härte verneint).

3. Verfahren.

a) Voraussetzung der behördlichen Anordnung ist
dauernde Hilfsbedürftigkeit des Auszuweisenden,
Anerkennung der Übernahme- oder Überführungspflicht oder urteilsmäßige Feststellung dieser Pflicht, B 41 N 63 S 207 und
Antrag des zur Wegweisung berechtigten oder des übernahmepflichtigen AVes.

b) Zuständig zum Erlaß einer Entscheidung gemäß § 56 ist die armenrechtliche Spruchbehörde des Aufenthaltsortes (nicht die Aufsichtsbehörde), vgl. B 38 N 54 S 157 Brunn S 807, s. auch § 34 Anm 11. Für Bayern fällt diese mit der Aufsichtsbehörde zusammen, vgl. Art 74 BayAG.

Diese Behörde kann nicht von Amts wegen die Anordnung erlassen, auch nicht auf Antrag des Auszuweisenden, sondern nur auf Antrag eines der beteiligten AVe; B 39 N 49 S 140/1 Brunn S 808. Hat aber der Auszuweisende Antrag gestellt und einer dieser AVe sich angeschlossen, so ist hierüber zu entscheiden.

c) Die Form der Anordnung ist die einer armenrechtlichen Entscheidung; sie hat schriftlich zu geschehen und muß den beteiligten AVen zugestellt werden, vgl. § 56 Abs 2 Satz 1, dann B 15 N 47 S 130 und Anm 1 zu § 40.

d) Was den Inhalt der Entscheidung anlangt, so hat sie entweder den Antrag abzuweisen oder auszusprechen, daß das Verbleiben des Hilfsbedürftigen gegen den genau zu bestimmenden von dem endgültig verpflichteten AVe zu bezahlenden Unterstützungsbetrag (Tagesunterstützung oder monatliches Pflegegeld) angeordnet wird. Damit ist auch ein Kostenausspruch zu verbinden. Bezüglich der Höhe des festzusetzenden Unterstützungsbetrages hat das richterliche Ermessen Platz zu greifen. Zu bemerken ist, daß die Spruchbehörde nicht an die Sätze des Tarifes gebunden ist, B 42 N 55 S 182 und 48 N 54 S 187, ferner daß der festgesetzte Betrag so lange für die beteiligten AVe maß zu geben hat, als nicht unter ihnen ein anderweitiges Übereinkommen getroffen oder durch Entscheidung der armenrechtlichen Spruchbehörde des Aufenthaltsortes ein anderes Pflegegeld festgesetzt wird, vgl. B 24 N 63 S 189 und § 323 RZPO (Veränderung der Verhältnisse).

e) Der Unterstützungsbetrag kann sich nur auf die Zukunft (frühestens vom Tage der Entscheidung an gerechnet) und nicht auf die Vergangenheit beziehen, vgl. B 24 N 63 S 191, 34 N 56 S 199 Brunn S 804 und 40 N 69 S 165/7.

f) Als Beteiligte erscheinen lediglich die beiden AVe, d. i. der vorläufig hilfeleistende und der endgültig verpflichtete AV. Nicht streitsbeteiligt und in das Verfahren einzuziehen ist der wegzuweisende Hilfsbedürftige. Anders in Baden (VO vom 6. Dez. 1872). In Bayern kann aber der hilfsbedürftige Deutsche, dessen Aufenthaltsrecht gemäß Art 8 Ziff 3 BGG unter verwaltungsrechtlichem Schutze steht, für sich das Vorliegen der Voraussetzungen des § 5 FreizG bestreiten und die Durchführung eines verwaltungsrechtlichen Verfahrens veranlassen, wobei er und die Aufenthaltsgemeinde (vertreten durch den Armenrat) die Parteien des Streites bilden, vgl. Anm 3 zu § 31.

g) Die Einbeziehung eines weiteren Gegenstandes als der Frage der Belassung nach dem Grundsatze des Sachzusammenhanges (vgl. dazu Anm 2 d zu § 37) ist wegen des besonderen Gerichtsstandes nach der Zuständigkeitsbestimmung des § 56 eine beschränkte. Zulässig ist auch nach Anschauung des BAH die Verbindung eines Streites wegen Ersatzes bereits geleisteter Aufwendungen, wenn der AV A des Aufenthaltsortes und der endgültig verpflichtete AV B der gleichen Spruchbehörde (nach §§ 38 und 58, in Bayern Aufsichtsbehörde) unterstellt ist, vgl. B 37 N 63 S 169 und 40 N 70 S 169. Unter diesen Voraussetzungen muß aber auch die Verbindung einer Entscheidung über die bestrittene Übernahmepflicht und den bestrittenen Belassungsantrag als nicht unzulässig erachtet werden. Zwar heißt es in B 5 N 37 S 126, 24 N 62 S 187 und 31 N 68 S 196/7, daß die Belassungsanordnung in den Fällen, wo kein Einverständnis unter den beteiligten AVen über das Verbleiben des Hilfsbedürftigen am Aufenthaltsorte vorliegt, nur ergehen kann, wenn die Übernahmepflicht durch rechtskräftiges Urteil festgestellt ist, vgl. auch B 38 N 55 S 158 a. E. (S 162). Bei strenger Durchführung dieses Grundsatzes würde daher in dem Streite zwischen dem AV A des Aufenthaltsortes und dem in erster Linie die Übernahmepflicht bestreitenden und in zweiter Linie die Belassung des Hilfsbedürftigen am Aufenthaltsorte beantragenden AV B des UW das beiden AVen vorgesetzte Bezirksamt C und nach eingelegter Berufung der VGH erst über die Frage der Übernahmepflicht verhandeln und entscheiden und dann noch ein zweites Verfahren mit denselben AVen über die beantragte Belassung durchführen. Derartige Weitwendigkeiten darf und soll der Verwaltungsrichter vermeiden. Das Bezirksamt C würde beim Nachweise der Voraussetzungen des § 5 FreizG und des § 56 Abs 1 UWG etwa Urteil dahin erlassen, daß 1. der AV B zur Übernahme der dauernd hilfsbedürftigen N mit ihrer 10jährigen Tochter verpflichtet ist, daß 2. die Belassung der Mutter und ihres Kindes in A gegen einen vom Tage des Urteils an zu bezahlenden Unterstützungsbetrag von täglich . . . Mk. angeordnet wird, daß 3. die Kosten des gebührenfreien Verfahrens gegeneinander aufgehoben werden. Nach bayr. Praxis wird auch ein Urteil erlassen (s. S 19 S 165), wenn es sich um die sicherheitspolizeiliche Landesverweisung eines Nichtbayern auf Grund Anordnung einer Aufenthaltsbeschränkung in einer bayrischen Gemeinde handelt (§ 3 Abs 2 FreizG und Art 3 des bayr. AufenthaltsG vom 21. August 1914, GVBl S 578), wobei letztere Vorbedingung für erstere ist. Die Landesverweisung erfolgt eben unter dem Vorbehalte, daß die im gleichen Beschluß ausgesprochene Aufenthaltsbeschränkung Rechtskraft erlangt und damit auch der Landesverweisungsbeschluß erst vollstreckbar wird. Deshalb dürfte auch für die oben besprochene Verbindung daraus kein Hindernis zu entnehmen sein, daß sich § 56 unter den mit dem § 53 beginnenden Bestimmungen über Zwangsvollstreckung findet, vgl. auch noch B 15 N 47 S 130 (Einleitung), dann B 39 N 58 S 159 insbesondere auf S 164 und Anm 3 zu § 55. Würde jedoch von den streitenden AVen A und B der fürsorgepflichtige AV A zum Bezirksamt A gehören und der die Übernahmepflicht bestreitende AV B zum Bezirksamte B, so könnte das vom AV A angerufene Bezirksamt B neben dem Anspruch auf Anerkennung der Übernahme nicht auch den vom beklagten AV B in 2. Linie gestellten Antrag auf Belassungsanordnung entscheiden, da für letzteren ausschließlich die der Aufenthaltsgemeinde vorgesetzte Spruch- (in Bayern Aufsichts)-Behörde zuständig ist; dies gilt auch, wenn während des Verfahrens der AV B seine Übernahmepflicht anerkennen würde.

h) Die Belassungsanordnung nach § 56 hat die Wirkung eines armenrechtlichen Urteils, sie ist also der Rechtskraft fähig und — mit der Einschränkung des § 57 — vollstreckbar. Die Ansprüche auf Leistung der festgesetzten Unterhaltsbeträge verjähren gemäß § 30a in 2 Jahren, vgl. B 46 N 50 S 195. Die Rechtskraft des Urteils schließt aber nicht aus, daß unter außerordentlichen Verhältnissen besondere Aufwendungen, die über den bestimmten Unterstützungsbetrag hinausgehen, vom endgültig verpflichteten AV ersetzt verlangt werden dürfen, ohne daß neuerlich die armenrechtliche Spruchbehörde des Aufenthaltsortes angegangen werden muß; dem endgültig verpflichteten AV ist rechtzeitig Meldung zu machen, vgl. B 34 N 57 S 201 Brunn S 810. Es gilt hier dasselbe wie bei der Einigung nach § 55, vgl. B 24 N 37 B S 119 und Anm 2 zu § 55.

Wegen Erhöhung der durch Unterhaltsübereinkommen oder durch Urteil auferlegten Unterhaltsleistungen infolge veränderter Verhältnisse (große Teuerung usw.) wäre in aushilfsweiser Anwendung des § 323 RZPO mit RG vom 13. August 1919 (RGBl S 1448) zu verfahren. Im Streitfalle wäre Klage zu stellen, für die sowohl die armenrechtliche Spruchbehörde des Aufenthaltsortes als die dem endgültig verpflichteten AVe vorgesetzte Spruchbehörde zuständig ist; denn die Forderung kann einerseits im Bestreitungsfall unabhängig für sich geltend gemacht werden, andrerseits aber kann lediglich ein Streit um die Aufrechthaltung der Entscheidung über den Unterstützungsbetrag bei der Belassungsanordnung in Frage kommen, vgl. B 15 N 46 S 127/9 Brunn S 811.

i) Dasselbe Verfahren wie bei den Anträgen auf Belassung des dauernd Hilfsbedürftigen in der Aufenthaltsgemeinde findet bei Anträgen auf Zurücknahme der Belassungsanordnung oder Abänderung der Festsetzung des Unterstützungsbetrages Anwendung. Solche Anträge sind zulässig, wenn in den tatsächlichen Verhältnissen, die für die Festsetzung des Unterstützungsbetrages maßgebend waren, im Laufe der Zeit eine Änderung eingetreten ist. Nach der Rechtsprechung des BAH (B 36 N 50 S 142) trifft dies auch zu, wenn nachträglich früher, insbesondere zur Zeit der Belassungsanordnung, unbekannte Tatsachen ermittelt worden sind. Das gilt aber nicht, wenn der eine AV solche Umstände, die ihm bekannt waren, in dem Verfahren wegen Erlassung einer Anordnung nach § 56 geltend zu machen unterlassen hat, vgl. B 37 N 64 S 172 Brunn S 811.

Wenn die dauernde Hilfsbedürftigkeit aufhört, so ist nicht etwa die Wiederaufnahme des Verfahrens gegenüber der Belassungsanordnung mit Feststellung eines Pflegegeldes zu beantragen, sondern die Zurücknahme der Entscheidung, wie das auch der Fall ist, wenn nach rechtskräftiger Wegweisung gemäß § 5 FreizG der Ausgewiesene die Außerwirksamkeitssetzung des Aufenthaltsverbots beantragt, weil er nunmehr berechtigt ist, den Aufenthalt in der früheren Aufenthaltsgemeinde wieder aufzunehmen, vgl. S 4 S 239 und 24 S 522.

Über die Anträge auf Erhöhung oder im Falle der Minderung der Erwerbsbeschränkung und Hilfsbedürftigkeit auf Herabsetzung des Pflegegeldes für den am Aufenthaltsorte belassenen Hilfsbedürftigen oder Unterstützten oder im Falle der Beendigung der Hilfsbedürftigkeit auf Aufhebung der Anordnung der Leistung eines Unterstützungsbetrages hat die armenrechtliche Spruchbehörde des Aufenthaltsortes unter den beiden AVen zu verhandeln und alsdann Entscheidung durch Urteil zu erlassen, B 34 N 57 S 201/3 Brunn S 810; vgl. dazu aber auch h 2. Abs.

4. Zu Abs 2: Die Entscheidungen der armenrechtlichen Spruchbehörde des Aufenthaltsortes nach § 56 Abs 1 sind mit Berufung anfechtbar. Hier ist zu bemerken:

a) Angefochten kann werden einmal die Entscheidung, daß das Verweilen am Aufenthaltsorte gestattet wird, dann die Feststellung des vom endgültig verpflichteten AV an den AV des Aufenthaltsortes zu leistenden Unterstützungsbetrages und endlich auch der Kostenausspruch.

b) Anfechten kann jede dieser Entscheidungen sowohl der AV des Aufenthaltsortes als auch der AV des UW (oder der endgültig verpflichtete AV).

c) Für das Rechtsmittel der Berufung gilt in bezug auf die Fristen das in Anm 6 zu § 37 hierüber Ausgeführte.

d) Zuständig zur Entscheidung der Berufung ist in Reichssachen das BAH und in Landessachen die nach der Landesgesetzgebung zuständige „nächst höchste, landesgesetzliche Instanz", d. i. in Bayern der Verwaltungsgerichtshof, vgl. Art 72 Abs 3 und 74 Satz 2 BayAG.

e) § 56 enthält keine Bestimmung darüber, wo die Berufung einzulegen ist. Daher hat es für Reichssachen bei der Bestimmung in § 46 Abs 1 (Beschwerdeerhebung bei der erkennenden Behörde), und für Landessachen in Bayern bei der Deklaration vom 15. Juni 1898 mit Art 72 Abs 3 BayAG sein Bewenden.

5. Zu Abs 3. Das Verfahren in 2. Instanz, wie es in Anm 4 erörtert worden ist, bleibt dasselbe, gleichviel, ob es sich um einen Antrag auf Belassungsanordnung (mit Festsetzung eines Unterstützungsbetrages) oder auf Abänderung oder Zurücknahme (Aufhebung) einer diesem Antrage stattgebenden Entscheidung handelt, ferner gleichviel, ob der Beschluß der armenrechtlichen Spruchbehörde des Aufenthaltsortes dem Antrage stattgegeben oder ob er ihn zurückgewiesen hat.

§ 57.

Solange das Verfahren, betreffend den Versuch einer Einigung nach § 55, oder betreffend den Erlaß der im § 56 bezeichneten Anordnung, schwebt, bleibt die Vollstreckbarkeit der Entscheidung erster Instanz ausgesetzt (§ 53).

Diese Bestimmung bezieht sich nach der Begründung (RTV 1870 StenBer Bd 4 S 588) auf ein Verfahren, bei dem es sich um die Ausweisung eines dauernd Hilfsbedürftigen handelt. Hier kommt zunächst ein Urteil auf Übernahme der Fürsorge in Betracht, wobei gemäß § 40 im Beschlusse ausdrücklich die Verpflichtung zur Übernahme des Hilfsbedürftigen auszusprechen ist. Weiterhin ist auch ein Urteil auf Überführung (§ 32) einschlägig, B 24 N 55 S 160/4 Brunn S 655/7 In beiden Fällen handelt es sich um Urteile, die die Heimweisung zur Folge haben.[1]) Die tatsächliche Vollstreckung der Ausweisung bleibt aber während des Verfahrens nach Maßgabe der §§ 55 und 56 ausgesetzt. Dies gilt nicht nur bezüglich der vorläufigen und sofortigen Vollstreckbarkeit des Urteils der ersten Instanz (§ 53 Abs 1), sondern wie aus der Begründung a. a. O. hervorgeht, auch bezüglich der endgültigen Vollstreckbarkeit einer in Rechtskraft erwachsenen Entscheidung.

§ 58.

I Ist die Ausweisung durch Transport zu bewerkstelligen, so fallen die Transportkosten als ein Teil der zu erstattenden Kosten der Unterstützung des Hilfsbedürftigen dem hierzu verpflichteten Armenverbande zur Last.[1]

II Entsteht über die Notwendigkeit des Transports oder die Art der Ausführung desselben Streit, so erfolgt die Entscheidung hierüber endgültig durch die in erster Instanz in der Hauptsache zuständige Behörde des Armenverbandes des Aufenthaltsorts (§ 38 Abs. 2).[2]

1. Die Kosten der Ausführung der armenrechtlichen Überweisung (der Heimschaffung) gehören zu den zu erstattenden Unterstützungskosten, worüber im Streitfalle die armenrechtliche Spruchbehörde des in Anspruch genommenen AVes zu entscheiden hat. Dieses gilt nach der Bestimmung in Abs 1 auch für den Fall des Transportes im engeren Sinn, also des Transportes, der zur Sicherung der Überführung angeordnet wird (s. Anm 3 zu § 31). Auch hier entscheidet die armenrechtliche Spruchbehörde nach §§ 37 ff., soferne nicht Absatz 2 zutrifft.

2. Nach Abs 2 wird ein Streit über die Notwendigkeit des Transports und die Art seiner Ausführung von der in erster Instanz zuständigen Spruchbehörde des OAVes des Aufenthaltsorts, von dem der Hilfsbedürftige weggewiesen wird oder worden ist, nach BayAG von der diesem zunächst vorgesetzten Staatsaufsichtsbehörde (Art 74) entschieden. Gegen ihr Urteil ist Beschwerde nicht zulässig (B 42 N 56 S 187). Die Feststellung des Betrags der zu erstattenden Kosten des Transports kann nicht vor Erledigung eines solchen Streites erfolgen. Der BGH (das BAH) kann diese Frage auch nicht als Zwischenpunkt würdigen, sondern muß sie als vorentscheidliche Frage, die von einer anderen Spruchbehörde endgültig zu entscheiden ist, behandeln und die Klage, soweit sie darauf gerichtet ist, zurückweisen, B 2 N 33 S 118 und 32 N 52 S 142 Brunn S 812, 813. Um solche Streitigkeiten wegen des bevorstehenden oder vollzogenen Transportes (vgl. B 22 N 49 S 173 und 180) zu vermeiden, empfiehlt es sich, über die Art der Überführung mit dem übernahmepflichtigen und die Überführung verlangenden AV ins Benehmen zu treten. Unterläßt der AV des Aufenthaltsorts diese im Gesetze nicht vorgeschriebene Einvernahme (B 2 a. a. O. und 22 N 49 S 179), so setzt er sich der Gefahr aus, daß Einwendungen gegen die Maßregel erhoben

---

[1]) Die Übernahme in die eigene unmittelbare Fürsorge des endgültig verpflichteten AVes hat nach B 41 N 14 S 39 grundsätzlich die Ausweisung des Hilfsbedürftigen aus seinem bisherigen Aufenthaltsorte gemäß §§ 5 und 6 FreizG zur Folge (s. auch Anm 3 zu § 31).

und von der Spruchbehörde für gerechtfertigt erklärt werden, während er durch die hierüber entstandenen Verhandlungen seines Erstattungsanspruchs nicht wegen Verzögerung (§ 32) verlustig geht. Wenn aber die Beigabe eines Begleiters zum Schutz und im Interesse des Auszuweisenden erfolgt, dann fällt ein Streit über die Notwendigkeit und Ausführung dieser Anordnung unter § 32 Abs 2 (s. daselbst), aber nicht unter § 58 (B 22 a. a. O. S 173 ff.). Letzterer Bestimmung unterliegt auch nur ein Streit über den Transport des Auszuweisenden, nicht über Fortschaffung seiner Hausgeräte, B 12 N 47 S 143. Dagegen wird die Anwendung des § 58 Abs 2 durch den Umstand nicht ausgeschlossen, daß der Transport zur Sicherung der Überführung, gleichzeitig aber auch wegen des hohen Alters des Auszuweisenden oder aus anderen sein Interesse berührenden Gründen notwendig ist, B 40 N 71 S 173; es hat denn auch die in der Begründung S 167 als Beispiel angeführte Beseitigung eines Widerstandes des Auszuweisenden nicht als der regelmäßige oder Hauptzweck des zur Sicherung der Überführung angeordneten Transportes zu gelten, sondern es gehören hierher alle Fälle, in denen der Zweck der armenrechtlichen Ausweisung, das ist die Zuführung des Hilfsbedürftigen an den verpflichteten AV nur durch „Mitgebung eines Transporteurs", wie es in B 22 N 49 S 177 heißt, erreicht werden kann.

§ 59.

Ist ein Armenverband zur Zahlung der ihm endgültig auferlegten Kosten, laut Bescheinigung der ihm vorgesetzten Behörde, ganz oder teilweise außerstande, so hat der Bundesstaat, welchem er angehört, entweder mittelbar oder unmittelbar für die Erstattung zu sorgen.[1–5]

1. Der Zweck dieser Bestimmung ist, unter allen Umständen den Vollzug der armenrechtlichen Entscheidungen und damit die Befriedigung des armenrechtlichen Klägers zu sichern. Darum wurde es als Pflicht der Bundesstaaten erklärt, für die einem unvermögenden AV auferlegte Kosten aufzukommen oder leistungsfähigeren Armenverbänden — den LAVen — aufzuerlegen (RTV 1870 Bd 4 S 588, KommBer zu § 53, Entw 48, nun 59). Die Kosten sind nicht näher bezeichnet; das Gesetz beschränkt sich nicht auf eine bestimmte Art, daher sind alle jene Kosten darunter begriffen, zu deren Tragung ein OAV auf Klage eines Ersatz verlangenden OAVes oder LAVes von den armenrechtlichen Spruchbehörden verurteilt worden ist, sei es Unterstützungs- oder Überführungskosten oder Streits- oder Zwangsvollstreckungskosten, B 18 A N 40 S 138/43.

2. Nach Art 59 BayAG hätte in solchen Fällen für unvermögende AVe — es kommen nur OAVe in Betracht — der LAV ihres Regierungsbezirks einzuspringen.

3. Der LAV kann gegen das rechtskräftige Urteil, wodurch dem unvermögenden OAVe die Kosten in einem Unterstützungsfalle überbürdet werden, nicht ankämpfen, da er den dadurch geschaffenen Rechtszustand auch gegen sich gelten lassen muß.

4. Das Unvermögenszeugnis ist von der dem OAVe gesetzten Staatsaufsichtsbehörde — nicht von der Spruchbehörde — zu erteilen, RTV a. a. O. S 588.

5. Eine Zuständigkeit des BAH ist nicht gegeben, da es sich in § 59 um den Vollzug eines rechtskräftigen Urteils handelt, die Tätigkeit des BAH mit dem Fällen des Urteils gemäß § 50 beendigt ist und die Zwangsvollstreckung nach § 53 Abs 2 den Landesbehörden zukommt (vgl. B 18 N 40 A S 138). Das BayAG bestimmt in Art 60 Abs 2, daß gegen Beschlüsse des LARates, der den Erstattungsanspruch ganz oder teilweise ablehnt, Beschwerde zu den Staatsaufsichtsbehörden zulässig ist.

§ 60.

Ausländer [1] müssen vorläufig [2] von demjenigen Ortsarmenverband unterstützt werden, in dessen Bezirke sie sich bei dem Eintritte der Hilfsbedürftigkeit befinden. Zur Erstattung [3] der Kosten beziehungsweise zur Übernahme [4] des hilfsbedürftigen Ausländers ist derjenige Bundesstaat verpflichtet, welchem der Ortsarmenverband der vorläufigen Unterstützung angehört, mit der Maßgabe, daß es jedem Bundesstaat überlassen bleibt, im Wege der Landesgesetzgebung diese Verpflichtung auf seine Armenverbände zu übertragen. [5]

1. Als Ausländer, auf die die Vorschriften des UWG insbesondere über die Begründung eines UW nicht Anwendung finden (B 46 N 29 S 105 und N 56 S 218 ff.), sind alle jene anzusehen, die nicht die Staatsangehörigkeit in einem Bundesstaate besitzen; dazu gehören:

a) Personen, die Angehörige eines fremden Staates sind,

b) Staatenlose, insbesondere vormalige Deutsche, die die Staatsangehörigkeit in einem Bundesstaate verloren haben, bis zu dem Wiedererwerb einer solchen (B 18 N 49 a S 168), vgl. aber auch § 33 mit Anmerkungen (wegen Übernahme ehemaliger Deutscher), über die Angehörigen von Elsaß-Lothringen s. Anm 2 und 7 zu § 1),

c) Personen, die die unmittelbare Reichsangehörigkeit besitzen, also insbesondere die Angehörigen deutscher Schutzgebiete (§ 33 RStAG), vgl. Anm 2 und 7 zu § 1, BRVo vom 16. Mai 1918 (RGBl S 409) mit den Ausführungen hierüber bei § 33.

2. Die vorläufige Fürsorgepflicht für Ausländer [1]) hat das Gesetz den OAVen nach Maßgabe des § 28 auferlegt. Art und Umfang der zu gewährenden Unterstützung bestimmt das Landesrecht; es besteht hier in den Ländern (s. Art 62 BayAG, § 64 PrAG) der Grundsatz, daß der Ausländer in bezug auf Art und Maß einem Deutschen gleich zu achten ist. Weiterhin ist zu untersuchen, ob und inwieweit die Vorschriften des UWG für Ausländer anzuwenden sind; einzelne Landesgesetze (vgl. die Zusammenstellung bei Krech (8) S 228 ff.) haben die Angleichung der Ausländer an Deutsche noch weiter ausgedehnt.

a) Voran geht Preußen, dem auch Hessen und kleinere Bundesstaaten nachgefolgt sind, mit der Bestimmung (§ 64 PrAG), daß Ausländer auch in bezug auf den Erwerb und Verlust des UW den Deutschen gleich zu achten sind. Der hiernach erworbene UW ist aber ein landesrechtlicher, kein reichsgesetzlicher UW. Auf ihn finden zwar die

[1]) Auch für „internierte" Ausländer, s. B 51 N 22 S 62 und 23 S 65.

Bestimmungen des UWG, insbesondere in §§ 9—27, 29, 30, 34 Anwendung, aber nur innerhalb des preuß. Bundesstaates und gegenüber den preuß. ABen, nicht aber anderen deutschen ABen, auch nicht gegenüber ABen eines Bundesstaates, in denen die gleiche Bestimmung gilt, wie beispielsweise in Hessen, B 42 N 57 S 190 und 58 S 198, B 43 N 44 S 112. Wenn also ein Ausländer nach § 64 PrAG einen UW in Preußen erworben hat und später über ein Jahr lang ununterbrochen sich in einer bayr. Gemeinde aufgehalten hat, so erwirbt er nicht den UW in Bayern. Auch im Falle eines früheren Eintritts der Hilfsbedürftigkeit kann der unterstützende bayer. OAB nicht Ersatz von dem OABe des preuß. UW gemäß § 30 Abs 1 a verlangen, vgl. auch Anm 3 zu § 65. Hier gilt der Ausländer bis zum Erwerbe des UW als landarm, was sonst — z. B. in Bayern — nicht zutrifft, B 20 N 57 S 204 und 46 N 56 S 221.

b) Die Tarife (§ 30 Abs 4) finden auf Ersatzansprüche wegen Aufwendungen an Ausländer nicht Anwendung; das gilt auch für die Bestimmung in § 30 Abs 3 (wonach allgemeine Verwaltungskosten in die armenrechtliche Forderung nicht eingerechnet werden dürfen). Das Nähere hierüber s. in Anm 7 l zu § 30.

c) In bezug auf die Unterstützung von Ausländern kann ein Erstattungsanspruch auch gegenüber den ABen eines anderen Bundesstaates wegen Abschiebung entstehen, wenn ein OAB seine vorläufige Fürsorgepflicht gegenüber dem in seinem Bezirke hilfsbedürftig gewordenen Ausländer nicht erfüllt hat, B 39 N 59 S 168 Brunn S 827. Auch genügt für die Fortdauer der Unterstützungspflicht des Staates oder des statt seiner nach Landesrecht verpflichteten ABes beim Wegzuge des Unterstützten in einen anderen Bundesstaat, daß es sich um denselben Pflegefall handelt, also fortdauernde Hilfsbedürftigkeit gegeben ist, vgl. B 26 N 62 S 150/2, 32 N 53 S 145 Brunn S 822, 42 N 25 S 202, Anm 4 c. cc zu § 1 und 3 b zu § 30.

d) Daß die Übernahmepflicht und damit die Anwendung der §§ 31 und 32 in Frage kommen kann, geht aus dem Wortlaute des § 60 schon hervor und ist in B 25 N 49 S 146/8 Brunn S 718 und N 53 S 155 ausdrücklich anerkannt, vgl. auch Art 62 Abs 2 BayAG.

e) Der vorläufig unterstützende OAB muß dem ihm zum Kostenersatze verpflichteten LABe die Anmeldung nach § 34 erstatten, B 25 N 49 S 146 Brunn S 718, Buath S 268 (Fußnote). Das gilt nicht für die Ersatzforderung des LABes gegenüber dem Staate; vgl. auch Art 62 BayAG mit Anm.

f) Der Gesetzesvorschlag, die Bestimmung in § 29 auf Ausländer auszudehnen, wurde vom bayr. Landtag abgelehnt.

g) Die LABe können nach Art 56 BayAG alle Personen, die ihrer Fürsorge anheimfallen, somit auch die Ausländer dem OAB überweisen (§ 8 UWG) und zwar gegen vollen Ersatz der Kosten.

h) Bei Streitigkeiten zwischen dem OAB und dem LAB wegen der Unterstützung hilfsbedürftiger Ausländer greift das armenrechtliche Spruchverfahren nach §§ 37 ff. UWG Platz und gegebenen Falls d. i. bei Reichssachen und im Falle des § 52 die Zuständigkeit des BAH, B 27 N 56 S 176. Streitigkeiten zwischen LABen und dem Staat in bezug auf Ersatz gemäß Art 62 Abs 3 BayAG fallen unter Art 75 Abs 1 Ziff 3 BayAG mit Art 10 Ziff 5 VGG; erste Instanz ist die Staatsaufsichtsbehörde, die dem klagenden ABe zunächst vorgesetzt ist, zweite Instanz der VerwGerHof.

i) Eine Verpflichtung zur Stellung eines Ausweisungsantrags gegen Ausländer besteht für den vorläufig unterstützenden OAB nicht, B 30 N 25

S 66 Brunn S 821. Die ME vom 23. Dez. 1916 (in BlApfl II S 33 abgedruckt) verlangt, daß wegen der bei längerer Unterstützung zu erwartenden Kosten die Ausweisung angeregt und deshalb mit dem LAB ins Benehmen getreten werden soll. Die §§ 4 und 5 des FreizG finden auf Ausländer keine Anwendung; vgl. im übrigen Dr. Ziegler Aufenth.- und FreizG S 14 und BlfApfl II S 113 und 293.

k) Der Grundsatz der armenrechtlichen Familieneinheit (vgl. insbesondere Anm 3 a zu § 30) findet keine Anwendung, B 42 N 58 S 198. Über Anspruch auf Familienunterstützung s. B 52 N 17 S 64.

3. Für die Kosten der einem Ausländer geleisteten Armenhilfe hat der Staat, in dessen Bezirke die Hilfsbedürftigkeit eintritt, aufzukommen. Diese Bestimmung hat nicht die Gegenseitigkeit als Voraussetzung, B 27 N 56 S 176 Brunn S 818. Die Übertragung der staatlichen Verpflichtung auf die ABe ist in den einzelnen Ländern verschieden geregelt. Über Preußen s. Anm 2; in Württemberg (Art 47 AG) obliegt die Pflicht zur Erstattung der Unterstützungskosten und gegebenenfalls zur Übernahme des Hilfsbedürftigen in erster Linie dem OABe des Dienstortes, dann dem OAB, in dem der Unterstützte, wenn er Deutscher gewesen wäre, den UW erworben hätte, und wenn keiner dieser Fälle zutrifft, dem LAB, in dessen Bezirke die Hilfebedürftigkeit eingetreten ist. Ein Ersatz aus der Staatskasse findet auch hier nicht statt. In Sachsen obliegt den OABen die Fürsorgepflicht für Ausländer gegen Ersatz aus der Staatskasse nach § 10 mit § 5 Abs 2 und 3 der AusfVO vom 6. Juni 1871. In Bayern ist die Pflicht zur Bestreitung des Aufwandes und gegebenenfalls zur Übernahme eines hilfsbedürftigen Ausländers auf den LAB übertragen, in dessen Bezirk die Hilfsbedürftigkeit hervorgetreten ist.[1] Den bayr. LABen werden vier Fünftel ihres Aufwandes, wie im Falle des § 33, vom Staat ersetzt, Art 62 BayAG.

Die Kosten für unmittelbare Reichsangehörige, die wegen der Kriegsverhältnisse aus dem Ausland in das Reichsgebiet nach dem 31. Juli 1914 übergetreten sind, ersetzt das Reich, BRVo vom 16. Mai 1918.

4. Unter Übernahme im Sinne des § 60 ist die Übernahme in die endgültige Fürsorge nach Maßgabe des § 28 (Satz 2) und des § 31 zu verstehen. Etwas anderes ist die Überstellung auszuweisender Ausländer über die Grenze, die nur auf Grund eines Übernahmeverfahrens erfolgt. In den Niederlassungsverträgen mit der Schweiz vom 13. Nov. 1909 (RGBl 1911) S 887 Art 11—13 und mit den Niederlanden vom 17. Dez. 1904 (RGBl 1906 S 879) (Art 7—9, s. auch § 8 GothVertr vom 15. Juli 1851) ist vorheriger Schriftenwechsel der hierfür bestimmten Behörden vorgesehen, den regelmäßig nur der Besitz ausreichender Ausweispapiere entbehrlich macht. Wenn eine Einigung nicht erzielt wird oder wo derartige Bestimmungen fehlen (s. hierzu auch ME vom 3. Jan. 1878, 13. Mai 1880, dann vom 5. und 30. Juni 1911, MABl S 11, 223, 387 und 432) ist der Weg der diplomatischen Verhandlung zu beschreiten. Maßgebend ist hier die MinBek vom 6. April 1910 (MABl S 283). Für den Übernahmeantrag ist durch MinBek vom 28. Aug. 1920 (StAnz N 205) ein neues Formblatt vorgeschrieben, zugleich sind die für die Tschecho-Slowakei, für Polen und Italien erforderlichen Belege bekannt gegeben. Von ausländischen Verträgen sind dermalen noch erwähnenswert die Übernahmeverträge mit Österreich-

[1] Anders bei Übernahme ehemaliger Deutscher aus dem Auslande, Anm 3 ff. zu § 33.

Ungarn vom 2. Sept. 1875 (ZBlfDR S 475, MABl S 480, s. auch noch MABl 1879 S 535, 1890 S 79 und 245, ferner die ME vom 3. Juli 1914 [MABl S 328], direkter Verkehr zwischen den bayr. Regierungen und den Statthaltereien ist geblieben) und mit Dänemark vom 11. Dez. 1873 (ZBl 1874 S 31, ferner 1881 S 407, 1884 S 201, 1898 S 149, BayMABl 1874 S 81, 1881 S 357, 1884 S 213 und 1898 S 203).

Durch BRBeschl vom 10. Dez. 1890 wurden die für den Transport ausgewiesener Ausländer in Betracht kommenden Grenzstationen und Grenzpolizeibehörden bekannt gegeben. Dies Verzeichnis wurde am 17. Juli 1899 (ZBl S 265, BayMABl S 598) abgeändert. Der Anweisung zur Ausführung des deutsch-niederländischen Niederlassungsvertrags vom 17. Dez. 1904 ist ein Verzeichnis der preußischen und niederländischen Grenzbehörden und Übernahmeorte beigegeben, s. MABl 1907 S 252. Ebenso enthält die Anweisung zur Ausführung des deutsch-schweizerischen Niederlassungsvertrags vom 13. Nov. 1909 in Anlage A und B ein Verzeichnis der deutsch- und schweizerischen Behörden, die befugt sind, gegenüber der Schweiz das Anerkenntnis der Staatsangehörigkeit und der Verpflichtung zur Übernahme eines auszuweisenden Staatsangehörigen abzugeben, in Anlage D eine Übersicht über die deutschen und schweizerischen Grenzbehörden und Übernahmeorte. Dabei kommt für Bayern das Bezirksamt Lindau als Übernahmebehörde und Lindau als Übernahmeort in Betracht, vgl. MABl 1911 S 635 ff. Wegen der Übernahmeverhandlungen vgl. auch noch Anm 3 zu § 33 und ME vom 3. Jan. 1917 (MABl S 3). Nach dieser ME soll bei den Verhandlungen auf Ermittelung des UW Bedacht genommen, wenn aber Schwierigkeiten dabei entstehen, die Übernahme nicht verzögert, wenn die Verpflichtung dazu feststeht, die Bemühungen aber zur Feststellung des UW mit Nachdruck fortgesetzt werden. Diese ME besagt ferner, daß sich die örtliche Zuständigkeit der Bezirksverw.behörden zur Abgabe von Übernahmeerklärungen nach den Vorschriften über Zuständigkeit zur Ausstellung von Heimatscheinen und Staatsangehörigkeitsausweisen richtet, Ziff 53 MBek vom 3. März 1916 (Anhang). Vgl. auch noch § 50 VA.

Die Kosten des Heimtransportes eines ausgewiesenen Ausländers fallen dem ausweisenden Staate zur Last, vgl. Art 16 und 11 der in Anm 1 erwähnten Nied. Vertr. s. auch § 11 Goth. Vertr. Findet aber nicht eine polizeiliche Verschubung zur Grenze statt, so kommt die Unterstützung mit Reisegeld und den notwendigen Bekleidungsstücken für eine in das Ausland zurückgewiesene Familie als armenrechtliche Hilfeleistung in Betracht, insofern dadurch der Hilfsbedürftigkeit auf schnellste und billigste Weise abgeholfen wird, B 43 N 59 S 150, 46 N 51 S 199. Die Kosten für Heimschaffung geisteskranker Ausländer durch Wärter der Anstalt eines LAVes, der nach dem Landesausführungsgesetze die Anstaltspflege übernommen hat, gehören nicht zu den Kosten der Anstaltspflege, B 43 N 60 S 152. Wegen der Hausratsbeförderung bei Ausweisungen nach dem deutsch-niederländischen Niederlassungsvertrage s. ME vom 1. Juni 1918 (MABl S 134).

§ 61.

I Durch die Bestimmungen dieses Gesetzes werden Rechte und Verbindlichkeiten nur zwischen den zur Gewährung öffentlicher Unterstützung nach Vorschrift dieses Gesetzes verpflichteten Verbänden (Orts-, Landarmenverbände, Bundesstaaten) begründet.[1–4]

II Daher werden die auf anderen Titeln (Familien- und Dienstverhältnis, Vertrag, Genossenschaft, Stiftung usw.) beruhenden Verpflichtungen, einen Hilfsbedürftigen zu unterstützen, von den Bestimmungen dieses Gesetzes nicht betroffen.[5]

1. Aus der Bestimmung in Abs 1 folgt, daß das UWG einen Anspruch des Hilfsbedürftigen auf Gewährung einer Unterstützung gegen AVe nicht begründet (s. auch RTV a. a. O. S 589). Der Hilfsbedürftige kann das Einschreiten der Staatsaufsichtsbehörde gegen den seine Unterstützung ganz oder teilweise verweigernden AV anregen und bei Erfolglosigkeit an die Aufsichtsbehörde sich wenden. Die Ausführungsgesetze verschiedener Bundesstaaten enthalten besondere Bestimmungen über die Zulässigkeit einer Beschwerde gegen Verfügungen der AVe darüber, ob, in welchem Umfange und in welcher Weise Armenunterstützung zu gewähren sei; so PrAG § 63 Abs 2 mit §§ 41 und 42 ZuständigkeitsG vom 1. Aug. 1883, WüAG Art 7 Abs 2, HessAG Art 19 Abs 1, Krech (8) S 52/3, 64 und 68. Insoweit hierbei von einem „Anspruche" die Rede ist, wie das auch in Art 7 Abs 1 und Art 11 Abs 3 AArmG der Fall war, kann diese nicht als Rechtsanspruch angesehen werden; denn die Verbindlichkeit zur öffentlichen Armenhilfe besteht nur gegenüber der Staatsgewalt und nicht gegenüber den Unterstützungsempfängern oder den um Unterstützung nachsuchenden Personen, vgl. S 8 S 154, 15 S 95 oben, Reger ArmG Anm 1 zu Art 7 S 13. Diesen Standpunkt hält auch das BayAG zum UWG aufrecht (s. Begr S 700). Wegen Beschwerdeführung nach bayr. Rechte vgl. Art 72 BayAG mit Anm und § 55 VA; s. ferner auch Anm 4 b zu § 1 und die nach der bei der Fürsorgetagung des DVerföuprF im Janur 1920 gefaßte Entschließung (Ztschr. f. d. Armenwesen 1920 S 238).

2. Bundesstaaten. Ihre Gleichstellung mit den Orts- und LAVen war durch Verhältnisse veranlaßt, wie sie z. B. in Sachsen bestehen, wo bei Landarmen und Ausländern die Unterstützungspflicht des sächs. Bundesstaats in Frage kommt und deshalb der sächs. Fiskus, vertreten durch das sächs. Finanzministerium, zu verklagen ist, vgl. B 25 N 49 S 146 und 36 N 46 S 129.

3. Das Gesetz will nur Rechte und Verbindlichkeiten zwischen den AVen begründen. Zu den AVen gehören nicht die preuß. Provinz- und Kreisverbände sowie die bayr. Bezirke, die gemäß Art 65 ff. BayAG den OAVen zur Erfüllung der Aufgaben der Armenpflege, insbesondere durch Darbietung von Krankenhäusern Beihilfe (§ 8) zu gewähren haben.

4. Das Gesetz schließt nicht aus, daß das Landesrecht den AVen Ansprüche gegen andere Rechtssubjekte als AVe und anderen Rechtssubjekten Ansprüche gegen AVe einräumt.

a) Zu den Ansprüchen gegen andere Rechtssubjekte als AVe gehören insbesondere die Ansprüche

aa) gegen den Unterstützten selbst,

bb) gegen die zu seinem Unterhalte Verpflichteten.

Wenn auch für diese Ansprüche nicht das armenrechtliche Spruchverfahren nach §§ 37 ff. Anwendung findet, so gehören diese Ansprüche, wie im nachfolgenden näher dargelegt werden soll, doch zum Teil dem öffentlichen Recht an mit der Folge, daß das armenrechtliche Spruchverfahren nach der Landesgesetzgebung (Verwaltungsstreitverfahren) für deren Verfolgung maßgebend ist.

Zu aa: Während hier das PrAG (§ 68), das WüAG (§ 48) und die SächsAVO vom 22. Okt. 1840 (§ 66) wegen des Ersatzes bereits geleisteter Unterstützungen den bürgerlich-rechtlichen Weg vorschreiben (s. Krech [8] S 354, 356 und 381), gewähren das Bayr. und das BadAG (Art 10 BayAG mit Art 10 Ziff 6 BGG, § 2 BadVO vom 5. Mai 1870 mit § 2 Ziff 10 bad. Gesetz über die VerwRpfl vom 14. Juni 1884, Krech [8] S 357 und 285) den ABen unter gewissen Beschränkungen einen im landesrechtlichen Spruchverfahren verfolgbaren öffentlich-rechtlichen Anspruch. Der bayrische und der badische Standpunkt ist auch rechtlich haltbar, da die Behandlung dieser Angelegenheit Sache des Landesrechts und vom Standpunkte des BGB auch im Hinblick auf die Bestimmung in Art 103 (EG zum BGB) nicht zu beanstanden ist. Wegen des Rechtsverhältnisses in den übrigen Bundesstaaten s. Krech (8) S 357 ff.

Dieser Ersatzanspruch und seine Verfolgung auf dem Wege des öffentlichen Rechtes erstreckt sich auch gegen die Erben und den Nachlaß des Unterstützten, da es sich hierbei um eine gegen den Erblasser entstandene Forderung handelt (s. dazu Art 10 Abs 2 und Art 75 Abs 1 Ziff 1 BayAG mit Art 10 Ziff 6 BGG in der durch das BayAG geänderten Fassung, die oben angeführten für Baden geltenden Bestimmungen, ferner Begründung zum BayAG S 702 und AB 1914 S 381).

Zu bb: In bezug auf anderweitige Verpflichtete schließt sich das bayr. Gesetz (Art 11 BayAG) dem preuß. (§ 65) AG an, wonach im Verwaltungswege die unterhaltungspflichtigen Personen vorbehaltlich des Klagewegs bei den Gerichten angehalten werden können, dem Hilfsbedürftigen nach Maßgabe ihrer Unterhaltspflicht fortlaufende Unterstützung zu gewähren.[1]) Beim unehelichen Vater wird vorausgesetzt, daß er seine Vaterschaft nach § 1718 BGB anerkannt hat oder seine Unterhaltspflicht in einem vollstreckbaren Titel festgestellt ist. In Bayern entscheidet die 1. Instanz endgültig. Die Entscheidung ist vorläufig vollstreckbar. Letzteres ist auch in Preußen der Fall, dagegen ist Beschwerde (wie auch bisher in Bayern Art 6 Abs 3 ArmG) im Verwaltungswege zulässig.

b) Bei den Ansprüchen von Nichtarmenverbänden gegenüber den ABen kommen hauptsächlich die Ersatzforderungen der ohne Auftrag eines ABes Unterstützungsbedürftigen hilfeleistenden Personen, darunter namentlich Ärzte, Apotheker, Hebammen und Krankenanstalten in Betracht. Ihnen räumt das BayAG (Art 14 Abs 1 mit 75 Abs 1 Ziff 2 AG und Art 10 Ziff 5 BGG, wie auch nach bisherigem Armenrecht) einen im Verwaltungsstreitverfahren verfolgbaren Rechtsanspruch gegen den zunächst verpflichteten OAB (§ 28) ein. Vorausgesetzt ist hierbei alsbaldige Anzeigeerstattung an den AB (wegen besonderer Vereinbarungen mit den genannten Heilpersonen und wegen der Anzeigepflicht der Hebammen s. Art 14 Abs 2 BayAG).

c) Bei Lasten, die den ABen durch andere Gesetze als durch das UWG und durch die AGe der einzelnen Bundesstaaten auferlegt sind, ist zu untersuchen, ob es sich nach der einschlägigen Landesgesetzgebung um armenrechtliche Fürsorge handelt oder nicht. Das ist nicht der Fall bezüglich der Zwangserziehungskosten, nach dem bayr. Fürsorgeerziehungsgesetz in der Fassung vom 21. Juli 1915 (GVBl S 595); die Leistungen der ABe für die Fürsorgeerziehungskosten kommen daher

---

[1]) Das BayAG geht aber noch weiter und zieht auch die gemachten Aufwendungen herein; Näheres s. bei Art 11 BayAG.

nicht als Armenunterstützungen in Betracht und haben keine hemmende Wirkung auf den Erwerb und Verlust des UW auf seiten des Familienhauptes, für dessen armenunmündiges Kind solche Kosten erwachsen.

5. Auf anderen Titeln beruhenden Verpflichtungen gibt es außer den im Gesetz aufgeführten Beispielen mannigfacher Art. Besonders hervorzuheben sind von den Titeln des öffentlichen Rechtes die Lasten der Krankenkassen, der Versicherungsanstalten und der Berufsgenossenschaften nach der RVO und von jenen des bürgerlichen Rechtes die Unterhaltspflicht nach dem BGB. Weitere Titel s. bei Eger UWG Anm 192 Abs 3 S 423 ff.

§ 62.

I Jeder Armenverband,[1] welcher nach Vorschrift dieses Gesetzes einen Hilfsbedürftigen unterstützt hat, ist befugt, Ersatz derjenigen Leistungen, zu deren Gewährung ein Dritter aus anderen, als den durch dieses Gesetz begründeten Titeln verpflichtet ist, von dem Verpflichteten in demselben Maße und unter denselben Voraussetzungen zu fordern, als dem Unterstützten auf jene Leistungen ein Recht zusteht.[2, 3, 4]

II Der Einwand, daß der unterstützende Armenverband den Ersatz von einem anderen Armenverbande zu fordern berechtigt sei, darf demselben hierbei nicht entgegengestellt werden.[5]

1. Wer einen Anspruch gegen Drittverpflichtete auf Grund eines dem unterstützten Hilfsbedürftigen ihnen gegenüber zustehenden Rechts erheben kann, sagt das UWG mit den Worten: „Der AV, der ...... unterstützt hat“.[1]) Das kann sein

a) der vorläufig fürsorgepflichtige AV; für ihn gelten hauptsächlich folgende zwei Regeln:

aa) Er ist nicht verpflichtet, sondern nur berechtigt, den Drittverpflichteten in Anspruch zu nehmen. Weder der Drittverpflichtete noch der endgültige AV haben daher ein Recht zu verlangen, daß er den anderen Schuldner zuerst verklage.

bb) Insoweit seine Aufwendungen durch den gegen den Drittverpflichteten geltend gemachten Ersatzanspruch nicht vollständig gedeckt werden, bleibt die Verpflichtung des endgültig fürsorgepflichtigen AVes bestehen, vgl. B 26 N 46 S 118 Brunn S 459 und 41 N 33 S 109 mit Anführungen S 114. Jedoch ist es nicht ausgeschlossen, daß der Drittverpflichtete, z. B. die Krankenkasse, eine Zahlung mit der ausdrücklichen Bestimmung leistet, daß damit die Schuld des endgültig fürsorgepflichtigen AVes gedeckt werden will, vgl. B 44 N 43 S 122/3.

b) Der OAV des UW, wenn er Unterstützung geleistet oder insoweit er dem vorläufig hilfeleistenden AVe dessen armenpflegliche Aufwendungen für den Hilfsbedürftigen ersetzt hat.

c) Unter den gleichen Voraussetzungen der OAV des DoAO.

d) Auch der LAV kann Ersatz von dem Drittverpflichteten beanspruchen, gleichviel, ob er einen Landarmen unterstützt oder gemäß § 32a die Anstaltspflege gewährt hat.

---

[1]) Die Ersatzforderung des § 62 findet also nur bei Armenunterstützungen (s. hierüber § 1 Anm 5 und § 14 Anm 1) statt, vgl. Kaisenberg in der bayr. Gemeindezeitung 1917 S 9.

2. Das Reichsgericht führt in der RGZS 72 S 334, 338/9 aus, daß der durch das Gesetz vorgeschriebene Übergang („cessio legis“) nichts an dem Verpflichtungsgrunde des Dritten ändere. Denn § 62 vermittle bloß den Übergang, schaffe aber nicht die Grundlage für das Recht selbst. Der Dritte sei dem AVe nur in demselben Maß und unter denselben Voraussetzungen verpflichtet, wie er es gegenüber dem Hilfsbedürftigen war und diese Frage sei im Streitfalle nach bürgerlichem Rechte zu entscheiden, letzteres selbstverständlich nur unter der Voraussetzung, daß auch der Anspruch des Unterstützten selbst bürgerlich-rechtlicher Natur war. Dies ist vor allem der Fall bei den Unterhaltsansprüchen, wofür die Bestimmungen des bürgerlichen Gesetzbuches, insbesondere §§ 1360 und 1361 (Ehegatten), §§ 1601 ff. (Verwandte in auf- und absteigender Linie), §§ 1708 ff. (außerehelicher Vater) maß zu geben haben. Weiterhin gehören hierher die Schadensersatzansprüche aus unerlaubten Handlungen nach Maßgabe der §§ 823 ff. BGB und auf Grund bestehender Haftpflicht nach Maßgabe der besonderen Gesetze, so des RG vom 7. Juni 1871 (RGBl S 207) und vom 3. Mai 1909 (RGBl S 437). Als schadensersatzpflichtig kann auch der Staat in Anspruch genommen werden. Die für den Anspruch des Unterstützten maßgebenden bürgerlich-rechtlichen Bestimmungen gelten auch für die Ersatzforderung des an seine Stelle tretenden AVes; darum richtet sich beispielsweise die Frage der Verjährung nicht nach § 30 a, sondern nach §§ 194 ff. BGB, ebenso RGZS a. a. O., dagegen a. M. Eger UWG Anm 110 b S 287. Während bei den Ersatzansprüchen gegen den Unterstützten selbst die dreißigjährige Verjährungsfrist nach § 195 in Betracht kommt, ist für die Unterhaltsrückstände die vierjährige Frist des § 197 maßgebend; bei Ersatzansprüchen der BayAVe und gegen BayAVe nach Landesrecht beträgt die Verjährungsfrist gemäß Art 124 AG zum BGB drei Jahre.

Voraussetzung des Ersatzanspruches gegen Unterhaltspflichtige ist die Gleichartigkeit der Leistungen, zu denen der AV und der Dritte verpflichtet sind; deswegen wurde durch ReichsgerErk vom 21. Okt. 1887 (Samml 1888 S 186) ausgesprochen, daß AVe Ersatz ihrer Aufwendungen auf Grund des § 62 nicht aus einer vom Staate bezogenen Pension verlangen können; denn die Leistung des AVes setze Hilfsbedürftigkeit voraus, die des Staates aber nicht. Doch tritt eine Rente als Schadensersatz nach § 844 Abs 2 BGB an Stelle der Unterhaltsleistung des getöteten Unterhaltspflichtigen. Durch einen Vergleich über den Unterhaltsanspruch wird der bereits entstandene Ersatzanspruch des AVes gemäß § 62 nicht berührt. Der AV hat bei Ersatzansprüchen gegen Unterhaltspflichtige die Wahl zwischen der bürgerlichrechtlichen Klage nach § 62 oder dem öffentlichrechtlichen Anspruch nach Art. 11 BayAG. Zugunsten der gesetzlichen Unterhaltsbeiträge ist die Unpfändbarkeit der Lohn- und Gehaltsforderungen beschränkt, s. § 4 RG vom 21. Juni 1869 (bayr. GBl 1870/71 S 30) § 850 Abs 1—4 RZPO mit RG vom $\frac{\text{25. Juli 1919}}{\text{16. Aug. 1920}}$ (RGBl S $\frac{589}{1572}$), BlApfl II S 8, ferner BayGemZeit 1919 S 594, 596, dann S 154 (Pfandvorrecht der AVe gemäß § 850 Abs 4 RZPO, § 62 UWG, Art 11 BayAG und Begr dazu S 702/3).

Von Forderungen des öffentlichen Rechtes sind vorweg zu erwähnen die allerorts im Reiche zur Auszahlung gelangenden Militärversorgungsrenten. Bisher haben die Milversbehörden (s. BlApfl II S 134, Kriegsministbescheid) den Zugriff durch Armenverbände abgewehrt; auch die Literatur hat die Frage der Zulässigkeit der Inanspruchnahme dieser Renten durch AVe verneint, weil diese Renten nicht der Pfändung und deshalb gemäß § 460 BGB nicht der Abtretung unterlägen, s. BlApfl II S 267 (dagegen S 134), III S 65 und Preuß. VerwBl 39 S 17. Nunmehr dürfte aber diese Frage zu bejahen sein, da durch §§ 68—71 RMilversG vom 12. Mai 1920 (RGBl S 989) die Pfändung für Unterhaltsansprüche und für Ansprüche öff.-rechtl. Körperschaften auf Rückersatz einer nach gesetzlicher Verpflichtung gewährten Leistung zulässig ist.

3. **Von den Ansprüchen wegen unterstützungspflichtiger Dritter nach öffentlichem Rechte sind besonders die Ansprüche auf Grund der Reichsversicherungsgesetzgebung** gegenüber den **Krankenkassen**, **Berufsgenossenschaften** anzuführen.

Vgl. hierüber die Aufsätze in der bayr. Gemeindezeitung 1917 S 9 und 1918 S 682 (Kaisenberg, Die Ersatzansprüche der AVe nach der RVO im Lichte der Rechtsprechung des RVersAmts) und in den BlApfl IV S 96 und 104 (Wüst), dann BayGemZ 1916 S 2, 52, BlApfl I S 6, 14, 127 und III S 204; über Zusammentreffen von Ersatzansprüchen mehrerer AVe Reger 36 S 355 und Beil S 119, BayGemZ 1916 S 52, 1917 S 16, 417 und 435; vgl. ferner Seelmann, Die Ersatzansprüche der AVe nach der RVO und Dr. Kunowsky, Krankenversicherung und Armenverbände nebst Beispielen für Gewährung von Krankenhauspflege mit Unterstützung Familienangehöriger, sowie für Aufnahme in Armen- oder Siechenhäuser.

Im einzelnen sind hier hauptsächlich folgende Ausführungen veranlaßt:

a) Zunächst ist vorauszuschicken, daß die Reichsversicherungsordnung dem hilfeleistenden AVe einen eigenen besonders geregelten Ersatzanspruch einräumt, vgl. §§ 1531, 1532 und 1533. Dieser Anspruch besteht insbesondere bei Krankenhauspflege aus einem bestimmten Teile des Grundlohns, nach dem sich auch Krankengeld und Hausgeld richtet, vgl. §§ 180, 181, 182, 186, 1503 und 1533.

b) Im Gegensatze zum bürgerlich-rechtlichen Ersatzanspruche nach § 62, der sich nicht auf zukünftige Leistungen erstreckt, sondern nur auf bereits gemachte Aufwendungen, vgl. B 46 N 44 S 172, können AVe nach § 1531 RVO auch für Unterstützungen während einer Zeit, für die der Hilfsbedürftige einen versicherungsrechtlichen Anspruch „noch hat", beanspruchen.

c) Insoweit gegenüber Berufsgenossenschaften und Versicherungsanstalten Renten beansprucht werden können, darf zur Befriedigung des Ersatzanspruchs auf rückständige Rentenbeträge und auf Renten für die Zeit des vollständigen Unterhalts in einer Anstalt bis zur vollen Höhe, auf andere Rentenbeträge nur bis zur halben Höhe zugegriffen werden; dabei kommt jene Zeit in Betracht, für die die Ansprüche auf Kassenleistungen und Rente zusammentreffen, vgl. §§ 1506 Abs 1 und 2, 1507, 1531, 1535 Ziff 3, 1536 und 1537. Wenn also beispielsweise ein AV einem Invalidenrentenberechtigten in den Monaten März und April vollständigen Unterhalt in einer Anstalt[1]) gewährt und ihn dann mit monatlich 30 Mk.

---

[1]) Diesem Unterhalte wird Krankenhausverpflegung vielfach in der Literatur nicht gleichgeachtet, s. auch Amtl. Nachr. 1913 S 673. Nach Entsch. des Landesversicherungsamts in Mitteilungen 1917 S 81 liegt Gewährung des vollen Unterhalts in einer Anstalt dann vor, wenn der AV den Insassen eines Armenhauses den Notbedarf nach Art 2 BayAG sichert.

unterstützt hat, die Invalidenrente im Jahresbetrage zu 240 Mk. aber seit Januar noch nicht erhoben ist, so kann der AV

aa) für die Monate Januar und Februar den vollen Rentenbetrag gemäß § 1507,

bb) für März und April den vollen Rentenbetrag gemäß § 1506 Abs 2 und

cc) vom Mai ab einen Rentenbetrag von 10 Mk. gemäß § 1506 Abs 1 beanspruchen.

Für den Ersatzanspruch ist die Nämlichkeit der Person notwendig. Der AV kann also nur die Rente jener Person in Anspruch nehmen, die er in der Tat unterstützt hat, doch kommen auch hier die Grundsätze der armenrechtlichen Familieneinheit in Betracht, vgl. Reger 36 Anhang S 72, BlApfl I S 52, 97, BayGemZ 1917 S 11.

In Anspruch kann auch genommen werden die Witwen- und Waisenrente, darunter fällt aber nicht das Witwengeld und die Waisenaussteuer (§ 1285 mit §§ 1264 und 1296 RVO), was aus dem Wortlaute des § 1250 hervorgeht; vgl. auch B 55 N 15 S 48.

d) Bei Inanspruchnahme einer Krankenkasse und einer Berufsgenossenschaft kann der AV Ersatz nur dann verlangen, wenn er die Unterstützung (Krankenpflege) wegen derselben Krankheit gewährt, die einen Anspruch des Unterstützten gegen die Krankenkasse begründet oder die als Unfallsfolge anzuerkennen ist, § 1532 und § 1534. Über die Rechtsprechung des Reichsverf.amts bei Einschaffung von Geisteskranken in Irrenanstalten wegen Gemeingefährlichkeit s. Anm 4 d cc zu § 1 und bei polzeilicher Einweisung in Krankenhäuser BayGemZ 1918 S 683 (Amtl. Nachr. 1918 S 300 — Ersatzanspruch, wenn die polizeiliche Unterbringung auch zur Heilbehandlung erforderlich ist). Bei Inanspruchnahme der Invalidenrente durch den AV ist eine solche „Einheitlichkeit des Leistungsgrundes" nicht Voraussetzung des Ersatzanspruches des AVes (§ 1536).

e) Begräbniskosten werden wie bisher jenem, der sie bezahlt hat, also unter dieser Voraussetzung auch dem AV aus dem Sterbegelde, das die Krankenkasse oder die Berufsgenossenschaft zu gewähren hat, ersetzt, §§ 203, 586, 950, 1533 Ziff 1 und 1535 Ziff 1.

f) Besonders zu erwähnen ist der Ersatzanspruch gegen die Krankenkassen wegen Unterstützung in Krankheitsfällen. Für Krankenpflege im Sinne des § 182 Ziff 1 RVO, der auch die Krankenhausbehandlung gleichzustellen ist, hat der AV Anspruch auf $^{3}/_{8}$ des Grundlohns (§ 180 RVO), vgl. §§ 1533 Ziff 2 mit 1503. Für Krankenhilfe anderer Art bemißt sich der Ersatzanspruch nach den ihnen entsprechenden Leistungen der Krankenkasse, § 1533 Ziff 3. Dabei kommt bei Krankenhausverpflegung für den Unterhalt in der Krankenanstalt die Hälfte des Grundlohns (= d. i. die Regelleistung des Krankengeldes) in Ansatz, also insgesamt $^{7}/_{8}$ des Grundlohns, Reger 37 S 360. Zulässig ist der Zugriff auf Krankengeld (§ 182 Ziff 2), auf die Wochenhilfe mit Stillgeld (§§ 195—200), dann auf die Familienhilfe (§ 205), nicht aber auf das Hausgeld (§ 186), weil die Krankenkassen keine Verpflichtung zur Krankenhauseinweisung haben. Rückständige Beträge an Krankengeld und ähnlichen Leistungen unterliegen bis zur vollen Höhe dem Zugriffe des AVes. Im übrigen sind §§ 1506 und 1507 für den Umfang des Ersatzanspruches und das Maß des Zugriffs maßgebend; vgl. auch noch BayGemZ 1918 S 684/5.

g) Die Leistungen der Versicherungsträger an die AVe sind Bauschbeträge d. h. Durchschnittssätze, die die Einrede, daß die tatsächlichen Aufwendungen geringer seien, ausschließen (BayGemZ 1917 S 14).

h) Wegen Einvernahme des Rentenberechtigten s. daselbst S 15.

i) Nach der RVO gibt es keine Verzugszinsen, ebendaselbst S 17; das schließt aber Prozeßzinsen nicht aus.

k) Bei Ansprüchen auf Invaliden-, Alters- oder Hinterbliebenenrente kann der AV den Ersatzanspruch auch dann erheben, wenn der Hilfsbedürftige gestorben ist, ohne die Rente beantragt zu haben, vgl. § 1537 RVO.

l) Im übrigen ist in bezug auf das Verfahren für die Geltendmachung der Ersatzansprüche der AVe nach der RVO auf folgendes aufmerksam zu machen:

aa) Wenn die versicherungsrechtliche Leistung noch nicht festgestellt ist, so kann zunächst der ersatzberechtigte AV die Feststellung selbst betreiben und dabei auch die dem unterstützten Hilfsbedürftigen zustehenden Rechtsmittel gebrauchen, vgl. §§ 1538 mit 1509. Über Vorgehen gegen den Rentenberechtigten, der gegen die Befriedigung des Ersatzanspruchs Widerspruch erhebt, s. BayGemZ 1917 S 18.

bb) Für den Ersatzanspruch nach §§ 1531 ff. ist eine Ausschlußfrist von 6 Monaten bestimmt, innerhalb deren der Anspruch bei der Krankenkasse, der Berufsgenossenschaft oder der Versicherungsanstalt geltend gemacht werden muß, § 1539. Die Frist beginnt mit dem Tage nach der Beendigung der Unterstützungsleistung.

cc) Über den Ersatzanspruch der AVe nach §§ 1531 ff. hat auf Antrag das Versicherungsamt (Spruchausschuß) zu entscheiden, in dessen Bezirk der Versicherte zur Zeit des Antrags wohnte oder beschäftigt war, vgl. §§ 1771, 1772 und 1774 und zwar in öffentlicher Sitzung,[1]) wozu der AV zu laden ist und einen Vertreter abordnen kann (§§ 1655, 1660 und 1662). Gegen Bescheide des Vers.amtes ist Berufung zum Oberversicherungsamte zulässig, § 1675 RVO.

dd) Über Revision, die bei Ersatzansprüchen wegen vorübergehender Leistungen ausgeschlossen ist (§ 1778 RVO), BayGemZ 1918 S 686.

4. Die Forderung des Ersatzes für armenpflegliche Aufwendungen gegenüber Drittverpflichteten nach § 62 und Versicherungseinrichtungen nach § 1531 RVO unterliegt nicht der Einschränkung der Absätze 3 und 4 des § 30. Wegen des Teilens eines Mehrbetrags, sowie wegen Deckung eines bleibenden Fehlbetrags vgl. Anm 5 f zu § 28. Wegen Pfändung von Forderungen usw. s. Anm 5 zu Art 11 BayAG.

5. Daß der vorläufig fürsorgepflichtige OAV keine Pflicht zur Vorausklagung, sondern die Wahl zwischen zwei Schuldnern hat, ist in ständiger Rechtsprechung anerkannt worden, vgl. B 41 N 33 S 109.

§ 63.

Die Verwaltungs- und Polizeibehörden sind verpflichtet, innerhalb ihres Geschäftskreises den Armenverbänden behufs der Ermittelung der Heimats-, Familien- und Aufenthaltsverhältnisse eines Hilfsbedürftigen auf Verlangen behilflich zu sein.[1], [2]

1. Als Zweck dieser durch KommBeschl in das Gesetz aufgenommenen Bestimmung wurde bezeichnet, den AVen, deren Bildung der Landesgesetz-

[1]) Wegen Vorentscheidung des Vorsitzenden vgl. §§ 1657—1659. Formblatt dazu s. BlAPfl I S 19.

gebung überlassen bleibt, die Dienstwilligkeit der Verwaltungs- und Polizeibehörden zu sichern.

In § 116 RVO wird den Organen der Versicherungsträger die Rechtshilfepflicht, wie sie ihnen gegenüber auf Seite der öffentlichen Behörden besteht, ausdrücklich auch gegenüber den ABen auferlegt.

Der Aufschluß über die Heimat-, Familien- und Aufenthaltsverhältnisse werden von den Gemeindebehörden zu erholen sein, die ja nach Art 131 (63) Abs 3 Buchst e (f) der beiden Gemeindeordnungen in der Fassung des Art 92 Ziff IV und 93 Ziff IX BayAG Einwohnerlisten (bisher Einzelbögen für Gemeindebürger, Heimatberechtigte und Fremde) zu führen haben. Diese Einwohnerlisten sind für die Zukunft um so genauer zu führen, als von ihnen die Feststellung des UW, seines Erwerbs und Verlusts, zum großen Teil abhängen wird. Über weitere Aufschlußpflicht s. Art 9 BayAG, wegen Steueraufschlüsse Anm daselbst.

2. Die Vorstände der Gemeinde-, Polizei- und Armenbehörden handeln bei Erteilung solcher Auskünfte in Ausübung öffentlicher Gewalt. Die Unterlassung einer ihnen in dieser Beziehung obliegenden Amtshandlung — wozu die vorsätzlich oder fahrlässig fehlerhafte Erteilung von Aufschlüssen gehört — oder die Überschreitung ihrer Amtsbefugnisse begründet eine Amtspflichtverletzung nach § 839 BGB und Art 60 BayAG zum BGB, die die Haftung der Gemeinde oder des Kommunalverbandes oder des Staates im Gefolge hat. Derartigen Schadenersatzklagen hat in Bayern die Vorentscheidung des VGH nach Art 7 Abs 2 VGG vorauszugehen (vgl. hierzu auch die Entscheidungen des VGH vom 3. Nov. 1911 Num 110 I/11 BE gg. Bgstr. K, S 33 S 13 und 26 S 12; wegen der Mitglieder der Armenräte s. S 25 S 275 und 28 S 143, ferner Art 9 und 30 Abs II BayAG).

§ 64.

Das Eintreten der in den §§ 10 und 22 an den Ablauf einer bestimmten Frist geknüpften Wirkungen kann durch Vertrag oder Verzicht der beteiligten Behörden oder Personen nicht ausgeschlossen werden.

Erwerb und Verlust des UW sind dem Verfügungsrechte der Parteien entzogen. Vereinbarungen sind auch unzulässig bezüglich des Teilens des UW, des abgeleiteten UW, während nach älterem bayrischen Rechte (HeimG von 1825) Heimatvorbehalte für Kinder bei Verehelichung ihrer Mutter gestattet waren, B 22 N 51 B S 184 Brunn S 833. Über Anerkenntnis des UW s. Anm 2 e zu § 37.

Wegen Vereinbarungen zwischen zwei Armenverbänden über Abweichung von den Tarifsätzen vgl. B 44 N 53 S 162, 49 N 40 S 1/2 und Anm 7 d zu § 30.

Zulässig sind Vereinbarungen über Verteilung der Armenlast aus Anlaß einer Gemeindebezirksänderung oder der Auflösung eines Gesamtarmenverbandes, vgl. hierüber Anm 4 zu § 3.

§ 65.

I Dieses Gesetz tritt mit dem 1. Juli 1871 in Kraft. Nach diesem Tage finden die bis dahin innerhalb des Bundesgebiets gültigen Vorschriften über die durch das gegenwärtige Gesetz geregelten Rechtsverhältnisse nur insoweit noch Anwendung, als es sich um die Feststellung des Unterstützungswohnsitzes für die Zeit vor dem 1. Juli 1871 handelte.[1]

II Insbesondere kommen hierbei folgende Bestimmungen zur Anwendung:

1. Diejenigen Deutschen, welche am 30. Juli 1871 innerhalb des Bundesgebiets ein Heimatsrecht besitzen, haben kraft desselben am 1. Juli 1871 den Unterstützungswohnsitz in demjenigen Ortsarmenverbande, welchem ihr Heimatsort angehört.[2]
2. Diejenigen Deutschen, welche am 30. Juni 1871 innerhalb des Bundesgebiets einen Unterstützungswohnsitz haben, besitzen denselben am 1. Juli 1871 mit den Folgen und Maßgaben dieses Gesetzes, gleichviel ob die Voraussetzungen des Erwerbes andere waren, als die durch dieses Gesetz vorgeschriebenen.[1]
3. Wo und insoweit bisher ein Heimatsrecht oder Unterstützungswohnsitz durch bloßen Aufenthalt nicht erworben, durch bloße Abwesenheit nicht verloren werden konnte, beginnt der Lauf der durch dieses Gesetz vorgeschriebenen zweijährigen Frist für den Erwerb beziehungsweise Verlust des Unterstützungswohnsitzes mit dem 1. Juli 1871.[3]
4. Wo bisher für den Erwerb beziehungsweise Verlust des Unterstützungswohnsitzes die nämliche oder eine längere, als die durch dieses Gesetz vorgeschriebene Frist galt, kommt bei Berechnung der letzteren die vor dem 1. Juli 1871 abgelaufene Zeitdauer in Ansatz.[4]
5. Wo bisher für den Erwerb beziehungsweise Verlust des Unterstützungswohnsitzes eine kürzere, als die durch dieses Gesetz vorgeschriebene Frist bestand, gilt, sofern die kürzere Frist vor dem 1. Juli 1871 abgelaufen war, die Wirkung des Ablaufs als eingetreten, auch wenn die Entscheidung hierüber erst nach dem 1. Juli 1871 erfolgt. War die kürzere Frist vor dem 1. Juli 1871 noch nicht abgelaufen, so bedarf es zum Eintritte der durch dieses Gesetz vorgeschriebenen Wirkungen des Ablaufs der durch dieses Gesetz vorgeschriebenen Frist, jedoch unter Anrechnung der vor dem 1. Juli 1871 abgelaufenen Zeitdauer.[1]
6. Das durch dieses Gesetz für die Entscheidung der Streitsachen über die öffentliche Unterstützung Hilfsbedürftiger vorgeschriebene Verfahren kommt nach Maßgabe der Vor-

schrift des § 37 zur Anwendung bei denjenigen Streitsachen der Armenverbände (Armenkommunen, Armenbezirke, Heimatsbezirke), welche nach dem 30. Juni 1871 anhängig gemacht werden.[5]

1. Mit dem 1. Jan. 1916 trat gemäß RG vom 30. Juni 1913 (RGBl S 495) mit VO vom 4. April 1915 (RGBl S 221) das UWG in Bayern zugleich mit dem BayAG (Art 103) in Kraft. Die Armenrechtsverhältnisse sind nunmehr nach dem UWG zu beurteilen. Mit dem 1. Jan. 1916 ging die Pflicht des bayr. Staates zur Unterstützung des Heimatlosen A in München auf den LAV Oberbayern kraft Gesetzes über (Reger 37 S 28); die ohne distriktspolizeiliches Verehelichungszeugnis geschlossene Ehe, die den Erwerb der Heimat des Mannes durch die Ehefrau hinderte, ist voll gültig; die noch nicht abgelaufene Anzeigefrist für Unterstützungsfälle nach bisherigem BayAG verlängerte sich in die 6monatliche (§ 34), während umgekehrt die längere Verjährungsfrist für Ansprüche bayr. AVe sofort abgelaufen ist, wenn die zweijährige Verjährungsfrist (§ 30a) vollendet ist; das neue Verfahren hat auch in bezug auf ältere Unterstützungsfälle Anwendung zu finden, nur bereits anhängige Streitsachen werden nach dem bisherigen Verfahren durchgeführt; auch für Bayern, das in bezug auf das UWG als Ausland galt (B 42 N 57 S 189 Brunn S 1), erfolgt unter Ausschluß des § 7 des FreizügG und des Gothaer Vertrages die Übernahme Hilfsbedürftiger von Armenverband zu Armenverband, s. § 31, B 46 N 52 S 204/8.

Ältere Gesetzesvorschriften über die im UWG geregelten Rechtsverhältnisse finden nur in bezug auf die Feststellung des Unterstützungswohnsitzes nach Maßgabe der Übergangsvorschriften in Abs 2 Anwendung; dabei bleiben Ziff 2 und 5 für Bayern außer Betracht.

2. Zu den wichtigsten Übergangsbestimmungen in Abs 2 Ziff 1 sind folgende Bemerkungen veranlaßt:

a) Allgemeines.

Mit dem 1. Jan. 1916 tritt jeder bayerische Staatsangehörige entweder in den Besitz eines UW oder er wird landarm. Jene, die am 31. Dez. 1915 in einer bayer. Gemeinde das Heimatrecht besaßen, sei es auf Grund Verleihung oder kraft Gesetzes (Beamte, Offiziere, Schullehrer) oder durch Geburt oder durch Verehelichung (Art 1 und 3 HeimG), haben vom 1. Jan. 1916 ab den UW in dem OAVe, dem der Heimatort angehört; dagegen werden Heimatlose, insoweit für sie nicht die unter d zu Ziff 4 erörterte Ausnahme zutrifft, landarm, denn der Besitz einer vorläufigen oder angewiesenen Heimat ist nicht als Besitz eines Heimatrechtes im Sinne des § 65 Abs 2 zu erachten (S 38 S 79). Der Ersitzfrist nach Art 6 und 7 HeimG konnte noch Bedeutung zukommen, wenn bis zu dem genannten Zeitpunkt ein von dem Berechtigten oder von der Heimatgemeinde gestellter Heimatverleihungsanspruch bei der Verwaltungsrechtsinstanz anhängig gemacht war, weil die Entscheidung rückwärts wirkte.

Kinder und Ehefrauen teilen den UW des Familienhauptes (des Vaters — bei unehelichen der Mutter — oder des Ehemannes). Bei Auslegung dieser Bestimmung tritt Verschiedenheit der Auffassung in der Rechtsprechung zutage. Das BAH hat in früheren Rechtsprechungen, die sich in B 10 N 53 S 148 Fußnote und in B 45 N 46 S 145 zusammengestellt findet, dem Heimaterwerb eines Familiengliedes, der sich mit den

Bestimmungen des UWG über die armenrechtliche Familieneinheit und das Teilen des UW des Familienhauptes nach §§ 15—21 nicht vereinbaren läßt, den Vorrang gelassen, ebenso Baath S 344. Der bayer. VGH hat in S 39 S 150 ff. unter Hervorhebung der im Kommissionsberichte mit Begründung RTB 1870 S 590/1 erwähnten „perfekt gewordenen Rechtsverhältnisse" im allgemeinen diesen Standpunkt geteilt und sich der neuen Rechtsprechung des BAH in der Entscheidung vom 13. Jan. 1912 B 45 R 46 S 145 ff. (für Elsaß-Lothringen) nicht angeschlossen. Nunmehr hat das BAH mit Entscheidungen vom 29. Dez. 1917 B 53 R 37 S 148 und R 38 S 155 ausgesprochen, daß Personen, die in Bayern am 1. Jan. 1916 eine von der Heimat derjenigen Person unabhängige Heimat besaßen, die nunmehr nach dem UWG als das armenrechtliche Familienhaupt zu gelten hat, von diesem Tag an die UWverhältnisse des Familienhaupts teilen.

Zu dieser Meinungsverschiedenheit ist folgendes zu sagen:

Neue Gesetze haben von dem Tage des Inkrafttretens an auf die Rechtsverhältnisse, die von diesem Zeitpunkt an zu würdigen sind, Anwendung zu finden. Hiernach hat in den Fällen, wo das UWG andere Bestimmungen über die armenrechtliche Familieneinheit trifft als ein Landesgesetz — hier das bayr. Heimatgesetz — das UWG maßzugeben. Dieses Gesetz enthält nun in den §§ 15—21 genaue Bestimmungen über das Teilen des UW (oder der UW-Verhältnisse, vgl. hierüber Anm 2 zu § 15) des Ehemanns durch die armenrechtlich unselbständige Ehefrau und der Eltern durch die armenrechtlich unselbständigen (armenunmündigen) Kinder. Diese Vorschrift des UWG kann durch ältere Landesgesetze über Unabhängigkeit des Heimatrechts einer Person vom Heimatrechte des Familienhaupts nicht wirkungslos gemacht werden. Für armenrechtlich unselbständige Personen erübrigt sich vielmehr beim Vorhandensein eines Familienhauptes, dessen UWverhältnisse sie zu teilen haben, die Ausfüllung einer Gesetzeslücke durch die Aushilfsbestimmung des § 65 Abs 2. Aus dem Gesagten ergeben sich für die einzelnen Fälle folgende Rechtsgrundsätze:

b) Bezüglich der Ehefrau:

Die armenrechtlich unselbständige Ehefrau teilt die UW-Verhältnisse ihres Mannes. Das gilt auch dann, wenn die Ehefrau nach bayer. Heimatrecht eine andere Heimat besitzt als ihr Ehemann, vgl. die gegenstandslos gewordene Bestimmung in Art 31 Abs 2 Heimatges; damit übereinstimmend B 55 R 44 S 136 und S 38 S 138.

Armenrechtlich selbständig ist die Ehefrau, wenn sie von ihrem Manne geschieden ist und wenn der Mann nicht mehr lebt. Für die geschiedene Ehefrau und die Witwe gilt daher der Satz, daß sich die am 1. Jan. 1916 besessene Heimat in den UW beim Heimatorte verwandelt. Dagegen begann für die Ehefrau, auf die § 17 UWG zutrifft, die armenrechtliche Selbständigkeit erst am 1. Jan. 1916, an welchem Tage sie den UW des Ehemanns teilt, s. Anm 1 zu §§ 16 und 17, B 55 a. a. O. und S 38 S 142.

c) Bezüglich der Kinder.

Zunächst ist vorauszuschicken, daß für **armenmündige Kinder** — wenn also am 1. Jan. 1916 das 16. Lebensjahr vollendet war — nicht das Teilen der Unterstützungswohnsitzverhältnisse nach dem UWG, sondern die Heimatberechtigung nach dem bayr. Heimatgesetze in Betracht kommt. Liegt der Erwerb einer selbständigen Heimat an Stelle der durch Geburt erworbenen oder abgeleiteten Heimat (die sich bei erstehelichen Kindern einer wiederverheirateten Frau nach der Heimat des Vaters richtet) nicht vor, dann ist — für den Minderjährigen wie für den ledigen Fabrikbesitzer mit 40 Jahren — die abgeleitete Heimat, wie nach dem UWG der abgeleitete UW (s. Anm 1 zu § 9, solange er nicht verloren ist) maßgebend. Diese unselbständige Heimat ist mit dem 1. Jan. 1916 in den UW übergegangen.

Für die armenunmündigen Kinder gilt die Regel, daß sie die UVerhältnisse des Vaters oder der Mutter nach den Vorschriften des UWG teilen; hiernach teilt das uneheliche Kind den UW (die UWverhältnisse s. Anm 2 zu § 15) der Mutter, gleichgültig, ob sie verheiratet ist oder nicht, das eheliche Kind (§ 18) den UW des Vaters und wenn dieser am 1. Jan. 1916 tot war, den UW der Mutter (§ 19), auch wenn die Mutter durch Heirat ihre UWVerhältnisse verändert hat. Wenn aber am genannten Tage ein Familienhaupt nicht vorhanden war, dann kommt kein Teilen des UW, sondern die Heimatberechtigung nach § 65 Abs 2 in Frage und es verwandelte sich also die abgeleitete Heimat in den UW. Das gilt auch für das voreheliche Kind, dessen Mutter am 1. Jan. 1916 die Frau eines Ausländers war, das aber selbst deutscher Staatsangehöriger blieb, da hier eine armenrechtliche Familiengemeinschaft nach Maßgabe des UWG nicht vorliegt, dann für das Kind einer geschiedenen Witwe, wenn es nach der Rechtsprechung des BAH (B 56 N 7 S 26) die UWverhältnisse seiner Mutter nicht zu teilen hat; im ersteren Falle würde sich aber die Rechtslage ändern, wenn die Mutter eine 2. Ehe mit einem Deutschen geschlossen hätte, B 53 N 37 S 152.

Vgl. auch noch S 40 S 36, BayGemZ 1919 N 22 und 24, BlApfl III S 156 und 188.

Über das bayr. Heimatrecht s. 1. Auflage Einleitung und Reger Heimatgesetz, 8. und letzte Ausgabe.

3. Ziff 3. Vom 1. Jan. 1916 an begann gemäß § 2 RG vom 30. Juni 1913 für bayr. Staatsangehörige die einjährige Frist für den Erwerb und Verlust des UW, der frühestens am 1. Jan. 1917 erworben werden konnte, S 37 S 210. Auch für den Nichtbayern, der schon seit mehreren Jahren in Bayern sich aufhält, begann die Frist für den Erwerb des UW bei einem bayr. OAV erst mit dem 1. Jan. 1916, weil vorher das UWG in Bayern keinerlei Anwendung fand. Umgekehrt begann für bayr. Staatsangehörige, die sich in nichtbayr. Bundesstaaten aufhalten, erst mit dem 1. Jan. 1916 die Frist zum Erwerb des UW im außerbayr. OAVe, B 56 N 33 S 103/4. Den landesrechtlichen UW (vgl. Anm 2 zu § 60) konnte er schon bisher in Preußen (§ 64 PrAG) und Hessen (Art 20 HessAG) erwerben; dieser verwandelte sich aber am 1. Jan. 1916 für den bayr. Staatsangehörigen nicht in den UW; besaß er aber auch die Staatsangehörigkeit in einem anderen Bundesstaate, so konnte er schon bisher einen UW im reichsrechtl. Sinn erwerben, der dann am 1. Jan. 1916 beibehalten wurde, Reger 37 S 58, B 52 N 43 S 162, 53 N 39 S 158 und 40 S 165.

4. Zu Ziff 4. In der 1. Auflage wurde eingehend erörtert, daß für die heimatlosen Angehörigen des bayr. Staates, die gemäß Art 11 Abs 2 HeimG durch bloßen — 7jährigen ununterbrochenen und unterstützungsfreien — Aufenthalt im Alter der Volljährigkeit in einer bayrischen Gemeinde daselbst heimatberechtigt werden, diese Ziff 4 Anwendung findet und somit Heimatlose, die bis zum 1. Jan.

1916 mindestens 1 Jahr lang ununterbrochen und unterstützungsfrei in einer bayr. Gemeinde sich aufgehalten haben, mit dem Inkrafttreten des UWG in Bayern den UW in dieser Gemeinde erwerben. Dieser Aufenthalt muß den Eigenschaften des UWG entsprochen haben, das aber mehr als der einschlägige Art 11 mit 7 HeimG nicht verlangt. Wird der Aufenthalt nach dem 1. Jan. 1916 fortgesetzt, so genügt es für den von da ab zur Erfüllung der durch das UWG vorgeschriebenen einjährigen Frist noch erforderlichen Aufenthalt, daß er den Voraussetzungen des UWG entspricht. Es schadet demnach das Nachsuchen um eine Armenunterstützung nichts mehr. Dabei ist notwendig, daß der Aufenthalt in der Gemeinde auch am 1. Jan. 1916 fortgedauert hat, vgl. B 27 N 1 S 9. Dieser Anschauung ist auch der bayr. VGHof beigetreten, S 38 S 79, Reger 37 S 60.

5. Zu Ziff 6. Streitigkeiten zwischen den bisherigen Trägern der Armenlast waren nach dem bisherigen Verfahren zu entscheiden, wenn sie vor dem 1. Jan. 1916 anhängig gemacht, d. h. wenn Antrag bei der ersten Instanz vor diesem Zeitpunkt eingereicht worden ist, sonst nach den neuen Vorschriften (§§ 37 ff.), vgl. RTV 1870 Bd 4 S 591, BladmPr 66 S 120, 67 S 129 ff., Dyroff BGG S 747. Daß nach dem 1. Jan. 1916 Ansprüche über vorher geleistete Unterstützung von anderen Trägern der Armenlast als AVen noch erhoben werden, ändert nichts an der Sache. Dies geht schon aus den in Ziff 6 eingeklammerten Ausdrücken (Armenkommunen, Armenbezirke, Heimatbezirke) hervor.[1])

Das alte Verfahren hatte noch Platz zu greifen, wenn ein Heimatstreit bereits anhängig war und wenn in einem noch vor dem Inkrafttreten des UWG anhängig gewordenen Unterstützungsstreite vorentscheidlich die Heimatfrage oder zunächst auf Grund Art 61 BayAG vom 2. Nov. 1912 (GVBl S 1135) zur RVO durch die Versicherungsspruchbehörden entschieden werden muß, ob die Unterstützungspflicht nach der RVO gegeben ist. Für die Weiterführung des Streites nach der erst im Jahre 1916 erfolgten Erledigung dieser vorentscheidlichen Frage kommen nicht die Vorschriften des neuen Verfahrens zur Anwendung. Alle derartigen vor dem 1. Jan. 1916 anhängig gemachte Heimatsachen waren noch nach dem alten verwaltungsrechtlichen Verfahren mit 3 Instanzen durchzuführen, S 37 S 90, BladmPr 66 S 8, Reger 37 S 110. Ist dagegen der Unterstützungsfall erst nach dem 31. Dezember 1915 anhängig gemacht worden, dann wird in sachlicher Beziehung nach dem Heimatrecht, in formeller Beziehung aber die Heimatfrage ebenso wie der UW und die Staatsangehörigkeit als Zwischenpunkt von den armenrechtlichen Spruchbehörden entschieden, vgl. B 1 N 27 S 91 ff., 4 N 38 ff S 112 ff, 10 N 53 S 148, 27 N 2 S 12, 46 N 55 S 215.

---

[1]) Armenrechtliche Streitsachen zwischen Armenverbänden Bayerns und anderer Bundesstaaten waren nach dem bisherigen Rechte (§ 7 FreizG, Gothaer Vertrag, Eisenacher Übereinkunft) an sich völlig ausgeschlossen, es konnten vielmehr nur Streitigkeiten zwischen Staat und Staat in Frage kommen, die von einer dritten deutschen Regierung schiedsrichterlich entschieden werden mußten (§ 13 Gothaer Vertrag).

II. Bayerisches (Ausführungsgesetz zum UWG genannt) Armengesetz[1]

vom 21. August 1914 (GVBl S 551).

Vorbemerkungen.

Der Hinweis auf die einschlägigen Gesetzgebungsverhandlungen[1]) bei den einzelnen Artikeln unmittelbar nach dem Texte einschließlich der Denkschrift (D), der Richtpunkte (R) und der Begründung wurde beibehalten. Es bedeutet „D 472, R 563, Begr 703" die VdKdA 1912 BeilBd 1 S 472 und 563, dann 1913/14 BeilBd 5 S 703. Die auf Grund der Verhandlungen des besonderen Ausschusses und der Abgeordneten im Jahre 1912 gefaßten und in BeilBd (1912) 2 S 611 abgedruckten 12 Beschlüsse sind mit „BeschlN" angeführt. Den einzelnen Artikeln sind die einschlägigen Paragraphen der Vollzugsanweisung[2]) (VA) vom 4. August 1915 (GVBl S 613) beigefügt.

Über die Gesetzgebungsverhandlungen s. die 1. Auflage (Einleitung), über die Änderung der bayr. Armengesetzgebung ebendaselbst und BlAdmPr 66 S 1 ff. (von Krazeisen) und Ergänzung dazu in Bd 68 S 209 ff.

Wo in den Anmerkungen § und Art ohne Beifügung des Gesetzes erwähnt ist, sind die Paragraphen des UWG und die Artikel des BArmG zu verstehen.

Abschnitt I.

Armenwesen.

A. Allgemeine Vorschriften.[2]

Art. 1.

Die öffentliche Armenpflege hat die Aufgabe:[3]

1. hilfsbedürftige Personen zu unterstützen,
2. dem Eintritte der Hilfsbedürftigkeit entgegenzuwirken.[4]

R 559 (A 1), AB 1912 S 374, StenBer 1912 (Bd 4) S 952, 979, 1017, Begr S 698, AB 1914 S 353—355, Beschl N 1.

---

[1]) Im Reichsrat erfolgte Blockannahme des Gesetzes.

[2]) Für die Verwaltungsgerichte (armenrechtliche Spruchbehörden) sind solche ministerielle Vollzugsanweisungen wie die Gesetzesbegründung ein wertvoller Behelf bei Auslegung des Gesetzes, aber nicht bindend, falls der Richter zu einer anderen Gesetzesauslegung gelangt, vgl. PrVerwBl 35 S 26.

BA. § 3. I Die öffentliche Unterstützung Hilfsbedürftiger (Art. 1 Ziff. 1) ist eine Pflichtaufgabe der öffentlichen Armenpflege. Sie ergibt sich bei Deutschen aus dem UWG. §§ 2, 28—30, 31—33, bei Nichtdeutschen aus § 60 und dem Armengesetz Art. 62.

II Zu beachten ist, daß jeder Deutsche in jedem Bundesstaat in bezug auf Art und Maß der öffentlichen Unterstützung, die bei Hilfsbedürftigkeit zu gewähren ist, und auf den Erwerb und Verlust des Unterstützungswohnsitzes als Inländer zu behandeln ist. Mit dem Inkrafttreten des UWG. in Bayern erstreckt sich der Geltungsbereich dieses Gesetzes auf das ganze Reichsgebiet; § 7 des Freizügigkeitsgesetzes hat daher künftig für die Angehörigen aller deutschen Bundesstaaten keine Geltung mehr. Vgl. UWG. § 1.

§ 4. I Eine wichtige gesetzliche Aufgabe, aber keine Pflichtaufgabe ist die vorbeugende Tätigkeit (Art. 1 Ziff. 2). Hierher gehören einmal Maßnahmen im Einzelfalle, die den Eintritt der Hilfsbedürftigkeit bei Personen verhüten sollen, die noch mit dem Notbedarf (Art. 2 Abs. II) versehen sind, aber auch Einrichtungen allgemeiner Natur, sofern sie den Zweck haben, beim Eintritte gewisser Voraussetzungen persönlich zu helfen und dadurch die wirtschaftliche Selbständigkeit zu erhalten (z B. Hergabe von Handwerkszeug, Bewilligung von Vorschüssen, Bestreitung der Kosten des Umzugs an eine neue Arbeitsstätte, unentgeltliche Bereitstellung oder Vermietung von Haustieren und Ackerland, ferner Errichtung von Kinderhorten, von Suppenanstalten u. dergl.).

II Nicht zur vorbeugenden Tätigkeit der öffentlichen Armenpflege gehören Maßnahmen, die ohne Beziehung auf einen Einzelfall und ohne Abstellung auf eine schon vorhandene oder erst zu erwartende Hilfsbedürftigkeit allgemeine Vorsorge für eine unbestimmte Anzahl noch unbekannter Fälle treffen mit der Absicht, die Lebensverhältnisse bestimmter Volksklassen nicht sowohl aus Gründen der Armenpflege, als vielmehr aus anderweiten Gründen des öffentlichen Wohles zu bessern (z. B. Säuglings- und sonstige Jugendfürsorge, Tuberkulosefürsorge, Wohnungsfürsorge, Lernmittelfreiheit).

III Leistungen der vorbeugenden Tätigkeit der Ortsarmenverbände fallen, weil es sich dabei um eine gesetzliche Aufgabe handelt, nicht unter die einschränkenden Vorschriften der Gemeindeordnungen Art. 159/91 Abs. I Ziff. 7. Solche Leistungen haben ferner für den Empfänger nicht die Bedeutung und die Wirkungen öffentlicher Armenunterstützung. Sie begründen auch keinen Erstattungsanspruch nach dem UWG. §§ 28 und 30.

1. Auf dem Gebiete des Armenwesens steht dem Reiche die ausschließliche Gesetzgebung nicht zu. Da es auch von der Befugnis nach Art 7 Ziff 5 der Reichsverf. bisher keinen Gebrauch gemacht hat, gibt für die öffentliche Armenpflege gemäß § 8 UWG auch weiterhin das Landesgesetz maß. Der Deutsche Verein für öffentliche und private Fürsorge hat allerdings den Ruf nach Schaffung eines Reichsarmengesetzes auf seiner Tagung zu Jena im September 1920 von neuem ertönen lassen. Dabei wurde folgende Entschließung[1]) angenommen: „Der deutsche Fürsorgetag hält eine Änderung der Gesetzgebung über die öffentliche Armenpflege, als eines wesentlichen Bestandteils der gesamten Wohlfahrtspflege, für dringend erforderlich. Angesichts der steigenden Notlage des deutschen Volkes ist neben wirtschafts- und sozialpolitischen Maßnahmen der Ausbau der Armenpflege unerläßlich, um durchgreifende und vorbeugende

[1]) S. Schriften dieses Vereins neue Folge Heft 1 S 65, BlApfl V S 236.

Hilfe zu schaffen. Zu diesem Zweck ist die endgültige Unterstützungspflicht dem Armenverband des dauernden Aufenthalts statt der des Unterstützungswohnsitzes zu übertragen. Die Ausübung der öffentlichen Armenpflege, die den verschiedenartigen Verhältnissen von Stadt und Land Rechnung tragen muß, darf nur leistungsfähigen Verbänden anvertraut werden. Dabei ist die geschlossene Armenpflege zum Aufgabengebiet der größeren Verbände (Landarmenverbände) zu rechnen. An den Kosten der Armenpflege, die den Armenverbänden obliegen, sind Reich und Länder so zu beteiligen, daß eine ausreichende Unterstützung bei möglichster Sparsamkeit gewährleistet wird." Wie die Ersetzung des UW durch den Ort des dauernden Aufenthalts als Mittel für den Ausbau der durchgreifenden Armenhilfe verwertet werden soll, ist nicht abzusehen. Der Fürsorgetag hat sich ferner für Schaffung eines Beschwerderechts des Unterstützungsbedürftigen, für ein zusammenfassendes Wohlfahrtsgesetz und für Erweiterung der Rechte der AVe gegenüber den unterhaltspflichtigen Verwandten ausgesprochen. In letztgenannter Hinsicht sorgt Art 11 des BayAG das Entsprechende bereits vor. Im Übrigen wäre freilich das Idealste der Erlaß eines allgemeinen Reichswohlfahrtsgesetzes, das neben der Erwerbslosen- und Wanderer-Fürsorge, der Wochenhilfe auch die Fürsorge für Erwerbsunfähige mitumfassen würde. Allein bei der mißlichen Finanzlage des Deutschen Reiches muß der Plan eines solchen sozialen Fortschritts (s. Schriften des VerföuprF neue Folge Heft 1 S 32, 35 und 38, auch Diefenbach RAG S 30, 34 und 65) wohl noch weiter hinausgeschoben werden.

Auf die Bestrebungen zur Herbeiführung eines Reichsarmengesetzes haben auch die Bayr. Blätter für Armenpflege in N 1 des V. Jahrgangs (1920) hingewiesen und ihren Leserkreis zur Beantwortung von 8 Fragen aufgefordert. Die in Aussicht gestellte Verarbeitung der Arbeiten ist aber in diesem Jahrgang unterblieben, doch hat der Schriftleiter für das Armenwesen in N 21 für Änderung der Gesetzgebung und zwar vom Standpunkte der Vereinfachung der Feststellung des Unterstützungsträgers für Ersatz des UW durch den Wohnort [1]) (wie bei der Erwerbslosenfürsorge) und in finanzieller Hinsicht für Verteilung der Armenlasten nach der Steuer Stellung genommen. Die Begründung der ersteren Gesetzes-Abänderung mit Geschäftsvereinfachung ist nicht von der Hand zu weisen. Denn selbstredend bedeutet es für die Armenverbände und Armensekretariate eine Geschäftserleichterung und Ersparung von vielen Schreibereien, wenn infolge Aufhebung des Unterstützungswohnsitzprinzips Armenunterstützungen ausgezahlt werden können, ohne daß weitere Erhebungen in den einzelnen Fällen wegen des Ersatzes regelmäßig notwendig sind. Aber dadurch wird auch ein Grund für sorgfältige Feststellung der Hilfsbedürftigkeit und ein Anlaß zur genauen Aufenthaltskontrolle beseitigt, die den Einzelnen zwingt, Aufenthaltsausweise sich zu beschaffen und vorzuzeigen. Und weiterhin ist zu befürchten, daß der Erleichterung der Schreibarbeit auf der einen Seite die Beschwerung der Gemeindefinanzen auf der anderen Seite folgen wird. Denn es ist nicht zu leugnen, daß beim Lastenausgleich — ein vollständiger Ersatz der Armenaufwendungen bleibt ausgeschlossen — an der Gemeinde am meisten hängen bleiben wird, die am meisten ausgegeben hat. Und wenn man

---

[1]) S. § 5 RErw.f.Vo (RGBl 1920 S 98), dazu ME vom 8. u. 28. Jan. 1921 (StAnz N 9 und 26).

auch darüber, was den erwähnten Vorschlag der Reichsregierung bisher „unannehmbar“ machte (s. Anm 1 zu § 30) hinweggeht, so werden Streitigkeiten keinesfalls dadurch aus der Welt geschafft. Das zeigt ein Blick auf die Erwerbslosenfürsorge; hier übersteigt die Zahl der Streitigkeiten um ein Vielfaches die Zahl der armenrechtlichen Streitigkeiten, die zurückging, vgl. Begr. zum BayAG S 488 und Preuß. VerwBl 40 S 426. Zu dem finanziellen Vorschlag ist auf § 55 des Landessteuergesetzes vom 30. März 1920 (RGBl S 402) hinzuweisen, wonach die Länder gehalten sind, bis zum 1. April 1921 für einen Lastenausgleich unter ihren Gemeinden und Gemeindeverbänden insbesondere auf dem Gebiete der Armen-, Schul- und Polizeilasten zu sorgen.[1])

Im Übrigen sind die Richtpunkte des BayAG wohldurchdacht und erprobt, so daß im Allgemeinen ein Abänderungsbedürfnis nicht besteht. Die Organisierung der Wandererfürsorge, die früher in einigen bayr. Regierungsbezirken vortrefflich durchgeführt war, läßt noch auf sich warten (s. z. B. S 41 S 39); mit den Richtlinien nach § 53 VA wird zurückgehalten, da ein Reichswandererfürsorgegesetz (Art 7 Ziff 5 RVerf) schon seit längerer Zeit in Sicht war. Ein weiterer Ausbau der Gebrechlichenfürsorge ist zu erwarten, wenn die Forderung, daß jeder LAV seine Landarmenanstalt hat, erfüllt ist. Eingeleitet ist er jetzt schon durch den LAV von Oberbayern, der bereits Gebrechliche über den Rahmen des Gesetzes hinaus mittelst der Brücke des Art 58 Abs 3 aufnimmt, s. Ausschr. in BlApfl V S 17. Endlich möchte in einem Zeitalter, in dem Erwerbslose, Kriegsbeschädigte usw. ihre Stimmen zur Verbesserung ihrer Lage durch ihre Organisationen oder in Versammlungen mit Nachdruck und nicht immer erfolglos erheben, eine Belebung und Organisation der Aufsicht auf die Fürsorge für die Armen, die sich nicht zusammenschließen können, und auf die Anstalten, deren sich die Armenverbände bedienen, erwägungswert sein; es dürfte sich empfehlen, neben der Überwachung der Staatsaufsichtsbehörden eine einheitliche Kontrolle durch einen Landesarmenkommissär zu organisieren, der — soweit veranlaßt im Benehmen mit den Amtsärzten, den Vorständen der LAVe und Ordensorganisationen und im Zusammenwirken mit einem besonderen Fachmann der Psychiatrie — die Überwachung der Zwangsarmenpflege und insbesondere der Irren- und Gebrechlichenanstalten durchzuführen hätte; vgl. auch Dieffenbach RAG S 337 ff.

2. Die VA sagt, daß die allgemeinen Vorschriften auch für die Landarmenverbände gelten.

3. Das Gesetz spricht von zwei Aufgaben der Armenpflege, der heilenden oder die Hilfsbedürftigen unterstützenden, d. i. die Erfüllung der Pflichtaufgaben der Armenpflege, die in Art 3 näher dargestellt werden, und der vorbeugenden; daß diese Maßnahmen zur Beseitigung künftiger Hilfsbedürftigkeit ungeachtet ihrer Aufführung im Gesetze keinen armenrechtlichen Ersatzanspruch gemäß §§ 8, 28 und 30 UWG begründen können

[1]) Dieser § 55 dürfte wohl überflüssig sein, wenn die Anschauung in BayGemVZeit 1920 S 422 richtig wäre, daß bereits in der bestehenden Armen-, Gemeinde- und Schulgesetzgebung ein solcher Lastenausgleich getroffen sei. Dieser Aufsatz bemerkt hinsichtlich des von gemeindlicher Seite vorgeschlagenen Ausgleichsfonds, daß die Mittel dazu von den Gemeinden bereit zu stellen wären.

(vgl. B 43 N 26 S 58 und 55 N 10 S 27), dessen war sich der Gesetzgeber bewußt, s. BA § 4 und die ausführliche Darstellung in der Begr. S 693. Anders ist es mit der durchgreifenden Hilfe bei bestehender Hilfsbedürftigkeit, beispielsweise mit der Beschaffung künstlicher Gliedmaßen bei Verlust eines Beines oder Armes; sie fällt unter Ziff 1, vgl. BGE vom 13. Jan. 1919 N 58 III/18 AUW.

4. Die Leistungen der öffentlichen Armenpflege vorbeugender Natur unterscheiden sich von den Aufwendungen der heilenden Armenfürsorge dadurch,

a) daß sie gegenüber dem Empfänger nicht als Armenunterstützung anzusehen sind und daher nicht die nachteiligen Folgen einer solchen (vgl. hierüber Anm 5 zu § 1, dann § 14) nach sich ziehen;

b) ferner daß sie gegenüber den Armenverbänden von der Staatsaufsichtsbehörde gemäß Art 71 und 72 BayAG mit Art 13 des SBGes nicht erzwungen werden können;

c) endlich daß sie nicht ersatzfähig sind, d. h. daß ihre Erstattung nicht nur gemäß §§ 28 und 30 UWG, sondern auch gemäß Art 10 und 11 des NArmG ausgeschlossen ist. Der Hinweis in der Begr auf Nichtanwendbarkeit des Art 159 (91) Ziff 7 GemO ist durch das SBG gegenstandslos geworden.

Schritte der AVe vorbeugender Art bezielen auch die Bestimmungen in Art 4 Abs 2 und Art 8 NArmG. Dagegen fallen nicht unter die Leistungen der vorbeugenden Armenpflege, die nicht erstattungsfähig sind, die Aufwendungen für Erziehung und Erwerbsbefähigung; denn hier handelt es sich um einen — wenn auch geistigen — Notbedarf der Gegenwart, dessen Leistung in Bayern zu den Pflichtaufgaben der öffentlichen Armenpflege gehört, s. Art 3 Abs 2 Ziff. 3.

Art. 2.

I Hilfsbedürftig[1] ist, wer[2] sich wegen Mangels[3] eigener Mittel und Kräfte oder infolge eines besonderen Notstandes[4] den Notbedarf nicht verschaffen und ihn auch weder von den Unterhalts- oder Unterstützungspflichtigen noch von der freiwilligen Armenpflege[5] erlangen kann.[6]

II Der Notbedarf besteht in dem, was zur Erhaltung des Lebens und der Gesundheit sowie zur Erziehung und Ausbildung unentbehrlich ist.[7]

III Wird eine Ehefrau oder werden noch nicht 16 Jahre alte Kinder unterstützt, so gilt der unterhaltspflichtige Ehemann oder der unterhaltspflichtige Elternteil — bei unehelichen Kindern die Mutter — als unterstützt, auch wenn die Unterstützung ohne oder gegen den Willen der Unterhaltspflichtigen gewährt ist.[8]

R 560—562 (A 3—5), AB 1912 S 375—379, Begr 698/9, AB 1914 S 355—358, StenBer 1914 S 25 und 27, 32/3, Beschl N 2.

BA. § 5. I Die öffentliche Armenpflege darf einen Hilfsbedürftigen nicht lediglich deshalb abweisen, weil er gegen andere Personen Unterhalts- oder Unterstützungsansprüche hat. Maßgebend für das Eintreten der öffentlichen Armenpflege ist, ob dem Hilfesuchenden im Augenblicke der Hilfsbedürftigkeit anderweitige Hilfe ausreichend zur Seite steht. Anderseits kann die Armenpflege, namentlich wenn fortlaufende Unterstützung nötig ist, verlangen, daß der Hilfsbedürftige seine Ansprüche gegen andere Personen geltend macht oder die Erfolglosigkeit seiner Schritte nachweist.

II Unzulässig wäre es ferner, Hilfsbedürftige einfach an die freiwillige Armenpflege zu verweisen. Der Hinweis auf die freiwillige Armenpflege in Art. 2 Abs. 1 will die öffentliche Armenpflege vor allem auf ihre Pflicht aufmerksam machen, sich durch regen und lebendigen Verkehr mit den bestehenden Einrichtungen der privaten Wohltätigkeit zu vergewissern, ob nicht diese im einzelnen Falle ausreichende Hilfe leisten oder leisten werden. Denn Hilfsbedürftigkeit im Sinne des Gesetzes ist ausgeschlossen, wenn sie durch das Eingreifen der privaten Wohltätigkeit beseitigt wird. Im übrigen werden die großen und bedeutsamen Aufgaben der freiwilligen Armenpflege und Wohltätigkeit durch das Armengesetz nicht berührt. Dagegen ist das verständnisvolle Zusammenwirken beider Einrichtungen geeignet, nicht nur die entsprechende Arbeitsteilung zwischen ihnen zu fördern, sondern auch die Nachteile zu verhüten, die durch planloses Nebeneinanderarbeiten vom wirtschaftlichen und vom sittlichen Standpunkte zu befürchten sind.

§ 6. I Nach Art. 2 Abs. III wird die Unterstützung des Unterhaltsberechtigten dem Unterhaltspflichtigen auch dann angerechnet, wenn die Unterstützung ohne oder gegen dessen Willen gewährt worden ist. Stellt sich später heraus, daß der Unterhaltsberechtigte bei der Gewährung der Unterstützung nicht hilfsbedürftig war, so entfällt auch die in Abs. III ausgesprochene Anrechnung.

II Mit Rücksicht auf die Wirkungen der öffentlichen Armenunterstützung für den Unterhaltspflichtigen ist dieser, wo es tunlich ist, von der Notwendigkeit des Eingreifens der öffentlichen Armenpflege rechtzeitig in Kenntnis zu setzen.

1. In bezug auf Hilfsbedürftigkeit wird auf die eingehenden Ausführungen in Anm 4 zu § 1 verwiesen. Wegen teilweiser Hilfsbedürftigkeit s. Anm 4 c dd zu § 1 und Anm 8 zu Art 3.

2. In Art 2 ist davon die Rede, wer als hilfsbedürftig zu gelten hat. Es ist aber auch notwendig, daß die Hilfsbedürftigkeit dem Armenverbande oder seinen Organen „erkennbar" geworden ist. Das geschieht regelmäßig durch Anrufen der Armenpflege; zu weitgehend wäre es, zu sagen „nur auf Anruf" habe die Armenpflege einzutreten (s. S 38 S 149; bei der dort in Frage gestandenen Anstaltspflege traf das zu); denn da die Ausübung der Armenpflege „Pflichtaufgabe" ist, so kann die Armenbehörde, der auf andere, Zweifel ausschließende Weise die Hilfsbedürftigkeit erkennbar geworden ist, die Unterstützung nicht verweigern, vgl. B 44 N 14 S 41 und BGE vom 6. Mai 1918 N 99 U M.

Ein Anspruch steht dem Hilfsbedürftigen gegenüber dem Armenverbande nicht zu; nach Diefenbach RAG S 182 soll das geändert werden. Der Fürsorgetag in Jena 1920 hat sich mit dem Antrag auf Ausbau des Beschwerderechts begnügt. Bei Verweigerung der Armenunterstützung kann der Nachsuchende die Staatsaufsichtsbehörde (Art 70 und 71 BayAG), aber nicht den Verwaltungsgerichtshof anrufen.

3. Hier wird auf Anm 4 II zu § 28, insbesondere bei Arbeitslosigkeit, Barmittel, Besitz, Einkommen, Vermögen verwiesen.

4. In sog. Eilfällen, wo es sich um eine außerordentliche, oft nur einmalige Hilfeleistung handelt, kann über das Vorhandensein von Vermögen oder Einkommen — wenn Barmittel nicht bereit liegen — oder von leistungsfähigen Unterhalts- oder Unterstützungspflichtigen — wenn die Unterstützung verweigert wird — weggesehen werden, vgl. B 56 N 8 S 28/29. Dabei hat der Beamte des Armenverbandes nicht aus dem Auge zu verlieren, daß an sich beim Vorhandensein von Vermögen oder leistungsfähigen Verwandten eine wesentliche Voraussetzung der Hilfsbedürftigkeit fehlt und daß der ARat gegen Unterhaltspflichtige nach Art 11 ArmG vorgehen kann, vgl. B 54 N 20 S 88 und nachfolgende Anm 6. Eine besondere Art dringlicher Hilfeleistung ist bei augenblicklicher Notlage eines Arbeitsfähigen gegeben, s. Anm 9 zu Art 3, wegen der Wanderer auch Anm 3 a zu § 28 am Ende. Erwähnt sei noch die übereinstimmende Rechtsprechung des BAH und des bayr. VGHofs über das Vorliegen eines Armenpflegefalls bei Hilfsbedürftigkeit von Kindern, die von ihren erwerbsfähigen Eltern verlassen sind oder nicht in genügender Weise versorgt werden, B 44 N 14 S 38, S 3 S 470, BGE vom 19. Jan. 1920 N 23 III/19 AU F. Wegen Anrufung des Vormundschaftsgerichts in solchen Fällen s. B 51 N 19 S 52 und N 20 S 55.

5. In R 561 (A 5, vgl. auch AB 1912 S 377—379) wird auf die Notwendigkeit planmäßiger Verbindung und wechselseitiger Verständigung der an der Armenpflege und Wohltätigkeit beteiligten öffentlichen und privaten Einrichtungen und der Herstellung fester Beziehungen zwischen beiden hingewiesen und bemerkt, daß „sich die besondere Aufgabe der öffentlichen Armenpflege in der Richtung auf das Unentbehrliche, die der freien Liebestätigkeit, unbeschadet des Grundsatzes der Subsidiarität der öffentlichen Armenpflege, in der Richtung auf das Nützliche und Wünschenswerte zu bewegen hätte". Daher wurde in das neue Armengesetz die Bestimmung aufgenommen, daß sich unter den gewählten Mitgliedern des ARates in Gemeinden mit mehr als 10 000 Einwohnern auch Vertreter der in der Gemeinde bestehenden Wohltätigkeitseinrichtungen befinden sollen. Vgl. auch den Aufsatz über „die Stellung der privaten Fürsorge im Staate", BlApfl V S 102. Im übrigen wird durch die Bestimmung in Abs 1 wie in § 5 Abs 2 BA ausdrücklich bemerkt ist, Hilfsbedürftigkeit im Sinne des AG „ausgeschlossen,[1]) wenn sie durch das Eingreifen der privaten Wohltätigkeit beseitigt wird". Dabei soll jedoch nach Ausspruch des bayr. VGHofs (S 40 S 133) nicht außer acht gelassen werden, unter welchen Umständen, in welcher Absicht und zu welchem Zwecke dies geschieht; sollte dadurch den auf Umgehung gesetzlicher Vorschriften gerichteten Absichten eines Armenverbandes Vorschub geleistet werden, so würde diesem Vorgehen der privaten Wohltätigkeit der vom AVe rechtswidrig angestrebte Erfolg versagt bleiben müssen. Die Fassung „von der freiwilligen Armenpflege" ist noch zu eng. Es kommen hier auch noch Zuschüsse von Stiftungen, nicht unterhaltspflichtigen Verwandten usw. in Betracht. Die Armenpflege darf auch nicht eintreten, wenn eine Gemeindestiftung oder der Gemeindeverband aus anderen Gründen unterhaltspflichtig ist, z. B. in Haftpflichtfällen, bei Ansprüchen auf unentgeltliche Krankenhauspflege, vgl. B 49 N 15 S 52 und 50 N 18 S 51/4.

6. Die Behauptung eines Hilfsbedürftigen, daß er sich den Notbedarf nicht verschaffen kann, darf der Armenverband nicht als eine gegebene

---

[1]) Ein gegenteiliger Antrag wurde in der Kammer der Abgeordneten abgelehnt, vgl. StenBer 1914 S 25.

Tatsache annehmen. Bevor er zur Unterstützung schreitet, hat er vielmehr sorgfältig die Hilfsbedürftigkeit festzustellen, zu erforschen, ob nicht doch Barmittel oder sonstiges Vermögen oder leistungsfähige Unterhaltspflichtige vorhanden sind, letztere zur Unterstützung aufzufordern und überhaupt alle gangbaren Schritte zu tun, womit die Armenpflege entbehrlich gemacht werden kann; vgl. Anm 3 zu § 28 über die Pflichten des vorläufig unterstützenden Armenverbandes und die dort angeführten Entscheidungen. Zwar gilt als Grundsatz für armenrechtliche Ersatzansprüche, daß der endgültig verpflichtete Armenverband dem Anspruch auf Ersatz von Armenaufwendungen nicht mit der Einrede begegnen kann, der unterstützende AV solle sich an Drittverpflichtete oder an den Unterstützten wenden, daß letzterer AV vielmehr ein Wahlrecht zwischen 2 Ansprüchen (§ 30 einerseits und § 62 mit Art 10 BayAG andrerseits) habe, B 41 N 33 S 113. Aber das BAH hat auch ausgesprochen, daß „keine ordnungsgemäß festgestellte armenrechtliche Hilfsbedürftigkeit vorliege", wenn der unterhaltspflichtige Ehemann oder Vater nicht angegangen werde, B 54 N 20 S 88, s. auch S 40 S 71, und daß bei Anforderungen gegenwärtiger oder zukünftiger Armenhilfe der unterstützende AV pflichtgemäß durch „Heranziehung unterhaltspflichtiger Verwandter" auf **Beseitigung der Hilfsbedürftigkeit** bedacht zu sein hat, B 51 N 13 S 31/2 und N 16 S 43, 44.

7. Das ArmG vertritt den auch anderwärts anerkannten Grundsatz (vgl. Schriften des deutschen Vereins für Armenpflege und Wohltätigkeit — nun VerföuprF — Heft 101 S 14 und 22), daß die Pflichtaufgaben der öffentlichen Armenpflege „auf die subsidiäre Leistung des Notbedarfs" zu beschränken seien. Nach Seydel Ann S 560 bezieht sich der reichsrechtliche Begriff der Hilfsbedürftigkeit nur auf die leibliche Not, nicht auch auf die Befriedigung geistiger Bedürfnisse; es sei aber die landesgesetzliche Gleichstellung der Angehörigen anderer Bundesstaaten mit den eigenen Staatsangehörigen zulässig. Über den Begriff **Notbedarf** enthält aber das UWG nichts; hier hat vielmehr gemäß § 8 das **Landesrecht** maßzugeben. Nach den in Bayern von jeher geltenden armenrechtlichen Grundsätzen ist auch das zur Erziehung und Ausbildung Unentbehrliche in den Begriff des Notbedarfes d. h. des zur Erhaltung des Daseins Notwendigen einbezogen. Dieser Standpunkt wird auch in der neuen Literatur über Armenwesen in entschiedenster Weise vertreten, vgl. die angeführten Vereinsschriften Heft 100 S 25 ff., dann R 562/3 und Begr zum BayAG S 699.

8. Hier sind folgende Hinweise veranlaßt:

a) Das neue Armengesetz hält an der **Unterhaltspflicht** des Familienhauptes, in der die Anrechnungsfähigkeit der einem Dritten gewährten Armenunterstützung nach ständiger Rechtsprechung des BGH wurzelt (S 21 S 74), als einer Voraussetzung dafür fest, daß dem Familienhaupte die einem unselbständigen Familiengliede geleistete Armenhilfe angerechnet werden kann. Für diese Anordnung bot der Umstand kein Hindernis, daß nach der Rechtsprechung des BAH für das Teilen der UW-Verhältnisse der unselbständigen Familienangehörigen eine Unterhaltspflicht des Familienhauptes ihnen gegenüber vom Gesetze nicht gefordert wird und daher auch das voreheliche Kind den UW des Familienhauptes teilt, vgl. insbesondere B 17 N 14 S 39 und 48 N 7 S 21/3; hiernach werden die UWverhältnisse des **Stiefvaters beeinflußt** durch die einem Stiefsohne gewährte Armenhilfe. Nach B 48 N 40 S 126 (auch S 23/4) kann aber ersterer wegen dieser Unterstützung **nicht aus**-

gewiesen werden, weil er nicht unterhaltspflichtig sei; auch die Frau kann in solchem Falle nicht ausgewiesen werden, ebendaselbst; s. dazu aber auch Eger UWG S 18, dann die Ausführungen über Unterhaltshaftung des Stiefvaters in Anm 1 d zu § 14, ferner die dort und in B 49 S 55 und 56 unten, dann B 55 S 32 mit Fußnote angeführte Literatur, endlich B 49 N 16 S 54 (Nichthaftung beim gesetzlichen Güterstand), 50 N 17 S 50, 40 N 20 S 46 (Haftung bei Gütergemeinschaft, dazu Baath S 377, aber auch B 33 N 4 S 6, dann noch Baath S 134 Fußnote). Wie sich der Begriff der Armenunterstützung nach dem Landesrechte richtet, so ist auch für die Anrechnung der Armenunterstützung das Landesrecht maßgebend, soweit nicht Reichsgesetze entgegenstehen, vgl. die mehrerwähnten Vereinsschriften Heft 101 S 85. Es gilt daher in Bayern die einem Stiefsohne gewährte Unterstützung für den Stiefvater nicht als AU im Sinne der Art 4, 11 und 76.

Nach obiger Gesetzesbestimmung (wie auch nach dem UWG) scheidet vor allem die Anrechnung der Armenunterstützung eines armenmündigen Kindes für das Familienhaupt aus und der uneheliche Vater kommt überhaupt nicht als Familienhaupt in Betracht, s. AB 1914 S 357. Das gilt nicht bloß für die Bestimmungen in §§ 14 und 27, sondern auch in Art 76 Abs 2. S. aber andrerseits die Bestimmung in Art 11.

Die Anrechnung ist gegenüber beiden Elternteilen zulässig, S 37 S 209.

b) Was als Unterstützung hier in Betracht kommt und was nicht, darüber s. Anm 5 zu § 1 und Anm 1 zu § 14.

Die Gewährung des Notbedarfes an die unselbständigen Familienglieder von Kriegsteilnehmern (s. hierüber Art 5 des bayr. Gesetzes zur Wahrung der Rechte von Kriegsteilnehmern vom 19. Dez. 1915, GVBl S 733 und RG vom 4. Aug. 1914, RGBl S 328 § 2) bildet überhaupt keine Armenunterstützung, weil hier nicht die Leistungspflicht der öffentlichen Armenpflege, sondern jene der reichsgesetzlichen Lieferungsverbände in Betracht kommt, vgl. die obenerwähnten Anm. Dieser Verband hat die Unterstützung zu gewähren, auch wenn vor Einsetzung der Familienunterstützung (s. Anm 5 A aa zu § 1) die öffentliche Armenpflege eingegriffen hatte, vgl. B 50 N 26 S 86.[1]

c) Über die Wirkung der Unterstützung durch die öffentliche Armenpflege s. Anm 5 B zu § 1.

d) Die Beifügung des Satzes „gegen den Willen des Unterhaltspflichtigen" hat nach der Begründung S 699 den Zweck „zu verhüten, daß sich jemand der Anwendung des Gesetzes durch Verzicht auf die Armenunterstützung entziehen kann"; danach hat der in der Rechtsprechung des BGH stets beachtete Grundsatz, daß die Unterstützung eines Familienangehörigen dem Familienhaupte dann nicht zugerechnet werden kann, wenn letzteres hiervon keine Kenntnis hatte (S 21 S 73), wie in der Rechtsprechung des BAH so auch hier eine Aufnahme nicht gefunden. Das Familienhaupt ist aber mit Rücksicht auf die Wirkungen der Armenunterstützung von der Notwendigkeit des Eingreifens der öffentlichen Armenpflege zu verständigen, so § 6 zu Abs 2 BA.

---

[1]) Dagegen bewirken reichsgesetzliche Familienunterstützungen an Stelle der bisher wegen dauernder Hilfsbedürftigkeit gewährten Armenunterstützung nach der Sonderbestimmung vom 13. Nov. 1915 (RGBl S 764) das Ruhen der einjährigen Frist für den Erwerb und Verlust des UW der unterstützten Person, sowie derjenigen Personen, die den UW des Unterstützten teilen.

e) Die Leistungsfähigkeit, auf die es bei der Unterhaltspflicht gegenüber großjährigen Kindern gemäß § 1603 Abs 1 BGB ankommt (vgl. BGE vom 28. Juni 1912 N 121 I/12 HeimBA. f. K und Kutzer BayHeimR S 138) bleibt bei der Unterhaltspflicht gegenüber dem noch nicht 16 Jahre alten Kind und gegenüber der nicht geschiedenen Ehefrau gemäß §§ 1603 Abs 2 und 1360 BGB außer Berücksichtigung, da die verfügbaren Mittel für den gemeinsamen Unterhalt zu verwenden sind, B 54 N 20 S 91.

f) Was die Unterhaltspflicht nach Maßgabe der Strafbestimmung des § 361 Ziff 10 RStGB (Anm 3 zu Art 87) und der Bestimmung in Art 11 betrifft, so kommt dabei eine Einschränkung im Sinne des Art 2 Abs 3 nicht in Frage. Es kommen vielmehr nach diesen Bestimmungen als unterhaltspflichtig auch die Abkömmlinge gegenüber den Eltern und Großeltern, sowie die Eltern gegenüber volljährigen Kindern in Betracht, vgl. auch Anm 1 zu Art 8.

Art. 3.

I Die öffentliche Armenunterstützung[1] (Art. 1 Ziff. 1) beschränkt[2] sich auf den Notbedarf.

II Die öffentliche Unterstützung, die jedem hilfsbedürftigen Deutschen im Rahmen des Abs. I zu leisten ist,[3] umfaßt die Pflicht:

1. den erforderlichen Lebensunterhalt, insbesondere Obdach, Nahrung, Kleidung, Pflege zu gewähren,[4]
2. die erforderliche Krankenhilfe zu leisten,[5]
3. für die erforderliche Erziehung und Ausbildung der Kinder zu sorgen.[6]

III Soweit nötig, ist die öffentliche Unterstützung durch Unterbringung in einer Anstalt zu gewähren. Im Falle des Abs. II Ziff. 3 ist auf das Glaubensbekenntnis des Kindes bei der Auswahl der Familie oder der Anstalt Rücksicht zu nehmen.[7]

IV Außerdem hat die öffentliche Armenpflege für die einfache Beerdigung mittelloser Verstorbener zu sorgen; zur Bezahlung von Stolgebühren ist sie nicht verpflichtet.[8]

V In Fällen dringender Not ist auch arbeitsfähigen Personen die Hilfe zu gewähren, die aus Gründen der Sicherheit oder Sittlichkeit augenblicklich unentbehrlich ist.[9]

R 562/3 (A 6), AB 1912 S 379/80, Begr 699 und 700, AB 1914 S 358—367, StenBer 1914 S 25—31, 33.

VA. § 7. I In welcher Weise im Rahmen des Art. 3 Abs. I—III im einzelnen Falle die Unterstützung zu gewähren ist, bleibt zunächst dem Ermessen der mit dem Gesetzesvollzug unmittelbar betrauten Behörde überlassen (vgl. auch Art. 32 Abs. I). Dies gilt insbesondere auch von der Frage, ob die Hilfe durch Geld oder durch Sachbezüge (Lebensmittel, Kleider, Heizstoffe) zu leisten ist. Sachleistungen werden sich insbesondere empfehlen, wenn zu befürchten ist, daß der Hilfsbedürftige von der Geldunterstützung keinen entsprechenden Gebrauch machen wird. Im übrigen bleibt es Zweck der heilenden Armenpflege, den Hilfsbedürftigen, soweit möglich, wieder wirtschaftlich selbständig zu machen und nachhaltig zu befähigen, wieder als werktätiges Mitglied der Gesellschaft seinen Unterhalt zu verdienen.

II Nach Art. 3 Abs. III ist bei der Unterbringung von Kindern zur Erziehung oder Ausbildung auf deren Glaubensbekenntnis bei der Auswahl der Familie oder der Anstalt Rücksicht zu nehmen. Diese Vorschrift entspricht dem Fürsorgeerziehungsgesetz Art. 9 Abs. II und ist in gleicher Weise zu vollziehen. Wo es deshalb aus besonderen Gründen untunlich ist, das Kind in einer Familie oder Anstalt seines Bekenntnisses unterzubringen, muß wenigstens die Teilnahme am Religionsunterricht und am Gottesdienste seines Bekenntnisses sichergestellt werden.

§ 8. Ob eine Hilfeleistung nach Art. 3 Abs. V als öffentliche Armenunterstützung oder lediglich als Vorschuß (Darlehennothilfe) anzusehen ist, hängt von den Umständen des Falles ab. Öffentliche Armenunterstützung liegt nicht vor, wenn die dringende Not eine bloß vorübergehende war und der Unterstützte Ersatz leistet, sobald die augenblickliche Not vorübergegangen und er wieder in den regelmäßigen Stand seiner Leistungsfähigkeit eingetreten ist.

1. Über „öffentliche Unterstützung" (Armenunterstützung) s. Anm 5 zu § 1, Anm 1 zu § 14 und Art 1 mit Anm 3 und 4.

2. Abs 1 des Art 2 sagt, daß die Armenpflege nur „subsidiär" eingreifen darf und Abs 1 des Art 3, daß sie nur den „Notbedarf" gewähren darf. Was darüber hinaus geleistet wird, ist keine Armenunterstützung im Sinne der §§ 14 und 27 UWG, dann des Art 2 Abs 3, Art 4, 7, 8 und 76 und es kann auch nicht gemäß § 30 dessen Rückerstattung verlangt werden, vgl. B 46 N 14 S 58, 61, B 51 N 16 S 43, 53 N 13 S 42/3.

3. Im Vollzuge des § 8 UWG hat das neue bayr. Armengesetz in Art 3 in der Hauptsache die Bestimmungen des AArmG „in dem bisherigen erprobten Umfange des Pflichtenkreises" (Begr 700) übernommen und auch den geistigen Notbedarf, d. i. das zur Erziehung und Ausbildung Unentbehrliche und die Pflege Hilfsbedürftiger unter die Pflichtaufgaben der öffentlichen Armenpflege aufgenommen, vgl. R 562/3 und Begr 699 mit Anführungen. Diese Pflichtleistungen obliegen den bayr. Verbänden auch, wenn der Hilfsbedürftige oder dessen UW einem anderen Lande angehört. Es bildet aber das, was nach Landesrecht jedem hilfsbedürftigen Deutschen zu gewähren ist, den Gegenstand eines Erstattungsanspruchs für den hilfeleistenden AV, auch wenn die betreffende Leistung nach dem Landesrechte des in Anspruch genommenen AVes nicht Pflicht der öffentlichen Armenpflege ist, vgl. Anm 3 zu § 8 und B 48 N 16 S 53 unten. In welcher Weise der Not abgeholfen werden soll, insbesondere ob durch Geld- oder Sach-(Natural-)Leistung ist dem Ermessen der Armenbehörden anheimgegeben (Art 32 Abs 1). Der Hilfsbedürftige hat kein Recht die Unterstützungsart frei zu wählen, er hat sich vielmehr insbesondere in Krankheitsfällen, wenn nicht besondere Dringlichkeit vorliegt, nach den allgemeinen oder besonderen Weisungen der Armenbehörde zu richten, BGE vom 2. Juni 1919 N 72 III/18 ErfA S und vom 19. Jan. 1920 N 4 III/19 Kurf F, Reger 40 S 146. Die Unterstützung ist zu leisten, ohne daß es auf die Ursache der Hilfsbedürftigkeit ankommt, also auch wenn sie selbst verschuldet ist, B 8 N 18 S 46/8, 14 N 21 S 54, 15 N 19 S 54/8 Brunn S 342/3, 42 N 39 S 114/7; s. dazu auch Art 7 (wegen Ungehorsams), Anm 2 zu Art 87 (wegen Arbeitsscheue). Bei ablehnendem Verhalten des Armenrates kann die Staatsaufsichtsbehörde eingreifen (Art 70 und 71). In einzelnen Fällen hat die Armenpflege auf Grund bezirkspolizeilicher Anordnungen bei Hilfsbedürftigkeit der betreffenden Personen tätig zu werden. Hier sind folgende in der Praxis am häufigsten vorkommenden zwei Fälle zu erwähnen:

a) Die Einweisung Geschlechtskranker, die sich der Unzucht ergeben, bei Ansteckungsgefahr behufs Zwangsheilung in eine Krankenanstalt gemäß Art 66 Abs 2 PolStrGB, MinBek vom 9. Mai 1911 (GVBl S 426 § 23), s. auch § 2 RVo vom 11. und 17. Dez. 1918 (RGBl S 1431 und 1433); nach der Rechtsprechung des VGH (s. B 48 N 15 S 45, Baath S 126, 128) sind die Kosten als Ausgaben für Polizeiverwaltung anzusehen; nach bayr. Landesrecht hat die Armenpflege für den Notbedarf aufzukommen, s. S 39 S 55; vgl. auch Anm 4 d aa zu § 1; s. auch BayGemZeit 1920 S 516 u. 840.

b) Die Einschaffung gemeingefährlicher Geisteskranker in Heil- und Pflegeanstalten gemäß Art 80 Abs 2 PolStrGB, ME vom 1. Jan. 1895 (MABl S 2), VO vom 26. Nov. 1915 (GVBl S 723). An Stelle der Bezirksämter ist nunmehr der Bezirksausschuß zuständig, Art 23 Abs 1 SVG; er besorgt dabei aber keine Angelegenheit des Bezirks, sondern handelt als Organ der Staatsverwaltung, weshalb der übergeordneten Regierung das Recht zusteht, im öffentlichen Interesse einen verneinenden Beschluß aufzuheben und die Einschaffung anzuordnen, § 19 FormatVO vom 17. Dez. 1825, ME vom 8. April 1920 N 525 30 a 1; das Bezirksamt kann aber bei Gefahr auf Verzug die Verbringung in die Irrenanstalt vorläufig anordnen, Ziff 3 ME vom 1. Jan. 1895 und Rösch SVG, 2. Aufl. S 80. Über die Frage, ob Kostenpflicht für Polizeiverwaltung oder Armenpflege in Betracht kommt, gilt dasselbe wie bei a, vgl. Anm 4 d cc zu § 1 und die dort angeführte Rechtsprechung, ferner B 56 N 23 S 70, 77. Im Übrigen wird auf Anm 5 zu Art 58 verwiesen.

4. Zu den Pflichtaufgaben der Armenpflege gemäß Art 3 gehört die Gewährung von:

a) **Obdach.** Hier kommt unentgeltliche Gewährung einer Wohnung im Armenhause, Asyle für Obdachlose oder in einer Pfründneranstalt, dann die Zuweisung einer Mietwohnung wie die Aufbringung der Miete auf Kosten der Armenpflege in Betracht, vgl. B 41 N 32 S 107 und VGE vom 11. März 1918 N 8 AU P. Wird für Wohnung im Armenhause ein Mietgeld bezahlt, dann liegt Armenhilfe nicht vor, B 48 N 12 S 34, s. dazu auch N 13 S 39. Die Gewährung eines Aufbewahrungsraumes für Hausgerät fällt nicht unter Obdach, VGE vom 4. März 1918 N 87 III/17 AU K.

Über Maßnahmen des Reiches zur Beseitigung der Wohnungsnot s. Anm 5 A n zu § 1, über Selbstverwaltungsrecht der Gemeinden auf dem Gebiete der Wohnungszuweisung und Staatsaufsicht s. S 41 S 6.

b) **Kleidung.** Was hier notwendig ist, muß nach den jeweiligen Verhältnissen des einzelnen Falles bemessen werden. Über Firmungs-, Kommunion- und Konfirmationskleidung s. Anm 4 I zu § 28, Notstandsversorgung durch Beschaffung von Arbeitskleidung s. StAnz 1920 N 105, Beschaffung von Schuhwerk[1]) s. die in Brunn S 388 angeführten zwei Entscheidungen des VGH. Auch für den Wäsche-Notbedarf, insbesondere bei Kindern und Kranken, hat die Armenpflege zu sorgen, ebenso für die Reinigung der Kleider und Wäsche, s. B 26 N 30 S 88 Brunn S 392, die Reinigung fällt mehr unter Pflege, s. c, die Ausbesserung aber unter Be-

[1]) Auch mittellose schulpflichtige Kinder sind mindestens für die kältere Jahreszeit mit Schuhwerk zu versehen, VGE vom 9. Dez. 1919 N 18 III/18 AU N.

kleidung, s. VGE vom 29. Okt. 1917 N 83 Fürs St. Wegen der Anstaltskleidung sei hier zusammenfassend folgendes ausgeführt: Die für die Unterbringung in einer Anstalt erforderliche Kleidung hat der Armenverband zu beschaffen, dem die endgültige Fürsorgepflicht für den Anstaltszögling zukommt, B 45 N 25 S 88, 90 (auch Brunn S 388/9). Anstaltshauskleider in Krankenhäusern fallen unter Verwaltungsaufwand (§ 30 Abs 3), anders wenn für die mitgebrachte, nicht mehr brauchbare Hose ein Ersatz beschafft wurde (Brunn a. a. O.). In den Fällen des Art 58 (Anstaltspflegepflicht der LAVe) haben die LAVe wie für den ganzen Anstaltspflegeaufwand auch für den Bedarf an Kleidung während des Anstaltsaufenthalts aufzukommen, BayVA § 46 Abs 2; dagegen geht die Kleidung, die dem Hilfsbedürftigen vor Unterbringung in die Anstalt beschafft wird, noch zu Lasten des OAVes, s. Anm 3 l bb zu § 32 a; verlangen aber die Anstaltssatzungen Bekleidungsstücke, die über den Notbedarf hinausgehen, dann gehören die Mehrkosten zum Aufwande der Anstaltsfürsorge, BlApfl II S 195. Die Ausstattung der Fürsorgezöglinge fällt unter die Kosten der Zwangserziehung, die nicht zu den Pflichtaufgaben der Armenpflege gemäß Art 3 gehört wenn auch der OAV des UW zwei Zehntel des nicht gedeckten Aufwands zu übernehmen hat.

. c) **Pflege.** Außer der Pflege von hilfsbedürftigen Kindern, Kranken und Gebrechlichen kommt hauptsächlich in Betracht die Pflege von Wöchnerinnen (VGE vom 15. Jan. 1917 N 81 III/16 Entb.f. B), da bei Schwangerschaft nicht Krankheit anzunehmen ist, s. § 29 Abs 5, dann die Reinigung von Ungeziefern (Kleiderreinigung und Bäder), s. VGE vom 29. Okt. 1917 N 83 Fürs. St. (leichtere Verlausung), s. auch Anm 5.

Nach dem RG vom 26. Sept. 1919 (RGBl S 1757, BlApfl IV S 201, 221), ergänzt durch RG vom 30. April 1920 (RGBl S 853, BlApfl V S 112 Jaeger), kommt auch den minderbemittelten Wöchnerinnen, die nicht Kassenmitglieder und nicht Familienangehörige von Kassenmitgliedern sind, eine derartige Wochenunterstützung (Entbindungskostenbeitrag, Wochengeld für 10 Wochen, Beihilfe für Schwangerschaftsbeschwerden, Stillgeld für 12 Wochen) zu, daß ein Eingreifen der Armenpflege kaum notwendig werden wird; s. dazu auch BayGemZeit 1920 S 668 und 695 (wegen Ersatzansprüche der AVe aus der Wochenhilfe und Wochenfürsorge). Unter Armenpflege gehört auch die Reinigung der Wäsche und Kleider für Kinder, Wöchnerinnen, Kranke und Gebrechliche, s. obenangeführte VGE vom 29. Okt. 1917 und vom 9. Dez. 1919 N 18 III/18 AU N. Über Krankenpflege s. Anm 5, über Anstaltspflege Anm 7 und Art 58 mit Anmerkungen.

d) **Nahrung und Lebensunterhalt überhaupt.** Hier kommt neben der Unterbringung in Pfründner- und Versorgungsanstalten, die den Armen Unterhalt gewähren, die Verabreichung von Geldunterstützung namentlich bei teilweiser Hilfsbedürftigkeit, die Leistung von Pflegegeldern insbesondere für in Familien- oder Anstaltspflege untergebrachte Kinder, Sachleistung durch Beschaffung von Einzelgegenständen des Lebensbedarfs[1]) wie Kartoffel und Brennmaterialien in Betracht. Das ist ein Gebiet, auf dem die freiwillige Armenpflege und private Wohltätigkeit vieles leistet, dadurch zur Entlastung der Armenpflege beitragend.

---

[1]) Unter Umständen auch Hausrat, s. darüber insbesondere B 19 N 21 S 77 Brunn S 392.

Noch ist darauf hinzuweisen, daß die Staatsregierung die Armenverbände wiederholt zur Erhöhung der Unterstützungssätze wegen der zunehmenden Teuerung aufgefordert hat, vgl. MinBek vom 13. Juli 1918 (MABl Kr.beil S 191), 30. Jan. 1920 (MABl S 4) und vom 21. Jan. 1921 (StAnz N 20), Teuerung und Armenhilfe betr.

e) über Krankenunterstützungen, Kosten für Erziehung, Unterricht und Beerdigung s. die nachfolgenden Anmerkungen.

5. Als Unterstützung in Krankheitsfällen kommt für die Armenpflege die Krankenhilfe in Betracht. Als Krankheit bezeichnet das BAH einen abnormen Körperzustand, der in der Notwendigkeit ärztlicher Behandlung oder der Anwendung von Heilmitteln oder in der Beeinträchtigung der Erwerbsfähigkeit zutage tritt, B 44 N 19 S 54, 55 N 27 S 83 und S 25 S 19. Auf die Ursache der Erkrankung wie der Hilfsbedürftigkeit kommt nichts an, B 42 N 34 S 117 oben, B 55 a. a. O. Die Krankenhilfe umfaßt alle Aufwendungen (für ärztliche Behandlung, Heilmittel, Verpflegung [B 45 N 23 S 81], gegebenenfalls für Krankenhausbehandlung), die aus Veranlassung der Erkrankung zur Heilung oder Linderung oder Verhütung einer Verschlimmerung des Leidens oder zum Schutze des Kranken erforderlich sind, B 45 N 24 S 87; auch bei einem auf krankhafter Veranlagung, einem chronischen Leiden oder einem organischen Fehler beruhenden ärztliche Behandlung und Heilmittel erfordernden Zustand ist Krankenhilfe zu gewähren, B 44 N 19 S 52 und 51 N 42 S 138; das zur Herstellung des Kranken nach ärztlichem Gutachten notwendige Heilverfahren ist durchzuführen, auch wenn Gefahr auf Verzug nicht besteht, B 50 N 12 S 30; als Heilmittel, um dem krankhaften Zustand abzuhelfen, gilt auch die Beschaffung künstlicher Gliedmaßen, die Reparatur und Erneuerung solcher Apparate, B 46 N 28 S 103, 51 N 42 S 138/9, BA § 16 Ziff 4 und VGE vom 13. Jan. 1919 N 58 III/18 AU W; denn die Armenpflege ist nicht auf die Gewährung der sog. kleinen Heilmittel (s. § 182 Ziff. 1, auch § 193 Abs 1 RVO) beschränkt, B 46 N 28 S 104; damit ist nicht allgemein die Beschaffung eines künstlichen Armes oder einer Maschine statt eines Stelzfußes als notwendig anerkannt; so hat das BAH die Notwendigkeit eines künstlichen Armes für eine Hausfrau verneint, s. B 35 N 29 S 80 Brunn S 403 und der BayVGHof bezüglich eines Gehstützapparates für eine Näherin verneint, VGE vom 14. Juni 1920 N 66 III/19 AU L; wegen Beschaffung eines künstlichen Beines oder Stelzfußes s. § 28 Anm 4 I (Heilbehandlung). Künstliche Gebisse und Einzelzähne kommen als Heilmittel in Betracht, wenn sie zur Heilung oder Milderung von Zahnkrankheiten oder anderen durch den Zustand der Zähne bedingten Krankheiten (wie Magenkrankheiten) nötig sind, Preuß. VerwBl 37 S 276. Die Prüfung der Notwendigkeit kann auch bei Operationen veranlaßt sein, s. § 28 Anm 4 a. a. O., VGE vom 4. Febr. 1918 N 41 III/17 Kurf G (verneinend in bezug auf Anwendung des sog. Pneumothorax bei Lungenleiden). Bemerkenswert ist die VGE vom 5. Juli 1920 N 25 III/18 Kr. f. M, in der es heißt, der Arme habe auch einen Anspruch auf spezialärztliche Behandlung, wenn das Leben oder die Gesundheit nur auf diese Weise zu erhalten ist; regelmäßig wird dies bei Augen- und Zahnleiden veranlaßt sein; wegen Zuziehung eines Dentisten s. § 28 Anm 4 a. a. O.

Krankenhilfe ist auch bei fortgeschrittener Verlausung (Läusekrankheit) zu gewähren, B 55 N 27 S 83, VGE vom 29. Okt. 1917 N 83 Fürs. St, s. auch Anm 4 c, ferner bei Biß durch einen tollwütigen Hund, BlApfl V S 119.

Wegen ärztlicher Behandlung erscheint die Ausstellung von Anweisungen oder Bewilligungsscheinen durch den AB zweckmäßig, s. BlApfl IV S 211. Wegen Hilfeleistung der Ärzte ohne Auftrag s. Art 14 und insbesondere Anm 5 dazu.

In vielen Fällen ist Krankenhausbehandlung[1]) am billigsten und zweckmäßigsten[2]); bei der offenen Krankenpflege kommt auch die Verwertung von Krankenpflegerinnen in Betracht; für diese ist nunmehr eine amtliche Prüfung mit Ausstellung eines amtlichen Ausweises eingeführt, s. MinBek vom 27. Jan. 20 (MABl S 17) abgeändert durch MinBek vom 23. Aug. 1920 (MABl S 306); über Trachten der die Krankenpflege betätigenden Vereine, Gesellschaften und Kongregationen s. RG vom 5. Sept. 1915 (RGBl S 561) und MinBek vom 18. März 1918 (GBBl S 207). Die Landkrankenpflege liegt übrigens hauptsächlich auf dem Gebiete der freiwilligen Armenpflege oder der Krankenpflege durch den Verein des Roten Kreuzes; mit Unterstützung der Kreise sind in verschiedenen Bezirken Landkrankenpflegerinnen aufgestellt worden.

Bei ansteckenden Krankheiten kommen auch behördliche Zwangsmaßnahmen in Betracht, vgl. RG vom 30. Juni 1900 (RGBl S 306), Ausf.Best. (RGBl 1904 S 67, 1920 S 281), bayr. VO vom 8. November 1904 (GBBl S 563), MinBek vom 9. Nov. 1904 (MABl S 502), teilweise abgeändert durch VO vom 8. Mai 1911 (GBBl S 425), MinBek vom 5. Nov. 1920 (MABl S 409), dann insbesondere MinBek vom 9. Mai 1911 (GBBl S 426); insoweit bei Abgesonderten oder ins Krankenhaus Eingewiesenen Hilfsbedürftigkeit gegeben ist, obliegt der Armenpflege die Aufbringung des Notbedarfs nach Art 3, vgl. S 26 S 31, 28 S 150 und 39 S 55, Anm 3 oben und 4 d zu § 1.

Amtlicherseits werden die Bestrebungen der Vereine zur Bekämpfung der Volkskrankheiten gefördert. Über Bekämpfung der Tuberkulose s. die ME vom 29. März 1911 (MABl S 181), vom 16. April 1917 (MABl S 68 und 94), vom 2. März 1919 (MABl S 43).

Zur Krankenpflege bettlägeriger Kranker gehört auch die Belieferung der notdürftigen Bett- und Wäschegegenstände, deren Überlassung zu Eigentum — in den BlApfl wird von einem Praktiker die l e i h w e i s e Abgabe empfohlen — einem Ersatzanspruche nicht entgegensteht, s. B 19 N 21 S 77 Brunn S 392.

6. E r z i e h u n g und U n t e r r i c h t, der sog. geistige Notbedarf, ein Programmpunkt des DVerfSuprG für die Pflichtleistungen der Zwangsarmenpflege (Heft 99 S 91 und 100 S 21—42, 141—145), gehört in Bayern schon länger als ein Jahrhundert (Art 33 und 46 der VO vom 17. Nov. 1816, RegBl S 779) zu den Aufgaben der öffentlichen Armenpflege. Weiter ausgebaut wurde dieser Zweig der Armenfürsorge durch Einführung der Anstaltspflege- und Ausbildungspflicht der LAVe hinsichtlich gebrechlicher Kinder gemäß Art 58 Abs 1 Ziff 2, s. Anm 13 daselbst.

[1]) Auch diese kann über das „Notwendige" hinausgehen, vgl. den in der VGE vom 24. Juni 1918 N 95 III/17 Arm.h. W behandelten Fall, bei dem ein verwahrloster Bettlägeriger noch 8 Monate nach Beseitigung der Folgen der Pflegevernachlässigung im Krankenhause belassen wurde.

[2]) In Bayern sind die Bezirke zur Herstellung und Unterhaltung von B e z i r k s k r a n k e n h ä u s e r n verpflichtet, vgl. Art 65 Abs 1 Ziff 2 und 3

Da die Erwerbsbefähigung dieser Aufgabe als Ziel dient, so dauert die Verpflichtung auch noch über das schulpflichtige Alter (s. B 51 N 17 S 48) hinaus fort, vgl. Begr S 698/9.

Erziehung kann auch in Form von Familienerziehung gewährt werden; Auskünfte hierüber s. BlApfl III S 54; Vertragsform BlApfl II S 277, wegen Zwangserziehung s. Fürsorgeerziehungsgesetz vom 21. Juli 1915 (GVBl S 595).

Zur Ausbildung gehört auch die Gewährung von Lehrstellen an hilfsbedürftige Jugendliche; über das Rechtsverhältnis zwischen AV und Lehrherrn s. Anm 1 zu Art 5.

Von großer sozialpolitischer Bedeutung für die Erziehung der Kinder und Förderung ihrer Erwerbsbefähigung ist die Tätigkeit der Jugendfürsorge-Einrichtungen und -Vereine, vgl. für Bayern insbesondere auch die Arbeitsgemeinschaft der bayr. Jugenderziehungsanstalten beim Jugendgericht in München unter Leitung des Amtsgerichtsrats Rupprecht. Nach dem veröffentlichten Entwurf eines Reichs-Jugendwohlfahrtsgesetzes ist die Errichtung von eigenen Jugendämtern beabsichtigt; vgl. auch Diefenbach, RAG S 320, 326, 332 (Leitsätze).

7. Hier („geschlossene Armenpflege") kommt insbesondere die Unterbringung von Kranken in Krankenanstalten, von Kindern in Waisenhäusern, Bewahr- und Heilanstalten, von Gebrechlichen und Geisteskranken in Heil- und Pflegeanstalten in Betracht; auf diesem Gebiete brachte die Bestimmung in Art 58 eine durchgreifende Neuerung für die Hilfeleistung der öffentlichen Armenpflege gegenüber Anstaltspflegebedürftigen; es wird auf die Anmerkungen zu diesem Art. verwiesen.

8. Wegen der Kosten für einfache Beerdigung, Glockengeläute und Sargausstattung vgl. Anm 4 zu § 28 unter „Beerdigung" und „Leichen". Zur Entrichtung von Stolgebühren sind die AVe nicht verpflichtet, aber berechtigt. Unter Stolgebühren sind die Gebühren für die persönlichen Dienstleistungen der Geistlichen oder niederen Kirchendiener, einschließlich der Ministranten, Kreuz- und Fahnenträger zu verstehen, vgl. Riedel Henle Anm 18b zu Art 11 (früher Art 10) S 118. In bezug auf die Auffindung von Leichen s. MinBek vom 17. Aug. 1920 (MABl S 295) über Errichtung einer Nachrichtenstelle für Vermißte und unbekannte Tote. Wegen Leichenschau s. Anm 4 I zu § 28, oberpol. Vorschr. vom 20. Nov. 1885 (GVBl S 655), MinBek vom 26. Juni 1918 (GVBl S 349), vom 20. Febr. 1920 (GVBl S 51) und VO vom 13. Aug. 1920 (GVBl S 410).

Nach oberstrichterlicher Entscheidung ist unter dem Worte „Beerdigung" auch „die Feuerbestattung"[1] mitinbegriffen (AV 1914 S 361).

9. Not- oder Eilfälle liegen vor, wenn hilfsbedürftigen Personen, denen ein Unterhaltsanspruch gegen leistungsfähige Verwandte zusteht, oder arbeitsfähigen Personen im Augenblicke die Mittel zur Beschaffung des unentbehrlichen Lebensunterhalts fehlen; vgl. darüber insbesondere Anm 4 zu Art 2. Eine solche Notlage kommt auch in Zeiten der Arbeitslosigkeit oder der Arbeitseinstellung oder infolge des Krieges in Betracht. Ob die Unterstützung in solchen Fällen überhaupt als AU anzusehen ist, hängt von den Umständen des einzelnen Falles ab. Eine öffentliche Armenunterstützung liegt nicht vor, wenn es sich um eine darlehensweise gewährte

---

[1]) S. auch S 34 S 79 und 88, Reger 32 S 183 und 200, oberpol. Vorschr. (VO und VV) vom 11. März 1920 über Feuerbestattung (GVBl S 57 und 59).

Nothilfe bei vorübergehender Notlage handelt, nach deren Beendigung vom Unterstützten der in Aussicht gestellte Ersatz geleistet wird, vgl. Anm 1 a aa zu § 14, 3 m aa zu § 28, Diefenbach RAG S 231/3, § 8 BA und AB 1912 S 376.

Anders verhält sich die Sache bei teilweiser Hilfsbedürftigkeit (vgl. hierüber Anm 4 c dd zu § 1), wenn also beispielsweise ein arbeitsfähiges Familienhaupt aus seinem Einkommen die laufenden Bedürfnisse seiner großen Familie an Nahrung, Wohnung, Kleidung und Beheizung zur Not bestreiten kann, aber keinerlei Ausgaben für Krankheitsfälle in der Familie (vgl. VGE vom 19. März 1917 N 89 III/16 U T); vgl. auch Anm 3 a zu Art 14. Bedarf ein Familienglied ständig oder in immer wiederkehrenden Abschnitten der ärztlichen Hilfe, so kommt sogar dauernde Hilfsbedürftigkeit in Frage. In diesen Fällen liegt natürlich eine öffentliche Armenunterstützung vor.[1])

Art. 4.

I Wer öffentliche Armenunterstützung genießt,[1] ist verpflichtet,[2] sich nach Anordnung der Armenverbände zu einer seinen Kräften angemessenen Arbeit innerhalb oder außerhalb einer Beschäftigungsanstalt verwenden zu lassen.

II Die Armenverbände sind berechtigt, arbeitsfähigen Personen, die trotz ernstlicher Bemühung keinen Erwerb finden, Arbeit zu ermitteln und anzuweisen.[3]

Begr. 700, AB 1914 S 367/8.

BA. § 9. I Durch Art. 4 Abs. I erhalten die Armenverbände das Recht, Personen, die öffentliche Armenunterstützung genießen, zur Arbeitsleistung anzuhalten. Zeit, Ort und Art der Arbeit bestimmen die Armenbehörden nach freiem Ermessen; nur muß die Arbeit den Kräften des Hilfsbedürftigen angemessen sein. Die Unterstützungsempfänger können insbesondere auch außerhalb des Gemeindebezirkes beschäftigt werden.

II Der Unterstützte ist verpflichtet, die ihm in gesetzmäßiger Weise zugewiesene Arbeit zu verrichten. Unbegründete Weigerung kann unter das Reichsstrafgesetzbuch § 361 Ziff. 7, § 362 fallen. Auch kann sie nach Art. 7 Abs. I zur Entziehung der Unterstützung führen und den Anlaß zur Anordnung des armenpolizeilichen Arbeitszwangs (Art 76 ff.) geben.

III Die Armenverbände haben der entsprechenden Beschäftigung der Unterstützten, soweit die Voraussetzungen hiefür gegeben sind, besonderes Augenmerk zuzuwenden. Sehr geeignet ist die Beschäftigung mit landwirtschaftlichen Arbeiten schon deshalb, weil kaum ein anderer Betrieb so viele Möglichkeiten der Verwendung menschlicher Arbeitskraft bietet und die Rücksichtnahme auf die Leistungsfähigkeit in dem Maße gestattet wie die Landwirtschaft.

IV Die Befugnis der Armenverbände nach Art. 4 Abs. II, arbeitsfähigen Personen, die trotz ernstlicher Bemühungen keinen Erwerb finden, Arbeit zu vermitteln und anzuweisen, ist vorbeugender Natur. Es handelt sich hier sonach nicht um öffentliche Armenunterstützung. Zum sachgemäßen Vollzug

---

[1]) Obiges kann auch bei Festbesoldeten zutreffen, wenn Gehalt oder Pension zum Lebensunterhalt und für die Bedürfnisse der Familie nicht hinreicht, vgl. B 38 N 16 S 40 Brunn S 336 und VGE vom 8. Jan. 1917 N 49 III/16 Kosten f. K, BlApfl IV S 110.

empfiehlt sich entsprechende Fühlungnahme der Armenverbände mit den Arbeitsnachweisstellen.

1. Armenunterstützung genießt auch das Familienhaupt, wenn einem unselbständigen Familiengliede Armenhilfe gewährt wird, vgl. Art 2 Abs 3 mit Anm 3, im übrigen Anm 5 zu § 1 und Anm 1 zu § 14.

2. Das BayAG kennt gegen Unterstützungsbedürftige einen Zwang in Form der Überweisung an Beschäftigungsanstalten (Art 4 Abs 1), Armenanstalten (Art 7 Abs 1), Arbeitsanstalten (Art 76 Abs 1), ferner an Erziehungs- und Heilanstalten insbesondere Trinkerheilstätten (Art 76 Abs 5). Außerdem kann der AV gemäß Art 80 Abs 2 auf Grund des Unterbringungsbeschlusses statt der Anstaltszuweisung die Anweisung von Arbeit außerhalb der Anstalt verfügen.

Die Verweigerung der Arbeit, zu der der Hilfsbedürftige von dem AV angewiesen wird, zieht Bestrafung mit Haft gemäß § 361 Ziff 7 RStGB (s. Anm 2 zu Art 87) nach sich. Auch ist gemäß § 362 a. a. O. die Überweisung an die Landespolizeibehörde zulässig. Daß die zugewiesene Arbeit den Kräften des Hilfsbedürftigen angemessen sein muß, wird sowohl im RStGB als auch im AG gefordert.

3. Schon die Verordnung vom 17. Nov. 1816 hat es der öffentlichen Armenpflege zur Pflicht gemacht, hilfsbedürftigen Personen Arbeitsgelegenheit zu verschaffen (Art 26—29). Die Arbeitsleistung arbeitsfähiger Personen, die wegen zeitweiser Arbeitslosigkeit an die öffentliche Behörde sich wenden, sieht auch die Bestimmung über das Wandererunterstützungswesen in Art 65 Abs 1 Ziff 4 vor. Ein weiterer Ausbau dieser Maßnahmen findet sich in der Einführung des polizeilichen Arbeitszwangs (Art 76 ff.). Die Arbeitsvermittlung ist vorbeugender Natur, daher ebensowenig Unterstützung wie die Entlohnung der zugewiesenen Arbeit (s. Begr S 700). Bei Arbeitslosigkeit hat gegebenenfalls die Erwerbslosenfürsorge einzutreten, s. Anm 5 A c zu § 1. Für die Arbeitsvermittlung sind Arbeitsämter für jeden Regierungsbezirk ein Hauptarbeitsamt eingerichtet (über Landesverband und Landesarbeitsamt s. MinBek vom 15. und 28. Jan. 1921, StAnz Nr 14 und 27). Den Arbeitgebern ist einerseits die Pflicht auferlegt, Arbeitslose, insbesondere Kriegsbeschädigte einzustellen (s. hierüber die in Anm 5 A p zu § 1 angeführten Vorschriften), andererseits untersagt oder erschwert, ihren Betrieb einzustellen[1]) (RVo vom 8. Nov. 1920 RGBl S 1901 und bayr. MinBek vom 30. Nov. 1920 StAnz Nr 281) und Kriegsbeschädigten zu kündigen (RG vom 22. Okt. 1920 RGBl S 1787 und ME vom 29. Jan. 1921 StAnz Nr 28).

Art. 5.

Die Armenverbände sind berechtigt, die Unterstützung (Art. 3 Abs. II, III) durch Übereinkommen an andere Armenverbände, an Gemeinden, Anstalten, Vereine oder dergl., an Ärzte oder sonstige geeignete Einzelpersonen zu übertragen[1] und zu

[1]) In Fällen von Geschäftsstockung können Darlehen aus Mitteln der produktiven Erwerbslosenfürsorge gewährt werden, MinBek vom 31. Jan. 1921 (StAnz Nr 29). Wegen Rechnungsstellung s. Anweisung (MinBek vom 8. Febr. 1921) und Formblatt im StAnz Nr 33.

diesem Zwecke Hilfsbedürftige unbeschadet der gesetzlichen Aufenthaltsbeschränkungen auch auswärts unterzubringen.[2] Beim Abschlusse des Übereinkommens darf nicht lediglich der Betrag der Entschädigung den Ausschlag geben; das Ausbieten der Hilfsbedürftigen ist verboten.[3]

R 571 (B 4 b Abs II), Begr 700, AB 1914 S 368/9.

VA. § 10. I Die Unterstützung Hilfsbedürftiger darf Privatpersonen nur übertragen werden, wenn diese hierzu geeignet sind, d. h. wenn sie durch ihre Eigenschaften die Gewähr für die ordentliche Erfüllung ihrer Vertragspflichten bieten. Dies gilt namentlich für die Unterbringung von Kindern. Beim Abschlusse des Übereinkommens lediglich den Betrag der Entschädigung den Ausschlag geben zu lassen, ist ebenso verboten, wie die öffentliche Versteigerung der Hilfsbedürftigen. Für sogenannte Kostkinder gelten außerdem die bestehenden besonderen Vorschriften.

1. Solche Vereinbarungen sind meist bürgerlichrechtlicher Natur, weshalb im Streitfalle nicht die Verwaltungsbehörden, sondern die bürgerlichen Gerichte zu entscheiden haben. Öffentlichrechtliche Ansprüche kommen in Frage:

a) Bei Übereinkommen zwischen ABen, insoweit sie deren öffentlichrechtliche Verbindlichkeit treffen; vgl. Art 34 Abs 2 AG und Anm 4 b zu § 37.

b) Dadurch, daß die Gemeinden als Trägerinnen der Armenlast einen Bezirkskrankenhausverband bilden, entsteht ein öffentlichrechtliches Verhältnis zwischen Bezirk und den Gemeinden; Streitigkeiten hieraus sind Verwaltungsrechtssachen gemäß Art 8 Ziff 23 VGG; vgl. auch Anm 2 zu Art 34.

c) Ersatzansprüche von einzelnen Personen auf Grund Geschäftsführung ohne Auftrag durch Hilfeleistung in dringlichen Fällen sind durch die Bestimmung in Art 14 BayAG dem öffentlichen Rechte zugewiesen.

Im übrigen fallen Verträge, die von den ABen mit Ärzten, Hebammen, Badern, Krankenanstalten, Sanitätskolonnen und anderen Vereinen, mit Gewerbsmeistern (Lehrverträge), mit Frauen wegen Übernahme von Kostkindern und dgl. abgeschlossen werden, in das Gebiet des bürgerlichen Rechtes.

2. Die Befugnis zur Unterbringung von Hilfsbedürftigen durch ABe muß wie die Berechtigung des Familienhauptes zur Bestimmung des Aufenthalts (vgl. § 2 FreizG, §§ 1354 Abs 1 und 1631 Abs 1 BGB) gegenüber der Ausweisungsanordnung der zuständigen Behörden nach §§ 3—5 FreizG, sowie Art 3 AufenthaltsG zurückstehen (vgl. VGE vom 9. Nov. 1906 N 147 I/06 Wegw. O).

3. Mit Satz 2 wurde nach der Begründung S 700 zum Ausdruck gebracht, daß eine derartige Übertragung von Teilen der Aufgaben der öffentlichen Armenpflege nur zulässig ist, wenn Gewähr für die ordnungsmäßige Erfüllung dieser vertraglich übernommenen Aufgabe geboten ist; andernfalls hätte die Staatsaufsichtsbehörde einzuschreiten; insbesondere sei es unzulässig, Kinder lediglich an den Mindestnehmenden zu vergeben. Der Satz über das Verbot der öffentlichen Versteigerung ist auf Grund der Verhandlungen des besonderen Ausschusses (AB 1914 S 368/9) beigefügt worden. Wegen der Annahme von Kostkindern wird auf Art 41 PolStGB und auf den Entwurf eines Reichs-Jugendwohlfahrtsgesetzes Abschn. III verwiesen.

Art. 6.

I Es ist verboten, Hilfsbedürftige in der Weise zu verköstigen, daß sie die Kost bei den Einwohnern der Reihe nach einnehmen müssen (Umkost).[1]

II Die Aufsichtsbehörde kann für Landgemeinden auf Antrag des Gemeindeausschusses und des Armenrats (Art. 21) in widerruflicher Weise Ausnahmen bewilligen. Die Bewilligung darf sich nicht erstrecken auf werktagsschulpflichtige Kinder, auf Kranke, gebrechliche, trunksüchtige, sicherheits- oder sittlichkeitsgefährliche Personen, ferner auf Personen über 70 Jahre, wenn diese nicht zustimmen.[2]

III Im Falle des Abs. II obliegt die Verköstigung nach näherer Festsetzung des Gemeindeausschusses und des Armenrats den Einwohnern mit eigenem Haushalt in bestimmter Reihenfolge nach einem billigen Maßstabe.[3]

R 571 (B 5), AB 1912 S 402—406, Begr 700/1, AB 1914 S 369—374, StenBer 1914 S 28 und 34.

VA. § 11. I Es ist davon auszugehen, daß die Umkost, d. i. die Verköstigung der Hilfsbedürftigen in der Weise, daß sie die Kost bei den Einwohnern der Reihe nach einnehmen müssen, verboten ist. Ausnahmen dürfen daher nur unter ganz besonderen Umständen bewilligt werden. Die Aufsichtsbehörden haben dabei eingehend insbesondere zu prüfen, wieweit die für die Zulassung der Umkost geltend gemachten Gründe zutreffen, ob hiernach die Verköstigung nicht auch anders als in Form der Umkost auf zufriedenstellende und den wirtschaftlichen Verhältnissen der Gemeinde entsprechende Weise geschehen kann und welche Auflagen zur Verhütung von Mißständen zu machen sind. Die erteilte Bewilligung ist zurückzuziehen, sobald sich Mißbräuche zeigen. Es ist namentlich auch darauf zu achten, daß an der Umkost nicht die in Abs. II bezeichneten Personen teilnehmen.

II In der Pfalz ist die Umkost auch in Zukunft nicht gestattet. Im übrigen ist dahin zu wirken, daß durch zweckentsprechende Regelung des Verköstigungswesens und der Armenfürsorge überhaupt die Umkost auch dort, wo sie noch ausnahmsweise zugelassen werden kann, mehr und mehr verschwindet.

1. Die Umkost, die noch in einzelnen rechtsrheinischen Landgemeinden (wegen der Pfalz s. Begr. S 700) vorkommt, wurde nicht vollständig beseitigt, aber gegenüber der bisherigen Bestimmung in Art 19 Abs 3 AArmG noch weiter in folgender Weise eingeschränkt:

a) Das Verbot der Umkost wurde auch für gebrechliche, trunksüchtige und sittlichkeitsgefährliche Personen eingeführt, ferner für Personen über 70 Jahre beim Mangel ihrer Zustimmung.

b) Die Einführung der Umkost und ihre Beibehaltung, wo sie vor dem 1. Jan. 1916 bereits in Übung war, bedarf der bezirksamtlichen Genehmigung, die jederzeit widerruflich ist und einen übereinstimmenden Antrag des Gemeindeausschusses (nun Gemeinderats) und des Armenrats zur Voraussetzung hat.

Umkost wird auch anzunehmen sein, wenn die Einwohner der Reihe nach dem Hilfsbedürftigen zu überbringen haben, vgl. BlApfl V S 191.

2. Die Genehmigung ist nur zu erteilen, wenn die wirtschaftlichen Verhältnisse einer Gemeinde dies rechtfertigen, dabei hat das Bezirksamt im Einvernehmen mit dem Amtsarzte diejenigen Auflagen zu machen, die geeignet sind, das Vorkommen von Mißständen tunlichst hintan zu halten. Gegen bezirksamtliche Beschlüsse, die die beantragte Genehmigung versagen, ist Beschwerdeführung gemäß Art 72 AG und 161 der rechtsrheinischen GemO zulässig. Eine Anrufung des VGH gemäß Art 10 Ziff 2 VGG ist unstatthaft, weil die Erteilung der Genehmigung Sache des staatsaufsichtlichen Ermessens ist und unter die Bestimmung des Art 13 Abs 1 Ziff 3 VGG fällt (S 12 S 200 und 15 S 33). Beschwerdeberechtigung kommt nur dem Armenrat mit Zustimmung des Gemeinderats, die eine Voraussetzung des Antrags ist, nicht auch den einzelnen Gemeindeangehörigen zu (Helmreich-Rock, GemO 2. Aufl. S 423 Anm 4 zu Art 161).

3. Haushaltungsvorstände können wegen der ihnen aufgelegten Umkostleistung den Verwaltungsrechtsweg gemäß Art 8 Ziff 30 VGG beschreiten. Dabei fällt die Prüfung der Billigkeit des Maßstabes in das Gebiet des richterlichen Ermessens (S 9 S 156/9). Der Streit behält diese verwaltungsrechtliche Natur auch bei, wenn es sich um den Ersatz der dem Armenrat infolge der widerrechtlichen Weigerung des Einzelnen entstandenen Auslagen handelt (S 3 S 77/82). Wenn auch der Gemeinderat und der Armenrat die Umkost gemeinschaftlich regeln, so ist doch im Verwaltungsrechtsstreite der Armenrat zur Vertretung der Gemeinde als Trägerin der Armenlast gemäß Art 16, 21 und 30 Abs 1 AG berufen.

Art. 7.

I Setzt jemand den allgemeinen oder besonderen Anordnungen des Armenverbandes, insbesondere über die Ermittlung der Hilfsbedürftigkeit, die Verabreichung von Unterstützungen, die Leistung der zugewiesenen Arbeit, die Einhaltung einer bestimmten Lebensweise oder den Aufenthalt in einer Armenanstalt ungerechtfertigten Ungehorsam entgegen, so kann ihm der Armenverband auf die Dauer des Ungehorsams jede Unterstützung versagen.[1]

II Ungerechtfertigter Ungehorsam (Abs. I) liegt insbesondere dann nicht vor, wenn mit dem Gehorsam Gefahr für Leben oder Gesundheit des Hilfsbedürftigen oder eines Angehörigen oder sonstige unverhältnismäßige Härten oder Nachteile für diese Personen verbunden wären.[2]

III Wenn die Eltern oder ihre Stellvertreter die Erziehung von Kindern, für welche die öffentliche Armenpflege Unterstützung gewährt, offenbar vernachlässigen, so kann der Armenverband die Fortsetzung der Unterstützung davon abhängig machen, daß solche Kinder ihm zur Unterbringung und Erziehung überlassen werden.[3]

IV Den Mitgliedern und den besonders beauftragten Vollzugspersonen des Armenrats, den Armenpflegern, den Beauftragten des Landarmenverbandes sowie den Vertretern der Staatsaufsichtsbehörde darf der Eintritt in die Wohnung der unterstützten Hilfsbedürftigen nicht verwehrt werden.[4]

D 474 (V B, 3 f.), Begr 701/2, AB 1914 S 375–378.

BA. § 12. I Art. 7 Abs. III bezieht sich nur auf die Fälle der Kinderunterstützung. Er ermöglicht durch Verweigerung der Armenhilfe die Einwirkung auf pflichtvergessene Eltern und ihre Stellvertreter, die Erziehung der Kinder, für die Unterstützung gewährt wird, nicht zu vernachlässigen. Ist die Vorschrift im einzelnen Falle nicht durchzuführen, die Trennung der Kinder von den Eltern aber notwendig, so muß der Armenverband das Einschreiten des Vormundschaftsgerichts veranlassen und nötigenfalls die gesetzlichen Rechtsmittel ergreifen (Bürgerliches Gesetzbuch § 1666, Gesetz über die freiw. Gerichtsbarkeit § 57 Abs. I Ziff. 9).

II Wird dagegen die Unterstützung nicht ausdrücklich nur für die Kinder, sondern für die Eltern gewährt, so kann die öffentliche Armenpflege zwar nicht nach Art 7 Abs. III vorgehen, sie kann sich aber in gleicher Weise an das Vormundschaftsgericht wenden. In beiden Fällen können auch Anregung der Fürsorgeerziehung, Strafeinschreitung nach dem RStGB. § 361 Ziff. 5, 10, PStGB. Art. 81 (vgl auch die ME. vom 27. März 1894 MABl. S. 156) sowie der armenpolizeiliche Arbeitszwang in Frage kommen.

III Nach Art. 7 Abs. IV darf den Organen der Armenverbände und den Vertretern der Staatsaufsichtsbehörde der Eintritt in die Wohnung der unterstützten Hilfsbedürftigen nicht verwehrt werden. Die Beauftragten der Landarmenverbände können beim Aufsuchen von Landarmen, die nach Art. 56 Abs. I den Ortsarmenverbänden überwiesen sind, namentlich auch prüfen, ob nicht eine unterschiedliche Behandlung der Ortsarmen und Landarmen zum Nachteile des Landarmenverbandes stattfindet, ob die Ortsarmenverbände bei der Untersuchung der Hilfsbedürftigkeit der Landarmen nicht einen weniger strengen Maßstab anlegen als bei den eigenen Armen und ob den Landarmen der Erwerb des Unterstützungswohnsitzes nicht erschwert wird.

1. Die Vorschrift regelt zunächst das Verhältnis zwischen dem Unterstützten und dem anordnenden Armenverbande; ist letzterer der AV des UW, aber nicht zugleich der AV des AufO, so berühren die Anordnungen des ersteren letzteren nicht. Er kann deshalb für die von ihm geleistete Unterstützung nach wie vor Ersatz vom AVe des UW verlangen, es müßte denn sein, daß ein schuldhaftes Verhalten vorliegt, indem beispielsweise durch die Schuld des AV des AufO die verlangte Überführung unterlassen oder verzögert worden ist, vgl. S 40 S 14.

Die Anordnungen des Armenverbandes sind auch für Erkrankungsfälle maßgebend, vgl. Anm 3 und 5 zu Art 3.

Die Vorschrift ist im wesentlichen dem Art 30 AArmG nachgebildet. Neu ist die Einfügung „die Einhaltung einer bestimmten Lebensweise", worunter auch das Wirtshausverbot fällt (vgl. Begr 701 und AB 1914 S 375). Aus triftigen Gründen (S 5 S 118) kann gegenüber Anordnungen des Armenrates der Gehorsam verweigert werden.

2. Die hauptsächlichsten Gründe für die Berechtigung der Nichtbefolgung der armenbehördlichen Anordnungen sind nunmehr im Gesetz angeführt, vgl. Anm 2 b aa und cc zu § 56.

3. S. VA § 12.

4. Diese Bestimmung hat ein Vorbild in Art 36 Abs 2 AArmG. Die Befugnis zur Nachschau ist auch den Beauftragten der LAVe zu dem in Abs 3 § 12 VA erörterten Zweck und den Vertretern der Staatsaufsichtsbehörde eingeräumt worden. Nach der Erklärung der Staatsregierung (AB 1914 S 376) soll in Ausnahmefällen die Nachschau auch „zu ungewohnter Stunde" (also nicht bloß zur Tageszeit) zulässig sein.

Art. 8.

Die Armenverbände können die Entmündigung wegen Verschwendung oder wegen Trunksucht beantragen, wenn zu befürchten ist, daß der zu Entmündigende oder seine Angehörigen der öffentlichen Armenpflege zur Last fallen werden.[1], [2]

Begr 702, AB 1914 S 378.

1. Vgl. § 6 Abs 1 Ziff 2 und 3 BGB, § 680 Abs 5 ZPO, Art 36 Abs 4 AArmG, Art 160 BayAG zum BGB Ziff VIII, VdKdA 1898/99 BeilBd 20 Abs 2 S 317/8, Reger AG S 59 Note 4 zu Art 36, Henle AG S 67 nebst Anführungen, ferner Henle-Schneider BayAG zum BGB Anm 15 zu Art 160 (2. Aufl. S 288/9). Hiernach sollen unter Angehörigen „Personen, die vom Familienhaupte zu unterhalten sind", zu verstehen, ferner der Begriff „Familienhaupt" nicht „juristisch", sondern „nach den tatsächlichen Verhältnissen zu nehmen" sein; danach sei auch der hilfsbedürftige Großvater, den ein Verschwender oder trunksüchtiger Mann zu unterhalten verpflichtet ist, unter die Angehörigen zu rechnen. Der enge Begriff des Art 2 Abs 3 für Anrechnung der Armenunterstützung ist hier ebensowenig anzuwenden wie in Art 11.

2. Entmündigungsanträge sind von dem AVe beim Amtsgerichte, bei dem der zu Entmündigende seinen Wohnsitz hat, schriftlich einzureichen oder in der Gerichtsschreiberei mündlich anzubringen und niederschreiben zu lassen. Im übrigen sind die Bestimmungen über das Verfahren in Entmündigungssachen (§§ 645 und 680 ff. RZPO) maßgebend; die Entmündigung wegen Verschwendung und Trunksucht wird durch das Amtsgericht öffentlich bekannt gemacht (§ 687 a. a. O.).

Art. 9.

I Alle öffentlichen Behörden, Stiftungsverwaltungen, Religionsdiener, Ärzte und Einrichtungen der privaten Wohltätigkeit haben innerhalb ihres Wirkungskreises den Armenverbänden auf Verlangen die zur Lösung ihrer Aufgaben erforderlichen Aufschlüsse zu erteilen.[1]

II Für öffentliche Behörden besteht diese Pflicht nicht, soweit besondere dienstliche Rücksichten entgegenstehen.[2]

AB 1912 S 377–379, Begr 702, AB 1914 S 378—381.

VA. § 13. I Zu den Einrichtungen der privaten Wohltätigkeit gehören nicht bloß die Wohltätigkeits**vereine**, sondern auch solche Einrichtungen, die keine Vereine sind oder nicht von Vereinen betrieben werden, z. B. Wohltätigkeitsverbände, Ortsgruppen oder Ortsausschüsse von Vereinen und Verbänden.

II Die Auskunftspflicht besteht auch gegenüber den Bezirkspflegeausschüssen (Art. 27 Abs. II).

1. Wer zur Verweigerung des Zeugnisses nach §§ 383—385 RZPO berechtigt ist, kann auch die vom AVe verlangte Auskunft verweigern. Wegen der Aufschlußverpflichtung der öffentlichen Behörden wird auf die Anm 2 zu § 63 verwiesen.

2. In der Begründung zu dieser neuen Bestimmung wurde festgesetzt, daß die Wahrung des Steuergeheimnisses nicht unter die „besonderen dienstlichen Rücksichten" fällt, da die Kenntnis von der Steuerveranlagung in vielen Fällen für die Frage, ob Hilfsbedürftigkeit vorliegt, unentbehrlich ist. Bei Familienunterstützungsgesuchen wurde aber durch FinanzministEntschl vom 19. Mai 1916 die Zustimmung des Gesuchstellers für Aufschlüsse über Steuerveranlagung gefordert.

Nach Erklärung des Vertreters des Justizministeriums besteht beim Vorhandensein eines rechtlichen Interesses kein Hindernis, die Einsicht in Vormundschaftsakten und in das Grundbuch nach § 11 GBO zu gewähren; es könne hier nicht geltend gemacht werden, daß dienstliche Rücksichten entgegenstehen. Denn der Staat habe schließlich das gleiche Interesse wie die Armenpflege selbst, daß letztere ihres schweren Amtes ordnungsgemäß walten könne. Die Armenpflege habe gegen die Verweigerung der Auskunft in solchen Fällen nicht nur die gewöhnliche Dienstaufsichtsbeschwerde, sondern die auch Einzelpersonen gesetzlich zustehenden Rechtsmittel.

Art. 10.

I Personen, die trotz genügender eigener Mittel öffentliche Armenunterstützung[1] empfangen oder binnen 10 Jahren nach Empfang solcher Unterstützung ein Einkommen oder ein Vermögen erlangt haben, das ihnen unbeschadet der Sicherstellung ihres Lebensunterhalts die Erstattung ermöglicht,[2] sind zum Ersatze[3] des Empfangenen verpflichtet.

II Der Armenverband kann auch aus dem Nachlasse[4] der Personen, die in den letzten 10 Jahren vor dem Tode unterstützt worden sind, Ersatz für die gewährten Unterstützungen verlangen, wenn nicht arme Pflichtteilsberechtigte[5] vorhanden sind.

III Der Ersatzanspruch nach Abs. II kann nicht zum Nachteile der Nachlaßgläubiger geltend gemacht werden; Verbindlichkeiten aus Pflichtteilsrechten, Vermächtnissen und Auflagen bleiben außer Betracht. Trifft der Ersatzanspruch mit dem Ersatzanspruch einer öffentlichen Wohltätigkeitsanstalt zusammen, die den Verstorbenen in den letzten 10 Jahren vor dem Tode unterstützt hat, so kann er auch nicht zum Nachteile dieses Anspruchs geltend gemacht werden.[6, 7, 8]

R 563 (A 7. a), AV 1912 S 380/1, Begr 702, AV 1914 S 381.

1. Was als öffentliche Armenunterstützung anzusehen ist, das bestimmt sich sachlich nach Art 3 (vgl. hierüber auch Anm 5 zu § 1, 1 zu § 14, 3 und 4 zu Art 1 und Anm 8 zu Art 2). In persönlicher Hinsicht gehört hierzu auch das Vorliegen der Hilfsbedürftigkeit (vgl hierüber Art 2 und Anm 4 zu § 1). Allein den Mangel der Voraussetzung dieser Hilfsbedürftigkeit kann der Empfänger der Armenunterstützung selbst nicht rügen. Dies ist im Gesetze dadurch klar zum Ausdrucke gekommen, daß die Erstattungspflicht auch festgesetzt wurde, wenn die Armenunterstützung trotz des Besitzes von eigenen Mitteln gewährt worden ist.

2. Liegt der Fall, daß bei Empfang der Unterstützung genügend Mittel vorhanden waren, nicht vor, so ist die öffentlich-rechtliche Erstattungspflicht des Unterstützten eine beschränkte. Der Rückersatz kann nur gefordert werden, wenn der Lebensunterhalt des Unterstützten trotz Erstattung der früher für ihn gemachten Aufwendungen sichergestellt ist. Dies trifft dann zu, wenn die Erwerbs-, Gesundheits- und Vermögensverhältnisse des Unterstützten die Annahme begründen, daß er für absehbare Zeit vor der Inanspruchnahme armenrechtlicher Hilfe für den Fall der Erwerbsunfähigkeit geschützt ist, vgl. S 23 S 73 und VGH vom 10. März 1913 N 162 III/11; s. auch S 15 S 227. Eine weitere Rückforderung will das Armengesetz wegen der ungünstigen Folgen für den Sparsinn, sowie für die wiedererlangte wirtschaftliche Selbständigkeit grundsätzlich ausgeschlossen haben.

3. Der Ersatzanspruch des Art 10 richtet sich gegen die Person oder das Vermögen des Unterstützten, nicht auch des unterhaltspflichtigen Familienangehörigen; letztere Ersatzforderung ist reichsgesetzlich durch § 62 UWG (bürgerlichrechtliches Verfahren) geregelt, in Bayern aber landesrechtlich nach Art 11 (öff.-rechtliches Verfahren).

d) Der Unterstützte kann, wie dem Wortlaute des Gesetzes zu entnehmen ist, sich gegenüber der Ersatzforderung nicht auf die den Unterhaltsanspruch für die Vergangenheit hemmende Bestimmung in § 1613 BGB berufen.

4. Auch dieser Ersatzanspruch ist öffentlich-rechtlicher Natur. Im Gesetze kam dies auch dadurch zum Ausdrucke, daß gemäß Art 94 Z. V dem Art 10 Ziff 6 BGG die Worte „und seine Erben" beigesetzt worden sind; vgl. auch Anm 6 und 7.

5. Wer pflichtteilsberechtigt ist, bestimmt das BGB in § 2303; darunter fallen die Abkömmlinge (§ 1924), der Ehegatte (nicht der geschiedene, s. auch § 1933) und die Eltern des Erblassers. Der Ausdruck „arm" ist nicht gleichbedeutend mit hilfsbedürftig im Sinne des Art 2; es gehört dazu auch derjenige, der ohne Armenunterstützung zu beanspruchen und zu empfangen, sich den notdürftigen Lebensunterhalt für sich und seine Familie zwar zu verschaffen in der Lage ist, aber sonst über keinerlei darüber hinausgehendes Einkommen oder Vermögen verfügt (vgl. Riedel-Henle AG S 95, Reger AG Anm 6 zu Art 8 S 15).

6. Wie in der Begründung (S 702) bemerkt ist, handelt es sich bei den Ersatzansprüchen nach Abs 2 nicht um eine von vornherein auf den Bestand des Nachlasses beschränkte Verbindlichkeit, sondern um eine gewöhnliche Nachlaßverbindlichkeit, für die der Erbe zunächst unbeschränkt haftet; es ist seine Sache, die Beschränkung auf den Nachlaß herbeizuführen (vgl. §§ 1967, 1975, 1993 ff., 2014, 2016 BGB).

Bezüglich der öffentlichen Wohltätigkeitsanstalten ist auf Art 101 BayAG zum BGB zu verweisen.

7. Hinsichtlich des Verfahrens bleiben Ersatzansprüche des Abs 1 nach wie vor Verwaltungsstreitsachen gemäß Art 10 Ziff 6 VGG. Diesem öffentlichen Streitverfahren hat nunmehr das AG auch die bisher dem gerichtlichen Verfahren vorbehalten gebliebenen Ersatzansprüche des Abs 2 unterstellt, vgl. Art 75 Abs 1 Ziff 1 und Art 94 Ziff V, Begr S 702 und 735, AB 1914 S 381. An letztgenannter Stelle wurde vom Vertreter des Justizministeriums auf ein KompKonflErk aus der jüngsten Zeit verwiesen, das die Gerichte für zuständig erklärt habe. Gegen die Überweisung der Zuständigkeit an die Verwaltungsbehörde bestünde aber kein Bedenken, da die rechtliche Natur, die ein Anspruch gegenüber dem eigentlichen Verpflichteten hat, nicht dadurch eine Änderung erfahre, daß letzterer stirbt. Zuständig ist in erster Instanz die dem klagenden AVe vorgesetzte Staatsaufsichtsbehörde (Bezirksamt oder Regierung), in zweiter Instanz der VGH (Art 75 Abs 2). Über Zwangsvollstreckung s. Anm 2 zu § 53 und Anm 5 zu Art 11.

8. Die Ersatzforderungen der AVe verjähren gemäß Art 124 BayAG zum BGB mit dem Ablaufe von 3 Jahren, wenn die Tatsachen festgestellt sind, auf denen der Anspruch beruht. Im Falle des Abs 1 beginnt die Verjährung mit dem Schlusse des Kalenderjahres, in dem die Tatsache des Einkommens oder Vermögenserwerbs festgestellt worden ist, vgl. S 29 S 132. Im Falle des Abs 2 tritt in obiger Fristberechnung der Zeitpunkt des Todes des Unterstützten an Stelle des Vermögens-(Erbschafts-)Erwerbs. Schließlich sei noch auf die Bestimmung in den §§ 207 und 2014 BGB verwiesen.

Art. 11.

I Auf Antrag[1] des unterstützungspflichtigen Armenverbandes[2] können die Unterhaltspflichtigen durch Beschluß der Distriktsverwaltungsbehörde angehalten werden, dem Hilfsbedürftigen nach Maßgabe ihrer gesetzlichen Unterhaltspflicht[3] die erforderliche Unterstützung zu gewähren und die Aufwendung zu ersetzen, die infolge der Nichterfüllung ihrer Verpflichtung für den Unterhalt gemacht wurden. Dies gilt jedoch bei einem unehelichen Kinde vom Vater nur dann, wenn er seine Vaterschaft nach dem Bürgerlichen Gesetzbuche § 1718 anerkannt oder sich zur Leistung des Unterhalts in einer von dem Vormundschaftsgericht oder einem Notar aufgenommenen Urkunde verpflichtet hat oder wenn seine Unterhaltspflicht vollstreckbar feststeht.

II Zuständig ist die Distriktsverwaltungsbehörde des Wohnsitzes, beim Fehlen eines solchen die des Aufenthalts des in Anspruch genommenen Unterhaltspflichtigen.[4]

III Die Distriktsverwaltungsbehörde entscheidet endgültig vorbehaltlich des Rechtswegs. Ihr Beschluß ist vorläufig voll-

streckbar. Weicht das rechtskräftige gerichtliche Urteil von der Entscheidung der Distriktsverwaltungsbehörde ab, so hat der Armenverband dem in Anspruch Genommenen seine Leistungen oder Mehrleistungen und die Kosten des Rechtsstreits, soweit sie nicht diesem selbst auferlegt sind, zu ersetzen; im Weigerungsfall ist der Armenverband hierzu staatsaufsichtlich anzuhalten.[5]

D 472 (V B 3 b), B 563 (A 7 b), KA 1912 S 380—381, Begr 702/3, AB 1914 S 381—382.

BA. § 14. I Das UWG. enthält in § 62 Vorschriften über die Rückerstattung der von Armenverbänden geleisteten Unterstützungen durch solche Personen, die zur Unterstützungsleistung aus anderen Gründen als nach dem UWG. verpflichtet sind. Danach können die Armenverbände ihre Leistungen von diesen Personen in demselben Maße und unter denselben Voraussetzungen zurückverlangen, als dem Unterstützten auf jene Leistungen ein Recht zusteht. Der Armenverband, der die öffentliche Unterstützung gewährt hat, tritt kraft eines gesetzlichen Forderungsübergangs in die Rechte des Unterstützten ein, vermöge deren dieser in der Lage gewesen wäre, die gleichen Leistungen von einem anderweitig Verpflichteten zu fordern. Infolgedessen können sie namentlich auch von den Vorzugsrechten des Unterhaltsberechtigten bei der Zwangsvollstreckung (ZPO. § 850 Abs. I Ziff. 1, Lohnbeschlagnahmegesetz § 4 Ziff. 3) Gebrauch machen. Eine Ergänzung dieser reichsgesetzlichen Vorschriften bildet das abgekürzte Verwaltungsverfahren nach Art. 11.

II Besonders geregelt sind die Ersatzansprüche der Armenverbände gegen die Versicherungsträger nach der Reichsversicherungsordnung und dem Angestelltenversicherungsgesetze. Vgl hierüber RVO. §§ 1527, 1531—1541, AVG. §§ 81—90.

1. Nach der Begründung (S 703) enthält bereits § 62 UWG, durch welche Bestimmung Art 5 Abs 2 AArmG überflüssig geworden ist, eine wesentliche Verbesserung des Rechtszustandes in bezug auf die Rückerstattung der Unterstützungen der AVe durch die Unterhaltspflichtigen; denn der hilfeleistende AV tritt kraft gesetzlichen Forderungsübergangs in die Rechte des Unterstützten gegenüber dem anderweitig Verpflichteten ein.

Der Weg des § 62 gegen Unterhaltspflichtige ist jedoch der bürgerlichrechtliche Prozeßweg; hierbei ist der Anspruch nur auf den Ersatz der bereits geleisteten Unterstützung beschränkt. Die Armenpflege kann aber auf dem in Art 11 vorgesehenen Verwaltungswege — wenigstens vorsorglich — auch mit dieser Ersatzforderung viel schneller zum Ziele gelangen und zugleich die erforderliche laufende Unterstützung[1]) erzwingen. Im übrigen ist der Antrag zulässig, auch wenn der Unterstützte den UW bei einem außerbayr. OAVe hat oder wenn der Unterhaltspflichtige die bayrische Staatsangehörigkeit nicht besitzt; dagegen ist der Vollzug dieser landesrechtlichen Bestimmung auf dem Wege der Zwangsvollstreckung nach Art 6 ff BayAG zur RZPO und KonkO auf Bayern beschränkt (Begr S 703).

2. Antragstellung wird regelmäßig durch den vorläufig fürsorgepflichtigen AV (§ 28 UWG) erfolgen, insbesondere um die Gewährung

---

[1]) Die Ausdehnung auf den Ersatz bereits geleisteter Unterstützungen fehlt der neuen Bestimmung des PrAG (§ 65 PrAG in der Fassung des Gesetzes vom 23. Juli 1912 GesSammlg S 197), B 51 N 14 S 32

der laufenden Unterstützung durchzusetzen. Doch ist auch der endgültig verpflichtete AB antragsberechtigt; er wird zur Antragsstellung, von dem Falle, daß er zugleich OAB des Aufenthaltsortes ist, abgesehen, hauptsächlich dann Veranlassung haben, wenn er dem vorläufig hilfeleistenden OABe, der sich statt an den Unterhaltspflichtigen sofort an den endgültigen AB wenden kann, Unterstützungsaufwendungen ersetzt hat.

3. In Abs 1 ist gegenüber der bisherigen Bestimmung (Art 6 Abs 1 AArmG) eine Änderung in bezug auf den unehelichen Vater und eine Erweiterung insofern eingetreten, als durch Verwaltungsbeschluß gegenüber allen Unterhaltspflichtigen (Verwandte §§ 1601 ff., Ehegatten § 1360) die Erfüllung der Unterhaltspflicht erzwungen werden kann, Begr 705. Die Einschränkung nach dem Grundsatze der armenrechtlichen Familieneinheit (Art 2 Abs 3 und Anm 3 zu § 9) kommt hier nicht zur Geltung. Es können sonach im Verwaltungszwangsverfahren herangezogen werden die Eltern wegen der Unterstützung armenmündiger und großjähriger Kinder, die Kinder wegen Unterstützung der Eltern, auch der weitere Verwandtschaftsgrad in auf- und absteigender Linie (Großeltern, Enkel), nach B 40 N 20 S 46 auch der Stiefvater bei ehelicher Gütergemeinschaft (s. dazu aber auch Anm 1 d zu § 14 und Anm 8 zu Art 2). Aus den Worten „nach Maßgabe ihrer gesetzlichen Unterhaltspflicht" ergibt sich auch der Umfang für den Ersatzanspruch, vgl. § 1603 Abs 1, 1608 Abs 1 Satz 2, 1609 BGB (Einschränkung), §§ 1606—1608 (vorgehende Verwandte), § 1603 Abs 2 (Ausdehnung). Über Unterhaltsanspruch der Kinder aus geschiedenen Ehen s. BlApfl VI S 25. Eine Verpflichtung des früheren Ehegatten kommt in Frage, insoweit er gegenüber dem anderen Ehegatten nach den Bestimmungen des BGB (vgl. §§ 1361, 1578—1586 BGB) noch unterhaltspflichtig ist. Hinsichtlich der unehelichen Kinder besteht ein Unterhaltsanspruch gegenüber den mütterlichen, aber nicht gegenüber den väterlichen Großeltern, vgl. §§ 1589, 1601, 1705 und 1709 BGB. Vgl. auch Art 15 FEG.

4. Der im Gesetzentwurf enthaltene Ausdruck „Angehörigen" wurde durch „Unterhaltspflichtigen" ersetzt. Nach dem bisherigen Armenrechte (s. Art 6 Abs 2 AArmG) war zur Erlassung des Verwaltungsbeschlusses die Bezirksverwaltungsbehörde jener Gemeinde zuständig, deren Armenpflege den Anspruch erhob. Infolge Einbeziehung der LABe unter die Träger der öffentlichen Armenlast war eine Änderung dieser Bestimmung notwendig. Im übrigen erwartet die Begr (S 703) von der abgeänderten Bestimmung den Vorteil, daß die Verwaltungsbehörde des in Anspruch genommenen Unterhaltspflichtigen „seine Verhältnisse sicherer ermitteln und den Zugriff mit größerer Aussicht auf Erfolg veranlassen kann".

In München ist der Stadtrat zuständig.

In den VB vom 17. Febr. 1888, MABl S 65, war ausdrücklich betont, daß das ganze Verfahren mit tunlichster Beschleunigung zu pflegen ist. Für den Fall, daß mehrere Unterhaltspflichtige in Anspruch genommen werden, die nicht in demselben Verwaltungsbezirke wohnen, verweist die Begr (703) auf den Grundsatz des Sachzusammenhangs, wonach die Bezirksverwaltungsbehörde des zuerst in Anspruch genommenen Unterhaltspflichtigen zuständig sei, vgl. auch Anm 2 d zu § 37. Muster eines Antrages und Beschlusses nach Art 11 s. BlApfl II S 15 und 16.

5. Auch diese Bestimmung trifft eine wesentliche Änderung gegenüber dem bisherigen Rechte (s. Art 6 Abs 3—5 AArmG), indem eine Beschwerde gegen den Beschluß der Bezirksverwaltungsbehörde nicht mehr zugelassen

ist. Der Vorbehalt des Rechtsweges ist in den Urteilssatz des Verwaltungsbeschlusses aufzunehmen. Dagegen ist der Beschluß sofort vollstreckbar, ohne daß die sofortige Vollstreckbarkeit im Urteil ausdrücklich auszusprechen ist. Es kann also erforderlichen Falls ohne Weiteres die Zwangsvollstreckung gemäß Art 6 BayAG zur RZPO und KO herbeigeführt werden, indem eine Ausfertigung des Beschlusses mit dem Vollstreckungsbeisatze „vorstehende Ausfertigung wird hiermit für vollstreckbar erklärt" versehen wird. Damit wird der Beschluß in Bayern vollstreckbar, vgl. Abs 1 des Art 6.

Über Zwangsvollstreckung nach bayr. Rechte und über Einwendungen gegen die Zwangsvollstreckung vgl. Anm 2 zu § 53; dort ist auch bereits erwähnt, daß wegen Pfändung von Geldforderungen beim Amtsgericht Antrag zu stellen ist. Dagegen sind die Verwaltungsbehörden zuständig, einstweilige Verfügungen auf Grund des Art 24 des VGG [1]) auch in bezug auf Zwangsvollstreckung selbständig zu treffen, so insbesondere zur Sicherung der Zwangsvollstreckung den dinglichen Arrest in das bewegliche Vermögen des zur Unterhaltsleistung oder zum Ersatze der empfangenen Unterstützung Verpflichteten anzuordnen, vgl. §§ 917, 919—923 RZPO, BlfadmPr Bd 60 S 177 und 61 S 58, Dyroff VGG S 637 und 801. Der Antrag kann gleichzeitig mit der Ersatzklage gemäß Art 10 oder 11 bei der hiernach zuständigen Verwaltungsbehörde gestellt werden. Über die Durchführung der Zwangsvollstreckung s. Art 7 BayAG zur RZPO und KO. Über Hemmung der nach § 2 der RVo vom 14. Dez. 1918 RGBl S 1427 nur mit Bewilligung des Vollstreckungsgerichts zulässigen Zwangsvollstreckung gegen Kriegsteilnehmer durch RG vom 14. Aug. 1914 s. Anm 3 zu § 30a Fußnote (S 120) und Anm 2 zu § 37 a. E. (S 156). Über Pfändbarkeit von Lohn- und Gehaltsforderungen zugunsten der Unterhaltsbeiträge für Verwandte, Ehegatten s. § 850 Abs 1—4 RZPO, dann RG vom 22. Juni 1919 (RGBl S 1919) und 16. Aug. 1920 (RGBl S 1572), Anm 2 Abs 2 zu § 62; über Pfändbarkeit von Mil.versorg.renten s. Abs 3 daselbst (BlApfl II S 8) Ist der Unterhaltspflichtige auf Kosten des LABes in einer Anstalt, so haben Ehefrau oder Kinder nicht Anspruch auf den vollen Gehalts- oder Pensionsbezug wegen des Teilungsgrundsatzes nach § 1603 Abs 2, § 1360 BGB, Reger 37 S 168; in welchem Maße die Teilung vorgenommen werden soll, ist sorgfältig und in sozialem Sinne zu erwägen und abzumessen; insoweit der Gehalts- usw bezug gepfändet werden muß, entscheidet hierüber das Amtsgericht, § 829 RZPO und Art 7 BayAG zu diesem Gesetze. Teilungen können auch nötig werden durch Zusammentreffen mehrerer Hilfsbedürftiger gegenüber einem Unterhaltspflichtigen, mehrerer Armenverbände, die für einzelne Mitglieder einer Familie Unterstützung leisten; eine Ausnahme von dem Grundsatze gleicher Anteilsberechtigung (§ 420 ff. BGB) kann sich infolge Verschiedenheit der Unterhaltspflicht und des Unterhaltsanspruchs (s. dazu Anm 3) ergeben, vgl. auch Anm 5 f zu § 28. S. hierüber auch BlApfl I S 78 die Unterhaltspflicht der Angehörigen und die Fürsorgepflicht verschiedener Armenverbände (Englmann).

[1]) Die Bestimmung in Art 24 VGG ist bei armenrechtlichen Streitigkeiten insoferne nicht anwendbar, als die Beschwerden keine aufschiebende Wirkung haben, vgl § 53, Art 11 (anders bei Art 10). Im übrigen können die Verwaltungsbehörden auch in armenrechtlichen Streitigkeiten vorsorgliche Anordnungen treffen, nicht aber der VGHof; vgl. Art 13 Abs 1 Ziff 2 VGG.

Ist der heranzuziehende Unterhaltspflichtige geisteskrank, aber nicht unter Vormundschaft, so wird der AV veranlaßt sein, zunächst die Aufstellung eines Pflegers gemäß § 1910 BGB beim Vormundschaftsgerichte zu beantragen.

Sollte ein abweichendes Urteil im Rechtsweg ergehen und der AV den von ihm nach Gesetz geschuldeten Ersatz verweigern, so hätte staatsaufsichtliches Einschreiten gemäß Art 72 AG und Art 13 SVG zu erfolgen.

Art. 12.

Hat ein Unterhaltspflichtiger die Leistung von Unterhaltsbeiträgen durch schriftliche Erklärung vor der Distriktsverwaltungsbehörde seines Wohnsitzes oder Aufenthalts zugesagt, so kann diese Behörde die Beiträge auf Antrag eines Armenverbandes vorbehaltlich des Rechtswegs beitreiben (Ausführungsgesetz zur Zivilprozeßordnung Art. 6, 7). Diese Vorschrift gilt nur, soweit die Beitreibung erforderlich ist, um den Armenverband für die Unterstützung schadlos zu halten, die er infolge der Nichterfüllung der Unterhaltspflicht bereits geleistet hat oder noch leisten muß.

R 564 (A 7. b Abs 3), Begr 703, AV 1914 S 382—384.

Der Ausdruck „Unterhaltspflichtiger" in Art 12 ist nicht weiter auszulegen als in Art 11, wo nur von gesetzlicher Unterhaltspflicht die Rede ist; er erstreckt sich also beispielsweise nicht auf Geschwister, wenn sie eine Unterhaltserklärung bei der Bezirksverwaltungsbehörde abgeben würden. Dies hat darin seinen Grund, daß nur gesetzlich Unterhaltspflichtige durch einseitige, schriftliche Erklärung die Leistung von Unterhaltsbeiträgen übernehmen können; die schriftliche Erklärung hat hier bloß die Bedeutung einer Verstärkung dieser Verpflichtung; für andere Personen, die nicht gesetzlich unterhaltspflichtig sind, wäre ein Vertrag und bei unentgeltlicher Übernahme der Unterhaltsgewährung ein notarieller Vertrag notwendig (vgl. § 518 BGB, AV 1914 S 384).

Die Vorschrift bezweckt wie jene des Art 11 eine rasche und billige Schadloshaltung des hilfeleistenden AVes. Die Vollstreckung erfolgt gemäß Art 6 und 7 BayAG zur RZPO und KO in der bei Art 11 Anm 5 angeführten Weise.

Erhebt der Verpflichtete Einwendungen gegen die Zwangsvollstreckung, so haben über den Rechtsbestand der Verpflichtung die Gerichte zu entscheiden.

Derartige Erklärungen von Unterhaltspflichtigen vor der Bezirksverwaltungsbehörde sind gemäß Art 15 Abs 5 gebührenfrei.

Art. 13.

Die Regierungen, Kammern des Innern, setzen nach Anhörung der Distriktsverwaltungsbehörden die Sätze (Tarife) fest, die nach dem Gesetz über den Unterstützungswohnsitz § 30 Abs. III, IV für die Ersatzansprüche der Armenverbände maß-

gebend sind. Die Sätze sind nach Distriktsverwaltungsbezirken auf Grund der tatsächlichen Aufwendungen im Sinne der vorbezeichneten Gesetzesbestimmungen festzusetzen.[1, 2, 3]

R 570 (B 4a), AB 1912 S 399—402, Begr 703/4, AB 1914 S 384—392. StenBer 1914 S 32 und 35, Beschl R 6.

BA. § 15. I Nach dem UWG § 30 Abs. III richtet sich die Höhe der Kosten, die der verpflichtete Armenverband nach Abs. I, II zu erstatten hat, nach den Grundsätzen, die am Orte der Unterstützung über das Maß der öffentlichen Unterstützung Hilfsbedürftiger gelten. Dabei dürfen die allgemeinen Verwaltungskosten der Armenanstalten sowie besondere Gebühren festbesoldeter Armenärzte nicht in Anrechnung gebracht werden. Nach Abs IV können für Aufwendungen, die bei öffentlichen Unterstützungen häufiger vorkommen und deren täglicher oder wöchentlicher Betrag sich in Bauschbeträgen festsetzen läßt (z. B. Verpflegung in Kranken- oder Armenhäusern) in jedem Bundesstaat entweder für das ganze Staatsgebiet gleichmäßig oder bezirksweise verschieden bestimmte Sätze aufgestellt und öffentlich bekannt gemacht werden (Tarife). Die Erstattungsforderung darf diese Sätze nicht überschreiten.

II In Bayern werden die Sätze von den Regierungen, Kammern des Innern, nach Anhörung der Distriktsverwaltungsbehörden festgesetzt. Die Festsetzung geschieht nach Distriktsverwaltungsbezirken auf Grund der tatsächlichen Aufwendungen im Sinne der reichsgesetzlichen Vorschriften. Die Regierung, Kammer des Innern, beschließt auch über Änderungen.

III Die Sätze gelten für die Berechnung der Kosten, die ein bayerischer Armenverband einem anderen bayerischen Armenverbande für die Verpflegung und Heilbehandlung eines Hilfsbedürftigen im Krankenhause zu erstatten hat. Die Erstattungsforderungen zwischen bayerischen und nichtbayerischen Armenverbänden und für öffentliche Unterstützungen, für die keine Sätze bestehen, sind nach dem UWG. § 30 Abs. III (vgl. auch oben Abs. I und § 16 Ziff. 2) zu berechnen.

§ 16. Die Aufstellung von Sätzen hat sich vorerst auf die Fälle der Verpflegung und ärztlichen Behandlung in gemeindlichen und distriktsgemeindlichen Krankenhäusern zu beschränken. Dabei ist folgendes zu beachten:

1. Die Festsetzung hat für jeden Distriktsverwaltungsbezirk gesondert, in diesem aber gleichheitlich für alle Krankenhäuser der genannten Art zu geschehen. Nach Art. 13 Satz 1 sind vorher die Distriktsverwaltungsbehörden einzuvernehmen.
2. Zu den allgemeinen Verwaltungskosten, die bei der Berechnung der Sätze nicht in Ansatz gebracht werden dürfen, gehören alle Ausgaben, die nicht durch das eigene Bedürfnis des einzelnen Kranken veranlaßt sind und die auch entstanden wären, wenn die Zahl der Kranken nicht durch diesen einzelnen vermehrt worden wäre, also alle Aufwendungen, die der ordnungsmäßigen Einrichtung und dem allgemeinen Betriebe der Anstalt dienen. Dazu gehört beispielsweise der Aufwand für die Verwaltung, für die Verzinsung und Tilgung von Bauschulden sowie für die bauliche Unterhaltung der Krankenhäuser, der Aufwand für das Anstaltspersonal, für Kleidung, Wäsche und Lagerstätten, für Heizung, Reinigung, Beleuchtung.
3. Für die verbleibenden tatsächlichen Aufwendungen der beteiligten Krankenhäuser des Distriktsverwaltungsbezirkes ist der Durchschnitts-

aufwand der letzten drei Jahre nach Kopf und Tag zu ermitteln. Danach ist der einheitliche Tagessatz festzustellen.

4. In dem Bauschbetrag ist außer dem Aufwande für die Verpflegung im Krankenhaus auch die Vergütung für die Kosten der ärztlichen Behandlung enthalten mit Einschluß der einer Hebamme oder einer sonstigen niederärztlichen Berufsperson gezahlten Gebühren, der verordneten Heilmittel, Getränke, Bäder usw. Besondere Berechnung ist nur zulässig bei erheblichen außerordentlichen Mehraufwendungen z. B. für außergewöhnliche Heilmittel, wundärztliche Eingriffe, teuere Verbände und Geräte, künstliche Gliedmaßen u. dgl.
5. Der Tag, an dem die Verpflegung begonnen hat, ist mit dem Tage, an dem sie geendet hat, zusammen als ein Tag zu berechnen.
6. Die Sätze sind im Kreisamtsblatte zu veröffentlichen. Jede Regierung, Kammer des Innern, hat ein Verzeichnis der aufgestellten Sätze dem Staatsministerium des Innern vorzulegen.

1. Bei den für Bayern allein in Betracht kommenden Krankenhaustarifen ist zu unterscheiden:

a) Tarife ohne Ausschaltung der Verwaltungskosten.

b) Tarife mit Ausschaltung der Verwaltungskosten im Sinne des UWG und der Rechtsprechung des BAH.

Zu a: Dieser Tarif, das ist der Durchschnittsaufwand für die einzelne Krankenanstalt, kommt zur Anwendung in allen Fällen, wo der Ersatz des **nachgewiesenen Aufwands** beansprucht werden kann; das trifft hauptsächlich zu bei Ansprüchen gegenüber Dritten nach § 62 (insbesondere gegen Versicherungsträger und Unterhaltspflichtige, s. auch Art 11), gegenüber dem Unterstützten selbst oder seinen Erben, gegenüber AVen (LAVen) bei Ersatzansprüchen auf Grund landesgesetzlicher Bestimmung, wonach der nachgewiesene Aufwand voll zu entschädigen ist, vgl. Art 56, 61 und 62 AG, dazu S 39 S 147 und 40 S 95 mit Anm 7 l zu § 30, beim Vorliegen von Vereinbarungen (§ 55, Art 5), ferner in den in Anm 7 f zu § 30 angeführten Fällen.

Auch gegenüber außerbayrischen Armenverbänden kommen die Tarife nach Art 13 nicht zur Anwendung, es dürfen ihnen gegenüber aber Verwaltungskosten nicht berechnet werden, vgl. dazu insbesondere die Ausführungen in Anm 6 g und 7 b zu § 30.

Zu b: In bezug auf die für die nicht unter a fallenden Ersatzansprüche zwischen AVen anzuwendenden bezirksweise festzusetzenden Krankenhaustarife — s. BlApfl II S 44 — genügt ein Hinweis auf die Bestimmungen in § 15 und § 16 BA und auf die Ausführungen in Anm 7, insbesondere unter l zu § 30 und in Anm 3 l zu § 32a; wegen der Rechtsgültigkeit s. diese Anm 7 unter a, n und o, wegen der Verpflegssätze in Heil- und Pflegeanstalten s. Anm 6 c, e und f, 7 l zu § 30 und Anm 3 l dd zu § 32a. Unter den Krankenhaustarif fallen auch Heilmittel und Bäder, s. BA § 16 Ziff 4; wegen Salvarsanverwendung s. Anm 7 h zu § 30 Fußnote.

2. Was die Bezirkskrankenhäuser betrifft, so ist zunächst darauf hinzuweisen, daß die Bezirke überhaupt keine Träger der Armenlasten sind, da als solche nach reichsrechtlicher Vorschrift nur AVe in Betracht kommen. Demzufolge besteht daher an sich kein Hindernis für diese Anstalten, ihre Ersatzforderungen auch in der Richtung gegen die Armenverbände nach dem bisher für sie geltenden Verpflegssatze zu be-

messen. Insoweit aber die Ortsarmen-Verbände sich auf Grund des Rechtsverhältnisses der bürgerlichen Gemeinden zum Bezirke oder zum Bezirkskrankenhausverbande zur Erfüllung der ihnen durch das Armengesetz auferlegten Verpflichtung zur Hilfeleistung gegenüber den hilfsbedürftigen Kranken des Bezirkskrankenhauses bedienen, hat der nach Maßgabe des Art 13 und der §§ 15 und 16 VA aufgestellte Verpflegssatz für die armenrechtlichen Ersatzansprüche der Ortsarmen-Verbände gegen andere Armenverbände maß zu geben. Da aber die Bezirke in Bayern zur Errichtung und Unterhaltung von Krankenhäusern verpflichtet sind (s. Art 65 Abs 1 Ziff 2 und 3), so ist es gerechtfertigt, daß der Tarif für die Bezirkskrankenhäuser in dem Durchschnittsverpflegssatze für den Verwaltungsbezirk mit zum Ausdrucke kommt.

3. Die Verpflegssätze sind von der Regierung, Kammer des Innern, für jeden Verwaltungsbezirk nach Einvernahme der Bezirksverwaltungsbehörden festzusetzen, im Kreisamtsblatte zu veröffentlichen und in einem Verzeichnisse für den ganzen Regierungsbezirk dem Staatsministerium des Innern mitzuteilen. Wegen Abänderung und Berücksichtigung der Teuerungsverhältnisse s. Anm 7 a (Fußnote), n und o zu § 30, B 54 N 35 und 36 S 150, 154, 56 N 20/1 S 64, 66, BlApfl V S 110.

Art. 14.

I Natürlichen oder juristischen Personen,[1] die ohne Rechtspflicht und ohne Auftrag eines Armenverbandes einem Hilfsbedürftigen Hilfe leisten,[2] steht ein Anspruch auf Ersatz[3] des gebotenen Aufwandes nur dann zu, wenn der zunächst verpflichtete Armenverband (Gesetz über den Unterstützungswohnsitz § 28) durch sie binnen drei Tagen[4] nach Beginn der Hilfeleistung von dieser Kenntnis erhielt und wenn die Hilfe so dringend war, daß die vorherige Anzeige bei diesem Armenverbande nicht möglich war. Erfolgt die Anzeige nicht innerhalb der bestimmten Frist, so ist nur die Hilfe ersatzfähig, die nach Eingang der Anzeige beim Armenverbande geleistet wurde.

II Für Ärzte und Apotheker gilt Abs. I nicht, soweit sie nach Art. 5 mit den Armenverbänden andere Vereinbarungen getroffen haben. Hat der Arzt die Anzeige erstattet, so erstreckt sich die Ersatzpflicht des Armenverbandes auch auf die Heilmittel, die der Apotheker auf ärztliche Verordnung abgegeben hat, sowie auf die Dienste, die niederärztliche Berufspersonen auf ärztliche Anordnung geleistet haben. Für Dienstleistungen, zu denen die Hebammen nach ihrer Dienstanweisung verpflichtet sind, beträgt die Anzeigefrist sechs Wochen.[5]

R 571 (B 4 b Abs 3), Begr 704, AB 1914 S 391—393.

VA. § 17. I Die Aufstellung von Armenärzten (Art. 14 Abs. II Satz 1) liegt im eigenen Nutzen der Ortsarmenverbände; die Aufsichtsbehörden haben daher nach Tunlichkeit auf die Ausfüllung hier etwa noch bestehender Lücken hinzuwirken. Nach Art. 34 Abs. II können mehrere benachbarte Ortsarmenverbände diese Einrichtung auch gemeinsam treffen.

II Die Wöchnerin ist durch die Hebamme von der Absicht der Anzeigeerstattung (Art. 14 Abs. II Satz 3) rechtzeitig in Kenntnis zu setzen, wenn es der Zustand der Wöchnerin gestattet.

1. Es kommen in Betracht: Ärzte, Apotheker, Bader, Hebammen, Krankenanstalten, Heil- und Pflegeanstalten, Universitäts-Kliniken, dann andere Wohltätigkeitsanstalten, Rettungswachen (s. BlApfl II S 2) und Einzelpersonen, bei letzteren insbesondere die Gewährung von Verpflegung.

Wegen der Amtsärzte s. Anm 5 c.

2. Die Bestimmung regelt nur die ohne Auftrag der AVe gewährte Hilfe und macht den Anspruch zu einem öffentlich-rechtlichen. Insoweit Ärzte usw. im Auftrage der AVe oder auf Grund einer mit diesen getroffenen Vereinbarung (vgl Art 5 BayAG) Armenhilfe leisten, handelt es sich um ein Rechtsverhältnis bürgerlich-rechtlicher Natur. Unterhaltspflichtige Verwandte fallen nicht unter die Bestimmung, soweit sie einer Rechtspflicht genügen (BlApfl II S 135); einen gegenteiligen Fall s. S 15 S 23/25.

3. Voraussetzung eines Erstattungsanspruches ist, daß die vorgeschriebene Anzeige an den OAV,[1]) dem nach § 28 UWG die vorläufige Fürsorgepflicht obliegt, erstattet wurde. Ohne rechtliche Wirkung bleiben daher Anzeigen an den Gemeinderat (Stadtrat) an den endgültig verpflichteten AV, wenn er nicht zugleich OAV des Aufenthaltsortes ist, und an den Bürgermeister, wenn er nicht zugleich Vorstand des Armenrates oder dessen Stellvertreter ist, vgl. S 4 S 592/3, Begr. S 705. Da ferner die Anzeige nur dann rechtswirksam ist, wenn sie nicht bloß abgesendet, sondern bei der Armenbehörde auch in den Einlauf gekommen ist (vgl. S 10 S 224), so empfiehlt es sich für die Ärzte und Hebammen vor oder unmittelbar nach ihrer Hilfeleistung die Benachrichtigung gegen Schein (als Einschreibesendung) an den Armenrat des OAVes, in dessen Bezirk die Hilfsbedürftigkeit hervorgetreten ist, zur Post zu geben. Bei mündlicher Anzeige empfiehlt es sich, vom Vorstande des Armenrates eine Bestätigung zu verlangen, um bei späteren Streitigkeiten den Nachweis der Erfüllung der Anzeigepflicht jederzeit erbringen zu können. Auch bei Hilfeleistungen an Landarme ist an den genannten OAV und nicht an den LAV Anzeige zu erstatten.

Ein Ersatzanspruch kann nur geltend gemacht werden, wenn Hilfsbedürftigkeit vorliegt, S 14 S 192, BGE vom 5. Juli 1920 R 25 III/18 Kr. G. M.

Die hilfeleistenden Personen können auch nur von dem oben angeführten OAV und nicht von dem endgültigen AV Ersatz beanspruchen, so auch S 38 S 168; gegenüber letzterem steht lediglich dem vorläufig fürsorgepflichtigen OAVe gemäß § 30 ein Erstattungsanspruch zu. Denn die rechtzeitige Anzeigeerstattung bewirkt, daß eine armenpflegliche Leistung

---

[1]) Wenn das in A befindliche und erkrankte Kind in die Sprechstunde eines Arztes in B gebracht wird, so ist A der OAV des § 28, s. BlApfl III S 186; anders wenn das Kind während eines Aufenthalts in B erkrankt und der Arzt zu Hilfe gerufen wird.

des Aufenthaltsortes nach § 28 in Betracht kommt. Dasselbe gilt gegenüber dem endgültig verpflichteten AB auch, wenn ein Auftrag des OABes oder eine Vereinbarung zwischen ihm und dem Arzte vorliegt. Solche Übereinkommen werden mit den Krankenanstalten getroffen sein; ersterer AB kann gegenüber letzterem ABe nur den Tarif (s. Anm 1 zu Art 13) in Anrechnung bringen.

Wo es sich um eine verschiebliche Hilfeleistung handelt, kommt bei der auftragslosen Tätigkeit ein öffentlicher Ersatzanspruch vor Anzeigeerstattung nicht in Betracht, vgl. Reger Anm 10 zu Art 18 S 57 mit Anführungen.

Ein Muster der Anzeige s. BlApfl I S 15.

In bezug auf das Verfahren s. Art 10 Ziff 5 BGG und Art 75.

4. Über die Anzeige ist folgendes auszuführen:

a) Die Anzeigefrist ist für die verschiedenen bei Art 14 in Betracht kommenden Rechtssubjekte ungleich geregelt.

aa) Auf Ärzte, mit denen die ABe ein Übereinkommen gemäß Art 5 abgeschlossen haben, findet Art 14 keine Anwendung. Für andere Ärzte, auch für Amtsärzte, beträgt die Frist drei Tage.

bb) Das niederärztliche Personal, also insbesondere die Bader, Masseure, Krankenpfleger, brauchen eine Anzeige überhaupt nicht zu erstatten, insoferne der Arzt, der sie beigezogen hat, die Anzeige erstattet hat. Wenn das nicht der Fall ist, also beispielsweise der Bader innerhalb seiner verordnungsmäßigen Zuständigkeit selbständige Hilfe geleistet hat, ist die Anzeige innerhalb drei Tagen zu erstatten.

Dasselbe gilt auch für die Apotheker in bezug auf Heilmittel, die sie auf ärztliche Anordnung abgeben, aber nicht umgekehrt, s. dazu S 41 N 1.

cc) Für die Hebammen wurde in Abänderung des Gesetzentwurfs die Anzeigefrist von einem Monat auf sechs Wochen verlängert, AB 1914 S 391/3; der daselbst gegebenen Anregung entsprechend wurde in die BA (§ 17 Abs 2) die Bestimmung aufgenommen, daß die Hebamme der Wöchnerin, soweit es deren Zustand gestattet, von der Absicht der Anzeigeerstattung rechtzeitig Kenntnis gibt.

dd) Für alle übrigen Rechtssubjekte (Einzelpersonen, Krankenanstalten usw.) gilt die dreitägige Frist.

b) Wird die Anzeige nach Ablauf der vom Gesetze vorgestreckten Frist erstattet, so ist der Ersatzanspruch für die Vergangenheit zerstört und nur die Hilfe ersatzfähig, die nach Eingang der Anzeige beim ABe geleistet wurde. Bei einer einmaligen Hilfeleistung ist demzufolge der Erstattungsanspruch ausgeschlossen, wenn zwischen der Anzeige und der Hilfeleistung ein Zwischenraum von drei Tagen liegt, vgl. S 10 S 225.

c) Kranken-, Heil- und Pflegeanstalten haben auf Erfüllung der Anzeigepflicht bedacht zu sein, wenn die Mittel des Verpflegten zu Ende gehen oder die Unterstützungspflicht des Versicherungsträgers aufhört, also Hilfsbedürftigkeit oder Armenpflege sich erst nach Verlauf einiger Zeit einschiebt, BGE vom 25. Nov. 1918 N 62 Pfl. k. F.

d) Die Anzeige muß „die Absicht auf einen nachfolgenden Ersatzanspruch verständlich zum Ausdruck bringen", S 41 S 1.

e) Die Anzeige kann auch durch Dritte namens des Hilfeleistenden erstattet werden, vgl. Reger AG Anm 20 zu Art 18 S 60, auch durch die vorgesetzte Verwaltungsbehörde, sei es durch deren Vermittlung, sei es weil sie selbst die Hilfeleistung anordnet (S 4 S 593/4; s. auch Anm 6 e zu § 34 und Anm 12 b zu Art 58 [2. Fußnote]; maßgebend bleibt aber auch hier der Einlauf der Anzeige beim OAVe des Aufenthaltsortes; vgl. S 15 S 23/7.

f) Fällt der letzte Tag der Frist auf einen Sonntag oder allgemeinen Feiertag, so endet die Frist erst am darauffolgenden Werktage (§ 193 BGB und S 28 S 183).

g) Die Anzeige ist auch zu erstatten, wenn es sich um eine einmalige Hilfeleistung handelt.

h) Die Verjährungsfrist für Forderungen gegen AVe nach Art 14 beginnt vom Ablaufe des Kalenderjahres an, in dem Hilfe geleistet worden ist, und endet nach Ablauf von drei Jahren, vgl. Art 125 BayAG zum BGB; gegenüber dieser Sondervorschrift kommt die Bestimmung des BGB in § 196 Ziff 14 nicht zur Anwendung.

5. In bezug auf die Ärzte und das niederärztliche Personal sind folgende Ausführungen veranlaßt:

a) Der Hilfsbedürftige hat jene Heilpersonen um Hilfe anzugehen,[1]) die dafür vom AV allgemein (Armenärzte, Gemeindehebammen usw.) oder im besonderen Falle bestimmt worden sind. Über Aufstellung von Armenärzten s. § 17 VA, dazu auch BlApfl III S 93 (Der Arzt in der Armenpflege). Heilpersonen, die entgegen dieser Vorschrift die Hilfeleistung übernehmen, haben Abweisung ihrer Ersatzansprüche gegen den AV, von Dringlichkeitsfällen abgesehen (VGE vom 2. Juni 1919 N 72 III/18 ErsAnspr. S. Neigung zu Sturzgeburten), zu gewärtigen, vgl. VGE vom 19. Jan. 1920 N 4 III/19 Kurk. Fr.

b) Dadurch, daß der hilfeleistende Arzt oder Apotheker eine Anzeige an den OAV des AufO des Hilfsbedürftigen sendet, ist sein Ersatzanspruch noch keineswegs gesichert, s. S 14 S 191/2; denn, wie bereits in Anm 3 erwähnt, hat die Armenpflege allgemein und auch in den Fällen des Art 14 nur bei vorliegender Hilfsbedürftigkeit (s. darüber Anm 4 zu § 1 mit Art 2) für Unterstützungs- und Kurkosten aufzukommen. Ein für die ärztliche Behandlung von Arbeiterfamilien bedeutsames Erkenntnis des VGHofs vom 27. Nov. 1916 N 75 Arztk. f. B sagt, einerseits könne dem Arbeiter nicht zugemutet werden, zur Bezahlung der Arztkosten fremdes Geld aufzunehmen, andrerseits brauche der Arzt sich im Hinblick auf § 266 BGB auf sich lange hinziehende Ratenzahlungen nicht einzulassen. Es darf aber nicht allgemein gesagt werden, daß Hilfsbedürftigkeit vorliege, wenn ein Arbeiter mit gutem Verdienst eine Arztrechnung von mehreren hundert Mark nicht auf einmal bezahlen kann; höchstens käme dabei ein Eilfall im Sinne des Art 3 Abs 5 in Betracht. Hier ist eine Krankenanweisung des AVes dazu angetan, die Sache für den Arzt glatt zu machen. Das Maß des Notwendigen darf nicht überschritten werden, S 26 S 2. S. auch noch Anm 5 zu Art 3.

c) Was die Bezirksärzte betrifft, so sind sie keine amtlichen Armenärzte im Sinne des § 30 Abs 3 UWG, Art 5 mit 14 Abs 2 Satz 1 BayAG und § 17 Abs 1 VA, es sei denn, daß zwischen dem Amtsarzte und dem OAV ein diesbezüglicher Vertrag abgeschlossen ist. Der Satz bei Henle AG Anm 6 zu Art 11 S 23 (2. Aufl.), daß die Bezirksärzte dienstlich verpflichtet seien, arme Kranke ihres Bezirkes unentgeltlich zu behandeln, ist schon um deswillen nicht mehr zutreffend, weil gemäß § 53 der Dienstanweisung (DA) vom 23. Jan. 1912 (MABl S 153) die Bezirksärzte zur

[1]) Vgl. Anm 3 zu Art 3. Freie Arztwahl für Arme ist nur in einigen größeren Städten in beschränktem Maße eingeführt, BlApfl III S 97.

Leistung ärztlicher Hilfe nur in Notfällen verpflichtet sind. Der Grundsatz der Unentgeltlichkeit gilt auch nicht für die ärztlichen Zeugnisse der Bezirksärzte, hier jedoch mit folgender wesentlicher Einschränkung: Für amtsärztliche Zeugnisse, Gutachten und Bescheinigungen kann in den Fällen keine Gebühr verlangt werden, in denen die Beibringung solcher Zeugnisse usw. vorgeschrieben ist, und deren Ausstellung von der Verwaltungs- oder Gemeindebehörde als Amtsangelegenheit verlangt wird, oder wo der Bezirksarzt von Amts wegen in Beratung der Verwaltungs- oder Gemeindebehörde bei der Fürsorge für Gebrechliche (Geisteskranke und sonstige arme und der Anstaltspflege bedürftige Kranke) Vorschläge macht (§§ 52, 58/9 und 62 a. a. O.); denn hier zählt die Zeugnisausstellung zu den Dienstaufgaben des Bezirksarztes (§ 18 Ziff 2 und 4 DA, § 2 der VO vom 17. Nov. 1902, GVBl S 715, über Gebühren für ärztliche Dienstleistungen), vgl. S 13 S 433. Jedoch erhalten die Amtsärzte auch in diesen Fällen bei auswärtigen Dienstgeschäften Entschädigung nach Maßgabe der VO vom 17. Juli 1915 (GVBl S 563) nebst Teuerungszuschlägen. Diese Kosten sind gemäß § 8 MinBek vom 23. Jan. 1912 auf die Reisebauschsumme zu verrechnen, wenn es sich um Ausstellung ärztlicher Gutachten handelt und vom Staate die Kosten zu tragen sind. Sonst richtet sich die Gebührenforderung der Amtsärzte, insoweit es sich um amtsärztliche Dienstleistungen handelt, nach der GebO vom 17. Nov. 1902, insoweit aber diese eine Bestimmung nicht enthält, oder insoweit es sich um Dienstleistungen in Ausübung der ärztlichen Praxis nach Anzeigeerstattung oder im Auftrage handelt nach der GebO für die praktischen Ärzte vom 17. Okt. 1901; s. hierzu Anm 6. Für die Armenverbände dürfen die Amtsärzte nur den niedrigsten Gebührensatz zur Anwendung bringen, wenn nicht in besonderen Fällen wegen Schwierigkeit der ärztlichen Leistung oder nach dem Maße des Zeitaufwandes ein höherer Satz gerechtfertigt erscheint, vgl. § 12 Abs 2 der VO vom 17. Nov. 1902 i. d. Fassung vom 4. Aug. 1910 (GVBl S 415) mit § 2 Abs 2 der VO vom 17. Okt. 1901; wegen Erhöhung s. VO vom 14. Aug. 1920 (GVBl S 407). Neben der Gebühr für die amtsärztliche Tätigkeit kommt bei amtsärztlichen Zeugnissen[1]) usw. auch noch eine Gebühr (Stempel) von 1 Mk. zur Staatskasse gemäß StempG vom 21. Aug. 1914 (GVBl S 488) in der Fassung vom 16. Febr. 1921 (GVBl S 35) Art 1 und Tarif Nr 44 Abs 1 b zur Erhebung — mit Ausnahme der Zeugnisse zum Zwecke der Festsetzung von Unterstützungen u. dgl. s. Tarif Nr 44 Abs 2.

d) Vergünstigungen genießen die Armenverbände auch gegenüber den nichtamtlichen approbierten Ärzten und gegenüber den Zahnärzten; es darf nach § 2 Abs 2 der VO vom 17. Okt. 1901 (GVBl S 629) auch hier nur der niedrigste Satz der Gebührenordnung zur Anwendung kommen; über Gebührenerhöhung s. VO vom 27. Juli 1918 (GVBl S 383) und S 41 S 15 (w. d. Reisekosten). Bei den Rechnungen der Apotheker (nach der Arzneitaxe, vgl. § 46 der VO vom 27. Juni 1913 über das Apothekenwesen, GVBl S 343, §§ 2 und 3 der VO vom 26. Dez. 1906, GVBl S 887 mit MinBek vom 20. Dez. 1915, GVBl S 738) einschließlich des Teuerungszuschlags (0,80 Mk. für jede auf

---

[1]) Amtsärztliche Zeugnisse müssen als solche erkennbar und (mit Siegel) ausgefertigt sein. Solche dürfen an private Personen nur dann ausgestellt und ausgehändigt werden, wenn die Beibringung eines amtsärztlichen Zeugnisses vorgeschrieben ist, vgl. § 72 der Dienstanweisung.

ärztliche Anordnung abgegebene Arznei, MinBek vom 30. Dez. 1920, GVBl S 508; für die Pfalz 1 20 Mk., StAnz 1921 N 43) ist den AVen ein Preisnachlaß (Rabatt) von 10 % regelmäßig [1]) zu gewähren, wenn die Rechnung drei Monate nach ihrer Einreichung bei dem AVe bezahlt wird.[2]) Nach der Gebührenordnung für die Hebammen (vgl. § 5 der VO vom 4. Juni 1899 nebst Beilage Ziff 1 Abs 2, GVBl S 413) darf die den AVen zu verrechnende Gebühr, wo ein Spielraum besteht, den Durchschnittssatz keinesfalls übersteigen; wegen Gebührenerhöhung s. VO vom 11. Aug. 1920 (GVBl S 406). Die gleiche Bestimmung enthält die Gebührenordnung für die Dienstleistung der Bader (vgl. § 8 der VO vom 31. März 1899 nebst Beilage, Ziff 1 Abs 2, GVBl S 111, ergänzt durch ME vom 12. Febr. 1908, GVBl S 64; wegen Gebührenerhöhung s. VO vom 14. Aug. 1920, GVBl S 408).

Art. 15.

I Die Armenverbände genießen in allen ihren Angelegenheiten Gebührenfreiheit.

II In bürgerlichen Rechtsstreitigkeiten steht den Armenverbänden in dem Verfahren vor den bayerischen Gerichten Gebührenfreiheit zu.

III Notare können von den Armenverbänden und dem öffentlichen Armenvermögen (Armenfonds) keine Gebühren beanspruchen für

Beurkundung von Schuldbekenntnissen, Hypothekbestellungen oder Bürgschaften bei unverzinslichen Darlehen aus dem Armenvermögen oder aus Wohltätigkeitsstiftungen oder bei Ersatzansprüchen der Armenverbände gegenüber den unterstützten Armen oder deren Unterhaltspflichtigen, von Unterhaltsverträgen, von Vollmachten oder anderen einseitigen Erklärungen,

Ausstellung von Zeugnissen,

Vornahme von Beglaubigungen.

IV Die Abs. I bis III gelten in den Fällen der Art. 66, 68 auch für die Distriktsgemeinden.

V Die Erklärungen nach Art. 12 sind gebührenfrei.[1—5]

R 564 (A 8), AV 1912 S 381/82, Begr 705, AV 1914 S 393.

VA. § 18. I Für die Gebührenfreiheit der Armenverbände (Abs. I) gelten nunmehr Art. 3 Ziff. 3 des Kostengesetzes und Art. 3 Ziff. 3 des Stempelgesetzes.

---

[1]) Eine Ausnahme besteht insbesondere bei Abgabe von Heilsera und von fabrikmäßig hergestellten Zubereitungen, die nur in fertiger Aufmachung ohne Zusatz einer handschriftlichen Gebrauchsanweisung abgegeben werden, wie z. B. Aspirin.

[2]) Bruchteil eines Pfennigs sind auf volle Pfennige aufzurunden.

II Für das Portowesen der Armenverbände ist die Ministerial-Bekanntmachung vom 25. Dezember 1907 über den Vollzug des Gesetzes über die Postportofreiheit vom 22. Dezember 1907 usw. (GVBl. S. 1085) mit ihren Nachträgen maßgebend.

1. Für Reichssachen bestimmt § 50 Abs 1 UWG die Gebührenfreiheit für die Entscheidungen des BAH Der Satz bei Eger UWG Anm 146 S 379, daß diese Entscheidung im Gegensatze zu denen der Vorinstanzen gebührenfrei sei, ist irreführend Maßgebend ist vielmehr auch in Bundessachen das einschlägige Landesrecht, darum ist das Verfahren der armenrechtlichen Spruchbehörden in Bayern auch dann gebührenfrei, wenn der armenrechtliche Anspruch von einem nichtbayerischen AV erhoben wird. Das war auch bisher schon durch ME vom 29. Mai 1906, MABl S 295 ausgesprochen.

Gebührenfrei sind nach dem Wortlaute des Abs 1 bei Landessachen die armenrechtlichen Urteile nur dann, wenn ein Armenverband als kostenpflichtig erklärt wird. Das trifft für alle armenrechtlichen Streitigkeiten nach dem UWG zu, da hier nur AVe als Parteien erscheinen; daher ist bei der Begründung des Kostenausspruches zu sagen, die Gebührenfreiheit des Verfahrens sei im Hinblick auf Art 3 Ziff 3 KostenG (vom 21. Aug. 1914, GVBl S 439 in der Fassung vom 16. Febr 1921, GVBl S 35) und Art 15 Abs 1 ArmG gerechtfertigt. Gebühren sind gemäß ME vom 29 Mai 1906 (MABl S 295) auch außer Ansatz zu lassen, wenn nichtbayr. AVe als zahlungspflichtig erscheinen. Gebührenfreiheit genießt auch der Staat nach der Sonderbestimmung in Art 3 Ziff 2 KostenG. Dagegen kann der mit dem Ersatzanspruche gemäß Art 14 abgewiesene Arzt usw., dann der zum Unterstützungsersatze verurteilte Armenhilfeempfänger Gebührenfreiheit nicht beanspruchen. Denn das Gesetz hat aus der objektiven Gebührenfreiheit der auf die öffentliche Armenpflege bezüglichen Angelegenheiten (Art 9 Abs 1 AArmG) eine subjektive Gebührenfreiheit der AVe geschaffen. Die Gebührenbemessung hat nach Art 152—154 und 185 des Kostengesetzes zu erfolgen, wobei wegen Zahlungsunfähigkeit gemäß Art 4 einstweilige Gebührenfreiheit zu gewähren ist, vgl. VGE vom 8. Mai 1916 N 14 Ersatzanspr. B. Sind Einzelperson und AV teilweise unterlegen und teilweise obsiegend, so ist eine Gebühr anzusetzen und zugleich auszusprechen, daß der Gebührenanteil des AVes nicht zur Erhebung gelangt. Auch die Bezirke genießen in bezug auf ihre im Armengesetze geregelten Angelegenheiten Gebührenfreiheit. Wegen Gebührenfreiheit von amtlichen Zeugnissen und Stempelfreiheit von bezirksärztlichen Zeugnissen zum Zwecke der Erlangung von Armenunterstützung s. Art 180 Ziff 27 KostenG und Tarif 44 Abs 2 StempelG, über Gebührenansatz infolge „Streitmutwillens" Art 182 KG und Art 40 Abs 4 VGG (Ordnungsstrafe).

2. Was die bei den Verhandlungen des besonderen Ausschusses 1912 und 1914 in Anregung gebrachte Postportofreiheit der OAVe betrifft, so ist hierin eine Änderung gegenüber dem bisherigen Zustande nicht eingetreten; hiernach besteht vor allem keine Postportofreiheit im Verkehre der Armenräte unter sich. Für die OAVe gilt also dasselbe wie für die Gemeindebehörden. Dagegen sind gemäß VB vom 25. Dez. 1907 zu dem Gesetze über die Portofreiheit und der VO vom 22. Dez. 1907, GVBl S 1082 ff. (s. auch neuere Fassung in GVBl 1909 S 439 ff.) mit ME vom 7. Dez. 1915 (MABl S 303) die LAVe den staatlichen Behörden gleichgestellt, ferner die OAVe befugt, ihre dienstlichen Postsendungen innerhalb Bayerns an die in Beil. 5 Verz. I GVBl 1907 S 1111 aufgeführten Behörden, darunter Bezirksämter, Bezirksärzte, Rentämter, Amtsanwälte, Regierungen, Ministerien und Verwaltungsgerichtshof, nun auch LAVe, ohne Portoentrichtung mit dem Vermerke „frei durch Ablösung" zu versehen. An die Stelle dieser Einrichtung sind nunmehr gemäß MinBek vom 15. Juli 1916 (GVBl S 108, VollzV vom 25. desf. Mts, GVBl S 179, Verz. S 186) Dienstwertzeichen (nach dem allgemein gültigen Posttarife) getreten; an der Berechtigung der OAVe und LAVe hat sich im übrigen nichts geändert; die Dienstwertzeichen sind bei der Postanstalt gegen Bescheinigungen zu erhalten; auf Grund der letzteren erfolgt Zahlung des Rentamts durch Überweisung auf das Post- oder Bank-Scheckkonto der Postbezirkskasse; vgl. auch BlAdmPr 68 S 219; über gemeinsamen Bezug der Dienstwertzeichen s. Ziff 4 Abs 3 der MinBek vom 25. Juli 1916 mit FinME vom 12. Aug. 1916 Nr 21977.

3. Aus § 18 VA mit Art 3 Ziff 3 StempelG (s. Anm 6 c zu Art 14) ist zu entnehmen, daß die AVe von Entrichtung des Stempels befreit, daher die von AVen ausgestellten Vollmachten stempelfrei sind, vgl. auch die Vorschrift in Abs 3, wonach die Notare für solche Vollmachten keine Amtsgebühren erheben können.

4. In den armenrechtlichen Streitigkeiten vor den Verwaltungsbehörden gibt es keine Zuweisung von Rechtsanwälten im Armenrechte, vgl. § 37 Anm 3; auch für bürgerliche Rechtsstreitigkeiten ist den AVen nicht die Zulassung zum Armenrechte, sondern nur Gebührenfreiheit im Gerichtsverfahren eingeräumt.

5. Der sich an das bisherige Armenrecht (Art 9 Abs 3) anschließende Regierungsentwurf in Abs 3 wurde auf Grund der AB 1914 durch den Zusatz „Hypothekbestellungen" und „oder bei Ersatzansprüchen der AVe gegenüber den unterstützten Armen oder deren Unterhaltspflichtige" ergänzt.

Die Abs 4 und 5 sind neu.

B. Ortsarmenverbände.

Art. 16.

Jede Gemeinde bildet einen Ortsarmenverband.

Der Ortsarmenverband übt die öffentliche Armenpflege auf Kosten der Gemeinde aus.[1, 2, 3, 4]

R 564 ff. (B 1 a—e und 2 a), Begr S 703, AB 1914 S 394—396, StenBer 1914 S 42.

VA. § 19. Die Eigenschaft und damit die Rechte und Pflichten eines Ortsarmenverbandes erhält jede Gemeinde und jeder ausmärkische Bezirk mit dem Inkrafttreten des UWG und des Armengesetzes von selbst, ohne daß es einer besonderen Verwaltungshandlung bedarf.

1. Die AVe sind nach dem UWG die Träger der armengesetzlichen Rechte und Pflichten, insbesondere der öffentlichen Armenlast, sohin Körperschaften des öffentlichen Rechts auf Grund der Reichsgesetzgebung, die selbständig klagen und verklagt werden können. Ihre Organisation wird aber von der Landesgesetzgebung bestimmt. Diese kann anordnen, daß ein anderes bereits als Körperschaft (juristische Person) des öffentlichen Rechts bestehendes Rechtssubjekt als AV zu „fungieren“ hat. Dies trifft beispielsweise für den LAV in verschiedener Form zu, indem das Landesgesetz in einem Falle den Kreis (Kreisgemeinde, Provinzialverband), in anderen Fällen den Staat, endlich in einzelnen Fällen eine Stadtgemeinde (wie Berlin, Königsberg usw.) als LAV erklärt oder mit den „Funktionen“ des LAVes (§ 7) betraut hat. Mehr Einheitlichkeit besteht in bezug auf die OAVe, indem fast in allen Bundesstaaten die bürgerliche Gemeinde zugleich einen OAV bildet. Die Gemeinde und der OAV ist hier das nämliche Rechtssubjekt. Das trifft auch da zu, wo eine Stadtgemeinde zugleich einen LAV bildet; auch hier handelt es sich um dieselbe juristische Persönlichkeit, vgl. B 16 N 51 S 161. Auch wegen der Verwaltung der AVe ist das Landesrecht maßgebend, was für bayer. AVe insbesondere dadurch zum Ausdrucke gelangt, daß den GAVen und LAVen das Recht der Selbstverwaltung eingeräumt ist, vgl. Art 20 und 47 BayAG; in der Gemeinde bildet die Ausübung der Armenpflege einen Bestandteil der gemeindlichen Selbstverwaltung (Begr 708). Wenn auch die Pfalz besetztes Gebiet ist, so ist doch für die Tätigkeit ihrer AVe und für den Verkehr mit ihnen nach wie vor das UWG und das BayAG maßgebend, s. Anm 7 zu § 1.

2. Das BayAG enthält wie das SVG einzelne Bestimmungen, die je nach der Einwohnerzahl (5000, 10 000, 20 000 usw.) eine Verschiedenheit aufweisen. Ferner ist wiederholt von kreisunmittelbaren Städten die Rede. Als unmittelbare Städte und Gemeinden über 5000 Einwohner kommen nachfolgende[1]) in Betracht, wobei die beigesetzte Zahl die Einwohnerzahl angibt.

a) Unmittelbare Städte.

aa) Unter 5000 Einwohnern:

Rodach (Coburg) 2779, Dinkelsbühl 4649, Donauwörth 4768.

bb) Über 5000–10 000 Einwohner:

Günzburg 5595, Dillingen 5676, Lindau 5985, Neumarkt (Opf.) 6833, Markt Redwitz 6885, Landsberg 6930, Weißenburg i. B. 7283, Eichstätt 7395, Deggendorf 7493, Neustadt b. Coburg 7665, Bad Kissingen 7948, Neuburg a. D 8104, Schwandorf 8117, Nördlingen 8457, Rothenburg o. T. 8056, Traunstein 8544 Kaufbeuren 8875, Forchheim 9262, Kitzingen 9760.

cc) Von 10 000–20 000 Einwohnern:

Kulmbach 10 406, Schwabach 11 035, Neu-Ulm 11 741, Selb 12 454, Memmingen 12 802, Landau i. Pf. 13 857, Zweibrücken 14 586, Freising 15 647, Rosenheim 17 363, Weiden 17 628, St. Ingbert 17 676, Neustadt a. H. 19 333.

dd) Von 20 000—30 000 Einwohnern:

Kempten 20 498, Passau 20 541, Ansbach 20 609, Straubing 22 481, Frankenthal 22 868, Speyer 23 326, Coburg 23 417, Erlangen 24 438, Landshut 25 332, Amberg 26 009, Ingolstadt 26 103.

ee) Von 30 000–50 000 Einwohnern:

Schweinfurt 31 672, Aschaffenburg 32 220, Bayreuth 33 161, Pirmasens 39 612, Hof 39 690, Bamberg 49 179.

ff) Von 50 000–100 000 Einwohnern:

Regensburg 52 520, Kaiserslautern 55 707, Fürth 68 163, Würzburg 86 581, Ludwigshafen 90 721.

gg) Von mehr als 100 000 Einwohnern:

Augsburg 154 567, Nürnberg 352 679, München 630 724.

---

[1]) Zeitschrift des bayr. Statistischen Landesamts, Jahrgang 1920 Heft 3.

b) **Andere (nicht kreisunmittelbare) Gemeinden mit mehr als 5000 Einwohnern:**

Helmbrechts 5011, Roth 5030, Immenstadt 5038, Unterpeissenberg 5038, Heidingsfeld 5040, Reinhausen 5046, Röthenbach 5129, Edenkoben 5140, Agatharied 5181, Mühldorf 5200, Füssen 5291, Mittelbexbach 5310, St. Mang 5316, Sulzbach 5325, Gunzenhausen 5338, Altötting 5365, Mutterstadt 5424, Plattling 5527, Kronach 5596, Penzberg 5626, Wunsiedel 5669, Münchberg 5706, Zirndorf 5724, Lohr 5732, Weilheim 5745, Rehau 5842, Furth i. W. 5885, Bad Tölz 5941, Lauf 5946, Oppau 6063, Göggingen 6518, Bad Dürkheim 6729, Dachau 6898, Bad Reichenhall 7146, Haßloch 8255, Oggersheim 8969, Homburg 9371, Schifferstadt 9737, Pasing 11014.

Die Gemeinden mit mehr als 10000 Einwohnern können gemäß Art 17 SVG ohne Weiteres durch MinEntschl kreisunmittelbar werden; alle unmittelbaren Gemeinden führen die Bezeichnung „Stadt".

Auch ist in verschiedenen Artikeln von Gemeinden **mit städtischer Verfassung** und in Art 24 von Gemeinden mit **pfälzischer Gemeindeverfassung** die Rede. Dies veranlaßt zu einem Hinweis auf Art 8 der rechtsrhein. GemO, wonach die Gemeinden entweder die städtische oder die **Landgemeinde**-Verfassung haben, auf Art 70–122 die von der Verwaltung der Gemeinden mit städtischer Verfassung, auf Art 9, 93 (98, 155 usw.), die von kreisunmittelbaren Städten und auf 123–152, die von der Verwaltung in Gemeinden mit Landgemeindeverfassung handeln. In dieser Beziehung ist durch das SVG vom 22. Mai 1919 (GVBl S 239) eine wesentliche Änderung getroffen worden, indem die Einrichtung des Gemeindekollegiums und der Gemeindeversammlung beseitigt wurde. Das einzige Verwaltungsorgan ist jetzt der Stadtrat (in Städten), der Gemeinderat (in den übrigen Gemeinden), vgl. Art 6 SVG und § 6 Vollzugsanweisung vom 14. Juni 1919 (GVBl S 303); die Bestimmungen über den Magistrat (Art 70–107) gelten für Gemeinden (Städte, Märkte) mit magistratischer Verfassung, jene über die Gemeindeausschüsse (Art 130–145) für die Gemeinden (darunter auch Städte), die bisher die Landgemeindeverfassung hatten, vgl. MinBek vom 22. Aug. 1919 (MABl S 22.). Für die Gemeinden der Pfalz, deren Gemeindeordnung nur eine einheitliche Gemeindeverfassung kennt, hat das Gesetz vom 15. Aug. 1908 [1]) (GBl S 471) die Möglichkeit geschaffen, die städtische Verfassung nach Maßgabe der diesrhein. GemO und die Kreisunmittelbarkeit zu erlangen. Dies erfolgte zunächst für die Stadt Landau i. Pf., vgl. MinBek vom 18. Okt. 1909 (GVBl S 733); nunmehr sind (nachdem inzwischen wegen der feindlichen Besatzung der Pfalz die VO vom 7. Dez. 1918 GVBl 1252 ergangen war) auf Grund des Art 17 SVG die Städte Ludwigshafen, Kaiserslautern, Pirmasens, Speyer, Neustadt a. H., Frankenthal, St Ingbert und Zweibrücken für unmittelbar erklärt, aber im Bezirksverbande belassen worden (ME vom 18. Dez. 1919 GVBl S 838).

3. Die Einwohnerzahl bemißt sich nach dem amtlich festgestellten und bekannt gegebenen Ergebnisse der im Deutschen Reich alle fünf Jahre stattfindenden allgemeinen Volkszählungen. Die Feststellungen dieses Ergebnisses erfolgt durch das B. Statistische Landesamt als die für Bayern zuständige Behörde, vgl. Art 203 GemO und § 22 VA vom 13. Juni 1911

---

[1]) S dazu MinBek vom 18. Aug. 1908 (GVBl S 474), woselbst in Ziff 2 und 3 alle mit der auf Kreisunmittelbarkeit und städtischen Verfassung bezüglichen Gesetze, VOen, MEen zusammengestellt sind.

zum Hundeabgabengesetze, ferner VO vom 21. Dez. 1908 (GVBl S 1138) und ME vom 3. Okt. 1910 (MABl S 677); S 11 S 561, und 33 S 27, Kahr Bayr. GemO Bd 2 S 307, Seydel BayStR 2. Aufl Bd 2 S 84 Note 72, Henle Gemeindesteuergesetze S 285 und Kutzer Bayr. HeimR S 378 Note 26.

4. Über die Aufbringung der Kosten der OAVe siehe Art 35, auch Anm 1 zu Art 1.

Art. 17.

Als Ortsarmenverband gilt auch jeder ausmärkische Bezirk (rechtsrheinische Gemeindeordnung Art 3).[1–5]

R 566 (B 2. b), Begr. 706, AB 1914 S 394/6.

1. Nach Art 3 Abs 1 und 2 der rechtsrhein. Gemeindeordnung bilden größere Waldungen, Freigebirge und Seen, die bei der Gemeindebildung im Jahre 1818 einer Gemeindemarkung nicht zugeteilt worden waren (vgl. auch § 4 des Gemeindeedikts vom 17. Mai 1818, GBl S 49), eine eigene von dem Gemeindeverband ausgeschlossene Markung. Seit dem Jahr 1818 ist die Entstehung eines ausmärkischen Bezirks ausgeschlossen und nach dem veröff. Gemeindegesetzentwurfe sind **markungsfreie Grundstücke nicht mehr vorgesehen**, s. Begr zu Art 2 und die Übergangsbestimmung in Art 45 des Entw.

2. Sobald auf gemeindefreien Markungen eine bleibende Niederlassung gegründet ist, muß sie nach der Vorschrift in Art 3 Abs 4 GemO nebst den dazu gehörigen Grundstücken einer der nächstgelegenen Gemeinden zugeteilt werden. Infolge dieser Gesetzesanordnung wird es wohl zu den Seltenheiten gehören, daß jemand in einem ausmärkischen Bezirke den UW erwirbt; die Unterstützungspflicht der ausmärkischen Bezirke wird hauptsächlich in der Form der vorläufigen Fürsorge nach § 28 bei Unglücksfällen in die Erscheinung treten; das gilt auch für die Auffindung von Leichen Unbekannter in solchen ausmärkischen Bezirken; der OAV des ausmärkischen Bezirkes hat in diesen Fällen einen Ersatzanspruch gegen den OAV des UW und wenn ein solcher nicht zu ermitteln ist, gegen den LAV des Regierungsbezirks, dem er angehört, vgl. § 30.

3. Was die Fürsorgepflicht des ausmärkischen Bezirks als OAV des DoAO bei Erkrankung von Arbeitern und deren Familienangehörigen betrifft, so wird hierüber in der Begr zum BayAG S 706 folgendes ausgeführt: „Ebenso scheidet § 29 Abs 1 mit Rücksicht auf die Reichsversicherungsordnung auch für die ausmärkischen Bezirke vollständig aus. Dagegen wird Abs 2 und damit die Verpflichtung des ausmärkischen Bezirks zur Unterstützung in den Fällen zur Anwendung kommen, in denen der ausmärkische Bezirk als Dienst- oder Arbeitsort zu erachten ist, d. i. als Ort, wo die Tätigkeit des Gehilfen einen bestimmten Mittelpunkt findet, von dem aus die durch das Arbeitsverhältnis bedingte Tätigkeit entwickelt wird.“ In dieser Beziehung wird auf die Anmerkungen zu § 29 verwiesen.

4. Wegen der Aufbringung der Kosten der Armenhilfe in ausmärkischen Bezirken s. Art 41.

5. Die Bestimmung in Art 17 findet auf die Pfalz keine Anwendung, da es nach der pfälzischen GemO ausmärkische oder gemeindefreie Bezirke nicht gibt.

Im rechtsrheinischen Bayern dagegen gibt es bei der Gesamtfläche von rund 7 Mill. ha rund 608000 ha ausmärkische Besitzungen, darunter 553800 ha Staatswaldungen (und Freigebirge), über 22000 ha Seen (in Oberbayern, dem Staate gehörig) und über 31000 ha Privatbesitzungen (meist in Schwaben, Mittel- und Unterfranken). In den einzelnen Bezirksämtern[1]) gibt es ausmärkische Bezirke von besonderer Größe, namentlich in Oberbayern; so besitzt das Bezirksamt Berchtesgaden mit einer Gesamtfläche von rund 63000 ha rund 36000 ha ausmärkischen Staatswald, das Bezirksamt Traunstein mit 117323 ha Gesamtfläche über 33000 ha Waldungen, über 8000 ha Seen und über 1500 ha Freigebirge (alles ausmärkische staatliche Besitzungen).

Art. 18.

I Mehrere Gemeinden eines Regierungsbezirkes können sich durch übereinstimmende Beschlüsse der Gemeindeverwaltungen zu einem gemeinsamen Ortsarmenverbande (Gesamtarmenverband) vereinigen. In Gemeinden mit städtischer Verfassung ist die Zustimmung der Gemeindebevollmächtigten, in rechtsrheinischen Landgemeinden die Zustimmung der Gemeindeversammlung erforderlich.[1]

II In gleicher Weise erfolgt die Änderung oder Auflösung des Gesamtarmenverbandes.[2]

III Gründung, Änderung und Auflösung eines Gesamtarmenverbandes bedürfen der Genehmigung der Regierung, Kammer des Innern.[3]

D 480 (VII 3), R 566 (B 2. c), AB 1912 S 382 ff., Begr 706/7, AB 1914 S 396 ff., StenBer 1914 S 44.

§ 20. I Das Zustandekommen von Gesamtarmenverbänden ist in erster Linie der freien Vereinbarung der Gemeinden zu überlassen. Die Aufsichtsbehörden werden auf das Zustandekommen solcher Vereinbarungen in geeigneten Fällen nach Möglichkeit hinwirken.

II Wieweit sich die Bildung von Gesamtarmenverbänden als wünschenswert oder als dringliches Bedürfnis erweist, wird übrigens vor allem von der Wirkung der neuen Gesetzgebung abhängen. Die Aufsichtsbehörden werden daher in der Regel erst einzugreifen haben, wenn sich diese Wirkung übersehen läßt.

III Die Errichtung, Änderung und Auflösung von Gesamtarmenverbänden ist dem Staatsministerium des Innern zur Bekanntgabe im Ministerialblatt anzuzeigen.

1. Über den Ausdruck Gesamtarmenverband vgl. Anm 2 zu § 3.
Die Bildung von Gesamtarmenverbänden erfolgt entweder durch Vereinbarung mehrerer Gemeinden (Art 18) oder auf dem Wege des Zwangs (Art 19) — freiwillige und zwangsweise Vereinigung.

---

[1]) Vgl. das amtliche Ortschaftenverzeichnis und die in der Begründung zu Art 41 (40) S 713 näher bezeichnete Zusammenstellung.

Die vereinigten Gemeinden bilden in bezug auf die Angelegenheiten der öffentlichen Armenpflege ein selbständiges einheitliches Rechtssubjekt, im übrigen d. i. in anderen Angelegenheiten bleibt im Gegensatze zur Vereinigung mehrerer Gemeinden zu einem Gemeinde- (und damit Armen-) Verbande gemäß Art 4 GemO die Selbständigkeit der einzelnen Gemeinden aufrecht.

Die freiwillige Vereinigung setzt übereinstimmende Beschlüsse der Gemeindevertretungen der beteiligten Gemeinden voraus; nach dem SVG kommen für alle Gemeinden nur mehr Beschlüsse der Gemeinderäte (Stadträte) in Betracht. Dazu hat noch die Genehmigung der Satzung zu kommen.

Für den Zusammenschluß der Gemeinden fordert das BayAG in räumlicher Beziehung, daß sie demselben Regierungsbezirk angehören, nicht auch, daß sie, wie das für Art 34 Abs 2 BayAG gilt und für die Bildung von GAVen in Elsaß-Lothringen (§ 4 ElsLAG) bestimmt war, benachbart sind, vgl. hierzu Begr 707 und Anm 1 b zu § 3.

2. Der Austritt einer Gemeinde aus dem GAV oder der Hinzutritt einer weiteren Gemeinde oder sonstige Änderungen einschließlich der Auflösung eines GAVes erfordert die gleiche Beschlußfassung wie in Anm 3 angegeben, sowie die Regierungsgenehmigung.

3. Die Bildung von GAVen wird im MinABl veröffentlicht. Bis jetzt traf das nur einmal zu (GAV Jettenbach MABl 1916 S 205).

Art. 19.

I Bei dringendem öffentlichen Bedürfnisse kann die Regierung, Kammer des Innern, Gemeinden ihres Regierungsbezirkes auch ohne deren Zustimmung zu einem Gesamtarmenverbande vereinigen.[1]

II Die Vereinigung ist nur zuläßig,[2] wenn die Gemeinden zueinander in wirtschaftlicher Beziehung stehen, mindestens eine der Gemeinden durch Leistungen der öffentlichen Armenpflege unverhältnismäßig belastet ist und nach dem Umlagengesetz Art. 12 keine genügende Abhilfe getroffen werden kann.

III Bei Gründung, Änderung oder Auflösung des Gesamtarmenverbandes sind die beteiligten Gemeindeverwaltungen, in Gemeinden mit städtischer Verfassung auch die Gemeindebevollmächtigten, in rechtsrheinischen Landgemeinden auch die Gemeindeversammlung, ferner die verstärkten Distriktsräte und bei kreisunmittelbaren Städten die Vollversammlung des Landrats zu hören.[3]

D 480 (VII 8), R 566 (B 2. c), AB 1912 S 382 ff. und 439, StenBer 1912 S 983 987, 994, Begr 706/7, AB 1914 S 396—408, StenBer 1914 S 44, 50, 54, 59, 60, 74 und 79 Beschl N 6.

1. In bezug auf die zwangsweise Bildung von Gesamtarmenverbänden weichen die Beschlüsse des besonderen Ausschusses und der Kammer der Abgeordneten am meisten von dem Entwurfe der Staatsregierung ab. Bis jetzt wurde von dieser Bestimmung noch nicht Gebrauch gemacht. Es bleibt abzuwarten, zu welchem Ergebnisse die Bestrebungen der Staats-

regierung in bezug auf Zusammenlegung von Gemeinden zu größeren leistungsfähigeren Gebilden führen.

Die Bildung von GAVen auf dem Wege des Zwangs erfolgt durch Büro-Beschluß der Regierung, Kammer des Innern, die vorher die nach dem Gesetz im Zusammenhalte mit den Abänderungen durch das UWG in Betracht kommenden Körperschaften einzuvernehmen hat.

2. Die Zwangsbildung ist nur zulässig, wenn folgende Voraussetzungen erfüllt sind:

a) Die Gemeinden müssen zueinander in wirtschaftlicher Beziehung stehen. Solche Beziehungen werden vor allem zwischen Industriestädten und Arbeitervororten bestehen, können aber auch in Landgemeinden mit einem industriellen Großbetriebe und Nachbargemeinden vorkommen. Eine „wirtschaftliche Beziehung" wird in diesen Fällen dadurch entstehen, daß ein großer Teil der Arbeiter einerseits zur Erhöhung der Steuerkraft jener Gemeinde, in der sie beschäftigt sind, durch ihre Arbeitsleistung, andererseits zur Erhöhung der Lasten der Gemeinde, in der sie mit ihren Familien wohnen, beiträgt, vgl. hierzu auch StenBer 1914 S 44.

b) Mindestens eine Gemeinde muß mit Armenlasten überbürdet sein.

c) Ferner muß eine Entlastung der leistungsschwachen Gemeinde auf dem Wege des Art 12 UmlG ausgeschlossen sein. Diese Gesetzesbestimmung betrifft den Fall, daß eine Gemeinde mit zahlreicher Arbeiterbevölkerung aus den Gewerbebetrieben, in denen diese Arbeiter beschäftigt werden, keine Umlagen bezieht, aber wegen der Arbeiterbevölkerung höhere Lasten für Schulen, Armenzwecke, Gesundheitspolizei usw. hat und deshalb einen Umlagenzuschuß von der Betriebsgemeinde fordern kann.

d) Endlich ist das Vorhandensein eines dringenden öffentlichen Bedürfnisses erforderlich Ob diese Voraussetzung erfüllt ist, muß nach den jeweiligen Verhältnissen des einzelnen Falles entschieden werden. Denn der Gesetzgeber hat hier, wie auch bei Art 4 GemO mit Recht unterlassen, allgemeine Regeln aufzustellen, vgl. Kahr GemO Bd 1 Anm 5 zu Art 4 S 100/1. Ein solches Bedürfnis wird wohl anzunehmen sein, wenn die Erfüllung der Aufgaben der öffentlichen Armenpflege infolge Leistungsunfähigkeit der betreffenden Gemeinden oder einer Gemeinde gefährdet erscheint. Die Entscheidung der Frage fällt in das Gebiet des Verwaltungsermessens und ist im Hinblicke auf Art 13 Abs 1 Ziff 3 VGG der Würdigung des VGH entrückt. Deshalb ist Beschwerde zum Staatsministerium des Innern zulässig, wenn das Vorhandensein eines dringenden öffentlichen Bedürfnisses bestritten wird. Dagegen ist die Zuständigkeit des VGH gegeben, wenn die unter a—c angegebenen Voraussetzungen in Abrede gestellt werden, vgl. Art 73.

3. Die Regierung hat einzuvernehmen einmal die beteiligten Gemeinderäte (Stadträte), da „Gemeindebevollmächtigte" und „Gemeindeversammlung" durch das SVG beseitigt sind, ferner den gemäß Art 68 Abs 2 verstärkten Bezirkstag (vgl. dazu Art 9 Abs 2 SVG), dann den Kreistag, soweit kreisunmittelbare Städte beteiligt sind.

Art. 20.

I Die Gesamtarmenverbände (Art 18, 19) sind öffentliche Körperschaften mit dem Rechte der Selbstverwaltung nach Maßgabe der Gesetze.

II Die Vorschriften für die Ortsarmenverbände, die aus einer einzigen Gemeinde bestehen, gelten für die Gesamtarmenverbände entsprechend, soweit das Gesetz nichts anderes bestimmt.

Begr 707/8, AB 1914 S 408.

Gemäß Art 1 beider Gemeindeordnungen sind die Gemeinden als öffentliche Körperschaften mit dem Rechte der Selbstverwaltung nach Maßgabe der Gesetze erklärt. Einen Bestandteil der gemeindlichen Selbstverwaltung bildet die öffentliche Armenpflege. Da bei „Gesamtarmenverbänden" nicht die dazu gehörigen Gemeinden „Rechtsträger der armengesetzlichen Rechte und Pflichten" sind, sondern gemäß § 3 der „Gesamtarmenverband" als rechtliche Einheit, so hat das Gesetz dem GAB als OAB das den Gemeinden zustehende Recht der Selbstverwaltung verliehen. Als selbständige juristische Person kann der Gesamtarmenverband — nicht die Verbandsgemeinden — klagen und verklagt werden, wobei er durch den Gesamtarmenrat vertreten wird, vgl. Art 44.

Art. 21.

In jeder Gemeinde, die einen eigenen Ortsarmenverband bildet, besteht ein Armenrat.

Begr 708, AB 1914 S 408.

Hinsichtlich der Aufstellung eines besonderen Vertretungskörpers für die bayr. OABe vgl. die in Anm 2 zu § 2 angeführte Begr. Die Vertretung des OABes kommt dem Armenrat und nicht der Gemeindevertretung zu. Eine Beschwerde der letzteren in Angelegenheiten der öffentlichen Armenpflege ist deshalb rechtsunwirksam, S 41 S 13. Dagegen ist eine vom Vorstande des ARats oder dessen Stellvertreter innerhalb der Berufungsfrist eingelegte Beschwerde (Berufung) rechtswirksam, wenn auch der Genehmigungsbeschluß des zur Beschwerdeerhebung zuständigen ARats erst nach Ablauf der 14tägigen Berufungsfrist gefaßt worden ist. Ebenso ist der Antrag des Armenratsvorstandes auf verwaltungsrechtliche Entscheidung (verwaltungsrechtliche Klage) rechtswirksam erhoben, wenn auch die Genehmigungserklärung des ARats erst nachträglich erfolgt. Denn hier handelt es sich um eine prozessuale Handlung, wofür die Vollmacht (der Bevollmächtigungsbeschluß) auch noch nachträglich beigebracht werden kann, vgl. hierzu S 24 S 230/1 und 430, 28 S 145.

Art. 22.

I In Gemeinden mit städtischer Verfassung besteht der Armenrat aus den Bürgermeistern,

aus den vom Magistrat und den Gemeindebevollmächtigten abgeordneten Mitgliedern dieser Körperschaften,

aus den Pfarrern der Pfarreien, deren Sprengel die Gemeinde oder einen Teil davon umfassen,

aus dem Rabbiner, wenn ein solcher in der Gemeinde seinen Sitz hat, andernfalls aus einem abgeordneten Mitgliede der israelitischen Kultusverwaltung (in der Pfalz des Synagogenausschusses), wenn eine solche in der Gemeinde besteht,

aus einer Anzahl gewählter Mitglieder,

aus dem Bezirksarzte, wenn ein solcher in der Gemeinde seinen Sitz hat, bei mehreren dem von der vorgesetzten Dienstbehörde bestimmten.

[II] Für andere Gemeinden gilt Abs. I entsprechend. In diesen gehören dem Armenrate neben dem Bürgermeister auch der Beigeordnete, in Gemeinden mit pfälzischer Gemeindeverfassung die Adjunkten an. An Stelle der Abgeordneten des Magistrats und der Gemeindebevollmächtigten treten die von der Gemeindeverwaltung abgeordneten Mitglieder dieser Körperschaft.[1]

[III] Sind mehr als 3 Pfarreien desselben Bekenntnisses beteiligt, so sind in Gemeinden mit Bezirkspflegeausschüssen (Art. 27 Abs. II) Mitglieder des Armenrats die 3 Pfarrer, deren Pfarreien zusammen die meisten Angehörigen dieses Bekenntnisses in der Gemeinde umfassen. An Stelle dieser Pfarrer können auf Grund Vereinbarung der Pfarrer der beteiligten Pfarreien andere Pfarrer des gleichen Bekenntnisses treten. Die Pfarrer, die hiernach dem Armenrate nicht angehören, sind zu beratender Teilnahme berechtigt.

[IV] Unter den gewählten Mitgliedern sollen sich in Gemeinden mit mehr als 10000 Einwohnern[2] Frauen und Vertreter der in der Gemeinde bestehenden Einrichtungen der privaten Wohltätigkeit befinden. Die Zahl der Vertreter der Wohltätigkeitseinrichtungen und die der Frauen darf zusammen die Hälfte der gewählten Mitglieder nicht überschreiten.

[V] Im übrigen bestimmt die Zahl[3] der abzuordnenden Magistratsräte, Gemeindebevollmächtigten und Gemeindeverwaltungsmitglieder sowie der besonders zu wählenden Mitglieder in Gemeinden mit städtischer Verfassung der Magistrat mit Zustimmung der Gemeindebevollmächtigten, in den übrigen Gemeinden die Gemeindeverwaltung.

D 472 (V b 8 c), R S 561 und 567 ff. (A 5 und B 3 a b c), AB 1912 S 396–399, Begr 703, AB 1914 S 408–415, Beschl N 3 und 5.

VA. § 21. [I] Die Vorschrift in Art. 22 Abs. IV über die Wahl von Frauen und Vertretern von Einrichtungen der privaten Wohltätigkeit als Mitglieder des Armenrats in Gemeinden mit mehr als 10000 Einwohnern bezweckt, die ordnungsmäßige Erfüllung der stets wachsenden Aufgaben der öffentlichen Armenpflege allseitig zu fördern. Auf sachgemäßen Vollzug ist daher Bedacht zu nehmen. Die Auswahl geeigneter Frauen wird bei der großen Zahl von Frauen, die schon jetzt in der öffentlichen Armenpflege tätig sind, keine Schwierigkeiten machen. Bei der Wahl von Vertretern privater Wohltätigkeitseinrichtungen handelt es sich darum, die unbedingt notwendige Fühlung zwischen öffentlicher und privater Armenpflege zu bewirken. Namentlich in den großen Städten mit ihren zahlreichen Einrichtungen der privaten Wohltätigkeit sollten tunlichst die Hauptgruppen im Armenrate vertreten sein. Zu den Einrichtungen der privaten Wohltätigkeit gehören, wie sich auch aus ihrer besonderen Anführung in Art. 9 ergibt, nicht die Wohltätigkeitsstiftungen.

II Die Zahl der Vertreter der Wohltätigkeitseinrichtungen und die der Frauen darf zusammen die Hälfte der gewählten Mitglieder nicht übersteigen. Innerhalb dieses Rahmens kann die Zahl der beiderseitigen Vertreter nach Maßgabe des örtlichen Bedürfnisses frei bestimmt werden (Art. 22 Abs. V).

III In den übrigen Gemeinden können ebenfalls Frauen und Vertreter von Einrichtungen der privaten Wohltätigkeit gewählt werden.

§ 22. Die Zahl der abzuordnenden und der besonders zu wählenden Mitglieder des Armenrats muß mindestens je 2 betragen; im übrigen setzt sie die Gemeinde nach freiem Ermessen fest (vgl. jedoch die besonderen Vorschriften in Art. 22 Abs. IV und 44 Abs. II). Dabei ist zu beachten: Je mehr an der unmittelbaren Ausübung der Armenpflege äußere Organe (Armenpfleger, Bezirkspflegeausschüsse) beteiligt sind, desto weniger Mitglieder bedarf der Armenrat. Dies gilt besonders, wenn von der Befugnis des Art. 33 Gebrauch gemacht wird. Dann wäre es eine unnötige Kräftezersplitterung, wenn in manchen größeren Städten der Armenrat noch soviele Mitglieder zählen würde, als sie dort nach dem bisherigen Rechtszustande der Armenpflegschaftsrat hatte. In solchen Fällen liegt die entsprechende Abminderung durchaus im Sinne des Gesetzes. Wo Bezirkspflegeausschüsse bestellt sind, ist lediglich zu berücksichtigen, daß nach Art. 27 Abs. II Vorsitzender des Bezirkspflegeausschusses ein Mitglied des Armenrats sein muß.

1. Durch das Selbstverwaltungsgesetz vom 22. Mai 1919 ist die Einrichtung der Beigeordneten, Adjunkten, sowie der Gemeindebevollmächtigten in Gemeinden mit städtischer Verfassung beseitigt. Dafür gehören nunmehr alle Bürgermeister einer Gemeinde dem Armenrate an, MinBek vom 27. Juni 1919 (MABl S 128).

2. Über Einwohnerzahl s. Anm 2 und 3 zu Art 16.

3. Die Zahl der Abgeordneten setzt die Gemeindevertretung (Stadtrat, Gemeinderat) fest, ME vom 27. Juni 1919 (MABl S 128); dies gilt auch für die Zahl der zu wählenden Armenratsmitglieder in Gemeinden mit städtischer Verfassung (Abs V; in der MinBek vom 12. Juni 1919, MABl S 116, s. Art 25, ist dies bezüglich der Zahl der Ersatzleute bestimmt). Nach Abs 4 sollen in Gemeinden mit mehr 10 000 Einwohnern mindestens gewählt werden: 2 Frauen, 2 Vertreter von Wohltätigkeitseinrichtungen und 4 andere Einwohner; unter „Frauen" sind nach dem Sprachgebrauch des BGB auch unverheiratete Personen weiblichen Geschlechts zu verstehen. Eine „Sollvorschrift" ist deswegen gewählt worden, weil den Frauen nicht nur die Ablehnung der Wahl, sondern auch jederzeit der Austritt gestattet ist und daraus die Möglichkeit sich ergibt, daß Frauen sich überhaupt nicht mehr im Armenrate befinden. Dies soll auf die Rechtsgültigkeit der Armenratsbeschlüsse keinen Einfluß haben. Der Gemeindevertretung steht es aber nicht zu, von der Wahl von Frauen abzusehen, AB 1914 S 413 und 429.

Art. 23.

I Die Stellvertreter im Pfarramte, ferner die mit den vollen pfarrlichen Rechten ausgestatteten Seelsorgegeistlichen stehen den Pfarrern gleich.[1] In Gemeinden, die ganz oder teilweise zu einem Seelsorgebezirke gehören, für den ein eigener Geistlicher bestellt ist, kann die Staatsaufsichtsbehörde diesen auf Antrag des Pfarrers an dessen Stelle in widerruflicher Weise als selbständiges Mitglied des Armenrats bestimmen.[2] Er steht dann im Armenrate dem Pfarrer gleich; seine Geschäftsführung unterliegt jedoch der Aufsicht des Pfarrers.

II Sind in einer protestantischen Pfarrei mehrere Pfarrer angestellt, so ist der erste (in der Pfalz der mit der höheren Amtswürde, bei gleicher Amtswürde der mit dem höheren Dienstalter) zunächst zum Mitgliede des Armenrats berufen. Solange er von seinem Rechte keinen Gebrauch macht, ist der zweite Pfarrer berufen; sind mehr als zwei Pfarrer vorhanden, so bestimmen die beteiligten Pfarrer aus ihrer Mitte das Mitglied des Armenrats.

Begr 709, AB 1914 S 415.

1. Da diese Gesetzesbestimmung im AArmG nicht enthalten war, erscheint für deren Auslegung und Anwendung die Kenntnis ihrer Begründung sachdienlich; sie lautet: „In Anlehnung an die Vorschriften der Kirchengemeindeordnung über die Vorstandschaft des Pfarrers in der Kirchenverwaltung (KirchGemO Art 37 Abs 1 Ziff 1 und 38 Abs 1) bestimmt Abs 1 Satz 1, daß die Stellvertreter im Pfarramte (parochia vacante vel non vacante), ferner die mit den vollen pfarrlichen Rechten ausgestatteten Seelsorgegeistlichen (Inhaber der den Pfarreien gleichgeachteten selbständigen Pfarrkuratien, Kuratbenefizien und ständigen Pfarrvikariate) dem Pfarrer gleich stehen. Dies gilt sowohl bezüglich der Mitgliedschaft im Armenrat (Art 29) und in den Bezirkspflegeausschüssen (Art 27) als auch bezüglich der Berufung zur Vorstandschaft im Armenrat (Art 24 Abs 1).

Abs 1 Satz 2 ff. sollen dem Pfarrer, dem Hilfsgeistliche mit eigenem Seelsorgebezirke zur Seite stehen, bezüglich der Mitgliedschaft und Vorstandschaft im Armenrat auswärtiger Gemeinden in ähnlicher Weise die Möglichkeit einer Erleichterung verschaffen, wie sie Art 38 Abs 2 KGO bezüglich der Vorstandschaft in Tochterkirchenverwaltungen ermöglicht. Daß die auswärtige Gemeinde zum Bezirk einer organisierten Tochterkirchengemeinde gehört, wird nicht erfordert; es genügt, wenn die auswärtige Gemeinde dem Seelsorgebezirke zugehört, für den der Hilfsgeistliche bestellt ist. Auch ist nicht erforderlich, daß der Hilfsgeistliche außerhalb des Pfarrorts seinen Sitz hat. Wird auf Antrag des Pfarrers der Hilfsgeistliche von der Staatsaufsichtsbehörde als Mitglied des Armenrats bestimmt, so ist er — im Gegensatz zur Regelung in Art 38 Abs 2 KGO — nicht bloß Stellvertreter des Pfarrers, der bei persönlichem Erscheinen des Pfarrers zurückzutreten hat; er steht vielmehr, solange die Verfügung der Staatsaufsichtsbehörde aufrecht erhalten bleibt, sowohl bezüglich der Mitgliedschaft als der Vorstandschaft dem Pfarrer gleich. Diese Abweichung von der entsprechenden Vorschrift der KGO ist geboten, um die Stetigkeit in der Geschäftsführung des Armenrats zu sichern und Schwierigkeiten zu verhüten. Es soll aber dem Pfarrer die Befugnis zur Beaufsichtigung der Geschäftsführung des Hilfsgeistlichen zustehen und die Aufsichtsbehörde kann ihre Verfügung, durch die der Hilfsgeistliche als Mitglied des Armenrats bestimmt wurde, jederzeit widerrufen.

Ein weiteres Eintreten der Hilfsgeistlichen für den Pfarrer ist in Art 27 bezüglich der Bezirkspflegeausschüsse vorgesehen.

In protestantischen Pfarreien sind nicht selten mehrere Pfarrer angestellt, welche die Parochialrechte zu gesamter Hand ausüben. Vielfach sind den einzelnen Pfarrern auch keine bestimmten Seelsorgebezirke innerhalb der Pfarrei zugewiesen. Für solche Fälle bestimmt Art 23 Abs 2 in Anlehnung an Art 38 Abs 4 KGO, welcher der mehreren Pfarrer als Mitglied des Armenrats oder des Bezirkspflegeausschusses berufen ist. Dieser Pfarrer ist gegebenenfalls nach Maßgabe des Art 24 Abs 1 des Entwurfs zugleich zur Vorstandschaft im Armenrate berufen. Wo protestantische Pfarreien mit mehreren Pfarrern in Seelsorgebezirke abgeteilt sind, wird diese Einteilung zweckmäßig von den beteiligten Pfarrern bei Bestimmung des Mitgliedes des Armenrats oder der Bezirkspflegeausschüsse berücksichtigt werden."

2. Die Bestimmung in Abs 1 Satz 2 gibt noch zu folgenden Ausführungen Anlaß:

a) Der Stellvertreter des Art 23 Abs 1 ist ein anderer als der Stellvertreter nach Art 24 Abs 1. Der erstere [1]) ist kraft Gesetzes Vertreter des Pfarrers im pfarramtlichen Wirkungskreis und damit auch in der Mitgliedschaft und Vorstandschaft des Armenrates. Der letztere hat als gewählter Stellvertreter den Pfarrer bei dessen vorübergehender Abwesenheit oder Verhinderung in der Vorstandschaft des Armenrates zu vertreten. Wo ein Verweser bestellt ist, haben Zustellungen für den Armenrat oder dessen Vorstand an ihn zu erfolgen; vgl. hierzu auch Anm 5 n zu § 37.

b) Wiederum eine andere Stellung nimmt der zum selbständigen Mitgliede des Armenrates bestimmte Hilfsgeistliche mit eigenem Seelsorgebezirk ein. Dieser ist selbständiges Mitglied und damit zugleich Vorstand des Armenrates, wenn dem Pfarrer in der betreffenden Gemeinde die Vorstandschaft gemäß Art 24 zukäme. Seine Stellung ist aber gegenüber jener des Pfarrers, Pfarrverwesers oder ständigen Vikars eine beschränkte. Er wird nämlich durch die Staatsaufsichtsbehörde und nur in widerruflicher Weise bestellt. Auch kommt dem Pfarrer das Recht zu, seine Geschäftsführung zu beaufsichtigen. Solange ein Widerruf durch die Staatsaufsichtsbehörde nicht erfolgt, ist der Hilfsgeistliche statt des Pfarrers Mitglied und in rechtsrheinischen Landgemeinden auch regelmäßig Vorstand des Armenrates.

c) Wo eine solche Bestellung durch die Staatsaufsichtsbehörde nicht erfolgt ist, kann ein auswärtiger Hilfsgeistlicher (Expositus) als Mitglied des Armenrates in der betreffenden Gemeinde gemäß Art 25 Abs 2 und damit auch gemäß Art 24 Abs 2 als Stellvertreter des Vorstands gewählt werden. Als Stellvertreter kann ihm gemäß Art 40 Abs 3 die Führung der Vorstandsgeschäfte in widerruflicher Weise übertragen werden. Der Pfarrer bleibt in diesem Falle Mitglied und kann jederzeit den Vorsitz

[1]) d. i. der Pfarrverweser (Pfarrprovisor).

in der Armenratssitzung übernehmen, was im Falle der Bestellung des Hilfsgeistlichen als selbständiges Mitglied des Armenrats gemäß Art 23 Abs 1 Satz 2 nicht zutrifft.

Art. 24.

I Vorstand des Armenrats ist in den Gemeinden mit städtischer Verfassung und in den Gemeinden mit pfälzischer Gemeindeverfassung der Bürgermeister, von mehreren der erste; in anderen Gemeinden der Pfarrer, von mehreren stimmberechtigten Pfarrern der Pfarrer des überwiegenden Bekenntnisses, dessen Pfarrei die meisten Angehörigen dieses Bekenntnisses in der Gemeinde umfaßt. An Stelle dieses Pfarrers kann auf Grund Vereinbarung der stimmberechtigten Pfarrer des überwiegenden Bekenntnisses ein anderer Pfarrer aus ihrer Mitte treten.[1–3]

II Die Stellvertreter des Vorstandes wählt der Armenrat aus seiner Mitte.[4]

R 570 (B 3 c). AB 1912 S 396, Begr 709, AB 1914 S 415—423, StenBer 1914 S 8, 21, 51, 55, 59, 65, 73, 74 und 80.

1. Die Frage der Vorstandschaft des Armenrats in den rechtsrheinischen Landgemeinden war Gegenstand lebhafter Erörterungen bei den Gesetzgebungsverhandlungen; dabei wurden aber die Anträge, den Bürgermeistern in den rechtsrheinischen Landgemeinden die Rechte wie jenen der Pfalz einzuräumen, den Bürgermeister wenigstens zum Stellvertreter dann zu bestimmen, wenn der Pfarrer Vorstand des Armenrates ist, abgelehnt.

Die Bestimmung in Art 24 wurde durch das SVG und die Wahlvorschriften von 1919 nicht berührt, ME vom 27. Juni 1919 (MABl S 128).

2. Da die bürgerlichen Gemeinden regelmäßig nicht mit den Pfarrgemeinden zusammenfallen, so werden meist mehrere Pfarrer dem Armenrat angehören. Neu ist die Zulässigkeit einer Vereinbarung der Pfarrer darüber, wer von ihnen Vorstand im Armenrate sein soll. Eine solche Vereinbarung setzt selbstverständlich die Übereinstimmung sämtlicher beteiligter Pfarrer voraus. Wenn die Einwohner der Gemeinden verschiedenen Religionsbekenntnissen angehören, so sind dabei nur die Pfarrer des überwiegenden Bekenntnisses in der Gemeinde beteiligt. Mangels einer Vereinbarung ist für die Vorstandschaft nicht mehr das Dienstalter, sondern die größte Seelenzahl des überwiegenden Bekenntnisses entscheidend. Der Sitz dieser Pfarrei wird sich regelmäßig, aber nicht immer, in der betreffenden Gemeinde befinden. Für den letzteren Fall bestimmt Art 40 Abs 3, daß dem Stellvertreter die Führung der Vorstandsgeschäfte übertragen werden kann. In diesem Falle trifft den Stellvertreter auch die volle Verantwortung des Armenratsvorstandes.

3. Auch dem Pfarrverweser kommt die Vorstandschaft zu, wenn die betreffende Pfarrei die meisten Angehörigen des überwiegenden Bekenntnisses in der Gemeinde hat. Gleiches gilt für den gemäß Art 23 Abs 1 zum selbständigen Mitgliede des Armenrates bestimmten Geistlichen eines besonderen Seelsorgebezirks innerhalb der Pfarrei.

4. In Abs 2 wurde gegenüber der bisherigen Bestimmung (Art 22 Abs 5) der Zusatz „aus seiner Mitte“ gemacht. Aus dem Ausdrucke „die“ Stellvertreter ist nicht zu folgern, daß mehr als ein Stellvertreter zu wählen ist. Doch besteht kein Hindernis im Falle des Ausscheidens des Stellvertreters aus dem Armenrat einen neuen Stellvertreter zu wählen. Vgl. hierzu auch noch Anm 2 zu Art 23.

Art. 25.

Hier gilt nunmehr folgendes:

I Der Armenrat wird nach Beendigung der regelmäßigen Gemeindewahl durch die neugewählte Gemeindevertretung (Stadtrat, Gemeinderat) gebildet.

II Alle Mitglieder des Armenrats, die durch Wahl berufen werden, sind neu zu wählen. Die Wahl wird in den Städten durch den Stadtrat, in allen übrigen Gemeinden durch den Gemeinderat vorgenommen.

III Für diese Mitglieder (Abs. 2) können nach Beendigung der Wahl Ersatzleute gewählt werden. Die Gemeindevertretung (Stadtrat, Gemeinderat) bestimmt ihre Zahl und die Reihenfolge ihrer Einberufung.

IV Die Wahlen erfolgen nach den Grundsätzen der Verhältniswahl.

V Die Wahlzeit dauert fünf Jahre.[1–5]

Ziff 1 MinBek vom 12. Juni 1919 (MABl S 116).

Hierzu bestimmte die MinBek vom 20. Juni 1919 (StAnz Nr 154):

Die Wahl der Armenratsmitglieder hat unter sinngemäßer Anwendung der Wahlordnung vom 15. April 1919 für die Gemeinde-, Bezirks- und Kreiswahlen insbesondere des § 81 sowie der Vollzugsbestimmungen hierzu stattzufinden, wenn nicht der Stadt- oder Gemeinderat sich über die anderweitige verhältnismäßige Verteilung der Sitze im Armenrat einigt. Der Bürgermeister leitet die Wahl.

VA. § 23. Ob für die Mitglieder des Armenrats, die durch Wahl berufen werden, Ersatzleute gewählt werden sollen (Art. 25 Abs. III), liegt im Ermessen des Wahlkörpers, d. i. in Gemeinden mit städtischer Verfassung der vereinigten Magistratsmitglieder und Gemeindebevollmächtigten, in den übrigen Gemeinden der Gemeindeverwaltung. Sind keine Ersatzleute gewählt oder keine mehr vorhanden, so ist bei der Ersetzung von Abgängen nach Art. 25 Abs. II zu verfahren.

1. Beim Armenrate kommen drei Gruppen von Mitgliedern in Betracht:

a) die kraft Gesetzes Berufenen, nämlich die Bürgermeister, Pfarrer und Bezirksärzte nach Maßgabe des Art 22 Abs 1—3,

b) die in den ARat abgeordneten Mitglieder der Gemeindevertretung,

c) die aus den volljährigen Einwohnern Gewählten.

Was die Dauer der Amtszeit betrifft, so hört die Mitgliedschaft des ARates auf:

a) bei den durch das Gesetz in den ARat Berufenen, sobald sie nicht mehr das Amt führen, kraft dessen die Berufung erfolgt,

b) bei den von der Gemeindevertretung Abgeordneten mit dem Widerrufe der Abordnung oder mit dem Ausscheiden aus dem Gemeindeamte, endlich

c) bei den Gewählten mit Beendigung der nunmehr 5 Jahre dauernden Wahlperiode oder mit dem früheren Ausscheiden durch Tod, Verlust der Fähigkeit zur Bekleidung öffentlicher Ämter, oder durch Austritt, s. hierüber Anm 2 zu Art 29.

Die gegenwärtige Wahlperiode wird vom 1. Jan. 1920 an berechnet und endigt mit dem 31. Dez. 1924, Art 5 Abs 1 SVG.

2. Die Wahl der Armenratsmitglieder wie die Abordnung von Mitgliedern aus der Mitte der Gemeindevertretung ist eine Amtshandlung dieser Körperschaft; es finden daher die Bestimmungen der GemO über den Geschäftsgang, insbesondere Art 102, 105, 145 Anwendung.

Für die Wahl ist eine besondere Form, wie die Benützung von Wahlzetteln, nicht vorgeschrieben. Es ist daher auch die Wahl durch Zuruf zulässig.

3. Eine Anfechtung der Wahl, wie sie Art 196 (122) GemO und Art 52 KirchGemO kennt, findet bei der Wahl für den Armenrat nicht statt, was seine Begründung in dem Umstande hat, daß die Wahl, wie in Anm 3 ausgeführt worden ist, eine Amtshandlung der Gemeindevertretung ist. Dennoch sind in Art 8 Ziff 33 VGG in der Fassung des Art 94 Ziff I dieses Gesetzes in bezug auf das Amt eines Mitgliedes des Armenrates und Bezirkspflegeausschusses, sowie eines Armenpflegers und eines Waisenrates verschiedene verwaltungsrechtliche Streitfälle vorgesehen. Dahin gehören Streitigkeiten über

a) die Wählbarkeit zu den genannten Ämtern,
b) über die Gültigkeit der Wahl,
c) über die Berechtigung zum Eintritt in den Armenrat,
d) über die Verpflichtung zum Eintritt,
e) über die Berechtigung zum Austritt,
f) über die Verpflichtung zum Austritt aus dem ARate.

Zu a: Wer wählbar ist, sagt Art 26.

Zu b: Ungültig wäre beispielsweise die Wahl, wenn hieran nicht die vorgeschriebene Zahl der Mitglieder der Gemeindevertretung teilgenommen hat (vgl. Anm 2) oder wenn nicht alle im Gemeindebezirk anwesenden Mitglieder der Gemeindevertretung zur Vornahme der Wahl geladen waren.

Zu c: Die Berechtigung zum Eintritte wird nach der ständigen Rechtsprechung des VGH unter die Bestimmung in Art 8 Ziff 33 einbezogen, weil sie mit der Frage der Gültigkeit einer Wahl in unmittelbarem Zusammenhange steht, vgl. S 6 S 111/4, 13 S 155 und 35 S 101. Solche Streitsachen können wegen der Losung oder wegen Einberufung eines Ersatzmannes, also auch aus einem späteren Anlaß entstehen, vgl. Kahr GemO 2 S 253 Anm 7 zu Art 187.

Zu d–f vgl. Art 29 mit Anmerkungen.

über die Entstehung solcher verwaltungsrechtlicher Wahlstreitigkeiten ist zu bemerken, daß hier nicht die Vorschriften der Gemeindeordnungen über die Wahlanfechtung, sondern jene über den Geschäftsgang der Gemeindeverwaltung maßgebend sind. In entsprechender Anwendung, insbesondere der Art 80, 127 und 163 (59 und 93) GemO wird es zu bestrittenen Rechtsansprüchen und Verbindlichkeiten im Sinne des Art 8 Ziff 33 VGG in Armenratswahlsachen kommen, wenn Meinungsverschiedenheiten der vorbezeichneten Art (a—f) zwischen den Gewählten und dem Armenrat oder der vorgesetzten Verwaltungsbehörde vorliegen. Verwaltungsrechtliche Instanzen sind die vorgesetzte Verwaltungsbehörde und der Verwaltungsgerichtshof. Beschwerdeberechtigt ist auch der Armenrat, der sich in allen diesen Angelegenheiten beschlußmäßig zu äußern hat, vgl. Kahr GemO 1 S 754 Anm 4a zu Art 80 mit Fußnote 9.

4. Abgänge im Armenrate waren bisher stets durch Neuwahlen zu ersetzen; hieran ist eine Änderung eingetreten, indem es den Gemeindevertretungen freigestellt ist, Ersatzleute zu wählen. Für diesen Fall ist ihnen aber auch zugleich die Bestimmung der Zahl der Ersatzleute und der Reihenfolge ihrer Einberufung anheimgestellt. Aus dem Wortlaute des Abs 3 der Ziff 1 der MinBek vom 12. Juni 1919 ergibt sich, daß die Bestimmung in Ziff 10 des Art 9 des Wahlgesetzes vom 15. April/14. Mai 1919 (§ 78 der Wahlordnung vom gleichen Tage) über Nachrücken der nicht gewählten Bewerber aus dem Wahlvorschlag als Ersatzleute hier keine Anwendung findet. Werden Ersatzleute gewählt, so sind auch solche für die gewählten Frauen und Vertreter der Privatwohltätigkeit zu wählen. Die Ersatzleute haben für die noch übrige Dienstzeit jenes Armenratsmitglieds einzutreten, an dessen Stelle sie einberufen werden. Abgänge von Armenratsmitgliedern sind beim Mangel von Ersatzleuten durch Neuwahl zu ersetzen.

5. Nach Bildung der Armenräte sind von ihnen die Stellvertreter des Armenratsvorstandes zu wählen. Wegen Herstellung einer Übersicht der Mitglieder des Armenrats für die vorgesetzte Verwaltungsbehörde vgl. Anm 3 zu Art 26.

Art. 26.

I Wählbar sind alle volljährigen Einwohner beiderlei Geschlechts, die mit Steuer veranlagt sind. Für Frauen gilt das Erfordernis der Steuerveranlagung auch dann als erfüllt, wenn der Ehemann oder ein Elternteil mit Steuer veranlagt ist.[1]

II Von der Wählbarkeit sind ausgeschlossen:[2]

1. Personen, die entmündigt sind oder nach dem Bürgerlichen Gesetzbuche § 1906 unter vorläufiger Vormundschaft stehen,
2. Personen, über deren Vermögen das Konkursverfahren eröffnet ist, und ihre Ehegatten, solange dieses Verfahren dauert,
3. die Militärpersonen des Friedensstandes.

III Der Vorstand des Armenrats verpflichtet die Gewählten auf Handgelübde und weist sie in ihre Stellen ein. Bis dahin haben die Austretenden ihr Amt fortzusetzen.[3]

IV Das Ergebnis der Bildung des Armenrats ist der Aufsichtsbehörde anzuzeigen. Das gleiche gilt von Änderungen im Mitgliederstande.[4]

Begr 710, AB 1914 S 427, Beschl R 5.

BA. § 24. I Die Anzeige des Ergebnisses der Bildung des Armenrats (Art. 26 Abs. IV) erfolgt durch dessen Vorstand. Dabei ist die Zusammensetzung des Armenrats nach seinen einzelnen Bestandteilen (Art. 22) ersichtlich zu machen. Auch die Namen der Ersatzleute sind anzuzeigen, wo solche gewählt worden sind.

II Abs. I gilt entsprechend auch für Änderungen im Mitgliederstande.

III Die Aufsichtsbehörden werden darüber wachen, daß die Armenräte ordnungsmäßig zusammengesetzt sind.

1. Die Bestimmung über Wählbarkeit ist durch das Wahlgesetz und die Vollzugsvorschriften dazu (s. Anm 4 zu Art 25) unberührt geblieben, vgl. auch BlApfl IV S 125. In Art 4 des Wahlgesetzes ist nicht Steuerveranlagung, andererseits aber die Zurücklegung des 25. Lebensjahres und der Besitz der bayr. Staatsangehörigkeit verlangt.

Da das Gesetz unter Frauen auch unverheiratete Personen weiblichen Geschlechts begreift, ordnete es zugleich an, daß für unbesteuerte Haustöchter, die bei ihren Eltern leben, die Steuerveranlagung der letzteren zur Erfüllung des Erfordernisses der Steuerveranlagung genügt (Begr 710).

2. Nicht wählbar sind die Angehörigen der Reichswehr, da das Gesetz nur „Militärpersonen" und nicht die „gesetzliche Militärpflicht" erwähnt. Kraft Reichsrechts (§ 34 RStrGB) kann bei öffentlichen Wahlen derjenige nicht gewählt werden, dem die bürgerlichen Rechte aberkannt sind, und zwar während der im Urteile bestimmten Zeit (vgl. § 9 b VerfUrk).

3. In der Vorschrift des Art 23 Abs 5 AArmG über die Diensteseinweisung war bestimmt, daß die Gewählten bis zur Vornahme der nächsten Wahl ihre Stellen zu versehen haben. Da aber zwischen Wahl und Einweisung der Gewählten immerhin Zwischenräume möglich sind, trifft Abs 3 die verbesserte Bestimmung, daß die Austretenden bis zur Diensteseinweisung der Neugewählten ihr Amt fortzuführen haben.

4. Der vorgesetzten Verwaltungsbehörde (Bezirksamt oder — bei kreisunmittelbaren Gemeinden — Regierung) obliegt gemäß § 24 AB die Pflicht, zu überwachen, daß die ARäte ordnungsgemäß zusammengesetzt sind; deshalb hat der Vorstand des ARates eine Übersicht über die Zusammensetzung des ARates, ausgeschieden nach den drei in Anm 1 zu Art 25 erwähnten Gruppen, alsbald nach Bildung des ARates an die vorgesetzte Verwaltungsbehörde vorzulegen; auch sind ihr alle Änderungen anzuzeigen.

Art. 27.

I Der Armenrat ist berechtigt, aus den nach Art. 26 wählbaren Einwohnern geeignete Personen in widerruflicher Weise als Armenpfleger aufzustellen. Dabei kann er die Gemeinde in Armenbezirke einteilen. In Gemeinden mit mehr als 10000 Einwohnern ist er hierzu verpflichtet.[1]

II In Gemeinden mit mehr als 10000 Einwohnern kann der Armenrat für jeden Armenbezirk einen Bezirkspflegeausschuß bilden. Der Bezirkspflegeausschuß besteht aus einem Mitgliede des Armenrats als Vorsitzenden und mehreren Mitgliedern, die aus den Armenpflegern des Armenbezirks entnommen werden; unter ihnen sollen sich auch Frauen befinden. Die Pfarrer (Art. 22 Abs. I, 23) der Pfarreien des Armenbezirkes oder die von ihnen abgeordneten Geistlichen, dann der Armenarzt des Armenbezirkes sind Mitglieder des Bezirkspflegeausschusses, auch wenn sie nicht im Armenbezirke wohnen. Gemeinden mit mehr als 30000 Einwohnern müssen Bezirkspflegeausschüsse bilden.[2]

III Die Armenpfleger und die Bezirkspflegeausschüsse haben unter Leitung des Armenrats bei der Ausübung der Armenpflege mitzuwirken.

IV Das Nähere über die Armenpfleger und die Bezirkspflegeausschüsse regelt der Armenrat durch eine Satzung.[3]

D 472/3 (V B 3 b und d), R 567—569 (B 3 a und b), Begr 710/11, AB 1914 S 427—430, Beschl N 3 c.

BA. § 25. Die Aufstellung von Armenpflegern und die Einteilung der Gemeinden in Armenbezirke ist zwar nur den Gemeinden mit mehr als 10000 Einwohnern zur Pflicht gemacht (Art. 27 Abs. I); diese Maßnahmen empfehlen sich aber auch in anderen Gemeinden überall da, wo die Mitglieder des Armenrats selbst nicht mehr in der Lage sind, die Verhältnisse der Hilfsbedürftigen genau zu erkennen oder zu erforschen und die Hilfsbedürftigen dauernd zu beobachten. Da der Armenpfleger das unmittelbare Organ der öffentlichen Armenpflege ist, von seiner Tätigkeit daher deren Erfolg in erster Linie abhängt, so ist auf die Wahl geeigneter Personen besonderes Gewicht zu legen.

§ 26. I Die Bezirkspflegeausschüsse (Art. 27 Abs. II) sind entweder nur begutachtende oder — im Falle des Art. 33 — auch beschließende Einrichtungen des Armenbezirkes, zu dem sie gehören. Da der Vorstand des Bezirkspflegeausschusses Mitglied des Armenrats sein muß, so sollen die Armenbezirke nicht so klein sein, daß dadurch eine unverhältnismäßige Vermehrung der Mitglieder des Armenrats eintreten würde. In großen Städten können, wo das Bedürfnis es erheischt, die Armenbezirke in Unterabteilungen zerlegt werden. Deren Vertretungen kommt jedoch die Eigenschaft von beschließenden Einrichtungen (Art. 33) nicht zu.

II Der Armenrat bestimmt, wieviele Armenpfleger und Armenpflegerinnen (vgl. Art. 27 Abs. II Satz 2) dem Bezirkspflegeausschuß anzugehören haben. Damit auch die Bezirkspflegeausschüsse die notwendige Fühlung mit der privaten Armenpflege behalten, ist es angezeigt, daß sich unter den Armenpflegern Vertreter der privaten Wohltätigkeitseinrichtungen befinden.

§ 27. I Die Satzung des Armenrats (Art. 27 Abs. IV) kann insbesondere bestimmen über

1. Zahl und Grenzen der Armenbezirke (Art. 27 Abs. I),
2. Zahl und Geschlecht der Armenpfleger eines jeden Armenbezirkes (Art. 27 Abs. I),

3. Zahl und Art der Unterstützungsfälle, die jedem Pfleger zuzuteilen sind,
4. das Verfahren bei der Untersuchung der Unterstützungsfälle, bei der Begutachtung und Verabfolgung der Unterstützung und bei der Überwachung der Unterstützten,
5. Zahl und Geschlecht der Mitglieder der Bezirkspflegeausschüsse (Art. 27 Abs. II),
6. Bestellung des Vorsitzenden,
7. Geschäftsdauer und Erneuerung des Ausschusses, Geschäftsgang bei den Sitzungen,
8. Ausübung der Befugnisse nach Art. 33.

II Im übrigen richtet sich der Inhalt der Satzung im Rahmen des Gesetzes nach den örtlichen Verhältnissen Gleiches gilt von der Frage, wieweit neben dieser Satzung noch besondere Dienstanweisungen, Geschäftsordnungen u. dergl. veranlaßt sind.

1. Die Armenpfleger und Armenpflegerinnen sind Organe der Armenpflege, vgl. dazu Anm 4 b zu § 1, dann Art 7 Abs 4.

Vgl. auch BlAdmPr 65 S 378 (Ritz) über die Ämter der Armenpflege. Über Einwohnerzahl s. Anm 2 und 3 zu Art 16.

2. In den R wurde die bisherige Bestimmung des ArmG, wonach die Aufstellung von Armenpflegern für bestimmte Bezirke der Gemeinde zulässig war, als unzulänglich bezeichnet, da in größeren Gemeinwesen das Vorhandensein richtig bemessener Armenbezirke und geeigneter Pflegekräfte, sowie die entsprechende Heranziehung der Armenpfleger wichtige Voraussetzungen für die ersprießliche Ausübung der Armenpflege seien. Es werden drei Gruppen von OABen unterschieden, nämlich

a) kleinere Gemeinden, in denen sich ohne besondere Einrichtung die Ermittlung der Unterstützungsfälle, wie die persönliche Behandlung der Armen ermöglichen lasse,

b) größere Gemeinden, in denen die Entscheidung der Unterstützungsfälle noch dem ApflRate zu überlassen, für die Feststellung der Hilfsbedürftigkeit aber die Aufstellung von Armenpflegern und die Einteilung in Armenbezirke nicht zu vermeiden sei,

c) große Gemeinden, in denen das Bedürfnis nach „Dezentralisierung" unter Bildung von Bezirksausschüssen mit der Berechtigung zur selbständigen Gewährung von Armenunterstützung besteht.

Dementsprechend wurde im Gesetze die Verpflichtung zur Aufstellung von Armenpflegern mit Einteilung der Gemeinde in Armenbezirke sowie zur Bildung von Bezirkspflegeausschüssen für jeden Armenbezirk unter bestimmten Voraussetzungen ausgesprochen. Die nähere Regelung über Bildung der Bezirkspflegeausschüsse (Bezirkspflegekommissionen mit Unterausschüssen) und über die Armenpfleger ist den OABen überlassen.

3. Über die Satzung s. § 27 der VA.

Art. 28.

I Die Mitglieder des Armenrats und der Bezirkspflegeausschüsse sowie die Armenpfleger versehen ihre Stellen unentgeltlich.[1]

II Vor der Ernennung von Gemeindebeamten oder sonstigen Angestellten für die Armenpflege und ihre Anstalten hat die

Gemeindeverwaltung den Armenrat einzuvernehmen. Der Armenrat kann auch Ernennungen dieser Art beantragen. Insbesondere hat die Gemeinde dem Vorstande des Armenrats nach Bedarf eine geeignete Hilfskraft zur Besorgung des Schreibwerks zur Verfügung zu stellen. Die Beamten und die sonstigen Angestellten sind aus Mitteln der öffentlichen Armenpflege zu bezahlen.[2]

III Die Gemeindeverwaltung kann auch den Mitgliedern des Armenrats, die mit der Verwaltung der Armenkasse, mit der Leitung besonderer Anstalten oder mit anderen besonderen Dienstleistungen betraut sind, auf Antrag des Armenrats eine Entlohnung aus der Armenkasse bewilligen. In Gemeinden mit städtischer Verfassung ist hierfür die Zustimmung der Gemeindebevollmächtigten erforderlich.[3]

Begr 711, AB 1914 S 430—432.

1. Entlohnungen für besondere Dienstleistungen sind zulässig; mit der ehrenamtlichen Stellung ist auch die Gewährung von Aufwandsentschädigung für Dienstreisen vereinbar.

2. Als Angestellte für die Armenpflege kommen in Betracht insbesondere Sekretäre und Boten des ARates, berufsmäßige Armenpfleger und Armenkassiere. Diese werden von der Gemeindevertretung angestellt und aus der Armenkasse bezahlt; auf sie finden Anwendung die Bestimmungen des Gemeindebeamtengesetzes vom 15. Juli 1916 (GVBl S 113), der VB vom 27. Juli 1916 (MABl S 108), der MinBek vom 20. Febr. 1920 (MABl S 48), Art 77 a (64 a) GemO. i. d. Fass. des Ges. vom 23. Mai 1921 (GVBl S 323); über Beeidigung s. VO vom 3. Mai 1920 (GVBl S 191) und MinBek über Beeidigung der Beamten der Gemeinden usw. vom 14. Juni 1920 (MABl S 186); die Verpflichtung erfolgt durch den Gemeindevorstand oder dessen Vertreter; wegen der Armenratsmitglieder s. Art 26 Abs 3.

3. Satz 2 ist durch Art 6 SVG beseitigt.

Art. 29.

I Die Mitglieder des Armenrats und der Bezirkspflegeausschüsse, die infolge ihres Amtes berufen sind, können das Amt nicht ablehnen.

II Die gewählten Mitglieder und die Armenpfleger können die Wahl nur aus den Gründen ablehnen, aus denen die Wahl zu Gemeindestellen nach den Gemeindeordnungen abgelehnt werden kann. Frauen können die Wahl ablehnen und sind zum Austritte jederzeit berechtigt. Ehefrauen bedürfen zum Eintritte sowie zum Verbleiben im Armenrat und im Bezirkspflegeausschusse der Zustimmung des Mannes.

[III] **Für den Austritt gelten im übrigen die Vorschriften der Gemeindeordnungen entsprechend.**

Begr 711, AB 1914 S 432—455, StenBer 1914 S 51 und 65/6.

VA. § 28 Abs. 1. Für die Ablehnung der Wahl nach Art. 29 Abs. II und den Austritt gelten die Art. 80, 109, 127, 174 der rechtsrheinischen, 58, 59, 118, 121 der pfälzischen Gemeindeordnung.

1. In bezug auf das Ablehnungsrecht kommen dreierlei Bestimmungen in Betracht:

a) Eine Ablehnung des Amtes eines Armenratsmitgliedes ist ausgeschlossen für alle, die infolge ihres Amtes dazu berufen sind. Dazu gehören Gruppe a und b der Anm 2 zu Art 25. Die Sonderbestimmung in Art 121 pfälz. GemO findet hierbei keine Anwendung; der gewählte Gemeinderat kann zwar die Wahl ohne Gründe ablehnen, aber nach Annahme der Wahl hat er der Abordnung zum Armenrat auf Grund Beschlusses des Gemeinderates Folge zu leisten. Über den Austritt vgl. folgende Anmerkung 2.

b) Den Frauen, nicht aber auch den mit ihnen in Art 22 Abs 4 aufgeführten Vertretern privater Wohltätigkeitseinrichtungen, steht das Recht zu, die Wahl zum Mitgliede des Armenrates und eines Bezirkspflegeausschusses, sowie als Armenpflegerin ohne Grund abzulehnen. Zur Übernahme eines solchen Amtes und bei Wiederwahl zur Beibehaltung des Amtes bedürfen Ehefrauen in gleicher Weise wie zur Übernahme einer Vormundschaft (vgl. §§ 1783 und 1887 BGB) der Zustimmung des Ehemannes. Diese ist widerruflich (vgl. § 1887 Abs 2 BGB und Begr S 711).

c) Von den Frauen abgesehen, können gewählte Mitglieder und Armenpfleger die Wahl nur ablehnen aus Gründen, die zur Ablehnung der Wahl eines Gemeindeamtes berechtigen. Denn auch nach der neuen Wahlordnung bleiben die bisherigen Bestimmungen der GemO für die Gründe der Wahlablehnung sowie die Entscheidung hierüber weiter maßgebend, vgl. Ziff 67 der VB vom 27. April 1919 (GVBl S 189).

In der Pfalz ist sonach gemäß Art 121 pfälz. GemO die Ablehnung ohne weiteres zulässig; dagegen ist im rechtsrheinischen Bayern (und auch in den pfälzischen Gemeinden mit städtischer Verfassung, vgl. Anm 2 zu Art 16) die Ablehnung nur statthaft

aa) wegen erwiesener körperlicher oder geistiger Unfähigkeit,

bb) wegen zurückgelegten 60. Lebensjahres,

cc) nach Zurücklegung einer sechsjährigen Tätigkeit als Armenrat,

dd) wegen einer Beschäftigung, die eine häufige oder lang andauernde Abwesenheit mit sich bringt,

ee) wegen öffentlicher Anstellung, vgl. Art 174 Abs 1 und 2 GemO.

Streitigkeiten über die Zulässigkeit der Ablehnung sind als Streitigkeiten über die Verpflichtung zum Eintritt in den ARat und den Bezirkspflegeausschuß Verwaltungsrechtssachen gemäß Art 8 Ziff 33 VGG, vgl. Reger AG Anm 4 zu Art 25 S 80.

2. Was den Austritt aus Ämtern der Armenpflege betrifft, so sind hierüber folgende Ausführungen veranlaßt:

a) Frauen steht jederzeit der Austritt offen.

b) Das gleiche gilt in der Pfalz für alle Gewählten, vgl. Art 58 Abs 1 pfälz. GemO.

c) Im übrigen ist in bezug auf den Austritt eines Mitgliedes des ARates und Bezirkspflegeausschusses zu unterscheiden:

aa) die Berechtigung zum Austritt,
bb) die Notwendigkeit des Austritts,
cc) die Bewilligung der Entlassung auf Antrag,
dd) die Ausschließung,
ee) der Widerruf.

Zu aa: Der Austritt ist wegen erwiesener körperlicher und geistiger Dienstesunfähigkeit oder wegen zurückgelegten 60. Lebensjahres zulässig. Erkennt der ARat die Austrittsberechtigung nicht an, so kann das Armenratsmitglied verwaltungsrechtliche Entscheidung gemäß Art 8 Ziff 33 beantragen. Gegen den Beschluß der vorgesetzten Verwaltungsbehörde (Bezirksamt oder Regierung) kann vom Armenratsmitgliede wie vom Armenrate Beschwerde zum VGH ergriffen werden. Vgl. Art 80 und 127 Abs 1 und 3 GemO, Kahr GemO Bd 1 Anm 4 a zu Art 80 S 753.

Zu bb: Der Austritt muß erfolgen, wenn das Mitglied die zur Wählbarkeit erforderlichen Eigenschaften verliert oder wenn Verhältnisse eintreten, die die Fortsetzung des Amtes unmöglich machen. Ersteres ist beispielsweise der Fall, wenn die Steuerveranlagung wegfällt, oder der Ehemann des weiblichen Armenratsmitglieds in Konkurs gerät. Letzteres trifft hauptsächlich zu, wenn körperliche oder geistige Dienstunfähigkeit eine Ausübung des Armenamtes verhindern, ohne daß von der Austrittsberechtigung Gebrauch gemacht wird, vgl. Art 80 und 127 Abs 2 und 3 rechtsrhein. GemO und Art 59 Abs 1 und 2 pfälz. GemO, S 28 S 89, Kahr GemO Bd 1 Anm 3 c zu Art 80 S 752.

Beschlußfassung des Armenrates und verwaltungsrechtliches Verfahren wie bei aa.

Solange dieses Verfahren schwebt und das Mitglied, das z. B. wegen Wegfalls der Steuerveranlagung die Wählbarkeit verloren hat, vom Amte nicht enthoben ist, macht dessen Beteiligung an der Beschlußfassung des ARates seine Abstimmung nicht ungültig und die Beschlüsse des ARates, soweit es auf diese Abstimmung ankommt, nicht rechtsunwirksam; eine andere Rechtslage ergibt sich bei Verlust des Amtes infolge Verurteilung zur Zuchthausstrafe oder Aberkennung der bürgerlichen Ehrenrechte oder der Fähigkeit zur Bekleidung öffentlicher Ämter (§§ 31 ff. StGB); hier tritt der Verlust des Amtes kraft Gesetzes ein, ohne daß es einer weiteren Beschlußfassung bedarf, vgl. Kahr a. a. O. Anm 3 b zu Art 80 S 752. Daran hat das SVG nichts geändert, S 41 S 30.

Bei dienstlichen Vergehen kommt die Entfernung vom Amt im Wege des Dienststrafverfahrens in Frage, vgl. Art 167 (97) GemO.

Zu cc: Die Entlassung auf Antrag kann aus triftigen Gründen durch Beschluß des ARates bewilligt werden; hierbei ist die Genehmigung der vorgesetzten Verwaltungsbehörde erforderlich, vgl. 80 und 127 Abs 4 GemO. Wegen Ablehnung des Antrags steht der Verwaltungsrechtsweg nicht offen, vgl. S 1 S 394. Ein solches Gesuch ist in der Pfalz im Hinblick auf Art 58 Abs 1 GemO nicht notwendig.

Zu dd: Der Ausschluß ist eine dienststrafrechtliche Maßregel gemäß Art 165 Abs 1 (95) GemO (s. Art 30) für fortgesetztes unentschuldigtes Wegbleiben von den Sitzungen. Der Verwaltungsrechtsweg oder ein Beschwerdeverfahren findet nicht statt, nur ein Einspruch an den Armenrat nach Art 165 Abs 2, vgl. Kahr GemO Bd 2 Anm 5 zu Art 165 S 156, Riedel-Henle S 245.

Zu ee: Vorstehende Ausführungen treffen auf die gewählten Mitglieder des ARates und des Bezirkspflegeausschusses, wie auch auf die Armenpfleger zu, für die letztgenannten ist aber gemäß Art 27 Abs 1 jederzeit der Widerruf der Anstellung zulässig; ein Antrag, im Hinblick auf diese Bestimmung den Armenpflegern auch jederzeit den Rücktritt zu gestatten, wurde abgelehnt, vgl. AB 1914 S 432/4.

3. Bei den AB 1914 (S 432—435) war vom Zwange gegenüber den Gewählten zur Übernahme des Amtes die Rede. Nach dem bisherigen Armenrechte (Art 25 Abs 3) war gemäß der Vorschrift in Art 174 Abs 3 GemO eine Zwangsmaßregel in der Form der gerichtlichen Bestrafung statthaft. Ein weiterer Zwang insbesondere die Wiederholung der Bestrafung war ausgeschlossen. Daher war bei Verweigerung der Annahme der Wahl diese als rechtsunwirksam anzusehen und eine Neuwahl vorzunehmen, vgl. Kahr GemO Bd 2 S 194 Anm 11 zu Art 174. Ein dienststrafrechtliches Einschreiten erscheint nicht zulässig, da der Gewählte noch nicht Mitglied des ARates geworden ist, vgl. Kahr a. a. O. Fußnote 12. Die Frage, ob diese Strafbestimmung des Art 174 Abs 3 GemO auch nach dem NArmG anwendbar ist, erscheint zweifelhaft.

Für die Verneinung spricht der Umstand, daß die entsprechende Anwendung der Vorschriften der Gemeindeordnungen nur für den Austritt und für die Ablehnungsgründe im Gesetze vorgesehen ist und nicht allgemein für die Übernahme der Armenämter wie bisher; dazu kommt, daß Strafvorschriften enge auszulegen sind.

Art. 30.

I Bezüglich der Disziplin über die Mitglieder des Armenrats mit Ausnahme des Bezirksarztes und die Mitglieder der Bezirkspflegeausschüsse gelten die Vorschriften der Gemeindeordnungen entsprechend.

II Verletzt ein Mitglied des Armenrats oder des Bezirkspflegeausschusses vorsätzlich oder fahrlässig seine Amtspflicht, so haftet es dem Ortsarmenverbande für den Schaden, der ihm daraus entsteht.

VA. § 28 Abs. 2. Für die Disziplin über die Mitglieder des Armenrats (Art. 30 Abs. I) gelten die Art. 165—169 der rechtsrheinischen, 96—99 der pfälzischen Gemeindeordnung, für die Festsetzung der Haftungsverbindlichkeit die Art. 158, 160 der rechtsrheinischen, 90 der pfälzischen Gemeindeordnung.

1. Diese Gesetzesbestimmung wurde als Art 29a auf Grund Beschlusses des besonderen Ausschusses (AB 1914 S 435/6, vgl. auch StenBer 1914 S 24/5) an Stelle des Art 98 des Entwurfes, der auf das Gemeindebeamtengesetz Bezug nahm, eingefügt. Nach Art 167 (97) Abs 1 GemO in der Fass. des Art 11 des Gem.beamtengef. findet nunmehr auch auf die

Mitglieder der Armenpflege im Sinne des Art 30 Abs 1 das Dienststrafrecht des Beamtengesetzes vom 16. August 1908 (GVBl S 581) Anwendung; nur wegen der Entlassung gilt Art 167 Abs 2; wegen der Zuständigkeit des Bezirksausschusses dabei s. Art 23 g SVG.

2. Was die Haftung der Mitglieder des ARates und der Bezirkspflegeausschüsse betrifft, so bringt Abs 2 gegenüber der bisherigen Bestimmung in Art 27 Abs 2 (AArmG) insoferne eine Änderung, als „dem Ortsarmenverbande" beigefügt ist, weil die armengesetzlichen Bestimmungen sich nur auf die Haftung gegenüber der Gemeinde beziehen, während sich die Haftung der Armenratsmitglieder, der Beamten der Armenpflege, sowie der Gemeinde oder des OAVes gegenüber Dritten wegen Amtspflichtverletzung nach den Bestimmungen des bürgerlichen Rechts richtet. Die Haftungsverbindlichkeit ersterer Art wird von den Verwaltungsbehörden beschlußmäßig festgestellt, vgl. Art 158 (90) GemO, Riedel-Henle Anm 3 a zu Art 27 S 247. Über Ansprüche letzterer Art vgl. insbesondere § 839 BGB,[1]) Art 60 und 61 BayAG zum BGB. Da die Mitglieder des ARats zu den Gemeindebeamten zu zählen sind, so hat bei Schadenersatzansprüchen gegen die Gemeinde wegen Amtspflichtverletzungen der Beamten der öffentlichen Armenpflege in Ausübung öffentlicher Gewalt der VGH gemäß Art 7 Abs 2 VGG die für das Gericht bindende Vorentscheidung darüber zu treffen, ob der Beamte sich der Überschreitung seiner Amtsbefugnisse oder der Unterlassung einer ihm obliegenden Amtshandlung schuldig gemacht hat. Die Ausübung öffentlicher Gewalt kommt nach ständiger Rechtsprechung des VGH in Betracht, wenn es sich um eine obrigkeitliche Handlung oder um Amtstätigkeiten handelt, die unmittelbar auf Verwirklichung von öffentlichen (Staats- oder Verbands-) Zwecken gerichtet und zur Erfüllung dieser Aufgaben mit gewissen Zwangsbefugnissen gesetzlich ausgestattet sind, vgl. S 23 S 80. Hierunter fällt insbesondere die Tätigkeit in bezug auf die

a) Unterstützung von Hilfsbedürftigen (S 28 S 143 und VGE vom 21. Jan. 1914 Nr 76 I/13),

b) Erteilung von Aufschlüssen über die UWVerhältnisse, über Aufenthalt, Hilfsbedürftigkeit (S 25 S 275, s. auch 24 S 453/4),

c) Arbeitszuweisung und Anwendung des polizeilichen Arbeitszwangs,

d) Ausstellung von Zeugnissen zum Zwecke der Zulassung zum Armenrechte (s. Anm 2 zu Art 31, S 22 S 223).

In Ausübung öffentlicher Gewalt ist regelmäßig der Vorstand des ARates oder dessen Stellvertreter oder ein beauftragtes Organ des ARates (Sekretär, VGE vom 28. April 1915 Nr 105 I/14), tätig. Daneben kommt auch die Mitwirkung von Sachverständigen (S 27 S 90) oder Sachreferenten (VGE vom 9. Dez. 1914 Nr 113 I/14) in Betracht. Die Tätigkeit der Krankenhausärzte gilt nicht als Ausübung öffentlicher Gewalt (S 27 S 40), anders bei Direktoren der öffentlichen Irrenanstalten (S 25 S 26 und VGE vom 9. Juli 1913 Nr 168 I/11).

Vorentscheidungsanträge gegen den ARat als Behörde sind unzulässig (S 28 S 138). Im Übrigen s. Dyroff RGG S 222 ff.

---

[1]) S. auch §§ 31, 89, 832 und 840 BGB.

Art. 31.

I Der Armenrat vertritt den Ortsarmenverband in allen Angelegenheiten der öffentlichen Armenpflege.[1]

II Der Armenrat ist insbesondere[2] verpflichtet:

1. über den Stand und die Ursachen der Armut in der Gemeinde sich Kenntnis zu verschaffen,
2. in den Einzelfällen die Zulässigkeit der Unterstützung zu ermitteln.

Entw 30, Begr 711, AB 1914 S 436.

1. Der ARat ist der Vertretungskörper der Gemeinde in allen Angelegenheiten der öffentlichen Armenpflege. Er vertritt den OAV nach außen. Verpflichtungserklärungen und Beschwerdeführungen in armenrechtlichen Angelegenheiten können daher rechtswirksam nicht durch die Gemeindevertretung (Gemeinderat, Stadtrat), sondern nur durch den ARat erfolgen (S 41 S 13). Eine Mitwirkung der Gemeindevertretung sieht aber Art 28 Abs 2 und 3, Art 34 Abs 3, Art 35 Abs 1 Ziff 4 und Abs 2, dann Art 38 und 39 vor. Die Vorschrift, daß der Vorstand den AV vertritt, wie dies beim LAVe der Fall ist (Art 54), gilt für den OAV nicht; es ist also auch für ein Übereinkommen nach § 55, da von einem dringenden Falle (Abs 1 Art 32) dabei nicht die Rede sein wird, ein Beschluß des ARats notwendig (anders B 53 N 35 S 141 für preuß. Gem.). Die Ausfertigungen werden vom Vorstand unterzeichnet. Über nachträgliche Genehmigung der vom Vorstande namens des ARats abgegebenen Erklärungen s. Anm 3 zu § 37. Anmeldungen nach § 34 und dgl. Verfügungen sind geschäftsleitender Natur und bedürfen der Mitwirkung des ARats nicht. Über Geschäftsordnung s. Art 32 und 40 mit Anm.

2. Als Sonderaufgabe ist dem ARate die Beschlußfassung über Gesuche um Zulassung des ARechts für bürgerliche Rechtsstreitigkeiten übertragen; vgl. nunmehr ME vom 13. Febr. 1920 (GVBl S 36), dazu BayGemVZ 1920 S 321; Beschlußformular s. StAnz 1920 N 42.

Art. 32.

I Der Armenrat beschließt über Gewährung, Dauer, Art und Umfang der Unterstützung und regelt ihre Verabreichung. In dringenden Fällen kann vorbehaltlich des Art. 38 Abs. V der Vorstand und außerhalb seines Dienstsitzes der auswärtige Stellvertreter entscheiden. Von der Entscheidung hat er dem Armenrate Kenntnis zu geben.[1]

II Der Armenrat leitet oder beaufsichtigt die gemeindlichen Armenhäuser und die sonstigen aus Mitteln des Ortsarmenverbandes unterhaltenen Anstalten.[2] Er kann für diese Anstalten Haus- und Dienstordnungen mit Genehmigung der Staatsaufsichtsbehörde erlassen.[3] Die Handhabung der Anstaltszucht steht den hiefür aufgestellten Personen zu.

Entw Art 31, Begr 711, AB 1914 S 436—438.

VA. § 29. I Der Ortsarmenverband muß jeden, der in seinem Bezirke hilfsbedürftig wird, unterstützen, ohne Rücksicht, ob der Hilfsbedürftige in diesem Ortsarmenverbande den Unterstützungswohnsitz hat oder nicht (UWG. § 28). Die Unterstützung ist solange zu gewähren, bis die Hilfsbedürftigkeit beseitigt ist oder bei nicht nur vorübergehender Arbeitsunfähigkeit, bis der verpflichtete Armenverband den Hilfsbedürftigen übernommen hat, es sei denn, daß sich der Hilfsbedürftige vorher freiwillig aus dem Bezirke des Ortsarmenverbandes entfernt hat.

II Soll demnächst ein anderer Armenverband nach § 30 des UWG. zur Erstattung der entstehenden Kosten in Anspruch genommen werden, so ist die nach § 31 des UWG. vorgeschriebene Vernehmung des Unterstützten alsbald zu bewirken. Sodann ist der Ersatzanspruch beim vermeintlich verpflichteten Armenverbande mit der Anfrage anzumelden, ob der Anspruch anerkannt wird. Ist der verpflichtete Armenverband nicht zu ermitteln, so hat die Anmeldung bei der Aufsichtsbehörde des unterstützenden Armenverbandes zu erfolgen. Die Anmeldefrist beträgt 6 Monate nach Beginn der Unterstützung. UWG. § 34 Abs. I, II.

III In der Anmeldung ist ausdrücklich zu bemerken, ob der Ortsarmenverband von der Befugnis Gebrauch machen will, dem Unterstützten die Fortsetzung des Aufenthalts nach § 5 des Freizügigkeitsgesetzes zu versagen. UWG. § 34 Abs. III.

IV Muster für die Vernehmung und die Anmeldung sind in Beilage 1 abgedruckt.

§ 30. I Das UWG. enthält in den §§ 31, 32 die Voraussetzungen, unter denen der endgültig unterstützungspflichtige Armenverband den Hilfsbedürftigen übernehmen muß und dessen Überführung in seine unmittelbare Fürsorge verlangen kann. Der Anspruch auf Übernahme ist begründet, wenn die Voraussetzungen des § 5 des Freizügigkeitsgesetzes vorliegen. Im Streitfalle entscheiden die nach dem UWG. und dem Armengesetze zuständigen Behörden (Spruchbehörden).

II Die §§ 31, 32 des UWG. beziehen sich nur auf das Verhältnis der beteiligten Armenverbände untereinander; der Hilfsbedürftige selbst gehört nicht zu den am Streite gesetzlich Beteiligten. Ihm gegenüber richtet sich vielmehr das Recht der Aufenthaltsgemeinde zur Versagung des Aufenthalts wie bisher ausschließlich nach § 5 des Freizügigkeitsgesetzes. Wenn der Hilfsbedürftige die Zulässigkeit der Ausweisung bestreitet, so ist in dem hierfür vorgeschriebenen Verfahren zu entscheiden (Ministerial-Entschließung vom 4. Mai 1871 über den Vollzug des Freizügigkeitsgesetzes Ziff. 5, Verwaltungsgerichtsgesetz Art 8 Ziff. 3, 16 ff.). Dabei wird die erstbezeichnete Vorschrift dahin geändert, daß das Recht der Antragstellung dem Armenrate zusteht.

§ 31. I Den Ortsarmenverbänden ist es strenge untersagt, die Pflicht zur vorläufigen Unterstützung eines Hilfsbedürftigen von sich abzuwälzen, sei es durch unmittelbares Verbringen eines solchen aus dem eigenen in den Bezirk eines anderen Armenverbandes oder durch sonstige mit der Belastung eines anderen Armenverbandes verbundene Handlungen (Abschiebung). Bei Zuwiderhandlungen ist nicht nur Klage des durch die Abschiebung betroffenen Armenverbandes auf Erstattung seiner Aufwendungen und auf Übernahme des Hilfsbedürftigen zur vorläufigen Unterstützung, sondern auch Inanspruchnahme der Haftung der schuldigen Mitglieder der Armenverwaltung zu gewärtigen.

II Ebenso haben die Aufsichtsbehörden etwaigen Versuchen von Ortsarmenverbänden, rechtswidrig den Erwerb des Unterstützungswohnsitzes zu verhindern oder dessen Verlust herbeizuführen, nachdrücklich entgegenzutreten und gegen die Schuldigen nötigenfalls dienstaufsichtlich einzuschreiten.

§ 32. I Der Beaufsichtigung der gemeindlichen Armenhäuser und der sonstigen aus Mitteln des Ortsarmenverbandes unterhaltenen Anstalten haben die Armenräte ganz besondere Sorge zu widmen. Die Besichtigung hat möglichst oft und unangemeldet zu erfolgen. Wahrgenommene Mißstände sind ohne Verzug abzustellen; nötigenfalls ist an die Aufsichtsbehörden zu berichten. Auch die rechtskundigen Beamten der Bezirksämter haben die in ihrem Bezirke befindlichen Anstalten bei jeder sich bietenden Gelegenheit der Nachschau zu unterstellen und sich die Beseitigung aufgefundener Mängel angelegen sein zu lassen. Endlich sollen die Bezirksärzte die Armenpflegeanstalten ihres Bezirkes möglichst oft besuchen — nicht nur bei den Gemeindebesichtigungen (§ 62 Abs. III mit § 20 Abs. I der Bekanntmachung über den bezirksärztlichen Dienst vom 23. Januar 1912), sondern auch bei jeder sonst sich bietenden Gelegenheit wie bei der Impfung, bei der Ermittlung übertragbarer Krankheiten usw.

II Die Armenpflegeanstalten sind nicht nur in bau- und feuerpolizeilicher Hinsicht, sondern insbesondere auch dahin genau zu prüfen, ob bei der Unterbringung der Hilfsbedürftigen den Geboten der Gesundheit und Sittlichkeit Genüge geleistet, ob die Verköstigung und Verpflegung entsprechend geregelt und ob für die erforderliche Aufsicht gesorgt ist.

1. In bezug auf die Gewährung von Armenunterstützung sind folgende Bemerkungen und Hinweise veranlaßt:

a) Anm 3 zu § 28 enthält neben §§ 29—31 VA eine ausführliche Darstellung der verschiedenen Pflichten für die ARäte in dieser Hinsicht.

b) Weiterhin wird auf die Erläuterungen in BlApfl II Nr 20 bis 24 über die Geschäftsbehandlung von Armensachen mit praktischen Winken und Musterbeispielen verwiesen, auch als Broschüre erschienen mit Anleitung für Aufstellung des Voranschlags, zur Führung des Kassatagebuchs und Anfertigung der Armenkassarechnung (vgl. ferner BlApfl III S 29, 212); s. auch die Münchener und Nürnberger Armenordnung in BlApfl IV Nr 19 ff. S 197 und 227.

c) Für dauernde Hilfsbedürftige ist nach MinEntschl vom 14. Mai 1870 (Anhang) Ziff 10 ein Verzeichnis (Armenbeschreibung) mit Angabe des Namens des zu Unterstützenden, der Zahl der etwa an der Unterstützung teilnehmenden Familienglieder, des Grundes der Unterstützungsgewährung (Hilfsbedürftigkeit und UWverhältnisse) und des beschlossenen Betrages der Unterstützung anzufertigen nnd als Beilage dem Voranschlag anzufügen; bei erstmaliger oder vorübergehender Unterstützung empfiehlt sich die Vernehmung des Hilfsbedürftigen und Anfertigung einer Niederschrift nach Beilage 1 der VA als Armenbeschrieb; vgl. dazu BlApfl II S 234, 236, IV S 211, S 40 S 55 und Anm 12 zu Art 58.

d) Über Machenschaften s. Anm 1. 1 zu § 14, dazu die drei Entscheid. des VGH in S 40 S 133, dann § 31 VA, die auch auf die Haftung der bei Abschiebung oder ähnlichen Machenschaften für beteiligte ARatsmitglieder hinwirkt und dienstaufsichtliches Einschreiten gegen Schuldige (ARatsmitglieder oder Beamte) vorschreibt.

e) Über Geschäftsordnung s. Art 40.

f) Über Bildung von Unterstützungsakten s. BlApfl II S 261 und 289 (2. Fußnote).

2. Die Beaufsichtigung der Armenanstalten (s. hierzu auch Anm 3 zu Art 65) insbesondere der Armenhäuser obliegt

a) dem ARate; § 32 BA ordnet an, daß die Besichtigung möglichst oft und unangemeldet zu erfolgen hat; auch die ME vom 3. Jan. 1920 (MABl S 4) verlangt möglichst häufige Nachschau,

b) den Beamten der Staatsaufsichtsbehörden insbesondere den Bezirksamtsvorständen[1]) bei Gemeindebereisungen,

c) den Bezirksärzten, die alle Armenpflegeanstalten mindestens alle drei Jahre bei den Gemeindebesichtigungen nach § 62 Abs 3 der in Anm 5 zu Art 14 angeführten Dienstesanweisung, sowie bei jeder sonstigen Gelegenheit wie bei Impfungen oder der Nachschau wegen übertragbarer Krankheiten zu besuchen haben.

Bei diesen Besichtigungen ist ein besonderes Augenmerk auf die Versorgung und Beaufsichtigung der in den Armenhäusern untergebrachten Personen zu richten. Für Beseitigung vorgefundener Mängel in bezug auf die Behandlung der Armen, auf Reinlichkeit, in bau- oder feuerpolizeilicher Hinsicht ist sofort Sorge zu tragen; wegen Verwahrlosung Armer wäre dienststrafrechtliches Einschreiten, unter Umständen Strafverfahren wegen fahrlässiger Tötung zu gewärtigen.

3. Die Hausordnungen haben sich nach den jeweiligen Verhältnissen der Armenanstalten zu richten. Über den Inhalt solcher Hausordnungen und die Strafen zur Aufrechthaltung der Anstaltszucht vgl. Riedel-Henle AG S 91/2 Anm 8 und 9 zu Art 7 (früher 6). Die Anwendung körperlicher Züchtigung ist selbstverständlich unzulässig.

Art. 33.

I Wo Bezirkspflegeausschüsse gebildet sind (Art. 27 Abs. II), kann der Armenrat die Erfüllung der in Art. 31 Abs. II Ziff. 2, 32 Abs. I bezeichneten Obliegenheiten durch die Satzung (Art. 27 Abs. IV), soweit veranlaßt, den Bezirkspflegeausschüssen und ihren Vorsitzenden übertragen.

II Dabei gilt folgendes:

1. Gegen die Entscheidung des Bezirkspflegeausschusses ist Beschwerde an den Armenrat zulässig.
2. Der Vorsitzende kann die Ausführung der Beschlüsse des Ausschusses durch Einspruch vorläufig verhindern und die Entscheidung des Armenrats anrufen.
3. Dieser ist berechtigt, Beschlüsse der Bezirkspflegeausschüsse aufzuheben oder abzuändern und Fälle zu neuerlicher Beschlußfassung zurückzuweisen.

Entw Art 32, R 568/9 (B 3 b), Begr 711/2, AB 1914 S 438—440.

---

[1]) Diese haben sämtliche Gemeinden ihres Bezirks wenigstens einmal im Jahre zu besuchen, vgl. Ziff 1—3 ME vom 7. Nov. 1893 Weber Samml. v. Ges. u. VO. 22 S 307, §§ 11 und 12 VO vom 21. Dez. 1908 (GVBl S 1121) und AB 1914 S 438.

Um das Unterstützungswesen in größeren Gemeinden zweckmäßiger zu gestalten und die Gewährung von Armenhilfe zu vereinfachen und zu beschleunigen, hat das neue Gesetz die Bezirkspflegeausschüsse zu beschließenden Unterabteilungen des Armenrates gemacht. In dringenden Fällen kann auch der Ausschußvorsitzende zur Unterstützungsgewährung ermächtigt werden. Die nähere Regelung erfolgt durch die Satzung, wobei die im Abs 2 getroffenen Vorschriften zu beachten sind.

Dem um Unterstützung Nachsuchenden ist die Beschwerde gegen den Bescheid des Bezirkspflegeausschusses an den Armenrat gestattet. Letzterer kann Ausschußbeschlüsse auch von Amts wegen abändern oder aufheben.

Art. 34.

I Die Ortsarmenverbände sind verpflichtet, die für die örtliche Armenpflege notwendigen Einrichtungen zu treffen und für deren Erhaltung zu sorgen.[1]

II Mehrere benachbarte Ortsarmenverbände können die gemeinsame Herstellung, Erhaltung und Verwaltung dieser Einrichtungen vereinbaren.[2]

III Bei Unternehmungen, deren Kosten nicht aus laufenden Einnahmen der Armenkasse gedeckt werden können oder die eine dauernde Belastung der Gemeinde zur Folge haben, dann bei Regelung von Abgaben für Armenzwecke steht dem Armenrate nur die Begutachtung zu. Die Beschlußfassung obliegt den nach den Gemeindeordnungen zuständigen Stellen; der Armenrat ist jedoch berechtigt, die Staatsaufsicht anzurufen.[3]

Entw Art 33, Begr 712, AB 1914 S 440/1.

1. Statt „Anstalten und Einrichtungen" (Art 32 AArmG) heißt es nunmehr bloß „Einrichtungen"; darunter fallen aber auch die Armenanstalten (Armen- und Krankenhäuser), ferner die Aufstellung von Armenärzten. Ob solche Einrichtungen staatsaufsichtlich erzwungen werden können, hängt von den Verhältnissen des einzelnen Falles ab; dabei ist unter notwendiger Einrichtung für Armenzwecke nicht ein für allemal die beste und zweckmäßigste zu verstehen, vgl. S 1 S 474—80. Nicht erzwingbar sind Anstalten, die als Maßnahmen der vorbeugenden Tätigkeit der Armenpflege anzusehen sind, vgl. Art 1 Ziff 2 mit Anm 2 und § 4 BA. Die Errichtung von Armenhäusern wird verlangt werden können, wenn eine größere Anzahl von hilfsbedürftigen Personen vorhanden ist, denen gemäß Art 3 Abs 2 Ziff 1 Obdach gewährt werden muß und die Miete geeigneter Räumlichkeiten untunlich erscheint, vgl. Riedel-Henle Anm 2 zu Art 18 (früher 17) S 185. Da hier die Voraussetzungen des Abs 3 in Frage kommen, wird die Verpflichtung zum Baue von Armenhäusern der Gemeinde zur Last fallen, S 26 S 3. Was die Erbauung von Krankenhäusern anlangt, so ist hier zu beachten, daß die bayr. Gemeinden, von den kreisunmittelbaren Städten abgesehen, größtenteils einem distriktiven, nun Bezirks-Verband angehören und die Bezirke erforderlichenfalls zur Errichtung eines neuen Distriktskrankenhauses angehalten werden können, vgl. Art 65 Abs 1 Ziff 3.

2. Vereinbarungen gemäß Art 5 sind bürgerlich-rechtlicher Natur, da bei dem übernehmenden AV eine öffentlich-rechtliche Verpflichtung fehlt. Die Vereinbarungen von OAVen gemäß Art 34 Abs 2 haben dagegen eine öffentlich-rechtliche Verpflichtung der Vertragsgemeinden zur Unterlage. Bei solchen Vereinbarungen übernommene Verpflichtungen fallen unter Art 13 Abs 2 SVG. Streitigkeiten hierüber sind öffentlich-rechtlicher Natur und fielen vor dem Inkrafttreten des SVG unter Art 37 Distriktsratsgesetzes (gemeindlicher Zweckverband) und Art 8 Ziff 22 VGG, s. Dyroff VGG S 314. „Benachbart" sind jene Gemeinden, die so nahe aneinander liegen, daß eine Gemeinschaftlichkeit der betreffenden Einrichtungen durchführbar ist. Einer Genehmigung bedürfen diese Verbände nicht; über ihre Auflösung fehlt eine Gesetzesbestimmung, s. hierüber S 3 S 619. Über Zulässigkeit des Austritts entscheidet die Vereinbarung. Durch Art 26 SVG ist Art 37 DRG beseitigt und das schiedsgerichtliche Verfahren gemäß Art 11 VGG für Streitigkeiten der Zweckverbände eingeführt. Für solche Verbände ist Zustimmung des Staatsministeriums, eine Satzung größeren Umfangs (s. § 26 VV z. SVG) und die aufsichtliche Genehmigung zu dieser erforderlich. Da Übergangsbestimmungen fehlen, darf angenommen werden, daß bisherige Vereinigungen von Armenverbänden im Sinne des Art 34 auch weiterhin nach bisherigem Rechte zu beurteilen sind, was für gemeinschaftliche Aufstellung eines Armenarztes, einer Armenhebamme oder eines Armenrechners auch genügen dürfte, so auch Helmreich, Ges. üb. Bez.- u. Kreistage S 91 und BayGemVZ 1920 S 377, s. ferner Braunwart-Stöhsel S 227—231, wo für den Fortbestand älterer Zweckverbände Neuorganisierung nach Art 26 SVG verlangt wird (s. dagegen BayGemVZ 1920 S 378). Durch Art 26 werden auch nicht berührt die bestehenden B e z i r k s - Verbände zur Erfüllung der Aufgaben der öffentlichen Armen- und Krankenpflege; hier kommen hauptsächlich Krankenhausverbände in Betracht, S 13 S 294, 15 S 245, 21 S 111, 23 S 116 und 26 S 353, KompKonflErk vom 20. Okt. 1903 (GVBl Beil IV), Streitigkeiten zwischen dem Bezirke und den Verbandsgemeinden in bezug auf solche Anstalten fallen unter Art 8 Ziff 23 VGG, vgl. hierzu Dyroff, VGG S 314 ff. und die dort angeführten Entscheidungen des VGH. Siehe die **neuen Bestimmungen über Zweckverbände** der Gemeinden, Bezirke und Kreise in dem veröffentlichten Entwurf eines bayr. Gemeindegesetzes Art 174 ff. nebst Übergangsbestimm. in Art. 180.

3. Verweigert die Gemeinde den Aufwand zu Unternehmungen, die im Interesse der öffentlichen Armenpflege notwendig sind, so kann die Staatsaufsichtsbehörde von Amts wegen oder auf Antrag des Armenrates nach den Bestimmungen in Art 13 SVG, 70 und 71 AG staatsaufsichtlich vorgehen; beschließt die Staatsaufsichtsbehörde die Auferlegung von Leistungen, so steht der Gemeindeverwaltung der Beschwerdeweg gemäß Art 161 (92) GemO und die Anrufung des VGH gemäß Art 10 Ziff 2 VGG zu. Die Beschwerdefrist beträgt aber nun vier Wochen (Art 13 Abs 3 SVG). Lehnt die Staatsaufsichtsbehörde ein Vorgehen gegen die Gemeinde ab, so kann der Armenrat bei der nächsthöheren Staatsaufsichtsbehörde anregen, daß sie ein staatsaufsichtliches Einschreiten der untergeordneten Aufsichtsbehörde veranlasse.

Die Staatsaufsichtsbehörden sind verpflichtet auf die Leistungsfähigkeit der Gemeinde besondere Rücksicht zu nehmen, vgl. § 13 Abs 3 VV zum SVG.

Art. 35.

I Die Mittel zur Bestreitung des Bedarfes der Ortsarmenverbände bestehen:

1. aus den Nutzungen des für Armenzwecke ausgeschiedenen Gemeindevermögens (Armenvermögen),
2. aus den stiftungsgemäß hierfür verfügbaren Nutzungen von Wohltätigkeitsstiftungen,
3. aus den Einnahmen, die der Armenpflege gesetzlich zugewiesen sind,
4. aus den Abgaben, die zugunsten der Armenpflege in der Gemeinde bereits bestehen oder ihr von der Gemeinde zugewiesen werden,
5. aus den regelmäßigen oder außerordentlichen Zuschüssen aus gemeindlichen oder anderen öffentlichen Mitteln,
6. aus sonstigen außerordentlichen Einnahmen.

II Reichen diese Einnahmen nicht aus, so ist der Mehrbedarf des Ortsarmenverbandes nach den Vorschriften der Gemeindeordnungen über die Bestreitung der Gemeindebedürfnisse zu decken.[1, 2]

Entw. Art 34, R 571 (B 5), Begr 712, AB 1914 S 441.

VA. § 33. I Zu den Abgaben, die der Armenpflege nach Art. 35 Abs. I Ziff. 4 von der Gemeinde zugewiesen werden, gehören auch die sogenannten Lustbarkeitsabgaben. Sie haben ihre rechtliche Grundlage in Art. 40 Abs. IV der rechtsrheinischen, 31 Abs. IV der pfälzischen Gemeindeordnung. Die Gemeinden können daher solche Abgaben auch für andere gemeindliche Zwecke einführen und verwenden. Im übrigen wird auf die Ministerial-Entschließungen vom 25. Oktober 1909 und 28. Juni 1910 (MABl. 1909 S. 824, 1910 S. 443) verwiesen.

II Die Beschlüsse der Gemeinde über Einführung oder Änderung solcher Abgaben sind von den Distriktsverwaltungsbehörden dem Staatsministerium des Innern unmittelbar vorzulegen.

1. In sachlicher Beziehung ist gegenüber den bisherigen Gesetzesbestimmungen (vgl. Art 19 Abs 1 und 2) eine Änderung nicht eingetreten. Hiernach stehen den Ortsarmenverbänden folgende Einnahmequellen zur Verfügung:

a) Die Erträgnisse des Armenvermögens („Lokalarmenfonds“). Die Vermögensverwaltung selbst obliegt wie bisher der Gemeindevertretung, vgl. Ziff 8 ME vom 14. Mai 1870 (Anhang); wegen Einsicht in die Rechnungen, wegen Besichtigung der Wohltätigkeitsanstalten s. Art 37 Abs 3 (hinsichtlich der Armenhäuser Anm 2 zu Art 32). Hierher gehört auch die Nutzung des unbeweglichen Vermögens für Armenzwecke, insbesondere der gemeindlichen Armenhäuser und Wohltätigkeitsanstalten.

b) Renten und sonstige Erträgnisse aus dem Stiftungsvermögen für Armenzwecke. Hinsichtlich der Verwaltung und der Mittelverwendung ist die Stiftungssatzung, die sich nach dem Stiftungsgeschäfte und der staatlichen Bestätigungsentschließung bestimmt, maßgebend, vgl. hierüber Art 65 (49) der Gemeindeordnungen sowie die eingehende Darstellung in Kahr GemO Bd 1 S 663 ff. Wegen anderweitiger Regelung des Stiftungszweckes s. Art 15 Abs 2 SBG.

c) Einnahmen, die nach besonderer Gesetzesvorschrift der Armenkasse zugewiesen sind. Hierher gehören insbesondere:

aa) Geldstrafen, die der Armenkasse nach den Bestimmungen des PolStGB (vgl. Art 73, 74, 77, 83, 91, 96, 110, 147), der GemO (Art 148, 165 und 167 rechtsrhein., Art 97 pfälz. GemO) und anderer Gesetze zufließen.

bb) Eingezogene Gelder wegen unbefugter Sammlungen s. Art 52 und 53 PolStGB.

cc) Die besonderen Abgaben zugunsten der gemeindlichen Armenkasse bei Erteilung von Tanzmusikbewilligungen nach Art 168 Abs 2 KostenG i. d. Fass. vom 16. Februar 1921 (GVBl S 35). Hierbei ist den Gemeinden in Abs 3 dieser Gesetzesbestimmung die Befugnis eingeräumt, die Abgabensätze nach Maßgabe der Gemeindeordnung Art 40 (31) zu erhöhen; wegen allgemeiner Erteilung der erforderlichen ministeriellen Genehmigung s. MB vom 20. Februar 1920 (StAnz Nr 48).

d) Örtliche Abgaben s. Anm 2.

e) Als außerordentliche Zuschüsse kommen Beihilfen des LABes gemäß Art 59 und 60 sowie Zuschüsse aus Bezirksmitteln in Betracht. Solche Zuschüsse haben Bezirke bisher in einzelnen Fällen auch außerhalb des Rahmens ihrer Verpflichtung zur Unterstützung der mit Armenlasten überbürdeten Gemeinden gewährt.

f) Als außerordentliche Einnahmen führte das AArmG in Art 19 Abs 1 Ziff 6 die Einnahmen aus Schenkungen oder Vermächtnissen, aus den zum Besten der Armenpflege veranstalteten Sammlungen und Verlosungen, sowie aus Ersatzleistungen an.

g) Auch Sachleistungen der Gemeindeeinwohner gemäß Art 6 AG erscheinen als Einnahmen für den Armenbedarf.

h) Der durch die vorbezeichneten Einnahmen nicht gedeckte Aufwand der Armenkasse ist durch Zuschüsse aus der Gemeindekasse aufzubringen. Hier ist auf §§ 16 ff. und 55—57 Landessteuergeſ. (S 11 vorne) und das Ausführ.Ges. dazu zu verweisen, Entwurf liegt zurzeit dem Landtag vor; s. insbes. auch Art 38 ff. wegen der Ausgleichsfonds für überlastete Gemeinden.

i) Ferner sind zu erwähnen die Zuschußansprüche der Wohngemeinde gegen Betriebsgemeinden für die Armenpflege nach Maßgabe des Art 12 des UmlagenG vom 14. August 1910 (vgl. dazu S 25 S 110/5, 37 S 110).

2. Was die örtlichen Abgaben betrifft, so führte das AArmG diese einzeln auf, nämlich Abgaben für feierliche Hochzeiten in öffentlichen Wirtschaften, für Veranstaltungen öffentlicher Festlichkeiten, Lustbarkeiten, Pferderennen, Musikproduktionen, Tanzunterhaltungen, Theatervorstellungen und Schaustellungen aller Art.

Im Übrigen sind hier folgende Ausführungen veranlaßt:

aa) Unter die bereits bestehenden Abgaben fallen jene, die vor Einführung der Gemeindeordnungen auf Grund besonderer Gesetze und Verordnungen oder rechtsgültigen Herkommens[1]) in rechtmäßiger Weise zur Erhebung gelangten (so Riedel-Henle AG Anm 5a zu Art 19 [früher 18]

---

[1]) Wegen des Herkommens vgl. auch Begr S 712, Reger AG Anm 4 zu Art 19 S 63 mit Anführungen (zu S 21 S 103 und 23 S 45 f. noch S 27 S 55).

S 203) oder vor dem 1. Januar 1916 gemäß Art 19 Abs 1 Ziff 4 AArmG zugunsten der Armenkasse genehmigt waren.

bb) Statt des Ausdrucks „in gesetzlich zulässiger Weise einzuführenden örtlichen Abgaben" ist nun von Abgaben die Rede, die der Armenpflege „von der Gemeinde zugewiesen werden". Damit wollte nach der Begr (S 712) im Gesetze zum Ausdrucke gebracht werden, daß die Abgaben der in Art 19 Abs 1 Ziff 4 AArmG bezeichneten Art als örtliche Abgaben gemäß Art 40 (31) GemO anzusehen sind und auch für andere Gemeindezwecke erhoben werden dürfen, vgl. die eingehende Begründung in S 33 S 81. Durch die jetzige Fassung ist ein Zweifel auch darüber ausgeschlossen, daß Lustbarkeitsabgaben nicht bloß für öffentliche Veranstaltungen, sondern auch für sog. geschlossene Vereinsveranstaltungen der Armenkasse zugewiesen werden können. Wegen Veranstaltungen des Sportes s. S 33 S 55, wegen Erhebung der Lustbarkeitsabgaben in Form von Eintrittsgeld s. S 33 S 205, wegen Rückerstattung und Gebührenpflicht S 41 S 104.

Nach § 12 des Landessteuergesetzes vom 30. März 1920 (RGBl S 402) sind die Gemeinden verpflichtet, eine Vergnügungssteuer zu erheben, falls nicht der Gemeindeverband oder das Land, dem die Gemeinde angehört, eine solche Steuer erhebt. Nach Art 8 des in Anm 1 h erwähnten Ges.entwurfs bleibt die Vergnügungssteuer (die Lustbarkeitsabgabe) den Gemeinden.

cc) Die Einführung von Lustbarkeitsabgaben erfolgt, ebenso wie die Wohnsteuer (ME vom 30. Jan. 1919, MABl Beil 2 S 42), im Wege der Gemeindesatzung („Ortsstatut") gemäß Art 40 (31) GemO mit Genehmigung des Staatsministeriums des Innern. Nach Einführung des SVG genügt die Beschlußfassung des Gemeinderates (Stadtrates). Die Satzungen müssen auch in der Gemeinde öffentlich bekannt gemacht werden, vgl. S 24 S 564/5. Das Angeführte gilt auch für Satzungsänderungen (vgl. Kahr GemO Bd 1 Anm 12 a zu Art 40 S 428/9). Nach MinEntschl vom 20. April 1920 (StAnz N 92) wurde allgemein die Einführung und Erhebung von Lustbarkeitsabgaben gemäß Art 40 (31) GemO Abs 4 widerruflich genehmigt, soweit die Höchstsätze bei Bauschabgaben 100 Mk. und bei der Kartensteuer 50 vom Hundert des Eintrittspreises nicht übersteigt. Die gemeindlichen Beschlüsse sind der Aufsichtsbehörde zur Nachprüfung zu unterbreiten. S. auch ee.

dd) Streitigkeiten hierüber sind verwaltungsrechtlicher Natur gemäß Art 8 Ziff 31 und Art 9 Abs 1 VGG mit 2 Instanzen, nämlich Bezirksamt (bei kreisunmittelbaren Städten Regierung) und Verwaltungsgerichtshof. Insoweit die Höhe der zu entrichtenden Abgaben bestritten wird, kommt für die Entscheidung das verwaltungsrichterliche Ermessen und mithin die Zuständigkeit des VGH in Betracht, vgl. S 32 S 106/7. Beteiligt sind der Armenverband, vertreten durch den Armenrat (S 32 S 44), insoweit es sich um Abgaben für die Armenkasse handelt — sonst die Gemeindeverwaltung — und der in Anspruch genommene Verpflichtete. Rückerstattungsansprüche des letzteren fallen gleichfalls unter Art 8 Ziff 31 VGG, vgl. insbesondere S 31 S 8 und KompKonflErk vom 5. Mai 1915 (GVBl Beil I). Wegen Gebührenfreiheit der Armenverbände vgl. Art 15 und S 32 S 40 und wegen Verjährung der Abgaben vgl. Anm 2 zu § 30 a.

ee) Im übrigen ist in Art 4 des mehrerwähnten Ges.entwurfs eine Neuregelung für die örtlichen Abgaben (Genehmigung durch die Regierung) vorgesehen; wegen der Lustbarkeitsabgaben wird noch auf die ME vom 17. Juni 1882 (MABl S 200), vom 25. Okt. 1909 (MABl S 824), vom

28. Juni 1910 (MABl S 443), vom 17. Dez. 1919 (MABl S 333) und auf die unter cc erwähnte ME vom 20. April 1920 verwiesen.

Art. 36.

I Die Einnahmen des Ortsarmenverbandes (Art. 35) fließen in eine besondere Kasse (Armenkasse). Diese untersteht eigener Verwaltung. Aus ihr sind die Ausgaben für Armenzwecke zu bestreiten.

II Nachhaltige Überschüsse, soweit sie nicht als Rücklagen bereit gehalten werden, sowie sonstige Zuflüsse, die nicht zur Bestreitung laufender Ausgaben bestimmt sind, müssen dem Armenvermögen (Art. 35 Abs. I Ziff. 1) einverleibt werden.

Entw Art 35, R und Begr wie bei Art 35, AB 1914 S 441/2.

Über die Verwaltung der Armenkasse trifft Art 37 weitere Bestimmungen. Welche Einnahmen der Armenkasse zufließen, ist bei Art 35 näher ausgeführt, die Ausgaben ergeben sich aus dem Gesetz (UWG und ArmG) und den hiernach den OAVen obliegenden Aufgaben. Hierbei kommen insbesondere in Frage:

a) Unterstützungen an Ortsarme auf Grund der endgültigen Fürsorgepflicht (§§ 1, 2, 28, 29 UWG mit Art 3 ArmG),

b) Unterstützungen an die im Bezirke des OAVes hilfsbedürftig gewordenen Ortsfremden, Inländer einschließlich der Landarmen wie Ausländer (§§ 5, 28, 60),

c) Ersatzleistungen für die auswärts oder von anderen AVen gewährten Unterstützungen an Hilfsbedürftige, denen gegenüber dem OAV die endgültige Ersatzpflicht als OAV des UW oder des DoAO obliegt (s. a und § 30 1 a UWG, Art 56 Abs 2 und 58 Abs 4 ArmG),

d) Ausgaben für Armenanstalten (Armen- und Krankenhäuser, Armenversorgungsanstalten),

e) Kosten der Armenpolizei, insbesondere für Unterbringung in Arbeits-, Erziehungs- oder Heilanstalten auf dem Wege des armenpolizeilichen Arbeitszwanges gegen Personen, denen gegenüber der OAV der endgültig unterstützungspflichtige AV ist (Art 76 ff. und 86 Abs 3 ArmG).

f) Außerdem sind aus der Armenkasse jene Ausgaben zu bestreiten, die den OAVen in Erfüllung der außerhalb des Armengesetzes ihnen zugewiesenen Aufgaben erwachsen. Hierher gehört insbesondere der den OAVen des UW zufallende Kostenanteil der Fürsorgeerziehung (Art 13 FEG).

g) Zu diesen sachlichen Ausgaben kommt auch noch der Verwaltungsaufwand, d. i. die Ausgaben für den persönlichen und sachlichen Bedarf (vgl. Art 28 Abs 2 und 3 ArmG).

Art. 37.

I Die Armenkasse wird durch die vom Armenrat aus seiner Mitte bestellten Mitglieder oder durch die nach Art. 28 Abs. II ernannten Beamten oder Angestellten verwaltet.[1]

II Die Kassenverwalter haften zunächst für richtige Erhebung der Einnahmen, Einhaltung der Voranschläge und vorschriftsmäßige Verrechnung der Ausgaben; sie haben eine angemessene Sicherheit zu leisten, wenn der Armenrat nichts anderes beschließt.[2]

III Der Armenrat ist berechtigt, von den Rechnungen der von der Gemeindeverwaltung verwalteten Armenvermögensbestände und Wohltätigkeitsanstalten Einsicht zu nehmen, die Anstalten nach Anzeige bei der Gemeindeverwaltung durch Mitglieder besichtigen zu lassen, die Abstellung von Mißständen zu beantragen und bei Verweigerung der Abhilfe Beschwerde zur Staatsaufsichtsbehörde zu führen.[3]

Entw 36, B und Begr wie bei Art 35, AB 1914 S 441.

1. Wo nicht besondere Beamte von der Gemeindevertretung nach Einvernahme des Armenrates auf Grund des Art 28 Abs 2 aufgestellt sind, hat der Armenrat ein Mitglied des Armenrates als Armenkassier zu bestimmen.[1]) Ein Ablehnungsrecht steht diesem nicht zu; wegen Festsetzung einer etwaigen Entschädigung vgl. Art 28 Abs 3. Die Beschlußfassung hierüber kommt aber nach Art 28 Abs 3 der Gemeindevertretung auf Antrag des Armenrates zu.

2. Wegen der Haftung der Mitglieder des Armenrates vgl. Art 30 Abs 2 nebst Anmerkungen.

Wegen der Vorschriften über die Kasseführung vgl. Art 107 GemO hinsichtlich der Gemeinden mit städtischer Verfassung, dann ME vom 14. Mai 1870 (im Anhang abgedruckt) für Landgemeinden, Art 78 Abs 10 pfälz. GemO und pfälz. Regierungsentschließung vom 16. Juni 1870 (KrABl S 1085 Abschn IV) für die pfälzischen Armenpflegen.

Hiernach ist es insbesondere den Vorständen des Armenrates und ihren Stellvertretern untersagt, selbst die Armenkasse zu führen; sie haben auch die bei ihnen einlaufenden Gelder für die Armenkasse unverzüglich an den Armenkassenverwalter abzuliefern.

3. Vgl. auch Art 32 Abs 2 mit Anm 2, Anm 1 a zu Art 35, wegen Anrufens der Staatsaufsicht Art 70 und 71 mit Anm 3 zu Art 34.

Art. 38.

I Das Rechnungsjahr der Armenpflege ist das Kalenderjahr.[1]

II Der Armenrat hat regelmäßig in den letzten drei Monaten vor Beginn des Jahres einen Voranschlag zu entwerfen.[2]

III Der Voranschlag ist der Gemeindeverwaltung, in Gemeinden mit städtischer Verfassung auch den Gemeindebevollmächtigten

---

[1]) Die Aufstellung eines Armenkassiers aus der Mitte des Armenrates erfolgt nicht wie bei Gemeindekasseverwaltern durch den Vorstand (Bürgermeister), sondern durch den Armenrat, vgl. Helmreich-Rock, GemO Anm 2 zu Art 134 und Reger, AG Anm 1 zu Art 33 S 95.

zur Äußerung mitzuteilen und hierauf vierzehn Tage lang öffentlich aufzulegen.[3]

IV Die Würdigung der Erinnerungen sowie die Feststellung des Voranschlags erfolgt noch vor Beginn des Jahres durch den Armenrat.[4]

V Alle nicht veranschlagten oder nicht ständig eingewiesenen Ausgaben setzen einen besonderen Beschluß des Armenrats voraus. Der Vorstand des Armenrats ist jedoch ermächtigt, in dringenden Fällen und unter dem Vorbehalte nachträglicher Genehmigung des Armenrats das Erforderliche zu verfügen. Der Armenrat kann hierzu auch andere Mitglieder, die Armenpfleger, die Bezirkspflegeausschüsse und die Leiter von Armenanstalten ermächtigen.[5]

VI Sind zur Bestreitung von Ausgaben außerordentliche Zuschüsse der Gemeinde oder neue oder erhöhte Gemeindeumlagen erforderlich, so darf die Überschreitung der ordentlichen Deckungsmittel erst dann geschehen, wenn die nötigen Mittel nach Maßgabe der Gemeindeordnungen bewilligt oder angewiesen sind.[6]

Entw 37, B und Begr wie bei Art 35, AB 1914 S 441/2.

1. Wie beim Staate (vgl. § 27 VerfUrk des Freistaates Bayern) werden auch bei den Selbstverwaltungskörpern (Kreis, Bezirk, Gemeinde, AB) vom 1. April 1920 an Haushaltsjahr und Rechnungsjahr am 1. April beginnen und am 31. März des nächstfolgenden Jahres endigen, vgl. ME vom 24. Nov. 1919 StAnz N 276; für die Sparkassen gilt jedoch dieses neue Rechnungsjahr nicht (ME vom 24. Juni 1920 StAnz N 149).

2. Wegen der Voranschläge s. ME vom 14. Mai 1870[1]) Abschn I und II. Jedoch ist durch ME vom 4. Sept. 1915 (MABl S 256) ein neues Muster für die Voranschläge der Ortsarmenverbände, die einer Gemeinde entsprechen, mit dem Bemerken aufgestellt worden, daß nach Bedarf den Titeln neue Kapitel und den Kapiteln weitere Unterabteilungen angefügt werden dürfen; die Anfertigung von Abschriften ist erlassen. Für die Pfalz (vgl. Anm 2 zu Art 37) gilt nach Entschließung der Kreisregierung, Kammer des Innern, vom 29. Sept. 1915 (KrABl S 239 ff.) dasselbe Muster. Dieses Muster ist in Abt I Tit VII und Abt II Tit IV aus Gründen der Armenfinanzstatistik durch MinBek vom 28. Dez. 1916 (MABl 1917 S 1) abgeändert worden, s. GemZ 1917 S 661.

3. Die Mitteilung an die Gemeindebevollmächtigten fällt aus, Art 6 SVG.

4. Während der 14tägigen Auflage steht es den Gemeindeangehörigen frei, den Voranschlag einzusehen und Erinnerungen dagegen abzugeben, vgl. Henle, AG Anm 2 zu Art 34. Erhobene Erinnerungen können nach

---

[1]) Diese ME (über das Etats- und Rechnungswesen der rechtsrheinischen Armenpflegen, im Anhang abgedruckt) gilt für alle rechtsrheinischen Gemeinden, während für die Kasseführung in den rechtsrheinischen Landgemeinden die in Anm 2 zu Art 37 erwähnte besondere Vorschrift vom gleichen Tage (14. Mai 1870) erlassen ist; wegen der Pfalz s. die daselbst angeführte RegE vom 16. Juni 1870 Abschn I—III.

Würdigung des Armenrates nur im aufsichtlichen Verfahren weiter verfolgt werden; eine Streitsache nach Art 8 Ziff 30, 31 VGG mit der Zuständigkeit des Verwaltungsgerichtshofes käme nur dann in Frage, wenn die Leistung eines Einzelnen vom Armenrat in Anspruch genommen und die Leistungspflicht oder die Höhe der geforderten Leistung bestritten wird, vgl. S 12 S 319.

5. Die Gewährung von Armenunterstützungen setzt gemäß Art 32 Abs 1 einen Beschluß des Armenrates voraus. In dringenden Fällen ist vorbehaltlich nachträglicher Genehmigung dem Vorstande[1]) des Armenrates die Anweisung einer Unterstützung (s. Art 32 Abs 1) gestattet. Diese Ermächtigung kann der Armenrat auch dem Kassier erteilen. Im übrigen hat letzterer nur auf schriftliche Anordnung des Vorstandes Zahlung zu leisten. Eine Zahlungsleistung auf Rechnung der allgemeinen Rücklage (Reserve) ist nur auf Grund Beschlusses des Armenrates zulässig.

6. Verweigern die Gemeinden die für den Bedarf der Armenpflege außer den ordentlichen Einnahmen der Armenkasse nötigen Mittel, so steht dem Armenrate die Anrufung der Staatsaufsichtsbehörde zu, vgl. Anm 3 zu Art 34.

Art. 39.

I Die Rechnungen sind spätestens bis zum 1. Mai des nächsten Jahres zu stellen und vierzehn Tage lang öffentlich aufzulegen.

II Nach Ablauf der Auflagefrist sind die Rechnungen nebst den etwa eingekommenen Erinnerungen an die Gemeindeverwaltung abzugeben.

III Die Prüfung und Bescheidung der Rechnungen sowie das Beschwerderecht richten sich nach den Vorschriften der Gemeindeordnungen über die Gemeinderechnungen.[1, 2]

Entw 38, R und Begr wie bei Art 35, AB 1914, S 441—443.

1. Wegen des Termins s. Anm 1 zu Art 38.

2. Die Rechnungen sind vom Armenrate zu stellen und anzuerkennen, mit etwaigen Erinnerungen nach der öffentl. Auflage an die Gemeindevertretung (Gemeinderat, Stadtrat) weiterzugeben, die sie der Staatsaufsichtsbehörde vorzulegen hat behufs weiterer Behandlung — Durchsicht vom staatsaufsichtlichen Standpunkte gemäß Art 13 SVG bei Gemeinden mit magistratlicher Verfassung, rechnerische Prüfung (Revision) und Verbescheidung bei Landgemeinden, vgl. Art 89 Abs 7, Art 136 (69) Abs 3—5 GemO. Nach Art 16 SVG kann die Staatsaufsichtsbehörde in einzelnen Jahren vor der rechnerischen Prüfung der Rechnungen sowie vor deren Vorlage überhaupt absehen. Ferner sind die Gemeinden unter 10 000 Einwohnern verpflichtet, dem Prüfungsverband öffentlicher Kassen beizutreten, vgl. Art 16 Abs 2 und 3 SVG, MinBek vom 13. Jan. 1920 (MABl S 7), s. auch MinBek vom 13. April 1920 (StAnz N 49).

---

[1]) Die vom Gesetze dem Vorstand eingeräumte Ermächtigung erstreckt sich im Falle seiner Verhinderung auch auf seine Stellvertreter (vgl. Begr S 712). Der auswärtige Stellvertreter kann auch ohne Verhinderung des Vorstandes die außerhalb dessen Dienstsitzes bringlich notwendige Unterstützung anweisen, vgl. Art 32 Abs 1.

3. Das neue Muster für die Armenkassenrechnungen ist dasselbe wie für die Voranschläge, s. hierüber Anm 2 zu Art 38. Die Spalteneinteilung berücksichtigt aber nur die Voranschläge; für die Armenkasserechnung gilt die bisherige Spalteneinteilung; vgl. auch noch die MinE vom 14. Mai 1870 (Abschn I und III) über die Behandlung des Rechnungswesens und vom gleichen Tage über das Kassenwesen der Armenpflegen in Landgemeinden (beide MEen sind im Anhang abgedruckt).

Art. 40.

I Der Armenrat faßt seine Beschlüsse in den festgesetzten regelmäßigen oder in besonders anberaumten Sitzungen. Die Vorschriften der Gemeindeordnungen über die Sitzungen der Gemeindeverwaltungen gelten entsprechend. Pfarrer, die stimmberechtigte Mitglieder des Armenrats sind und außerhalb des Gemeindebezirks wohnen, müssen zu den Sitzungen geladen werden, wenn sie dies allgemein oder für einen besonderen Fall schriftlich beantragt haben. Bei Berechnung der Beschlußfähigkeit (Abs. II) sind sie nur zu berücksichtigen, wenn sie an der Sitzung teilnehmen.[1]

II Zur Gültigkeit eines Beschlusses ist erforderlich, daß mehr als die Hälfte der Mitglieder an der Beratung und Abstimmung teilgenommen hat und daß dem Beschlusse mehr als die Hälfte der Abstimmenden zugestimmt hat; bei Stimmengleichheit entscheidet der Vorstand.[2]

III Die Leitung der Sitzungen[3] und des ganzen Geschäftsgangs gebührt dem Vorstand oder seinem Stellvertreter. Wohnt der Vorstand außerhalb des Gemeindebezirkes, so kann die Staatsaufsichtsbehörde auf seinen Antrag den Stellvertreter in widerruflicher Weise mit der ständigen Leitung der Sitzungen sowie mit der Führung der sonstigen Vorstandsgeschäfte betrauen. Nimmt der Vorstand an einer Sitzung teil, so kann er den Vorsitz selbst übernehmen. Die Verfügung der Staatsaufsichtsbehörde tritt mit Ablauf der Wahlzeit außer Kraft.

IV Zur Regelung des formellen Geschäftsgangs kann sich der Armenrat eine Geschäftsordnung geben; für die Führung und Untersuchung der Kassen sowie für die Behandlung des Rechnungswesens gelten die Vorschriften der Gemeindeordnungen entsprechend.[4]

V Für die Bezirkspflegeausschüsse gelten die Abs. I—IV entsprechend, soweit die Satzung (Art. 27 Abs. IV) nichts anderes bestimmt.

VI Die Erstattung von Übersichtsanzeigen über die Geschäftsführung wird durch Ministerialvorschrift geregelt.[5]

Entw Art39, B 571 (B 5), Begr 712, StenBer 1914 S 52, 67, 74, AB 1914 S 443—447.

VA. § 31. [I] Die Sitzungen des Armenrats (Art. 40 Abs. I) haben regelmäßig innerhalb des Bezirkes des Ortsarmenverbandes stattzufinden, für den der Armenrat bestellt ist. Die Vorschriften über die Sitzungen der Gemeindeverwaltungen, die entsprechend gelten, sind enthalten in Art. 102—104, 145 der rechtsrheinischen, 78 der pfälzischen Gemeindeordnung.

[II] Die Vorschriften der Gemeindeordnung über die Führung und Untersuchung der Kassen sowie über die Behandlung des Rechnungswesens (Art. 40 Abs. IV) sind enthalten in Art. 87, 107, 131, 134, 145 der rechtsrheinischen, 78 Abs. X der pfälzischen Gemeindeordnung. Die Erlassung weiterer Vorschriften über das Kassen- und Rechnungswesen der Ortsarmenverbände sowie über die Erstattung von Übersichtsanzeigen über die Geschäftsführung (Art. 40 Abs. VI) bleibt vorbehalten.

1. Wo eine Beschlußfassung des Armenrates notwendig ist, hat sie in einer Sitzung des Armenrates zu erfolgen. Aus dieser Vorschrift ergibt sich, daß Beschlüsse, die durch Unterschriften der Armenratsmitglieder auf dem Umlaufs-(Zirkular-)Wege zustande gekommen sind, als gültige Beschlüsse nicht angesehen werden können, vgl, S 24 S 230. Die Niederschrift der gefaßten Beschlüsse empfiehlt sich schon deshalb, um die Tatsache der Beschlußfassung und um den Inhalt des gefaßten Beschlusses für spätere Benützung insbesondere in Streitfällen festzulegen.

Im übrigen gelten, insoweit in Art 40 nichts anderes bestimmt ist, die Vorschriften der Gemeindeordnungen d. i. Art 102—105 und 145 rechtsrhein. GemO, für die Pfalz Art 78 GemO. Dabei sind folgende Vorschriften zu beachten:

a) Zu den Sitzungen müssen alle Armenratsmitglieder geladen sein. Hinsichtlich der Form der Ladung bestehen keine Vorschriften. Eine besondere Ladung ist nicht mehr erforderlich, wenn die Sitzungstage nebst Stunde ein für allemal im voraus bestimmt worden sind, wenn also beispielsweise allen Mitgliedern bekannt gemacht worden ist, daß an jedem 1. Sonntage nach dem Pfarrgottesdienst Armenratssitzung im Pfarrhof abgehalten wird.

Es ist nicht erforderlich, daß die vom Gemeindebezirk abwesenden Armenratsmitglieder geladen werden. Was die Pfarrer anlangt, die außerhalb des Gemeindebezirks wohnen, so trifft das NArmG die besondere Bestimmung, daß sie zu den Sitzungen geladen werden müssen, wenn sie dies schriftlich beantragen.

b) Bei der Sitzung müssen mehr als die Hälfte der Mitglieder an der Beratung[1]) und Abstimmung teilgenommen haben; dabei ist nicht die Zahl der zur Zeit der Beschlußfassung vorhandenen oder im Gemeindebezirk anwesenden Mitglieder maßgebend, sondern die Zahl, wie sie sich aus der Zusammensetzung gemäß Art 22 und 25 ergibt. Deshalb kommen hierbei auch die Abwesenden in Betracht, nicht aber die außerhalb des Gemeindebezirks wohnenden Pfarrer.

c) Für den Beschluß müssen sich mehr als die Hälfte der Abstimmenden ausgesprochen haben.

d) Die Sitzungen des Armenrats sind öffentlich, soweit nicht Rücksichten auf das Staats- oder Gemeindewohl oder auch berechtigte Ansprüche Einzelner entgegenstehen. Die Nichtbeachtung der Vorschriften über die Öffent-

---

[1]) Damit ist nicht gesagt, daß ständige Anwesenheit während der Beratung erforderlich, vgl. AB 1914 S 443/5 und S 24 S 358.

lichkeit macht den Beschluß nicht ungültig, kann aber ein Einschreiten der Aufsichtsbehörde gemäß Art 13 SVG veranlassen, vgl. S 28 S 11/3.

e) An der Beratung und Beschlußfassung darf nicht teilnehmen, wer bei einer Angelegenheit aus einem Privatinteresse persönlich unmittelbar beteiligt ist. Die Mitwirkung solcher Beteiligten an der Beschlußfassung macht ihre Stimme unbeachtlich, in der Regel aber den Beschluß an sich nicht nichtig, vgl. S 24 S 1 und 4/5. Damit steht nicht in Widerspruch die Entscheidung des VGH in S 28 S 96; denn dort handelte es sich um die Mitwirkung bei einem Beschlusse, den der Magistrat als verwaltungsrechtliche Instanz faßte. Ausnahmslose Nichtigkeit wird angenommen in BayGemVZ 1920 S 265.

f) Kein stimmberechtigtes Mitglied darf sich der Abstimmung enthalten.

g) Wegen Stimmenenthaltung kann gemäß Art 165 Abs 1 GemO mit Ordnungsstrafe zum Besten der Armenkasse vorgegangen werden. Das gleiche gilt für das Wegbleiben von der Sitzung ohne genügende Entschuldigung.

2. Ungültig ist ein Beschluß des Armenrats:

a) wenn nicht mehr als die Hälfte der Mitglieder erschienen und an der Beratung und Abstimmung teilgenommen haben, vgl. Anm 1 b;

b) wenn der Beschluß nicht die erforderliche Stimmenmehrheit erhalten hat. Dabei ist aber die ausdrückliche Gesetzesbestimmung zu beachten, daß bei Stimmengleichheit die Stimme des Armenratsvorstandes entscheidend ist;

c) wenn nicht alle Armenratsmitglieder, soweit ihre Ladung gemäß Anm 1 a notwendig ist, zur Sitzung geladen worden sind. Zwar ist hiervon in Abs 2 wie auch im AArmG nichts enthalten. Allein es handelt sich dabei um einen im Gemeinderecht anerkannten und deshalb auch hier zu beachtenden Rechtsgrundsatz, vgl. Art 102 und 145 (78) Abs 2 GemO, S 28 S 13, Begr 712 und AB 1914 S 445.

d) Wenn in der Geschäftsordnung vorgeschrieben ist, daß auch die Tagesordnung für die Sitzung bekannt zu geben ist, so hat für die Nichtbeachtung dieser Vorschrift zu gelten, was unter d in Anm 1 gesagt ist.

3. Die Sitzungspolizei kommt dem Armenratsvorstand oder dessen Stellvertreter nach Maßgabe der Vorschrift in Art 105 Abs 4 (Art 78 Abs 9) der GemO zu; vgl. Begr 712.

Neu ist die Bestimmung, daß die Führung der Vorstandsgeschäfte überhaupt oder doch wenigstens der Vorsitz in den Sitzungen auf Antrag des außerhalb des Gemeindebezirks wohnenden Pfarrers dem Vorstandsstellvertreter von der Staatsaufsichtsbehörde übertragen werden kann.

4. Über die Geschäftsbehandlung in Armensachen s. Anm 1 a zu Art 32 und die dort angeführte Anleitung in BlAPfl II N 20—24, über die Behandlung des Kassen- und Rechnungswesens Anm 2 und 3 zu Art 39, über Dienstwertzeichen Anm 2 zu Art 15, über Armenbeschreibung Anm 1 c zu Art 32.

5. Daß die Ministerialvorschrift vom 1. Juli 1882, MABl S 227, über die Erstattung von Übersichten über die Leistungen der Armenpflege durch Ausfüllung von Fragebögen noch weiterhin Geltung hat, ist in der VA nicht bemerkt (s. dagegen §§ 33, 50, 68); es heißt vielmehr in § 34 Abs 2 nur, daß Vorschriften nach dieser Richtung vorbehalten bleiben.

Art. 41.

[I] In den ausmärkischen Bezirken (Art. 17) haben die Eigentümer die öffentliche Armenpflege auf ihre Kosten auszuüben.

II Gehört ein ausmärkischer Bezirk mehreren Eigentümern, so können sich diese über die Erfüllung ihrer Pflichten und über die Aufbringung der Kosten vereinbaren. Kommt eine Vereinbarung nicht zustande, so trifft die Aufsichtsbehörde die erforderlichen Anordnungen nach billigem Ermessen.[1, 2]

Entw Art 40, B 566 (B 2 b), Begr 713, AB 1914 S 447.

BA. § 35. Gehört ein ausmärkischer Bezirk mehreren Eigentümern, so hat diesen die Aufsichtsbehörde zur Vereinbarung über die Ausübung der Armenpflege und über die Aufbringung der Kosten eine Frist zu setzen. Kommt eine Vereinbarung nicht zustande, so trifft die Aufsichtsbehörde die erforderlichen Anordnungen nach billigem Ermessen. Sie kann dabei beispielsweise die Gesamtheit der in Betracht kommenden direkten Steuern zugrunde legen oder die Löhne berücksichtigen, die in einem industriellen Unternehmen gezahlt werden, das sich im ausmärkischen Bezirke befindet.

1. Wie aus Anm 5 zu Art 17 zu entnehmen ist, kommt hauptsächlich der **Staat** als Eigentümer ausmärkischer Waldungen, Freigebirge und Seen für die Anwendung des Art 41 in Betracht. Da aber immerhin ausmärkische Bezirke mit mehreren Eigentümern vorkommen, so hat für diesen Fall Abs 2 nähere Bestimmung getroffen. Dabei frägt es sich zunächst, wem die Vertretung zukommt, da die ausmärkischen Bezirke als Ortsarmenverbände erklärt sind und in dieser Eigenschaft verschiedene Pflichten zu erfüllen haben (vgl. Anm 3 zu § 28), wie sie auch als OABe klagen und verklagt werden können. Diese Frage muß dahin beantwortet werden, daß die Vertretung der Gesamtheit der Eigentümer zusteht. Kommt eine Einigung über die Aufstellung eines Vertreters nicht zustande, so kann die Aufsichtsbehörde einen Vertreter aufstellen.

Was die Regelung über die Art der Aufbringung der Kosten für die dem ausmärkischen Bezirk als OAB des Aufenthaltsortes oder Arbeitsortes obliegenden Armenunterstützungen betrifft, so ist zunächst die Vereinbarung der Eigentümer maßgebend, andernfalls ist die Aufsichtsbehörde d. i. die Distriktsverwaltungsbehörde des ausmärkischen Bezirks berechtigt und verpflichtet, die Kostenverteilung nach billigem Ermessen vorzunehmen. Dabei wird sie regelmäßig die Besteuerung als Unterlage nehmen; nach § 35 BA ist es aber nicht ausgeschlossen, auch die Löhne von einem im ausmärkischen Bezirke befindlichen industriellen Unternehmen zu berücksichtigen.

2. Streitigkeiten können hierbei nach folgenden Richtungen entstehen:

a) Armenrechtliche Streitigkeiten mit anderen ABen über Unterstützungs- und Ersatzpflicht gemäß §§ 28—30 und 37 UWG mit Art 72 AG und Art 10 Ziff 5 VGG,

b) Beschwerden gegenüber der Staatsaufsicht, wobei gegen Regg.bescheide der VGHof angerufen werden kann (vgl. Art 10 Ziff 4 nunmehr auch Ziff 2 VGG),

c) Streitigkeiten unter mehreren Eigentümern über die Erfüllung einer dem ausmärkischen Bezirk obliegenden Armenlast; diese fallen unter Art 10 Ziff 4 VGG; vgl. dazu Dyroff VGG S 784,

d) Streitigkeiten mit einer Nachbargemeinde über den Umfang oder die Grenze des ausmärkischen Bezirks, die unter Art 8 Ziff 25 VGG fallen; s. dazu Anm 2 zu § 41.

Art. 42.

I Für jeden Gesamtarmenverband (Art. 18) soll, bevor er ins Leben tritt, eine Satzung errichtet werden. Die Errichtung erfolgt durch übereinstimmenden Beschluß der Vertretungen der Verbandsgemeinden. In Gemeinden mit städtischer Verfassung ist Zustimmung der Gemeindebevollmächtigten, in rechtsrheinischen Landgemeinden auch der Gemeindeversammlung notwendig. Die Satzung und ihre Änderung bedürfen der Genehmigung der nach Art. 18 zuständigen Regierung, Kammer des Innern.

II Kommt die Satzung auf diesem Wege nicht zustande, so errichtet sie die Regierung, Kammer des Innern.

III Im Falle des Art. 19 errichtet die Regierung, Kammer des Innern, die Satzung nach Anhörung der Verwaltungen der Verbandsgemeinden, in Gemeinden mit städtischer Verfassung auch der Gemeindebevollmächtigten, in rechtsrheinischen Landgemeinden auch der Gemeindeversammlung.

Entw Art 41, B 571 (B 6), AB 1912 S 406, Begr 713, AB 1914 S 447—449.

VA. § 36. I Das Zustandekommen der Satzung des Gesamtarmenverbandes (Art. 42, 43) durch freie Vereinbarung der Verbandsgemeinden haben die Aufsichtsbehörden tunlichst zu fördern. Ist eine Vereinbarung nicht zu erzielen, so sind die Verhandlungen der Regierung, Kammer des Innern, vorzulegen, wenn diese nicht ohnehin mit der Sache bereits befaßt ist.

II Ein Muster für die Satzung enthält Beilage 2.

1. Die Beschlußfassung nach Abs 1 und 3 kommt nunmehr dem Gemeinderate (Stadtrate) zu, vgl. Art 6 GBG, §§ 6 und 2a BB.

2. Liegen übereinstimmende Beschlüsse der Vertretungen der Verbandsgemeinden über die zu errichtende Satzung vor, so ist immerhin die Nichtgenehmigung oder eine Abänderung der Satzung durch die Regierung, Kammer des Innern, möglich; es ist aber dabei zu beachten, daß nach der Erklärung der Staatsregierung bei den Ausschußverhandlungen (AB 1914 S 451) den GABen das Recht der Selbstverwaltung gewahrt bleibt. Eine Anrufung des VGH gemäß Art 10 Ziff 2 findet im Hinblick auf Art 13 Abs 1 Ziff 3 VGG nicht statt, vgl. S 1 S 94 und 4 S 177. Dagegen steht der Weg der Staatsaufsichtsbeschwerde zum Staatsministerium des Innern offen. Dies gilt auch für den Fall, daß die Regierung die Satzung selbst zu errichten hat. Dazu hat es zu kommen, einmal wenn übereinstimmende Beschlüsse der Vertretungen der Verbandsgemeinden über die Satzung nicht zustande kommen, dann im Falle der zwangsweisen Vereinigung von Gemeinden (Art 19).

3. Die Bildung und Aufhebung von GABen ist dem Staatsministerium des Innern zur Veröffentlichung im MABl (bisher eine einzige MABl, 1916 S 205) anzuzeigen (§ 20 Abs 3 VA).

Art. 43.

Die Satzung muß den Bezirk des Gesamtarmenverbandes angeben und bestimmen über

1. Namen und Zweck des Verbandes,
2. Verwaltung des Verbandes,
3. Sitz der Verwaltung,[1]
4. Aufbringung und Verteilung der Kosten,
5. Leistung von Vorschüssen an die Gesamtarmenkasse,
6. Aufstellung und Behandlung des Voranschlags und der Jahresrechnung,[2]
7. Änderung der Satzung.

Entw Art 42, Begr 713, AB 1914 S 449.

1. Zur Ergänzung der Bestimmung in Art 43 über das, was die Satzung enthalten muß, hat die Vollzugsanweisung in Beilage 2 eine Mustersatzung für die GAVe aufgestellt. Im übrigen ist Art 20 Abs 2 zu beachten, wonach die Vorschriften des Gesetzes über die OAVe insbesondere die Art 25—40 entsprechend für den GAV anzuwenden sind. Über Geschäftsbehandlung s. Art 31 und 32.

Die Verwaltung des Gesamtarmenverbandes führt der Gesamtarmenrat; insoweit hierüber wie auch über die Behandlung der Voranschläge und Rechnungen in der Satzung des GAVes nichts enthalten ist, sind die für die Armenräte der Ortsarmenverbände maßgebenden Vorschriften zu beachten. Dies gilt auch für die Beschlußfassung des Gesamtarmenrates, vgl. Art 40 AG. Die einzelnen zum GAVe gehörigen Gemeinden können nicht als AV auftreten, B 53 R 33 S 134.

2. An Stelle der Armenkassen der einzelnen Verbandsgemeinden tritt die Gesamtarmenkasse. Die Durchführung der Einnahmen und Ausgaben für Armenzwecke bei den einzelnen Verbandsgemeinden kann in den Gemeinderechnungen der Verbandsgemeinden erfolgen, wie das bei Schulsprengeln der Fall ist. Bei selbständigen Stiftungen ist auch weiterhin eine selbständige Rechnung zu stellen.

Bei Aufstellung der Voranschläge und Rechnungen für die Gesamtarmenkasse tritt an die Stelle des Armenrates der Gesamtarmenrat. Was die Vorschrift in Art 38 Abs 3 über die Mitteilung der Voranschläge an die Gemeindeverwaltung sowie in Art 39 Abs 2 über die Abgabe der von dem Gesamtarmenrate zu stellenden Gesamtarmenkasserechnung an die Gemeindevertretung betrifft, so hat hierüber die Satzung gemäß Art 43 Ziff 6 nähere Bestimmung zu treffen. In dieser Beziehung wird zu bestimmen sein, daß Voranschläge und Rechnungen am Sitze der Verwaltung aufzulegen, der Voranschlag allen Vertretungen der Verbandsgemeinden zur Äußerung mitzuteilen, die Rechnung aber mit den etwa eingekommenen Erinnerungen an die Gemeindevertretung der Verbandsgemeinde mit der größten Einwohnerzahl abzugeben ist, vgl. auch Art 44 Abs 3.

Was die Prüfung und Verbescheidung der Gesamtarmenkasserechnung betrifft, so bestimmt die Mustersatzung, daß diese Prüfung und Bescheidung in gemeinsamer Sitzung der Verbandsgemeindevertretungen zu erfolgen hat; bezüglich der Prüfung und Verbescheidung durch die vorgesetzte

Verwaltungsbehörde hat es bei den Vorschriften der GemO (Art 89 Abs 7 und 136 Abs 3 rechtsrhein. GemO, Art 69 Abs 3 pfälz. GemO) mit Art 13 SVG sein Bewenden.

Art. 44.

I Der Armenrat des Gesamtarmenverbandes (Gesamtarmenrat) vertritt den Gesamtarmenverband in allen Angelegenheiten der öffentlichen Armenpflege.[1]

II Die Zahl der Personen, welche die Verbandsgemeinden in den Gesamtarmenrat abordnen und wählen (Art. 22 Abs. I, II, 25 Abs. II) bestimmt die Satzung. Die Zahlen müssen dem Verhältnisse der Einwohnerzahl angemessen sein.[2]

III Vorstand des Gesamtarmenrats ist der Bürgermeister oder der Pfarrer der Verbandsgemeinde mit der größten Einwohnerzahl, der nach Art. 24 zur Vorstandschaft im Armenrat berufen wäre.[3]

IV Zeit und Art der Erneuerung des Gesamtarmenrats bemessen sich nach der Gemeindeverfassung der Verbandsgemeinde mit der größten Einwohnerzahl.[4]

Entw Art 43, Begr 713, AB 1914 S 449 und 450, Beschl N 4 b.

1. Für die Zusammensetzung des Gesamtarmenrates, der zur Vertretung des Gesamtarmenverbandes berufenen besonderen Körperschaft, s. hierzu BlAdmPr Bd 65 S 392, gelten einerseits die Vorschriften über die Bildung des Armenrates (Art 22—26), andererseits die Sondervorschriften der Absätze 2—4 dieses Artikels.

2. Bezüglich der Einwohnerzahl und ihrer Feststellung vgl. Anm 2 und 3 zu Art 16.

3. Zustellungen an den Gesamtarmenverband erfolgen zu Handen des Vorstandes des Gesamtarmenrates.

4. Als Wahlperiode kommt die einheitliche fünfjährige gemäß Art 5 SVG in Betracht.

Art. 45.

Den Mitgliedern des Gesamtarmenrats, die nicht am Sitze der Verwaltung wohnen, kann die Satzung die Erstattung ihrer baren Auslagen gewähren.

Entw Art 44 Begr 713, AB 1914 S 450.

Nach der gemäß Art 20 Abs 2 auch für die GAVe geltenden Vorschrift in Art 28 Abs 1 ist das Amt eines Mitgliedes des Armenrates ein Ehrenamt, also ohne Entschädigung auszuüben. Da aber einzelnen von den Verbandsgemeinden abgeordneten und gewählten Mitgliedern des GARates wegen größerer Entfernung von dem Sitze der Verwaltung des GAVes Auslagen erwachsen können, so ist vom Gesetze die Gewährung einer Entschädigung in der Form der Erstattung der Barauslagen zugelassen worden.

Weiterhin ist im Hinblick auf Art 20 Abs 2 eine Entlohnung von Mitgliedern des Gesamtarmenrates als Verwalter der Armenkasse oder von Armenanstalten oder wegen anderer besonderer Dienstleistungen gemäß Art 28 Abs 3 statthaft.

Art. 46.

I Der Bedarf des Gesamtarmenverbandes ist von den Verbandsgemeinden nach dem Verhältnisse der Steueransatzsummen (Umlagengesetz Art. 24, 25) aufzubringen.

II Zur Deckung des Aufwandes haben die Verbandsgemeinden zunächst ihre besonderen Einnahmen für Armenzwecke (Art. 35 Abs. I Ziff. 1—4, 6) zu verwenden.

III Die Satzung kann anders bestimmen.

Entw Art 45, Begr S 714, AB 1914 S 451.

Für die Aufbringung des Bedarfs des Gesamtarmenverbandes ist in erster Linie die Satzung maßgebend, soweit aber diese nichts besonderes bestimmt, gelten die Vorschriften des Gesetzes.

Die Satzung kann die Verteilung des Aufwands für die Gesamtarmenkasse anders regeln, sohin beispielsweise bestimmen, daß die Verbandsgemeinden nach bestimmten Anteilen den Aufwand aufzubringen haben. Hierzu sind übereinstimmende Beschlüsse der Gemeindevertretungen sowie die Regierungsgenehmigung erforderlich. Dabei ist es aber nicht zulässig, die besonderen Einnahmen der Gemeinden für Armenzwecke insbesondere die Erträgnisse aus dem Armenvermögen und aus den Armenstiftungen ihrer ordnungsgemäßen Verwendung zu entziehen. Bei den Gesetzgebungsverhandlungen (vgl. AB 1914 S 451) wurde ausdrücklich darauf hingewiesen, daß die besonderen Einrichtungen einer Verbandsgemeinde zunächst dieser allein zugute zu kommen haben werden. Dieser Grundsatz gilt auch für den Fall, daß die Regierung die Satzung zu errichten hat, s. hierüber Anm 2 zu Art 42. Dabei ist auch im Falle der Zwangsbildung eines GAVes die Beschlußfassung der Gemeindevertretungen einzuholen, wenn auch nicht übereinstimmende Beschlüsse der Verbandsgemeinden gefordert werden können. Wenn nicht besondere Verhältnisse vorliegen, wird die Regierung davon absehen, von der gesetzlichen Regel abweichende Bestimmungen zu treffen, da daraus wohl regelmäßig Streitigkeiten entstehen dürften. Nach der Erklärung der Staatsregierung (AB 1914 S 451) findet in diesem Falle das Beschwerdeverfahren statt. Danach kann jede Verbandsgemeinde Staatsaufsichtsbeschwerde gegen die Festsetzung der Regierung zum Staatsministerium des Innern erheben.

C. Landarmenverbände.

Art. 47.

Jede Kreisgemeinde bildet einen Landarmenverband[1] mit dem Rechte der Selbstverwaltung nach Maßgabe der Gesetze.[2]

Entw Art 46, D 465/6 (III), R 564, 572 (B 1 und 7), AB 1912 S 406—415, StenBer 1912 S 979/80, 983/84, 992/93, 998—1001, 1004, 1006—1008, 1010, 1011, 1014/15, 1017 bis 1019, Begr 714, AB 1914 S 452—456, StenBer 1914 S 22, 42, 52, 57, 60, 75, Beschl N 7.

VA. § 37. [I] Die Eigenschaft und damit die Rechte und Pflichten eines Landarmenverbandes (Art. 47) erhält jede Kreisgemeinde mit dem Inkrafttreten des UWG. und des Armengesetzes von selbst, ohne daß es einer besonderen Verwaltungshandlung bedarf.

[II] Soweit das Gesetz für Landarmenverbände nichts besonderes bestimmt, gelten für sie die Vorschriften über die Kreisgemeinden.

[III] Die Landarmenverbände haben ihren Sitz am Sitze der Kreisregierungen und führen die Bezeichnung „Landarmenverband N (Oberbayern, Niederbayern usw.)". Sie führen ein Dienstsiegel, das den von einem Lorbeer- und einem Palmzweig umkränzten bayerischen Rautenschild mit der Königskrone und als Umschrift den Namen des Landarmenverbandes trägt.

1. Das UWG hat als AVe die OAVe und LAVe geschaffen. Wo der Staat, wie in Bayern, nicht selbst die Funktionen als Landarmenverband übernimmt, sind eigene räumlich abgegrenzte Landarmenverbände einzurichten. Die Kreise bleiben auch nach dem Entw. des neuen Gemeindeges. die LAVe, da der Entw. **für den Aufbau der Armenverwaltung durch das AG keine Änderung bringt** (allgem. Begr. Ziff 7). Wegen der Pfalz s. Anm 1 zu Art 16 a. E.

Bisher bestand neben der gemeindlichen Armenpflege eine Distrikts- und Kreisarmenpflege, vgl. Art 38 und 41 AArmG; sie beschränkte sich jedoch hinsichtlich der Lasten der örtlichen Armenpflege lediglich auf die Übernahme eines Anteils der Armenlast bei Überbürdung der Gemeinden, insbesondere bezüglich des Aufwandes der in Anstalten untergebrachten Irren und Blöden. Der Staat selbst hatte ferner bisher die für hilfsbedürftige Heimatlose, Nichtbayern und Ausländer erforderliche Unterstützung zu leisten. Nach § 5 UWG ist die Einführung von LAVen zur Übernahme der Armenlast für Unterstützungswohnsitzlose, d. i. für Landarme vorgeschrieben; es können aber auch weitere Zweige der Armenfürsorge durch Landesrecht übertragen werden. Von letzterer Befugnis hat Bayern ausgiebigen Gebrauch gemacht; hier kommt in Betracht:

a) die Anstaltsfürsorge für Gebrechliche, dann für bildungsfähige, anstaltspflegebedürftige Kinder, vgl. Art 58 AG Abs 1 Ziff 1 und 2;
b) die Unterstützung hilfsbedürftiger aus dem Ausland übernommener Deutscher, vgl. § 33 UWG, Art 61 AG;
c) die Unterstützung hilfsbedürftiger Ausländer, vgl. § 60 UWG und Art 62 AG, endlich
d) Beihilfen an Ortsarmenverbände gemäß Art 59 und Art 60 AG.

Der Landarmenverband und der Kreis sind (vom Falle des Art 48 abgesehen) dieselbe Rechtspersönlichkeit; der Aufwand für die Landarmenpflege ist eine gesetzliche Kreislast i. S. des Art 1 Ziff 7 Kreislastenausscheidungsgesetz vom 23. Mai 1846 GVBl S 45, Weber Ges. u. VO. Samml 3 S 624 (s. hierüber Seydel BayStR Bd 2 S 159 ff. und 705 ff.).

Die landesrechtlichen Vorschriften für die LAVe finden sich zunächst in den folgenden Artikeln (48—64); ferner gelten für sie die allgemeinen Bestimmungen in Art 1—15 (§ 2 VA), dann bezüglich der Staatsaufsicht und Entscheidung von Streitigkeiten jene in Art 70—75 mit Art 94 Ziff III und IV; auch von den Vorschriften über den armenpolizeilichen Arbeitszwang Art 76—86 kann der LAV Gebrauch machen; sodann kommt für ihn noch das Fürsorgeerziehungsgesetz (s. insbesondere Art 13 Abs 3, dann Art 5, 6, 13 Abs 1, 15) in Betracht. Soweit in diesen Bestimmungen nichts Besonderes vorgeschrieben ist, gelten für die LAVe die Vorschriften über

Kreisgemeinden, vgl. § 37 Abs 2 BA. Diese sind hauptsächlich enthalten im Landratsgesetze vom 28. Mai 1852 GBl S 269, Weber Ges. u. VO. Samml. 4 S 414 (abgeändert in Art 14 durch § 40 Landtagsabschied vom 19. Mai 1881 und in Art 16 durch Art 49 UmlG vom 14. Aug. 1910), dann im Selbstverwaltungsgesetze vom 22. Mai 1919 (GVBl S 239), ferner im Kreislastenausscheidungsgesetze. Durch das SVG haben die Rechtsverhältnisse der Kreisgemeinden, nun Kreise, eine wesentliche Änderung erfahren. Die Beschlüsse des Landrates, nun Kreistages, bedürfen der Genehmigung nicht mehr. Der Kreis wird nicht mehr durch die Regierung, KdInnern, sondern durch den Kreisausschuß vertreten (Art 22 Abs 1 SVG), er hat das Recht der Selbstverwaltung und kann gegen Verfügungen der Staatsaufsichtsbehörde (Ministerialentschließungen) den VGHof anrufen, Art 30 SVG, S 40 S 105, BlfAdmPr 70 S 79 und BayGemVZ 1920 S 539. Dem LARate kommt die Verwaltung der Landarmenanstalten und die Beschlußfassung über Landarmenangelegenheiten zu; wegen der Beschlußfassung des Kreistages s. nachfolgenden Art 55; wegen des Wirkungskreises der Kreistage Art 21 und der Kreisausschüsse Art 22 SVG. Die Beschlüsse des Kreistages, somit auch wegen des Kreiszuschusses an den LAV, sind für letzteren bindend; er könnte nur die Staatsaufsicht unter Hinweis auf Art 13 Abs 2 SVG anrufen.

2. Die Tätigkeit des Landarmenrates hinsichtlich der Verwaltung unterliegt der Staatsaufsicht durch die Kreisregierung unter Wahrung des Selbstverwaltungsrechts des LAVes. Für diese Staatsaufsicht gelten die Vorschriften über die gemeindliche Staatsaufsicht entsprechend, vgl. Art 70 Abs 2 und Art 71 AG mit Art 13 SVG.

Art. 48.

I Durch Königliche Entschließung kann ein Ortsarmenverband zu einem eigenen Landarmenverband erklärt werden. Die Erklärung erfordert die Zustimmung des beteiligten Landarmenverbandes und der Gemeinde, bei einem Gesamtarmenverbande der Gemeinden des neuen Landarmenverbandes.[1]

II Über die Zustimmung beschließen im Landarmenverbande der Landrat, in den Gemeinden die Gemeindeverwaltungen, bei städtischer Verfassung die Magistrate und die Gemeindebevollmächtigten. In rechtsrheinischen Landgemeinden ist auch die Zustimmung der Gemeindeversammlung erforderlich.[2]

III Die Königliche Entschließung regelt auch die Einzelheiten.

IV Die Abs. I bis III gelten auch für die Wiederauflösung des neuen Landarmenverbandes.

Entw Art 47, Gesetzgebungsverhandlungen s. bei Art 47, ferner besonders AB 1912 S 359, AB 1914 S 456—458, StenBer 1914 S 42, 52, 75.

1. Der Gedanke, aus der Stadtgemeinde München einen LAV zu machen (Begr S 714, AB 1914 S 457), ist nicht mehr weiter verfolgt worden; aus der Bestimmung in Art 63 würden sich Schwierigkeiten ergeben.

An Stelle der Königlichen Entschließung ist nunmehr gemäß VO vom 15. Nov. 1918 (GVBl 1231) über Erlaß und Sanktion von Gesetzen und Verordnungen (s. dazu auch Verzeichnis zur MinBek über das Übergangsgesetz, GVBl 1919 S 401 und § 61 bayr. VerfUrk vom 14. Aug. 1919, GVBl S 545 Ziff 6 und 7) Genehmigung durch das Staatsministerium des Innern getreten.

2. Abs 2 hat durch das SVG eine Abänderung erfahren, Gemeindeversammlungen und Gemeindebevollmächtigte kommen gemäß Art 6 SVG, §§ 6 und 29 VV dazu in Wegfall, es hat also lediglich der Gemeinderat oder Stadtrat und der Kreistag (statt des Landrates) Beschluß zu fassen.

Art. 49.

I In jedem Landarmenverband (Art. 47) besteht ein Landarmenrat.[1]

II Für die Verwaltung des Landarmenverbandes, der nach Art. 48 gebildet ist, gelten die Vorschriften über die Verwaltung der Ortsarmenverbände.[2]

Entw Art 48, R 573, AV 1912 S 416, Begr 715, AV 1914 S 458.

1. Für die Verwaltung des LAVes wurde, wie in Württemberg und in preußischen Provinzen, eine Dreiteilung der Organisation eingeführt, der Kreistag (Art 55), der Landarmenrat (Art 50 ff.) und der Vorstand des letzteren (Art 54). Landarmenrat und Kreisausschuß sind zwei verschiedene Verwaltungsorgane; ersterer besteht aber meist aus Mitgliedern des letzteren; die Zahl der Mitglieder des ersteren beträgt sechs, der letzteren wird durch den Kreistag bestimmt (5—7); der Vorstand des ersteren wird vom Staatsministerium des Inneren bestellt, des letzteren vom Ausschusse selbst gewählt (nach dem veröffentl. Gemeindegesetzentwurfe, Art 10 a, durch das Gesetz bestimmt).

2. Im Falle des Abs 2 wäre Vertreter des LAVes der nach Art 22—26 zusammengesetzte ARat, dessen Beschlußfassung sich nach Art 40 richtet.

Art. 50.

I Der Landarmenrat besteht aus dem Vorstand und sechs weiteren Mitgliedern.

II Den Vorstand und seinen Stellvertreter entnimmt das Staatsministerium des Innern den höheren Beamten der inneren Verwaltung.[1]

III Die weiteren Mitglieder und sechs Ersatzmänner wählt der Landrat für die Zeit seiner Amtsdauer aus seiner Mitte. Bei der Wahl entscheidet die einfache Stimmenmehrheit, bei Stimmengleichheit das Los. Das gleiche gilt für die Reihenfolge der Gewählten und der Ersatzmänner. Personen, die miteinander als Brüder, als Vater und Sohn, Oheim und Neffe verwandt oder als Schwäger, als Stiefvater und Stiefsohn, Schwiegervater und Schwiegersohn verschwägert sind, dürfen nicht zugleich Mitglieder des Landarmenrats sein.[2]

IV Die Wahl kann abgelehnt und die Stelle kann niedergelegt werden:

1. wegen körperlicher oder geistiger Unfähigkeit,
2. wegen Vollendung des 60. Lebensjahres,
3. wenn der Gewählte die Stelle 6 Jahre lang verwaltet hat.

V Über die Zulässigkeit der Ablehnung entscheidet der Landrat, über die des Austritts der Landarmenrat.[3]

VI Die gewählten Mitglieder des Landarmenrats führen ihr Amt, bis ihre Nachfolger gewählt sind.[4]

Entw Art 49, B 573 ff. (B 8), AB 1912 S 416, Begr 715, AB 1914 S 458—461 StenBer 1914 S 53.

VA. § 38. Der Vorstand des Landarmenrats und sein Stellvertreter (Art. 50 Abs. I, II) werden den Beamten der Regierung, Kammer des Innern, entnommen; sie bleiben in dieser Eigenschaft Beamte der Regierung.

§ 39. I Die Wahlen der Mitglieder und Ersatzmänner des Landarmenrats sind so frühzeitig vorzunehmen, daß auch nicht anwesende Landratsmitglieder die Erklärung über die Annahme der Wahl noch während der Landratstagung abgeben können; nötigenfalls beschließt über die Zulässigkeit einer Wahlablehnung (Art. 50 Abs. V) der ständige Landratsausschuß.

II Die Ersatzmänner werden vom Vorstand einberufen.

1. Die Notwendigkeit der ununterbrochenen Fortführung der Geschäfte des Vorstandes des Landarmenrates und die damit verbundene Haftung stellt erhöhte Anforderungen an die Person des Vorstandes. Es kann deshalb dieses Amt nicht im Ehrenamte nebenher versehen werden; vielmehr werden ähnlich wie bei den landwirtschaftlichen Berufsgenossenschaften höhere Beamte der inneren Verwaltung dazu bestimmt, da diese sich nach ihrer Vorbildung und ihren Erfahrungen besonders hierzu eignen.

Die Bezüge des Vorstandes werden aus der Staatskasse bestritten, ebenso dessen Aufwandsentschädigung für Dienstreisen als LARatsvorstand; er wird deshalb für diese Reisen sich einen (allgemeinen) Reiseauftrag des ReggPräsidenten ausstellen lassen.

Der Vorstandsbeamte wird aus der Reihe der Regierungsreferenten genommen und bleibt Beamter der Regierung. Er darf jedoch in den Angelegenheiten, an deren Bearbeitung er für den LAV teilgenommen hat, bei der Entschließung der Regierung im Aufsichtsverfahren oder im Verwaltungsstreitverfahren nicht mitwirken. Das gleiche gilt für den Stellvertreter des Vorstandes.

2. Die weiteren sechs Mitglieder des Landarmenrates werden nunmehr vom Kreistag und zwar nach den Grundsätzen des Verhältniswahlrechtes aus seiner Mitte gewählt, desgleichen die Ersatzmänner (Art 19 Abs 1 SVG).

Die gegenwärtige fünfjährige Amtsdauer der Kreistage und LARäte geht mit dem 31. Dez. 1924 zu Ende, Art 5 SVG.

Während bei den Kreisvertretern die Ausschließungsgründe wegen Verwandtschaft durch Art 3 SVG beseitigt sind, blieb die Sonderbestimmung in Abs 3 Satz 4 aufrecht erhalten. Sollte die Wahl auf zwei in der angegebenen Weise verwandte oder verschwägerte Personen fallen, so wäre der mit der geringeren Stimmenzahl Gewählte am Eintritt in den Landarmenrat gehindert, bei gleicher Stimmenzahl hätte wie in anderen ähnlichen Fällen das Los zu entscheiden. Das gleiche gilt, wenn eine solche Verwandtschaft oder Schwägerschaft erst im Laufe der Wahlperiode unter den Mitgliedern des Landarmenrates eintreten sollte und demgemäß ein Mitglied ausscheiden müßte. Da der Vorstand nach Wortlaut und Absicht des Gesetzes auch als wirkliches Mitglied des Landarmenrates zu erachten ist,[1]) so dürfen jene Verwandtschafts- und Schwägerschaftsverhältnisse auch ihm gegenüber nicht bestehen, sie würden vielmehr den Eintritt des betreffenden Landratsmitgliedes in den Landarmenrat verhindern oder seinen Austritt veranlassen.

3. Der Verlust der Mitgliedschaft im Kreistage hat auch den Austritt aus dem Landarmenrate zur notwendigen Folge. Zur Erzwingung der Annahme der Wahl und der Erfüllung der Pflichten eines Landarmenratsmitglieds bietet das Gesetz keine Handhabe, vgl. hierzu auch Seydel BayStR Bd 2 S 176, Seydel-Piloty BayVerfR S 662 Fußnote 58.

4. Im Falle der Auflösung des Kreistags gilt auch der Landarmenrat als aufgelöst, da er nur aus Kreisvertretern bestehen kann und solche nach der erfolgten Auflösung nicht mehr vorhanden sind; jedoch haben nach Abs 6 auch in diesem Falle die Landarmenräte bis zur Wahl der Nachfolger tätig zu sein.

Art. 51.

Die gewählten Mitglieder des Landarmenrats versehen ihre Stellen unentgeltlich, erhalten jedoch Entschädigung für Reisekosten und Zeitverlust aus Mitteln des Landarmenverbandes; das Nähere bestimmt die Satzung (Art. 53).

Entw Art 50, R 575 (B 8 c), Begr S 716, AB 1914 S 458—461.

Da die Tätigkeit der Landarmenräte wie die der Kreisvertreter und der Armenräte des OABes eine ehrenamtliche ist, so können sie eine Vergütung für ihre Tätigkeit nicht beziehen; nur für die Reisekosten und den Zeitverlust sollen sie nach Maßgabe der Satzung eine Entschädigung erhalten. Da die Satzung vom Landarmenrate selbst errichtet wird, vorbehaltlich ministerieller Genehmigung (vgl. Art 53), so hat er auch selbst über die Höhe der Entschädigung zu entscheiden. Es wird sich wohl empfehlen, die gleichen Entschädigungen wie für die Mitglieder des Kreistags nach den Kreistagsbeschlüssen festzusetzen. Die Einweisung wird dem Vorstande des Landarmenrates zu überlassen sein; die Auszahlung obliegt der Kreiskasse zu Lasten der LAVerbandsrechnung.

Art. 52.

Der Landarmenrat führt die Verwaltung des Landarmenverbandes.[1] Er vertritt den Landarmenverband in allen Angelegenheiten der Landarmenpflege.[2] Ihm kommt insbesondere zu:[3]

1. die Anerkennung oder Ablehnung der Pflicht zur Leistung öffentlicher Armenunterstützung und die Beschlußfassung über Art und Maß der Fürsorge,

---

[1]) Das geht aus der Fassung „weiteren Mitgliedern" in Abs 1 und „die gewählten Mitglieder" in Abs 6 hervor.

2. die Errichtung von Anstalten des Landarmenverbandes nach den Landratsbeschlüssen und die Verwaltung dieser Anstalten,
3. die Ernennung und Entlassung der nicht zu den Beamten gehörigen Angestellten des Landarmenverbandes und seiner Anstalten,
4. die Beschlußfassung über Leistungen nach Art. 58 Abs. III, 59,
5. die Herstellung und der Vollzug der Voranschläge,
6. die Rechnungsstellung.

Entw Art 51, AB 1912 S 415/16, Begr 716, AB 1914 S 458—461.

VA. § 40. Die Aufgaben der Landarmenverbände sind reichsgesetzliche und landesgesetzliche.

1. Reichsgesetzlich obliegt ihnen die Fürsorge für die Landarmen, d. h. für die Hilfsbedürftigen, zu deren endgültiger Unterstützung kein Ortsarmenverband verpflichtet ist (UWG. §§ 5, 30 Abs. I Buchst. b);

2. die landesgesetzlichen Pflichten der Landarmenverbände ergeben sich aus dem Armengesetz Art. 56 Abs. II, 58—62. Außerdem sind die Landarmenverbände an der Aufbringung der Kosten der Fürsorgeerziehung beteiligt (FEG. Art. 5, 6, 13, 15).

§ 41. Der Landarmenrat führt die Verwaltung des Landarmenverbandes als dessen Selbstverwaltungsorgan. Er ist daher nicht lediglich ein Vollzugsorgan des Landrats, das seine Tätigkeit unter der Oberaufsicht des Landrats oder des ständigen Landratsausschusses ausübt, vielmehr gleicht die Stellung des Landarmenrats der des gemeindlichen Armenrats; er untersteht auch wie dieser der staatlichen Aufsicht.

1. Die Verwaltung des LABes erfolgt — wie durch den gemeindlichen Armenrat bei den OABen — durch den Landarmenrat mit dem Rechte der Selbstverwaltung nach Maßgabe der Gesetze und unter der durch Art 13 SVG näher begrenzten Staatsaufsicht, die durch die Kreisregierung ausgeübt wird; eine Teilnahme des Kreistages oder Kreisausschusses an der Verwaltung oder Aufsicht findet nur statt, soweit nach Art 55 solches bestimmt ist, also nur an der Prüfung der Voranschläge, der Rechnungsstellung, der Bauprojekte, sowie an der Genehmigung von Grunderwerbungen und Veräußerungen. In diesem Punkt ist der Landarmenrat an die Beschlüsse des Kreistages gebunden.

2. Der Landarmenrat verwaltet den LAB als sein gesetzlicher Vertreter. Der LAB tritt im eigenen Namen an die Stelle des Kreises in allen Angelegenheiten der Landarmenpflege, kann deshalb auf seinen eigenen Namen Eigentum erwerben, Verträge abschließen und Prozesse führen; er faßt seine Willenserklärungen hierzu durch Beschlüsse des Landarmenrats. Die Vertretung nach außen, demnach die Abgabe dieser Willenserklärungen gegenüber den Behörden und dritten Personen kommt nach Art 54 dem Vorstande zu und bei seiner Verhinderung dem vom Ministerium aufgestellten Vertreter.

Der Landarmenrat besitzt die Zuständigkeit zur Regelung aller Angelegenheiten der Landarmenpflege, er kann aber durch die Satzung dem Vorstand einen Teil dieser Zuständigkeiten übertragen; in mancher Hinsicht ist dies außerdem durch Art 54 kraft Gesetzes geschehen, vor allem in dringenden Angelegenheiten. Im Zweifelsfalle besteht die Vermutung für die Zuständigkeit des Landarmenrates; das gilt aber nur für den LARat, nicht nach außen, s. Anm 1 zu Art 54; der Vorstand kann die durch die Satzung übertragenen Angelegenheiten wieder dem Landarmenrate selbst zur Entscheidung vorlegen, da er seine Zuständigkeit aus der vom Landarmenrate beschlossenen Satzung ableitet.

3. In den Ziffern 1—6 des Artikels sind die hauptsächlichsten Aufgaben des Landarmenrates zusammengestellt.

a) Ziff 1 betrifft die Unterstützungspflicht, Kostenerstattung oder Übernahme in eigene Fürsorge hinsichtlich

aa) der Landarmen (§§ 5, 30—32 UWG),

bb) der Anstaltspflegebedürftigen (§ 32a UWG, Art 58 AG),

cc) der aus dem Ausland übernommenen Deutschen (§ 33 UWG, BRVo vom 16. Mai 1918 und Art 61 AG) und

dd) der Ausländer (§ 60 UWG, Art 62 AG).

b) Anstalten des LAVes nach Ziff 2 bestanden bis zum Schlusse des Jahres 1920 noch nicht; s. darüber und wegen Unterbringung der Anstaltspflegebedürftigen durch die LAVe Anm 12 zu Art 58. Hier kommt nicht der weitere Anstaltsbegriff wie bei Armenanstalten nach § 30 Abs 3 (s. Anm 6 b dazu), sondern der engere Begriff von Anstalten, also Anstalten des Landarmenverbandes zur Erfüllung seiner Anstaltspflegepflicht in Betracht. Zur Errichtung einer neuen Anstalt, sowie zur Übernahme und zum Ausbau einer bereits bestehenden Anstalt als Landarmenanstalt ist die Genehmigung des Kreistags erforderlich. So lange der LAV Kreisanstalten benützt, hat er hierfür die in den Satzungen festgesetzten Verpflegssätze an den Kreis zu verausgaben, während bei Landarmenanstalten der ganze Aufwand dem LAVe zur Last fällt. Über die Eigenschaft der bisherigen „Kreisanstalten" („Staatsanstalten") s. Seydel BayStR Bd 2 S 169 und 191 (Seydel-Piloty BayVerfR S 656, 680 und 737), Reindl Beamtengesetz S 784 und Mahla in BayGemVZ 1920 S 619 und 647; hier wird ausgeführt, wie nach dem Inkrafttreten des Selbstverwaltungsgesetzes Kreisanstalten, im wahren Sinne Anstalten des Kreises nach dem Grundsatze des Selbstverwaltungsrechtes (keine Staatsanstalten) ins Leben gerufen werden können. Siehe dazu Art 105 des veröff. Gemeindegesetzentw. nebst Begr.

Die Errichtung neuer Anstalten erfolgt nach Maßgabe der Kreistagsbeschlüsse; jedoch obliegt hierbei dem LAVe der Vollzug der Beschlüsse, die Durchführung der genehmigten Grunderwerbungen, die Aufstellung der Bauprojekte und ihre Ausführung (nach erfolgter Einsichtnahme und Prüfung durch den Kreistag) insbesondere die Vergebung der Bauarbeiten. Das gleiche gilt für wesentliche Veränderungen von Armenanstalten im Hinblick auf Art 55 AG und Art 15 d des Landratsgesetzes. Zur Verwaltung einer Landarmenanstalt durch den Landarmenrat gehört vor allem die Aufstellung der Voranschläge für den Anstaltsbetrieb und deren Vollzug, die Kontrolle und die Rechnungsstellung. Soweit für die Anstalt besondere Verwaltungen aufgestellt sind, wird auch der Landarmenrat die durch die Dienstordnungen geregelte Zuständigkeit dieser Verwaltung zu beachten haben; er kann hierbei eine Änderung dieser Dienstvorschriften vornehmen, ohne daß er einer Zustimmung des Landrates bedarf, da Buchstabe e des Art 15 des Landratsgesetzes in Art 55 AG nicht angeführt ist. Der Landarmenrat wird auch mit den Anstaltsverwaltungen und, soweit veranlaßt mit den Insassen der Anstalt in persönliche Fühlungnahme zu treten haben.

c) zu Ziff 3: Das Gesetz spricht von Angestellten, die nicht zu den „Beamten" gehören. Für letzteres hatte das zu gelten, was für „Kreisbeamte" Rechtens ist, insbesondere für Beamte, auf die Art 189 Beamtengesetz vom 16. Aug. 1908 (GVBl S 581) zutrifft; auch das sind keine Kreisbeamten nach dem Grundsatze des Selbstverwaltungsrechtes, sondern staatlich Angestellte („Staatsbeamte", „auf Kreiskosten geführte Staatsverwaltung"), s. Seydel a. a. O., Reindl BG S 783, Mahla a. a. O. Für die Anstellung dieser Kreisbeamten hat auch auch der VGHof in dem Erkennt. vom 20. Dez. 1919 (s. Anm zu Art 47) das Selbstverwaltungsrecht des Kreises als wesentlich eingeschränkt erklärt. Über Vorschläge zur Trennung der Staats- und Kreis-Verwaltung s. BayGemVZ 1920 S 650/1. Für die Angestellten der LAVe kommt die Form der Vertragsanstellung in Betracht; den Dienstvertrag und die Dienstbezüge bestimmt der LARat; auf die Beiziehung des Büro- usw. Personals von der Regierung hat er keinen Einfluß. Was die Bediensteten der Armenanstalten betrifft, so wird bezüglich der meisten den Vorständen der Anstalten das Recht zur Ernennung und Entlassung der Bediensteten in der Dienstordnung eingeräumt werden können; dies möchte auch im Interesse ihrer Autorität und der Bedeutung der Bedienstetenstellen angemessen erscheinen.

d) zu Ziff. 4: Die freiwillige Übernahme von Aufgaben der OAVe, die mit ministerieller Genehmigung zulässig ist und worüber bei Art 58 das Nähere bemerkt wird, wurde gleichfalls dem Landarmenrat übertragen. Eine Zuständigkeit des Kreistags wird hierbei insoferne gegeben sein, als es sich um Errichtung oder Umwandlung und Veränderung von Anstalten handelt.

e) zu Ziff. 5: Eine wichtige Aufgabe des LARates ist die Herstellung und der Vollzug der Voranschläge, nämlich des Hauptvoranschlags des LAVes selbst und der Voranschläge für die Landarmenanstalten. Ein Muster für den Hauptvoranschlag ist nicht aufgestellt, vielmehr bleibt seine äußere Einteilung den Landarmenräten überlassen. Dabei wird in Betracht zu kommen haben:

aa) Der Voranschlag hat die Aufwendungen für die verschiedenen gesetzlichen Aufgaben des LAVes vorzusehen. Diese Aufwendungen sind aber größtenteils nach Anfall zahlbar und lassen sich ziffermäßig vielfach nur nach einem Durchschnitt der vergangenen Rechnungsjahre veranschlagen. Da der LAV aber zur Deckung dieser Ausgaben verpflichtet ist, muß er im Bedarfsfalle auch die Voranschlagssumme überschreiten und daher eine ergiebige Rücklage (Reserve) im Voranschlage vorsehen.

bb) Wenn der Voranschlag vom Landarmenrate festgesetzt ist, wird er an die Kreisregierung gegeben, die für Einsetzung des erforderlichen Kreiszuschusses in den Kreishauptvoranschlag sorgen wird. Die Kreisregierung wird bei dieser Gelegenheit auch prüfen, ob der Voranschlag des LAVes die gesetzlich vorgeschriebenen Aufwendungen enthält. Sind solche nicht oder nicht genügend berücksichtigt, so wird die Durchführung des staatsaufsichtlichen Verfahrens gegen den LAV vorzubehalten und, falls nicht eine andere Ausgleichung möglich ist, im Hauptvoranschlage des Kreises einstweilen mit entsprechender Begründung eine höhere Summe für den LAV einzusetzen sein. Die Kreisregierung wird aber auch prüfen, ob der als Kreiszuschuß vorgesehene Betrag tatsächlich für den LAV notwendig ist; sollte diese Frage zu verneinen sein, so wird die Kreisregierung die Abminderung des Betrages im Kreishauptvoranschlage veranlassen. Eine solche Differenz kann sich namentlich hinsichtlich der Höhe der Rücklage für den LAV ergeben und aus der Rücksicht auf die Höhe der Kreisumlage.

cc) Die Prüfungsbefugnisse des Kreistags sind durch das Selbstverwaltungsrecht des LAVes bei der Aufstellung des Voranschlags beschränkt, aufsichtliche Befugnisse stehen dem Kreistage nicht zu.

Der Kreistag kann demnach weder an den Beträgen für die gesetzlichen Aufgaben des LAVes selbst noch an jenen der mit ministerieller Genehmigung übernommenen freiwilligen Leistungen etwas ändern; er kann jedoch prüfen, ob die Vorträge nur solche Aufgaben und Leistungen betreffen, und kann sie ablehnen, wenn dies nach seiner Ansicht nicht zutrifft.

Freies Ermessen dürfte dagegen dem Kreistage gegenüber der Rücklage für den LAV zukommen; falls sie ihm zu hoch erschiene, könnte er den vorgeschlagenen Kreiszuschuß kürzen.

Soweit Ausgaben für die Errichtung neuer Landarmenanstalten oder die Übernahme anderer Anstalten als Landarmenanstalten vorgesehen sind, ist nach Ziff 2 dieses Artikels die Zustimmung des Kreistages erforderlich, der diese Beträge auch erhöhen oder ermäßigen kann. Die Beträge für die Verwaltung der Landarmenanstalten und die Sondervoranschläge für diese Anstalten unterliegen der Prüfung des Kreistags nur in der vorbezeichneten beschränkten Weise. Endlich kann der Kreistag prüfen, ob der Gesamtbedarf richtig berechnet und in den Hauptvoranschlag übertragen ist.

dd) Der Vollzug des Voranschlages des LAVes obliegt dem Landarmenrat; ihm steht die Verwendung der bewilligten Mittel für die vorgesehenen Zwecke und die Zahlungsanweisung zu, wie der Kreisregierung bei den übrigen Kreisangelegenheiten; ein großer Teil der Zuständigkeit des Landarmenrates wird hierbei durch die Satzung dem Vorstande des Landarmenrats und durch die Satzungen der Landarmenanstalten und die Dienstordnungen den Anstaltsvorständen übertragen sein.

Eine Überschreitung des vom Kreistag im Kreishauptvoranschlage bewilligten Kreiszuschusses an den LAV ist an sich nicht zulässig. Sollte sich der Zuschuß aber als ungenügend erweisen, so hätte der LARat durch Vermittlung der Kreisregierung aus der Rücklage des Kreishauptvoranschlages die notwendigen Mittel zu erbitten. Ist dagegen der Kreiszuschuß zu hoch gegriffen, so verbleibt der Mehrbetrag dem allgemeinen Kreishaushalte, so daß ein Überschuß im LAVHaushalte nicht entstehen kann (ME vom 11. Nov. 1918 N 5720).

11 f) zu Ziff. 6: Dem Landarmenrat obliegt auch die Rechnungsstellung. Da das Kasse- und Rechnungswesen von den staatlichen Finanzstellen besorgt wird (§ 44 BA), so haben diese die Angelegenheiten des LAVes in gesonderten Büchern durchzuführen. Die hier in Betracht kommenden Kreiskassen legen die Rechnungen über die Einnahmen und Ausgaben des LAVerbandes der Regierungsfinanzkammer vor, von der die Rechnung geprüft, ihr Abschluß festgesetzt und die Rechnung samt Belegen dem LARate zur beschlußmäßigen Anerkennung übermittelt wird (FinME vom 13. Sept. 1919 N 26883). Die Rechnung wird sodann nach Art 55 AG und 15 Buchst b des Landratsgesetzes dem Kreistage zur Prüfung vorgelegt. Soweit Landarmenanstalten in Frage sind und die Rechnungen für diese nach den Dienstordnungen von den Rechnungsführern der Anstalten erstellt werden, erfolgt durch den Landarmenrat die Prüfung und die beschlußmäßige Feststellung der Rechnung, sowie deren Vorlage an die Regierung zur Übermittlung an den Kreistag.

Art. 53.

I Zur Gültigkeit eines Beschlusses des Landarmenrats ist erforderlich, daß mehr als die Hälfte der Mitglieder mit Einschluß des Vorstandes an der Beratung und Abstimmung teilgenommen und daß dem Beschlusse mehr als die Hälfte der Abstimmenden zugestimmt hat; bei Stimmengleichheit entscheidet der Vorsitzende.[1]

II Den Geschäftsgang des Landarmenrats und die Art seiner Beschlußfassung bestimmt im übrigen die Satzung; sie wird vom Landarmenrat errichtet und bedarf der Genehmigung des Staatsministeriums des Innern. Das gleiche gilt für Änderungen.[2]

III Die Satzung kann einen Teil der Aufgaben des Landarmenrats dem Vorstand übertragen.[3]

Entw Art 52, R 574 (B 8 b), AB 1912 S 416, Begr S 716, AB 1914 S 459–461, StenBer 1914 S 86.

AB. § 42. I Die Satzung, die der Landarmenrat nach Art. 53 Abs. II zu erlassen hat, soll insbesondere regeln:

Form und Art der Berufung des Landarmenrats,
Zeit und Ort der Sitzungen,
Leitung der Sitzungen, Art der Beschlußfassung, Sitzungspolizei,
Beurkundung der Beschlüsse,
Entschädigung der Mitglieder,
den Kreis der Aufgaben, die der Landarmenrat nach Art. 53 Abs. III dem Vorstand übertragen will.

II Wieweit der Landarmenrat von seinem Rechte Gebrauch machen will, einen Teil seiner Aufgaben dem Vorstande zu übertragen, ist seinem Ermessen überlassen. Es werden hier hauptsächlich Gründe der Zweckmäßigkeit, die Ermöglichung rascherer Sachbehandlung, die größere oder geringere Bedeutung einzelner Gegenstände in Betracht kommen. Zu beachten ist vor allem, daß die Geschäfte des Landarmenverbandes bei aller Gründlichkeit in der Regel eine förderliche, nicht mit unnötigen Weiterungen beschwerte Erledigung verlangen.

1. Absatz 1 regelt die Beschlußfassung des Landarmenrats in ähnlicher Weise wie Art 40 Abs 2 beim Armenrat. Im übrigen ist über die Sitzungen des LARates folgendes zu bemerken:

a) Die Beschlußfassung setzt voraus, daß außer dem Vorstand oder seinem Stellvertreter mindestens noch drei weitere Mitglieder anwesend sind. Selbstverständlich ist es Pflicht des Vorstandes, sämtliche Mitglieder des LARates zu den Sitzungen einzuladen, vgl. Anm 1 und 2 zu Art 40 (vgl. dazu auch Begr zu Art 15 des neuen Gem.Ges.Entw.). Die Angabe der Tagesordnung erscheint regelmäßig entbehrlich, da die Aufgabe der Landarmenratssitzung im wesentlichen Unterstützungsfälle betreffen und eine besondere Vorbereitung für die Mitglieder des Landarmenrats nicht veranlaßt sein wird.

b) Die Leitung der Sitzung und die Sitzungspolizei obliegt dem Vorstande. Für die Abstimmungsart besteht ebensowenig eine Vorschrift wie beim OARat und Gemeinderat. Hierbei empfiehlt es sich, für Zweifelsfälle die aus der Wahl sich ergebende Reihenfolge auch für die Stimmenabgabe maßgeben zu lassen.

c) Daß der Vorstand selbst gleichfalls ein Stimmenrecht hat, geht aus dem Wortlaute des Gesetzes hervor. Er entscheidet bei Stimmengleichheit. Ohne Vorstand oder dessen Stellvertreter ist dagegen eine gültige Beschlußfassung nicht möglich; die sechs weiteren Mitglieder des Landarmenrates können daher ohne Berufung durch den Vorstand und ohne dessen Leitung nicht zu einer Beratung oder Beschlußfassung zusammentreten. Im Gegensatze zu den Bestimmungen in Art 34 Abs 2 des Landratsgesetzes und Art 18 Satz 2 des Distriktsratsgesetzes über die Einberufung des Kreistags und Bezirksausschusses haben sie nicht die Befugnis, die Einberufung zu verlangen.

d) Eine Verstärkung des Landarmenrates durch Beiziehung einzelner Personen wie beim Distriktsarmenwesen (vgl. Art 68 Abs 2) findet nicht statt; es steht ihm aber frei, veranlaßtenfalls Sachverständige zu seinen Sitzungen mit beratender Stimme beizuziehen. Der Schriftführer für die Sitzungen muß jedoch nicht aus den Mitgliedern des Landarmenrates genommen werden; er kann insbesondere aus den Beamten der Regierung, die zur Besorgung der Geschäfte des LABes aufgestellt sind, bestimmt werden, vgl. BA § 44. Die Satzung hat auch zu bestimmen, wer die Niederschrift zu unterschreiben hat und ob sie etwa in der nächsten Sitzung zur Einsichtnahme aufliegen soll. Die Unterfertigung wird zweckmäßig lediglich durch den Vorstand und den Schriftführer geschehen.

e) Die Sitzungen sind in der Regel am Sitze des LABes zu halten. Es kann sich aber insbesondere auch bei Besichtigung von Landarmenanstalten die Abhaltung einer daran sich anschließenden Sitzung für notwendig erweisen. Auch wäre möglich, daß nach den bestehenden Verkehrsverbindungen ein anderer Ort für die Sitzungen günstiger liegt. In diesen Fällen hätte die Staatskasse die Tagegelder und Reisekosten des Vorstands und eines beamteten Schriftführers zu übernehmen.

f) Von Einführung der Öffentlichkeit der Sitzung ist abgesehen worden. Die Satzung könnte aber anders bestimmen.

2. Durch die Satzung soll die Selbständigkeit und Bewegungsfreiheit in der Verwaltung unter Berücksichtigung der besonderen Verhältnisse der einzelnen Landarmenbezirke gesichert werden. Über den Inhalt der Satzung gibt § 42 BA und ME vom 2. Nov. 1915 N 5703 a 71 näheren Aufschluß.

Die Satzung hat auch für etwaige Bekanntmachungen des Landarmenrats, z. B. über die Terminsfestsetzung für Anträge auf die Gewährung von Beihilfen, ein Blatt (das Kreisamtsblatt) zu bestimmen.

In der Satzung muß nach Art 51 über die Entschädigung der gewählten Mitglieder des Landarmenrats für Reisekosten und Zeitverlust das Nähere bestimmt werden. Diese Entschädigung kann sich nach der Regelung für Kreisvertreter richten oder gesondert festgesetzt werden.

Zu den wichtigsten Bestimmungen der Satzung gehört jene, durch die gemäß Abs 3 die Aufgaben des Vorstandes des Landarmenrats geregelt werden.

Jede Änderung der Satzung unterliegt den gleichen Vorschriften wie ihre Errichtung, erschwerte Voraussetzungen sind dabei nicht vorgeschrieben. Eine Veröffentlichung der Satzung erscheint insbesondere wegen der darin geregelten Zuständigkeiten des Vorstandes notwendig.

3. Dem Vorstande des Landarmenrates obliegen nach Art 54 bestimmte Aufgaben kraft Gesetzes. Daneben kann aber auch gemäß Art 53 Abs 3 die Satzung dem Vorstande noch weitere Aufgaben übertragen. Dabei kommen insbesondere in Frage:

a) Angelegenheiten von geringer Bedeutung, z. B. vorübergehende Unterstützungen.

b) Angelegenheiten, bei denen es sich um gesetzlich bestimmte Verpflichtungen handelt, ohne daß noch für Ermessungsfragen ein größerer Spielraum gegeben wäre, wie z. B. bei Anerkennung der Landarmeneigenschaft, bei Angelegenheiten der Fürsorgeerziehung.

c) Die Geltendmachung von Ersatzansprüchen des LAVes gegen andere AVe, gegen den Staat gemäß (Art 61 und 62), gegen den Unterstützten (Art 10) und gegen Unterhalts- oder Unterstützungspflichtige (§ 62 UWG und Art 11).

d) Auch die Aufstellung der Voranschläge für fortlaufende Unterstützungen der Ausländer und der aus dem Ausland übernommenen Hilfsbedürftigen nach §§ 49 und 50 VA eignet sich zur Übertragung an den Vorstand.

Die Aufgaben nach Ziff 2—6 des Art 52 sind wohl dem Landarmenrate vorzubehalten; auch wird der Vorstand Fälle von grundsätzlicher Bedeutung oder rechtlicher Zweifelhaftigkeit und Angelegenheiten von besonderer Tragweite der Beschlußfassung des Landarmenrates zu unterstellen haben.

e) Zur Beschwerdeführung bedarf der Vorstand im Hinblick auf die Bestimmung in Art 54 keiner besonderen Vollmacht. Es wird sich aber empfehlen, wenn er zur Beschwerdeführung im allgemeinen durch die Satzung bevollmächtigt ist, dem Landarmenrate von den erhobenen Beschwerden nachträglich Kenntnis zu geben. Bei Beschwerden gegen Staatsaufsichtsbescheide (vgl. Art. 71) wird die Beschlußfassung des Landarmenrates herbeizuführen sein.

f) Wegen der Zuständigkeit des Vorstandes zu Verfügungen in dringlichen Fällen hat das Gesetz in Art 54 Abs 2 selbst Vorsorge getroffen.

Art. 54.

I Der Vorstand vertritt den Landarmenrat nach außen.[1] Er leitet dessen Geschäfte[2] und erledigt alle Angelegenheiten, die ihm durch die Satzung[3] übertragen sind.

II In dringenden Fällen[4] hat der Vorstand auch über Angelegenheiten, die dem Landarmenrate vorbehalten sind, das Erforderliche zu verfügen. Hiervon gibt er dem Landarmenrate bei seinem nächsten Zusammentritte Kenntnis.

Entw Art 53, R 575 (B 8 c), KB 1912 S 416, Begr 716/7, KB 1914 S 461, KRB 1913/14 BeilBd 3 S 789/90 und StenBer Bd 2 S 441.

VA. § 43. Zur Geschäftsleitung, die dem Vorstande nach Art 54 Abs. I obliegt, gehört insbesondere:
die Leitung der Verhandlungen des Landarmenrats,
die Zeichnung der Bescheide und der Vollzug der Reinschriften,
die Erlassung der sachleitenden Verfügungen,
die Vorbereitung der Vorlagen des Landarmenrats,
der Vollzug der Beschlüsse des Landarmenrats.

§ 44. I Die Büro-, Kanzlei- und Botengeschäfte werden von den mittleren und unteren Beamten der Regierungen besorgt.

II Die Kassen- und Rechnungsgeschäfte des Landarmenverbandes besorgt die staatliche Finanzverwaltung.

1. Da dem Vorstande die Vertretung des Landarmenrats nach außen unbeschränkt zukommt, so gelten alle Rechtsgeschäfte, die er im Namen des LABes abschließt, für und gegen diesen. Den Nachweis für seine Vertretungsbefugnis braucht der Vorstand nicht erst zu erbringen; er hat lediglich seine Ernennung nach Art 50 Abs 2 nachzuweisen, falls diese nicht durch das Ministerium öffentlich bekannt gegeben ist. Der Vorstand vermittelt daher den Verkehr des Landarmenrates mit den anderen Verbänden, den Behörden und Privatpersonen. Ihm obliegt ohne besondere Vollmacht auch die Vertretung des LABes bei notariellen Beurkundungen; die Zustellungen für den Landarmenrat geschehen an den Vorstand und ebenso ist er zu Prozeßhandlungen insbesondere zur Beschwerdeführung ohne weiteres berechtigt, auch wenn er des zustimmenden Beschlusses des LARates nach der Satzung bedarf.

2. Die Befugnisse des Vorstandes nach innen sind in Art 54 und in der auf Grund des Art 53 Abs 3 erlassenen Satzung näher geregelt; was insbesondere zur Geschäftsleitung gehört, ist in § 43 AB angegeben; die Beschlüsse des LARates sind auch für die Rechtsgeschäfte maßgebend, bei deren Abschluß der Vorstand den Landarmenrat nach außen vertritt. Eine Überschreitung dieser Beschlüsse oder eine Rechtshandlung ohne Vorliegen solcher Beschlüsse, wo sie vorgeschrieben sind, wo also nach Abs 2 oder nach der Satzung eine Zuständigkeit des Vorstandes nicht gegeben ist, machen ihn dem LABe gegenüber nach den Grundsätzen über Amtspflichtverletzung haftbar.

Der LAB selbst ist übrigens für alle Amtspflichtverletzungen des Vorstandes nach Maßgabe des Art 60 AG zum BGB und ebenso für Schädigungen im Falle des Art 61 daselbst dem Dritten gegenüber haftbar, da der Vorstand zweifellos als Beamter und der LAB als Verband im Sinne des Art 60 a. a. O. wie auch des Art 7 Abs 2 BGG zu erachten ist. Wegen Vertretbarkeit von Amtshandlungen, die zur Verneinung der Verschuldensfrage zu führen geeignet ist, vgl. S 28 S 87 und BGE vom 25. Nov. 1914 N 46 I/14 Vorentscheidung mit Anführungen S 10. Die Haftung des LABes setzt aber in den Fällen, in denen die Ausübung einer obrigkeitlichen Gewalt vorliegt, eine Vorentscheidung des BGH gemäß Art 7 a. a. O. voraus. Über die Angelegenheiten, in denen die Ausübung öffentlicher Gewalt in Betracht kommt, vgl. Anm 2 zu Art 30. Dabei ist die schwierige Frage, ob den Staat oder, insoweit der Vorstand des LABes nur für Landarmenzwecke tätig ist, den Kreis die Haftung in letzter Linie trifft, eine bürgerlichrechtliche, vgl. S 25 S 26 Ausschlaggebend wird hier sein, daß der Beamte als Vorstand des LARates in Erfüllung der Aufgaben und der Zwecke des mit dem Rechte der Selbstverwaltung ausgestatteten Verbandes tätig wird; dem gegenüber muß der Umstand zurückstehen, daß der Beamte im übrigen Staatsbeamter ist, vom Staate angestellt und bezahlt wird, vgl. auch §§ 31 und 89 BGB. Da aber der BGH über die bürgerlichrechtliche Ersatzfrage nicht zu urteilen hat, wird es sich empfehlen, im Vorentscheidungsverfahren neben dem LAR sowohl den Kreisausschuß als auch den Staat, vertreten durch die Regierungsfinanzkammer, zu hören und zu laden. Für den Staat käme eine Haftung in Frage, wenn vom LABe geltend gemacht würde, daß er bei der Auswahl des Beamten fahrlässig gehandelt habe.

Nach § 44 BA ist dem LARatsvorstande für Kanzlei-, Büro- und Botengeschäfte vom Regierungspräsidenten das erforderliche Personal zur Verfügung zu stellen. Weiterhin ist das Kasse- und Rechnungswesen wie das Rechnungswesen des Kreises von der staatlichen Finanzverwaltung (Regierungsfinanzkammer, Kreiskasse, Rentämter) zu besorgen. Auch findet die verordnungsmäßige Zuständigkeit des obersten Rechnungshofes zur Überprüfung der Rechnungen gemäß VO vom 11. Jan. 1826 (RegBl S 169), Weber (G u. VOS) 2 S 327, ME vom 6. Dez. 1872, FinMABl S 353, Weber 9 S 609[1]) statt, vgl. Begr S 717. Durch Verwendung des genannten Personals für die Geschäfte des LABes ergibt sich eine wesentliche Ersparnis an Verwaltungskosten. Soweit aber für einzelne Zwecke des Landarmenwesens besondere Angestellte oder Beamte notwendig sind, z. B. zur Verwaltung der Landarmenanstalten, zur Überwachung der Landarmen, bei Ausdehnung der Landarmenpflege auf weitere Aufgaben (Art 58 Abs 3), hat der Landarmenverband die betreffenden Kosten zu tragen.

3. Hinsichtlich der durch die Satzung übertragenen Aufgaben s. Art 53 Anm 3. Wenn von dieser Ermächtigung in der Satzung ausreichender Gebrauch gemacht wird, werden anderweitige dringliche Fälle in Armensachen selten vorkommen und nur für solche anderweitige dringende Fälle, für welche der Vorstand nicht ohnehin zuständig ist, ist Abs 2 bestimmt und ist vorsorglich dem Vorstande weitere Zuständigkeit eingeräumt.

4. Die Entscheidung darüber, was dringend ist, kann nur nach Lage des einzelnen Falles erfolgen, und das zu beurteilen, ist zunächst Sache des Vorstandes; die erheblich einschränkenden Bestimmungen des Art 25 des Distriktsratsgesetzes können hierbei nicht zum Vergleiche herangezogen werden.

Der Vorstand hat in dringenden Fällen nicht bloß das Recht, sondern auch die Pflicht, gegebenenfalls das Erforderliche zu verfügen; sollte der von der getroffenen Maßnahme bei seinem nächsten Zusammentreten verständigte LARat anderer Anschauung sein, so kann den Vorstand eine Haftung nicht treffen, wenn nicht eine Verletzung der nach bürgerlichem Rechte zu fordernden Sorgfalt vorliegt.

Art. 55.

Für die Zuständigkeit des Landrats und für die Bescheidung seiner Beschlüsse gilt das Landratsgesetz Art. 15 Buchst. a, b, d, f, g, i, 18, 28 entsprechend.

Entw Art 54, R 574 (B 8 a), AB 1912 S 416, Begr S 717, AB 1914 S 461.

Die Verwaltung der LAVerbandsangelegenheiten hat der LARat selbständig zu besorgen. Für besondere Gegenstände ist aber vom Gesetze die Mitwirkung und Beschlußfassung des Kreistages vorgesehen. Die Begründung zum Gesetzentwurfe führt als Wirkungskreis des Landrates auf:

a) die Prüfung des Jahresvoranschlags des Landarmenverbandes und der Anstalten für Landarmenzwecke, sowie der Antrag auf Feststellung der zur Deckung der Ausgaben erforderlichen Kreisumlagen (Art 15 Buchst a und Art 18),

b) die Prüfung der Jahresrechnung des Verbandes und seiner Anstalten (Buchst b),

[1]) Die Landarmenverbandsrechnung, in der Staatszuschüsse eine große Rolle spielen (vgl. Art. 64), ist also nicht den gesonderten Anstaltsrechnungen nach Ziff 9 der oben angeführten ME gleichgestellt.

c) die Errichtung und wesentliche Veränderung von Landarmenanstalten (Buchst d),

d) die Beschlußfassung über die Aufnahme von Anleihen zur Bestreitung von außerordentlichen Bedürfnissen des LABes (Buchst f),

e) die Beschlußfassung über die Erwerbung und Veräußerung von unbeweglichen Sachen auf Rechnung des LABes (Buchst g),

f) die Einsicht und Prüfung der Pläne über Bauführungen des LABes (Buchst i).

Sache des Kreistags ist es vor allem, den Kreiszuschuß für den durch andere Einnahmen nicht gedeckten Aufwand des LABerbandes zu bewilligen. Sollte dieser Zuschuß nicht in der erforderlichen Höhe genehmigt werden, dann wäre es Sache der Regierung, beim Staatsministerium des Innern als der Staatsaufsichtsbehörde [1]) für den Kreis staatsaufsichtliches Eingreifen gemäß Art 13 SVG (s. dazu Anm 1 zu Art 71, Braunwart-Stöhsel S 159, dann 157 und das in der Anm zu Art 47 erwähnte Erkenntn. d. VGHofs) anzuregen, wobei insbesondere zwangsweise Einstellung des Bedarfs in den Kreisvoranschlag in Betracht käme.

Eine weitere Zuständigkeit ist in Art 48 AG vorgesehen.

Da dem Kreistage nur diejenigen Rechte zukommen, die ihm das Gesetz ausdrücklich zuschreibt (Seydel BayStR Bd 2 S 167), so ist auch hier die Aufzählung erschöpfend, nachdem das Gesetz weitere Zuständigkeiten nicht vorgesehen hat. Für die hier nicht genannten Buchstaben des Art 15 LRG fällt die Zuständigkeit des Kreistags in Landarmensachen weg, also nach Buchst c (Einsichtnahme von Stiftungsrechnungen), Buchst e (Entwurf oder Prüfung der für Landarmenanstalten „zu erteilenden Instruktionen und Ordnungen"), Buchst h (Rechtsstreit der LABe und Vergleiche), Buchst k (Bezirksveränderung), Buchst l (Kritik und Antragstellung), Buchst m (Gutachtenabgabe) und Buchst n (Mitwirkung nach besonderen Gesetzen); hier vertritt eben der Landarmenrat die Interessen des Kreises, insoweit es sich um Armen- oder Armenverbandsangelegenheiten handelt.

Art. 56.

I Die Landarmenverbände sind berechtigt,[1] die Personen,[2] die ihrer Fürsorge anheimfallen, gegen Entschädigung denjenigen Ortsarmenverbänden ihres Bezirks zu überweisen, die nach dem Gesetz über den Unterstützungswohnsitz § 28 zu ihrer vorläufigen Unterstützung verpflichtet sind. Die Überweisung von Personen, die der Anstaltspflege bedürfen, kann nur erfolgen, soweit Zweck und Raumverhältnisse der dem Ortsarmenverbande zur Verfügung stehenden öffentlichen Anstalten dies zulassen. Dem Ortsarmenverband ist in allen Fällen der gesetzlich notwendige Aufwand durch den Landarmenverband voll zu ersetzen.[3]

II Soweit es Zweck und Raumverhältnisse der Anstalten eines Landarmenverbandes zulassen, ist dieser auf Antrag eines Ortsarmenverbandes seines Bezirkes verpflichtet, in den Anstalten

---

[1]) Nach dem veröff. Gemeindegesetzentwurfe wäre die Regierung selbst Staatsaufsichtsbehörde.

gegen Entschädigung Personen aufzunehmen, die der Fürsorge eines Ortsarmenverbandes anheimfallen.[4]

Entw Art 55, R 575 (B 9 a), Begr 717, AB 1914 S 462—464, StenBer S 46, 74, 86

BA. § 45. I Von der Befugnis nach Art. 56 Abs. I werden die Landarmenverbände im Falle der Anstaltspflege hauptsächlich Gebrauch machen, soweit sie über keine eigenen Anstalten der in Betracht kommenden Art verfügen oder die Räume in den vorhandenen Anstalten besetzt sind. Die selbständige Pflicht der Ortsarmenverbände zur Fürsorge nach § 28 des UWG. und zur Bereitstellung der hierfür erforderlichen Einrichtungen wird durch Art. 56 Abs. I nicht berührt.

II Der Entschädigung nach Art. 56 Abs. II sind, da es sich hier nicht um Ersatzansprüche nach dem UWG. handelt, nicht die Sätze nach Art. 13, sondern wie nach Abs I der gesetzlich notwendige Aufwand zugrunde zu legen.

1. Nach § 8 UWG ist es dem Landesrecht überlassen, zu bestimmen, ob und inwieferne sich der LAV des OAVes als seines Organs behufs der öffentlichen Unterstützung Hilfsbedürftiger bedienen darf. Das bayer. Gesetz hat von dieser Befugnis wie die meisten anderen Bundesstaaten Gebrauch gemacht. Da die OAVe nach § 28 UWG ohnehin zur vorläufigen Hilfeleistung für die in ihrem Bezirke hilfsbedürftig gewordenen Personen verpflichtet sind, so sind sie regelmäßig mit der Unterstützung dieser Personen bereits befaßt; es handelt sich also bei Überweisung durch den LAV, sobald dessen Hilfeleistungspflicht feststeht, nur um eine Fortsetzung der vom OAVe bereits eingeleiteten Hilfeleistung. Diese Fortsetzung liegt insbesondere im Interesse der Hilfsbedürftigen selbst und der Beschleunigung der Hilfe. Von der Überweisungsbefugnis wird der LAV bei vorkommenden Unterstützungsfällen insbesondere dann Gebrauch machen, wenn er selbst keine Anstalten für die benötigte Hilfe (wie Krankenhäuser, s. Anm 5 zu § 8 und zu Art 65) hat oder wenn seine Anstalten besetzt sind oder wenn es sich um nicht transportfähige Personen oder um die Unterstützung in offener Armenpflege durch unmittelbare Unterbringung in Familien handelt. Über das Verhältnis zwischen der Befugnis der OAVe, Übernahmeantrag zu stellen und der Überweisungsbefugnis der LAVe vgl. Anm 1 Abs 2 zu § 31; für Streitigkeiten zwischen OAVen und LAVen auf Grund des Art 56 ist Art 72 maßgebend.

2. Die LAVe können überweisen:
a) die Landarmen, s. § 30,
b) ehemalige Bayern, s. § 33, BRVo vom 16. Mai 1918 und Art 61,
c) unmittelbare Reichsangehörige und Ausländer, § 60 und Art 62,
d) Anstaltspflegebedürftige, die ihren UW nicht verloren haben, Art 58, hier jedoch mit der durch die Eingabe des Städteverbandes (AB 1914 S 463—466) veranlaßten Einschränkung nach Satz 2.

3. Während das BAH in B 56 Nr 20 S 61 die Anschauung vertritt, daß der Tarif überall anzuwenden ist, wo es sich nicht um ein Auftragsverhältnis bürgerlich-rechtlicher Art, sondern um eine Überweisung, die im Armenrecht ihre Grundlage findet, hat die bayer. Landesgesetzgebung hier angeordnet, daß der volle Aufwand den OAVen ersetzt wird, daß also OAVe in Städten für Verpflegung Landarmer in ihren Krankenanstalten auch die Verwaltungskosten anrechnen dürfen; der bayer. VGHof vertritt die Anschauung, daß für Ersatzansprüche auf l a n d e s r e c h t l i c h e r Grundlage die Bestimmung in § 30 Abs 3 und 4 nicht Anwendung findet, vgl. die Ausführungen in Anm 7 l zu § 30.

4. In Abs 2 ist der umgekehrte Fall behandelt, daß die Anstalten des LABes, soweit sie nicht für die der unmittelbaren Fürsorge des LABes anheimfallenden Personen benötigt sind, von den OABen benützt werden können. Diese Vorschrift stützt sich auf keine Bestimmung des UWG, sondern ist rein landesrechtlich. Der Zweck der Maßnahme ist nicht eine bemerkenswerte Entlastung der OABe, sondern eine geeignete Fürsorge für die Hilfsbedürftigen herbeizuführen. Sie wird hauptsächlich in Frage kommen, wenn die LABe eigene Anstalten besitzen und die Möglichkeit gegeben ist, insbesondere unheilbare Sieche, die nicht abschreckend oder ansteckend krank, aber anstaltspflegebedürftig sind, entsprechend unterzubringen.

Der Ersatz der Kosten für die Benützung der Anstalt des LABes durch den OAB berechnet sich nach der Feststellung bei den Landtagsverhandlungen (StenBer 1914 S 75) wie im umgekehrten Falle nach der in Anm 3 angegebenen Regel. Es finden also auch hier nicht die Tarife nach Art 13 AG Anwendung.

Art. 57.

Mehrere Landarmenverbände können die gemeinsame Herstellung, Unterhaltung und Verwaltung von Einrichtungen für die öffentliche Armenpflege vereinbaren. Das Staatsministerium des Innern bestimmt, in welcher Weise die Einrichtungen zu beaufsichtigen sind.

Entw Art 56, Begr 718, AB 1914 S 466.

Die Bestimmung ermöglicht – in ähnlicher Weise wie Art 34 Abs 3 unter den OABen — auch unter den LABen gemeinsame Einrichtungen für die öffentliche Armenpflege auf dem Wege des Übereinkommens. Eine Mitwirkung der Kreistage kommt dabei nach Maßgabe der Bestimmungen in Art 52 Ziff 2 und Art 55 in Betracht. Die gemeinsamen Einrichtungen können sich auf die reichsgesetzliche und auf die landesgesetzliche Fürsorgepflicht der LABe und auf die von ihnen freiwillig übernommenen Aufgaben beziehen. Dabei kommen hauptsächlich gemeinsame Armenanstalten (wie Armenversorgungs-, Arbeits-, Taubstummen-, Blindenanstalten usw.) in Frage.

Streitigkeiten aus solchen Verträgen wären mangels anderer gesetzlicher Bestimmungen bürgerlich-rechtlicher Natur. Jedoch erscheint es für solche Fälle empfehlenswert, in der Vereinbarung schiedsrichterliche Entscheidung vorzusehen. Im Übrigen würden die auf solchem Weg übernommenen Verpflichtungen unter Art 13 Abs 2 SVG fallen.[1]) Soweit staatliche Anstalten vorhanden sind, die für Zwecke der LABe dienen können (z. B. die Landesblindenanstalt, Landestaubstummenanstalt, Landeskrüppelanstalt), richtet sich deren Benützung für die LABe nach den Anstaltssatzungen.

Art. 58.

[1] Aufgabe der Landarmenverbände[1] ist allgemein[2] die Fürsorge[3]

1. für hilfsbedürftige[4] Geisteskranke,[5] Geistesschwache, Blöde, Epileptische,[6] Blinde,[7] Taubstumme,[8] Krüppelhafte[9] und

---

[1]) Im Übrigen s. die Bestimmungen über **Zweckverbände** der Kreise in Art 174 ff. des veröff. Gemeindegesetzentwurfs (Anm 2 zu Art 34), die sinngemäße Anwendung hier finden dürften.

unheilbare, abschreckend oder ansteckend kranke Sieche,[10] soweit[11] solche Personen der Anstaltspflege[12] bedürfen,

2. für die Erziehung und Ausbildung hilfsbedürftiger blöder, blinder, taubstummer und krüppelhafter Kinder, soweit sie bildungsfähig sind und der Unterbringung in Anstalten bedürfen.[13]

II Verpflichtet ist zunächst der Landarmenverband, zu dessen Bezirk der vorläufig unterstützungspflichtige Ortsarmenverband gehört. Er kann die Übernahme des Hilfsbedürftigen und den Ersatz der aufgewendeten Kosten von dem Landarmenverbande beanspruchen, zu dessen Bezirk der endgültig unterstützungspflichtige Ortsarmenverband gehört.[14]

III Die Landarmenverbände können mit Genehmigung des Staatsministeriums des Innern noch andere Aufgaben der Ortsarmenverbände (Art. 3 Abs. II, III) übernehmen.[15]

IV Der endgültig verpflichtete Ortsarmenverband hat in den Fällen des Abs. I ein Fünftel und in den Fällen des Abs. III mindestens ein Viertel des reinen Unterstützungsaufwandes dem Landarmenverbande zu ersetzen.[16]

Entw 57, R 562, 575 (B 9 b), D 466, 475, AB 1912 S 416—427, StenBer 1912 S 977, 983, 984, 992, Begr 718, AB 1914 S 466—484, StenBer 1914 S 22, 42, 53, 57, 68, 75, 87, Beschl R 8 a—c.

BA. § 46. I Die hilfsbedürftigen Gebrechlichen nach Art. 58 Abs. I Ziff. 1, die einen Unterstützungswohnsitz besitzen, müssen, um in die Fürsorge der Landarmenverbände überzugehen, der Anstaltspflege bedürfen, die nach Ziff. 2 müssen bildungsfähig sein und der Unterbringung in Anstalten bedürfen. Soweit diese Voraussetzungen im einzelnen Falle nicht einwandfrei vorliegen, sind sie durch bezirksärztliche oder fachärztliche Gutachten festzustellen.

II Die gesetzliche Fürsorge der Landarmenverbände für die Gebrechlichen, die einen Unterstützungswohnsitz haben, beschränkt sich auf die Anstaltsfürsorge. Sie umfaßt den gesamten Aufwand, der durch den notwendigen Aufenthalt des Gebrechlichen in der Anstalt erwächst.

III Der reine Unterstützungsaufwand, welcher der Ersatzleistung des Ortsarmenverbandes nach Art. 58 Abs IV zugrunde zu legen ist, begreift den Aufwand, der sich nach Abzug dessen ergibt, was der Hilfsbedürftige selbst leistet, was seine Angehörigen gesetzlich oder freiwillig zahlen und was von sonstigen Verpflichteten (Versicherungseinrichtungen, Haftpflichtigen usw.), aus dem Nachlaß oder sonstigen Quellen zur Verfügung steht. Diese Beträge dürfen nicht auf den Anteil des Ortsarmenverbandes allein angerechnet werden, sondern sie sind von den gesamten Kosten abzuziehen, haben also dem Ortsarmenverband und dem Landarmenverbande zugute zu kommen. Nachträgliche Leistungen sind in gleicher Weise zu behandeln.

§ 47. Die Landarmenverbände werden zur Unterbringung der in Art. 58 bezeichneten Personen nötigenfalls die Mitbenützung geeigneter fremder Anstalten im Wege des Vertrags sicherzustellen haben.

1. Den Landarmenverbänden obliegen verschiedene reichs- und landesgesetzliche Aufgaben. Zu den letzteren gehören die nach Maßgabe des § 32a den LAVen durch Landesrecht überwiesenen Zweige der öffentlichen Armenpflege, in den Entscheidungen des BAH als **„außerordentliche Armenpflege"** bezeichnet. Als Hauptaufgabe dieser Art wurde durch das bayr. AG unter Verzicht auf das „Subventionierungssystem", das bisher in der Unterstützung der mit Armenlasten überbürdeten Gemeinden zum Ausdruck gelangt war, die pflichtmäßige Übernahme der Hauptzweige der geschlossenen Armenpflege (Anstaltspflege) bestimmt. Dadurch soll eine gerechtere Lastenverteilung herbeigeführt, die sprunghafte Belastung bei kleinen Gemeinden vermieden und bessere Armenhilfe gewährleistet werden, die in vielen Fällen erst jetzt für die in Betracht kommenden Gebrechlichen tatsächlich eintreten wird. Es handelt sich bei der Anstaltspflege hauptsächlich um Fälle, bei denen die finanzielle Leistung in den Vordergrund tritt und eine sachgemäße Pflege nur durch fachmännische Leitung und besonders ausgebildetes Personal gewährleistet wird. Die Übernahme der Anstaltspflege auf die Kreise bei Ausscheidung der Aufgaben zwischen den LAVen und OAVen war um so weniger bedenklich, als erstere bisher schon sich viel mit Anstaltspflege befaßten, und war deshalb geboten, um hierdurch auch den unmittelbaren Städten einen Ausgleich für die ihnen durch das UWG bevorstehenden größeren Armenlasten zu schaffen.

Im allgemeinen wird hier auf die Aufsätze über Art 58 in BlfApfl III S 213ff. und V S 2ff. (Nutz) verwiesen und bemerkt, daß die Auslegung dieses Gesetzesartikels bisher die meisten Entscheidungen des VGHofes veranlaßt hat, weshalb eingehende Erörterungen hier erforderlich erscheinen.

2. Grundsätzlich ist den OAVen (Gemeinden) die Anstaltspflegepflicht für Geisteskranke und körperlich Gebrechliche (Gebrechlichenfürsorge) nebst einer in Ziff 2 besonders behandelten Anstaltsversorgung für bestimmte Arten von Kindergebrechen abgenommen und den breiteren Schultern der LAVe (Kreise) aufgebürdet worden. Diese Fürsorgepflicht ist aber nicht allgemein in der Art, daß alle armenrechtlich hilfsbedürftigen Geisteskranken, Siechen und Gebrechlichen fortan von den LAVen zu versorgen sind; dies gilt vielmehr nur dann,

a) wenn ein Gebrechen der in Art 58 angegebenen Art vorliegt und

b) soweit neben Hilfs- auch Anstaltspflegebedürftigkeit gegeben ist und

c) soferne endlich die Anstaltspflege vom LAV ordnungsgemäß übernommen worden ist oder nach dem Willen des Gesetzgebers und den Verhältnissen des einzelnen Falles hätte übernommen werden müssen.

Zu a: Über die verschiedenen Gebrechensfälle s. Anm 5 mit 10 und 13. Wenn eine Person mit mehreren Gebrechen, von denen nur eines unter Art 58 fällt, behaftet, aber das die Anstaltspflegebedürftigkeit hervorrufende Gebrechen in Art 58 nicht inbegriffen ist, so hat letzteres in der Regel — von besonders gelagerten Fällen abgesehen — bei der Frage der Anstaltsfürsorgepflicht des LAVes außer Betracht zu bleiben, vgl. VGE vom 8. April 1918 N 11 Anst. f. P, vom 22. Sept. 1919 N 37 A. H. B und vom 30. Juni 1919 N 19 Anst. f. W; in der letzterwähnten Entscheidung wird ausgeführt, es fehle an Blindheit, weil nur auf einem Auge Erblindung besteht, an Krüppelhaftigkeit, die Anstaltspflegebedürftigkeit bedingt und an Siechtum mit den Merkmalen des Art 58. Damit wird aber nicht ausgeschlossen, daß bei einem Gebrechen, das an sich, wie Blindheit und Taubstummheit, nicht unbedingt Anstaltspflege nötig macht, durch Hinzutreten anderer Leiden ein Hilfsbedürftiger der Bewahrung, Überwachung und Pflege in einer für diese Gebrechen eingerichteten Anstalt bedarf, weil der Hilfsbedürftige eben blind oder taubstumm ist, so B 29 N 35 S 107 (bei einem Blinden, der bejahrt, hinfällig oder geistesbeschränkt war), s. dazu auch S 40 S 149, dann B 34 N 52 S 176 Brunn S 681 (bei einem Taubstummen, mit Buckel und Herzschwäche behaftet, der wegen seiner Taubstummheit Überwachung, Pflege und Bewahrung vor Verschlimmerung seines Leidens nur in einer Taubstummenversorgungsanstalt finden kann). Bei Gebrechlichkeit nach Art 58 (Geisteskrankheit ausgenommen) kommt ein **Dauerzustand** — s. hierüber Anm 2 b und 10 — in Betracht; unter Gebrechen nach Ziff 1 fallen nicht: Altersbrand (S 40 S 10), Altersgebrechlichkeit (s. vorerwähnte VGE vom 30. Juni 1919), Geschlechtskrankheiten, solange nicht unheilbares Siechtum eingetreten ist (vgl. VGE vom 27. Mai 1918 N 24 Kurk. N, dann auch Gesetzgeb.verhandl. 1912 S 417 bis 423, AB 1914 S 470ff., StenBer 1914 S 42, 60, 75), Tuberkulose (S 39 S 58).

Im Übrigen kommt auf die Natur des Leidens, das den Zustand der Gebrechlichkeit ausgelöst hat, ob es sich also um einen angeborenen Fehler, mangelhafte Entwickelung, um Folgen eines Unfalls oder eines operativen Eingriffs oder einer abgeschlossenen Krankheit handelt, nichts an (VGE vom 4. Juni 1917 N 21 Anst.fürs. F), ebenso ist die Ursache der Gebrechlichkeit unerheblich (s. Anm 3 zu Art 3).

Zu b: Anstaltspflegebedürftigkeit setzt einen Zustand voraus, der „eine nach Umfang und Erfahrung besonders geartete Pflege und Behandlung erfordert, wie sie außerhalb einer Anstalt regelmäßig nicht möglich und nicht üblich ist", so nun der bayr. VGHof in der Entsch. vom 12. März 1917 N 21 III/16 Anst.fürs. M, abgedruckt Reger 37 S 305. Sie ist insbesondere dann nicht geboten, wenn nur geringe Beihilfe notwendig (s. dazu auch Anm 7), Familienpflege ausreichend, Anstaltspflege zwar eine Wohltat für den Hilfsbedürftigen (VGE vom 4. Dez. 1919 N 69 III/16 Übern.G) oder vorteilhaft oder wünschenswert, aber nicht notwendig ist, VGE vom 26. April 1920 N 1 Anst.fürs. M. Der Mangel von Angehörigen allein kann die Anstaltspflegebedürftigkeit nicht begründen, VGE vom 25. Juni 1917 N 20 Anst.fürs. G, ebensowenig die Tatsache, daß ein geeignetes Beschäftigungsverhältnis und eine Person für Privatpflege schwer zu ermitteln ist, VGE vom 28. Jan. 1918 N 64 III/17 Fürs. T. Dagegen hat der VGHof bei Durchführung der neuen Gesetzgebung für Gebrechliche, die schon Jahre lang in Anstalten verwahrt waren, der Gewöhnung Rechnung getragen, insofern sie Anstaltspflege nicht mehr entbehren können, VGE vom 24. Sept. 1917 N 54 Anst.fürs. F (bei einer hinfälligen als „hochgradig dement" bezeichneten Person, die ein Menschenalter bereits in Anstalten zugebracht hatte); anders bei einem 19jährigen geistesschwachen Mädchen, das 5 Jahre in einem Heime sich befand und dabei in geringem Grade wirtschaftlich brauchbar war, VGE vom 18. Febr. 1918 N 97 III/17 Fürs. M. Dabei ist zu betonen, daß die Gebrechlichenversorgung nach Ziff 1 im allgemeinen die körperliche Fürsorge bezweckt (VGE vom 21. Jan. 1918 N 63 III/17 Fürs. B und 28. Juni 1920 N 35 Anst.pfl. W, S 39 S 58, 62 und 40 S 10) und — von Geisteskranken abgesehen — einen Beharrungszustand, der voraussichtlich dauernd, in der Hauptsache sich gleich bleibend ist, voraussetzt (S 39 S 60, 62 und 40 S 10). Die Anstaltspflegebedürftigkeit im Sinne des Art 58 ist deshalb insbesondere dann nicht gegeben, wenn ärztliche Beobachtung und Krankenhausbehandlung geboten ist (BGE vom 8. März 1920 N 67 III/19 A.H. M), so bei einem Kinde mit Rückgratverkrümmung und gelähmten Beinen auf tuberkulöser Grundlage (BGE vom 2. Dez. 1918 N 51 Fürs. H), bei Erblindung infolge Gehirntumors (S 39 S 125), s. auch Anm 10. Dadurch unterscheidet sich die durch Anstaltspflege zu betätigende Gebrechlichenfürsorge von der Krankenhilfe in Krankenanstalten, S 40 S 10. Zwar ist nicht zu übersehen, daß die Anstaltspflege neben dem Bewahrungszweck auch in einzelnen Fällen dem Heilzwecke zu dienen hat; durchschlagend ist die Anstaltspflege; die Heilung Geisteskranker erfordert in den meisten Fällen fachmännische Überwachung, weshalb sie den Irrenanstalten überwiesen werden müssen; bei der Anstaltspflege kann auch „Bewahrung vor Verschlimmerung des Leidens" in Frage kommen. Über beschränkte Anstaltspflegebedürftigkeit bei Krüppelhaften, Blinden, Taubstummen, Epileptischen, Siechen s. Anm 6—10.

Die Anstaltspflegebedürftigkeit ist von dem um Aufnahme nachsuchenden Ortsarmenverbande durch ein Bezirks- oder fachärztliches Gutachten (Formulare dazu s. Anm 12 b) nachzuweisen. Zur Nachprüfung der Frage der Anstaltspflegebedürftigkeit werden sich die Landarmenverbände die Beihilfe eines tüchtigen Fachmannes als Vertrauensarztes sichern. Die gutachtliche Äußerung insbesondere auch darüber, ob Anstaltspflegebedürftigkeit gegeben ist, ist für die aus dem ärztlichen Befunde zu schöpfende Entscheidung der armenrechtlichen Spruchbehörde nicht bindend, s. darüber die Anführungen in Anm 1 a zu § 12.

Zu c: Die Anstaltspflegepflicht der LAVe beginnt erst mit der Aufnahme in die Anstalt; hierüber sowie über Ersatzansprüche wegen Verzögerung der Aufnahme s. Anm 12 b.

3. Die Fürsorgepflicht des LAVes nach Art 58 besteht nur als Verpflichtung gegenüber dem OAVe, nicht gegenüber dem Hilfsbedürftigen. Die Antragsstellung hat darum vom OAV auszugehen; Näheres über den Aufnahme- oder Übernahmeantrag s. in Anm 12.

Ziff 1 bezieht sich auf die Pflicht zur Anstaltsfürsorge (Verwahrung, Heilung und Pflege) für die geisteskranken und gebrechlichen Ortsarmen einschließlich der Kinder, Ziff 2 auf die Erziehung und Ausbildung der letzteren, soweit sie bildungsfähig sind, in geeigneten Anstalten.

Die Verpflichtung des LAVes zur Anstaltspflege für die Landarmen[1]) und für die Erziehung und Ausbildung landarmer Kinder ergibt sich aus §§ 5 und 30 UWG mit Art 3 Abs 2 Ziff 1—3 AG. Landarme Hilfsbedürftige kann der LAV in Privatpflege geben, soweit sie nicht anstaltspflegebedürftig sind, B 49 N 43 S 125.

Voraussetzung der Anstaltsfürsorgepflicht der LAVe ist armenrechtliche Hilfsbedürftigkeit. Sie tritt also nur beim Mangel anderweitiger Verpflichteter und einer Hilfeleistung durch Dritte („subsidär", s. auch S 40 S 51) ein; sie scheidet daher in folgenden Fällen aus:

a) Wenn eine Verpflichtung zur Unterstützung nach anderen Gesetzen besteht. Hier kommen vor allem die Verpflichtungen der Krankenkassen und Berufsgenossenschaften nach der RVO und die Unterhaltungspflicht Verwandter (s. Anm 3 c und d zu § 28, Anm 2 und 3 zu § 62) in Frage.

---

[1]) Dazu gehören Personen ohne UW und jene, deren UW nicht zu ermitteln ist, s. Baath S. 187, 1. Fußnote.

Wird die Hilfeleistung verweigert, so hat der LAV einzutreten vorbehaltlich Ersatzanspruches nach § 62 und Art 11. Während der Dauer der Wirksamkeit des Familienunterstützungsgesetzes haben für die Kosten der Unterbringung anstaltsbedürftiger Angehöriger in Anstalten die Lieferungsverbände des Wohnortes aufzukommen. Die Anstaltspflege ist in diesem Falle keine Ausübung der Armenpflege, sondern der Kriegswohlfahrtspflege, vgl. ME vom 25. Okt. 1915 Nr 4906 über Familienunterstützung, ferner die Entscheidungen des BAH und des bayr. VGH, insbesondere B 49 Nr 11 S 29, 50 Nr 23 S 70, S 38 S 225 und Anm 5 A zu § 1.

b) Bezüglich der geisteskrank gewordenen Sträflinge obliegt bis zur Unterbrechung oder Beendigung der Freiheitsstrafe die Fürsorgepflicht dem Justizärar. Dasselbe trifft zu bei Überweisung eines Angeschuldigten an eine Irrenanstalt zur Beobachtung seines Geisteszustandes gemäß § 81 RStPO. Anders verhält sich die Sache, wenn von der Strafvollstreckungsbehörde ein Sträfling, der wegen Geisteskrankheit der Pflege in einer Irrenanstalt bedarf, unter Unterbrechung der Strafvollstreckung der Armenbehörde überwiesen wird, B 47 Nr 16 S 47. Gleiches gilt auch für Untersuchungsgefangene.

c) Vielfach werden die LAVe durch Gründung von Anstalten der Gebrechlichen-Fürsorge oder Gewährung von ganzen oder teilweisen Freiplätzen in solchen seitens öffentlich-rechtlicher Körperschaften (Staat, Kreis, Bezirk oder einzelner Stiftungen) entlastet.

d) Weiterhin ist auch hier der Satz zu beachten, daß die AVe keine Hilfe zu leisten haben, wenn die Hilfsbedürftigkeit im Sinne des UWG und AG durch das Eingreifen der Privatwohltätigkeit beseitigt wird, vgl. Anm 2 zu Art 3.

e) Das Gleiche ist selbstverständlich der Fall, wenn der Anstaltspflegebedürftige die Pflegekosten aus eigenen Mitteln bestreiten kann.

Die in Art 58 geschaffene Anstaltsfürsorge gilt nur für den Bereich bayerischer AVe; insoweit nicht bayerische AVe beteiligt sind, richtet sich Fürsorge und Ersatzpflicht nach dem UWG, §§ 28 und 30; s. dazu aber auch Anm 14 f.

Wieweit die Fürsorge zu gehen hat, darüber s. Anm 11.

4. Über Hilfsbedürftigkeit s. vorstehende Anm und Anm 4 zu § 1.

5. In Ziff 1 finden sich neben körperlich Gebrechlichen auch geistig Gebrechliche aufgezählt, Geisteskranke, Geistesschwache, Blöde; die Anstaltsfürsorge nach dieser Ziffer hat aber im allgemeinen die körperliche Versorgung zum Ziele, s. Anm 2 b. Die Benennungen entsprechen nicht einer medizinischen Einteilung, sondern dem gewöhnlichen Sprachgebrauche, teilweise auch dem Sprachgebrauch anderer Gesetze; von der Verwahrung Geisteskranker („einschließlich Geistesschwacher“, sagt die Begr S 718) und Blödsinniger handelt der Art 80 PStGB; das preuß. AG zum UWG sieht die Anstaltsfürsorge für Geisteskranke und Idioten vor, dabei fallen unter Idioten die Schwachsinnigen geringeren Grades (oder Geistesschwache — selbstverständlich soweit sie anstaltspflegebedürftig sind) wie hohen Grades (Blödsinnige); das BGB unterscheidet zwischen Geisteskrankheit und Geistesschwäche (letzteres Gebrechen geringerer Grad von Geisteskrankheit, s. Komm. der RGRäte zu § 6 BGB) im Rechtsleben, s. §§ 6 Ziff 1, 104 Ziff 3 und 114 BGB. Im einzelnen sind folgende Bemerkungen veranlaßt:

a) Geisteskranke. Über verschiedene Arten der Geisteskrankheiten nach dem medizinalamtlichen Schema für Todesfälle s. BlApfl III S 214. Daß hier ein weites Gebiet für Anstaltsfürsorge vorliegt, ergibt sich aus dem Umstande, daß jeder Regierungsbezirk nicht nur seit langem eine eigene Kreisirrenanstalt hat, sondern auch eine zweite dazu erbauen mußte, Obb. 3; gegenwärtig scheinen die Räume dieser Anstalten, nunmehr Heil- und Pflegeanstalten genannt, ausreichend zu sein. Um hilfsbedürftige Ortsarme, die in Irrenanstalten untergebracht werden müssen, diesen Anstalten zuzuführen und zwar zu Lasten der LAVe, hat der OAV beim LAVe, dessen Bezirk er angehört, Übernahmeantrag zu stellen, s. darüber Anm 12 b. In vielen Fällen wird dabei „Gemeingefährlichkeit" und die Einschaffung durch Beschluß der Bezirkspolizeibehörde in Frage kommen, s. darüber Anm 3 b zu Art 3. Die polizeiliche Einschaffung hat stattzufinden, wenn von Geisteskranken Angriffe gegen Personen oder fremdes Eigentum verübt oder die öffentliche Sittlichkeit verletzt und das Strafverfahren nicht eingeleitet oder eingestellt oder die Gemeingefährlichkeit in sonstiger Weise festgestellt ist. Auch nachgewiesene Selbstgefährlichkeit begründet die Überweisung in eine Irrenanstalt (VGE vom 19. März 1917 St 77 III/16 Verpf. f. G.). Der Nachweis der Anstaltspflegebedürftigkeit ist durch den Einschaffungsbeschluß gegeben, der für den LAV bindend und der Nachprüfung der armenrechtlichen Spruchbehörden entzogen ist, VGE vom 8. Jan. 1917 N 49 III/16 Kosten für K, Preuß. OVG 54 S 154.

Regelmäßig wird der Geisteskranke in der Anstalt jenes Kreises untergebracht, in dessen Bezirk die Hilfsbedürftigkeit eingetreten ist; der LAV dieses Kreises ist der endgültige verpflichtete LAV, wenn ein UW nicht zu ermitteln ist. Steht der UW eines hilfsbedürftigen gemeingefährlichen Geisteskranken fest und gehört dieser UW zu einem andern Regierungsbezirke, so liegt kein Hindernis vor, den Kranken unmittelbar in die Heil- und Pflegeanstalt des endgültig verpflichteten LAVes nach vorherigem Benehmen mit letzterem einzuschaffen, vgl. ME vom 1. April 1916 N 5230.

Die in den Anstaltssatzungen enthaltene Vorschrift der Regierungsgenehmigung der Aufnahme von Geisteskranken in Irrenanstalten entsprang der nunmehr durch das SVG beseitigten Staatskuratel; mit ihrer Aufhebung ist die Regierungsgenehmigung ebenso wenig mehr geboten wie für die Änderung der Anstaltssatzungen überhaupt.

b) Geistesschwache. Medizinisch wird dafür regelmäßig der Ausdruck „schwachsinnig" gebraucht. Für die Anstaltspflegebedürftigkeit ist hier besondere Begründung erforderlich, da für schwachsinnige Personen in vielen Fällen Familienpflege genügen wird.

In diesem Sinne ergingen zahlreiche Urteile des VGHofes; so wurde Anstaltspflegebedürftigkeit nicht angenommen bei „Altersschwachsinn", VGE vom 8. April 1918 N 10, Fürs. Schw („Aufmerksame Privatpflege genüge"), bei einem 20 jährigen Geistesschwachen, der an nervösen Tremor und Schwachsinn mittleren Grades litt, eine gewisse Unselbständigkeit zeigte, auch Mundraub verübte, aber nach amtsärztlichem Gutachten strafrechtlich verantwortlich erschien, VGE vom 16. Febr. 1920 N 35 III/19, Anstaltspfl. Schw, bei einem geistesschwachen 3 jährigen Kinde, das nicht sitzen und gehen konnte, VGE vom 12. Febr. 1917 N 35 III/16, Anstaltspfl. K („das Pflegebedürfnis gehe nicht viel darüber hinaus, wie es Kinder in der ersten Lebenszeit bedürfen"), bei einem schwachsinnigen Mädchen, das wegen Unverträglichkeit zu einem geregelten Dienste nicht zu gebrauchen war, VGE vom 28. Jan. 1918 N 64 III/17, Fürs. T, bei einem geistesschwachen Mädchen, dessen auffallende Figur das Gespött der Straßenjugend erregte, VGE vom 29. Nov. 1920 N 39, Anstaltspfl. A (ungeachtet der gutachtlichen Äußerung der Anstaltsverwaltung N, daß solche Pfleglinge der Anstaltsversorgung bedürften, um nicht sittlich und körperlich zu verkommen und zur Privatpflege bereite und geeignete Familien sich nicht fänden).

Dagegen wurde Anstaltspflege anerkannt bei einem bösartigen Geistesschwachen mit krankhaftem Triebleben, BGE vom 6. Nov. 1916 N 47, Fürs. D („braucht eine verständige mit Autorität gepaarte Aufsicht, damit er kein Unheil anrichte", s. auch B 54 N 32 S 140).

c) **Blöde.** Unter Blödheit fällt beginnende Blödheit, d. i. Überschreitung hochgradigen Schwachsinns bis zur völligen Verblödung, die auch bereits als Geisteskrankheit (dementia praecox) auftreten kann.

In der Mehrzahl der Fälle ist bei Blödheit in höherem Grade Verwahrung und Pflege in Anstalten veranlaßt, bei gutartigen Blöden kann auch Privat- oder Familienpflege genügen, wenn nicht besonders erschwerende Nebenumstände vorhanden sind. Bei gemeingefährlichen Blöden kommt die Einschaffung in eine Heil- und Pflegeanstalt oder sonstige Verwahrungsanordnung durch Beschluß der Bezirkspolizeibehörde gemäß Art 80 Abs 2 PolStGB in Frage.

Anstalten für Blöde bestehen in den meisten Kreisen,[1]) meist von Ordensangehörigen geleitet, des öfteren auch Wohltätigkeits- und Pflegeanstalten oder Kretinenanstalten (auch Idiotenanstalten) genannt, manche Anstalten sind für beiderlei Geschlechter eingerichtet, manche für **verschiedene** Arten körperlicher Gebrechlichkeit, wie Ursberg, Versorgungsanstalt für Kretinen, Taubstummen, Blinde und Epileptische mit Hilfsschule.

Durch MinBek. vom 1. Jan. 1895 (MABl S 2) ist den Bezirksärzten wie den Bezirkspolizeibehörden die **Kontrolle** der außerhalb der Irren- und Blödenanstalten untergebrachten Geisteskranken und Blöden aufgetragen.

6. **Epilepsie**, die sich in Ziff 2 nicht aufgeführt findet, ist ein Mittelding zwischen geistigem und körperlichem Gebrechen; gesellt sich Geistesschwäche in erschwerendem Grade dazu, dann wird Anstalspflegebedürftigkeit gegeben sein. Das Störende der Anfälle genügt zur Begründung nicht, es sei denn, daß damit erhebliche Gefahren für den Epileptischen oder dessen Umgebung verbunden sind. Anstaltspflegebedürftigkeit liegt vor, wenn ständige sachkundige Pflege und Überwachung geboten ist, vgl. BGE vom 25. Juni 1917 N 20, AnstF. Q und vom 17. Mai 1920 N 68 III/19, AnstF. K (beide verneinend).

7. **Blindheit.** Das ist vollständiges Fehlen der Sehkraft, daher fallen Einäugige nicht unter „Blinde", BGE vom 30. Juni 1919 N 19, AnstF. W.

An sich wird für Blinde regelmäßig die Möglichkeit der Unterbringung und Bewahrung in Familienpflege zuzugeben sein, B 30 N 46 S 136, 50 N 16 S 46, BGE vom 16. Sept. 1918 N 41, Anstaltspfl. A. Dies trifft insbesondere dann zu, wenn die blinde Person die wichtigsten Lebensbetätigungen (wie An- und Auskleiden, Waschen, Essen, Trinken, Verrichtungen der natürlichen Notdurft) selbst vornehmen kann, BGE vom 8. April 1918 N 11, AnstFürs P. Sind aber **erschwerende** äußere Nebenumstände vorhanden, die besondere Pflege und Überwachung notwendig machen (wie bei bejahrten, mit mehreren Gebrechen behafteten, aufgeregten, geistig beschränkten Personen), so würde die Frage der Anstaltspflegebedürftigkeit

[1]) Vgl. die Übersicht in der Zeitschrift des statist. Landesamt 1912, Heft 3 S 200—204, auch 210.

zu bejahen sein, B 29 N 35 S 107, S 40 S 149; dabei ist das Hauptgewicht auf die **körperliche** Versorgung zu legen, moralische Minderwertigkeit, Bewahrung vor sittlichen Gefahren kommen nicht in Betracht, BGE vom 21. Jan. 1918 N 63 III/17, Fürs. B und vom 8. März 1920 N 10, Anstalspfl. D. Weitergehend der Obb. LAR gemäß Abs 3 des Art 58 (v. Min. genehm. Beschl. d. LABes v. 18. März 1919, BlApfl V S 17). Die **Anlernung** Blinder ist das Ziel der Fürsorge nach Ziff 2. Blindheit kommt als Gebrechen des Art 58 dann nicht in Frage, wenn Erblindung im Verlaufe einer noch nicht geschlossenen Krankheit (Gehirntumor) aufgetreten ist, S 39 S 125. S. auch BlApfl V S 45.

Eine eigene Blindenklasse wurde durch die moderne grausame Kriegsführung geschaffen, die sogenannten Kriegsblinden; für sie zu sorgen, ist eine besondere Pflicht des Vaterlandes.

Außer einigen Blindenheimen für Erwachsene (wie Burgrain und Nürnberg, für weibliche Blinde Blindenheim bei der Landesblindenanstalt) kommen für Versorgung Blinder hauptsächlich Blindenerziehungsanstalten in Betracht, s. darüber Anm 13.

8. **Bei Taubstummen** wird Anstaltspflegebedürftigkeit nach Ziff 1 selten gegeben sein. Die Unterbringung von Taubstummen in Anstalten ist in der Hauptsache zum Zwecke des Unterrichts und der Erziehung für bildungsfähige Kinder, nach Ziff 2, geboten.

Darum hat auch die Landestaubstummenanstalt (über deren Organisation einschließlich Benennung und Freiplätze s. Weber, Samml. von Ges. und VO IV S 328 und X S 484, ME vom 20. April 1913, MABl S 459), wie die Kreistaubstummenanstalten (in jedem Kreis eine, in Oberfranken, zwei konf. Anst.) in den Satzungen regelmäßig die Bestimmung, daß nur Jugendliche (im Alter von 7—11 Jahren oder im schulpflichtigen Alter) aufgenommen werden. Es bestehen aber außer den Kreistaubstummenanstalten noch einige Wohltätigkeitsanstalten zur Versorgung von Taubstummen, die auch **erwachsene** Taubstumme aufnehmen (so Hohenwart-Klosterberg [Obb.], Michelfeld [Obpf.], Zell [Mfr.] (weiblich), Glött [Schw.]); auch in der Versorgungsanstalt für unheilbare Sieche und für sonstige Gebrechliche in Ursberg werden Taubstumme jeden Alters aufgenommen.

Anstaltspflegebedürftige nach Ziff 1 werden hauptsächlich in Frage kommen, wenn neben Taubstummheit noch andere Gebrechen einhergehen, die deswegen für den Hilfsbedürftigen Anstaltspflege nötig machen, **weil er** taubstumm ist und darum vor Gefahren und Beschädigung zu bewahren ist, die eine Bewahrung und Bewachung in einer Anstalt und Anstaltspflege in einer Taubstummenanstalt nötig machen, s. die in Anm 2 a angeführte Entsch. des BAH.

9. „**Krüppelhaft**" ist eine „Person, der ein oder mehrere wichtige Glieder oder ein bedeutender Körperteil fehlt (Fehlen von drei Zehen fällt nicht darunter, S 40 S 10), oder bei der doch solche Glieder ernstlich deformiert, versteift, nicht mehr frei beweglich sind, so daß die mechanische Fähigkeit, sie zu gebrauchen, fehlt, oder sehr herabgesetzt ist", BGE vom 27. Mai 1918 N 12, Anstaltspfl. M. Es kann aber auch für solche Gebrechliche Familienpflege genügen. **Anstaltspflegebedürftigkeit** wird insbesondere dann gegeben sein, wenn die Gelenke der oberen und unteren Extremitäten so versteift sind, daß der Krüppelhafte sich nicht selbst fortbewegen und die notwendigsten Lebensbetätigungen (s. darüber Anm 7) nicht selbst verrichten kann, BGE vom 4. Juni 1917 N 17, AnstF. T;

dagegen wurde sie nicht anerkannt bei einem krüppelhaften, schwachsinnigen Mädchen, dessen Überwachung keine technischen oder sonstigen besonderen Erfahrungen voraussetzte und auch in einer geeigneten Familie möglich war, BGE vom 19. März 1917 N 77 III/16, VerpflK. G; dann, wenn Krankenhausbehandlung (wegen schlecht geheilten Beinbruchs) veranlaßt war, BGE vom 19. Febr. 1917 N 4, Fürs. E. Anstaltsfürsorgepflicht des LAVes wurde auch verneint bei einer Person, die an tuberkuloser Verknöcherung beider Füße bei Steifigkeit des Fußgelenkes zur Hälfte litt und deshalb nur mühsam mit zwei Stöcken gehen konnte, bei der aber die oberen Extremitäten völlig unbehindert waren, BGE vom 12. Nov. 1917 N 18, AnstF. B.

Besondere Anstalten für Krüppelhafte bestehen nur für Kinder, s. darüber Anm 13; die Versorgung für anstaltspflegebedürftige krüppelhafte Erwachsene erfolgt in dem bei Blöden, Anm 5, angeführten Wohltätigkeits- und Pflegeanstalten (so insbesondere in Schönbrunn [Obb.], Straubing [Ndb.], Reichenbach [Obpf.], Gremsdorf [Obfr.], Römershag [Ufr.], Ursberg [Schw.]); über obige Anforderungen hinaus versorgt der LAV von Oberbayern Krüppelhafte soweit der Raum in den zur Verfügung stehenden Anstalten es gestattet, Obb. Reg.-Entschl. vom 3. Dez. 1919 (BlApfl V S 17).

10. In bezug auf Sieche bestehen für die Anstaltspflicht der LAVe folgende vier Voraussetzungen:

a) Siechtum,
b) Unheilbarkeit,
c) Leiden von abschreckender oder ansteckender Natur,
d) Anstaltspflegebedürftigkeit.

Zu a) Siechtum ist ein „chronischer, den ganzen Organismus des Menschen ergreifender Krankheitszustand, der Schwinden der Körperkräfte und Hinfälligkeit zur Folge hat (S 39 S 58 ff.) oder eine „schwere, insbesondere Körperkräfte und Allgemeinbefinden beeinträchtigender Krankheit des Gesamtorganismus von voraussichtlich lebenslänglicher Dauer“ (S 38 S. 15). Dabei ist wie in verschiedenen Entscheidungen des GVH besonders betont ist (s. darüber Anm 2 b), ein „Dauerzustand“ gefordert, von dem jene Krankheitsfälle zu unterscheiden sind, bei denen die Erkrankung im Fortschreiten begriffen, ein Stillstand des Leidens nicht zu erwarten ist und die stetig fortschreitende Verschlimmerung in verhältnismäßig nicht allzuferner Zeit zum Tode führt, wo keine besonders geartete Anstaltspflege genügt, sondern eine ständige Krankenhausbehandlung notwendig ist, vgl. S 39 S 59, 61 (Tuberkulose), S 40 S 18 (Altersbrand), BGE vom 18. März 1920 N 67 II/19, Armh. M (wobei Nasenkrebs in Frage war). Aber gerade in diesen Fällen sei, so betonen die Beschwerdeschriften, eine Anstaltspflege dringendstes Bedürfnis; deshalb ist der in Anm 1 zu Art 1 erwähnte Schritt der LAVe, auf dem Wege des Abs 3 des Art 58 Anstaltsfürsorge über den engeren Rahmen dieses Artikels hinaus zu leisten, sehr zu begrüßen (vgl. auch Ausschreiben des LAV von Oberfranken vom 15. Juli 1919, KABl S 101, wonach die Anstaltspflege auch übernommen wird, wenn beispielsweise die Eigenschaft „abschreckend oder ansteckend“ bei einem Siechen nicht festgestellt ist. Was insbesondere die Tuberkulose betrifft, so wäre nach dem Urteil erfahrener Ärzte neben den Lungenheilstätten, zu denen ein für die Kriegsbeschädigten allseits begrüßtes Höhenluftkurunternehmen (Deutsch-Davos) kommen wird, noch ein Heim (Pflegestätte) für Schwindsüchtige im letzten Stadium angesichts der großen Ansteckungsgefahr für die Umgebung, der großen Wohnungsnot und der ungenügenden Pflege bei Minderbemittelten eines der hervorragendsten Bedürfnisse der Neuzeit.

Zu b: In dem Kommentar zum RStGB von Oppenhof und Olshausen (S 38 a. a. O.) ist für das Siechtum nicht verlangt, daß der Zustand ein „unheilbarer" sei. Das ist aber durch die Bestimmung des Art. 58 ausdrücklich gefordert. Es darf sich also der Zeit nach eine Heilung nicht absehen lassen.

Zu c: Daß der Gesetzgeber neben der Unheilbarkeit auch noch einen „abschreckenden oder ansteckenden" Krankheitszustand für Anstaltsfürsorgepflicht bei „Siechen" verlangt hat, ist in S 38 S 19 hinreichend ausgewiesen. Als abschreckend wurde in BGE vom 15. Jan. 1917 N 92 III/16 AnstF. J der Kranke bezeichnet, dessen äußere Erscheinung abscheuerregend wirkt; ferner wurde diese Eigenschaft angenommen bei unerträglichem Geruch infolge eitrigen Blasenleidens eines alten Mannes und unfreiwilligen Abgang faulige Zersetzungsprodukte enthaltenden Urins (BGE vom 14. Mai 1917 N 36, AnstF. F), aber nicht bei eitriger Harnfistel infolge Hodenquetschung (BGE vom 4. Dez. 1916 N 69, Übernahme G).

Zu d: Hier genügt ein Hinweis auf die Ausführungen in Anm 2 b. Als Anstalten für Sieche kommen, solange nicht Landarmenanstalten errichtet sind, die Anstalten für Unheilbare in Betracht, so Attel [Obb.] (männlich), Deggendorf (weibl.) und Straubing (männlich) für Niederbayern und die Wohltätigkeitsanstalten Reichenbach [Obpf.] (männlich) Gremsdorf [Obfr.] und Schweinpoint [Schwab.], außerdem das Antoniusstift in Bamberg (Anstalt für Unheilbare, Epileptische, Blödsinnige), Römershag [Ufr.] (Kreisanstalt für Unheilbare), vgl. auch die in Anm 5 c erwähnte Zeitschrift S 206—209, dann 210.

11. Durch den Ausdruck „Soweit" wird der Umfang der Fürsorgepflicht der LABe beschränkt, sie umfaßt den gesamten Aufwand, der durch den Aufenthalt des Gebrechlichen in der Anstalt erwächst, S 40 S 7. Zum Anstaltsaufwand gehört die Wartung, Pflege, Überwachung, Verpflegung, Heilbehandlung, Bekleidung, einschließlich der Versorgung mit Wäsche; über Kleidung s. aber auch Anm 3 zu Art 3 und Anm 3 l bb zu § 32 a, dortselbst auch über Beerdigungskosten, Kosten einer Kur außerhalb der Anstalt und wegen der Transportkosten; für den Fall des Entweichens eines Gebrechlichen (Geisteskranken) aus einer Anstalt s. nachfolgende Anm 12 c und Anm 3 l cc zu § 32 a. Vgl. auch noch BlApfl III S 227.

Aus dem Worte „bedürfen" ergibt sich, daß neben der Hilfsbedürftigkeit und Gebrechlichkeit auch noch die Anstaltspflegebedürftigkeit nachgewiesen sein muß; über Anstaltspflegebedürftigkeit s. Anm 2 b; über den Nachweis s. Anm 12 b.

12. Über Anstaltspflege sind folgende Bemerkungen veranlaßt

a) Wegen der Anstaltspflegebedürftigkeit s. Anm 2 b.

b) In Bezug auf den Beginn der Anstaltspflegepflicht der LABe gilt die Regel: Mit der Aufnahme wird der Gebrechliche Gegenstand der Fürsorge des LABes, dessen Anstaltspflegepflicht mit der Feststellung der Hilfs- und Anstaltspflege-Bedürftigkeit und dessen Übernahmepflicht mit dem Eingange des vom OAB oder in dessen Vertretung (BGE vom 14. Jan. 1918 N 96 III/17, Fürs. B) gestellten Antrags auf Übernahme der Anstaltsfürsorge begründet ist, B 28 N 47 S 131 Brunn S 676/7, 43 N 52 S 137, S 40 S 44 und 52. Der BGH hat der in BlApfl I S 137 und II S 149 bekämpften Anschauung, daß im allgemeinen

Kenntnis des LAVes von einem Unterstützungsfall oder von Unterbringung Gebrechlicher in einer Anstalt ohne Antrag des OAVes auf Übernahme der Anstaltspflege noch nicht genügt, um die Anstaltspflicht zu begründen, in S 38 S 149 zugestimmt und in S 40 S 52 noch weiter ausgeführt, daß dem Übernahmeantrage (Form. s. BlApfl III S 229) die erforderlichen Nachweise beizufügen sind. Daraus müssen sich die Hilfsbedürftigkeit, die UWverhältnisse und die Anstaltsbedürftigkeit ergeben. Hierbei wäre mit vorzulegen: ein *bezirks- oder fachärztliches Zeugnis* (Muster hierzu s. BlApfl III S 233 Form. 22) und eine Armenbeschreibung (S 40 S 52, Anm 1 c zu Art 32) oder ein *Personalbogen* nach Muster von Form. Nr 23 BlApfl III S 235 oder eine Niederschrift nach Form. der Beil. I der VA, in dem die Vermögens-, Familien-, Erwerbs- und UWverhältnisse des Gebrechlichen dargelegt sind, BlApfl III S 74/5. Die Kosten des ärztlichen Zeugnisses fallen dem OAVe zur Last (LandtagsverhandlBeschl. Nr 8 b); die Amtsärzte erhalten nach ME vom 7. April 1916 Nr 6703 für die Abgabe von Gutachten über Anstaltspflegebedürftigkeit Gebrechlicher oder Bildungsfähigkeit von anstaltspflegebedürftigen Kindern bei Vornahme von auswärtigen Dienstgeschäften nur Tagegelder und Reisekosten nach den Vorschriften über Dienstaufwandsentschädigung der Beamten, da hier ein Dienstgeschäfft nach § 7 Abs 2 der VO vom 17. Nov. 1902 und § 8 Abs 2 der Dienstanw. für amtsärztl. Dienst (s. Anm 5 zu Art 14) in Frage steht; eine Verrechnung auf die Bauschsumme nach § 8 Abs 3 Ziff 4 DA findet nicht statt; wegen der Gebühren s. die erwähnte Anm 5. Obige Nachweise hat der vorläufig fürsorgepflichtige OAV gegenüber dem vorläufig fürsorgepflichtigen LAV oder (wenn der OAV des Aufenthaltsortes und des UW derselbe ist) der endgültig fürsorgepflichtige OAV gegenüber dem endgültig fürsorgepflichtigen LAV, dem letzteren gegenüber auch der LAV, der die vorläufige Anstaltsfürsorge leistet, mit dem Übernahmeantrag zu erbringen, S 40 S 52 und VGE vom 21. Okt. 1918 Nr 54, Fürs. K. Die Voraussetzung für Stellung des Übernahmeantrags wird regelmäßig die sein, daß ein Geisteskranker oder Gebrechlicher aus der Familien- oder Krankenhauspflege in die Anstaltsfürsorge des LAVes überführt werden soll. Für den OAV wird es sich empfehlen, den Übernahmeantrag als „*eingeschriebene*" Postsendung an den LAV abzuschicken, damit bei *Verzögerung* der Aufnahme der für Geltendmachung des Ersatzanspruches notwendige Nachweis der Antragsstellung gesichert ist. Ein Anspruch auf Entschädigung für alle durch eine solche Verzögerung dem OAV erwachsenen Mehrkosten und ohne diese wegfallenden Kosten ist in der Rechtsprechung des BAH und auch vom VGH anerkannt worden, vgl. B 27 Nr 43 S 140, 38 Nr 49 S 144, Brunn S 694 B 43 Nr 52 S 137, S 38 S 149 a. E. und 40 S 47; VGE vom 17. Febr. 1919 Nr 70 III/18, AU Sch S 9 und vom 28. Juni 1920 Nr 22, Apfl. R. Neben diesem auf Geldleistung statt auf Sachleistung gehenden Anspruche gegen den LAV wegen Verletzung der ihm obliegenden Aufnahmepflicht steht dem OAVe gleich wie im Falle der Abschiebung noch der reichsrechtliche Ersatzanspruch gegen den endgültig verpflichteten OAV zu, B 28 Nr 47 S 134 Brunn S 776/8.

Zu dem erwähnten Regelfall[1]) ist aber noch zweier besonderer Fälle zu gedenken, einmal der Einschaffung gemeingefährlicher Geisteskranker

[1]) Zum Zwecke der Durchführung der Übernahmeverhandlungen ist vom BAH ein Zwischenzeitraum von 7 Tagen freigelassen, B 27 Nr 43 S 140, 144/5, BlApfl III S 228, wo diese Frist bis zu 3 Wochen ausgedehnt wird; bei Taubstummen kommt der Schulbeginn in Betracht, BlApfl III S 227. Kosten

durch Bezirkspolizeibeschluß in eine Irrenanstalt und dann des Eintrittes der armenrechtlichen Hilfsbedürftigkeit bei einem anstaltspflegebedürftigen Gebrechlichen nach längerem Aufenthalt in der Gebrechlichenanstalt. Wenn in ersterem Falle die sofortige Unterbringung in die Irrenanstalt im Interesse der öffentlichen Sicherheit oder des Geisteskranken geboten ist und der OAV Beschlußabschrift nebst Nachweis der Hilfsbedürftigkeit (Personalbogen) dem LAVe mit dem Ansinnen der Übernahme der Anstaltsfürsorge zusendet oder für den OAV [1]) die Bezirkspolizeibehörde das Gleiche tut, so kann der LAV die Übernahme der Anstaltskosten nicht verweigern und zwar in solchen Dringlichkeitsfällen vom Tage der Aufnahme an, anscheinend zustimmend BlApfl III S 228; denn Anstaltspflegebedürftigkeit und Hilfsbedürftigkeit ist festgestellt und dann bezielt das Gesetz durch Art 58 grundsätzlich die Befreiung der OAVe von der Anstaltsfürsorgelast für Geisteskranke und die Überwälzung dieser Last auf die LAVe. Im zweiterwähnten Falle kann die Anstaltspflegebedürftigkeit durch ein Zeugnis des ärztlichen Anstaltsleiters festgestellt werden und wenn dieses mit dem Nachweis der Hilfsbedürftigkeit (Personalbogen mit amtl. Bestätigung soweit Anlaß) und dem Ansinnen, die Anstaltskosten zu übernehmen, dem LAV zugeht, so wird die Verpflichtung des LAVes mit dem Tage des Eingangs dieser Schriftstücke wirksam. Diese Anmeldung, die dem OAV obliegt, kann für ihn auch durch die Anstaltsverwaltung erfolgen. Letztere hat ein Interesse an der beschleunigten Neufestsetzung der Kostenpflicht und wird deshalb, wenn das Vermögen des verwahrten Geisteskranken zu Ende geht, alsbald Schritte tun, um eine den allgemein gesetzlichen Bestimmungen entsprechende Regelung der Kostenfrage herbeizuführen. Im übrigen hätte die Anstaltsverwaltung zur Sicherung ihres Anspruches vorsorglich Anzeige gemäß Art 14 zu erstatten und zwar an den OAV des Anstaltsortes.[2])

c) Was das Ende der Anstaltspflegepflicht betrifft, so trifft dieses ein, sobald der Geisteskranke oder Gebrechliche sich nicht mehr in der Anstalt befindet; denn „außerhalb der Anstalt liegt dem LAVe keine Pflegepflicht hinsichtlich solcher Kranker ob“, B 43 N 52 S 137; bei Fortdauer der Hilfs- und Anstaltspflegebedürftigkeit würde hinsichtlich des Aufwandes für Verpflegung und Verwahrung nur dann ein Ersatzanspruch

für einstweilige Unterbringung in Krankenanstalten fallen dem LAVe nicht zur Last, S 40 S 52. Wegen Schwierigkeiten für die Aufnahme von Geisteskranken in Irrenanstalten durch Beibringung der nach den Anstaltssatzungen geforderten Belege macht die VGE vom 28. Juni 1920 N 22, Anstaltspfl. R, darauf aufmerksam, daß die Anstaltsverwaltungen die einstweilige Aufnahme in dringlichen Fällen, wie bei Aufnahmeanträgen der LAVe (s. dazu BlApfl V S 14) vorbehaltlich nachträglicher Beibringung der Aufnahmebelege bewilligen können. Im übrigen fallen Verzögerungen der Aufnahme infolge Mangelhaftigkeit der Belege nicht dem LAVe zur Last, Baath S 254.

[1]) Über die Zulässigkeit dieser Vertretung in bezug auf die Anmeldung s. B 19 N 40 S 137 Brunn S 723 und VGE vom 14. Febr. 1920 N 96 III/19, Armenh. B. Den OAVe muß die Hilfsbedürftigkeit erkennbar geworden sein (Anm 4 b zu § 1). Die formlose Zusendung einer Abschrift des Einschaffungsbeschlusses wäre nicht genügend.

[2]) In diesem Falle würde eine Ausnahme von der Regel, daß der OAV der Anstalt unbeteiligt bleibt (BlApfl III S 112/13), eintreten, da an dem Anstaltsorte die Hilfsbedürftigkeit erkennbar wird.

gegen den LAB gerechtfertigt sein, wenn ihn bei der Entfernung des Kranken ein Verschulden träfe, B 33 N 42 S 98; dabei ist aber zu betonen, daß der LAB verpflichtet ist, die Anstaltsversorgung bis zur Beendigung des Bedürfnisses fortzusetzen, B 39 N 50 S 140 Brunn S 692. Bei Entweichung eines Geisteskranken wäre ein Verschulden dann nicht anzunehmen, wenn das Entweichen nicht auf mangelhafte Einrichtungen, sondern auf Umständen beruht, die der LAB und seine Organe, wozu in diesem Falle auch die Anstaltsverwaltungen der von ihm benützten Irrenanstalten gehören, nicht zu vertreten hat, B 35 N 33 S 97 Brunn S 410, B 43 N 52 S 135; für die Zeit der versuchsweisen Entlassung (Zwischenaufenthalt) hat der LAB nicht aufzukommen, B 33 N 42 S 98/102 und 43 a. a. O., ferner BlApfl V S 6. Die Entlassung [1]) wird von der Anstaltsverwaltung im Benehmen mit dem LARatsvorstande verfügt, bei gemeingefährlichen Geisteskranken oder Blödsinnigen bedarf es der Zustimmung der Bezirkspolizeibehörde, vgl. ME vom 24. Jan. 1904. Die endgültige Entlassung solcher Kranker erfolgt durch bezirkspolizeilichen Beschluß (Ziff 5 MinBek vom 1. Jan. 1895, MABl S 2, wegen Zuständigkeit s. § 23 der VO vom 26. Nov. 1915, GVBl S 723). Ob die Rückkehr eines beurlaubten oder entlassenen Gebrechlichen in die Anstalt einen neuen Pflegefall bewirkt, ist nach den Einzelheiten des Falles zu beurteilen, regelmäßig trifft das nicht zu bei den Beurlaubten, B 43 N 8 S 18 N 61 S 154, dazu Anm 4 c cc zu § 1, anders bei der Entlassung, s. B 43 N 48 S 125; doch ist das Wort „Entlassung" nicht immer entscheidend und derselbe Pflegefall anzunehmen, wenn mit baldiger Wiederaufnahme gerechnet werden mußte, B 49 N 31 S 90. Dies gilt hauptsächlich für die landarmen Gebrechlichen, kommt aber auch für jene in Betracht, deren UW nicht ermittelt werden konnte. Selbstverständlich hört die Anstaltsfürsorgepflicht auch auf, wenn der Gebrechliche zu Vermögen kommt und die Armenpflege für ihn nicht mehr einzutreten braucht, wenn also die armenrechtliche Hilfsbedürftigkeit beseitigt ist.

d) Über den Umfang der Anstaltsfürsorgepflicht s. Anm 11.

e) Die Anstalt, in der die dem LAB obliegenden Fürsorge erfüllt werden soll, bestimmt der LAB. Die Aufnahme (Einbringung) hat der OAB zu bewerkstelligen, vgl. die bei b angeführte VGE vom 28. Juni 1920 S 4 und 8, S 40 S 47. Als Anstalten für das Gebiet des Art 58 kommen in erster Linie die Kreisirrenanstalten in Betracht (Anm 5), für Blöde und Gebrechliche die Wohltätigkeits- und Pflegeanstalten der Ordensgesellschaften (auf Grund Vertrags, Anm 5 c, 6—10, § 47 VA), dann auch einzelne Anstalten der OABe (Art 56 Abs 1, wie Pfründner- und Siechenanstalten), an erster Stelle Landarmenanstalten (Art 52 Abs 1 Ziff 2); die Kriegszeit aber, in die die Einführung des UWG und des neuen AG fiel, und die daran anschließende Teuerung erschwerten Bauausführungen größerer Art und verhinderten bis jetzt die Erbauung eigener Landarmenanstalten, nur der LAB Obb ist zur Einrichtung einer Landarmenanstalt durch Adaptierung eines erworbenen Schloßgebäudes geschritten; über das Verhältnis der LABe in bezug auf ihre Anstaltsfürsorgepflicht zu den Kreisanstalten s. BlApfl V S 13 ff.

f) Über Anstaltsverpflegssätze s. Anm 6 c und f, Anm 7 zu § 30 und Anm 3 l dd zu § 32 a, ferner BlApfl V S 25. Bezüglich der Höhe, der einen LAB infolge Verletzung der Anstaltsfürsorgepflicht treffenden

[1]) Über Anstaltsentlassungen s. die Ausführungen in BlApfl V S 14/15 und 26/27.

Kosten außerhalb der Gebrechlichen-Anstalt hat der VGHof ausgesprochen, daß die Bestimmung in § 30 Abs 3 und 4 keine Anwendung findet, s. Näheres in Anm 7 l zu § 30.

g) Für Gebrechliche in außerbayerischen Anstalten mit dem UW in einer bayer. Gemeinde hat der LAV nicht zu sorgen, so lange sie nicht im Benehmen mit ihm in einer bayer. Anstalt untergebracht sind oder die Belassung in der außerbayerischen Anstalt auf die Stellung eines Übernahmeantrags durch den OAV hin vom LAVe beschlossen wurde oder die Überführung infolge Transportunfähigkeit unterbleiben muß, s. S 40 S 44 und BlApfl III S 226.

h) Denkbar ist der Fall, daß die Staatsaufsichtsbehörde die Übernahme der Anstaltsfürsorge für einen Gebrechlichen verlangt und bei ungerechtfertigter Verweigerung der Übernahme gegen den LAV, dessen Vorsitzender durch einen Beschluß des LARates gedeckt sein wird, gemäß Art 13 SVG mit Art 70 und 71 VAH staatsaufsichtlich einschreitet, VGHE vom 5. Juli 1920 N 34 Verpflegsk. G.

13. Im Gegensatze zu Ziff 1 bezweckt die Anstaltspflege nach Ziff 2 die g e i s t i g e Versorgung, nämlich die Erziehung und Ausbildung von Kindern, um sie so „zu geistig und sittlich tüchtigen, arbeitsfähigen Menschen heranzuziehen" und zwar über das schulpflichtige Alter hinaus (Begr S 718); auch für die Anstaltspflegebedürftigkeit kommen andere Voraussetzungen als in Ziff 1 in Frage; diese ist insbesondere bei blinden und taubstummen Kindern gegeben, insoferne ihre Erziehung, Anlernung und Ausbildung in Privatpflege außerhalb der Blinden- und Taubstummenanstalten nicht wohl möglich ist, vgl. auch ME vom 11. März 1913 (Kult.-MABl S 93). Ferner kommt die Anstaltspflegepflicht im Gegensatze zu Ziff 1 in Wegfall bei epileptischen und schwachsinnigen Kindern. Auch Siechtum ist außer Betracht geblieben. Bei den Landtagsverhandlungen wurde eingehend erörtert, ob nicht die Fürsorge für nicht Gebrechliche aber g e f ä h r d e t e und der Armenpflege überwiesene Kinder, oder wie der VGHof in der VGE vom 21. Jan. 1918 N 63 III/17 sich ausgedrückt hat, jene „Klasse von hilfsbedürftigen Kindern, die infolge schlechter Veranlagung, moralischer Defekte oder mangelhafter häuslicher Erziehung das Eingreifen der Jugendfürsorge oder der Armenpflege veranlassen, ohne daß die Voraussetzungen der Gebrechlichen-Fürsorge oder der Zwangs-(Fürsorge-)Erziehung gegeben sind", den LAVen überwiesen werden sollen. Davon wurde jedoch aus den in der Begründung S 718,9 eingehend auseinandergesetzten Gründen abgesehen und zwar hauptsächlich mit Rücksicht auf die zu befürchtende übermäßige Belastung des LAVes, die Verschiedenartigkeit der Verhältnisse, die Befürchtung der Vernachlässigung der Familienerziehung und der Abwälzung der Kinderfürsorge auf den LAV, das örtliche Interesse an der Errichtung von Säuglingsheimen, Kinderbewahranstalten, Kinderhorten, segensreich wirkenden Einrichtungen der Jugendfürsorge, endlich im Hinblick auf die Maßnahmen der Fürsorgeerziehung.

Über Beginn und Umfang der Anstaltspflege s. Anm 11 und 12 b. Die Aufgabe der LAVe ist beendigt, wenn die Erziehung und Ausbildung ihren Zweck, hauptsächlich die Erwerbsbefähigung, erreicht hat, s. Begr S 718, oder der Mangel der Bildungsfähigkeit festgestellt wird, was wohl in erster Linie bei Blöden vorkommen dürfte, denn die Bildungsfähigkeit wird hier oft gering sein.

Für die nicht bildungsfähigen Kinder kommt aber noch die Verpflichtung der AVe zur Anstaltspflege nach Ziff 1 in Betracht, insoweit eine körperliche Versorgung in Anstalten notwendig ist, um die Kinder vor Gefahren und Beschädigungen zu bewahren, oder wenn dauernde Aufsicht, Behandlung und Pflege geboten ist, B 27 N 15 S 53/8 Brunn S 436, B 49 N 45 S 133, 50 N 16 S 49 und 54 N 32 S 138. Diese Ziff 1 kann meist für verblödete Kinder in Anwendung gebracht werden. Im übrigen werden in einzelnen Wohltätigkeits- und Pflegeanstalten Einrichtungen getroffen, um bei blöden Kindern in bezug auf Erziehung und Ausbildung einige Ergebnisse zu erzielen. Für schwachsinnige Kinder sind in größeren Städten Hilfsschulen ins Leben gerufen worden, eine solche ist auch mit der Verpflegungsanstalt in Ursberg verbunden. In Sachsen ist übrigens auch die Unterbringung schwachsinniger Kinder in Anstalten zum Zwecke der Erziehung und Ausbildung eine armenpflegliche Aufgabe, B 56 N 33 S 103; das kann auch für Bayern gemäß Art 3 Abs 1 Ziff 3 und Abs 2 unter Umständen zutreffen, aber die Fürsorgepflicht obliegt in solchen Fällen nicht dem LAVe, sondern dem endgültig pflichtigen OAVe. Der LAV von Obb nimmt sich gemäß Abs 3 auch um epileptische und psychopathische Kinder an, soweit sie bildungsfähig sind und der Anstaltspflege bedürfen, s. Obb ReggAusschr vom 3. Dez. 1919, BlApfl V S 17.

Über Anstalten für Ausbildung von Kindern ist folgendes zu bemerken: Für die Ausbildung blinder Kinder kommt vor allem in Betracht das Zentralblindeninstitut in München, nunmehr Landesblindenanstalt genannt, wie die gleichen Institute für Taubstumme und Krüppelhafte in München unter unmittelbarer Leitung des Staatsmin. f. K. und Schulang., vgl. MinE vom 14. Dez. 1877 (GVBl S 576), MinE vom 20. April 1913 (MABl S 459); über Freiplätze und Verpflegung im Zentralblindeninstitut s. MinE vom 6. Mai 1878, Weber Ges u. VOSamml XII S 284; über Satzungen s. Weber II S 352 III S 69; aufnahmefähiges Alter von 7—12 Jahren. Außerdem ist noch eine Blindenerziehungsanstalt in Augsburg, Nürnberg und Würzburg vorhanden und eine solche mit der Versorgungsanstalt in Ursberg verbunden. Die Altersgrenzen nach oben sind nicht überall gleich, weil in diesen Asylen auch die Weiterversorgung Blinder übernommen wird. Besonders gut organisiert ist die Ausbildung taubstummer Kinder, für die in den einzelnen Regierungsbezirken Kreistaubstummenanstalten eingerichtet sind. Im übrigen s. wegen der Taubstummenanstalten Anm 8. Während im allgemeinen zu dem Begriff „Taubstumme" völlige Taubheit und Stummheit gehört, schließen Gehörreste, die ohne Ausbildung in Taubstummenanstalten verloren gehen würden, die Anstaltspflegebedürftigkeit im Sinne des Art 58 Ziff 2 nicht aus, BlApfl III S 315. Für krüppelhafte Kinder ist in erster Linie die Landesanstalt für krüppelhafte Kinder in München eingerichtet, die Aufnahme ist auf das Alter von 10—14 Jahren beschränkt. Über Satzungen, Kostgeld und Freiplätze s. die näheren Bestimmungen in Weber, Ges u. VOSamml III S 541, XII S 284, MinE v. 26. April 1913 (KultMABl S 469). Bei dieser Anstalt besteht seit 1913 eine orthopädische Klinik, in der auch Erwachsene in beschränkter Anzahl Aufnahme finden können; Satzungen s. MABl 1913 S 461; die neuen Verpflegungssätze s. MABl 1919 S 5. Im übrigen sind Freibetten bei dieser Anstalt aus verschiedenen Fonds, insbesondere auch aus Kreis- und Bezirksmitteln gestiftet (vgl. auch König Ludwig III.-Stiftung für krüppelhafte Kinder). Ferner befindet sich auch in Würzburg ein Krüppelheim (mit 2 Abteilungen, eine für Behandlung, eine für Ausbildung), weiterhin eine Abteilung für krüppelhafte Kinder in der Versorgungs-Anstalt in Ursberg sowie in der pfälzischen Kreis-, Kranken- und Pflegeanstalt. Dagegen kommen hier Kinderbewahranstalten nicht in Frage, weil nach Ziff 9 die allgemeinen Bestimmungen vom 17. Dez. 1910 (KultMABl S 727) in diesen Anstalten nur Kinder Aufnahme finden sollen, die körperlich und geistig so entwickelt sind, daß sie einer besonderen Pflege nicht bedürfen.

14. Hier sind die Wechselbeziehungen zwischen OABen und LABen zu erörtern, s. darüber auch Anm 3 zu § 32a.

a) Sie sind einfacher Natur, wenn der Gebrechliche an dem Aufenthaltsort, an dem die Hilfs- und Anstaltspflegebedürftigkeit eintritt, auch den UW besitzt. In diesem Falle wird der OAB die Übernahme in Anstaltsfürsorge bei seinem LABe beantragen. Über weitere Verhandlungen s. Anm 12. Der LAB erhält vom OABe den fünften Teil des Verpflegssatzes seiner Kreisirrenanstalt oder des Aufwandes in einer anderen Anstalt ersetzt. Hätte der LAB versäumt, das Aufhören der Hilfs- und Anstaltspflegebedürftigkeit festzustellen, so würde von diesem Zeitpunkt an der OAB von Zahlungen befreit sein

b) Wenn Ort des Aufenthalts und des UW nicht zusammenfallen, aber beide demselben LAB angehören, so wird der OAB, in dessen Bezirk die Hilfs- und Anstaltspflegebedürftigkeit zutage getreten ist, die Übernahme der Anstaltspflege durch den LAB beantragen. Bis zum Zeitpunkte der Übernahme steht ihm der reichsgesetzliche Ersatzanspruch gemäß § 30 dem endgültig verpflichteten OABe gegenüber zu, wobei aber die Voraussetzungen des Art 34 erfüllt werden müssen. Diesem Erfordernisse hat der LAB wegen des ihm zustehenden Anspruchs auf Ersatz eines Fünftels gegenüber diesem OABe zu erfüllen, B 40 N 57 S 143; über den Fall, daß der LAB aus eigenem Antriebe die Anstaltspflege übernimmt, der OAB aber die Hilfs- und Anstaltspflegebedürftigkeit bestreitet, s. B 40 N 55 S 138/9.

Der Übernahmeantrag des OABes hat die Wirkung der §§ 14 und 27 Abs 2.

c) Liegen Aufenthaltsort und Ort des UW in zwei verschiedenen Regierungsbezirken, so werden z w e i LABe mit dem Unterstützungsfalle beschäftigt. Der vorläufig anstaltsfürsorgepflichtige LAB hat die Stellung des vorläufig hilfeleistenden OABes mit den Rechten und Pflichten eines solchen; er kann insbesondere vom endgültig verpflichteten LABe die Übernahme verlangen und muß die Unterstützung mit dem Ansinnen des Ersatzes gemäß § 34 anzeigen und Unterhaltspflichtige oder Drittverpflichtete ermitteln und heranziehen, B 46 N 45 S 177/80. Auch diesem Übernahmeantrage kommt die Wirkung der §§ 14 und 27 zu, B 43 N 18 S 42/5. Wird von einem nichtbayerischen AB einem Anstaltspflegebedürftigen Armenhilfe geleistet, so kann der OAB bei seinem LAB Antrag auf Übernahme der Anstaltspflege stellen, BlApfl III S 225/6. Bei Transportunfähigkeit kann auch schon während der Dauer der Verwahrung in einer außerbayerischen Anstalt eine Fürsorgepflicht des LABes in Betracht kommen, BlApfl a. a. O., BGE vom 31. März 1919 N 35 III/18, Anstaltspfl. A (abgedr. S 40 S 44).

d) Es kann sich auch noch ein dritter LAB einschieben, wenn bei Erkrankung beispielsweise eines Geisteskranken der OAB des DoAO fürsorgepflichtig und Anstaltspflege notwendig ist. Diesem OABe gegenüber ist der LAB, dem er angehört, der endgültig anstaltspflegepflichtige LAB im Sinne des Abs 2 bis zur Dauer von 26 Wochen, B 39 N 53 S 151, Anm 11 zu § 29. Letztere kann von ersterem 1/5 des Aufwands ersetzt verlangen.

e) Der endgültig anstaltsfürsorgepflichtige LAB kann Überführung gemäß § 32 fordern; dieses Recht steht aber auch dem endgültig verpflichteten OABe zu, weil er am Kostenaufwande beteiligt ist, B 29 N 37 S 112.

f) Im übrigen ist zu betonen, daß zunächst der OAB fürsorgepflichtig ist und zwar auch in den Fällen, in denen die Anstaltspflegepflicht der LABe nach Art 58 begründet ist. Die Hilfeleistung des LABes kommt als Beihilfe der LAB für die OABe in Betracht und erfolgt regelmäßig nur auf Ansuchen; dieses zu stellen ist Sache des OABes, S 38 S 149/52, 40 S 54, BGE vom 14. Jan. 1918 N 96 III/17, Fürs. B. Für die ohne Anmeldung beim LAB und ohne dessen Übernahmezusicherung geleistete Anstaltspflege kann auch nicht nach den Grundsätzen über Geschäftsführung ohne Auftrag oder wegen ungerechtfertigter Bereicherung (§§ 638, 812 BGB) Ersatzklage erhoben werden, weil die hier in Frage kommende Unterstützungs- und Ersatzpflicht im öffentlichen Rechte durch das UWG und AG erschöpfend geregelt ist, S 31 S 33, BGE vom 25. Febr. 1918 N 2, Fürs. S. Unterläßt der vorläufig hilfeleistende OAB die Stellung eines Übernahmeantrags gegenüber dem LABe, so steht ihm zwar noch sein reichsgesetzlicher Ersatzanspruch gemäß § 30 gegenüber dem endgültig verpflichteten OAB (des UW oder des DoUO) zu, B 28 N 47 S 134, Brunn S 677; der Anspruch kann aber insoweit als verwirkt erklärt werden, als ohne schuldhafte Versäumung der Anstaltszuführung der Aufwand für den endgültig pflichtigen OAB weggefallen oder wesentlich gemindert worden wäre, s. Anm 3 i zu § 28, BGE vom 10. März 1919 N 76 III/18, Anstaltspfl. H. Während also der vorläufig fürsorgepflichtige OAB gegenüber letzterem OABe der Kostenersparnis wegen die Übernahme in die Anstaltsfürsorge seines LABes zu betreiben hat, besteht für diesen keine Verpflichtung, die Übernahme von dem endgültig anstaltspflegepflichtigen LABe zu verlangen, B 51 N 50 S 161. Hier ist auf die Vereinbarung der LABe hinzuweisen, daß als Verpflegssatz für den Aufenthalt in einer Heil- und Pflegeanstalt des Kreises der Betrag von 5 Mk. zu entrichten ist und vom 1. April 1921 an der jeweils niederste Satz für die verschiedenen Heil- und Pflegeanstalten der Kreise. Wegen Anwendung des Tarifs und Einrechnung der Verwaltungskosten s. Anm 7 l zu § 30, dazu auch BlApfl III S 228. Das Erkenntnis in S 40 S 95, wonach § 30 Abs 3 und 4 nicht anwendbar sein soll, wenn der LAB mit Rückwirkung die Fürsorge für einen Gebrechlichen (also beispielsweise für vorangegangene Krankenhausbehandlung) zu übernehmen hat oder übernimmt, wird dazu führen, daß eine Fürsorgepflicht mit Rückwirkung wohl kaum mehr anerkannt werden wird.

15. Wie das in Anm 1 zu Art 1, Anm 7, 9, 13, dann Anm 10 zu diesem Artikel erwähnte Vorgehen der LABe von Oberbayern und Oberfranken beweist, sind bereits mit ministerieller Genehmigung soziales Verständnis bekundende Schritte über den immerhin noch etwas engen Rahmen des Art 58 hinaus nach Maßgabe des Abs 3 erfolgt. Dabei handelt es sich um eine freiwillige, nicht um eine Pflichtleistung, BlApfl III S 230. Fraglich erscheint, ob zu den zulässigen Leistungen der LABe nach Abs 3[1]) auch die Gewährung von teilweisen Freiplätzen in den Landarmenanstalten und sonstigen Anstalten an Minderbemittelte zur Unterbringung ihrer Angehörigen in diesen Anstalten gezählt werden kann. Zwar unterliegt

---

[1]) Bei den AB 1914 S 483 wurde darauf hingewiesen, daß Abs 3 den LABen die Möglichkeit gäbe, sämtliche Aufgaben der Armenpflege nach Art 3 Abs 2 und 3 zu übernehmen.

es keinem Zweifel, daß diese Beihilfe geeignet ist, der vollständigen Verarmung und dadurch der Belastung der AVe entgegen zu wirken. Allein in § 8 UWG und Art 58 Abs 3 bayr. AG sind die Leistungen der LAVe auf Unterstützung der OAVe in Erfüllung der ihnen nach dem AG (Art 3 Abs 2 und 3) zugewiesenen Aufgaben beschränkt. Im übrigen fanden solche Beihilfen schon bisher aus Kreis- und Stiftungsmitteln statt, wobei es auch in Zukunft sein Bewenden haben dürfte. Etwas anderes sind die Vereinbarungen unter den LAVen, wonach ein Rückgriff auf einen anderen LAV in den Fällen fortgesetzter Hilfsbedürftigkeit bei Personen (insbesondere landarmen und nichtdeutschen), die den Aufenthalt ständig wechseln und bei Arbeitswilligen, die aber an keiner Abeitsstelle länger auszuhalten pflegen, ausgeschlossen sein soll.

16. Das Interesse der OAVe soll durch Zuweisung der Ersatzpflicht für einen Bruchteil der Kosten wach gehalten werden. Hierüber führte die Staatsregierung (StenBer 1914 S 76) aus: „Die Belassung einer sog. Interessenquote ist eine alte Forderung der Armenlehre. Diese beruht auf der berechtigten Erwägung, daß die vollständige Übernahme der Kosten auf den höheren Verband den Nachteil im Gefolge hätte, daß für die unteren Verbände das unmittelbare finanzielle Interesse an einer vernünftigen und sparsamen Handhabung des Unterstützungswesens, sowie an einer sorgfältigen Prüfung und Überwachung der Vermögensverhältnisse der Unterstützten und ihrer unterhaltspflichtigen Angehörigen in Wegfall käme, daß überdies das Bestreben zu befürchten wäre, Hilfsbedürftige auf den höheren Verband abzuschieben."

Was unter „reinen Unterstützungsaufwand" fällt, sagt § 46 Abs 3 BA.

Wegen der Anmeldung nach § 34 s. Anm 14. Der vorläufig anstaltspflegebedürftige LAV hat gegenüber dem endgültig verpflichteten OAVe keinen Ersatzanspruch; dieser steht nur dem endgültig anstaltspflegepflichtigen LAVe zu.

Der LAV und der OAV tragen eine gemeinsame Last mit der Folge, daß an etwaigen Zuschüssen oder Leistungen Dritter zu den Anstaltskosten beiden ein Anteil nach dem Verhältnis ihrer Kostenpflicht zusteht; es hat daher, wie der VGHof in S 40 S 49 ausgesprochen hat, der LAV einen Anspruch auf 4/5 des Betrages, den Verwandte des Pfleglings in der Höhe des auf den OAV treffenden Fünftels an den Vorstand des OAVes oder dessen Stellvertreter einbezahlt haben. Dagegen kann sich der LAV von dem infolge Verzögerung der Anstaltsaufnahme dem OAV erwachsenen Mehraufwand, den der LAV zu tragen hat, nicht 1/5 durch den OAV ersetzen lassen, BGE vom 17. Febr. 1919 N 70 III/18, AU Sch.

Art. 59.

[1] Neben der Fürsorge nach Art. 58 obliegt den Landarmenverbänden auf Verlangen die Gewährung von Beihilfen an Ortsarmenverbände ihres Bezirkes, wenn im Bezirke des Ortsarmenverbandes oder in dessen größerem Teile die Höhe der Gemeinde- und Ortsumlagen den Durchschnitt des Landarmenverbandes erheblich übersteigt, ein erheblicher Teil dieser Umlagen zu Armenzwecken verwendet wird und infolgedessen unverhältnismäßige Belastung vorliegt.[1]

II Die Beihilfe kann in Geld oder in anderer Weise geleistet werden.[2]

III Die Landarmenräte sind ermächtigt, für die Geltendmachung des Verlangens Fristen zu bestimmen und die Einreichung bestimmter Nachweise vorzuschreiben.[3]

IV Gegen den Beschluß des Landarmenrats, der den Beihilfenanspruch ganz oder teilweise ablehnt, ist Beschwerde an die Staatsaufsichtsbehörden zulässig.[4]

Entw Art 58, D 471, R 576 (B 9 b), AB 1912 S 364. 424—427, StenBer 1912 S 991, Begr 720, AB 1914 S 484—488, StenBer 1914 S 75, Beschl N 8 d.

BA. § 48. I Anträge der Ortsarmenverbände von Gemeinden, die einem Bezirksamt unterstehen, auf Gewährung von Beihilfen nach Art. 59 sind innerhalb der vorgeschriebenen Frist und mit den erforderlichen Nachweisen (Art 59 Abs. III) dem Bezirksamte vorzulegen. Dieses prüft die Gesuche und teilt sie mit gutachtlicher Äußerung dem Landarmenrate mit. Ortsarmenverbände, die einer kreisunmittelbaren Stadt entsprechen oder zu denen eine kreisunmittelbare Stadt gehört, übersenden die vorschriftsmäßig behandelten Gesuche dem Landarmenrat unmittelbar. Für die Nachweise ist ein Muster in der Beilage 3 abgedruckt.

II Bei der Bescheidung der Gesuche werden die Landarmenverbände davon auszugehen haben, daß bei zahlreichen Gemeinden schon durch die Wirkung des UWG., bei allen aber durch die Beteiligung der Landarmenverbände nach Art. 58 des Armengesetzes eine zum Teil erhebliche Entlastung eintreten wird, daß sich die Beihilfen nach Art. 59 daher als Ausnahmeleistungen darstellen, deren Voraussetzungen genau zu prüfen sind.

III Die Beihilfe kann auch in anderer Weise als durch Geld, beispielsweise durch Gewährung von Freistellen oder von geringeren Pflegesätzen in Anstalten geleistet werden.

1. Bei zahlreichen Gemeinden wird durch Einführung des UWG und durch die Übernahme der geschlossenen Anstaltspflege auf den LAV eine erhebliche Erleichterung hinsichtlich der Armenlasten eintreten. Wo aber trotzdem in einzelnen Ausnahmefällen noch eine unverhältnismäßige Belastung zutage tritt, wird durch Beihilfen des LAVes nach Art 59 an Stelle der bisherigen Unterstützung für überbürdete Gemeinden durch den Distrikt und den Kreis ein weiterer Ausgleich geschaffen. Dies trifft namentlich dann zu, wenn besonderer Aufwand für Kurkosten, die manche Landgemeinde unter Umständen sehr beschweren können, und für Anstaltspfleglinge, bei denen die Voraussetzungen des Art 58 nicht oder nicht voll erfüllt sind, eine Gemeinde außerordentlich belastet. In der Praxis haben sich Klagen nicht ergeben und werden die LAVe sich durch die Schwierigkeiten des Vollzugs der Vorschrift in Abs 1 infolge des Chaos bei der Finanzierung öffentlicher Haushalte (insbesondere des Kreises, der Bezirke und Gemeinden) nicht abhalten lassen, überlasteten OAVen helfend unter die Arme zu greifen. Dies umsomehr als die Gesetzgebungsverhandlungen die Absicht einer wohlwollenden Beurteilung der Belastungsverhältnisse (AB 1912 S 427, StenBer 1914 S 47) erkennen lassen. Um die Beihilfe muß nachgesucht werden.

2. Die Beihilfeleistungen sind bei Berechnung des Armenaufwandes des LAVes hinsichtlich der Staatszuschüsse zu beachten.

3. Die Gesuche der überlasteten OABe sind innerhalb der vom LAB (im Kreisamtsblatt) ausgeschriebenen Frist einzureichen, um eine gleichzeitige und gleichmäßige Behandlung herbeizuführen und nachträgliche Gesuche zu vermeiden. Über die Art der Einreichung dieser Gesuche und das Formular dazu s. § 48 Abs 1 BA. Die Frist kann vom LAB als ausschließend bestimmt werden; jedoch ist der LAB daran nicht gebunden, da die Fristbestimmung in seinem freien Ermessen liegt. Die Frist ist so zu bemessen, daß einerseits die Rechnungstellung des OABes für das abgelaufene Rechnungsjahr abgeschlossen ist, andererseits der Bedarf im Voranschlage des LABes für das folgende Jahr berücksichtigt werden kann.

4. Dem antragstellenden OABe steht hinsichtlich der Höhe der gewährten Beihilfe oder bei deren Ablehnung das Recht der Beschwerde an die Staatsaufsichtsbehörde, d. i. die Regierung, Kammer des Innern, zu. Die Staatsaufsichtsbehörde kann aber nicht von sich aus die Behandlung beanstanden und ebensowenig steht dem Kreistag ein Einfluß darauf zu. Die Beschwerdeerhebung ist Sache des Ortsarmenrates; eine Fristbestimmung, wie sie das AArmG in Art 38 Abs 3 getroffen hatte, ist im NArmG nicht enthalten. Die Entscheidung der Regierung erfolgt auf dem Bürowege. Beschwerden dagegen werden vom Staatsministerium des Innern entschieden; durch die Bestimmung in Abs 4 ist eine Zuständigkeit des VGHes ebenso ausgeschlossen, wie durch Art 38 Abs 4 AArmG. Hiernach kann auch der Landarmenrat nur die Oberaufsichtsbehörde anrufen, insoweit der Beschwerde des OARates durch die Regierung ganz oder teilweise stattgegeben worden ist. Die Überbürdungsfrage ist eine Frage des Verwaltungsermessens, vgl. Reger AG Anm 9 zu Art 38 S 104.

Art. 60.

I Die Erstattung von Kosten an einen Ortsarmenverband, der zur Bezahlung der ihm endgültig auferlegten Kosten laut Bescheinigung der vorgesetzten Behörde ganz oder teilweise außerstande ist (Gesetz über den Unterstützungswohnsitz § 59), obliegt dem Landarmenverbande, zu dessen Bezirk jener Verband gehört.

II Gegen den Beschluß des Landarmenrats, der den Erstattungsanspruch ganz oder teilweise ablehnt, ist Beschwerde an die Staatsaufsichtsbehörden zuläßig.

Entw Art 59, Begr 720, AB 1914 S 488.

Die Kostenerstattung nach Art 60 ist eine Abart der Beihilfe an einen überlasteten OAB und knüpft an die Bestimmung des § 59 UWG an, wonach der Bundesstaat für die Kostenerstattungspflicht eines von der vorgesetzten Stelle als zahlungsunfähig erklärten OABes Sorge zu tragen hat. Diese Fälle werden äußerst selten vorkommen, vgl. die Anmerkungen zu § 59; immerhin ist die Regelung nach dieser reichsgesetzlichen Bestimmung veranlaßt und sind Fälle denkbar, daß der nach Beendigung eines länger dauernden Streites zu bezahlende einmalige Unterstützungsbetrag eine außerordentliche Höhe erreicht, so daß er die Leistungsfähigkeit des OABes übersteigt. Das Beschwerderecht ist ebenso wie bei Art 59 geregelt.

Art. 61.

I In den Fällen des Gesetzes über den Unterstützungswohnsitz § 33 ist zur Erstattung der Kosten und zur Übernahme des Hilfsbedürftigen der Landarmenverband verpflichtet, in dessen Bezirk der Hilfsbedürftige seinen letzten Unterstützungswohnsitz gehabt hat.[1], [2]

II Kann dieser Unterstützungswohnsitz nicht ermittelt werden, so hat den Aufwand der Landarmenverband zu tragen, in dessen Bezirk die Hilfsbedürftigkeit hervorgetreten ist.[3]

III Der Staat ersetzt dem Landarmenverbande vier Fünftel des Aufwandes.[4]

R 576, AB 1912 S 428—433, StenBer 1912 S 978, Begr 721, AB 1914 S 491—493 StenBer 1914 (XII) S 76, 88, Beschl R 8 e.

BA. § 49. I In den Fällen des Art. 61 sind die Gesuche um Ersatz des Unterstützungsaufwandes mit den erforderlichen Nachweisen und einem Verzeichnisse der Unterstützungen nach Ablauf des Rechnungsjahrs oder halbjährlich der Regierung, Kammer des Innern, vorzulegen. Diese setzt die erforderliche Summe fest und weist sie zur Zahlung ein.

II Handelt es sich um eine fortlaufende Unterstützung, so hat der Landarmenverband alljährlich im November einen Jahresvoransch'ag zu fertigen und der Regierung, Kammer des Innern, vorzulegen. Für die weitere Behandlung gilt Abs. I entsprechend.

1. Für Auslandsdeutsche tritt die Kostenerstattungs- und Übernahmepflicht jenes Staates ein, innerhalb dessen der Hilfsbedürftige seinen letzten UW gehabt hat. Ist ein solcher nicht zu ermitteln, so trifft die Verpflichtung gemäß Abs IV der BRVo vom 16. Mai 1918 (RGBl S 409) den Heimatstaat; s. Näheres darüber in Anm 3. Hiernach ist gegenwärtige Vorschrift auch maßgebend für Auslandsdeutsche geworden, die nach dem 31. Juli 1914 infolge der kriegerischen Verhältnisse in das Reichsgebiet übergetreten sind und innerhalb eines Monats nach dem Grenzübertritte hilfsbedürftig geworden sind.

2. Vorläufig unterstützungspflichtig ist der OAV des AufO, in dessen Bezirk die Hilfsbedürftigkeit eingetreten ist, gemäß § 28. Ist das innerhalb der in Anm 1 erwähnten Frist (s. Anm 5 zu § 33) der Fall gewesen, so hat er einen Anspruch auf Erstattung seines Aufwands und beim Vorliegen der Voraussetzungen des § 31 auf Übernahme des hilfsbedürftigen Auslandsdeutschen gegen den durch das Landesgesetz bestimmten LAV (s. Anm 3). Selbstverständlich hat der OAV Anmeldung nach § 34 zu erstatten und die Pflichten des vorläufig hilfeleistenden OAVes (s. Anm 3 zu § 28) zu erfüllen. Nach der Rechtsprechung des BGHofes kommen für seine Ersatzansprüche die Bestimmungen in Abs 3 und 4 des § 30 nicht zur Anwendung, s. S 39 S 147 und Anm 7 l zu § 30.

3. Die infolge der in Anm 1 angeführten BRVo notwendig gewordene Abänderung des Abs 2 ist durch MinBek vom 5. Juli 1918 (MABl S 276) erfolgt. Hiernach ist kostenersatz- und übernahmepflichtig bei hilfsbedürftigen landarmen und staatlosen ehemaligen Bayern, deren letzter UW nicht zu ermitteln ist, der LAV, in dessen Bezirk der Hilfsbedürftige den letzten nachweisbaren Wohnsitz gehabt hat, andernfalls der LAV, in dessen Bezirk er geboren ist, und wenn auch der Geburtsort nicht zu ermitteln ist, der LAV, in dessen Bezirk die Hilfsbedürftigkeit hervorgetreten ist. Wegen Übernahme von Personen bayr. Abkunft s. Anm 3 zu Art 62.

4. Für das den LAVen zur Selbsttragung überwiesene Fünftel gilt das in Anm 16 zu Art 58 über „Interessenquoten" Gesagte. Dabei kommt nur der reine Unterstützungsaufwand wie bei Art 58 Abs 4 AG in Anrechnung. Dem Staate gegenüber besteht keine Anmeldepflicht (§ 34). Hinsichtlich der rechnerischen Behandlung s. § 49 VA, sowie die MinEntschen vom 6. März 1916 mit 21. Jan. 1918 (Anhang).

Art. 62.

I Solange einem Nichtdeutschen der Aufenthalt in Bayern gestattet wird, ist er in bezug auf Art und Maß der öffentlichen Armenunterstützung einem Deutschen gleichzuachten.[1, 2]

II Zur Erstattung des Aufwandes und zur Übernahme eines solchen Hilfsbedürftigen ist der Landarmenverband verpflichtet, in dessen Bezirk die Hilfsbedürftigkeit hervorgetreten ist.[3]

III Der Staat ersetzt dem Landarmenverbande vier Fünftel des Aufwandes.[4]

R 577, AB 1912 S 428—432, StenBer 1912 S 978, Begr 721, AB 1914 S 491—493, StenBer 1914 S 76, 88, Beschl N 8 e.

VA. § 50. § 49 gilt auch für Unterstützungen nach Art. 62 mit Ausnahme der Fälle, bei denen sich aus den persönlichen Verhältnissen der Unterstützten Anhaltspunkte für die Möglichkeit der Ersatzleistung ergeben. Ist in diesen Fällen zur Geltendmachung der Ersatzansprüche der diplomatische Weg einzuhalten, so sind die Verhandlungen den Regierungen, Kammern des Innern, und von diesen dem Staatsministerium des K. Hauses und des Äußern in Vorlage zu bringen. Dabei gelten im übrigen bis auf weiteres die Ministerial-Entschließungen vom 13. Mai 1880 und 5. Juni 1911 (MABl. 1880 S. 223, 1911 S. 387) entsprechend.

1. Hierher gehören auch die unmittelbaren Reichsangehörigen, die im Bereiche des UWG als Ausländer gelten, s. Anm 2 und 7 zu § 1 und Anm 1 zu § 60, sowie die staatlosen ehem. Bayern und Personen bayr. Abkunft (s. Anm 3). Hinsichtlich der Übernahmepflicht ausländischer Staaten bleibt es nach der ME vom 12. Nov. 1915 (MABl S 291 Ziff 4) bei den bestehenden Staatsverträgen, vgl. hierüber Anm 3 zu § 60 und wegen der Ausweisung von Ausländern Anm 2 i daselbst. Unmittelbarer Schriftenverkehr ist nunmehr auch mit der Schweiz, Luxemburg und den Niederlanden zugelassen, MB vom 16. März 1921 (MABl S 49). Über den Gothaer Vertrag wegen gegenseitiger Übernahme der Ausgewiesenen und Heimatlosen vom 15. Juli 1851 und die Eisenacher Übereinkunft wegen Verpflegung erkrankter und Beerdigung verstorbener Untertanen vom 11. Juli 1853 (Weber, Ges. u. VOSamml 4 S 268 und S 580) s. auch Ziff 3 der ME vom 12. Nov. 1915 (Anhang).

2. Die vorläufige Unterstützung der Ausländer ist in § 60 UWG dem OAV, in dessen Bezirke die Hilfsbedürftigkeit hervortritt, auferlegt. Für diesen OAV, sowie hinsichtlich seiner Rechte und Pflichten gilt das in

Anm 2 zu Art 61 Gesagte: s. dazu insbesondere die Ausführungen in Anm 2 b—h zu § 60. Über das Verhalten der OAVe gegenüber Ausländern s. auch BlApfl IV S 293.

3. Durch die MinBek vom 5. Juli 1918, die auf Grund der den Heimatstaat heranziehenden BRVo vom 16. Mai 1918 ergangen ist, wurde bestimmt, daß für Personen bayr. Abkunft der LAV kostenerstattungs- und übernahmepflichtig ist, in dessen Bezirk der letzte UW (die letzte Heimat) oder in Ermangelung eines solchen der letzte nachweisbare Wohnsitz des letzten nachweisbaren bayerischen Vorfahren des Hilfsbedürftigen gelegen ist, sonst der LAV, in dessen Bezirk die Hilfsbedürftigkeit hervorgetreten ist.

4. Wegen Ersatzes der Auslagen und der Voranschläge für fortlaufende Unterstützungen s. Anm 4 zu Art 61. Insoweit bei unmittelbaren und ehemaligen unmittelbaren Reichsangehörigen ein letzter UW nicht zu ermitteln und ein Staat, dem er zuletzt angehört hat, nicht vorhanden ist, trägt das Reich nach der BRVo vom 16. Mai 1918 die Kosten der Unterstützung; die LAVe werden daher in diesem Falle nicht $^4/_5$, sondern den vollen Aufwand aufrechnen.

Art. 63.

I Der Aufwand für die Landarmenpflege ist eine Kreislast.[1]
II Er ist soweit nötig durch Erhebung von Kreisumlagen zu decken.[2]

R 577 (B 10), AV 1912 S 433, Begr 721, AV 1914 S 493.

1. Die Deckung des Aufwandes für die Landarmenpflege ist durch die Landesgesetzgebung zu regeln. Sie wurde entsprechend der Bestimmung in Art 47 als eine Kreislast erklärt, was nach Art 1 Ziff 7 und Art 5 des Kreislastenausscheidungsgesetzes zulässig ist.

Zu diesem Aufwande gehören:

a) die Ausgaben auf die Verwaltung und zwar der persönliche Bedarf, darunter die Entschädigung der LARatsmitglieder, dann das Honorar für den Vertrauensarzt des LARats und der sachliche (Regie-)Bedarf; dabei ist aber zu betonen, daß die Kanzlei- und Botengeschäfte durch Regierungspersonal, die Kassen- und Finanzgeschäfte durch die Organe der staatl. Finanzverwaltung besorgt werden; die Aufnahme Angestellter für den Geschäftsbetrieb kann dem LAVe nach dem Grundsatze der Selbstverwaltung nicht verwehrt werden (Art 52 Ziff 3).

b) Kosten der Verwaltung etwaiger Vermögensbestandteile und des Betriebs von Landarmenanstalten;

c) die Ausgaben für die Unterstützung der Landarmen nach § 30 Abs 1 b UWG;

d) die Kosten der landesgesetzlich übertragenen Anstaltspflege Art 58;

e) die Kosten für die freiwillig übernommenen Aufgaben nach Art 58 Abs 3;

f) die Beihilfen an OAVe nach Art 59 und 60;

g) endlich Ersatzleistungen an andere Verbände, die für den LAV Verpflichtungen erfüllt haben.

2. Für den durch eigene Einnahmen des LAVes nicht gedeckten Bedarf erhält der LAV einen Staatszuschuß nach Art 64 AG. Der noch übrig bleibende Aufwand ist im Kreishauptvoranschlag als Ausgabe einzusetzen und ist dort unausgeschieden mit den übrigen nicht gedeckten Ausgaben des Kreises aus der Kreisumlage (Art 15 Buchst a und 18 Land-

ratsG sowie Art 42—48 UmlG vom 14. Aug. 1910), soweit deren Erhebung nach den Reichs- und Landessteuergesetzen überhaupt noch zulässig ist, zu decken; s. hierüber das bei Art 35 erwähnte Landessteuergesetz und das bayr. Ausführungsgesetz dazu.

[Art.[64.]

[I] Die Landarmenverbände erhalten Staatszuschüsse.[1]

[II] Der Gesamtbetrag der Staatszuschüsse wird für jede Finanzperiode durch das Budget festgestellt.[2]

[III] Die Verteilung erfolgt alljährlich nach dem Verhältnisse der Hundertsätze der Kreisumlagen für den gesetzlich vorgeschriebenen Armenaufwand durch das Staatsministerium des Innern.[3]

D 472, R 579, 580 (B 10), AB 1912 S 436—439, StenBer 1912, 979, 993/4, 1005, 1021, Begr 722, AB 1914 S 493—498, StenBer 1914 S 47, 69, 89, Beschl N 10.

VA. § 51. [I] Nach Art. 64 Abs. III verteilt das Staatsministerium des Innern die jährlichen Zuschüsse an die Landarmenverbände nach dem Verhältnisse der Hundertsätze der Kreisumlagen für den gesetzlich vorgeschriebenen Armenaufwand. Die Regierungen, Kammern des Innern, legen die Nachweise über diesen Aufwand dem Staatsministerium des Innern nach dessen näherer Anordnung alljährlich vor.

[II] Zum Aufwand im Sinne des Art. 64 gehören nicht die Kosten, die den Landarmenverbänden durch das Fürsorgeerziehungsgesetz erwachsen, da es sich hierbei nicht um Armenaufwand handelt.

1. Über Staatszuschüsse zu Armenzwecken im allgemeinen s. R 580 und AB 1912 S 438.

2. Die Höhe des Staatszuschusses wird jeweils durch das „Budget" („Etat" N 26 Min. d. Innern Ziff 5 Ausgaben für Wohltätigkeit) bestimmt, während in anderen Bundesstaaten zum Teil die Höhe für längere Frist festgelegt wurde (Baden), oder von vornherein ein fester Bruchteil bestimmt wurde (Hessen). Der Antrag, im Armengesetze selbst einen Mindestzuschuß des Staates und zwar vorläufig in der Höhe von 2000000 Mk. zu bestimmen, wie auch die Petition des Städteverbandes wollte, wurde abgelehnt, um das freie Ermessen des Landtages zu wahren und die Finanzlage des Staates und den jeweiligen tatsächlichen Aufwand der LAVe berücksichtigen zu können.

3. Was die Verteilung unter die einzelnen LAVe betrifft, so erfolgt sie nach dem Verhältnisse der Hundertsätze[1]) der Kreisumlagen für den gesetzlich vorgeschriebenen Armenaufwand, also nach genau festgelegten Berechnungsgrundsätzen. Zu diesem Aufwande gehören weder die Ausgaben für freiwillig übernommene Aufgaben Art 58 Abs 3 noch die Ausgaben für die Fürsorgeerziehung, da diese nicht als Armenaufwand gelten, vgl. § 51 Abs 2 VA. Außer Betracht bleiben Kreis- und Staatszuschuß. Dagegen dürfen jene Aufwendungen (1/5) mit berücksichtigt werden, bei denen der Staat bereits nach bestimmten Bruchteilen (4/5) einen Bei-

[1]) Ob dieser Grundsatz bei der großen Umwälzung des Steuer- und Umlagenwesens aufrecht erhalten werden soll, erscheint fraglich.

trag leistet. Auf Grund der vorgeschriebenen Nachweise (§ 51 Abs 1 VA), insbesondere der von den LAVen anzufertigenden und der Regierung zur Übermittelung an das Staatsministerium des Innern vorzulegenden Berechnung setzt dieses nach den Verhältnissen des Hundertsatzes der Kreisumlagen für den gesetzlich vorgeschriebenen Armenaufwand nach dem Rechnungsergebnis ohne Rücksicht auf den Staatszuschuß (MinE vom 6. Mai und 20. Sept. 1918 N 5720) den Zuschuß für jeden LAV fest. Eine Mitwirkung des Landtags bei der Verteilung unterbleibt. In den Voranschlag des LARates wird der zuletzt bewilligte Staatszuschuß eingesetzt (MinE vom 14. Juli 1919 N 5720).

D. Sonstige Verpflichtete.

Art. 65.

I Aufgabe der Distriktsgemeinden ist[1], [2]

1. die Unterhaltung der bestehenden distriktsgemeindlichen Krankenhäuser, Armenhäuser, Beschäftigungsanstalten, Erziehungsanstalten für verwahrloste Kinder und sonstigen Wohltätigkeitsanstalten,[3]
2. die Unterhaltung der bestehenden Distriktssparkassen,[4] Distriktshilfskassen und ähnlicher Distriktsanstalten,
3. die Errichtung neuer Distriktskrankenhäuser,[5] soweit nicht für die erforderliche Krankenhauspflege (Art. 3 Abs. II Ziff. 2) auf andere Weise gesorgt ist oder gesorgt werden kann,
4. für mittellose Personen, die arbeitsuchend umherziehen, durch Arbeitsvermittlung oder durch vorübergehende Gewährung von Obdach und Beköstigung gegen Arbeitsleistung Fürsorge zu treffen.[6]

II Im Falle der Ziffer 4 werden den Distriktsgemeinden vier Fünftel der Kosten dieser Fürsorge aus Kreismitteln ersetzt. Der Staat ersetzt den Kreisgemeinden die Hälfte ihres Aufwandes.

Entw. 65 und 66, R 578/9, D 472, 475, 481/5, AB 1912 S 433—436, StenBer 1912 S 978, 984, 991/2, Begr 722/24, AB 1914 S 498/516, 547, StenBer 1914 S 22/28, 47/48, 70/1, 76/8, 89, Beschl N 9.

VA. § 52. Die Pflicht der Distriktsgemeinden zur Errichtung neuer Distriktskrankenhäuser (Art. 65 Abs. I Ziff. 3) besteht nur, soweit nicht für die erforderliche Krankenhauspflege Hilfsbedürftiger auf andere Weise gesorgt ist oder gesorgt werden kann. Wenn daher eine Distriktsgemeinde kein eigenes Krankenhaus besitzt und die armengesetzliche Krankenfürsorge Mängel aufweist, so ist zunächst genau zu untersuchen, ob für die Krankenhauspflege nicht auf andere Weise gesorgt werden kann. Dabei wird beispielsweise in Betracht kommen: Anschluß an ein Krankenhaus einer anderen Distriktsgemeinde, einer Gemeinde, einer Kasseneinrichtung, einer Stiftung, Vereinbarung der beteiligten Gemeinden nach Art. 34 Abs. II, Anschluß an das Krankenhaus eines Landarmenverbandes oder an die Krankenabteilung einer Landarmenanstalt (vgl. auch Art. 56 Abs. II). Bei etwaigem Vorgehen gegen eine Distriktsgemeinde ist auf ihre Leistungsfähigkeit sorgfältig Bedacht zu nehmen.

§ 53. Nicht jede Art der Arbeitsvermittlung oder der vorübergehenden Gewährung von Obdach und Beköstigung an mittellose Wanderer gegen Arbeitsleistung kann als Fürsorge nach Art. 65 Abs. I Ziff. 4 mit dem Rechte auf staatliche Zuschüsse nach Abs. II erachtet werden. Die Einrichtungen müssen vielmehr so beschaffen sein, daß der durch diese Gesetzesvorschriften verfolgte Zweck einer wirksamen Wandererfürsorge erreicht werden kann. Die Staatsregierung behält sich vor, über die Beschaffenheit dieser Einrichtungen Richtlinien bekanntzugeben.

1. Das Distriktsratsgesetz (DRG) vom 28. Mai 1852 (GBl S 245) hat durch das bayerische Gesetz über die Selbstverwaltung (SVG) vom 22. Mai 1919 (GVBl S 239) eine wesentliche Änderung erfahren. Die Distriktsgemeinden sind verschwunden, an deren Stelle sind die „Bezirke" getreten, die mehrere zu einem Bezirksamte gehörige Distrikte umfassen (Art 11 SVG). Diese Bezirke sind Körperschaften des öffentlichen Rechts mit dem Rechte der Selbstverwaltung — aber nicht der unbeschränkten Selbstverwaltung, sondern nach Maßgabe „der Gesetze" (Art 12 SVG). An die Stelle von Distriktsrat, Distriktsausschuß und Distriktsratsmitglied treten die Bezeichnungen Bezirkstag, Bezirksausschuß, Bezirksvertreter. Die Distriktsstraßen sind „Bezirksstraßen", die Distriktsstraßenwärter „Bezirksstraßenwärter", die Distriktsbaumeister „Bezirksbaumeister", die Distriktssparkassen „Bezirkssparkassen" usw. — nur der „Distriktstierarzt" bleibt noch. Auch die Grundsätze über Staatsaufsicht gegenüber den Distriktsgemeinden sind geändert worden. Vor allem ist die Bestimmung in Art 23 DRG, wonach alle Verhandlungen des Distriktsrates von der Regierung zu genehmigen waren (Staatskuratel), aufgehoben worden. Die Genehmigung der Regierung, Kammer des Innern, als Staatsaufsichtsbehörde ist nur mehr in beschränktem Maße (bei Schuldaufnahme nur, wenn sie den Betrag von 1 Million in demselben Rechnungsjahr übersteigt) erforderlich (Art 13 Abs I b und 14 SVG). Dagegen ist die Staatsaufsichtsbehörde in der Lage, gesetzwidrige Beschlüsse der Bezirke aufzuheben und die Erfüllung der gesetzlichen oder übernommenen Verpflichtungen zu erzwingen. Wird die Verpflichtung bestritten, so hat die Regierung Beschluß zu fassen, gegen deren Entscheidung gemäß Art 10 Ziff 1 SVG [1]) der Verwaltungsgerichtshof angerufen werden kann. Beschwerdeberechtigt ist aber nur mehr der Bezirk selbst, nicht die Gemeinden, VGE vom 24. März 1920 Nr 75 I/19 DRBA, S 40 S 80. Über den Wirkungskreis des Bezirkstages und des Bezirksausschusses enthalten die Art 21, 22 und 23 SVG nähere Bestimmungen, s. dazu nunmehr Art 47 ff. des Entw. e. neuen Gem.ges. und insbesondere Art 65 über den Bezirksausschuß. Vertreter des Bezirkes ist der Bezirksausschuß.

Nach § 11 Ziff 4 VA zum SVG kann der Name des neuen Bezirkes die Namen der vereinigten Distrikte enthalten, wie der aus den bisherigen Distrikten Regensburg und Wörth bestehende Bezirk Regensburg-Wörth. Von der Beilegung der Doppelnamen haben die Bezirksämter der Regierung wie unmittelbar dem Staatsministerium des Innern zu berichten, vgl ME vom 9. April 1920 StA Nr 87. Wegen Verleihung der Unmittelbarkeit ausscheidende Städte (vgl. Anm 2 zu Art 16) können im Bezirksverbande belassen werden, s. hierüber Art 17 Abs 1 und 2 des SVG.

[1]) S. dazu Art 185 des veröff. Entw. e. neuen Gemeindegesetzes.

2. Die Aufgaben der Bezirke an Stelle der Distriktsgemeinden gemäß Art 65 mit 69 des bayr. AG werden durch das SBG wie auch durch das neue Gem.ges. nach dem veröff. Entw. nicht berührt. In Art 38—40 AArmG war von der Distriktsarmenpflege, ihren Aufgaben und ihrer „Besorgung" die Rede. Das UWG überträgt die Ausübung der öffentlichen Armenpflege grundsätzlich den Orts- und Landarmenverbänden. Die Landesgesetzgebung kann aber gemäß § 8 UWG bestimmen, daß und inwieferne den Ortsarmenverbänden „von anderen Stellen eine Beihilfe zu gewähren" ist. Es findet nun einerseits die Bestimmung des UWG auf die Bezirke keine Anwendung, andererseits kann aber auf Grund der bayerischen Landesgesetzgebung (bayr. AG) von einer Beteiligung der Bezirke an der öffentlichen Armenpflege in Form der Beihilfe zur Erfüllung der Aufgaben der Ortsarmenverbände gesprochen werden (Begr S 722). Nach Art 38—40 AArmG waren als gesetzliche Lasten im Sinne der durch das SBG (vgl. § 33 BA hiezu) aufrecht erhaltenen Bestimmungen der Art 27 mit 29 Abs 2 DRG erklärt:

a) Die Unterstützung der mit Armenlasten überbürdeten Gemeinden;

b) die Unterhaltung der bestehenden Distrikts-Wohltätigkeits- und Krankenanstalten;

c) die Ansammlung und allmähliche Vermehrung eines Distriktsarmenfonds. Als freiwillige Leistungen gelten nach Art 29 Abs 1 und 30 Abs 2 DistrRatsges.

d) die Errichtung von Distriktsarmenhäusern, Beschäftigungsanstalten, Armenkolonien und Krankenhäusern, sowie von Distriktsanstalten zur Erziehung armer, verwahrloster Kinder;

e) die Gründungen von Spar- und Vorschußkassen und ähnlichen Anstalten.

Nunmehr sind die in Art 65 Abs 1 Ziff 1, 2 und 3 bezeichneten Leistungen sowie die Erhaltung des Bezirksarmenvermögens gesetzliche Bezirkslasten. Solche sind erzwingbar, nicht aber freiwillige Leistungen. Die Einschränkung in bezug auf die Höhe der letzteren nach Art 30 Abs 2 DRG ist durch das SBG gefallen; die Beseitigung dieser eine Reihe von Jahren als „Kuratelbdirektive" verwerteten Bestimmung, die von den Bezirken seit langem nicht mehr beachtet und deren Nichteinhaltung von den Regierungen längst nicht mehr beanstandet zu werden pflegte, ist durch das SBG mit der autoritativen Erklärung in § 33 Ziff 3 BB bestätigt, a. M. Helmreich, Die Ges über Bezirks- und Kreistage S 74. Ist aber eine Anstalt durch Beschluß des Bezirkstages als Bezirksanstalt erklärt und als bleibende Einrichtung übernommen worden, dann ist ihre Unterhaltung eine Verpflichtung des Bezirks gemäß Art 27 DRG und Art 13 Abs 2 SBG, vgl. Lermann DRG S 124 und 194, Braunwart-Stöhsel S 152, S 14 S 26. Dagegen ist die Auflösung oder Aufhebung einer solchen Anstalt nicht mehr an die Regierungsgenehmigung gebunden, vgl. dazu Braunwart-Stöhsel S 154.

3. Hinsichtlich der übrigen in Ziff 1 genannten Anstalten ist zu bemerken, daß nach der statistischen Denkschrift im Jahre 1907 nur 15 solche Distriktsanstalten in Bayern vorhanden waren: 1 Distriktssuppenanstalt, 6 Distriktsarmenhäuser oder distriktive Pfründe- und Armenversorgungsanstalten, 3 Waisenanstalten und 5 Anstalten für verwahrloste Kinder (AB 1914 S 508). Sonstige Wohltätigkeitsanstalten sind die Unternehmungen des Bezirks für Zwecke öffentlicher Wohlfahrt, die die Entlastung der örtlichen Armen- und Krankenpflege für die Erfüllung jener Aufgaben bezielen, die dieser vom Gesetze zugewiesen sind, Lerman S 194, S 14 S 28. Gleich-

gültig ist hierbei für den Begriff der Bezirksanstalt, ob es sich um eine dem Wortsinn entsprechende Anstalt oder nur um eine Verwaltungseinrichtung handelt (S 15 S 16 und 23 S 118/9), ob sie nur einem Teile des Bezirks oder allen seinen Mitgliedern zukommt (S 13 S 294 und 15 S 16), ferner ob die Anstalt mit Grundstockvermögen ausgestattet ist oder nicht (S 23 S 119).

Die Aufsicht über die Bezirksanstalten hat das SVG (Art 22 Abs 2 b) dem Bezirksausschuß übertragen. Sein Vorstand ist nicht mehr der Bezirksamtsvorstand, dem auch nicht mehr die Anstaltsverwalter und Kassiere unterstellt sind.[1]) Über die Beaufsichtigung der Erziehungs- und der Krankenanstalten durch die Bezirksverwaltungsbehörden und Bezirksärzte s. Braunwart-Stöhsel S 212 Anm 7 zu Art 22 und die dort angeführten Vorschriften.

Die Pflicht zur Anstaltsunterhaltung kann ganz oder teilweise Dritten zustehen. Durch diese Pflicht wird aber die der Staatsaufsicht gegenüber bestehende Haftbarkeit des Bezirks für die Erhaltung der Anstalt und die Aufwendung aller hierfür notwendigen Mittel nicht berührt.

Für den Betrieb der Bezirksanstalten sind gesonderte Voranschläge und Rechnungen zu führen, vgl. ME vom 11. Jan. 1870 (Weber G. u. VSamml 8 S 483).

Außer den in Abs 1 erwähnten Anstalten sind noch folgende Einrichtungen anzuführen. Besonders einschneidend wirkte für die Kriegszeit und die daran anschließende Fortdauer der Auszahlung von Familienunterstützungen die Verpflichtung der Bezirke als Lieferungsverbände gemäß RG vom $\frac{\text{28. Febr. 1888}}{\text{4. Aug. 1914}}$, s. Anm 5 A a zu § 1. Als Gemeindeverbände haben die Bezirke auch auf dem Gebiete der Erwerbslosenfürsorge tätig zu sein, s. Anm 5 A c zu § 1.

4. Bezüglich der Bezirkssparkassen vgl. die Grundbestimmungen in MinBek vom 1. Juni 1911 (MABl S 321) und die Rechnungsvorschriften vom 31. Okt. 1912 (MABl S 1087); bezüglich der Rechnungsstellung und Rechnungsprüfung Anm 1 zu Art 38 AG, Art 16, 21 und 22 SVG, § 12 VV dazu; über Anlage und Ausleihung von Sparkassagеldern gelten die Bestimmungen des SVG, s. dazu und zur VO vom 5. Mai 1905 nebst ihren Ergänzungen GemZeit. 1920 S 716/7, Braunwart-Stöhsel S 167; über Vermögensausweis s. MinBek vom 11. Juni 1920 (StAnz Nr 134) (Bilanzierung der Kriegsanleihe). Die Bezirkshilfskassen sind ähnliche Einrichtungen wie die Bezirkssparkassen, bei denen es sich vorzugsweise um Hingabe von Darlehen an Gemeinden und Einzelpersonen handelt. Die Gründung von Bezirkssparkassen, deren Satzungen sowie deren Änderung bedürfen keiner Regierungsgenehmigung mehr, s. § 14 VV zum SVG, Braunwart-Stöhsel S 167 und BGemVZ 1920 S 692.

5. Besonders zu erwähnen sind die Krankenhäuser; sie sind für eine geordnete Krankenpflege, die nach Art 3 Abs 2 Ziff 2 hinsichtlich der Hilfsbedürftigen den OABen obliegt, unentbehrlich. Für die meisten OABe ist aber der Betrieb von Krankenanstalten nicht möglich oder mit zu großen Opfern verbunden, jedenfalls viel schwieriger als für die breiteren Schultern des Bezirks und mit Rücksicht hierauf wurde die Errichtung von Krankenhäusern den Bezirken als neue gesetzliche Pflicht auferlegt, an der durch

[1]) Der in Anm 2 Fußnote erwähnte Entwurf bringt die Sache wieder in das alte Geleise.

das SVG nichts geändert worden ist (a. M. Helmreich 87, aber auch S 27). Nach den von der Staatsregierung bei den AB 1914 (S 508) mitgeteilten statistischen Erhebungen 1911/12 bestanden in Bayern 440 öffentliche Krankenhäuser, darunter 161 Distriktskrankenhäuser. Die Errichtung neuer Bezirkskrankenhäuser kann aber nur dann gefordert werden, wenn für die Krankenpflege nicht auf andere Weise gesorgt ist oder gesorgt werden kann. Nach § 52 VA ist, wenn ein Bezirk kein eigenes Krankenhaus besitzt und die armengesetzliche Krankenfürsorge Mängel aufweist, zunächst genau zu untersuchen, ob für die Krankenhauspflege nicht auf andere Weise gesorgt werden kann. Dabei zieht die VA beispielsweise in Betracht: „Anschluß an ein Krankenhaus einer anderen Distriktsgemeinde, einer Gemeinde, einer Kasseneinrichtung, einer Stiftung, Vereinbarung der beteiligten Gemeinden nach Art 34 Abs 2 AG, Anschluß an das Krankenhaus eines LAVes oder an die Krankenabteilung einer Landarmenanstalt (vgl. auch Art 56 Abs 2 AG)." Über die Vereinigung mehrerer Gemeinden nach Art 34 Abs 2 AG als Zweckverband s. Anm 2 daselbst. Wenn auf diesen Wegen die erforderliche Abhilfe nicht zu erreichen ist (StenBer 1914 S 71), kann staatsaufsichtlicher Zwang angewendet werden, wobei auf die Leistungsfähigkeit des Bezirks sorgfältig Bedacht genommen werden muß. Gegen die Aufsichtsverfügung steht dem Bezirksausschusse die Anrufung des VGH gemäß Art 10 Ziff 1 VGG zu. Zur Zuständigkeit des VGH gehört die Würdigung der Frage, ob die Voraussetzungen des staatsaufsichtlichen Zwanges gegeben sind, d. i., ob „gesorgt ist oder gesorgt werden kann", da dies nicht Fragen des freien Verwaltungsermessens, sondern des richterlichen Ermessens sind. In den meisten Bezirken werden aber die Verhältnisse wohl so sein, daß sich nur in seltenen Fällen einer von den in der VA (§ 52) angeführten Auswegen als gangbar erweisen dürfte, daß vielmehr die Darbietung der Krankenhauspflege in einem Bezirkskrankenhause allein das Zweckmäßige sein wird. Deswegen hatte denn auch von den 269 Distriktsgemeinden die Mehrzahl schon seit langer Zeit ein Distriktskrankenhaus erbaut.

Das gleiche, was über Errichtung von Krankenhäusern gilt, gilt auch für die Vergrößerung oder Erweiterung solcher, wenn sich diese als notwendig erweist und nicht für Abhilfe durch Vertrag mit anderen Bezirken oder Städten, oder sonst in der vorbemerkten Weise gesorgt werden kann, ebenso für Einrichtungen, die zu einem richtigen Betrieb eines Krankenhauses gehören, wie Isolierhäuser.

Zur Unterhaltung eines Krankenhauses, die schon bisher zu den Pflichten des Bezirks zählte, gehören die Instandhaltung der Gebäude und die Herbeiführung vom Gesundheits- (hygienischen) Standpunkte aus einwandfreier Verhältnisse, die einen sachgemäßen Betrieb ermöglichen, da das Krankenhaus sonst seinen Zweck nicht erfüllen könnte. Die Benützung der Bezirkskrankenhäuser durch OAVe läßt sich auf mehrfache Weise regeln, sie kann auch durch Verträge mit den einzelnen OAVen geschehen. Über Bildung von Bezirkskrankenhausverbänden vgl. Anm 2 zu Art 34. Da es sich hierbei um die vom Armenrate zu besorgenden Pflichten von Gemeinden handelt, findet bei Streitigkeiten über Ansprüche gemäß Art 8 Ziff 23 VGG das verwaltungsrechtliche Verfahren Anwendung (s. auch S 15 S 246, 23 S 116). Die Regelung mit den Krankenkassen ist dagegen bürgerlich-rechtlicher Natur. Wegen der Verpflegssätze und der Aufstellung von Krankenhaustarifen vgl. Art 13 AG, dazu auch Anm 6 c und g, 7 b, g, h, i, l zu § 30 und Anm 2 zu Art 13.

6. Die Wandererfürsorge harrt noch immer der durchgreifenden Regelung, vgl. Anm 1 zu Art 1. Das BayAG hat sie entgegen dem Regierungsvorschlage, der die Einrichtung und Unterhaltung von Wandererarbeitsstätten den Bezirken als gesetzliche Last auferlegen wollte, lediglich als freiwillige Leistung der Bezirke übernommen, s. dazu Art 68 Abs und auch Art 69. Das bedeutet, wie die Praxis lehrt, ein totes Geleise für diese Einrichtung. Es bleibt daher nichts übrig als ein Reichswandererfürsorgegesetz abzuwarten; Entwurf A eines solchen Reichsgesetzes (1913) enthielt brauchbare Anordnungen, s. Diefenbach RAG S 314. Das Naturalverpflegsstationennetz der unterfränkischen Distriktsgemeinden, das den ganzen Regierungsbezirk umspannte, hatte sich seinerzeit ganz vortrefflich bewährt; es bedingte aber naturnotwendig, daß sich die anderen Bezirke, einer nach dem anderen anschlossen, da nur ein lückenloses Netz einen durchschlagenden dauernden Erfolg gewährleisten konnte. Dies unterblieb, weil verschiedenen Bezirken der Aufwand zu groß war; da nach dem neuen AG den Bezirken nur mehr 1/5 des Aufwandes zur Last fällt, während je 2/5 der Staat und der Kreis zu tragen hat, wäre die Organisation durch das Land wesentlich erleichtert; es fehlt aber eine zwingende Vorschrift, ohne die es nun einmal nicht gehen will. Da Bayern eine solche nicht erlassen hat, muß sie vom Reich erwartet werden, vgl. nunmehr auch die Bestimmung in Art 7 Ziff 5 RVerf. Aber das Gesetz muß der Verschiedenheit der Verhältnisse in den einzelnen Ländern Rechnung tragen. Zu weitgehend wären die Vorschläge von Diefenbach RAG S 319/20, die den OAVen zu große Last zuweisen. Der seinerzeitige bayr. Regierungsvorschlag, der bezirksweise Wandererarbeitsstätten einführen wollte, wäre — wenigstens für bayr. Verhältnisse — vorzuziehen.

Solange der Bezirk keine Wandererfürsorgeeinrichtung getroffen hat, trifft den OAV des AufO die Verpflichtung, den hilfsbedürftigen Wanderer zu unterstützen.

Wegen der **Arbeitsvermittlung** s. MABl 1916 S 271, 1919 S 1, Anm 5 p dd zu § 1 und Anm 3 zu Art 4.

Art. 66.

Das distriktsgemeindliche Vermögen für Armenzwecke (Distriktsarmenvermögen) ist zu erhalten und wenn möglich zu vermehren Seine Erträgnisse können zu Zwecken der Vorbeugung (Art. 1 Ziff. 2) verwendet werden.

Entw 67, Begr 723.

VA. § 54. Durch die nach Art. 66 zugelassene Verwendung der Erträgnisse des Distriktsarmenvermögens zu Zwecken der Vorbeugung soll den Distriktsgemeinden namentlich ermöglicht werden, die vorbeugende Tätigkeit ländlicher Ortsarmenverbände zu unterstützen. Die Distriktsgemeinde wird beispielsweise mit Erfolg bei der Unterbringung gebrechlicher Kinder in Anstalten dann eingreifen können, wenn die Eltern zwar nicht hilfsbedürftig im Sinne des Armengesetzes, aber zur völligen Tragung der Kosten ohne übermäßige Belastung nicht imstande sind. Unter den gleichen Voraussetzungen kann die Distriktsgemeinde auch sonst bei der Kinderfürsorge tätig werden.

Die Verpflichtung zur Erhaltung und, wenn möglich, Vermehrung des Bezirksarmenfonds war in Art 38 Ziff 3 des AArmG ausgesprochen. Die

Vermehrung des Armenfonds wurde dabei als gesetzliche Last nur insofern erachtet, als nachhaltige Überschüsse hierfür zur Verfügung standen, was kaum mehr der Fall sein wird (Lermann S 196, Begr 724 zu Art 68 des Entw). Die Erhaltung, aber nicht mehr die Vermehrung des Bezirksarmenvermögens wurde als gesetzliche Last in Art 67 beibehalten; aus dem Beisatze „wenn möglich" ergibt sich, daß die Vermögensvermehrung in das pflichtgemäße Ermessen des Bezirkstags gestellt ist, S 37 S 211; sie kann also aufsichtlich nicht erzwungen werden, BGE vom 5. Juli 1916 R 35 1/16 DistrRB D. Die Erträgnisse des Vermögens können zu den Aufgaben der Bezirksarmenpflege verwendet werden, s. auch § 54 BA. Nach ME vom 11. Jan. 1870 ist es nicht zu beanstanden, wenn über den Bezirksarmenfond eigen Rechnung gestellt wird.

Art. 67.

I Die Aufgaben der Distriktsgemeinden nach Art. 65 Ziff. 1 bis 3 und die Verpflichtung nach Art. 66 sind gesetzliche Distriktslasten (Distriktsratsgesetz Art. 27, 29 Abs. II).[1]

II Der Aufwand hierfür ist, soweit nötig, durch Erhebung von Distriktsumlagen zu decken.[2]

Entw 68, Begr 724, AB 1914 S 501—4, 507, 510, StenBer 1914 S 90.

1. Über die Bedeutung des Ausdrucks „gesetzliche Distriktslast" s. Anm 2 zu Art 65.

2. Der Aufwand für die den Bezirken in Art 65 zugewiesenen Aufgaben auf dem Gebiete der Armen- und Krankenpflege ist zunächst durch die sonst vorhandenen Mittel zu decken; als solche sind in Art 39 des früheren Armengesetzes folgende aufgeführt:

a) Nutzungen des Distriktsarmenfonds,

b) die auf Gesetz oder besonderen Rechtstiteln beruhenden Leistungen des Staates, des Kreises, einzelner Stiftungen, Genossenschaften, Gemeinden oder anderer juristischer oder physischer Personen,

c) die freiwilligen Zuschüsse des Staates oder des Kreises, die Beiträge von Gemeinden oder Privaten, denen eine distriktive Einrichtung besondere Vorteile gewährt, endlich die sonstigen außerordentlichen Einnahmen.

Die Bezirke sind berechtigt, Vorausleistungen auch für die hier genannten Ausgaben der Bezirksarmenpflege anzuordnen, d. h. die Beiträge der einzelnen Gemeinden zum Jahresaufwande nach dem Maß ihres Vorteils an jenen Anstalten und Einrichtungen abzustufen; s. hierüber Art 32 DistrRG, Lermann § 35 S 166; vgl. nun Art 80 des veröff. Entw. eines neuen Gemeindegesetzes und Begr.

Zur Bestreitung außerordentlicher Bedürfnisse können auch außerordentliche Deckungsmittel durch Einzehrung von Vermögensbestandteilen gegen allmähliche Wiederanlage und durch Schuldaufnahme gegen Verzinsung und Tilgung nach einem festgesetzten Schuldentilgungsplane verwendet werden, Art 11 Buchst d und Art 27 Buchst b Ziff 1 und 2 DistrRG (S 32 S 157 und die nach ihrem Schlußsatze auch für die Bezirke beachtliche ME vom 11. Okt. 1907 über gemeindliche Darlehen, MABl 482). Die Aufsichtsbehörde hat die Beachtung der gesetzlichen Vorschriften zu überwachen, Lermann S 125. Wenn die vorgenannten und die im Vollzuge des Reichseinkommensteuergesetzes zur Verfügung gestellten Mittel nicht ausreichen, ist die Erhebung von Bezirksumlagen notwendig, wofür die Bestimmungen des Umlagengesetzes vom 14. Aug. 1910 Art 38 bis 41 maßgebend sind; s. hierüber nunmehr das Landessteuergesetz und das Ausführungsgesetz dazu.

Die Aufstellung gesonderter Voranschläge und Rechnungen für die Einnahmen und Ausgaben zu Armenzwecken neben dem Bezirkshauptvoranschlag erscheint entbehrlich, weil für die einzelnen Bezirksarmenanstalten ohnehin besondere Voranschläge und Rechnungen hergestellt werden, vgl. ME vom 11. Jan. 1870, Weber G. u. VOSammI. Bd 8 S 483, dazu Seydel BayStR Bd 3 S 139 Fußnote 97, Lermann DGO S 100.

Art. 68.

I Die Behandlung der Angelegenheiten in Art. 65 bis 67 gehört zum Wirkungskreise des Distriktsrats und des Distriktsratsausschusses.[1]

II An der Beratung und Beschlußfassung haben als stimmberechtigte Mitglieder die Bezirksärzte und zwei Pfarrer des Distrikts teilzunehmen. Die Pfarrer wählt der neu gebildete Distriktsratsausschuß zu Beginn einer jeden Wahlzeit auf deren Dauer. Bei der Wahl entscheidet einfache Stimmenmehrheit, bei Stimmengleichheit, soweit nötig, das Los. Bei Bedarf können Ersatzmänner zugezogen werden.[2]

Entw 69, Begr 722, AB 1914 S 516.

1. Dieser Artikel ist durch das SVG nicht berührt worden, Art 9 Abs 2 SVG. Die Bestimmung entspricht sachlich dem Art 40 AArmG, nur ist die Fassung des Abs 1 „die Besorgung der Distriktsarmenpflege, insbesondere die Verwaltung des Distriktsarmenvermögens und der distriktiven Armenanstalten und Einrichtungen findet nach den gesetzlichen Vorschriften über die Behandlung der sonstigen Distriktsangelegenheiten statt und“ durch „die Behandlung der Angelegenheiten in Art 65—67“ ersetzt. Diese Aufgaben der Bezirksarmenpflege nach Art 65—67, die Verwaltung des Bezirksarmenvermögens und der einschlägigen Anstalten und Einrichtungen werden wie die sonstigen Bezirksangelegenheiten durch den Bezirksausschuß und den Bezirkstag, hier durch den nach Abs 2 verstärkten Bezirksausschuß und Bezirkstag besorgt. Über den Wirkungskreis des Bezirkstags und des Bezirksausschusses s. Anm 1 zu Art 65.

2. Die Bezirksärzte und die 2 Pfarrer, die dem Bezirkstage für die Bezirksarmenangelegenheiten nach Art 65—67 angehören, haben alle Rechte und Pflichten zur Teilnahme an der Beratung und Abstimmung wie die übrigen Mitglieder, soweit es sich um Bezirksarmenangelegenheiten handelt. Eine Verpflichtung zur Annahme der Wahl ist für die Pfarrer gesetzlich nicht vorgesehen (BlAdmPr 58 S 251); daher können sie die Stelle auch jederzeit niederlegen. Dagegen ist der Bezirksarzt kraft Gesetzes und des ihm übertragenen Amtes Mitglied des Bezirkstages. Diese Mitglieder sind auch zu den Sitzungen des Bezirksausschusses und

unter Angabe der Tagesordnung zu jenen des Bezirkstages rechtzeitig zu laden und haben bei Vermeidung der Kostentragung für eine vereitelte Sitzung nach Art 14 Abs 3 DistrRG bei diesen Versammlungen zu erscheinen.

Bei Berechnung der Beschlußfähigkeit in Bezirksarmensachen sind ihre Stimmen mitzuzählen; auch haben sie über die Wahlanfechtungen, die Beanstandung der Mitgliedschaft, den Verlust der Eigenschaft als Mitglied, die Entschuldigung bei Ausbleiben von den Sitzungen hinsichtlich der hier genannten Bezirksvertreter mitzustimmen, wie auch die Hinderungsgründe des Art 15 Abs 2 DistrRG, nunmehr Art 3 SBG, der verbotenen Verwandtschaft gelten. Da die Pfarrer erst durch die Wahl Mitglieder des Ausschusses werden, so darf der Bezirk keinen Pfarrer wählen, der mit einem Bezirksvertreter in der im Gesetz angegebenen Weise verwandt oder verschwägert ist. Was aber den Bezirksarzt betrifft, so kann dieser die Mitgliedschaft nicht ablehnen und es könnte daher ein Bezirksvertreter, der mit ihm in der genannten Weise verwandt oder verschwägert ist, nicht in den Bezirkstag eintreten oder verbleiben. Unter Pfarrern des Bezirks sind wohl nur solche zu verstehen, die im Bezirke ihren Wohnsitz haben (ähnlich wie beim Kreistage, vgl. ME vom 11. Juli 1852, Weber 4 S 529).

Hinsichtlich der in Art 26 Abs 2 DistrRG bemerkten Vergütungen wird in BlAdmPr 58 S 252 bestritten, daß dem Bezirksarzte für auswärtige Sitzungen eine Entschädigung aus Bezirksmitteln bewilligt werden könne. Hier hat dasselbe zu gelten, was für den Bezirksamtsvorstand gilt, nämlich, daß die Reiseauslagen aus der zugewiesenen Bauschsumme zu decken sind, vgl. die ME vom 23. Jan. 1912 über den Bezirksarztdienst (MABl S 153 § 8). Der Bezirksarzt und die zwei Pfarrer haben in anderen Bezirksangelegenheiten keine Rechte und Pflichten, sie sind daher nicht befugt, bei den übrigen Angelegenheiten mitzuberaten oder mitzustimmen; jedoch ist ihre Anwesenheit wegen des Grundsatzes der Öffentlichkeit der Sitzung zulässig.

Hinsichtlich der Wahl der Ersatzmänner, die bei Bedarf zugezogen werden können, ist nichts näher bestimmt. Die Wahl von solchen wird bei der 1. Ausschußsitzung nach Beginn der Wahlzeit vorgenommen werden. Es ist aber auch zulässig, einen Ersatzmann bei vorübergehender Verhinderung (Krankheit) beizuziehen. Da aber eine vorherige Beschlußfassung des verstärkten Bezirksausschusses über die Beiziehung eines Ersatzmannes vor der Sitzung nicht immer möglich sein wird, so kann die Beiziehung des Ersatzmannes vorsorglich durch den Vorsitzenden erfolgen; der Bezirksausschuß hat natürlich die Beiziehuug nachträglich zu genehmigen, bevor der Ersatzmann an der Beratung teilnehmen kann; für den Bezirksarzt kommt nur ein staatlich aufgestellter Stellvertreter in Betracht.

Art. 69.

Art. 65 Abs. I Ziff. 4 und Abs. II gelten auch für die kreisunmittelbaren Städte.

Entw 70, Begr 723.

Wegen der kreisunmittelbaren Städte ist auf Anm 2 zu Art 16 zu verweisen. Die Wandererfürsorge (vgl. Anm 6 zu Art 65) wurde den unmittelbaren Städten übertragen unter Anspruch auf Kostenersatz gegen Kreis und Staat zu je $^{2}/_{5}$ des Aufwandes.

E. Staatsaufsicht und Entscheidung von Streit.

Art. 70.

I Die Aufsicht über die Verwaltung der Ortsarmenverbände obliegt den Verwaltungsbehörden, die den Gemeinden zunächst vorgesetzt sind, bei ausmärkischen Bezirken den Distriktsverwaltungsbehörden. Bei Gesamtarmenverbänden, zu denen eine kreisunmittelbare Stadt gehört, ist die Regierung, Kammer des Innern, zuständig, bei anderen Gesamtarmenverbänden das Bezirksamt, das der Verbandsgemeinde mit der größten Einwohnerzahl zunächst vorgesetzt ist.

II Die Aufsicht über die Verwaltung der Landarmenverbände obliegt den Regierungen, Kammer des Innern.

III Die oberste Aufsicht über die Verwaltung der Armenverbände obliegt dem Staatsministerium des Innern.

Entw Art 71, R 581 (D), Begr 724/6, AB 1914 S 516/7.

Die Bestimmung darüber, welche Behörde die Staatsaufsichtsbehörde für die Ortsarmenverbände, einen Gesamtarmenverband, sowie für die Landarmenverbände bildet, schließt Zweifel aus; während bei den Kreisen das Staatsministerium des Innern[1]) die Staatsaufsicht auszuüben hat, kommt sie bei den LAVen der Kreisregierung zu.

Über den Vollzug der Staatsaufsicht und über Beschwerderecht s. die Anmerkungen zu Art 71; über Einwohnerzahl und kreisunmittelbare Städte s. Anm 2 zu Art 16.

Art. 71.

Für die Aufsicht gelten die gesetzlichen Vorschriften über die Staatsaufsicht in Gemeindeangelegenheiten entsprechend. Nach diesen bemißt sich auch die Zuständigkeit des Verwaltungsgerichtshofs.[1, 2, 3]

Begr 724/6, AB 1914 S 516/7.

BA. § 55. Über Beschwerden hilfesuchender Personen wegen Verweigerung der erbetenen öffentlichen Armenunterstützung ist im aufsichtlichen Verfahren (Art. 70, 71) zu entscheiden.

Die Staatsaufsicht umfaßt neben dem Genehmigungsrechte nach Art 14 und 15 SBG die Rechtsaufsicht, die darüber wacht, daß die gesetzlichen Schranken eingehalten werden und die Pflicht- (oder Verwaltungs-)aufsicht, die dafür sorgt, daß die gesetzlichen Pflichten erfüllt werden, S 41 S 7; damit die den Staatsaufsichtsbehörden gezogenen Grenzen nicht überschritten werden (Art 13 Abs 2 SBG), ist den Selbstverwaltungskörpern, also auch den LuOAVen, der verwaltungsrechtliche Schutz gemäß § 22 Abs II bayr. VerfUrk. gewährt, s. Art 10 Ziff 2 VGG in d. Fass. des Art 94 (eine neue Fass. enthält der veröff. Entw. e. neuen Gem.ges.), s. dazu Braunwart-Stöhsel 155.

---

[1]) S. dazu aber auch Fußnote zur Anm zu Art 55 S 313.

1. Vorauszuschicken ist zunächst, daß Art 157 (89) GemO, welche Bestimmung bisher die Rechtsgrundsätze über Staatsaufsicht in Gemeindeangelegenheiten regelte, durch Art 13 SVG vollständig ersetzt worden ist (§ 13 VV dazu), was eine Vereinfachung des staatsaufsichtlichen Verfahrens zur Folge hat.

Nach Art 13 SVG kann die Staatsaufsichtsbehörde gesetzliche und übernommene Verpflichtungen erzwingen; wird die Verpflichtung bestritten, so hat die Staatsaufsichtsbehörde Beschluß zu fassen, also bei OAVen das Bezirksamt, ist aber eine kreisunmittelbare Stadt beteiligt oder bei LAVen die Kreisregierung Kammer des Innern; gegen den Beschluß des ersteren ist Beschwerde zur Regierung, gegen Regierungsbescheide, sagt Abs 3 des Art 13, Beschwerde zum VGhof zulässig. Unter Hinweis auf § 57 Abs 3 bayr. VerfUrk wird bei Braunwart-Stöhsel S 157 bemerkt, daß gegen die in erster und zweiter Instanz ergangenen Regierungsbescheide auch Beschwerde zum Staatsministerium des Innern erhoben werden kann; dies trifft selbstverständlich für erstinstanzielle Regierungsbescheide zu, insoweit der VGhof nicht zuständig ist, was insbesondere für Ermessensfragen gilt (Art 13 Abs 1 Ziff 3 VGG); es können aber auch Armenverbände, deren Beschwerde gegen bezirksamtliche Aufsichtsverfügungen durch Regierungsbescheid abgewiesen worden ist, die oberaufsichtliche Nachprüfung des Staatsministeriums des Innern, die unter Umständen die Aufhebung des aufsichtlichen Beschlusses im Gefolge haben kann, veranlassen. In § 13 Abs 3 VV wird die Prüfung der Leistungsfähigkeit des Verbandes (Gemeinde, Armenverband, Bezirk, Kreis) als selbstverständliche Voraussetzung des staatsaufsichtlichen Einschreitens bezeichnet. Die Beschwerdefrist beträgt vier Wochen, auch wenn Beschwerde zum VGhof erhoben wird. Von Festlegung einer Behörde, bei der die Beschwerde eingereicht werden muß, ist abgesehen; wird der VGhof angerufen, so kommen die Bestimmungen des VGG in Betracht; nach Art 45 Abs 2 ist sie bei der Regierung (Kammer des Innern) einzulegen; sie kann aber gemäß Deklaration vom 15. Juni 1898 direkt beim VGhof und, wenn die Regierung zweite Instanz war (s. S 22 S 150), auch beim Bezirksamt eingereicht werden. Über Fristberechnung s. Anm 6 (d) zu § 37. Nach § 13 Abs 4 VV ist der AV zunächst auf seine Verpflichtung aufmerksam zu machen und über die einschlägigen gesetzlichen Bestimmungen zu belehren. Bei Braunwart-Stöhsel S 158 wird auch Beschwerdebelehrung gefordert, s. dazu ME vom 29. Jan. 1886 Ziff 2 (abgedruckt bei Dyroff VGG S 95), §§ 7 und 42 der VV vom 25. Jan. 1901 zum VGG, ferner Anm 3 zu Art 72.

Die Regierung erläßt ihre Aufsichtsverfügung in Form eines Bürobescheides, da mit Art 157 GemO auch dessen Abs 6 beseitigt ist; auch Art 154 und 160 GemO ist durch das SVG aufgehoben; Art 156 ist aber durch dieses Gesetz nicht berührt worden, S 41 S 6.

Im Wege des Zwangsvollzuges kann auch die Einsetzung der zur Erfüllung der verweigerten Leistung erforderlichen Kosten in den Voranschlag (Zwangsetatisierung) erfolgen, Art 13 Abs 4 SVG, s. dazu Braunwart-Stöhsel S 159.

Die Aufsichtsbehörde ist auch zu vorläufigen Anordnungen berechtigt, Art 13 Abs 5 SVG und Anm 5 zu Art 11 AG nebst Fußnote.

Wegen „übernommener" Verpflichtungen s. insbesondere Anm 2 zu Art 65, dann zu Art 34, ferner auch Begr zu Art 70 des veröff. Entw. e. neuen GemGes.

Gesetzwidrige Beschlüsse der Armenverbände können durch die Staatsaufsichtsbehörde aufgehoben werden, s. dazu Braunwart-Stöhsel

S 155/6, auch hier beträgt die Beschwerdefrist vier Wochen, ebendaselbst S 157.

2. Zu dem Falle, daß ein Hilfsbedürftiger die Staatsaufsicht anruft, damit der unterstützungspflichtige AV zur Leistung der Armenhilfe angehalten wird, bemerkt die Begr S 726 folgendes: „Ist das Begehren des Hilfsbedürftigen begründet, so würde den Aufsichtsbehörden an sich die Wahl zustehen, entweder nach den Gemeindeordnungen Art 157/89 abzuhelfen oder die beantragte Aufhebung oder Abänderung des angefochtenen Beschlusses im Verfahren des Art 163/93 auszusprechen. Der zweite Weg als der kürzere und einfachere wird aber in der Regel den Vorzug verdienen (vgl. Riedel-Henle S 308, Henle AG Anm 1 zu Art 42). Dies entspricht auch der Rechtsprechung des Verwaltungsgerichtshofes (S 4 S 129; vgl. auch Kahr GemO 2 S 43, Reger AG Art 42 Anm 4 S 110).“ Wegen Art 157 GemO s. Anm 1; die 14tägige Beschwerdefrist des Art 163 ist durch das SVG nicht berührt, Rösch SVG zu Art 163. Im übrigen s. Anm 4 b zu § 1, Anm 2 zu Art 2.

3. Gemäß Art 10 Ziff 2 VGG i. d. Fass. des Art 94 Ziff 3 AG kann der Verwaltungsgerichtshof von den Armenverbänden (OAV, GAV, LAV) angerufen werden, wenn sie behaupten, daß der angefochtene Aufsichtsbeschluß ihr gesetzliches Selbstverwaltungsrecht verletze oder sie mit einer gesetzlich nicht begründeten Leistung belaste. Die Beschwerde von Armenverbänden zum VGH ist aber nur gegen Regierungsbescheide zulässig. Vom VGH ist die Beschwerde zurückzuweisen, wenn ein Selbstverwaltungsrecht in der strittigen Angelegenheit überhaupt nicht in Frage kommt, vgl. VGE vom 3. Nov. 1911 N 107 I/11, ferner gemäß Art 13 Abs 1 Ziff 3 VGG, wenn nicht die gesetzliche Zulässigkeit einer Auflage, sondern deren Notwendigkeit (Bedürfnisfrage) bestritten ist,[1]) vgl. hierüber S 28 S 61/3. Gegen die Praxis des VGH, die Frage der Hilfsbedürftigkeit in Staatsaufsichtssachen anders zu behandeln als in armenrechtlichen Streitigkeiten, wenden sich die Ausführungen in Seydel BayStR Bd 1 S 591 Fußnote 44 und Morhart BlAdmPr Bd 64 S 105; vgl. auch Menzinger a. a. O. 53 S 133 und 58 S 23, Bühler die subjektiven öffentlichen Rechte und ihr Schutz in der deutschen Verwaltungsrechtsprechung S 412/13 und Dyroff VGG S 370—381. Auch die Begr zum AG S 731 spricht davon, daß die Tragweite des Art 13 Abs 1 Ziff 3 VGG und die Grenze zwischen Verwaltungs- und richterlichen Ermessen nicht feststünden. Demgegenüber hat der VGH zu einer Änderung seiner Rechtsprechung sich nicht veranlaßt gesehen, vgl. VGE vom 10. Febr. 1919 N 48 III/18, Anstaltspfl. Sch. Der VGhof entscheidet in diesem Verfahren nicht darüber, in welcher Weise die erforderliche Hilfe zu gewähren ist, sondern beschränkt sich auf die nach Prüfung, ob Art und Gegen-

[1]) In diesen Fällen findet eine Prüfung der Beschwerdeformalien nicht statt, weil keine Rechtsfragen zu prüfen sind und deshalb eine Zuständigkeit des VGH ungeachtet der „formellen Zuständigkeit“ auf Grund einer Behauptung nach Art 10 Ziff 2 (vgl. hierzu Dyroff VGG insbesondere S 383, S 29 S 7) nicht gegeben ist, vgl. VGE vom 24. Febr. 1911 N 211 I/10 und vom 29. Okt. 1913 N 131 I/13 Wegstreitigkeiten. Dagegen ist die gesetzliche Zulässigkeit nachzuprüfen, wenn die Behauptung der Auferlegung einer ungesetzlichen Leistung nicht ausdrücklich in der Beschwerde enthalten ist, sich aber aus dem Vorbringen der Beschwerdepartei oder deren früheren Ausführungen entnehmen läßt.

stand der auferlegten Leistung in den Rahmen der Pflichtaufgaben der Armenpflege fällt, VGE vom 13. Jan. 1919 N 58 III/18, AU W, Reger 34 S 428. Es sind auch zweierlei Dinge, wenn das Bezirksamt auf Anrufen eines Hilfsbedürftigen dem Armenverbande nach Erholung eines ärztlichen Gutachtens die Weisung zur Gewährung einer Armenunterstützung erteilt und wenn das Bezirksamt als Verwaltungsgericht in einem Rechtsstreite zwischen den Armenverbänden A und B entscheidet, ob letzterer dem ersteren die Unterstützungskosten in dem betreffenden Betrage zu ersetzen hat. Für das Bezirksamt ist in diesem Falle seine eigene Aufsichtsverfügung nicht bindend; auf diese Weise dürfte auch die Verschiedenheit der Beurteilung der Hilfsbedürftigkeitsfrage durch den VGH verständlich werden, wenn er einerseits das staatsaufsichtliche Vorgehen des Bezirksamtes gegenüber der Gemeinde nachprüft und wenn er andererseits im armenrechtlichen Streit über den Ersatzanspruch gegen einen AV entscheidet. Diese Haltung des VGhofes ist nicht „zwiespältig" (BlAdmPr 71 S 6), sondern es ist wohlbemessen und gesetzmäßig, wenn der VGhof, der wegen Auferlegung einer gesetzlich nicht begründeten Leistung angerufen ist, gemäß Art 13 Abs 1 Ziff 3 VGG dem Staatsministerium des Innern die Entscheidung darüber überläßt, ob die aktive Verwaltung zutreffend ihres Amtes waltet, wenn sie in einem Staatsaufsichtsbescheide die Erbauung einer neuen Brücke für notwendig (Bedürfnisfrage) und die Breite von 9 statt 8 m als zweckmäßig (Zweckmäßigkeitsfrage) erklärt hat.

Die staatsaufsichtliche Verfügung ist bindend für das Verhältnis zwischen dem Armenverband und dem Hilfsbedürftigen, nicht aber für die armenrechtliche Spruchbehörde, insbesondere was die Frage anlangt, ob die auferlegte Leistung in den Rahmen der gesetzlichen Armenpflegeaufgaben fällt und ob Hilfsbedürftigkeit gegeben ist, B 13 N 20 S 68 und 33 N 24 S 50 Brunn S 303/4; anders (umgekehrt) bei den verwaltungsrichterlichen Erkenntnissen gegenüber den Organen der öffentlichen Gewalt, Art 72 bayr. VerfUrk.

Art. 72.

I Bei Streit zwischen Armenverbänden über die öffentliche Unterstützung Hilfsbedürftiger entscheidet die Staatsaufsichtsbehörde, die dem beklagten Armenverbande zunächst vorgesetzt ist.[1]

II Gegen deren Bescheid steht den beteiligten Armenverbänden die Beschwerde an den Verwaltungsgerichtshof zu, soweit nicht nach dem Gesetz über den Unterstützungswohnsitz das Bundesamt für das Heimatwesen zuständig ist.[2]

III Die Frist zur Einlegung der Beschwerde an den Verwaltungsgerichtshof beträgt zwei Wochen; sie beginnt mit der Zustellung des Bescheids. Die Beschwerde wird bei der Behörde eingelegt, deren Bescheid angefochten wird; die Frist gilt auch dann als gewahrt, wenn die Beschwerde rechtzeitig bei einer anderen Staatsaufsichtsbehörde oder beim Verwaltungsgerichtshof eingelegt wird.[3]

IV Der Verwaltungsgerichtshof behandelt die Beschwerden nach den Vorschriften für Verwaltungsrechtssachen.[4]

Entw 73, R 582/3 (R. E. 1—2), AB 1912 S 489, Begr 726/27, AB 1914 S 517.

1. Nach Art 72 bayr. VerfUrk haben die armenrechtlichen Spruchbehörden bei ihren Entscheidungen zu prüfen, ob ein anzuwendendes Gesetz nicht mit einer Bestimmung der Reichsverfassung oder der bayr. Verfassung oder einem anderen Verfassungsgesetz in Widerspruch steht. Über die Frage, ob eine Streitsache dem öffentlichen oder bürgerlichen Recht angehört, vgl. Anm 4 b zu § 37, über vorgesetzte Staatsaufsichtsbehörden Art 70, über anderweitige Regelung der Zuständigkeit Art 74 (StAufs.beh. d. AufG) und Art 75 (StAufs.beh. d. klagenden AVe).

2. Bei allen diesen Streitigkeiten ist die Regierung als Mittelinstanz ausgeschaltet. Die Beschwerde gegen die Beschlüsse der ersten Instanz (Bezirksamt oder Regierung als Staatsaufsichtsbehörde) geht an den VGH (vgl. Art 10 Ziff 5 VGG i. d. Fass. des Art 94 Ziff IV), in Reichssachen an das BAH (vgl. §§ 37, 41, 56 Abs 2 Satz 2, nach d. Entw. e. Ges. über das RVerw.gericht künftig an dieses, BlfAdmPr 70 S 73). Als Reichssachen kommen nur die gegen einen bayr. AV geltend gemachten Ansprüche eines nichtbayr. AVes in Frage, während über Klagen gegen nichtbayr. AVe von den bayr. Spruchbehörden nicht entschieden werden kann, S 41 S 48. Über zweit- und letztrichterliche Entscheidungen s. BlfAdmPr 66 S 120.

3. Wegen Zustellung s. Anm 5 n zu § 37. Der VGHof hat in seiner neuesten Plenarentscheidung vom 3. Dez. 1920 (S 41 S 72) ausgesprochen, daß die Beschwerdebelehrung (s. dazu Anm 5 n zu § 37) sich als eine wesentliche Förmlichkeit darstellt, deren Beachtung die Gültigkeit der Zustellung bedingt; es hat hiernach das Fehlen oder die Unvollständigkeit der Beschwerdebelehrung zur Folge, daß die Beschwerdefrist nicht oder soweit nicht in Lauf gesetzt wird, als der Mangel reicht. Eine „andere Staatsaufsichtsbehörde" wäre bei armenrechtlichen Streitigkeiten zwischen Armenverbänden die Aufsichtsbehörde des klagenden AVes, VGE vom 30. Dezember 1918 N 68 UW F.

Der VGHof hat bei Unzulässigkeit der Beschwerde (beispielsweise wegen Unzuständigkeit des VGH) die Rechtmäßigkeit des Verfahrens der Vorinstanz nicht nachzuprüfen, S 40 S 75, s. dazu Anm 3 (Fußnote) zu Art 71.

Wegen des Rechtsmittels der Beschwerde, insbesondere Ort, Frist und Form vgl. die Ausführungen unter Anm 6 zu § 37. Hier sei noch einmal darauf aufmerksam gemacht, daß entgegen den bayer. Prozeßvorschriften die Berufung zum BAH nur bei der armenrechtlichen Spruchbehörde der ersten Instanz, also insbesondere nicht beim BAH, rechtsförmlich eingelegt werden kann.

4. **Über das Verfahren** finden sich in den Anmerkungen zu § 37 so eingehende Ausführungen, daß hier zu dem in Anm 3 Gesagten (s. auch noch Anm zu Art 75) lediglich darauf verwiesen zu werden braucht. Wegen der Übergangszeit s. Anm 5 zu § 65, BlAdmPr 67 S 129, 144, Dyroff VGG S 746 bis 752, wegen der Zuständigkeit Anm 5 zu § 37, BlAdmPr 66 S 96, 116, 120, 123, dann 67 S 144; über Zwangsvollstreckung vgl. die Anmerkungen zu § 53 und Anm 5 zu Art 11, dann Henle Handbuch der inneren Verwaltung S 77.

Art. 73.

Gegen Verfügungen der Regierung, Kammer des Innern, in den Fällen des Art. 19 steht den beteiligten Gemeinden die Beschwerde an den Verwaltungsgerichtshof zu, soweit die Voraussetzungen des Art. 19 Abs. II bestritten werden. Dabei gilt Art. 72 Abs. III, IV.

Dieser Gesetzesartikel wurde auf Grund der AB 1914 (S 397 ff.) im Anschluß an die AB 1912 (S 439 und S 612 — Beschluß N 4 a —) wegen der Abänderung des Art 19 (s. insbesondere Abs 2) eingefügt.

Art. 74.

Die Anordnungen nach § 56 Abs. I und die Entscheidung nach § 58 Abs. II des Gesetzes über den Unterstützungswohnsitz trifft die Staatsaufsichtsbehörde, die dem Ortsarmenverbande des Aufenthaltsorts zunächst vorgesetzt ist. Für § 56 gilt im übrigen Art. 72 Abs. II bis IV.

Vgl. Begr 727 Anm 4 zu § 56, sowie die Anm 1 und 2 zu § 58.

Art. 75.

I Art. 72 gilt auch bei Streit über

1. die Ersatzpflicht nach Art. 10 Abs. I, II,
2. die Ersatzansprüche von Personen, die ohne Rechtspflicht und ohne Auftrag eines Armenverbandes Hilfe geleistet haben (Art. 14),
3. die Ersatzpflicht des Staates (Art. 61, 62).

II In den Fällen des Abs. I Ziff. 1, 3 ist im ersten Rechtszuge die Staatsaufsichtsbehörde zuständig, die dem klagenden Armenverbande zunächst vorgesetzt ist.

R 563 (A 7 b) und 583 (E 4), AB 1912 S 381, 439, Begr 727/8, AB 1914 S 517 Beschl N 11.

Im Allgemeinen wird auf die Ausführungen in den Anmerkungen zu den angeführten Gesetzesartikeln bezug genommen. Über Beschwerdefrist und Einlegungsort s. Abs 3 des Art 72. Hinsichtlich der Zuständigkeit der armenrechtlichen Spruchbehörden erster Instanz war bei Ersatzansprüchen gegen den Unterstützten und seine Erben, sowie gegen den Staat an die Stelle der Staatsaufsichtsbehörde des in Anspruch genommenen ABes jene des den Anspruch erhebenden ABes zu setzen. Man ging davon aus, daß auch diese Ersatzansprüche der ABe, die von der Leistung öffentlicher Armenhilfe ihren Ausgang nehmen, dem öffentlichen Recht angehören und daß hier das verwaltungsgerichtliche Verfahren angezeigt sei (AB 1912 S 381). Bei Ersatzansprüchen gegen den Unterstützten auf Grund Vermögensbesitzes (Art 10) kann neben dem Vormund (eines Geisteskranken) als beteiligt beizuziehen sein die Ehefrau als Mitbesitzerin und Bewirtschafterin des Anwesens, aus dessen Erträgnissen Ersatz geleistet werden soll, BGH vom 5. Febr. 1917 N 58 III/16 Ers. f. Th. Im übrigen ist, wer von der 1. Instanz in den Streit beigezogen ist, als beteiligt (wenn auch unter Umständen nur als prozessual beteiligt) zu erachten und wenn er durch das Urteil (beispielsweise im Kostenpunkte) beschwert ist, auch beschwerdeberechtigt, BGH vom 22. Jan. 1917 N 84

III/16 Kr. h. F, S 27 S 81, Dyroff BGG S 591, 608 und 609. Ein Streit nach Ziff 2 setzt die Geltendmachung eines Ersatzanspruches gegen einen Armenverband voraus, vgl. S 41 S 70.

In der Begr S 728 wird auch noch das Verfahren bei Streitigkeiten in bezug auf die armenrechtliche Ausweisung zwischen dem Wegzuweisenden und dem OAVe des Aufenthaltsortes gemäß Art 8 Ziff 3 BGG erwähnt. In dieser Beziehung wird auf die eingehenden Ausführungen in Anm 3 c zu § 31 verwiesen, vgl. auch § 30 BA.

F. Armenpolizeilicher Arbeitszwang.

Art. 76.

I Wer öffentliche Armenunterstützung empfängt und sich weigert, die ihm nach Art. 4 Abs. I, Art. 5 angewiesene Arbeit zu verrichten, kann auf Antrag des unterstützenden oder erstattungspflichtigen Armenverbandes für die Dauer der Hilfsbedürftigkeit in einer öffentlichen Arbeitsanstalt oder in einer staatlich als geeignet anerkannten privaten Anstalt untergebracht werden.[1, 2, 3]

II Das gleiche gilt in den Fällen des Art. 2 Abs. III gegenüber dem Unterhaltspflichtigen, wenn er trotz Aufforderung des Armenverbandes seiner Unterhaltspflicht nicht nachkommt.

III Der Untergebrachte ist verpflichtet, für Rechnung des Armenverbandes die ihm angewiesenen Arbeiten nach dem Maße seiner Kräfte zu verrichten. Der armenpolizeiliche Arbeitszwang darf nicht in Straf- oder Nachhaftanstalten vollzogen werden.

VI Die Unterbringung ist unzulässig:

1. wenn die Hilfsbedürftigkeit nur durch vorübergehende Umstände verursacht ist,
2. wenn der Unterstützte (Abs. I, II) nicht arbeitsfähig ist,
3. wenn er entsprechend seiner Arbeitsfähigkeit zu seinem und seiner Familie Unterhalt beiträgt,
4. wenn die Unterbringung mit erheblichen, den Umständen nach nicht gerechtfertigten Härten oder Nachteilen für sein Fortkommen verbunden wäre.

V Statt der Unterbringung in einer Arbeitsanstalt kann auch die Unterbringung in einer Erziehungsanstalt oder Heilanstalt (insbesondere auch Trinkerheilanstalt) angeordnet werden, in welcher der Untergebrachte mit angemessener Arbeit beschäftigt werden kann.

D 478—480 (VII 2), R 583/4 (F 1), AB 1912 S 439—441, StenBer 1912 S 984, 994/5, 1010, Begr S 728 ff., AB 1914 S 518—532, StenBer 1914 S 96—98, 101, 104, Beschl N 12.

VA. § 56. [I] Bei der Entscheidung über die Anwendung des Arbeitszwangs ist in jedem einzelnen Falle nicht nur sorgfältig zu erwägen, ob die Maßnahme notwendig und geeignet ist, die ungerechtfertigte Inanspruchnahme des Armenverbandes hintanzuhalten, sondern es ist auch auf die Schonung des wirtschaftlichen Daseins und des berechtigten Selbstgefühls der betroffenen Personen entsprechend Rücksicht zu nehmen.

[II] Im übrigen wird in vielen Fällen schon die Androhung des Arbeitszwangs den Erfolg haben, daß der unterstützte Arbeitsscheue freiwillig die ihm angewiesene Arbeit verrichtet oder daß der säumige Nährpflichtige seiner Unterhaltspflicht nachkommt.

§ 57. Als vorübergehende Umstände, welche die Unterbringung unzulässig machen (Art. 76 Abs. IV Ziff. 1), kommen in Betracht:

Krankheit, zeitige Arbeitslosigkeit, Arbeitseinstellung, Aussperrung u. dgl.

Im übrigen genügt es für das Vorhandensein dauernder Hilfsbedürftigkeit, daß sich ein bestimmter naher Zeitpunkt, in dem das Unterstützungsbedürfnis aufhören wird, nicht absehen läßt.

1. Nach Diefenbach RAG S 349—351 soll das zu erlassende Reichsarmengesetz den polizeilichen Arbeitszwang gegen Arbeitsscheue und säumige Nährpflichtige nach dem Vorbilde der badischen, bayerischen und preußischen Gesetze einführen und erschöpfend regeln. Da letzteres im BayAG geschehen ist, können die Erläuterungen zu den Gesetzesartikeln kurz gefaßt werden.

Die Umfrage des Jahres 1920 in einem Regierungsbezirke hat nahezu keinen Fall der Durchführung des polizeilichen Arbeitszwangs ergeben. Ihre Möglichkeit allein gibt den Armenverbänden, gegebenenfalls den Bezirksverwaltungsbehörden bei der Verhandlung über einen Antrag (Art 78 Abs 1), ein wirksames Mittel, um die Aufnahme der Beschäftigung oder der Fürsorge für hilfsbedürftige Familienangehörige durchzusetzen und es hat die Androhung in vielen Fällen schon die gewünschte Wirkung.

2. Voraussetzung der Unterbringung in einer Arbeitsanstalt ist:

a) der Empfang einer Armenunterstützung,
b) dauernde Hilfsbedürftigkeit,
c) Arbeitsscheue,
d) Arbeitsfähigkeit,
e) Antrag eines Armenverbandes,
f) ein die Unterbringung anordnender Beschluß.

Zu a: Als Unterstützungsempfänger erscheint auch das unterhaltspflichtige Familienhaupt, dessen Ehefrau oder armenunmündiges Kind unterstützt wird. Das trifft also nicht mehr zu, wenn das Kind das 16. Lebensjahr vollendet hat. Auch findet die Maßnahme nicht statt bei dem unehelichen Vater, der seine Unterhaltspflicht vernachlässigt.

Zu b: Über den Begriff der dauernden Hilfsbedürftigkeit vgl. Anm 3 c zu § 31. Über vorübergehende Hilfsbedürftigkeit s. § 57 VA.

Zu c: Hier verlangt das Gesetz die Verweigerung der dem Unterstützten oder seinem Familienhaupte gemäß Art 4 oder 5[1]) angewiesenen Arbeit.

Zu d: Wenn auch das Gesetz keine Einschränkung in bezug auf das Alter enthält, so ist doch der Arbeitszwang gegen Kinder unter 14 Jahren

[1]) Der Art 5 wurde auf Grund der AB 1914 S 519, 532 eingefügt, damit ein auswärts untergebrachter Armer, der die Arbeit verweigert, nicht vom Arbeitszwange befreit sei.

wohl nicht zulässig, da bei ihnen von einer Arbeitsfähigkeit im wirtschaftlichen Sinne nicht die Rede sein wird.

Zu e: Antragsberechtigt ist sowohl der OAV oder LAV, der Unterstützung leistet, sei es auf Grund seiner vorläufigen oder endgültigen Fürsorgepflicht, als auch der OAV oder LAV, der einem anderen die Armenhilfe gewährenden AVe gegenüber ersatzpflichtig ist.

Zu f: Der Beschluß hat den arbeitsscheuen Unterstützungsempfänger nicht einer bestimmten Anstalt zuzuweisen, sondern auszusprechen, daß die Unterbringung in einer Anstalt der Art, wie sie der antragstellende AV bezeichnet, angeordnet wird. Die Wahl der Anstalt soll dem AV überlassen werden; dabei kann auch verfügt werden, daß der AV mit der Anstalt wechseln, also beispielsweise zunächst die Unterbringung in einer Heilanstalt und später in einer Arbeitsanstalt bewirken kann, vgl. § 58 BA. Der Beschluß ist vorläufig vollstreckbar (Art 78 Abs 3).

3. Für die Frage, was als ungerechtfertigte Härte anzusehen ist, sind die tatsächlichen Verhältnisse des einzelnen Falles maßgebend. Nach § 56 BA soll „auf die Schonung des wirtschaftlichen Daseins und des berechtigten Selbstgefühls der betroffenen Person entsprechend Rücksicht“ genommen werden. Bei „Arbeitsscheuen“ wird nur in seltenen Fällen davon die Rede sein können, daß die Unterbringung als ungerechtfertigte Härte anzusehen ist.

Art. 77.

I Die Unterbringung erfolgt auf Grund eines Beschlusses der Distriktsverwaltungsbehörde, in München der Polizeidirektion. Für die örtliche Zuständigkeit entscheidet der Wohnsitz, beim Mangel eines solchen der ständige Aufenthalt des Unterstützten. Besteht auch kein ständiger Aufenthalt, so ist die Distriktsverwaltungsbehörde des Unterstützungswohnsitzes, bei Landarmen die des Sitzes des Landarmenverbandes zuständig.

II Ist ein Mitglied des betreibenden Armenrats zugleich Mitglied der beschließenden Behörde, so darf es bei dem Verfahren nicht mitwirken.

Die Bestimmung in Abs 2 kann bei kreisunmittelbaren Städten insoferne zu Schwierigkeiten führen, als bei dem Unterbringungsbeschlusse des Stadtrats die Mitglieder des Armenrats, also der Bürgermeister und die abgeordneten Armenratsmitglieder aus den Reihen der Stadträte, nicht mitwirken dürfen, wenn von diesem Armenrate die Anstaltsunterbringung betrieben wird. Deshalb hat das Gesetz in Art 78 Abs 1 die Zulässigkeit der Senatsbildung in Abweichung von der Bestimmung in Art 102 Abs 4 GemO auch in unmittelbaren Städten unter 10 000 Einwohnern zugelassen.

Art. 78.

I Die Entscheidung der Distriktsverwaltungsbehörde ergeht auf Grund mündlicher Verhandlung. Die Bildung von Senaten der kreisunmittelbaren Stadtmagistrate (rechtsrh. Gemeindeordnung Art. 102 Abs. IV) ist auch in Städten mit weniger als 10000 Einwohnern zulässig.

II Wenn der Unterstützte im Falle des Art. 2 Abs. III seine Unterhaltspflicht bestreitet, so kann das Beschlußverfahren solange ausgesetzt werden, bis hierüber im bürgerlichen Rechtswege rechtskräftig entschieden ist.

III Gegen den Beschluß der Distriktsverwaltungsbehörde steht den Beteiligten Beschwerde an den Verwaltungsgerichtshof zu. Die Beschwerde bewirkt keinen Aufschub. Die Distriktsverwaltungsbehörde und der Verwaltungsgerichtshof können die Vollstreckung auf Antrag oder von Amts wegen bis zur endgültigen Entscheidung aussetzen. Vor der Aussetzung ist der Armenverband zu hören.

IV Für die Frist zur Einlegung der Beschwerde und für den Einlegungsort gilt Art. 72 Abs. III.

V Die Distriktsverwaltungsbehörde und der Verwaltungsgerichtshof behandeln die Beschwerden nach den Vorschriften für Verwaltungsrechtssachen. Sie können die Vorführung des Unterstützten anordnen. Art. 13 Abs. I Ziff. 3 des Gesetzes über den Verwaltungsgerichtshof gilt dabei nicht.

VA. § 58. Die Entscheidung der Behörde, welche die Unterbringung verfügt, ist so zu fassen, daß dem Armenverbande die Wahl der Arbeitsanstalt, der Erziehungsanstalt, der Heilanstalt überlassen bleibt. Der Beschluß kann auch dahin lauten, daß der Armenverband nach seinem Ermessen entweder die Unterbringung in einer Arbeitsanstalt oder die Einweisung in eine Heilanstalt bewirken oder die eine Maßregel nach der andern ergreifen kann.

Da für das Verfahren die Vorschriften des Art 16 ff. VGG anzuwenden sind, muß der Beschluß den Beteiligten unter Beschwerdebelehrung schriftlich zugestellt werden. Als Beteiligte erscheinen die vom Arbeitszwange betroffenen Personen — bei Minderjährigen der gesetzliche Vertreter — und der antragstellende Armenverband.

Im übrigen wird wegen des Verfahrens und der Einlegung der Beschwerde auf die Anmerkungen zu § 37 verwiesen. Doch ist hier besonders darauf hinzuweisen, daß durch die Einlegung der Beschwerde beim AVe die Beschwerdefrist nicht gewahrt wird, sondern erst durch Einreichung der Beschwerde bei der Bezirksverwaltungsbehörde oder beim VGH. Bei der die Beschwerdeführung fördernden Haltung der Gesetzgebungskörper der Neuzeit wird wohl auch eine Beschwerdeeinlegung bei der Kreisregierung, deren Zuständigkeit in Sachen des armenpolizeilichen Arbeitszwanges ausgeschlossen ist, im Hinblick auf die Bestimmung in Art 72 Abs 3 als fristwahrend anzusehen sein.

Da der Beschlußfassung durch die Bezirksverwaltungsbehörde eine mündliche Verhandlung voranzugehen hat, wurde in das Gesetz noch die Bestimmung aufgenommen, daß die Vorführung des Unterstützten angeordnet werden kann. Diese Befugnis steht auch dem VGH zu. Nach der Ausnahmebestimmung in Abs 5 ist der VGH befugt, auch alle Ermessensfragen, also sowohl jene des richterlichen wie des Verwaltungsermessens, seiner Würdigung zu unterstellen.

Art. 79.

I In den Fällen des Art. 2 Abs. III sind gerichtliche Entscheidungen über die Unterhaltspflicht dessen, der als unterstützt gilt, für die Verwaltungsbehörde bindend. Dies gilt auch von einstweiligen gerichtlichen Verfügungen.

II Abs. I gilt entsprechend, wenn die gerichtlichen Entscheidungen erst nach der Einleitung oder dem Abschlusse des Verwaltungsverfahrens ergehen.

Art. 80.

I Die Vollstreckung des Beschlusses steht dem antragenden Armenverbande zu. Der vorläufig unterstützende Armenverband kann die Vollstreckung dem erstattungspflichtigen Armenverband überweisen.

II Die Armenverbände sind berechtigt, statt der Einweisung in eine Anstalt die Anweisung von Arbeit außerhalb einer Anstalt zu verfügen.

VA. § 59. I Als Anstalten, in denen die vom Arbeitszwange betroffenen Personen untergebracht werden können, kommen namentlich in Betracht:

1. Öffentliche Arbeitsanstalten, z. B. gemeindliche Armenhäuser und Beschäftigungsanstalten, insbesondere solche mit landwirtschaftlichem Betriebe, Landarmenanstalten, Wanderarbeitsstätten öffentlicher Körperschaften,
2. private Arbeitsanstalten, z. B. von Vereinen betriebene Wanderarbeitsstätten und Arbeiterkolonien, soferne sie von der staatlichen Aufsichtsbehörde als geeignet anerkannt sind,
3. Erziehungsanstalten und Heilanstalten, insbesondere auch Trinkerheilanstalten, sofern der Untergebrachte daselbst in angemessener Weise beschäftigt werden kann; nicht öffentliche Anstalten müssen ebenfalls von der staatlichen Aufsichtsbehörde als geeignet anerkannt sein.

II Die Anstalten können innerhalb oder außerhalb des Bezirkes des vollstreckenden Armenverbandes liegen. In Erziehungsanstalten dürfen nur Minderjährige untergebracht werden.

§ 60. Besondere Anstalten für den eigenen Bedarf werden nur größere Ortsarmenverbände oder auch Landarmenverbände errichten können. Für kleinere Armenverbände empfiehlt sich der Anschluß an jene im Wege freier Vereinbarung oder der Vereinigung nach Art. 34 Abs. II. Auch der Anschluß sämtlicher Armenverbände eines Regierungsbezirks — mit Ausnahme etwa der Großstädte — an den Landarmenverband kann zweckmäßig sein, weil dadurch die nötige Stetigkeit in der Zahl der Arbeitskräfte erreicht und der Betrieb der Anstalten möglichst billig gestaltet wird.

§ 61. Bei der Anweisung von Arbeit außerhalb einer Anstalt (Art 80 Abs. II) sind insbesondere auch landwirtschaftliche Arbeiten, Beschäftigung bei Straßenbauten, sowie Kulturarbeiten wie Flußaufregelungen, Entwässerung und Urbarmachung von Mooren, Öd- und Heideländereien, Aufforstungen ins Auge zu fassen. Zu diesem Zwecke ist nötigenfalls mit den Unternehmern solcher Arbeiten, mit den Kulturbauämtern, der Moorkulturanstalt, den Forstbehörden ins Benehmen zu treten.

Die Vollstreckung des Unterbringungsbeschlusses — nicht aber auch des Kostenausspruches — ist im Gegensatze zu § 53 UWG und Art 46 BGG den Armenverbänden übertragen.

Art. 81.

I Die Entlassung aus der Arbeitsanstalt hat der Armenverband zu verfügen, sobald die gesetzlichen Voraussetzungen der Unterbringung weggefallen sind oder wenn die Unterbringung im ganzen ein Jahr gedauert hat.

II Beantragt der Untergebrachte die Entlassung und lehnt sie der Armenverband ab, so kann der Untergebrachte die Entscheidung der Distriktsverwaltungsbehörde beantragen, die im ersten Rechtszuge beschlossen hat. Für das Verfahren und die Beschwerde gilt Art. 78.[1, 2, 3]

1. Die Anstaltsunterbringung findet ihr Ende

a) wenn sie ein Jahr lang gedauert hat,

b) wenn die gesetzlichen Voraussetzungen (vgl. Anm 2 zu Art 76) nicht mehr bestehen, wenn also z. B. das unselbständige Familienglied, dessen Unterhalt das untergebrachte Familienhaupt vernachlässigt hat, nicht mehr öffentliche Armenpflege empfängt; es kann aber durch den

c) Armenverband auch die vorläufige Entlassung verfügt werden, vgl. Art 82.

2. Wenn zwischen dem Armenverband und dem Untergebrachten Streit über das Vorliegen der Voraussetzungen zur Entlassung entsteht, so ist hierüber von der Bezirksverwaltungsbehörde, die den Unterbringungsbeschluß erlassen hat, verwaltungsrechtliche Entscheidung zu treffen. Dabei, wie auch für das Beschwerderecht, gilt das oben in den Anmerkungen zu Art 78 Gesagte.

3. Die Entlassung, die vorläufige Entlassung und der Widerruf der vorläufigen Entlassung steht dem mit der Vollstreckung des Unterbringungsbeschlusses befaßten d. i. den Antrag stellenden Armenverbande zu. Hierbei ist das Ermessen dieses Armenverbandes entscheidend. Doch enthält das Gesetz Bestimmungen, unter welchen Verhältnissen die Entlassung erfolgen muß und der Widerruf einer vorläufigen Entlassung ausgeschlossen ist.

Art. 82.

I Der Armenverband kann den Untergebrachten in widerruflicher Weise vorläufig entlassen.

II Die vorläufige Entlassung soll erfolgen, wenn sich der Untergebrachte drei Monate lang einwandfrei geführt hat.

III Der Widerruf ist nur zulässig, wenn seit der vorläufigen Entlassung drei Monate verstrichen sind und die Voraussetzungen der Unterbringung fortbestehen. Nach Ablauf eines Jahres nach der vorläufigen Entlassung ist der Widerruf unzulässig.

1. Regelmäßig soll gute Führung in der Arbeitsanstalt nach drei Monaten die vorläufige Entlassung bewirken. Die Entlassung erfolgt in widerruflicher Weise. Der Widerruf ist aber nur innerhalb des Zeitraums vom vierten bis zwölften Monate seit der vorläufigen Entlassung zulässig. Selbstverständlich kann die Entlassung nicht widerrufen werden, wenn eine der Voraussetzungen der Unterbringung weggefallen ist, wenn also beispielsweise der Unterstützte nicht mehr als arbeitsfähig erklärt werden kann. Im übrigen vgl. auch noch Anm 3 zu Art 81. Der Armenverband ist in der Lage, den Untergebrachten auch vor Ablauf von drei Monaten vorläufig zu entlassen. Dazu wird es kommen, wenn das Verhalten des Untergebrachten die Annahme rechtfertigt, daß er von seiner Arbeitsscheue geheilt ist.

2. Entsteht zwischen dem Armenverband und dem vom Arbeitszwange Betroffenen Streit über die Zulässigkeit des Widerrufs, so ist über den Wiederentlassungsantrag des Untergebrachten gleichfalls verwaltungsrechtlich nach Maßgabe des Art 78 zu entscheiden und die Zuständigkeit des VGH gegeben, vgl. hierzu Anm 2 zu Art 81 und Begr S 731.

Art. 83.

Die Art. 81, 82 gelten entsprechend für die Anweisung von Arbeit außerhalb einer Anstalt (Art. 80 Abs. II).

Ist der dem Arbeitszwang Unterstellte zu Arbeiten außerhalb einer Arbeits- oder Armenversorgungsanstalt, wie zu Kulturarbeiten, Straßenbauten, landwirtschaftlichen Arbeiten angewiesen, so führt auch hier einwandfreies Verhalten zur Aufhebung der Zwangsmaßregel. Das gleiche gilt beim Wegfalle der gesetzlichen Voraussetzungen für die Zwangsmaßregel, insbesondere der Arbeitsfähigkeit.

Art. 84.

Aus dem Arbeitsverdienste des Untergebrachten sind zunächst die Kosten der Unterbringung zu decken. Aus dem Überschuß ist die Unterstützung zu bestreiten, die den Angehörigen des Untergebrachten für die Zeit der Unterbringung gewährt wird. Der Rest gebührt dem Untergebrachten; die Aushändigung erfolgt jedoch nicht vor der Entlassung.

BA. § 64. Das Reichsgesetz über die Unfallfürsorge für Gefangene vom 30. Juni 1900 (RGBl. S. 536) nebst den landesgesetzlichen Vollzugsvorschriften gilt auch für Personen, die von Orts- und Landarmenverbänden zwangsweise zur Arbeit angehalten werden (vgl. Reichsgesetz § 1 Abs. II); bei der Anweisung von Arbeit außerhalb einer Anstalt tritt dabei an Stelle der Anstalt der Armenverband und an Stelle des Armenvorstandes die gesetzliche Vertretung des Armenverbandes.

§ 65. I Damit der Zweck erreicht wird, den der Arbeitszwang verfolgt, werden die Armenverbände es sich angelegen sein lassen, den Untergebrachten bei der vorläufigen oder endgültigen Entlassung geeignete Arbeitsstellen nachzuweisen (vgl. auch Armengesetz Art. 4 Abs. II, Vollzugsanweisung § 9 Abs. IV).

II Die Armenverbände werden ferner im eigenen wie im allgemeinen Nutzen dafür Sorge tragen, daß sie von dem Vorhandensein von Arbeitsscheuen und säumigen Nährpflichtigen jeweils möglichst bald Kenntnis erhalten, damit gegen diese die notwendigen Maßnahmen rechtzeitig ergriffen werden können.

Die Beschäftigung in Arbeitsanstalten unterliegt nicht der Kranken- und Invalidenversicherung, vgl. Anleitung des Reichsversicherungsamts vom 26. April 1912 über den Kreis der nach der Reichsversicherungsordnung versicherten Personen, insbesondere Ziff 23 und Anm 4 zu § 29.

Art. 85.

I Für jede Arbeitsanstalt ist eine Hausordnung aufzustellen. Diese muß Vorschriften über die Aufnahme und Behandlung, die Art der Beschäftigung und Entlohnung sowie die Berechnung der Unterbringungskosten (Art. 84) enthalten. Sie bedarf der Genehmigung der Staatsbehörde, welche die Aufsicht über die Anstalt führt.

II Bei Anweisung von Arbeit außerhalb einer Anstalt (Art. 80 Abs. II) sind die Einzelheiten durch eine Arbeitsordnung zu regeln. Für deren Inhalt gilt der vorstehende Abs. I Satz 2; sie bedarf der Genehmigung der Staatsaufsichtsbehörde, die dem Armenverbande zunächst vorgesetzt ist.

VA. § 62. I Die Hausordnungen für die Arbeitsanstalten (Art. 85 Abs. I) werden auch Zwangsmittel zur Aufrechterhaltung der Anstaltszucht vorzusehen haben.

II Die Hausordnungen können ferner bestimmen, wieweit dem Untergebrachten aus dem Arbeitsverdienst Arbeitsbelohnungen gewährt werden sollen; dabei können sie ihm das Recht einräumen, über die Arbeitsbelohnung schon während des Aufenthalts in der Anstalt in bestimmter Weise zu verfügen.

III Die Abs. I und II gelten für die Anweisung von Arbeit außerhalb einer Anstalt (Art. 85 Abs. II) entsprechend.

§ 63. Ärztliche und religiöse Versorgung sowie Krankenpflege müssen beim Vollzuge des armenpolizeilichen Arbeitszwangs sichergestellt sein.

Eine Vorschrift, wie in Art 3 Abs 3, wonach bei der Auswahl der Anstalt auf das Glaubensbekenntnis Rücksicht zu nehmen ist, kann bei den Armenanstalten der AVe nicht in Betracht kommen; wohl aber wird hierauf bei den Erziehungsanstalten Bedacht zu nehmen sein, wenn die Unterbringung in solchen, statt in einer Armenanstalt angeordnet wird.

Art. 86.

I Die Polizeibehörden haben zur Vorbereitung des Verfahrens und zur Durchführung der Vollstreckung die erforderliche Hilfe zu gewähren.

II Insbesondere haben sie auf Antrag des unterstützenden Armenverbandes den Unterstützten, der einer Vorladung der Armenbehörde nicht Folge leistet, dieser vorzuführen oder an deren Stelle zu vernehmen.

III Die hierbei entstehenden Kosten fallen dem endgültig unterstützungspflichtigen Armenverbande zur Last.

Insoweit der Vollzug des polizeilichen Arbeitszwanges Kosten verursacht, die nicht aus dem Arbeitsverdienste der dem Arbeitszwang unterstellten Person gedeckt werden können, sind sie vom antragstellenden AV aufzubringen. Wenn dieser nur vorläufig fürsorgepflichtiger Armenverband ist, hat er einen Ersatzanspruch gegen den endgültig unterstützungspflichtigen Armenverband; ein Antrag, diese Kosten dem Landarmenverbande zu überweisen, wurde abgelehnt, vgl. AV 1914 S 522 und 532.

G. Strafvorschriften.

Art. 87.

Sofern nicht nach anderen Vorschriften eine höhere Strafe verwirkt ist, werden Empfänger öffentlicher Armenunterstützung [1, 2, 3] an Geld bis zu 150 ℳ oder mit Haft bestraft, wenn sie

1. durch ungeziemendes Benehmen die Achtung verletzen, die sie den Mitgliedern des Armenrats und der Bezirkspflegeausschüsse, den Armenpflegern und den sonstigen Beamten und Beauftragten der Armenverbände sowie den Vertretern der Aufsichtsbehörde schuldig sind,
2. Gegenstände, die sie von einem Armenverband oder von einer öffentlichen Wohltätigkeitsanstalt empfangen haben, unbefugt veräußern oder mutwillig unbrauchbar machen.

R 584 (F 2), Begr 732.

VA. § 66. I Als Vorschriften, nach denen eine höhere Strafe verwirkt ist als nach Art. 87, 88, kommen aus dem Reichsstrafgesetzbuch insbesondere in Betracht:

§§ 185—200 (Beleidigung),
§ 246 (Unterschlagung),
§§ 303, 304 (Sachbeschädigung),
§§ 263, 264 (Betrug).

II Außerdem sind für die öffentliche Armenpflege aus § 361 von Bedeutung:

Ziff. 5 (Notwendigkeit fremder Hilfe wegen Spieles, Trunkes oder Müßiggangs),

Ziff. 7 (Arbeitsscheu),
Ziff. 8 (Nichtbefolgen eines Unterkommensauftrags),
Ziff. 10 (Vernachlässigung der Unterhaltspflicht),
bei Ziff. 5, 7, 8 mit der Möglichkeit der Überweisung an die Landespolizeibehörde (§ 362).

1. Über Armenunterstützung s. **Art** 2 **mit Anmerkungen.**

2. Nach § 361 Ziff 7 RStrGB wird mit Haft bestraft der Empfänger einer öffentlichen Armenunterstützung, der sich aus Arbeitsscheue weigert, die ihm von der Armenbehörde angewiesene und seinen Kräften angemessene Arbeit zu verrichten (vgl. Art 4). Gleicher Strafe unterliegt nach Ziff 8, wer einem ihm von der Distriktspolizeibehörde erteilten Unterkommens- oder Arbeitsauftrage schuldhafterweise nicht nachgekommen ist. Wenn bei der Verurteilung zu Haft nach Vorschrift des § 361 Ziff 5, 7, 8 gemäß § 362 zugleich die Überweisung der verurteilten Personen nach verbüßter Strafe an die Landespolizeibehörde ausgesprochen worden ist, dann kann die Bezirkspolizeibehörde solche Personen bis zu zwei Jahren entweder in einem Arbeitshaus unterbringen oder zu gemeinnützigen Arbeiten verwenden.

3. Um die AVe gegen die Übernahme der Armenhilfe infolge Nichterfüllung der Unterhaltspflicht Dritter zu schützen, wurde durch **Art** 2 des RG vom 12. März 1894 über die Änderung des UWG und die Ergänzung des RStGB (RGBl S 259) dem § 361 RStGB noch folgende Strafbestimmung unter Zulassung einer Geldstrafe bis zu 150 Mk. (neben Haft wie in Ziff 9) beigefügt:

„10. wer, obschon er in der Lage ist, diejenigen, zu deren Ernährung er verpflichtet ist, zu unterhalten, sich der Unterhaltspflicht trotz der Aufforderung der zuständigen Behörde derart entzieht, daß durch Vermittelung der Behörde fremde Hilfe in Anspruch genommen werden muß."

Behörde im Sinne dieser Ziff 10 ist der Armenverband, der nach dem UWG und BayAG zur Leistung der öffentlichen Armenhilfe, wenn auch nur vorsorglich, verpflichtet ist. Als unterhaltspflichtig kommen hier dieselben Personen in Betracht wie in Art 11 Abs 1, vgl. Anm 8 zu Art 2 und Anm 3 zu Art 11.

Art. 88.

Sofern nicht nach anderen Vorschriften eine höhere Strafe verwirkt ist, wird an Geld bis zu 150 ℳ oder mit Haft bestraft, wer sich mutwilligerweise in hilfsbedürftige Lage bringt und dadurch das Eingreifen der öffentlichen Armenpflege veranlaßt.

R 584 (F 2), Begr 732.

Nach der Begründung soll mit dieser Gesetzbestimmung unter bezug auf Art 10 des württ. PolStG das Erschleichen von Unterstützungen unter Strafe gestellt werden, wenn Tatbestände des RStGB nicht zutreffen. Dieser Art 10 enthält neben der in Art 88 größtenteils übernommenen Bestimmung in Ziff 2 allerdings noch eine weitere Anordnung in Ziff. 3, die das Erschleichen von Unterstützungen durch wahrheitswidrige Angaben unter Strafe stellt.

Abschnitt II.

Änderung von Gesetzen.

Art. 89.

Außer Kraft treten:

1. die Art. 1 bis 36, 47 des Gesetzes über Heimat,[1] Verehelichung[2] und Aufenthalt[3] (GVBl. 1899 S. 470),
2. das Gesetz über die öffentliche Armen- und Krankenpflege[4] (GVBl. 1899 S. 489, 1902 S. 185).

Begr S 732, AB 1914 S 533/4.

1. Mit Einführung des UWG und des BayAG treten die heimatrechtlichen Bestimmungen des Gesetzes vom 16. April 1868 außer Kraft. Das BayAG enthält entsprechende Abänderungsbestimmungen für alle bayr. Gesetze, in denen die Heimat für ein Rechtsverhältnis maßgebend war.

Ferner erwies es sich als notwendig einzelne Verordnungen abzuändern, insoweit bisher die Heimat[1]) für die Zuständigkeit maßgebend war; das geschah durch die VO vom 26. Nov. 1915 (GVBl S 723) hinsichtlich der Zuständigkeitsverordnung vom 4. Jan. 1872 (RegBl 25) und durch die VO vom 8. Dez. 1915 (GVBl S 731) hinsichtlich der Zuständig-

---

[1]) In bezug auf Stiftungen überläßt das Gesetz entsprechend der Begründung S 694/5 die Entscheidung von Fall zu Fall der Stiftungsverwaltung und bei Streit den Verwaltungsrechtsinstanzen gemäß Art 8 Ziff 35 VGG. Wenn für die Berechtigung zum Stiftungsgenusse der Besitz des Heimatrechts in einer bestimmten Gemeinde vorausgesetzt ist, so sind als anspruchsberechtigt zu erachten:

1. Die am 31. Dez. 1915 in dieser Gemeinde beheimatet gewesenen Personen,
2. deren Abkömmlinge (Art 1 HeimG) und Ehefrauen, wenn Geburt und Eheschließung nach dem erwähnten Zeitpunkt erfolgten,
3. die Personen, die nach dem 31. Dez. 1915 in dieser Gemeinde ihre Anstellung nach Maßgabe des Art 2 HeimG bekommen haben,
4. die Gemeindebürger älteren Rechts; letzten End.s
5. andere Personen, bei denen nach dem 1. Jan. 1916 die Voraussetzungen des Art 6 oder 7 oder 11 HeimG erfüllt sind,
6. die Abkömmlinge und Ehefrauen der in Ziff 3, 4 und 5 bezeichneten Personen.

Hierbei ist vorausgesetzt, daß bei diesen Personen einschließlich der Abkömmlinge und Ehefrauen nicht in der Zwischenzeit Umstände eingetreten sind, die als tatsächliche und rechtliche Unterlage für den Erwerb einer anderen Heimat (Art 2, 5, 6, 7 HeimG) zu dienen geeignet waren.

Der Besitz des UW ist allein nicht als Ersatz der Heimatberechtigung anzusehen. Wo das Bürgerrecht Voraussetzung des Stiftungsgenusses ist, kommt in erster Linie das nach Art 10 GemO verliehene Bürgerrecht und in zweiter Linie das Gemeindebürgerrecht nach Art 11 bayr. VerfUrk vom 14. Aug. 1919 (GVBl S 531) in Betracht, vgl. Art 101 Fußnote 3, allgem. Begr Ziff 7 des Entw eines neuen Gem.ges. und auch ME vom 29. Jan. 1920 N 3601, BayGemVZ 1920 S 479.

keitsverordnung vom 24. Dez. 1899 (GVBl S 1229); s. auch MinBek vom 24. Dez. 1915 (MABl S 309). Außerdem werden verschiedene Ministerialvorschriften, bei denen es sich um das Heimatrecht handelt, gegenstandslos. Das gilt beispielsweise für §§ 9 und 17 Abs 1 Ziff 1 (s. auch § 15) MB vom 27. Dez. 1899 über Namensänderungen (GVBl S 1241), Ziff 16 Abs 2 (s. auch Ziff 55) der VB vom 16. März 1914 (MABl S 117) zum RStAG, dann für die VB zum HeimG vom 28. Dez. 1899 (MABl S 803) Ziff 1—16, s. hierzu ME vom 12. Nov. 1915 (MABl S 290).

Es gibt aber noch „Heimatscheine", nämlich als Ausweis eines Deutschen für den Aufenthalt im Ausland, Anlage 5 zu Ziff 53 (s. Anhang) der VB vom 16. März 1914 zum RStAG. Diese können auf 10 Jahre ausgestellt werden, s. MinBek vom 6. April 1920 (StAnz N 82).

2. Die Bestimmungen über das Verehelichungswesen sind vollständig aufgehoben. Danach bedarf auch ein rechtsrheinischer Bayer ebensowenig eines Distriktsverehelichungszeugnisses wie der Pfälzer.

3. Das bayerische Gesetz über die öffentliche Armen- und Krankenpflege trat mit dem 1. Jan. 1916 in seinem vollen Umfang außer Kraft.

4. Wegen der Bestimmungen des HeimG über den Aufenthalt s. Art 90 und 91, sowie das Aufenthaltsgesetz vom 21. Aug. 1914.

Art. 90.

Titel III des Heimatgesetzes „Vom Aufenthalte" (Art. 37 bis 46) wird dahin geändert:

I. Art. 37 Abs. III wird gestrichen.

II. Art. 38 erhält folgende Fassung:

„Wer in einer Gemeinde Wohnsitz oder nicht nur vorübergehend Aufenthalt nimmt oder diesen Wohnsitz oder Aufenthalt aufgibt, hat binnen einer Woche der Ortspolizeibehörde, in München der Polizeidirektion, Anzeige zu erstatten.

Die Anzeigeerstattung ist von der Behörde gebührenfrei zu bescheinigen.

Personen, die aus einer Gemeinde des Deutschen Reichs neu zuziehen, haben der zuständigen Behörde (Abs. I) innerhalb der von ihr bestimmten Frist eine Bescheinigung der Polizeibehörde des letzten Aufenthalts über den erfolgten Wegzug (Abzugsbescheinigung) vorzulegen. In Bayern sind die Abzugsbescheinigungen gebührenfrei.

Durch ober- oder ortspolizeiliche Vorschrift können weitere Einzelheiten bestimmt werden.

Zuwiderhandlungen werden an Geld bis zu 15 Mk. bestraft.

In München gibt die Polizeidirektion dem Stadtmagistrate von den Anzeigen (Abs. I) und den Abzugsbescheinigungen (Abs. III) alsbald Kenntnis. Das Nähere bestimmt die Staatsregierung."

III. Im Art. 39 wird „21“ durch „42 Abs. II“ ersetzt und das Wort „fremden“ gestrichen.

IV. Art. 41 Abs. II erhält folgende Fassung:

„Ist in einem Bezirke das Standrecht verkündigt oder der Kriegszustand verhängt (Gesetz über den Kriegszustand vom 5. November 1912), so kann die nach Art. 39 verfügte Ausweisung auf den ganzen Bezirk ausgedehnt werden. Dies gilt nicht, wenn der Ausgewiesene in einer Gemeinde des Bezirkes das Bürgerrecht besitzt oder wenn die Voraussetzungen des Art. 42 Abs. II vorliegen.“

V. In Art. 42 werden

1. die Worte „ohne Heimatrecht“ gestrichen,
2. folgende Vorschrift als Abs. II eingefügt:

„Ferner darf Reichsangehörigen der Aufenthalt in der Gemeinde, in der sie sich nach Vollendung des sechzehnten Lebensjahrs zuletzt länger als ein Jahr freiwillig und ununterbrochen aufgehalten haben, dann Reichsangehörigen, die öffentliche Armenunterstützung empfangen, der Aufenthalt am Orte der Unterstützung für deren Dauer polizeilich nicht versagt werden.“

Begr 732, AB 1914 S 534/5, BB vom 5. Okt. 1915 MABl S 273.

Unter Hinweis auf die BB vom 5. Okt. 1915 (MABl S 273) zum AufenthGes (Anhang), auf Dr. Ziegler Auf. u. FreizügGes und Reger AufenthGes wird sich darauf beschränkt, die neueste Rechtsprechung des BayVGH hier kurz anzufügen:

a) In bezug auf Hemmung der Ausweisungsbefugnis nach Art 6 (42) Abs 2 AufenthGes wird der Heimatort durch jene Gemeinde ersetzt, in der sich jemand nach Vollendung des 16. Lebensjahres länger als ein Jahr freiwillig und ununterbrochen aufgehalten hat, ohne daß ein freiwilliger ununterbrochener Aufenthalt von gleicher Dauer in einem anderen Orte später nachgefolgt ist; unter dieser Voraussetzung kann auch ein vor dem Inkrafttreten des AufenthGes zurückgelegter Aufenthalt berücksichtigt werden, S 37 S 99.

b) Unter die einjährige Frist des Art 6 Abs 2 (Zufluchtsfrist) fällt auch die Zeit nach Erlaß des Ausweisungsbeschlusses, solange dieser nicht rechtskräftig geworden ist, und wenn nicht der Beschwerde die aufschiebende Wirkung versagt worden war, S 40 S 101.

c) Der Lauf der Frist (b) ruht bei Unterbrechung der Freiwilligkeit, z. B. während der Verbüßung einer Gefängnisstrafe, S 40 S 101.

d) Das AufenthGes behandelt Deutschen gegenüber nur die sicherheitspolizeiliche Ausweisung, Art 6 Abs II findet daher auf die armenrechtliche Ausweisung nicht Anwendung, S 37 S 209.

e) Amnestie hebt die Zulässigkeit der Ausweisung nicht auf, da das Aufenthaltsverbot durch die Tatsache der Verurteilung gerechtfertigt wird, VGE vom 5. Nov. 1919 N 105 Ausw. G.

Art. 91.

Die Staatsregierung ist ermächtigt, den Titel III des Heimatgesetzes, wie er sich aus Art. 90 ergibt, mit der Überschrift „Aufenthaltsgesetz" und mit dem Tage des gegenwärtigen Gesetzes bekanntzumachen und dabei die Artikel mit fortlaufenden Zahlen zu versehen sowie die Verweisungen richtigzustellen.

Auf Grund dieser Ermächtigung ist die MinBek vom 19. Juli 1915 (GVBl S 589) ergangen, womit das Gesetz samt den Abänderungen gemäß Art 90 BayAG und zwar als Aufenthaltsgesetz vom 21. August 1914 mit 10 Artikeln im GVBl 1915 S 590 veröffentlicht worden ist.

Art. 92 und Art. 93.

Von Abdruck dieser Artikel, Abänderungen der beiden Gemeindeordnungen enthaltend, wurde abgesehen, da inzwischen wiederum neue Änderungen durch das SVG eingetreten sind und bereits ein Gesetzentwurf für ein neues Gemeindegesetz veröffentlicht ist.

Nur bezüglich der an Stelle des Verzeichnisses der Heimatberechtigten Art 138 (93) Abs 3 neueingeführten Einwohnerlisten, deren sorgfältige Evidenthaltung für die Ermittelung und Feststellung der UWverhältnisse dringend geboten ist (s. Anm 1 zu § 63) wird auf MinE vom 29. Febr. 1916 (MABl S 38) und vom 30. Sept. 1918 (MABl S 316), BlApfl I S 117, 130, 142 und II S 8 hingewiesen.

Art. 94.

Das Gesetz über den Verwaltungsgerichtshof vom 8. August 1878 wird dahin geändert:

I. Im Art. 8 Ziff. 33 erhält der erste Teil folgende Fassung:
„Wahlrecht und Wählbarkeit zu Gemeindeämtern sowie zum Amte eines Mitglieds des Armenrats, eines Armenpflegers, eines Mitglieds des Bezirkspflegeausschusses, eines Waisenrats und eines Feldgeschworenen".

II. Im Art. 10 hat der Eingang zu lauten:
„Der Verwaltungsgerichtshof ist abgesehen von Art. 8 zur Bescheidung von Beschwerden gegen Beschlüsse oder Verfügungen der Regierungen, Kammern des Innern oder der Finanzen,
in den Fällen der Ziff. 5 und 6 der Distriktsverwaltungsbehörden, soweit diese zur Entscheidung berufen sind, dann der Generaldirektion der Zölle und indirekten Steuern in folgenden Angelegenheiten zuständig"

III. Art. 10 Ziff. 2 erhält folgende Fassung:
„Verfügungen in Gegenständen der Staatsaufsicht über die Gemeinden und Armenverbände, wenn die Gemeinde

oder der Armenverband behauptet, die Verfügung verletze ihr gesetzliches Selbstverwaltungsrecht oder belaste sie mit einer gesetzlich nicht begründeten Leistung."

IV. Art. 10 Ziff. 5 erhält folgende Fassung:

„Pflicht zur öffentlichen Unterstützung Hilfsbedürftiger, wenn die streitenden Armenverbände dem bayerischen Staate angehören, Ersatzansprüche von Personen, die ohne Rechtspflicht und ohne Auftrag eines Armenverbandes Hilfe geleistet haben, Ersatzpflicht des Staates."

V. Art. 10 Ziff. 6 erhält folgende Fassung:

„Ersatzpflicht der Empfänger öffentlicher Armenunterstützung und ihrer Erben."

VI. Im Art. 11 Abs. 1 ist hinter „Gemeinden" das Wort „Gesamtarmenverbänden" und hinter „Gemeinde-," beizusetzen „Verbands-,".

Begr 735, AB 1914 S 554.

Die hier vorgesehenen Änderungen des VGG sind „selbstverständliche Folgerungen" der Bestimmungen des RArmG und der Einführung des UWG in Bayern und zwar kommen dabei folgende Vorschriften des AG und des UWG in Betracht:

a) Zu Ziff I Art 22, 27, 96; die Aufnahme der Waisenräte bildet eine Vervollständigung des Gesetzartikels nach der Rechtsprechung des VGH (S 22 S 1).

b) Zu Ziff II Art 72, wonach die Regierung als Mittelinstanz in armenrechtlichen Streitigkeiten ausgeschaltet worden ist.

c) Zu Ziff III Art 16, 20 und 47, wonach alle AVe, d. i. OAVe einschließlich der GAVe und LAVe, reichsrechtlich selbständige Rechtspersönlichkeiten des öffentlichen Rechts und landesrechtlich öffentlichrechtliche Körperschaften mit dem Rechte der Selbstverwaltung sind.

d) Zu Ziff IV §§ 37 Abs 2 und 41 Satz 2 UWG, Art 14, 61, 62 und 75 BayAG.

e) Zu Ziff V Art 10 Abs 2 und 75 Abs 1 Ziff 1; bisher waren Streitigkeiten über Ersatzansprüche gegen Erben des Unterstützten bürgerlichrechtlicher Natur; vgl. Anm 4 und 7 zu Art 10.

f) Zu Ziff VI. Daß hier nur GAVe erwähnt werden, hat darin seinen Grund, weil nur bei diesen kein gemeindliches Eigentum, sondern ein Sondereigentum des als Einheit und als selbständige Körperschaft erscheinenden GAVes in Frage kommt. Bei den OAVen, die aus der bürgerlichen Gemeinde bestehen, ist Gemeinde und OAV die gleiche Rechtspersönlichkeit; das gleiche gilt für LAV und Kreis; für ausmärkische Bezirke kommt ein Armenverbandsvermögen nicht in Betracht; im übrigen würde nach der Rechtsprechung des VGH (S 24 S 472) die Bestimmung in Art 11 nicht ausdehnend ausgelegt werden können.

Wegen des Zeitpunkts des Eigentumsübergangs bei Grundstücken hat Art 11 durch Art 30 SVG einen neuen Absatz erhalten.

Art. 95.

In das Ausführungsgesetz zum Bürgerlichen Gesetzbuche vom 9. Juni 1899 wird unter der Überschrift „Eheschließung von Ausländern" als Art. 91 a folgende Vorschrift eingestellt:

„Nichtdeutsche beiderlei Geschlechts, die in Bayern eine Ehe schließen wollen, haben dem Standesbeamten, der das Aufgebot anordnet, ein Zeugnis der zuständigen Behörde ihres Heimatstaats darüber vorzulegen, daß dieser kein Ehehindernis bekannt ist.

Männliche Nichtdeutsche haben außerdem ein Zeugnis der zuständigen Behörde ihres Heimatstaats darüber vorzulegen, daß sie ihre Staatsangehörigkeit durch die Eheschließung nicht verlieren, und daß sie die Staatsangehörigkeit auf die Ehefrau sowie auf die ehelichen und die durch die Ehe legitimierten Kinder übertragen.

Die Staatsregierung kann Vorschriften darüber erlassen, wie die Zuständigkeit der Behörde nachzuweisen ist, die das Zeugnis nach Abs. I, II ausgestellt hat.

Von Abs. I, II kann im einzelnen Falle oder für Angehörige bestimmter ausländischer Staaten allgemein Befreiung gewährt werden. Zuständig ist zur Befreiung von Abs. I das Staatsministerium der Justiz, von Abs. II das Staatsministerium des Innern." [1, 2, 3]

Begr 786, AB 1914 S 554/5.

1. Bestimmungen über die Verehelichung von Ausländern enthalten Art 1 und 4 des Haager Abkommens über Geltungsbereich der Gesetze auf dem Gebiete der Eheschließung vom 12. Juni 1902 (RGBl 1904 S 221, 225/6), vgl. hierzu auch MB vom 6. Mai 1907 (MABl S 271) und vom 26. Okt. 1915 (MABl S 287).

Von Beibringung des Zeugnisses nach Abs 2 sind die Angehörigen der am Haager Abkommen beteiligten Staaten und solcher Staaten, bei denen es amtsbekannt ist, daß die Eheschließung in Bayern dieselbe Wirkung hat, wie wenn sie im Heimatsstaate erfolgt wäre, befreit, vgl. hierzu obige MB vom 6. Mai 1907 Ziff II Abs 4 und Ziff IV Abs 1—5 (gelten noch) und MB vom 25. Okt. 1915 Ziff II (N 4 Abs 3); dazu gehören Angehörige von Frankreich, Italien, vom vorm. Österreich-Ungarn, jene von Österreich, Ungarn, Tschecho-Slowakei, MB vom 26. Jan. 1921 (StAnz N 25).

Auch eine Ausländerin, die in Bayern eine Ehe eingehen will, hat nachzuweisen, daß ihrer Eheschließung nach dem Recht ihres Heimatstaates kein Hindernis entgegensteht.

2. Die Ehefähigkeitszeugnisse (wie oben im Gesetze Abs 1 mit der Fassung „daß der beabsichtigten Eheschließung zwischen . . . nach den in Bayern geltenden Gesetzen kein Hindernis entgegensteht") für bayr. Staatsangehörige beiderlei Geschlechts zum Zwecke der Eheschließung im Aus-

lande sind von den Bezirksverwaltungsbehörden (in der Pfalz vom Staatsanwalt des Landgerichts) der letzten Niederlassung und beim Mangel einer solchen des letzten Aufenthalts auszustellen, vgl. die beiden in Anm 1 Satz 1 angeführten ME.

3. Das Zeugnis ist vor Erlaß des Aufgebots dem Standesbeamten, in dessen Bezirk einer der Verlobten seinen Wohnsitz oder Aufenthalt hat, vorzulegen. Der Mangel eines Zeugnisses allein macht aber die Ehe selbst nicht ungültig.

Art. 96.

Das Ausführungsgesetz vom 9. Juni 1899 zum Bürger lichen Gesetzbuche wird dahin geändert:

I. Der Art. 95 erhält folgenden Abs. 2:

„In Gemeinden mit städtischer Verfassung oder mit mehr als 5000 Einwohnern können auch Frauen gewählt werden. Ihre Zahl darf die Hälfte der gewählten Waisenräte nicht übersteigen. In Gemeinden mit mehr als 10000 Einwohnern sollen sich unter den Waisenräten Frauen befinden."

II. Als Art. 95a wird folgende Vorschrift eingestellt:

„Die als Waisenräte gewählten Frauen sollen bei der Beaufsichtigung der im Kindesalter stehenden Mündel und bei der Überwachung weiblicher Mündel verwendet werden."

III. Der Art. 96 erhält folgende Fassung:

„Die Waisenräte werden in Gemeinden mit städtischer Verfassung von den in einen Wahlkörper vereinigten Magistratsmitgliedern und Gemeindebevollmächtigten, in den übrigen Gemeinden von der Gemeindeverwaltung gewählt.

Zur Wahl der Waisenräte ist nach der Vollendung der ordentlichen Gemeindewahl und nach der Bildung des Armenrats zu schreiten.

Als gewählt ist zu erachten, wer bei der Wahl die meisten Stimmen erhalten hat. Die Wahl gilt für die Zeit bis zu der nächsten nach Abs. 2 stattfindenden Wahl.

Abgänge im Mitgliederstande der Waisenräte sind sofort durch Neuwahl zu ersetzen. Die Wahl erfolgt durch die Gemeindeverwaltung.

Die Gewählten sollen durch das Amtsgericht auf Handgelübde verpflichtet werden."

IV. Als Art. 96a wird folgende Vorschrift eingestellt:

„Wählbar sind alle volljährigen in der Gemeinde wohnenden Personen beiderlei Geschlechts.

Von der Wählbarkeit sind ausgeschlossen:

1. Personen, die entmündigt sind oder nach § 1906 des Bürgerlichen Gesetzbuchs unter vorläufiger Vormundschaft stehen,
2. Personen, über deren Vermögen das Konkursverfahren eröffnet ist, und ihre Ehegatten, solange dieses Verfahren dauert,
3. die Militärpersonen des Friedensstandes.

Die Wahl kann nur aus Gründen abgelehnt werden, aus denen die Wahl zu Gemeindestellen nach den Gemeindeordnungen abgelehnt werden kann. Für den Austritt gelten die Vorschriften der Gemeindeordnungen entsprechend. Frauen können die Wahl ablehnen und sind jederzeit zum Austritt berechtigt. Ehefrauen bedürfen zum Eintritte sowie zum Verbleiben im Gemeindewaisenrate der Zustimmung des Mannes."

Begr 694, Entw Art 95 a abgedruckt in BeilBd 7 (1913/4) S 1 nebst Begr S 5 ff., AB 1914 S 557—559.

Nach dem Entwurf eines Reichsjugendwohlfahrtsgesetzes soll das Jugendamt „Gemeindewaisenrat" werden.

Durch MinBek vom 12. Juni 1919, MABl S 116 (Anhang) Ziff 2 hat Art 96 eine neue Fassung erhalten.

Art. 97.

S. das neue Fürsorgegesetz in der Fassung vom 21. Juli 1915 (GVBl S 595), im Auszug abgedruckt im Anhang. Gesetzgebungsverhandlungen: Begr 694, Entw 95 b, Begr hierzu S 7 ff. BeilBd 7 (1913/14), AB 1914 S 559—563. VB vom 24. Dez. 1919 (MABl S 309).

Art. 98.

Im Art. 2 des Gesetzes vom 23. Februar 1908, die Berufsvormundschaft betreffend, werden zwischen dem Abs. 3 und dem Abs. 4 folgende Vorschriften als neuer Absatz eingefügt:

„Auf Grund Gemeindestatuts kann von den Staatsministerien der Justiz und des Innern auch bestimmt werden, daß Gemeindebeamte auf ihren Antrag vom Vormundschaftsgerichte für solche Minderjährige, welche unter der Aufsicht der Beamten in einer von ihnen ausgewählten Familie oder Anstalt erzogen oder gepflegt werden, zum Vormunde bestellt oder daß ihnen auf ihren Antrag einzelne Rechte und Pflichten eines Vormundes übertragen werden."

Entw 95 c Begr (BeilBd 7) S 11.

Nach dem Entwurfe eines Reichsjugendwohlfahrtsgesetzes ist Neuordnung durch Einführung von Jugendämtern geplant.

Art. 99.

Die Staatsregierung ist ermächtigt, den Text des Zwangserziehungsgesetzes, wie er sich aus dem Art. 97 ergibt, durch das Gesetz- und Verordnungsblatt bekanntzumachen hierbei die Artikel mit fortlaufenden Zahlen zu versehen, die Verweisungen richtigzustellen und den Art. 15 wegzulassen.

Entw Art 95 d, Begr f. Art 97, AB 1914 S 563.

Das nunmehr 19 Artikel zählende Gesetz ist als „Fürsorgeerziehungsgesetz in der Fassung vom 21. Juli 1915 (GVBl S 595)" anzuführen.

Art. 100.

In das Beamtengesetz vom 16. August 1908 wird nach Art. 206 folgende Vorschrift eingestellt:

„Abschnitt XIa.

Fürsorge für vormalige unwiderrufliche Beamte, ihre Familien und Hinterbliebenen.

Art. 206a.

Bei nachgewiesener Bedürftigkeit können vormaligen unwiderruflichen Beamten mit Einschluß der Beamten der Militärverwaltung, die den Anspruch auf Ruhegehalt durch freiwilliges Ausscheiden aus dem Dienste oder infolge strafgerichtlichen Urteils verloren haben, sowie ihren Familien oder Hinterbliebenen durch Königliche Entschließung widerrufliche Unterhaltsbeiträge gewährt werden. Dabei gilt Art. 110 Abs. III entsprechend."

Entw Art 96, Begr 736, AB 1914 S 555.

Mit dem Wegfalle des HeimG besteht die bisher in seinem Art 14 Abs 2 festgesetzte Verpflichtung der Staatskasse zur Unterstützung der unwiderruflich angestellten Beamten, ihrer Familien und Hinterbliebenen nicht mehr fort. Vielmehr sind diese im Falle der Hilfsbedürftigkeit lediglich nach den Bestimmungen des UWG von den ABen zu unterstützen; sie erwerben den UW auch lediglich nach den allgemeinen Grundsätzen des UWG, wobei nur ihre Anstellung nicht als ein Ausschließungsgrund für die freie Selbstbestimmung des Aufenthaltsortes gilt. Damit nun aber künftig die vormaligen Beamten und ihre Familien nicht auf die ABe verwiesen werden müssen, wird durch einen neuen Art 206a BeamtenG bei nachgewiesener Bedürftigkeit (vgl. Begr S 736) die Gewährung widerruflicher Unterhaltsbeiträge durch Königl. nun Ministerial[1]-Entschließung nach Art 110 Abs 3 (BeamtenG) an die vormaligen unwiderruflichen Beamten und ihre Familien ermöglicht. Zunächst aber erstreckt sich die Unter-

[1]) S. VO vom 15. Nov. 1918 (GVBl S 123).

stützungspflicht der ABe auch auf jene und haben die ABe keinen Ersatzanspruch gegen den Staat. Die Gewährung der staatlichen Unterhaltsbeiträge ist dabei nicht an die Voraussetzung und das Maß der Unterstützungen nach dem UWG und AG gebunden, wenn sie auch selbstverständlich nur in berücksichtigungswerten Fällen erfolgt. Der angeführte Art 110 Abs 3 gibt nähere Anhaltspunkte über die Höhe der Unterstützungsbeiträge [1]; sollten diese nicht hinreichen, so muß der AB nach Maßgabe des UWG und AG die Unterstützung ergänzen.

Die Unterstützungsbeiträge sind widerruflich. Die Vorschrift gilt auch für jene Beamte, auf die das BeamtenG für anwendbar erklärt worden ist, nicht aber für widerrufliche Beamte (Art 8 BeamtenG); für diese haben im Falle der Hilfsbedürftigkeit die ABe einzutreten. Dagegen werden die bisher bewilligten Unterstützungsbeiträge nach Inkrafttreten des UWG und BayAG weiter gewährt (Begr S 736); wegen des späteren Eintritts der Hilfsbedürftigkeit der nach früherem Rechte unwiderruflich gewordenen, dann aus dem Staatsdienst ausgeschiedenen oder entlassenen Beamten vgl. Art 102.

Wegen Erhöhung der Unterhaltsbeiträge s. Art 3 des Pensionsergänzungsgesetzes vom 23. März 1921 (GVBl S 117).

Art. 101.

Im Gesetz über die Einwirkung von Armenunterstützungen auf öffentliche Rechte vom 4. April 1910 wird Art. 2 gestrichen.

Entw Art 97.

Das Gesetz, das von AU im Sinne des Landtagswahlges. Art 4 und des Art 13/11 GemO [2] handelte, ist durch Aufhebung dieser beiden Bestimmungen gegenstandslos geworden.

Abschnitt III.

Schluß- und Übergangsvorschriften.

Art. 102.

Art. 206a des Beamtengesetzes vom 19. August 1908 (Art. 100 dieses Gesetzes) gilt entsprechend für vormalige nach der Verfassungsurkunde Beilage IX definitiv angestellte Beamte, für die vor dem Inkrafttreten des Beamtengesetzes ausgeschiedenen oberen Beamten der Militärverwaltung, für Offiziere, Sanitätsoffiziere, Veterinäroffiziere und Notare. Für Offiziere und Sanitätsoffiziere gilt Art. 206a des Beamtengesetzes entsprechend auch

[1] Diese werden nicht unbedingt unter dem Gesichtspunkte des Notbedarfs (Art 2 Abs 2 AG) bemessen.

[2] Wegen des Gemeindebürgerrechts s. § 11 mit § 6 der bayr. VerfUrk vom 14. Aug. 1919 (GVBl S 531) und aut. ME v. 29. Jan. 1920 N 3601, v. Baumer-Stöhsel S 275, BayGemVZ 1920 S 474.

im Falle des Ausscheidens ohne Pension auf Grund ehrengerichtlichen Spruches, für Notare auch im Falle der Dienstentlassung zufolge dienststrafrechtlichen Urteils.

Entw Art 99, Begr 737, AB 1914 S 555.

Durch den Artikel sollen in der Gewährung staatlicher Unterhaltsbeiträge zur Vermeidung der öffentlichen Armenunterstützung (vgl. Art 100) den unwiderruflichen Beamten des Beamtengesetzes die ihnen gleichkommenden Gruppen der definitiv angestellten Beamten nach früherem Recht und die übrigen im Gesetz aufgeführten Angestellten gleichgestellt werden, da die Begründung zur Übernahme der staatlichen Unterhaltsbeiträge auch für sie gilt. Der die Notare betreffende Schlußsatz wurde durch Nachtragsantrag der Staatsregierung aufgenommen, um die Lücke auszufüllen, die hinsichtlich der Notare für den Fall ihres Ausscheidens aus dem Amt infolge dienststrafrechtlichen Urteils bestehen würde (vgl. AB 1914 S 555).

Die Unterstützungsbeiträge werden von jener Kasse geleistet, die den Ruhegehalt zu gewähren gehabt hätte (Begr S 737).

Art. 103.

I Die Art. 92 Ziff. I, II, 93 Ziff. I, II treten sofort, im übrigen tritt dieses Gesetz gleichzeitig mit dem Gesetz über den Unterstützungswohnsitz in Kraft. Soweit sich seine Vorschriften auf die geschäftliche Durchführung von Vollzugsmaßnahmen beziehen, sind sie sofort anwendbar.

II Die jetzt bestehenden Armenpflegschaftsräte bleiben bis zur Einweisung der neu gewählten Armenräte in Tätigkeit.

III Die erstmalige Bestellung der Armenräte erfolgt unmittelbar nach dem bezeichneten Zeitpunkte. Sie gilt für die Dauer oder Restdauer der Wahlzeit, die in diesem Zeitpunkt im Laufe ist.

IV Die im Zeitpunkte des Inkrafttretens dieses Gesetzes im Amte befindlichen Waisenräte bleiben für die Dauer der bisherigen Wahlzeit im Amte.

a) Entw Art 100 Abs 1—3, Begr 737, AB 1914 S 555/6.
b) Entw zu Abs 4 mit Begr s. Gesetzgebungsverhandlungen zu Art 96 (BeilBd 7 S 5), AB 1914 S 558/9.

Vgl. RG vom 30. Juni 1913 (Anhang). Im Übrigen sind zu den in Art 103 mit 106 enthaltenen Übergangsbestimmungen weitere Bemerkungen nicht mehr veranlaßt.

Art. 104.

Ist die Anzeigepflicht nach dem Gesetz über die öffentliche Armen- und Krankenpflege Art. 31 Abs. I beim Inkrafttreten des Gesetzes über den Unterstützungswohnsitz noch nicht abgelaufen, so genügt zur Wahrung des vollen Ersatzanspruchs die Anmeldung nach dem Gesetz über den Unterstützungswohnsitz § 34.

Entw Art 101, R 584 (G 2 c), Begr 737, AB 1914 S 556.

Art. 105.

I Ansprüche auf Verleihung des Bürgerrechts, die auf Grund der bisherigen Vorschriften vor dem Inkrafttreten dieses Gesetzes geltend gemacht worden sind, bleiben aufrechterhalten.

II Wer in einer pfälzischen Gemeinde beim Inkrafttreten dieses Gesetzes das Heimatrecht besitzt, ist zur Bezahlung einer Gebühr für das Bürgerrecht oder für die Teilnahme an den Gemeindenutzungen nicht verpflichtet.

Entw 102, Begr S 737, dazu auch S 735, AB 1914 S 556.

Art. 106.

Ein Verfahren der Zwangserziehung, das beim Inkrafttreten dieses Gesetzes bei den Gerichten angängig ist, wird nach den bisherigen Vorschriften erledigt. Im übrigen gilt das Gesetz vor seinem Inkrafttreten an auch für die vorher angeordneten Zwangserziehungen; für das erste Jahr nach dem Inkrafttreten des Gesetzes kann jedoch die Staatsregierung den Zeitpunkt des Inkrafttretens der Vorschriften über die Verteilung der Kosten (Art. 8 Abs. III des Zwangserziehungsgesetzes) abweichend bestimmen.

Entw Art 103, abgedruckt im BeilBd 7 S 5 mit Begr S 10, AB 1914 S 563.

III. Anhang

(enthaltend anderweitige wichtige Reichs- und Landesvorschriften).

a) Reichsvorschriften.

1. Auszug aus dem Reichsgesetz über die Freizügigkeit vom 1. November 1867 (BGBl S 55).

§ 2.[1]) Wer die aus der Reichsangehörigkeit folgenden Befugnisse in Anspruch nimmt, hat auf Verlangen den Nachweis seiner Reichsangehörigkeit und, sofern er unter elterlicher Gewalt oder nnter Vormundschaft steht, den Nachweis der Genehmigung des gesetzlichen Vertreters zu erbringen.

Eine Ehefrau bedarf der Genehmigung des Ehemanns.

§ 3. Insoweit bestrafte Personen nach den Landesgesetzen Aufenthaltsbeschränkungen durch die Polizeibehörde unterworfen werden können, behält es dabei sein Bewenden.

Solchen Personen, welche derartigen Aufenthaltsbeschränkungen in einem Bundesstaate unterliegen, oder welche in einem Bundesstaate innerhalb der letzten zwölf Monate wegen wiederholten Bettelns oder wegen wiederholter Landstreicherei bestraft worden sind, kann der Aufenthalt in jedem anderen Bundesstaate von der Landespolizeibehörde verweigert werden.

Die besonderen Gesetze und Privilegien einzelner Ortschaften und Bezirke, welche Aufenthaltsbeschränkungen gestatten, werden hiermit aufgehoben.

§ 4. Die Gemeinde ist zur Abweisung eines neu Anziehenden nur dann befugt, wenn sie nachweisen kann, daß derselbe nicht hinreichende Kräfte besitzt, um sich und seinen nicht arbeitsfähigen Angehörigen den notdürftigen Lebensunterhalt zu verschaffen, und wenn er solchen weder aus eigenem Vermögen bestreiten kann, noch von einem dazu verpflichteten Verwandten erhält. Den Landesgesetzen bleibt vorbehalten, diese Befugnis der Gemeinden zu beschränken.

Die Besorgnis vor künftiger Verarmung berechtigt den Gemeindevorstand nicht zur Zurückweisung.

§ 5. Offenbart sich nach dem Anzuge die Notwendigkeit einer öffentlichen Unterstützung, bevor der neu Anziehende an dem Aufenthaltsorte

---

[1]) Nach Art 37 des EG zum BGB vom 18. Aug. 1896 (RGBl S 613).

einen Unterstützungswohnsitz (Heimatrecht) erworben hat, und weist die Gemeinde nach, daß die Unterstützung aus anderen Gründen, als wegen einer nur vorübergehenden Arbeitsunfähigkeit notwendig geworden ist, so kann die Fortsetzung des Aufenthalts versagt werden.

§ 6. Ist in den Fällen, wo die Aufnahme oder die Fortsetzung des Aufenthalts versagt werden darf, die Pflicht zur Übernahme der Fürsorge zwischen verschiedenen Gemeinden eines und desselben Bundesstaates streitig, so erfolgt die Entscheidung nach den Landesgesetzen.

Die tatsächliche Ausweisung aus einem Ort darf niemals erfolgen, bevor nicht entweder die Annahmeerklärung der in Anspruch genommenen Gemeinde oder eine wenigstens einstweilen vollstreckbare Entscheidung über die Fürsorgepflicht erfolgt ist.

2. RG vom 30. Juni 1913 (RGBl S 495) über Einführung des UWG in Bayern.

§ 1. Das Gesetz über den Unterstützungswohnsitz vom 30. Mai 1908 (RGBl S 381) wird im Königreiche Bayern eingeführt; die § 37, § 56 Abs. 2 Satz 2 können im Verhältnis zum Königreiche Bayern nur mit dessen Zustimmung geändert werden.

§ 2. Für Bayern treten an Stelle der im § 65 des Gesetzes über den Unterstützungswohnsitz getroffenen Zeitbestimmungen des 1. Juli und des 30. Juni 1871 der Tag des Inkrafttretens dieses Gesetzes und der unmittelbar vorhergehende Tag; an Stelle der dort vorgeschriebenen zweijährigen Frist tritt die einjährige.

§ 3. Der Tag, an dem das Gesetz über den Unterstützungswohnsitz im Königreiche Bayern in Kraft tritt, wird durch Kaiserliche Verordnung mit Zustimmung des Bundesrats bestimmt.[1])

3. BRVo vom 13. Nov. 1915 (RGBl S 764) über Einwirkung der Fürsorge für Angehörige von Kriegsteilnehmern auf deren UW.

Der Bundesrat hat auf Grund des § 3 des Gesetzes über die Ermächtigung des Bundesrats zu wirtschaftlichen Maßnahmen usw. vom 4. Aug. 1914 (Reichs-Gesetzbl S 327) folgende Verordnung erlassen:

Unterstützungen, die auf Grund des Gesetzes vom $\frac{\text{28. Februar 1888}}{\text{4. August 1914}}$, betreffend die Unterstützung von Familien in den Dienst eingetretener Mannschaften, gewährt werden oder gewährt worden sind, bewirken, soweit sie ganz oder zum Teil an Stelle solcher Unterstützungen treten, die bisher von Armenverbänden wegen einer nicht nur vorübergehenden Hilfsbedürftigkeit gewährt worden sind, das Ruhen der einjährigen Frist für den Erwerb und Verlust des Unterstützungswohnsitzes der unterstützten Personen sowie derjenigen, deren Unterstützungswohnsitzverhältnisse die Unterstützten teilen.

[1]) Als dieser Tag ist durch KVO vom 4. April 1913 (RGBl S 221) der 1. Januar 1916 bestimmt worden.

4. BRVo vom 16. Mai 1918 (RGBl S 409) über Einwirkungen der Flüchtlingsfürsorge auf das Armenrecht.

Der Bundesrat hat auf Grund des § 3 des Gesetzes über die Ermächtigung des Bundesrats zu wirtschaftlichen Maßnahmen usw. vom 4. August 1914 (Reichs-Gesetzbl. S. 327) folgende Verordnung erlassen:

I. Unterstützungen, die auf Grund des Gesetzes vom $\frac{\text{28. Februar 1888}}{\text{4. August 1914}}$, betreffend die Unterstützung von Familien in den Dienst eingetretener Mannschaften, oder sonst im Wege der öffentlichen Kriegswohlfahrtspflege Personen gewährt werden oder gewährt worden sind, die infolge der kriegerischen Verhältnisse nach dem 31. Juli 1914 aus dem Ausland in das Reichsgebiet übergetreten sind, bewirken das Ruhen der einjährigen Frist für den Erwerb und Verlust des Unterstützungswohnsitzes der unterstützten Personen sowie derjenigen, deren Unterstützungswohnsitzverhältnisse die Unterstützten teilen.

Das gleiche gilt von Unterstützungen der im Abs. 1 bezeichneten Art, soweit sie Personen, die sich im Inland infolge feindlichen Einfalls oder drohenden feindlichen Einfalls oder auf Grund einer Räumungsanordnung der Zivil- oder Militärbehörden von dem Orte ihres vordem begründeten gewöhnlichen Aufenthalts entfernt oder ferngehalten haben, während der Dauer ihrer Entfernung gewährt werden oder gewährt worden sind.

II. Die Verpflichtung zur Erstattung der Kosten der vorläufigen Unterstützung und zur Übernahme hilfsbedürftiger

a) landarmer Deutscher,
b) staatloser ehemaliger Deutscher,
c) staatloser Personen deutscher Abkunft,

die nach dem 31. Juli 1914 infolge der kriegerischen Verhältnisse aus dem Ausland in das Reichsgebiet übergetreten sind und innerhalb eines Monats nach dem Grenzübertritte hilfsbedürftig werden, regelt sich nach den folgenden Bestimmungen:

1. In den Fällen zu a und b ist derjenige Bundesstaat verpflichtet, innerhalb dessen der Hilfsbedürftige seinen letzten Unterstützungswohnsitz gehabt hat. Ist ein solcher nicht zu ermitteln, so liegt die Verpflichtung vorbehaltlich der Vorschrift zu 3 bei landarmen Deutschen demjenigen Bundesstaat ob, dem der Unterstützte angehört, bei staatlosen ehemaligen Deutschen demjenigen Bundesstaate, dem der Unterstützte zuletzt angehört hat. Die Vorschrift im § 30 Abs 2 Satz 1 des Gesetzes über den Unterstützungswohnsitz findet entsprechende Anwendung.

2. In den Fällen zu c trifft die Verpflichtung denjenigen Bundesstaat, dem der letzte nachweisbare deutsche Vorfahre des Hilfsbedürftigen angehört hat.

Sofern nicht ein anderes bewiesen wird, gilt ein im Reichsgebiete wohnhaft gewesener Vorfahre als Angehöriger desjenigen Bundesstaats, innerhalb dessen der letzte nachweisbare inländische Wohnsitz belegen ist.

3. Für unmittelbare Reichsangehörige und ehemalige unmittelbare Reichsangehörige, hinsichtlich derer ein nach den Vorschriften unter 1 zur Erstattung verpflichteter Bundesstaat nicht vorhanden ist, liegt die Verpflichtung demjenigen Bundesstaat ob, in dessen Gebiet die Hilfsbedürftigkeit hervortritt.

In diesen Fällen erstattet das Reich dem Bundesstaate die Kosten der Unterstützungen.

Das gleiche gilt, wenn sich bei Hilfsbedürftigen, die nach vorläufiger Prüfung ihrer persönlichen Verhältnisse beim Übertritt in das Reichsgebiet als Deutsche, als ehemalige Deutsche oder als Personen deutscher Abkunft angesehen worden sind, die Reichsangehörigkeit, die ehemalige Reichsangehörigkeit oder die Abstammung von einem Deutschen nachträglich nicht erweisen läßt.

4. In den Fällen zu 1 und 2 bestimmt sich der verpflichtete Bundesstaat

bei Ehefrauen, sofern sie nicht nach § 17 des Gesetzes über den Unterstützungswohnsitz als armenrechtlich selbständig gelten, nach den hinsichtlich des Mannes maßgebenden Verhältnissen;

bei minderjährigen ehelichen Kindern nach den Verhältnissen, die für denjenigen Elternteil maßgebend sind, dessen Unterstützungswohnsitzverhältnisse die Kinder teilen oder teilen würden, falls sie das 16. Lebensjahr noch nicht vollendet hätten; hierbei gelten Kinder, welche die Reichsangehörigkeit nicht besitzen, als Deutsche;

bei minderjährigen unehelichen Kindern nach den hinsichtlich der Mutter maßgebenden Verhältnissen.

Die Verpflichtung für staatlose ehemalige Deutsche erstreckt sich auf Ehefrauen und minderjährige Kinder, auch soweit diese die Reichsangehörigkeit nicht besessen haben, die Verpflichtung für staatlose Personen deutscher Abkunft auf Ehefrauen nichtdeutscher Abkunft.

5. Ist Unterstützung auf Grund des Gesetzes vom $\frac{\text{28. Februar 1888}}{\text{4. August 1914}}$ oder sonst im Wege der öffentlichen Kriegswohlfahrtspflege gewährt worden und tritt später an deren Stelle Armenunterstützung, so ist es für die Pflicht zur Erstattung der letzteren so anzusehen, als wäre die Hilfsbedürftigkeit bereits bei Beginn der Kriegswohlfahrtspflege eingetreten.

III. Die Bestimmungen unter II finden entsprechende Anwendung, wenn Deutsche, die keinen Unterstützungswohnsitz haben, oder ehemalige Deutsche auf Verlangen einer ausländischen Staatsbehörde oder auf Antrag eines Konsuls oder Gesandten des Reichs nach dem Inkrafttreten dieser Verordnung aus dem Ausland übernommen werden.[1])

IV. Die Bundesstaaten können ihre durch diese Verordnung begründeten Verpflichtungen im Wege der Landesgesetzgebung auf ihre Armenverbände übertragen.

Eine auf Grund des § 33 oder des § 60 des Gesetzes über den Unterstützungswohnsitz angeordnete Übertragung findet, soweit landesgesetzlich nicht ein anderes bestimmt wird, auf die Fälle entsprechende Anwendung, in denen nach den Bestimmungen unter II, 1 Satz 1 und III der Bundesstaat des letzten Unterstützungswohnsitzes oder nach der Vorschrift unter II, 3 derjenige Bundesstaat verpflichtet ist, in dessen Gebiet die Hilfsbedürftigkeit hervortritt. Für die Fälle der Verpflichtung eines Bundesstaats als Heimatstaat (II, 1 Satz 2, II, 2, III) kann die Landeszentralbehörde[2]) ergänzende Bestimmungen treffen.

Diese Verordnung tritt mit dem Tage der Verkündung in Kraft.

---

[1]) Das bedeutet eine wesentliche Abänderung des § 33 UWG.

[2]) S. MinBek vom 5. Juli 1918, abgedruckt unter Nr 13.

b) Landesvorschriften.

5. Auszug aus dem Bayr. Gesetz über Heimat, Verehelichung und Aufenthalt vom 16. April 1868 in der Fassung vom 30. Juli 1899 (GVBl S 469).

Von der Heimat.

Art. 1. Jeder Angehörige des bayerischen Staats hat seine ursprüngliche Heimat in jener politischen Gemeinde, in welcher seine Eltern heimatberechtigt sind oder zuletzt heimatberechtigt waren.

Bei ehelichen Kindern entscheidet die Heimat des Vaters, bei außerehelichen die Heimat der Mutter.

Den ehelichen Kindern werden die Kinder gleichgeachtet, welche nach dem bürgerlichen Rechte die rechtliche Stellung von ehelichen Kindern haben.

Art. 2. Definitiv angestellte Beamte und Diener des Staats, der Kirche, der Gemeinde, einer öffentlichen Korporation oder Stiftung erwerben die Heimat in der Gemeinde ihrer Anstellung, Schullehrer in der Gemeinde des Schulsitzes, Offiziere, Ärzte im Offiziersrange und obere Beamte der Militärverwaltung in der Gemeinde ihrer Garnison oder ihres Amtssitzes.

Zu den definitiv angestellten Beamten des Staats zählen auch die Notare.

Ist die Gemeinde der Anstellung, der Garnison oder des Amtssitzes nicht in Bayern gelegen, so behalten diejenigen Angestellten, welche eine Heimat bereits besitzen, diese bei und erwerben solche Angestellte, welche eine Heimat noch nicht besitzen, dieselbe in derjenigen Gemeinde, in welcher die nächsthöhere, in Bayern befindliche Dienstbehörde des Angestellten ihren Sitz hat. Ist ersterenfalls die Heimat des Angestellten noch seine ursprüngliche Heimat, so erwirbt er dieselbe durch die im Sinne des Abs 1 erfolgte Anstellung als selbständige Heimat.

Art. 3. Männer, welche zur Zeit des Abschlusses einer bürgerlich gültigen Ehe noch ihre ursprüngliche Heimat besitzen, erwerben durch die Eheschließung jene Heimat als selbständige Heimat.

Frauenspersonen erwerben durch Schließung einer gültigen Ehe die Heimat des Mannes.

Art. 4. Die Ehefrau folgt der Heimat des Mannes, dessen letzte Heimat sie auch als Witwe behält.

Einer geschiedenen Frau bleibt die Heimat, welche der Mann zur Zeit der Scheidung hatte. Die Aufhebung der ehelichen Gemeinschaft nach § 1575 BGB wird der Scheidung gleichgeachtet.

Ist die Ehe nichtig, so behält die Frau die Heimat, die der Mann zur Zeit der Nichtigkeitserklärung oder der Auflösung der Ehe hat, wenn ihr die Nichtigkeit der Ehe bei der Eheschließung nicht bekannt war; die Vorschriften des § 1345 Abs 2 und des § 1704 BGB finden entsprechende Anwendung.

Art. 5. Mit dem Bürgerrechte wird das Heimatrecht in der Gemeinde erworben.

Wer das Bürgerrecht in einer anderen Gemeinde nur infolge Hausbesitzes oder unter Beibehaltung seines bisherigen Bürgerrechts erwirbt, erlangt das Heimatrecht in jener Gemeinde nur dann, wenn er durch eine an die Verwaltungen beider Gemeinden abgegebene Erklärung auf sein bisheriges Heimatrecht verzichtet und das Heimatrecht in der Gemeinde anspricht, in welcher er zuletzt Bürger wird.

Art. 6. Anspruch auf Verleihung des Heimatrechtes in der Aufenthaltsgemeinde haben jene Angehörigen des bayerischen Staates, welche im Alter der Volljährigkeit ununterbrochen vier Jahre lang freiwillig und selbständig in der Gemeinde sich aufgehalten, während dieser Zeit direkte Steuern an den Staat bezahlt, ihre Verpflichtungen gegen die Gemeindekasse und Armenkasse erfüllt, Armenunterstützung aber weder beansprucht noch erhalten haben.

Der in Abs 1 bezeichnete Aufenthalt muß bis zur Geltendmachung des Anspruches fortdauern; der letztere wird jedoch dadurch nicht ausgeschlossen, daß die sonstigen Voraussetzungen des Abs 1 nicht mehr gegeben sind.

Stirbt der Ehemann nach Anmeldung des Anspruches, so geht letzterer auf die Witwe und auf die ehelichen, noch keine selbständige Heimat besitzenden Kinder über. Die Vorschriften des Art 1 Abs 3 und des Art 4 Abs 2 Satz 2 finden Anwendung.

Als Unterbrechung des Aufenthaltes gilt nicht eine vorübergehende Entfernung, bei welcher aus den begleitenden Umständen erhellt, daß nicht beabsichtigt war, den Aufenthalt aufzugeben; bei Beurteilung der Freiwilligkeit des Aufenthaltes ist die Verbüßung geringfügiger Freiheitsstrafen sowie solcher Freiheitsstrafen, welche an die Stelle uneinbringlicher Geldstrafen getreten sind, nicht in Betracht zu ziehen.

Als selbständig sind nicht zu erachten:

1. entmündigte Personen;
2. Dienstboten und Gewerbsgehilfen, die in die häusliche Gemeinschaft des Dienstherrn aufgenommen sind, sowie Kinder, die dem elterlichen Hausstand angehören und von dem Familienhaupt unterhalten werden.

Steuern der Ehefrau, sofern nicht die eheliche Gemeinschaft nach § 1575 BGB aufgehoben ist, und der minderjährigen im elterlichen Unterhalte stehenden Kinder sind dem Familienhaupte zuzurechnen.

Art. 7. Anspruch auf Verleihung des Heimatrechtes in der Aufenthaltsgemeinde haben auch jene Angehörigen des bayerischen Staates, welche im Alter der Volljährigkeit ununterbrochen sieben Jahre lang freiwillig in der Gemeinde sich aufgehalten und während dieser Zeit Armenunterstützung weder beansprucht noch erhalten haben.

Der in Abs 1 bezeichnete Aufenthalt muß bis zur Geltendmachung des Anspruches fortdauern; der letztere wird jedoch dadurch nicht ausgeschlossen, daß der Berechtigte nach Ablauf der siebenjährigen Frist Armenunterstützung beansprucht oder erhalten hat.

Die Bestimmungen des Art 6 Abs 3 und 4 finden hier gleichmäßige Anwendung.

Art. 8. Der in Art 6 und 7 bezeichnete Anspruch kann auch von der bisherigen Heimatgemeinde des Berechtigten und in Beziehung auf Personen, welche eine vorläufige Heimat besitzen, vom K. Fiskus erhoben werden.

Hiegegen kann der Berechtigte Einspruch erheben; seinem Einspruche muß stattgegeben werden, wenn die gesetzlichen Voraussetzungen des Anspruches nicht vorliegen oder wenn die Heimatänderung für ihn mit erheblichen Nachteilen verbunden wäre.

Von der erfolgten Erhebung des Anspruches hat die Aufenthaltsgemeinde den Berechtigten zu benachrichtigen und ihm zur Geltendmachung des Einspruches eine ausschließende Frist von vierzehn Tagen vorzusetzen.

Wird Einspruch erhoben, so ist die Heimatgemeinde bzw. der K. Fiskus hievon in Kenntnis zu setzen; wird der Anspruch aufrecht erhalten, so hat darüber die Gemeindeverwaltung der Aufenthaltsgemeinde Beschluß zu fassen.

Gegen den Beschluß der Aufenthaltsgemeinde kann binnen vierzehn Tagen nach der Eröffnung desselben die Entscheidung im Verwaltungsrechtswege (Art 23 ff.) beantragt werden.

Art. 9. Die Gemeindeverwaltung kann jedem Angehörigen des bayerischen Staates das Heimatrecht auch dann, wenn ein gesetzlicher Anspruch nicht besteht, auf Ansuchen verleihen und hiebei mit dem Bewerber die Bedingungen vereinbaren, von deren Erfüllung die Verleihung des Heimatrechts abhängig gemacht wird.

In Gemeinden mit städtischer Verfassung ist zu einer solchen Verleihung die Zustimmung der Gemeindebevollmächtigten erforderlich.

Art. 10. Nichtbayern können auf Grund der vorstehenden Art 6 und 7 den Anspruch auf Verleihung der Heimat in einer bayerischen Gemeinde erlangen; desgleichen sind die Gemeinden befugt, die Heimat nach Maßgabe des vorstehenden Art 9 einem Nichtbayern zu verleihen; die Verleihung der Heimat wird jedoch in allen diesen Fällen erst wirksam, wenn die betreffende Person die bayerische Staatsangehörigkeit erworben hat.

Die Erwerbung des Heimatrechtes erstreckt sich auch auf die Ehefrau und auf die noch unselbständigen — ehelichen oder denselben nach Art 1 Abs 3 des Gesetzes gleichgeachteten — Kinder, wenn dieselben die bayerische Staatsangehörigkeit erworben haben.

Die Kinder einer Nichtbayerin, welche durch Verehelichung die Heimat in Bayern erwirbt, folgen dieser Heimat nur dann, wenn sie durch jene Verehelichung legitimiert werden.

Bestehen in einem nicht zum Deutschen Reiche gehörigen Staate Bestimmungen, welche die Erwerbung des Heimatrechtes dortselbst den Angehörigen des bayerischen Staates mehr erschweren, als es durch gegenwärtiges Gesetz Ausländern gegenüber geschieht, so können auf dem Wege der Verordnung die Angehörigen eines solchen Staates denselben Beschränkungen unterworfen werden.

Art. 11. Heimatlose Angehörige des bayerischen Staates, welche sich im Alter der Volljährigkeit vier Jahre ununterbrochen freiwillig und selbständig in einer bayerischen Gemeinde aufgehalten, während dieser Zeit direkte Steuern an den Staat bezahlt, ihre Verpflichtungen gegen die Gemeinde- und Armenkasse erfüllt, Armenunterstützung aber weder beansprucht noch erhalten haben, erlangen in dieser Gemeinde kraft des Gesetzes die Heimat.

Heimatlose Angehörige des bayerischen Staates, welche den vorstehend erwähnten Bedingungen nicht vollständig genügten, erlangen, wenn sie sich im Alter der Volljährigkeit ununterbrochen sieben Jahre lang freiwillig in einer bayerischen Gemeinde aufgehalten und während dieser Zeit Armenunterstützung weder beansprucht noch erhalten haben, kraft des Gesetzes die Heimat in dieser Gemeinde.

Die Bestimmungen des Art 6 Abs 4, 5 und 6 finden hier gleichmäßige Anwendung.

Die auf Grund der vorstehenden Bestimmungen erworbene Heimat erstreckt sich auch auf die Ehefrau und die ehelichen oder denselben nach Art 1 Abs 3 des Gesetzes gleichgeachteten Kinder, welche zwar die bayerische Staatsangehörigkeit, aber keine Heimat in einer bayerischen Gemeinde besitzen.

Heimatlose uneheliche Kinder einer Frauensperson, welche auf Grund des gegenwärtigen Artikels die Heimat erlangt, folgen der Heimat der Mutter, wenn sie die bayerische Staatsangehörigkeit besitzen.

Den Gemeinden bleibt es anheimgegeben, den auf dem Heimatrechte beruhenden Genuß an den örtlichen Stiftungen und Gemeindenutzungen für die auf Grund des gegenwärtigen Artikels Heimatberechtigten von der Bezahlung der Heimatgebühr abhängig zu machen.

Art. 14. Die Heimat in einer Gemeinde gewährt:

a) das Recht im Gemeindebezirke sich aufzuhalten,

b) für den Fall eintretender Hilfsbedürftigkeit Anspruch auf Unterstützung durch die Gemeinde nach Maßgabe des Gesetzes über die Armenpflege.

Definitiv angestellte Beamte [1]) und Diener des Staats, der Kirche oder der Gemeinde, einer öffentlichen Korporation oder Stiftung, Offiziere, Ärzte im Offiziersrange und obere Beamte der Militärverwaltung sind, wenn sie den Pensionsanspruch durch freiwilligen Verzicht auf ihre dienstliche Stellung oder zur Strafe verloren haben, bei eintretender Hilfsbedürftigkeit gleich ihren Frauen oder Witwen und Kindern nach Maßgabe des Gesetzes über die Armenpflege aus derjenigen Kasse zu unterstützen, aus welcher sie unter anderen Umständen eine Pension zu beziehen gehabt hätten. Notare, welche ihre dienstliche Stellung durch freiwilligen Verzicht oder zur Strafe verloren haben, sind gleich ihren Frauen oder Witwen und Kindern bei eintretender Hilfsbedürftigkeit nach Maßgabe des Gesetzes über die Armenpflege aus der Staatskasse zu unterstützen.

Verehelicht sich eine der im vorstehenden Absatze benannten Personen erst nach dem Ausscheiden aus dem Dienstesverbande, so haben die Ehefrau und die Kinder dieser Ehe sowie die durch die Ehe legitimierten Kinder lediglich den oben unter lit. b erwähnten Anspruch auf Unterstützung durch die Gemeinde.

Schullehrer, deren Frauen oder Witwen und Kinder sind, so lange die nach Art 2 begründete Heimat besteht, bei eintretender Hilfsbedürftigkeit von der Schulgemeinde, in welcher der Schullehrer zuletzt angestellt war, zu unterstützen.

Verehelicht sich ein Schullehrer erst nach dem Ausscheiden aus dem Dienstesverbande, so haben die Ehefrau und die Kinder dieser Ehe sowie die durch die Ehe legitimierten Kinder den oben unter lit. b erwähnten Anspruch an jene politische Gemeinde, in welcher der Mann heimatberechtigt ist oder zuletzt heimatberechtigt war.

Art. 15. Die Heimat geht verloren:

1. durch Erwerbung der Heimat in einer andern bayerischen Gemeinde;
2. mit dem Verluste des bayerischen Indigenats.

Art. 31. Ein in den Landesteilen rechts des Rheins heimatberechtigter Mann darf eine Ehe erst eingehen, wenn durch ein von der

[1]) S. dazu Art 100 mit Anm und Art 102 AG.

zuständigen Behörde ausgestelltes Zeugnis festgestellt ist, daß der Eheschließung das im Art 32 bestimmte Einspruchsrecht nicht entgegensteht.

Auf die Rechtsgültigkeit der geschlossenen Ehe ist der Mangel dieses Zeugnisses ohne Einfluß; die Ehe hat aber so lange, als die Ausstellung des Zeugnisses nicht nachträglich erwirkt wurde, für die Ehefrau und die Kinder dieser Ehe sowie die durch die Ehe legitimierten Kinder in bezug auf die Heimat nicht die Wirkungen einer gültigen Ehe. Die Ehefrau behält ihre bisherige Heimat und die Kinder folgen der Heimat der Mutter. Erlangt die Ehefrau erst durch die Verheiratung die bayerische Staatsangehörigkeit, so besitzt sie mit den Kindern dieser Ehe sowie den durch die Ehe legitimierten Kindern die vorläufige Heimat in der Heimatgemeinde des Mannes. Auf Unterstützungen, welche denselben während der Dauer der vorläufigen Heimat nach Maßgabe des Gesetzes über die Armenpflege gewährt werden, findet Art 19 Anwendung.

Vorstehende Bestimmungen sind unbeschadet erworbener Rechte Dritter auch auf diejenigen Ehen anzuwenden, welche nach den bisherigen Fassungen des Art 31 Abs 2 oder nach den entsprechenden älteren Vorschriften als ungültig zu behandeln waren.

Zuständig zur Ausstellung des Zeugnisses ist die Distriktsverwaltungsbehörde jener Gemeinde, in welcher der Mann seine Heimat hat.

Das Zeugnis verliert seine Kraft, wenn die Ehe nicht binnen sechs Monaten nach der Ausstellung des Zeugnisses geschlossen wird.

6. Bayer. Aufenthaltsgesetz vom 21. August 1914 (GVBl S 590).

Art. 1. I Gegen Angehörige des bayerischen oder eines anderen deutschen Bundesstaats sind Aufenthaltsbeschränkungen auf Grund des § 3 Abs 1 RG über die Freizügigkeit vom 1. Nov. 1867 nur nach Maßgabe des Art 3 Ziff 5, 6, dann Art 4—7 zulässig.

II Auch Ausländern ist vorbehaltlich der in den nachfolgenden Artikeln zugelassenen Beschränkungen der Aufenthalt in jeder Gemeinde des Königreichs gestattet, wenn sie sich über ihre Staatsangehörigkeit und Heimat genügend ausweisen und ihrem Aufenthalt ein sonstiges gesetzliches Hindernis nicht im Wege steht.

Art. 2. I Wer in einer Gemeinde Wohnsitz oder nicht nur vorübergehend Aufenthalt nimmt oder diesen Wohnsitz oder Aufenthalt aufgibt, hat binnen einer Woche der Ortspolizeibehörde, in München der Polizeidirektion, Anzeige zu erstatten.

II Die Anzeigeerstattung ist von der Behörde gebührenfrei zu bescheinigen.

III Personen, die aus einer Gemeinde des Deutschen Reiches neu zuziehen, haben der zuständigen Behörde (Abs I) innerhalb der von ihr bestimmten Frist eine Bescheinigung der Polizeibehörde des letzten Aufenthalts über den erfolgten Wegzug (Abzugsbescheinigung) vorzulegen. In Bayern sind die Abzugsbescheinigungen gebührenfrei.

IV Durch ober- oder ortspolizeiliche Vorschrift können weitere Einzelheiten bestimmt werden.

V Zuwiderhandlungen werden an Geld bis zu 15 Mk. bestraft.

VI In München gibt die Polizeidirektion dem Stadtmagistrate von den Anzeigen (Abs I) und den Abzugsbescheinigungen (Abs III) alsbald Kenntnis. Das Nähere bestimmt die Staatsregierung.

Art. 3. Unter Vorbehalt der Vorschrift des Art 6 Abs II kann durch die zuständige Polizeibehörde der Aufenthalt in der Gemeinde nach Maßgabe folgender Bestimmungen verboten werden:

1. Personen, welche nicht binnen 4 Wochen nach ergangener Aufforderung genügenden Nachweis über ihre Heimatberechtigung liefern, kann der Aufenthalt für so lange untersagt werden, als jener Nachweis nicht geliefert wird.
2. Personen, welche von der Gemeinde Armenunterstützung beanspruchen oder erhalten, können auf Antrag der Gemeindeverwaltung für die Dauer von drei Jahren aus der Gemeinde weggewiesen werden, wenn sie nicht während der zwei unmittelbar vorhergehenden Jahre in der Gemeinde Abgaben für Armenzwecke bezahlt oder Gemeindedienste geleistet haben und wenn seit dem Tage, an welchem sie zuletzt Armenunterstützung beansprucht oder erhalten haben, noch nicht volle sechs Monate verflossen sind.

   Will die ausgewiesene Person vor Ablauf von drei Jahren ihren Aufenthalt wieder in der Gemeinde nehmen, so hat sie den Besitz zureichender Unterhaltsmittel darzutun.

   Die gesetzliche Verbindlichkeit der Aufenthaltsgemeinde, in Krankheitsfällen oder in sonstigen Fällen dringender Not die unentbehrliche Hilfe zu leisten, wird durch gegenwärtige Bestimmung nicht aufgehoben.
3. Personen, welche mit ihren der Aufenthaltsgemeinde schuldigen Abgaben länger als ein Jahr, vom Verfalltermin an gerechnet, im Rückstande bleiben, können auf Antrag der Gemeindeverwaltung ausgewiesen werden, sind jedoch nach erfolgter Zahlung des schuldigen Betrags zur Rückkehr befugt.
4. Personen, welche sich in einer Gemeinde aufhalten, um daselbst Dienst oder Arbeit zu suchen, können aus der Gemeinde, wenn sie innerhalb der ihnen gewährten angemessenen Frist weder ein ständiges Unterkommen oder eine ihren Unterhalt sichernde Beschäftigung finden noch den Besitz hinreichender Unterhaltsmittel darzutun vermögen, für die Dauer von drei Monaten weggewiesen werden, sind jedoch schon früher zur Rückkehr befugt, wenn für sie ein solches Unterkommen oder eine solche Beschäftigung gefunden ist.

   Auf Personen, welche in der Gemeinde einen selbständigen Gewerbsbetrieb angemeldet und innerhalb der ihnen gewährten angemessenen Frist wirklich begonnen haben, ist vorstehende Bestimmung nicht anwendbar.
5. Personen, welche wegen Raubes, Diebstahls, Unterschlagung, Betrugs, Hehlerei, Fälschung oder einer Zuwiderhandlung gegen die Sittlichkeit zu einer Freiheitsstrafe von mehr als sechs Wochen oder wegen einer sonstigen strafbaren Handlung zu einer Zuchthausstrafe von mehr als fünf Jahren, desgleichen Personen, welche innerhalb Jahresfrist wiederholt wegen Entwendung von Feldfrüchten oder wegen Feld- oder Forstfrevels oder unberechtigten Jagens, endlich Personen, welche wegen Arbeitsscheue, Landstreicherei, Bettels, Gaukelei oder gewerbsmäßiger Unzucht zu einer Freiheitsstrafe verurteilt worden sind, können in der Zeit von der Rechtskraft des Urteils bis zum Ablaufe zweier Jahre nach Beendigung des Strafvollzugs für die Dauer von zwei Jahren, in welche jedoch die Zeit der Einsperrung nicht eingerechnet wird, ausgewiesen werden.

6. Personen, welche wegen einer im Gemeindebezirke verübten strafbaren Handlung nach § 148 Abs 1 N 5 oder 7 oder § 149 Abs 1 N 1, 3 oder 5 der Gewerbeordnung oder nach § 284 bis 286 des Strafgesetzbuchs für das Deutsche Reich oder als Veranstalter eines verbotenen Spieles nach § 360 Ziff 14 dieses Strafgesetzbuchs, desgleichen Personen, welche binnen Jahresfrist wiederholt wegen einer im Gemeindebezirke verübten Zuwiderhandlung gegen die Art 106 oder 155 des Polizeistrafgesetzbuchs oder § 153 der Gewerbeordnung verurteilt worden sind, können in der Zeit von der Rechtskraft des Urteils bis zum Ablauf eines Jahres nach Beendigung des Strafvollzugs für die Dauer von zwei Jahren, in welche jedoch die Zeit der Einsperrung nicht eingerechnet wird, ausgewiesen werden.
7. Weibspersonen, welche offenkundig mit ihrem Körper ein unzüchtiges Gewerbe treiben und die Gelegenheit hiezu auf öffentlicher Straße aufsuchen, dann jene Personen, welche offenkundig an dem Erträgnisse des unzüchtigen Gewerbes Anteil haben, können für die Dauer von zwei Jahren aus der Gemeinde weggewiesen werden.
8. Ist im Gemeindebezirke die öffentliche Sicherheit durch eine Handlung gestört worden, zu deren Unterdrückung das Aufgebot der bewaffneten Macht erfolgte oder gesetzlich zulässig war, so können Personen, welche an der Sicherheitsstörung oder an den Vorbereitungen hiezu Teil genommen oder hierzu aufgefordert haben, — unbeschadet der Strafverfolgung — für die Dauer eines Jahres aus der Gemeinde weggewiesen werden.

   Die Erlassung eines solchen Aufenthaltsverbots ist aber nur statthaft, so lange die Ruhestörung dauert oder deren Wiederholung zu befürchten ist.

   Ebenso können Personen, welche einer Beteiligung an den Ruhestörungen dringend verdächtig sind, innerhalb desselben Zeitraums und für die gleiche Zeitdauer ausgewiesen werden, wenn sie weder ständigen Arbeitsverdienst noch ausreichende Unterhaltsmittel haben.
9. Studierende oder Zöglinge einer Unterrichtsanstalt, welche zur Strafe entlassen worden oder ohne Vorwissen ihrer Eltern oder Vormünder ausgetreten sind, dann entwichene oder entlassene Lehrlinge können binnen drei Monaten nach der Entfernung von der Anstalt oder Lehre für die Dauer eines Jahres aus der Gemeinde weggewiesen werden, wenn die Familie, welcher sie angehören, nicht in dieser Gemeinde ihren Wohnsitz hat.
10. Minderjährige Personen, welche sich ohne Bewilligung ihrer Eltern oder Vormünder in einer Gemeinde aufhalten, können auf Antrag des Inhabers der elterlichen oder vormundschaftlichen Gewalt ausgewiesen werden. Blödsinnige oder Geisteskranke, welche sich der Obhut jener Personen, welchen ihre Bewachung obliegt, entzogen haben, können diesen Personen oder deren Bevollmächtigten übergeben oder an die Gemeindebehörde des Wohnsitzes der gedachten Personen abgeliefert werden.

Art. 4. Die Ausweisung erstreckt sich — vorbehaltlich ihrer zivilrechtlichen Folgen — nur auf diejenigen Personen, gegen welche ein gesetzlicher Ausweisungsgrund vorliegt.

Art. 5. [1] Das Aufenthaltsverbot kann auch auf benachbarte Gemeindebezirke erstreckt werden, wenn ohne solche Ausdehnung eine Vereitelung des Zweckes der Ausweisung zu befürchten wäre.

II Ist in einem Bezirke das Standrecht verkündigt oder der Kriegszustand verhängt (Gesetz über den Kriegszustand vom 5. Nov. 1912), so kann die nach Art 3 verfügte Ausweisung auf den ganzen Bezirk ausgedehnt werden. Dies gilt nicht, wenn der Ausgewiesene in einer Gemeinde des Bezirks das Bürgerrecht besitzt oder wenn die Voraussetzungen des Art 6 Abs II vorliegen.

Art. 6. I Angehörige des bayerischen Staates, welche auf Grund ihrer Anstellung im Dienste des Staates, der Kirche, der Gemeinde, einer öffentlichen Körperschaft oder Stiftung oder zur Erfüllung einer gesetzlichen Pflicht in einer Gemeinde sich aufzuhalten genötigt sind oder welche in der Gemeinde das Bürgerrecht besitzen, können aus dieser Gemeinde nicht weggewiesen werden.

II Ferner darf Reichsangehörigen der Aufenthalt in der Gemeinde, in der sie sich nach Vollendung des sechzehnten Lebensjahres zuletzt länger als ein Jahr freiwillig und ununterbrochen aufgehalten haben, dann Reichsangehörigen, die öffentliche Armenunterstützung empfangen, der Aufenthalt am Orte der Unterstützung für deren Dauer polizeilich nicht versagt werden.

Art. 7. I In den Fällen des Art 3 Ziff 2 und 3 kann eine Ausweisung nur auf Antrag der Gemeindeverwaltung erfolgen und muß dieselbe von der Polizeibehörde verfügt werden, wenn jener Antrag vorliegt.

II In allen übrigen Fällen kann das Aufenthaltsverbot auf Antrag der Gemeindeverwaltung oder von Amts wegen erlassen werden, jedoch nur dann, wenn besondere Verhältnisse die Annahme begründen, daß die öffentliche Sicherheit oder Sittlichkeit durch die Anwesenheit der betreffenden Personen in der Gemeinde gefährdet wird.

Art. 8. I Die zuständige Polizeibehörde ist befugt, gegen jeden Ausländer, dem auf Grund des Art 3 der Aufenthalt in einer Gemeinde untersagt wird, für die Dauer des Aufenthaltsverbots auch die Wegweisung aus dem Königreiche zu verfügen, wenn es im öffentlichen Interesse geboten erscheint.

II Außerdem ist das Staatsministerium des Innern berechtigt, Ausländern aus Rücksicht auf die öffentliche Wohlfahrt den Eintritt in das Königreich zu versagen oder dieselben aus dem Staatsgebiete zu verweisen.

III Endlich hat die Staatsregierung das Recht, die Aufenthaltsbefugnis von Ausländern in Bayern durch Verordnung denselben weitergehenden Beschränkungen zu unterwerfen, welchen bayerische Staatsangehörige rücksichtlich ihres Aufenthalts im Heimatlande jener Ausländer unterworfen sind.

Art 9. Zuständig zur Erlassung eines Aufenthaltsverbots auf Grund des Art 3 und zur Wegweisung aus dem Königreich auf Grund des Art 8 Abs I ist in erster Instanz die Distriktspolizeibehörde jener Gemeinde, aus welcher zunächst eine Person ausgewiesen werden soll, in München die K. Polizeidirektion.

Art. 10. I Beschwerden gegen die Beschlüsse erster Instanz werden von der Kreisregierung, Kammer des Innern, nach kollegialer Beratung in zweiter und vom Staatsministerium des Innern in letzter Instanz entschieden, unbeschadet dessen, was das Gesetz vom 8. Aug. 1878, betreffend die Errichtung eines Verwaltungsgerichtshofs und das Verfahren in Verwaltungsrechtsachen, bestimmt.

II Zur Beschwerdeführung sind berechtigt:
1. die Personen, deren Aufenthalt in Frage ist;
2. die Gemeindeverwaltungen, deren Antrag auf Ausweisung einer Person abgelehnt wurde.

III Die Beschwerden sind an eine Notfrist von 14 Tagen gebunden und haben, wenn ein sofortiger Vollzug des Ausweisungsbeschlusses im öffentlichen Interesse geboten erscheint, keine aufschiebende Wirkung.

IV Die Beschwerden können bei der ersten Instanz schriftlich eingereicht oder mündlich zu Protokoll gegeben werden.

V Alle durch Erlassung eines Aufenthaltsverbots hervorgerufenen Verhandlungen sind gebührenfrei.

7. Auszug aus dem Bayer. Fürsorgeerziehungsgesetz in der Fassung vom 21. Juli 1915 (GVBl S 595).

Art. 1. Das Vormundschaftsgericht kann unter den Voraussetzungen des Art 2 anordnen, daß ein Minderjähriger zum Zwecke seiner Erziehung in einer geeigneten Familie oder in einer Erziehungsanstalt auf öffentliche Kosten untergebracht wird (Fürsorgeerziehung).

Art. 2. I Steht die Sorge für die Person eines Minderjährigen dessen Vater oder Mutter zu, so ist die Fürsorgeerziehung zulässig,
1. wenn das geistige oder leibliche Wohl des Minderjährigen dadurch gefährdet wird, daß der Vater oder, sofern die Sorge für die Person des Minderjährigen der Mutter zusteht, die Mutter das Recht der Sorge für die Person mißbraucht, den Minderjährigen vernachlässigt oder sich eines ehrlosen oder unsittlichen Verhaltens schuldig macht, und die Fürsorgeerziehung erforderlich ist, um die sittliche oder körperliche Verwahrlosung des Minderjährigen zu verhüten;
2. wenn der Minderjährige eine strafbare Handlung begangen hat, wegen deren er in Anbetracht seines jugendlichen Alters strafrechtlich nicht verfolgt werden kann, und mit Rücksicht auf die Beschaffenheit der Handlung, die Persönlichkeit der Eltern und die übrigen Lebensverhältnisse des Minderjährigen seiner weiteren sittlichen Verwahrlosung nur durch Fürsorgeerziehung vorgebeugt werden kann;
3. wenn sonstige Tatsachen vorliegen, welche die Fürsorgeerziehung zur Verhütung des völligen sittlichen Verderbens des Minderjährigen notwendig machen.

II Steht die Sorge für die Person eines Minderjährigen nicht dessen Vater oder Mutter zu, so ist die Fürsorgeerziehung zulässig, wenn die Entfernung des Minderjährigen aus seiner bisherigen Umgebung zur Verhütung seiner geistigen oder körperlichen Verwahrlosung erforderlich ist.

III Die Fürsorgeerziehung eines Minderjährigen, der das sechzehnte Lebensjahr vollendet hat, soll nur in besonderen Fällen angeordnet werden.

Art. 5. Nach dem Abschlusse der Ermittlungen teilt das Vormundschaftsgericht die Akten der Distriktsverwaltungsbehörde zur Äußerung mit. Die Distriktsverwaltungsbehörde gibt, wenn der Minderjährige in Bayern einen Unterstützungswohnsitz hat, dem Ortsarmenverbande des Unterstützungswohnsitzes, andernfalls dem Landarmenverband, in dem die Distriktsverwaltungsbehörde ihren Sitz hat, Gelegenheit, sich über die Notwendigkeit und die Art der Fürsorgeerziehung zu äußern.

Art. 6. II Die Verfügung, durch welche die Fürsorgeerziehung angeordnet wird, ist den Eltern des Minderjährigen und, wenn der Minderjährige unter Vormundschaft steht oder ihm ein Pfleger zur Sorge für die Person bestellt ist, auch dem Vormund oder Pfleger, ferner dem Minderjährigen selbst, wenn er das vierzehnte Lebensjahr vollendet hat, der Distriktsverwaltungsbehörde und dem Ortsarmenverband oder dem Landarmenverband (Art 5) zuzustellen. Dem Minderjährigen wird die Verfügung nur im Auszuge zugestellt.

Art. 7. I Ist sofortiges Einschreiten dringend geboten, so kann das Vormundschaftsgericht, wenn ihm die Voraussetzungen für die Anordnung der Fürsorgeerziehung glaubhaft gemacht erscheinen, durch eine schriftliche, mit Gründen versehene Verfügung die vorläufige Unterbringung anordnen.

Art. 9. I Der Vollzug der gerichtlichen Anordnung, insbesondere die Entscheidung darüber, ob der Minderjährige in einer Familie oder in einer Erziehungsanstalt unterzubringen ist, obliegt der Distriktsverwaltungsbehörde.

II Auf das Glaubensbekenntnis des Minderjährigen muß bei der Auswahl der Familie oder der Anstalt Rücksicht genommen werden.

Art. 10. I Die Aufhebung der Fürsorgeerziehung erfolgt durch Beschluß des Vormundschaftsgerichts. Das Vormundschaftsgericht hat die Fürsorgeerziehung aufzuheben, wenn die Voraussetzungen der Anordnung weggefallen sind. Die Aufhebung kann unter dem Vorbehalte des Widerrufs beschlossen werden. Vor der Entscheidung ist die Distriktsverwaltungsbehörde zu hören.[1])

II Der die Fürsorgeerziehung aufhebende Beschluß ist der Distriktsverwaltungsbehörde bekannt zu machen. Dieser steht die sofortige Beschwerde mit aufschiebender Wirkung zu.

III Auch ohne Anordnung des Vormundschaftsgerichts ist die Distriktsverwaltungsbehörde berechtigt, die vorläufige Entlassung aus der Fürsorgeerziehung zu verfügen.

IV Über das achtzehnte Lebensjahr des Minderjährigen hinaus soll die Fürsorgeerziehung nur in besonderen Fällen fortgesetzt werden.

Art. 13. I Die Kosten der Fürsorgeerziehung sind vorläufig von dem Ortsarmenverbande zu bestreiten, in dem der Minderjährige den Unterstützungswohnsitz hat, und, wenn er in Bayern keinen Unterstützungswohnsitz hat, von dem Landarmenverband, in dem die zuständige Distriktsverwaltungsbehörde ihren Sitz hat.

II Besitzt der Minderjährige Vermögen oder erwirbt er binnen zehn Jahren nach der Aufhebung der Fürsorgeerziehung Vermögen, so ist er zum Ersatze der Kosten der Fürsorgeerziehung verpflichtet, soweit ihm der Ersatz unbeschadet der Sicherstellung des Lebensunterhalts möglich ist. Desgleichen haben diejenigen, welche dem Minderjährigen gegenüber nach dem bürgerlichen Rechte während der Dauer der Fürsorgeerziehung unterhaltspflichtig sind, Ersatz der Kosten zu leisten.

III Können die Kosten, welche auf die Fürsorgeerziehung des Minderjährigen erwachsen sind, dadurch nicht oder nur teilweise gedeckt werden, so kann der Ortsarmenverband des Unterstützungswohnsitzes beanspruchen,

[1]) Auch die Anstaltsverwaltung, vgl. MinEntschl vom 20. Aug. 1918 (MABl S 295).

daß ihm drei Zehntel der Kosten von dem Landarmenverbande, zu dessen Bezirk er gehört, und fünf Zehntel vom Staate ersetzt werden. Hat der Minderjährige in Bayern keinen Unterstützungswohnsitz, so ersetzt der Staat dem Landarmenverband (Abs I) fünf Zehntel der Kosten.

IV Die Kosten einer vorläufigen Unterbringung gelten, wenn die Fürsorgeerziehung angeordnet wird, als Kosten der Fürsorgeerziehung. Andernfalls sind sie vom Staate zu tragen und, soweit sie von dem Minderjährigen, einem Unterhaltspflichtigen oder einem Armenverbande bestritten worden sind, diesen zu ersetzen.

Art. 14. I Streitigkeiten über die in Art 13 Abs I, III, IV begründeten Ansprüche und Verbindlichkeiten werden von den Distriktsverwaltungsbehörden in erster und von den K. Regierungen, Kammern des Innern, in zweiter Instanz entschieden.

II Gegen die Entscheidungen der K. Regierungen, Kammern des Innern, ist Beschwerde nach Art 45 des Gesetzes vom 28. Aug. 1878, betreffend die Errichtung eines Verwaltungsgerichtshofes und das Verfahren in Verwaltungsrechtssachen, zulässig.

Art. 15. I Auf Antrag des Armenverbandes (Art 13 Abs I) können die Eltern und Großeltern des Minderjährigen durch Beschluß der Distriktsverwaltungsbehörde ihres Wohnsitzes angehalten werden, nach Maßgabe ihrer gesetzlichen Unterhaltspflicht die Kosten der Fürsorgeerziehung zu bestreiten und die hierfür gemachten Aufwendungen zu ersetzen. Das gleiche gilt bei einem unehelichen Kinde von dem Vater, wenn er seine Vaterschaft nach § 1718 des Bürgerlichen Gesetzbuchs anerkannt oder sich zur Leistung des Unterhalts in einer vor dem Vormundschaftsgericht oder einem Notar aufgenommenen Urkunde verpflichtet hat oder wenn seine Unterhaltspflicht vollstreckbar feststeht.

II Die Distriktsverwaltungsbehörde entscheidet endgültig vorbehaltlich des Rechtswegs. Ihr Beschluß ist vorläufig vollstreckbar. Weicht das rechtskräftige gerichtliche Urteil von der Entscheidung der Distriktsverwaltungsbehörde ab, so hat der Armenverband dem in Anspruch Genommenen seine Leistungen oder Mehrleistungen und die Kosten des Rechtsstreits, soweit sie nicht diesem selbst auferlegt sind, zu ersetzen; im Weigerungsfalle ist er hierzu staatsaufsichtlich anzuhalten. Der Armenverband kann nach Maßgabe des Art 13 Abs III Ersatz beanspruchen.

Art. 16. Die den Armenverbänden sowie dem Staate durch die Fürsorgeerziehung Minderjähriger erwachsenden Kosten gelten in keiner Hinsicht als Armenunterstützungen.

Art. 17. I Soweit nicht in diesem Gesetze ein Anderes vorgeschrieben ist, sind für die Zuständigkeit und das Verfahren in Angelegenheiten der Fürsorgeerziehung die allgemeinen gesetzlichen Vorschriften, insbesondere für die Zuständigkeit und das Verfahren der Gerichte die für Vormundschaftssachen geltenden Vorschriften maßgebend.

II Die örtliche Zuständigkeit der Distriktsverwaltungsbehörde bestimmt sich nach dem Orte, der die Zuständigkeit des Vormundschaftsgerichts begründet. In München ist der Stadtmagistrat zuständig.

III Das gerichtliche Verfahren und die Verhandlungen der Verwaltungsbehörden in Angelegenheiten der Fürsorgeerziehung sind kostenfrei. Die baren Auslagen werden vom Staate bestritten. Die durch unbegründete Anträge und Einwendungen verursachten Kosten können den Beteiligten überbürdet werden.

IV Die im Art 4 Abs III bezeichneten Personen können im Falle ihrer Vernehmung vor Gericht Ersatz ihrer Auslagen nach den für Zeugen geltenden Vorschriften vom Staate verlangen.

8. MinBek vom 4. Sept. 1915 (MABl S 256) über das Kassen- und Rechnungswesen der rechtsrhein.[1]) Ortsarmenverbände.

Unter Bezugnahme auf Art 40 Abs 4 des Armengesetzes vom 21. August 1914 und § 34 Abs 2 der Vollzugsanweisung vom 4. August 1915 wird verfügt:

Dem Voranschlag — erstmals für 1916 — und der Rechnung — erstmals für 1916 — der rechtsrheinischen Ortsarmenverbände, die einer Gemeinde entsprechen, ist das in der Beilage abgedruckte Muster[2]) zugrunde zu legen. Nach Bedarf können den Titeln neue Kapitel und den Kapiteln weitere Unterabteilungen angefügt werden. Voranschläge und Rechnungen brauchen künftig nur einfach hergestellt zu werden.

Im übrigen gelten die Ministerialentschließungen vom 14. Mai 1870 über das Etats- und Rechnungswesen der rechtsrheinischen Armenpflegen.[3])

[1]) Wegen der Pfalz s. Regierungsbekanntmachung vom 29. Sept. 1915 (KrABl S 239) mit ReggBek vom 16. Juni 1870 (KrABl S 1085 ff.).

[2]) Von Abdruck des Formulars (durch MinBek vom 28. Dez. 1916 [MABl 1917 S 1] bereits wieder geändert) wurde abgesehen in bezug auf die Beziehbarkeit in den Schreibgeschäften (Voranschlagformulare vom Kommunalschriftenverlag München, Arcisstraße 35, in BlApfl VI S 21 angeboten).

[3]) a) ME über das Etats- und Rechnungswesen.

Das unterzeichnete Staatsministerium sieht sich veranlaßt, mit Hinblick auf Art 37 Abs 4 des Gesetzes über öffentliche Armen- und Krankenpflege vom 29. April 1869 und auf die Bestimmungen der Art 107 Abs 4 und Art 145 Abs 8 der Gemeindeordnung für die Landesteile diesseits des Rheins von dem nämlichen Tage über die Behandlung des Etats- und Rechnungswesens der Armenpflege in den Gemeinden der Landesteile diesseits des Rheins folgendes zu verfügen:

I. Allgemeine Bestimmungen.

1. Für die Voranschläge und Rechnungen über den Haushalt der Armenpflegen in den Gemeinden der Landesteile diesseits des Rheins sind in Zukunft die beiliegenden Formulare A resp. B in Anwendung zu bringen.*)

2. Die Rubriken der Voranschläge und Rechnungen sind nach Anleitung der Formulare auf die beiden nebeneinander liegenden Seiten eines Bogens zu verteilen, damit genügender Raum für etwaige Erläuterungen und Nachweisungen vorhanden ist.

3. Titel, Kapitel und sonstige Unterabteilungen, für welche in dem betr. Rechnungsjahre kein Vortrag zu machen ist, können weggelassen werden, wobei jedoch für die übrigbleibenden Titel und Kapitel die Ziffern des Formulars beizubehalten sind.

4. Es steht den Armenpflegschaftsräten frei, nach Bedürfnis den einzelnen Titeln neue Kapitel anzufügen oder die Kapitel in weitere Unterabteilungen zu spalten.

*) Hier nicht abgedruckt.

5. Über unmittelbar aus der Armenkasse unterhaltene und dotierte Anstalten, bei welchen bisher eine eigene Rechnungsstellung vorgeschrieben oder üblich war, hat eine solche auch in Zukunft stattzufinden, in welchem Falle selbstverständlich auch gesonderte Voranschläge zu fertigen sind. Für neu entstehende Anstalten, welche unmittelbar aus der Armenkasse unterhalten und dotiert werden, hat im Falle des Bedürfnisses die gesonderte rechnerische Behandlung gleichfalls einzutreten.

6. In den Fällen der vorstehenden Ziff 5 müssen die Spezialvoranschläge und Rechnungen gleichzeitig mit dem Hauptvoranschlage bzw. der Hauptrechnung der Armenkasse veröffentlicht werden.

7. Sämtliche Voranschläge und Rechnungen sind in Konzept und Reinschrift zu fertigen. Die Reinschriften werden entsprechend geheftet, unterzeichnet und mit der Bestätigung, daß die vorschriftsmäßige Veröffentlichung erfolgte, versehen.

Kleinere Rechnungen des Armenpflegschaftsrates über Anstalten sind zur Kostenersparung zweckmäßig den Hauptrechnungen als Anhang beizubinden. Desgleichen können mehrere Anstaltsrechnungen von unbedeutendem Umfange in einem Bande vereinigt werden.

8. Die Rechnungen über den Lokalarmenfonds, sowie die Voranschläge und Rechnungen über Wohltätigkeitsanstalten, welche nicht unmittelbar aus der Armenkasse unterhalten werden, sind von den Gemeindebehörden nach den über das Gemeindeetats- und Rechnungswesen bestehenden Vorschriften zu fertigen (vgl ME v. 10. Oktober 1869 Nr. 10 698, das Etats- und Rechnungswesen der Gemeinden und örtlichen Stiftungen in den Gemeinden der Landesteile diesseits des Rheins betr.

II. Voranschläge.

9. Das Formular für die Voranschläge stimmt nach der Natur der Sache mit dem Rechnungsschema möglichst überein und ist nötigenfalls aus der Spezifikation des letzteren zu ergänzen.

10. Da die Voranschläge die Grundlage des Jahreshaushalts bilden, so müssen sie mit möglichster Sorgfalt hergestellt werden.

Zu diesem Zwecke hat der Armenpflegschaftsrat alle voraussehbaren Einnahmen und Ausgaben in verlässiger Weise zu ermitteln, die zur ungestörten Erfüllung seiner Aufgabe notwendigen Maßnahmen und Einrichtungen rechtzeitig zu beschließen und die Beschlußfassung der zuständigen Gemeindeorgane in denjenigen Fällen, in welchen deren Mitwirkung nach dem Gesetze geboten ist, zu veranlassen.

Was die Ausgaben auf Unterstützungen in Tit III Kap I A des Voranschlags insbesondere betrifft, so erscheint es zweckmäßig, daß der Armenpflegschaftsrat alljährlich vor der Herstellung des Voranschlages ein Verzeichnis anfertigt, in welchem diejenigen Armen, welche voraussichtlich in dem nächstfolgenden Jahre Unterstützung bedürfen, mit Namen und unter Angabe des Grundes und des beschlossenen Betrags der Unterstützung, sowie der Zahl der an der Unterstützung etwa partizipierenden Familienglieder aufgeführt werden. — Dieses Verzeichnis, welches durch Nachtrag der im Laufe des Jahres neu anfallenden Unterstützungen von längerer Dauer evident zu halten ist, dient zur Begründung und Erläuterung der bezüglichen Position des Voranschlages und ist daher mit demselben zugleich zur öffentlichen Einsicht aufzulegen.

Die übrigen Ansätze des Voranschlages sind, insoferne sie nicht nach der Natur der Sache oder auf Grund spezieller Beschlüsse ziffermäßig feststehen, vorzugsweise nach den Verwaltungsergebnissen der letzten Jahre zu bemessen und zur Ermöglichung der im Gesetze statuierten öffentlichen Kontrolle entsprechend zu erläutern, bzw. mit den einschlägigen Beschlüssen zu belegen.

11. Eine regelmäßige Prüfung des Voranschlages durch die Staatsaufsichtsbehörden findet nicht statt; derselbe ist daher nur auf Grund spezieller Anordnung der letzteren, sowie später gemäß Ziff 14 und 16 gegenwärtiger Entschließung zum Zwecke der Durchsicht und bzw. Revision der Jahresrechnung an die vorgesetzte Staatsaufsichtsbehörde einzusenden.

III. Rechnungen.

12. Bei Anfertigung der Rechnungen sind die im Rechnungsformulare den einzelnen Titeln und Kapiteln angefügten Bemerkungen zu beachten.

13. Jeder Einnahms- und Ausgabsposten muß vollständig und speziell unter dem betreffenden Titel vorgetragen werden und ist ein summarischer Vortrag nur zulässig, wenn die betreffenden Einzelposten in einer Spezialrechnung oder in einer besonderen, der Rechnung beigefügten und als Bestandteil derselben erscheinenden Übersicht aufgeführt sind.

Die Rechnungssteller bleiben dafür haftbar, daß in den Rubriken „Wirkliche Einnahmen" und „Wirkliche Ausgaben" nur solche Posten eingesetzt werden, welche wirklich vereinnahmt resp. verausgabt wurden.

Die einzelnen Rechnungs-Titel und Kapitel müssen entsprechend summiert werden.

Zu dem Rechnungsabschlusse ist stets zu bemerken, ob der Aktivrest bar in das folgende Rechnungsjahr überging oder etwa zur Vermehrung des Grundstockvermögens verwendet oder fruktifizierlich angelegt und in dieser Form für spätere Fälle reserviert wurde.

14. Wesentliche Abweichungen des Rechnungsvortrages von dem Voranschlage des betreffenden Rechnungsjahres, welcher an die Aufsichtsbehörde stets als Beleg mit der Rechnung einzusenden ist, sind in der Rubrik „Bemerkungen" kurz zu erläutern.

15. Jeder Einnahms- und Ausgabsposten muß rechnungsmäßig belegt sein. Die Belege sind in fortlaufender Reihe, nach den Einnahmen und Ausgaben gesondert zu numerieren und in einen oder mehrere Bände geheftet, der Rechnung beizufügen.

Mit der neuen Rechnung ist auch die letzte abgeschlossene Rechnung und insoferne in einem Vortrage auf eine frühere Rechnung Bezug genommen ist, auch diese an die vorgesetzte Aufsichtsbehörde einzusenden.

16. Bezüglich der den Staatsaufsichtsbehörden obliegenden Rechnungsprüfung unterscheiden die Gesetze (Art 35 und 42 des Gesetzes über öffentliche Armen- und Krankenpflege und Art 89 bzw. 136 der GemO für die Landesteile diesseits des Rheins vom 29. April 1869) zwischen den einer Kreisregierung unmittelbar untergeordneten Städten und den übrigen Gemeinden.

In den ersten steht die Revision der Armenrechnungen nach vorheriger Durchsicht derselben durch den Magistrat dem Kollegium der Gemeindebevollmächtigten zu; die Aufgabe der Staatsaufsichtsbehörden bezüglich dieser Rechnungen beschränkt sich demzufolge darauf, dasjenige, was innerhalb der in Art 157 Ziff 1—4 GemO bezeichneten Grenzen der Staatsaufsicht liegt, im allgemeinen in den Bereich ihrer Würdigung zu ziehen und hienach etwaige Anordnungen zu erlassen. Dagegen sind die Armenrechnungen der übrigen, d. h. der einem Bezirksamte untergeordneten Gemeinden mit städtischer oder Landgemeindeverfassung von der zunächst vorgesetzten Aufsichtsbehörde auch rechnerisch zu revidieren und zu bescheiden, und es ist daher namentlich auch

dann über das Kassenwesen[1]) der Armenpflegen in den Gemeinden mit Landgemeindeverfassung bis auf weiteres entsprechend.

---

der Kalkul jener Rechnungen, sowie die formale und materielle Richtigkeit der Belege speziell zu prüfen und sodann ein Rechnungsabsolutorium zu erteilen. Hiezu wird übrigens ausdrücklich bemerkt, daß die Aufsichtsbehörden aus Anlaß der Rechnungsrevision sich keine Kompetenz aneignen dürfen, welche das gesetzliche Maß der Selbständigkeit der Lokalarmenpflegen beeinträchtigen würde; auch sind bezüglich der einem Bezirksamte untergeordneten Gemeinden mit städtischer Verfassung in specie gegebenenfalls die Bestimmungen des Art 160 GemO zu beachten.

Die Rechnungen werden nach vollzogener Durchsicht bzw. Revision den Armenpflegen zurückgegeben.

Schließlich wird darauf aufmerksam gemacht, daß die durch gegenwärtige Entschließung vorgeschriebenen Formulare selbstverständlich für die Rechnungen pro 1869 und die pro 1870 bereits hergestellten Etats nicht anzuwenden sind.

Hiernach hat die K. Regierung, Kammer des Innern, das Weitere zu verfügen.

[1]) b) ME über das Kassenwesen.

Zur Regelung des Kassenwesens der Armenpflegen in den Gemeinden mit Landgemeindeverfassung werden im Hinblick auf Art 37 Abs 4 des Gesetzes über öffentliche Armen- und Krankenpflege vom 28. April 1869 und auf Art 145 Abs 8 GemO für die Landesteile diesseits des Rheins vom selben Tage nachstehende Bestimmungen getroffen:

1. Die gemäß Art 33 des Gesetzes über öffentliche Armen- und Krankenpflege aufgestellten Kassiere haben die Kassengeschäfte allein zu besorgen. Den Vorständen des Armenpflegschaftsrats und deren Stellvertretern ist die Führung einer Armenkasse untersagt; sie haben Gelder, welche ihnen für die Armenkasse übersendet werden, unverzüglich an den Kassier abzuliefern.

2. Jeder Kassier ist für die rechtzeitige und vollständige Einhebung der Einnahmen verantwortlich. Einnahmen, welche weder auf Grund des Etats noch sonst feststehen, bedürfen der besonderen auf einem Beschlusse des Armenpflegschaftsrates ruhenden Einweisung durch den Vorstand.

Die Kassiere haben die Beitreibung rückständiger Einnahmen zu veranlassen und wegen etwaiger Gewährung von Nachlässen die Beschlußfassung des Armenpflegschaftsrates anzuregen.

Über jede Einnahme ist von dem Kassierer Empfangsbestätigung auszustellen; Quittungen über heimgezahlte Kapitalien sind von dem Vorstande zu kontrasignieren.

3. Der Kassier darf mit Ausnahme derjenigen Fälle, in welchen ihm auf Grund des Art 34 Abs 7 des Gesetzes eine spezielle Ermächtigung durch den Armenpflegschaftsrat erteilt ist, ohne schriftliche Anweisung des Vorstandes keine Zahlung machen.

Die Anweisungen werden hinsichtlich der nach dem Voranschlage ziffermäßig feststehenden Posten sofort bei Beginn des Rechnungsjahres unter Aushändigung des Voranschlags an den Kassier generell verfügt, für sonstige Ausgaben ist dagegen stets eine spezielle Anweisung erforderlich, welche sich mit Ausnahme der in Art 34 Abs 6 des Gesetzes bezeichneten Fälle immer auf einen Beschluß des Armenpflegschaftsrates gründen muß.

4. Die Zahlungen sind nur an die Empfangsberechtigten oder deren genügend legitimierte Stellvertreter und nur gegen sofortige Übergabe förmlicher Quittungen zu leisten.

5. Die Gelder und Urkunden der Armenpflege dürfen nicht mit den Privatgeldern und Papieren des Kassiers vermischt werden; demselben ist daher eine dem Bedürfnisse entsprechende Kasse zur Verfügung zu stellen.

6. Die Kasse steht unter dem alleinigen Verschlusse des Kassiers, welcher auch für deren sichere Aufbewahrung zu sorgen hat.

Der Kassier ist verpflichtet, alle eingehenden Gelder und Wertpapiere sofort oder doch noch an demselben Tage, an welchem sie in seine Hände gelangten, bis zur Verausgabung oder vorschriftsmäßigen Ablieferung an die gemeindliche Reservekasse, dann die Voranschläge, Kassendekreturen, Quittungen und sonstigen Rechnungsbelege, ferner die Kassentagebücher, sowie überhaupt alle auf das laufende Rechnungswesen bezüglichen Schriftstücke in der Kasse zu hinterlegen.

Obligationen über verzinslich angelegte Kassenüberschüsse sind in der gemeindlichen Reservekasse aufzubewahren; desgleichen kann der Armenpflegschaftsrat im Einverständnisse mit dem Gemeindeausschusse die Ablieferung größerer Barbestände an die gemeindliche Reservekasse anordnen. Die Bescheinigungen über die erfolgte Ablieferung sind in der Kasse aufzubewahren.

7. Für jede Kasse ist ein eigenes Kassentagebuch nach dem beiliegenden Formulare zu führen.

8. Die Kassentagebücher müssen jedesmal bei Beginn eines Rechnungsjahres neu angelegt werden und entsprechend geheftet oder gebunden, paginiert und mit einem Umschlage versehen sein, auf welchem die betreffende Kasse, das Rechnungsjahr und der Name des Kassiers anzugeben sind.

9. In das Kassentagebuch werden zunächst die nach dem Abschlusse des letzten Kassentagebuches aus dem Vorjahre verbliebenen Aktiv- und Passivreste und sodann alle im laufenden Rechnungsjahre anfallenden Einnahmen und Ausgaben in chronologischer Ordnung eingetragen und zwar in der Weise, daß, wie aus dem Formulare zu ersehen, die Einnahmen in ununterbrochener Reihenfolge auf die linke und die Ausgaben auf die gegenüberliegende rechte Seite zu stehen kommen.

10. Jeder Einnahms- und Ausgabsposten ist sofort nach seinem Anfalle oder doch spätestens an demselben Tage zu verbuchen.

Barschaften, welche nach Maßgabe der oben sub Ziff 6 getroffenen Bestimmungen an die gemeindliche Reservekasse abgeliefert oder von dort zurückgezogen werden, sind nur intra lineas vorzutragen.

11. Die Tagebuchseinträge müssen deutlich und mit Tinte geschrieben werden und erschöpfend sein.

Jedem Eintrage ist außer der fortlaufenden Nummer und dem Datum auch die fortlaufende Nummer des Einnahms- bzw. Ausgabsbeleges beizusetzen, zu welchem Behufe die Belege nach den Einnahmen und Ausgaben ausgeschieden und nach der Reihenfolge ihrer Entstehung geordnet, in gesonderte Umschläge zu bringen und (mit Bleistift) fortlaufend zu numerieren sind.

Jede Seite ist zu summieren und der Seitenbetrag auf die nächstfolgende Einnahms- resp. Ausgabsseite überzutragen.

12. Nach Ablauf des Rechnungsjahres sind die Tagebücher durch Einstellung der etwaigen durchlaufenden Posten, z. B. der Anschläge für die unmittelbare Benützung von Realitäten, dann der bewilligten Nachlässe zu ergänzen, hierauf unter Summierung und Abgleichung der Einnahmen und Ausgaben abzuschließen und von dem Kassier zu unterzeichnen.

Nach dem Abschlusse darf kein Eintrag mehr stattfinden, dagegen können bis zu diesem Zeitpunkte etwaige nachgeholte Einnahmen und Ausgaben des bezüglichen Rechnungsjahres noch eingestellt werden.

Auf der Grundlage der abgeschlossenen Kassentagebücher werden sodann die Rechnungen nach dem vorgeschriebenen Schema gestellt. Zu diesem Behufe ist den einzelnen Posten des Kassentagebuches die Nummer des Titels und Kapitels, unter welchen dieselben in Rechnung erscheinen, in der hierfür bestimmten Rubrik beizufügen; auch sind die Belege nach der Reihenfolge der Rechnungsposten neu zu ordnen und definitiv mit Tinte zu numerieren.

13. Die Vorstände des Armenpflegschaftsrates sind verpflichtet, alle Jahre mindestens einmal unter Zuziehung des Bürgermeisters oder seines gesetzlichen Stellvertreters eine gründliche Kassenvisitation vorzunehmen. Hiebei sind zunächst die Kassentagebücher [1]) abzuschließen und deren Ergebnisse unter Prüfung der vorhandenen Belege festzustellen; sodann hat die Abzählung der Kassenbestände und der Sturz der etwa vorhandenen Aktivurkunden und Materialvorräte zu erfolgen und hierauf eine Vergleichung der hier gefundenen Resultate mit den Ergebnissen der Tagebücher einzutreten. Werden erhebliche Abweichungen und Mängel vorgefunden, so ist ungesäumt das zur Sicherung der Armenkasse erforderliche zu verfügen und an die vorgesetzte Aufsichtsbehörde Anzeige zu erstatten, unbedeutende Verstöße dagegen sind sofort zu berichtigen und die Kassentagebücher mit den entsprechenden Vorbemerkungen hierüber zu versehen.

Über die Visitation ist ein Protokoll aufzunehmen, welches von den Beteiligten unterzeichnet und in der Registratur des Armenpflegschaftsrates hinterlegt wird.

14. Abgesehen von der vorstehend angeordneten Visitation hat der Vorstand unmittelbar nach dem gemäß Ziff 12 gegenwärtiger Entschließung vollzogenen Abschlusse der Kassentagebücher eine weitere Visitation vorzunehmen und zu Protokoll zu konstatieren, ob die vorhandenen Kassenbarschaften sowie die etwaigen Aktivurkunden und Materialbestände mit den Abschlüssen übereinstimmen. Dieses Protokoll ist mit den Rechnungen als Kasseausweis der vorgesetzten Aufsichtsbehörde vorzulegen.

15. So oft die Kassenverwaltung an einen anderen Kassier übergeht, hat der Vorstand oder dessen Stellvertreter eine förmliche Überweisung der Kasse an den neuen Kassier vorzunehmen und die überwiesenen Barbestände, Urkunden, Materialien, Kassentagebücher und sonstigen Schriftstücke von Belang,

[1]) Die Spalten des Kassetagebuches lauten:

Fortlaufende Nummer	Datum			Beleg-Nummer	Einnahmen	Betrag		Vorgetragen in der Rechnung unter	
	Tag	Monat	Jahr			ℳ	₰	Titel	Kap.

und

Fortlaufende Nummer	Datum			Beleg-Nummer	Ausgaben	Betrag		Vorgetragen in der Rechnung unter	
	Tag	Monat	Jahr			ℳ	₰	Titel	Kap.

9. MinBek vom 5. Okt. 1915 (MABl S 273) zum Vollzuge des Aufenthaltsgesetzes.

Zum Vollzuge des Aufenthaltsgesetzes vom 21. August 1914 (GVBl 1915 Nr 38) ergeht folgendes:

1. Die Pflicht zur polizeilichen Meldung ist nicht mehr der Einführung durch Polizeivorschrift überlassen, sondern durch das Aufenthaltsgesetz selbst vorgeschrieben (Art 2). Muster für die Bescheinigung der An- und Abmeldung sowie für die Abzugsbescheinigung (Art 2 Abs I—III) sind in den Beilagen 1, 2, 3 abgedruckt. Die Abzugsbescheinigung ist bei der Abmeldung auszustellen.

Durch ober- oder ortspolizeiliche Vorschrift können die Bescheinigungen weiter ausgestaltet, ferner insbesondere auch über Form und Inhalt der An- und Abmeldungen weitere Anordnungen getroffen werden. Dabei ist zu beachten, daß einerseits der Zweck der gesetzlichen Vorschriften sichergestellt, anderseits aber eine unnötige Belästigung der Beteiligten vermieden werden soll.

2. Ein geordnetes polizeiliches Meldewesen ist nicht nur aus Gründen der öffentlichen Sicherheit notwendig, sondern namentlich auch für den einwandfreien Nachweis des Unterstützungswohnsitzes von besonderer Bedeutung. Die Aufsichtsbehörden werden daher diesem Zweige der gemeindlichen Tätigkeit entsprechende Aufmerksamkeit schenken und auf den ordnungsmäßigen Vollzug der bestehenden Vorschriften hinwirken. Neben dem Art 2 des Aufenthaltsgesetzes kommt hauptsächlich noch in Betracht die Pflicht der Gemeinden zur Führung von Einwohnerverzeichnissen (Art 131 Abs III e der rechtsrheinischen, 63 Abs III f der pfälzischen Gemeindeordnung in der Fassung der Art 92 Ziff IV, 93 Ziff IX des Armengesetzes vom 21. August 1914). In welcher Form diese Verzeichnisse anzulegen und fortzuführen sind (einfache Listen, Familienbögen, Kartensammlung u. dgl.), wird sich nach dem örtlichen Bedürfnisse zu richten haben. Für deren ordnungsmäßige Führung bilden neben den sonstigen Behelfen (Mitteilungen der Standesämter usw.) die polizeilichen An- und Abmeldungen eine wesentliche Grundlage. Endlich gibt das Polizeistrafgesetzbuch in den Art 46, 49, 50 die Möglichkeit, die Anzeigepflicht weiter auszugestalten.

Für die Benachrichtigung des Stadtmagistrats München durch die Polizeidirektion (Aufenthaltsgesetz Art 2 Abs VI) bewendet es bis auf weiteres bei der bestehenden Regelung.

3. Die Ziff 17, 19—23 der Ministerialentschließung vom 28. Dezember 1899 (MABl S 803) gelten für die Art 1, 3, 5, 7, 8, 10 des Aufenthaltsgesetzes entsprechend. Ebenso behält die Entschließung vom 27. Januar 1908 über den Aufenthalt bestrafter Personen (MABl S 75) entsprechende

---

sowie auch die überwiesenen Bureaurequisiten und Mobilien in einem Protokoll verzeichnen zu lassen, welches von den Beteiligten zu unterschreiben und in der Registratur sorgfältig aufzubewahren ist.

Nach Vollzug der Überweisung hat sich der abtretende Kassier aller weiteren Kassengeschäfte zu enthalten. Überwiesene Rückstände sind von dem neuen Kassier beizutreiben, jedoch unbeschadet der etwaigen Haftungsverbindlichkeit des abtretenden Kassiers.

Hiernach hat die K. Regierung das Weitere zu verfügen und vorstehende Entschließung durch das Kreisamtsblatt zu veröffentlichen.

Geltung. Im übrigen bestimmt Art 6 Abs II des Aufenthaltsgesetzes die Voraussetzungen, bei deren Vorhandensein eine sicherheitspolizeiliche Ausweisung nicht erfolgen darf.

4. Diese Bekanntmachung tritt mit dem Aufenthaltsgesetz in Kraft. Zugleich treten alle entgegenstehenden Vorschriften außer Wirksamkeit.

Von Abdruck der Beilagen wurde abgesehen. Beil 3 Abzugsbescheinigung ist durch ME vom 30. Sept. 1918 (MABl S 318) abgeändert.

10. MinBek. vom 12. Nov. 1915 (MABl S 290) zur Einführung der neuen Armengesetzgebung.

Zur Überleitung in die am 1. Jan. 1916 in Kraft tretende Armengesetzgebung wird im Einverständnisse mit dem K. Staatsministerium der Finanzen auf folgendes hingewiesen:

1. Personen, die am 31. Dez. 1915 die Heimat in einer bayerischen Gemeinde besitzen, haben kraft dieses Heimatrechts am 1. Jan. 1916 den Unterstützungswohnsitz in dem Ortsarmenverbande, dem ihre bisherige Heimatgemeinde angehört.

Bei heimatlosen Personen geht die Unterstützungspflicht mit dem 1. Jan. 1916 vom Staate auf die Landarmenverbände über. Soweit diese Personen am 31. Dez. 1915 unterstützt werden und die Hilfsbedürftigkeit fortdauert, sind sie als Landarme vom zuständigen Landarmenverbande zu unterstützen.

Mit dem 1. Jan. 1916 beginnt der Lauf der einjährigen Frist für den Erwerb und den Verlust des Unterstützungswohnsitzes.

Vgl. UWG § 65 Abs II Ziff 1, 3, Reichsgesetz vom 30. Juni 1913 § 2.

2. Die Ausweise über die Heimat in einer bayerischen Gemeinde kommen in Wegfall. Zum Nachweise der bayerischen Staatsangehörigkeit dienen außer der Aufnahme- und der Einbürgerungsurkunde die Heimatscheine für den Aufenthalt im Ausland und die Staatsangehörigkeitsausweise zur Benützung im Inlande nach der Bekanntmachung vom 16. März 1914 zum Vollzuge des Reichs- und Staatsangehörigkeitsgesetzes (MABl S 117), Anlagen 5 und 6.

3. Die Übernahme hilfsbedürftiger Deutscher regelt sich künftig im Verhältnisse von Bayern zu den übrigen Bundesstaaten und zu Elsaß-Lothringen nach dem Gesetz über den Unterstützungswohnsitz; § 7 des Freizügigkeitsgesetzes findet keine Anwendung mehr, da vom 1. Jan. 1916 an alle deutschen Staaten dem Geltungsbereiche des erstgenannten Gesetzes angehören (UWG § 1 Abs II). Für das Verfahren bei der Übernahme eines Deutschen durch einen Bundesstaat (mit Einschluß von Elsaß-Lothringen) aus armenrechtlichen Gründen ist daher auch der Gothaer Vertrag vom 15. Juli 1851 nicht mehr anwendbar. Hiernach gilt er bei Deutschen nur mehr für das Verfahren bei Ausweisungen aus sicherheitspolizeilichen Gründen (§ 3 Abs II des Freizügigkeitsgesetzes). Ebenso tritt im Verkehre Bayerns mit dem übrigen Reichsgebiete die Eisenacher Übereinkunft vom 11. Juli 1853 außer Wirksamkeit.

4. Die auf Verträgen mit ausländischen Staaten beruhende Pflicht zur gegenseitigen Unterstützung und zur Übernahme ausgewiesener Hilfsbedürftiger bleibt unberührt.

5. Die Ziff 1—15 der Ministerialentschließung vom 28. Dez. 1899 (MABl S 803) treten außer Kraft. Die Übernahmescheine für Personen, die der bayerische Staat auf Grund des Gothaer Vertrags behalten muß, sind von den Distriktsverwaltungsbehörden nach dem in der Beilage abgedruckten Muster auszustellen.

11. MinBek vom 3. März 1916 (MABl S 21—36) zum Vollzuge des Reichs- und Staatsangehörigkeitsgesetzes.

Dadurch erhielt die MinBek vom 16. März 1914 (MABl S 117) aus Anlaß der Aufhebung des Tit I des HeimG gemäß Art 89 des ArmG eine neue Fassung. Die bisherige Ziff 55 ist ersetzt durch nachfolgende Ziffer [1])

53. Die Heimatscheine und die Staatsangehörigkeitsausweise stellt die Distriktsverwaltungsbehörde aus, in deren Bezirk der Antragsteller seine Niederlassung und bei Mangel einer solchen den Aufenthalt hat oder zuletzt hatte. Trifft keine dieser Voraussetzungen zu, so ist die Distriktsverwaltungsbehörde der letzten Niederlassung und bei Mangel einer solchen des letzten Aufenthalts der Eltern oder des letztlebenden Elternteils des Antragstellers zuständig. In München ist die Polizeidirektion zuständig. Diese ist auch zuständig, wenn eine Behörde nach Satz 1 und 2 nicht vorhanden ist.

(Die Formblätter vom Jahre 1914 wurden beibehalten; s. dazu auch MinBek vom 27. Nov. 1918, MABl S 351.)

12. MinBek vom 6. März 1916 (GVBl S 41) zum Vollzuge des Armengesetzes.

1. Der Landarmenverband ist die Kreisgemeinde. Sein Haushalt ist ein Teil des Kreishaushalts. Seine finanziellen Geschäfte besorgt die staatliche Finanzverwaltung in gleicher Weise wie die übrigen finanziellen Geschäfte der Kreisgemeinde. Für die Haushaltführung und das Kassen- und Rechnungswesen des Landarmenverbandes gelten deshalb, soweit nicht ausdrücklich etwas anderes bestimmt ist, die Vorschriften über die Führung des Kreishaushalts und über das Kassen- und Rechnungswesen der Kreise.

2. Die Kreiskasse empfängt alle Einnahmen, bestreitet unmittelbar alle Ausgaben des Landarmenverbandes und legt darüber Rechnung. Hinsichtlich der Kosten der Fürsorgeerziehung verbleibt es bis auf weiteres bei den Vorschriften der Ministerialbekanntmachung vom 24. Dezember 1915 Nr. 2102 a 32 (Staatsanzeiger Nr. 302, MABl 1915 S 309).

3. Die Ersatzleistungen des Staates nach Art 61 und 62 des Armengesetzes werden mit Ablauf jedes Kalendervierteljahres festgestellt. Die K. Regierung, Kammer der Finanzen,[2]) läßt den Gesamtbetrag für das abgelaufene Vierteljahr in der Staatsfondsrechnung verrechnen. Sie läßt auch den Staatszuschuß (Art 64 des Armengesetzes) in Vierteljahresbeträgen nachträglich verausgaben. Die Beträge sind bei der Vorlage der Nach-

---

[1]) Durch MinBek vom 16. Nov. 1918 (MABl S 343) nicht geändert.

[2]) Die Finanzkammer erläßt nach Einholung der Einverständniserklärung der Kammer des Innern die Zahlungsanweisung, ME vom 21. Jan. 1918 N 1731.

weisung über die budgetmäßigen Einnahmen und Ausgaben des abgelaufenen Vierteljahrs (FMBl 1910 S 81) zu berücksichtigen.

Die Bestimmungen in den §§ 49 und 50 der Bekanntmachung zum Vollzuge des Armengesetzes vom 4. August 1915 (GVBl S 630/1) werden hierdurch geändert.

13. MinBek vom 5. Juli 1918 (MABl S 276) über Einwirkungen der Flüchtlingsfürsorge auf das Armenrecht.

Auf Grund der Bundesratsverordnung vom 16. Mai 1918 (RGBl S 409)[1]) Ziff IV Abs 2 Satz 2 wird für die Fälle der Verpflichtung Bayerns als Heimatstaats (II, 1, Satz 2, II, 2, III) bestimmt:

§ 1. Verpflichtet ist

1. bei hilfsbedürftigen, landarmen Bayern und staatlosen, ehemaligen Bayern, deren letzter Unterstützungswohnsitz nicht zu ermitteln ist, der Landarmenverband, in dessen Bezirk der Hilfsbedürftige den letzten nachweisbaren Wohnsitz gehabt hat, wenn ein letzter Wohnsitz nicht nachweisbar ist, der Landarmenverband, in dessen Bezirk der Hilfsbedürftige geboren ist, sonst der Landarmenverband, in dessen Bezirk die Hilfsbedürftigkeit hervortritt;
2. bei hilfsbedürftigen staatlosen Personen bayerischer Abkunft der Landarmenverband, in dessen Bezirk der letzte Unterstützungswohnsitz (die letzte Heimat) und, wenn ein solcher nicht vorhanden ist, der letzte nachweisbare Wohnsitz des letzten nachweisbaren bayerischen Vorfahren des Hilfsbedürftigen belegen ist, sonst der Landarmenverband, in dessen Bezirk die Hilfsbedürftigkeit hervortritt.

§ 2. Der Staat ersetzt den Landarmenverbänden vier Fünftel des Aufwandes.

14. MinBek vom 12. Juni 1919 (MABl S 116) über die Wahl von Armenratsmitgliedern und Waisenräten.

Die Vorschriften über die Wahl von Mitgliedern des Armenrates (Art 25 und 103 Abs 3 des Armengesetzes) und über die Wahl der Waisenräte (Art 96 des Ausführungsgesetzes zum Bürgerlichen Gesetzbuch in der Fassung des Art 96 des Armengesetzes und Art 103 Abs 4 des Armengesetzes) sind durch die Artikel 1, 5, 6 und 33 des Gesetzes über die Selbstverwaltung vom 22. Mai 1919 (Bayer. Staatsanz Nr 134) teilweise geändert worden. Es gilt nunmehr folgendes:

1. Der Armenrat wird nach Beendigung der regelmäßigen Gemeindewahl durch die neugewählte Gemeindevertretung (Stadtrat, Gemeinderat) gebildet.

Alle Mitglieder des Armenrates, die durch die Wahl berufen werden, sind neu zu wählen. Die Wahl wird in den Städten durch den Stadtrat, in den übrigen Gemeinden durch den Gemeinderat vorgenommen.

Für diese Mitglieder (Abs 2) können nach Beendigung der Wahl Ersatzleute gewählt werden. Die Gemeindevertretung (Stadtrat, Gemeinderat) bestimmt ihre Zahl und die Reihenfolge ihrer Einberufung.

---

[1]) Abgedruckt Anhang N 4.

Die Wahlen erfolgen nach den Grundsätzen des Verhältniswahlrechtes (vergleiche § 14 Satz 2 des vorläufigen Staatsgrundgesetzes des Freistaates Bayern vom 17. März 1919 — GVBl Seite 109 und § 1 Abs 3 der Wahlordnung für den neuen Bayerischen Landtag vom 7. Dezember 1918 — GVBl Seite 1257).

Die Wahlzeit dauert fünf Jahre.

2. Die Zahl der Waisenräte (Art 95 Satz 1 des AG zum BGB) wird von der neugewählten Gemeindevertretung (Stadtrat, Gemeinderat) festgesetzt. Das gleiche gilt von der Bildung mehrerer Gemeindewaisenräte nach Art 93 Abs 2 a. a. O. Der Gemeinderat bestimmt in den Fällen des Art 94 Abs 2 a. a. O. auch die Bezirke der einzelnen Waisenräte.

Zur Wahl der Waisenräte ist nach der Vollendung der regelmäßigen Gemeindewahl und nach der Bildung des Armenrates zu schreiten. Alle zur Zeit dieser Wahl im Amte befindlichen Waisenräte scheiden aus.

Die Wahl wird in den Städten durch den Stadtrat, in den übrigen Gemeinden durch den Gemeinderat vorgenommen.

Als gewählt ist zu erachten, wer bei der Wahl die meisten Stimmen erhalten hat.

Die Wahlzeit dauert (wie die der Gemeindevertretung) fünf Jahre.

Unter Bezug auf Ziff 1 der MB vom 12. ds. Mts. („Bayer. Staatsanzeiger" Nr 148 vom 14. ds. Mts.) wird bestimmt, daß die Wahl der Armenratsmitglieder unter sinngemäßer Anwendung der Wahlordnung vom 15. April ds. Js. für die Gemeinde-, Bezirks- und Kreiswahlen insbesondere des § 81, sowie der Vollzugsbestimmungen hierzu, stattzufinden hat, wenn nicht der Stadt- oder Gemeinderat sich über die anderweitige verhältnismäßige Verteilung der Sitze im Armenrat einigt. Der Bürgermeister leitet die Wahl.

15. MinBek vom 27. Juni 1919 (MABl S 128) über die Zusammensetzung und die Vorstände der Armenräte.

Die Auslegung der Artikel 22 und 24 des Armengesetzes hat insoferne Anlaß zu Zweifeln gegeben, als die dort erwähnten Unterschiede in der Verfassung der Gemeinden durch das Gesetz über die Selbstverwaltung vom 22. Mai 1919 beseitigt worden sind und anderseits nach diesem Gesetze die Zahl der Bürgermeister in den Städten und den übrigen Gemeinden gegen früher vermehrt werden kann, während es Beigeordnete und in den Gemeinden mit pfälzischer Gemeindeverfassung Adjunkten nicht mehr gibt.

Nach dem Sinne der gesetzlichen Bestimmungen ist anzunehmen, daß künftig in allen Gemeinden die sämtlichen Bürgermeister dem Armenrat angehören.

Die Zahl und die Person der von den Gemeindevertretungen in den Armenrat abzuordnenden Mitglieder (Artikel 22 Abs I, II und V) bestimmt der Stadtrat oder Gemeinderat.

Soweit im übrigen die Artikel 22 und 24 des Armengesetzes eine verschiedene Regelung für Gemeinden mit städtischer Verfassung, für solche mit pfälzischer Gemeindeverfassung und für andere Gemeinden vorgesehen, sind diese Vorschriften bis zur etwaigen Änderung im Wege der Gesetzgebung als weiterhin maßgebend für diejenigen Gemeinden anzusehen, auf welche die bezeichneten Voraussetzungen bisher zugetroffen haben. Hiernach bestimmt sich insbesondere auch der Vorstand des Armenrates.

16. MinBek vom 17. Dezember 1919 (MABl S 333) über gemeindliche Lustbarkeitsabgaben.

Die in jüngster Zeit zahlreich in Vorlage kommenden gemeindlichen Satzungen über die Erhebung von Abgaben für die Veranstaltung von Lustbarkeiten lassen vielfach die Beachtung der in den Ministerialentschließungen vom 25. Oktober 1909 (MABl S 824) und vom 28. Juni 1910 (MABl S 443) gegebenen Richtlinien vermissen.

Es besteht daher Anlaß, diese Entschließungen in Erinnerung zu bringen und weiterhin folgendes zur genauen Darnachachtung zu eröffnen.

1. Im Eingange der Satzung ist deren Rechtsgrundlage festzulegen; als solche kommt nach wie vor Art 40/31 Abs IV der Gemeindeordnungen, ferner Art 6 des Gesetzes vom 22. Mai 1919 über die Selbstverwaltung und, soferne die Abgaben von der Gemeinde der Armenpflege zugewiesen werden, Art 35 Abs I Ziff 4 des Armengesetzes vom 21. August 1914 in Betracht.

Der in Ziffer 3 der ME vom 28. Juni 1910 (MABl S 448) erwähnte Art 215 des Gebührengesetzes ist durch Art 168 des Kostengesetzes vom 21. August 1914 (GVBl S 439 ff.) ersetzt.

2. die formelle Rechtsgültigkeit der maßgebenden Beschlüsse des Stadt- oder Gemeinderats und gegebenenfalls des Armenrats (Art 34 Abs III des Armengesetzes) muß sich aus der Vorlage nachprüfbar ergeben.

3. In sachlicher Beziehung ist zu bemerken:

a) Das dem Ministerium des Innern durch Art 40 Abs IV der Gemeindeordnung vorbehaltene Recht der Genehmigung bei Einführung oder Erhöhung von Lustbarkeitsabgaben erstreckt sich insbesondere auch auf die Prüfung der beabsichtigten Abgabensätze; dementsprechend muß jedenfalls deren Höchstbetrag in der Satzung festgelegt sein; eine Bestimmung, daß die Festsetzung der Abgabe von Fall zu Fall nach dem Ermessen des Gemeinderates zu erfolgen habe, wäre daher nicht angängig, soferne nicht gleichzeitig der Abgabenhöchstsatz bestimmt wird.

b) Die Satzung hat Bestimmung zu treffen, wer für etwaige Befreiungen von der Abgabe zuständig ist, ferner bei Rahmenabgaben, wer die Abgabe innerhalb des Rahmens festzusetzen und nach welchen Gesichtspunkten die Abstufung zu erfolgen hat.

c) Bei Erhebung der Kartensteuer werden Bestimmungen im Sinne des § 4 Ziff 2 ff. der Mustersatzung (MABl 1909 S 827 ff.) in der Regel erforderlich sein.

d) Die Satzung hat sich auf die Regelung der Lustbarkeitsabgaben zu beschränken; Abgaben anderer Art, z. B. für die Benützung gemeindlichen Eigentums, sind gesondert zu behandeln.

e) Es ist unzulässig, die Einführung oder Erhöhung der Lustbarkeitsabgaben mit rückwirkender Kraft zu beschließen. Soferne nicht die Satzung einen späteren Zeitpunkt vorsieht oder die ministerielle Genehmigung eine Sonderbestimmung trifft, treten die Abgaben regelmäßig mit der nach Erlangung der ministeriellen Genehmigung zu bewerkstelligenden ortsüblichen Bekanntgabe in Kraft.

f) Bei Satzungsänderungen ist regelmäßig die bisher maßgebende Satzung mit den Verhandlungen vorzulegen.

4. Die Bezirksämter haben jede Satzung auf die Beachtung der erteilten Weisungen sorgfältig zu prüfen und nötigenfalls deren Ergänzung

oder Berichtigung vor der Vorlage an das Ministerium des Innern zu veranlassen; sie können den ihnen unterstellten Gemeinden, welche die Lustbarkeitsabgabe einführen wollen, die Aufstellung der Satzung erheblich erleichtern, wenn sie ihnen einen Abdruck einer bereits genehmigten Satzung zur Verfügung stellen.

17. MinBek vom 28. August 1920 (StAnz Nr 205) über diplomatischen Übernahmeverkehr.

A.

Nach einer Mitteilung des Auswärtigen Amtes wird die bloße Beifügung eines Personalbogens gemäß der Bekanntmachung vom 6. April 1910 Nr 8626 (MABl S 283/84) nicht mehr in allen Fällen als ausreichend für die Erwirkung einer Übernahmeerklärung angesehen. Verschiedene Regierungen haben vielmehr hierfür weitere Unterlagen verlangt. Bei Anträgen auf Übernahme ihrer Staatsangehörigen fordern:

I. Die Regierung der Tschecho-Slowakischen Republik:

1. Beifügung von Urkunden (in Urschrift oder in beglaubigter Abschrift), aus denen die Staatsangehörigkeit der zu übernehmenden Person ersichtlich ist,

2. Angabe des Grundes der Ausweisung. Hierbei genügt die allgemeine Anführung der gesetzlichen oder verordnungsmäßigen Bestimmungen nicht. Es sind vielmehr die Gründe zu bezeichnen, die für die Ausweisung im Einzelfalle maßgebend waren.

II. Die Polnische Regierung:

Für jeden Fall der Übernahmeverhandlungen einen Aktenauszug in vierfacher Ausfertigung nebst den Personalpapieren des Auszuweisenden. Für den Aktenauszug kann das im Abschnitt B gegenwärtiger Bekanntmachung bezeichnete und als Anlage abgedruckte Formblatt verwendet werden.

III. Die Italienische Regierung:

Urkundliche Belege für die Staatsangehörigkeit des Auszuweisenden (Paß, Heimatschein), außerdem ein Zeugnis über die Bedürftigkeit (Armutszeugnis) und nötigenfalls ein Zeugnis der Kranken- oder Strafanstalt über Art und Dauer der Erkrankung bzw. Strafhaft.

Die Urkunden sind in Urschrift und einer zur Weitergabe an die Italienische Regierung bestimmten beglaubigten Abschrift vorzulegen.

Außerdem ist bei jedem einzelnen Übernahmeantrag stets ein bestimmter Übernahmeort an der italienischen Grenze vorzuschlagen.

B.

Unter Abänderung der Bekanntmachung vom 6. April 1910 Nr 8626 wird angeordnet, daß künftig unterschiedslos bei allen Übernahmeanträgen statt des Personalbogens das als Anlage abgedruckte, auch in anderen deutschen Ländern gebräuchliche Formblatt (dreiseitig vorgedruckter ganzer Bogen) zu verwenden ist.

Zu Nr. 22219/20. **Formblatt.**

Antrag

auf Einleitung diplomatischer Verhandlungen wegen der Übernahme eine . . . .

. . . . Staatsangehörigen, de . . . .

. . . . nach $\frac{\text{seinem}}{\text{ihrem}}$ Heimatstaate.

Bezirkspolizeibehörde.
(Bez.-A., Stadtrat, Polizeidirektion) . . . ., den . . . . 19 . .

Nr. . . . .

Dem Staatsministerium des Äußern

Anlagen: in München

vorgelegt.

. . . ., den . . . .

(Bei Übernahmeanträgen für Familien — soweit in Frage kommend — hinsichtlich sämtlicher Familienangehörigen auszufüllen).

1	2	3	4	5	6
Name und Vornamen (bei Frauen auch der Geburtsname) Rufname zu unterstreichen	Stand	Geboren am Tag und Jahr	Geboren zu (Ort, Kreis, Bez., Gouv., Staat)	Religion	Wann und wo der Militärpflicht genügt?

7	8	9	10	11
Letzter Wohn- oder Aufenthaltsort im Heimatsstaate (Kreis, Bezirk, Gouvernement)	Wohnort der etwaigen Familie (Kreis, Bezirk, Gouvernement, Staat)	Der Eltern und sonst. Angehörigen: Name und Stand	Der Eltern und sonst. Angehörigen: Wohnort od. letzt. Wohnort (Kreis, Bez. Gouv., Staat)	Ob und wo in Haft?
				In Polizeihaft in In Strafhaft bis in Mitteilung der Strafvollstreckungsbehörde liegt bei. ist nicht ergangen.

12. An Ausweispapieren liegen bei:
13. Gründe der Ausweisung oder Heimschaffung (auch warum im Transportwege auszuweisen).

Alphabetisches Nachschlagsverzeichnis.

(Die Zahlen bezeichnen die Seiten.)

A.

B.

[1]) Über die Ausdrücke „Berufung" (§§ 41, 46, 56 UWG) und „Beschwerde" (Art. 72 und 74 BayAG) s. S. 169.

F.

G.

H.

L.

T.

U.

V.

W.

Kolibri 360 GmbH
Ferdinand-Jühlke-Straße 7
99095 Erfurt, Deutschland
produktsicherheit@kolibri360.de